INTELLECTUAL PRO
OPERATION AND TECHNOLOGY

知识产权
运营与技术转移

华智众创（北京）投资管理有限责任公司
北京理工大学技术转移中心 组织编写

主　编　于立彪　陈柏强
副主编　陈　力　周海滨　杨　倩

北京理工大学出版社
BEIJING INSTITUTE OF TECHNOLOGY PRESS

版权专有　侵权必究

图书在版编目（CIP）数据

知识产权运营与技术转移／于立彪，陈柏强主编．－－北京：北京理工大学出版社，2022.7
ISBN 978-7-5763-1460-1

Ⅰ.①知…　Ⅱ.①于…②陈…　Ⅲ.①知识产权–研究　Ⅳ.①D913.404

中国版本图书馆 CIP 数据核字（2022）第 117593 号

出版发行　／　北京理工大学出版社有限责任公司
社　　址　／　北京市海淀区中关村南大街 5 号
邮　　编　／　100081
电　　话　／　（010）68914775（总编室）
　　　　　　　（010）82562903（教材售后服务热线）
　　　　　　　（010）68944723（其他图书服务热线）
网　　址　／　http：//www.bitpress.com.cn
经　　销　／　全国各地新华书店
印　　刷　／　保定市中画美凯印刷有限公司
开　　本　／　710 毫米×1000 毫米　1/16
印　　张　／　36　　　　　　　　　　　　　　　　责任编辑／申玉琴
字　　数　／　525 千字　　　　　　　　　　　　　文案编辑／申玉琴
版　　次　／　2022 年 7 月第 1 版　2022 年 7 月第 1 次印刷　　责任校对／周瑞红
定　　价　／　112.00 元　　　　　　　　　　　　责任印制／李志强

图书出现印装质量问题，请拨打售后服务热线，本社负责调换

本书编委会

主　编　于立彪　陈柏强

副主编　陈　力　周海滨　杨　倩

参　编　吕占江　胡　伟　陈　伟　吕　媛
　　　　　彭绘羽　王　静　曹　莉　刘　昕
　　　　　刘思其　刘　畅　王奕洁　陈　超
　　　　　周　适

编委简介

吕占江 正高级知识产权师，国家知识产权局高层次人才培养对象，首批涉外教师，首批政府采购评审专家，国家标准化委员会地理标志分技术委员会委员。任职于中国专利技术开发公司，参与《高价值专利的挖掘培育、评价和转化运用研究》《我国专利对外转让许可情况分析》等省部级课题二十余项，参与《高价值专利（组合）培育和评价标准》《知识产权拍卖规程标准》等标准的制定或起草工作，先后发表知识产权专业论文和文章十余篇。

胡 伟 华智众创（北京）投资管理有限责任公司总经理助理，北京知识产权运营管理有限公司董事，上海数字电视国家工程研究中心有限公司董事；技术经纪专业高级工程师，国家知识产权局骨干人才。主要负责公司财务管理及知识产权金融工作，同时担任电子信息领域高价值知识产权培育运营专项股权代持工作的执行负责人。研究方向：企业财务管理、知识产权运营、专利信息利用等。

陈 伟 曾任国家知识产权局专利局专利审查协作北京中心审查员，现任华智众创（北京）投资管理有限责任公司规划发展部部长，曾借调国家知识产权局运用促进司，负责多项国家知识产权局课题研究以及企业专利分析和知识产权战略规划咨询项目。

吕 媛 华中科技大学电子科学与技术专业工学学士，中国政法大学民商法学专业法学硕士，具备律师和专利代理师资格。2007年入职国家知识产权局专利局电学发明审查部，从事半导体领域专利审查工作15年，为国家知识产权局骨干人才。发表多篇知识产权类文章，完成多项局级课题研究。

彭绘羽 华智众创（北京）投资管理有限责任公司大数据部部长，北京中科微知识产权服务有限公司董事。具备专利代理师、专利信息分析师、基金从业资格资质。曾牵头完成公司质押融资产品的设计与实施、电子信息领域高价值IP培育运营财政资金代持等。

王　静 华智众创（北京）投资管理有限责任公司规划发展部副部长，主持工作。先后从事发明专利实质审查、知识产权服务工作。致力于高价值专利培育、知识产权运营、知识产权软课题研究、国家平台品牌活动策划等。熟悉专利检索、专利导航及预警分析、知识产权分析评议等，参与多项课题研究，发表相关文章7篇。

曹　莉 北京化工大学化学专业博士，知识产权师，专利信息分析人员，具备专利代理师资质。任华智众创（北京）投资管理有限责任公司大数据部副部长，参与多项专利导航分析、知识产权分析评议课题研究。致力于知识产权大数据产品开发与管理、专利价值评估、高价值专利培育、知识产权证券化等研究。

刘　昕 清华大学法律硕士，华智众创（北京）投资管理有限责任公司行业研究员。主要研究方向为产业分析和专利信息分析与挖掘，参与多项大数据、生物医药等领域的产业研究项目以及知识产权信息分析相关项目和课题。

刘思其 华智众创（北京）投资管理有限责任公司财务部部长助理兼投资经理，注册会计师。主要研究方向为专利价值评估与知识产权金融，参与电子信息领域高价值专利培育运营专项股权代持等项目。

刘　畅 北京理工大学技术转移中心主管，工学硕士，负责政策研究相关工作。曾参与多项国家知识产权局课题研究以及工程院科技成果转化战略规划咨询项目。

王奕洁 研究员，专利代理人，IPMS审核员。任华智众创（北京）投资管理有限责任公司市场总监，全面参与国家知识产权运营公共服务平台建设及中国知识产权发展联盟筹建工作，多次参与国家知识产权局技术标准创新基地建设方案制定、战略性新兴产业专利统计分析等课题研究，承接厦门市、北京市海淀区、深圳市等地方高价值专利培育支撑服务、规划咨询、转化运用等项目，以及中国移动、北京大学等企事业单位咨询服务。参编《企业知识产权管理基础》等著作。

  陈　超　副研究员，硕士。任华智众创（北京）投资管理有限责任公司综合部部长，曾就职于国家知识产权局专利审查协作北京中心与天津中心。在地方工作期间，参与推进省部知识产权合作会商、知识产权证券化、知识产权运营服务体系重点城市建设、知识产权特区建设等工作。主导参与局级、省部级课题十余项，发表论文十余篇，编写省委省政府研究专报一份。

  周　适　工学硕士，知识产权师，具备律师执业资格、基金从业资格，任北京信聚知识产权有限公司 CEO，曾任国家知识产权局专利审查员、国知预警专利运营经理。研究方向：知识产权大数据、成果转移转化。

序　言

2020年11月30日，习近平总书记在中央政治局第二十五次集体学习时强调指出，知识产权保护工作关系国家治理体系和治理能力现代化，关系高质量发展，关系人民生活幸福，关系改革开放大局，关系国家安全。总书记明确提出："要打通知识产权创造、运用、保护、管理、服务全链条，健全知识产权综合管理体制，增强系统保护能力。"新发展理念要求全面加强知识产权保护工作，激发全社会的创新活力，推动构建新发展格局。科技自立自强，是确保国内大循环畅通、塑造中国在国际大循环中的新优势之关键；同时，产业链与供应链优化升级，也是稳固国内大循环主体地位、增强在国际大循环中带动能力的迫切需要。知识产权运营及技术转移工作，是实现这两项重要目标的桥梁和纽带，也是实现这两项重要目标的重要助力之一。

2021年10月，国务院印发《"十四五"国家知识产权保护和运用规划》。国家知识产权局局长申长雨院士接受人民日报记者专访时指出："坚持服务现代化经济体系建设的目标，不断提高知识产权转移转化成效。完善知识产权转移转化体制机制，……充分发挥知识产权转移转化促进实体经济高质量发展的作用。"为此，必须围绕产业链来构建创新链；而在创新链上，进行针对性的专利布局，实现高价值专利的市场绝对控制力，以形成良性的市场竞争格局。必须深化知识产权权益分配机制改革，解决好知识产权的所有权、收益权、处置权等三权问题，以实现知识产权转移转化的政策支撑环境。必须加快完善知识产权运营体系，从调动各类创新主体积极性和加强服务体系支撑两方面，推动知识产权转化运用，进而服务科技创新促进产业转型升级。这是新发展阶段完整、准确、全面贯彻新发展理念，构建新发展格局的知识产权重要举措。

根据国家知识产权局发布的全国知识产权运营体系建设有关统计数据显示，2021年全国知识产权运营体系建设工作稳步推进。全国专利商标质押融资金额达到3 098亿元，融资项目达1.7万项，惠及企业1.5万家，同比增长均为42%左右。其中，1 000万元以下的普惠性贷款惠及企业1.1万家，占惠及企业总数的71.8%，充分显示了知识产权质押融资服务中小微企业的普惠特点。2021年3月19日，财政部、国家知识产权局联合印发《关于实施专利转化专项计划助力中小企业创新发展的通知》，启动实施专利转化专项计划，利用三年时间，择优奖补一批促进专利技术转移转化、助力中小企业创新发展成效显著的省、自治区、直辖市。通知发出后，30个省（区、市）积极响应，制定印发方案，启动实施专项计划。北京、上海、江苏、浙江、山东、湖北、广东、陕西8个省（市），获得首批奖补；天津、河北、辽宁、安徽、福建、河南、湖南、四川8个省（市），为2022年新增奖补。专项计划实施以来，各地从优化资金使用、加强制度建设、创新工作机制等多方面采取措施，取得了良好成效。各批运营城市相关工作陆续开展，运营平台建设项目、高价值专利组合培育项目、各类专利导航项目、地理标志运用促进工程在重点城市稳步推进，形成知识产权助推创新经济和特色产业的新局面。据统计，2021年，16个奖补省（市）高校院所专利转让许可达到2.4万次，占全国的90%；其中，向中小企业转让许可2.2万次，占全国的86%，惠及中小企业近8千家，占全国的88.3%。专利质押融资金额合计2 075.3亿元，占全国的94.4%，促进转化实施的成效显著。

在新时代，必须着力构建新发展格局。华智众创（北京）投资管理有限责任公司联合北京理工大学技术转移中心，组织编写了《知识产权运营与技术转移》一书。这部著作，既有对以往知识产权运用和科技成果转化案例经验的梳理总结，也有对知识产权运营、技术转移模式的探索。编者力求从创新主体、各级政府关注的知识产权运营实务问题出发，行文深入浅出，力争做到：一是知识点全面。按照知识产权运营发展历程，沿"基础篇—知识产权运营篇—知识产权金融及技术转移篇"的脉络，逐步展开各类型知识产权运营工作的介绍，涵盖了专利价值评估方法、专利分级分类管理等基础知识，专利产品化、转让许可、专利诉讼、标准化、专利拍卖、注册商标运营、地理标志品牌运营等传统运营方式，以及专利池、知识产权运营基金、质押融资和证券化等近年来兴起的运营新形式。二是实操性强。本书在各相关章节，均收集并剖析具体案例，以案例阐释相关概念、剖析运营模式，具有较强的实用参考价值。

我相信，本书如编者所预期，将对企业、高校、科研机构等创新主体及各级政府在创新知识产权管理能力，提升知识产权工作水平方面，起到重要的参考和指导作用。我也相信，通过社会各界的共同助力，高价值知识产权获得培育与运营，科技成果得到转化与产业化运用，必将为我国经济社会发展带来一个新的创新发展格局。

是为序。

北京大学法学院 教授
北京大学国际知识产权研究中心 主任

前　　言

党的十八大以来，在习近平新时代中国特色社会主义思想指导下，国家实施创新驱动发展战略，加快转变经济发展方式，我国综合国力大大提升。党的十九大报告提出，中国经济由高速增长阶段转向高质量发展阶段，要倡导创新文化，强化知识产权创造、保护、运用。运用是知识产权创造和保护的目的，是知识产权的价值体现。因此，知识产权运营成为高质量发展阶段实施创新驱动发展的必然要求。

知识产权运营服务体系自 2014 年开始建设以来，取得了显著的成效，基本形成了覆盖重点产业、重点区域、竞争有序的知识产权运营体系。2021 年，我国专利运营活跃程度和转化运用效益进一步提升。全国专利转让、许可、质押等运营次数达到 48.5 万次，同比增长 19.7%；专利实施许可备案合同金额达到 120.3 亿元，同比增长 34.3%；专利质押融资规模达到 2 198.9 亿元，同比增长 41.1%。随着资本融入运营体系，知识产权与金融的结合，知识产权运营的复杂性也在提高。高校、企业，特别是中小企业，仍然缺乏知识产权运营的相关知识和能力储备。

考虑到知识产权运营的涵盖面较广，科技成果转化和知识产权运营工作的实际复杂性，为了切实解决创新主体，特别是中小企业与高校院所在知识产权运营实务中面临的问题，华智众创（北京）投资管理有限责任公司携手北京理工大学技术转移中心从服务于全国知识产权运营服务体系、推动技术转移的立意出发，组织编写本书。

本书第一章至第四章是知识产权运营及技术转移的基础篇。第一章对国内外知识产权运营发展现状、国内外政策、知识产权运营模式进行了简述；第二章引入了知识产权价值评估的应用场景和主要方法；第三章阐述了专利资产分类分级管理的相关流程和保障措施；第四章详细介绍技术交易、科技成果转化的模式与现状。第五至第九章是知识产权运营篇。第五章介绍了专利转让和经营的几种传统方式，包括诉讼及NPE等；第六章具体阐述了专利拍卖的现状、理论和典型案例；第七章详细阐述了专利池的相关理论及典型案例；第八章是注册商标和地理标志品牌运营内容，介绍了商标运营战略和策略，商标与专利运营相互助力作用以及地理标志品牌运营的发展现状、运营模式和典型案例；第九章对国家知识产权运营体系的建设和进展情况进行了介绍。第十章至第十四章是知识产权金融及技术转移篇。第十章主要介绍了知识产权基金和保险的运作模式及案例；第十一章阐述了知识产权质押融资模式及典型案例；第十二章重点介绍了几种国内外典型的知识产权证券化模式及相关案例；第十三章介绍了技术转移工作的要点以及国内创新大赛的案例；第十四章介绍国家专利转化专项工作及当前开展情况。

本书主编于立彪、陈柏强承担了全书框架设计、篇章布局、案例和素材整理、统稿和审稿工作，陈伟、陈超参与了第一章的编写，吕媛参与了第二章的编写，于立彪、陈力参与了第三章的编写，胡伟、陈柏强参与了第四章的编写，王静、吕占江参与了第五章的编写，刘昕、陈伟参与了第六章的编写，彭绘羽、周适参与了第七章的编写，杨倩、周海滨参与了第八章的编写，杨倩、王奕洁参与了第九章的编写，胡伟、王静参与了第十章的编写，彭绘羽、陈超参与第十一章的编写，曹莉、胡伟参与了第十二章的编写，刘畅参与了第十三章的编写，刘思其、胡伟参与了第十四章的编写。其中吕媛的工作单位是国家知识产权局专利局电学发明审查部，陈柏强及刘畅的工作单位是北京理工大学技术转移中心，陈力的工作单位是军事科学院国防科技创新研究院，吕占江的工作单位是中国专利技术开发公司，周适的工作单位是北京信聚知识产权有限公司，其余作者的工作单位均为华智众创（北京）投资管理有限责任公司。

本书不仅对知识产权运营模式的理论、流程、途径等进行了介绍，还收集整理了国内外相关的典型案例进行实证分析，以提高本书指导实践操作的务实性，殷切希望能为知识产权运营人才、企业、高校等知识产权管理人员的工作提供参考，衷心期望以本书为契机，推动我国知识产权运营事业向前迈进一步。

本书撰写过程中，得到了诸多业界专家、领导、同事的帮助和支持，在此表示诚挚的感谢。

本书编者虽倾尽心力，力图追求务实、全面，然而时代的车轮滚滚向前，知识产权运营事业的面貌日新月异，知识产权运营的场景千变万化，在实际工作中，相关理论和模式还需要不断摸索、不断完善，我们也将会实时关注行业新动态，对本书进行修订和完善。由于时间仓促，本书中难免出现疏漏，望广大读者批评指正。

本书编写组

目　录

基础篇

第一章　知识产权运营概论　　　　　　　　　　　　　3
　　第一节　知识产权运营概述　　　　　　　　　　　　3
　　第二节　知识产权运营发展现状　　　　　　　　　　8
　　第三节　知识产权运营基本类型　　　　　　　　　　29

第二章　知识产权价值评估　　　　　　　　　　　　　49
　　第一节　评估的应用场景　　　　　　　　　　　　　49
　　第二节　评估的基本方法　　　　　　　　　　　　　55
　　第三节　评估的案例分析　　　　　　　　　　　　　64

第三章　专利资产分类分级管理　　　　　　　　　　　79
　　第一节　概述　　　　　　　　　　　　　　　　　　79
　　第二节　专利资产分级的保障措施　　　　　　　　　87
　　第三节　典型创新主体的案例　　　　　　　　　　　94

第四章　技术转移概论　　　　　　　　　　　　　　　108
　　第一节　技术转移概述　　　　　　　　　　　　　　108

第二节　科技成果转化　113

第三节　我国技术转移工作现状　119

知识产权运营篇

第五章　专利交易与经营　135

第一节　专利转让　135

第二节　专利许可　152

第三节　专利的特别许可　169

第四节　专利标准化　180

第五节　专利诉讼　191

第六节　非专利实施主体　200

第六章　专利拍卖　208

第一节　专利拍卖理论概述　208

第二节　专利拍卖交易案例研究　213

第三节　专利拍卖启示与探索　225

第七章　专利池构建与运营　231

第一节　专利池概述　231

第二节　专利池的参与主体及构建流程　241

第三节　代表性专利池实践案例　252

第八章　注册商标运营与地理标志品牌运营　271

第一节　商标价值与品牌资本　271

第二节　商标的运营战略　279

第三节　商标的运营策略　289

第四节　商标与专利运营的相互助力　301

第五节　知识产权保护视角下的地理标志制度　　304
　　第六节　地理标志品牌运营　　316

第九章　知识产权运营体系建设　　335
　　第一节　概述及发展历程　　335
　　第二节　知识产权运营体系建设主要内容　　336
　　第三节　知识产权运营体系建设案例　　341

知识产权金融及技术转移篇

第十章　知识产权基金与保险　　351
　　第一节　知识产权基金概述　　351
　　第二节　知识产权基金运作模式及案例分析　　362
　　第三节　知识产权保险概述　　374
　　第四节　知识产权保险模式及案例　　381

第十一章　知识产权质押融资　　390
　　第一节　知识产权质押融资相关概念及特征　　390
　　第二节　知识产权质押融资参与主体及业务流程　　392
　　第三节　知识产权质押融资模式及案例分析　　399

第十二章　知识产权证券化　　424
　　第一节　概述　　424
　　第二节　许可费收益权证券化　　429
　　第三节　融资租赁资产证券化　　436
　　第四节　应收账款资产证券化　　442
　　第五节　信托资产证券化　　447
　　第六节　知识产权资产证券化实践　　450

第十三章　技术转移与科技成果转化　　　　　　　　　　456

第一节　技术转移的范围和定义　　　　　　456

第二节　高校技术转移发展　　　　　　　　464

第三节　技术经理人　　　　　　　　　　　477

第四节　技术转移与创新创业大赛　　　　　482

第十四章　专利转化专项计划　　　　　　　　　　　506

第一节　概述　　　　　　　　　　　　　　506

第二节　国家及地方政策　　　　　　　　　508

第三节　地方申报情况　　　　　　　　　　523

参考文献　　　　　　　　　　　　　　　　　　　　　549

基 础 篇

第一章
知识产权运营概论

第一节 知识产权运营概述

一、知识产权运营定义

（一）知识产权

知识产权，即知识所属权，指权利人对其所创作的劳动成果享有的独占权利，包括财产权利和人身权利两部分，在法律规定的期限内有效。

知识产权大体上分为两类：工业产权和著作权。

工业产权包括专利权、商标权及地理标志等。①专利权是专利权人依法合规拥有发明创造的独占实施权，具有时间性、排他性及地域性等特点；②商标权是商标权人依法合规拥有注册商标的独占实施权；③地理标志的定义出自世界贸易组织有关贸易的知识产权协议中，是鉴别原产于一成员方领土或该领土的一个地区或一地点的产品的标志，但标志产品的质量、声誉或其他确定的特性应主要取决于其原产地。

著作权又称为版权，是著作权人对其创作的文字、艺术等作品依法享有的权利，包括著作人身权及著作财产权等。

从产生想法设计到获得知识产权，仅是知识产权发挥自身价值的开端，而是否充分实现知识产权价值才是评判知识产权成功与否最核心的标准。

（二）知识产权运营

随着我国政府对知识经济的逐渐重视及国家知识产权战略的迅速推进，知识产权已逐步发展成为企业发挥核心竞争力的重要工具，成为社会经济增长的新引擎。我国知识产权数量不断增加，但知识产权转化为商业成果的比例还较低，制约着知识产权权利主体的发展。知识产权的合理有效运用及积极转化成为未来的发展重点，为充分实现知识产权的价值，知识产权运营产业应运而生。

知识产权运营是对知识产权进行经营，促进知识产权技术的应用和转化，实现知识产权价值和经济利益的行为。其根本，是运用制度经营权利。从社会学角度来看，制度泛指以规则或运作模式，规范个体行动的一种社会结构。制度是指要求大家共同遵守的办事规程或行动准则，其含义大于法律，但实际社会运行中，最主要的制度还是法律。在法律制度层面，不同种类的知识产权法律有所不同，不同国家的知识产权法也有所不同，而在世界范围内，还存在诸如《巴黎公约》等在多个国家和地区之间具有约束力的协定，因此要运营好知识产权，必须有针对性地运用好相关地区的法律制度。从管理学的角度来看，运营含有筹划、谋划、计划、规划、组织、治理、管理等含义。和管理相比，运营侧重指动态性谋划发展的内涵，而管理侧重指使其正常合理地运转。不少观点认为知识产权运营主要是对知识产权进行管理，笔者认为，管理的层面低于运营，知识产权通常与企业战略密切相关，必须经谋划、组织、管理，才能实现其价值。① 对企业而言，知识产权运营要从企业的原动力谈起，即获取利润。企业通过知识产权运营获得市场竞争优势，进而获取更大的利润，具体表现为获得新技术及利用新技术方面的竞争。企业经济活动，通常将知识产权的理论价值与实际价值进行转化，将知识产权与企业经营战略相结合，形成企业知识产权战略，而实施和推进知识产权战略则为知识产权运营。

从政府角度而言，我国知识产权运营始于 2015 年 5 月，以北京市政府倡导的北京知识产权运营管理公司成立为标志。2013 年 4 月，国家知识产权局发布《关于组织中央企业申报国家专利运营试点企业的通知》，这标志着全国层面从

---

① 笔者认为知识产权运营的行为，用"经营"更加贴切。

专利角度开始了知识产权运营。2015年，全国知识产权运营公共服务平台建设启动，同年，由中国专利保护协会牵头的中国知识产权运营联盟成立。社会上有从业者将2015年称为中国知识产权运营的元年。总体来看，我国的知识产权运营尚处在起步阶段，将知识产权创造的数量优势转化为行业发展的质量优势，成为技术领先而不仅是数量领先的知识产权强国，是我国发展知识经济、推进知识产权运营的发展目标。知识产权运营可将知识产权与资本市场有效融合，将无形资产转化为有形财富，通过知识产权转让、知识产权许可、知识产权质押、知识产权信托等知识产权运营模式，推动资本市场对技术创新的支持，以实现知识产权从技术层面逐步向产业化、商业化及资本化转变的目的。

二、知识产权运营的内容

知识产权运营的内容主要包括知识产权战略的制定、知识产权管理、知识产权商品化、知识产权商业化和知识产权资本化等。知识产权战略是知识产权运营的根本遵循；知识产权管理是知识产权战略目标实现的手段；知识产权商品化是其运营方式的基础；知识产权商业化可实现知识产权的经济价值；知识产权资本化可实现知识产权的金融价值。

（一）知识产权战略的制定

知识产权战略是一个组织关于知识产权工作的目标、管理机制、实现路径等的总体规划。知识产权战略是知识产权运营的根本遵循。知识产权战略的制定需分析组织面临的竞争形势、产业所处的政策和市场环境，结合组织自身情况，明确知识产权工作的目标、机构设置、管理策略和实现路径。知识产权的作用分为防御型、进攻型和攻防兼备型，企业应在知识产权目标中进行明确。

（二）知识产权管理

知识产权管理可以分为宏观和微观两个方面。宏观方面，知识产权管理是我国政府为保证知识产权法律制度的贯彻实施、维护知识产权权利人的合法权益而进行的行政及司法活动，以及知识产权权利人为使其合法拥有的知识产权发挥经济效益和社会效益而采取相应措施和策略的经营活动。微观方面，知识产权管理是各类创新主体围绕其组织层面制定的知识产权战略，对人员、知识产权等要素进行有机组织协调、评价考核等行为。知识产权管理是知识产权运营的重要组成部分，也是知识产权运营的基础，知识产权的布局、产生、实施及维权均与知识产权管理相关联。随着互联网及信息技术的不断发展，企业、高校及科研机构应加强知识产权的信息管理，建立知识产权数据库，及时了解并跟踪国内外知识产权动态，提高自身知识产权运用能力，将知识产权转化为有形财富，推动知识经济社会的不断发展。

（三）知识产权商品化

知识产权商品化是通过生产行为将知识产权转变为对应的商品，使其可以被销售的过程。对于专利而言，是将发明、实用新型、外观设计等技术方案或设计生产为产品。对于著作权而言，是将著作变为可供大众接受的形式，例如纸媒出版、网络发布、拍摄视频等过程。知识产权商品化是其运营最原始的形式，也是最常见的形式。这是实现其价值的基础，如果无法商品化，那么商业化、资本化等运营方式都将无从谈起。

（四）知识产权商业化

知识产权商业化是通过市场化的行为最大限度地发挥知识产权价值以获得财产收益的商业行为。知识产权商业化是以营利为目的，通过知识产权转让、知识产权许可、知识产权质押等知识产权运营模式实现知识产权的商业价值。知识产权商业化发展不仅有利于企业将其自身知识产权变现，产生经济效益，还可通过知识产权商业化布局，突破竞争对手的技术垄断，整合产业技术资源，增强企业核心竞争力。知识产权商业化将为我国经济的转型升级注入新活力，盘活我国知识产权存量，扩大知识产权的经济效益及商业价值。

（五）知识产权资本化

知识产权资本化是充分利用知识产权，实现知识产权价值与资本的转换，极大地推动知识产权资产的流通与利用。2015年4月，国家知识产权局发布《关于进一步推动知识产权金融服务工作的意见》，提出政府应引导知识产权评估、交易、担保、典当、拍卖、代理、法律及信息服务等机构进入知识产权金融服务市场，支持社会资本创办知识产权投融资经营和服务机构，加快形成多方参与的知识产权金融服务体系。2019年8月，中国银保监会联合国家知识产权局、国家版权局发布了《关于进一步加强知识产权质押融资工作的通知》。上述政策的发布,有力地推动了知识产权与金融市场相融合,促进知识产权资本化不断发展,发挥知识产权运营对实体经济的支撑作用。

三、知识产权运营机构

(一) 知识产权运营机构的兴起

我国逐步进入以知识产权为核心竞争力的新经济时代,知识产权逐渐成为驱动经济增长的新引擎和企业的核心竞争力,知识产权运营产业发展迅速[①]。知识产权运营产业的高速发展推动知识产权运营机构的发展,在国家知识产权局于2013年实施专利导航试点工程以来,知识产权运营机构不断增加,运营模式不断创新,应用领域逐渐拓宽。截至2018年年底,专利代理机构数量与商标代理机构数量达到4.1万个,同比增长16.6%。知识产权运营机构的发展是我国知识产权运营产业未来的发展趋势,知识产权运营机构可为知识产权供需双方提供高效的知识产权交易、知识产权投融资等知识产权运营行为的公共服务平台,促进我国知识产权运营的发展,提升我国国际知识产权竞争力。自2014年以来,国家知识产权局与财政部共同开展以市场化方式促进知识产权运营服务的试点,在北京建设全国性知识产权运营公共服务平台,在西安和珠海建设特色试点平台,并以股权投资的方式指导扶持试点省、市的20家知识产权运营机构,初步形成了"平台+机构+资本+产业+人才"五位一体的知识产权运营服务体系。

(二) 知识产权运营机构的类型

我国知识产权运营产业发展迅速,根据服务类型可将知识产权运营企业划分为服务型知识产权运营企业、资产型知识产权运营企业等。

1. 服务型知识产权运营企业

服务型知识产权运营企业为知识产权交易提供平台服务、在知识产权申请或授权阶段提供支持性服务。服务型知识产权运营企业在市场中占据主流地位,企业自身并不持有知识产权,主要为知识产权交易、知识产权投融资等提供知识产权运营服务。该类平台最典型的代表为国家知识产权运营公共服务平台(以下简

[①] 郑杰. 浅谈知识产权运营中心平台建设意义 [J]. 企业技术开发,2014,33 (1): 88-89.

称"国家平台"），该平台具有以下主要功能：一是知识产权数据查询服务，除了基础的专利数据查询外，该平台还提供知识产权运营数据、审查数据以及商标数据的查询；二是知识产权交易服务，提供线上项目供需对接服务；三是知识产权服务集市，为服务机构提供展示和交易的平台；四是知识产权金融服务，提供线上知识产权质押融资服务。国家平台以知识产权数据为基础，建立了知识产权运营的基础数据库和项目标准，打通了知识产权运营相关的信息流、服务流和资金流，为全国的知识产权运营提供了基础支撑。

2. 资产型知识产权运营企业

企业通过购买等方式将自有资本转化为知识产权，自行承担知识产权资产和运营风险。以北京智谷睿拓技术服务有限公司（以下简称"智谷睿拓"）为例，智谷睿拓通过自主创新和与第三方合作的方式开展原创技术的开发和转让，并提供知识产权运营服务，如与高校院所搭建发明网络提供知识产权的研发、转让及商业信息咨询服务，帮助企业挖掘和实现知识产权的商业价值并提升其产品附加值等服务，解决我国高校院所科技成果转化率低及企业创新资金不足等问题。

第二节　知识产权运营发展现状

一、国外知识产权运营发展现状

（一）国外知识产权运营背景

自 1623 年世界第一部专利法《垄断法规》诞生于英国以来，国际知识产权制度随着三次工业革命日益完善，并逐渐在全球范围内普及。在全球经济一体化发展趋势下，知识产权制度在国际市场竞争中的地位日益突出，逐渐受到国家、社会及个人的重视，以知识产权为基础的运营市场也逐渐开始发展。

1. 美国知识产权运营背景

美国作为知识产权运营发展成熟的国家之一，知识产权制度制定时间早。1787年，美国在其宪法中规定了版权和专利权，并于 1790 年发布第一部《美国专利法》（以下简称《专利法》）和《美国联邦版权法》（以下简称《版权法》），提出对专利权人及版权人的经济权利提供相关法律保障，推动了美国专利及版权的发展。1802年，美国成立直属于国务院的专利与商标局，并于1870年制定《美利坚合众国联邦商标条例》。通过发布《专利法》《版权法》《美利坚合众国联邦商标条例》等多项知识产权相关法规政策，美国已建立起完整的知识产权法律体系，对知识产权进行全方位的保护，为发展知识产权运营提供坚实的基础。

美国知识产权运营发展时间早，其知识产权运营模式的核心是市场化运作，政府部门负责提供政策指导、战略指引和便捷高效的服务，鼓励技术从研发端向应用端流动，并利用自身完善的金融市场推动知识产权的资本化转变。美国政府的政策扶持及其金融市场的支持，促进了美国知识产权运营产业的发展，促使其逐步发展成国际知识产权运营大国。

2. 英国知识产权运营背景

英国于1623年颁布了世界第一部专利法《垄断法规》，成为知识产权发展最早的国家。《垄断法规》的诞生从法律上限制英国王室的特权性垄断，建立起鼓励专利创新的制度。1852年，英国发布《专利法修正案》，正式确立专利制度并成立专利局，从而推动了第一次工业革命的产生。第一次工业革命中，通信技术及交通运输技术的变革改善了商品交换的方式，以创新发明专利作为资产进行交易的知识产权运营应运而生。1977年，英国参与签订《关于授予欧洲专利的公约》，与欧洲各成员国间建立共同授予发明专利的法律制度。英国的知识产权制度及知识产权运营随着欧洲知识产权一体化逐步实现全球化发展。

3. 日本知识产权运营背景

日本拥有完善的知识产权制度，是亚洲知识产权保护及运营发展成熟的国家之一。自1950年起，日本开始大量引进国外先进技术以增强自身技术水平，并成功建立起本国的科学体系。1995年，日本政府通过颁布《科学技术基本法》确立了科学技术立国的基本方针，规范了科技事业发展的方向和保障措施，并逐渐开始发展知识产权质押贷款。日本政策投资银行自1995年开始实施知识产权质押贷款业务[1]，针对

---

[1] 李希义. 日本政策投资银行开展知识产权质押贷款的做法和启示[J]. 中国科技论坛，2011（7）：147–152.

不同类型的企业进行金融创新，并开展多种形式的知识产权质押贷款及证券化业务，推动日本知识产权运营产业的发展。2018年，日本发布了《2018年知识产权推进计划》，提出重视知识产权创造教育及人才培养，加强知识产权制度基础设施建设，并建立数字化和网络化的著作权系统，强化知识产权保护，为知识产权运营奠定基础。

（二）国外知识产权运营发展现状

在全球经济一体化的发展趋势下，知识产权在产业竞争中的地位不断提升，逐渐发展成为国际市场竞争的重点。据2020年世界知识产权组织（World Intellectual Property Organization，WIPO）发布的《世界知识产权指标》年度报告数据显示，2018年全球专利申请数达到32 767 000件，同比上涨1.6%；商标申请数达到17 198 300件，同比上涨13.7%；工业品外观设计申请数达1 387 800件，同比上涨2.0%，国际知识产权发展迅速。

1. 专利方面

如图1-1所示，2020年，中国的专利申请数为1 497 159件，美国为597 172件，日本为288 472件，韩国为226 759件，欧洲专利局为180 346件。其中，中国的专利申请数同比增长6.9%，韩国同比增长3.6%，而美国和日本的专利申请数分别下降3.9%和6.3%，美国的专利申请数自2009年以来首次出现下降。2020年，全球有效专利数为1 592万件，同比增长6.0%，其中美国有效专利数约为335万件，其次为中国（306万件）、日本（204万件）。

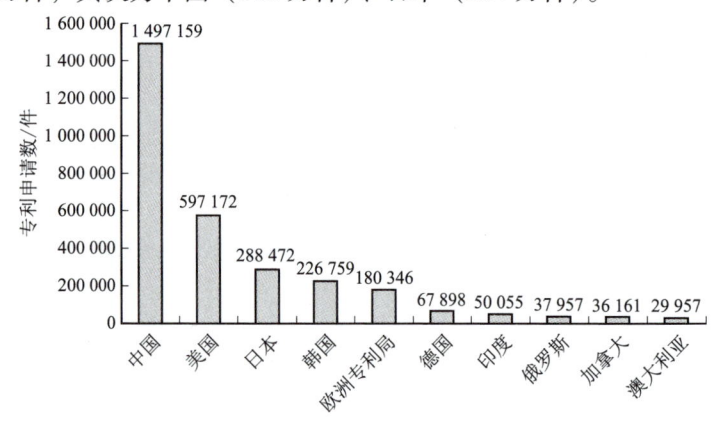

图1-1 2020年全球专利申请数排名前10位的国家和地区

数据来源：世界知识产权组织（WIPO）

如图 1-2 所示，2020 年，亚洲专利申请数占世界总数的 66.6%，北美洲占比为 19.3%，欧洲占比为 10.9%，其他国家和地区占比合计约为 3.2%。

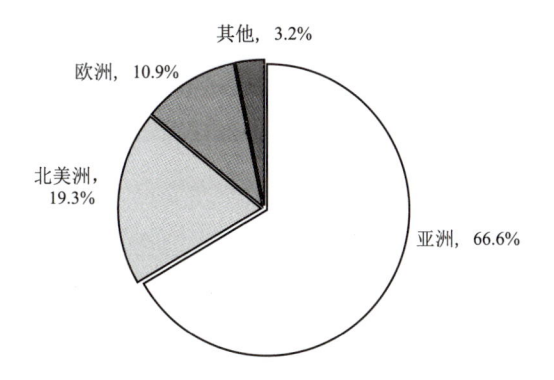

图 1-2　2020 年全球专利申请数构成
数据来源：世界知识产权组织（WIPO）

随着经济全球化的不断发展，进入国际市场抢占国际市场份额成为各经济主体的重点目标。向境外提交专利申请的方式逐渐成为各经济主体向国际市场扩张的战略发展方式。如图 1-3 所示，2020 年，美国向境外提交了 226 297 件专利申请，其次为日本（195 906 件）、德国（99 791 件）、中国（96 268 件）、韩国（80 133 件）。

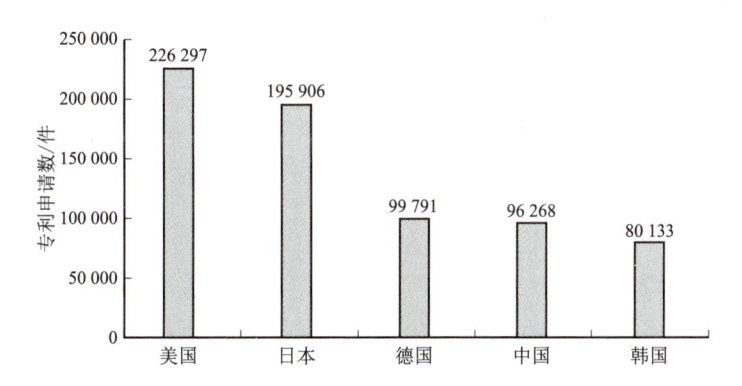

图 1-3　2020 年全球向境外提交专利申请数排名前 5 位的国家和地区
数据来源：世界知识产权组织（WIPO）

2. 商标方面

2020 年，全球商标申请数约为 1 340 万件，涵盖范围包括 17 198 300 个类别。如图1-4所示，中国商标申请涵盖类别为9 345 757类，美国为870 306类，伊朗为541 750类，欧盟为438 511类，印度为424 583类。2020年全球约有6 335万件有效商标注册，同比增长11.2%，其中，中国拥有3 017万件，依次为美国（261万件）、印度（241万件）。

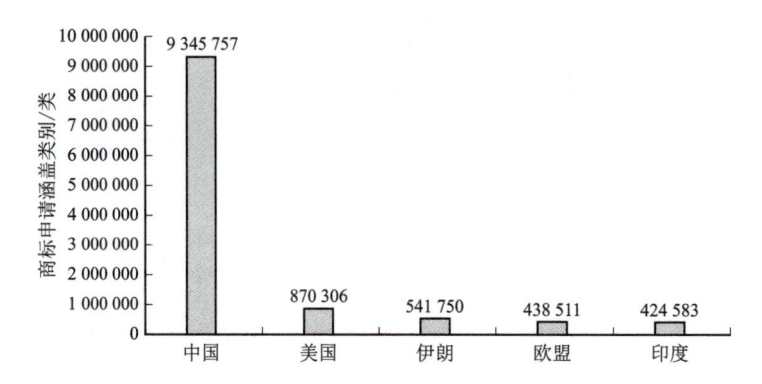

图1-4　2020年全球商标申请涵盖类别排名前5位的国家和地区
数据来源：世界知识产权组织（WIPO）

如图1-5所示，2020年，亚洲商标申请占全球商标申请活动的69.3%，欧洲占比为17.7%，北美洲占比为4.5%，其他国家和地区占比合计约为8.5%。

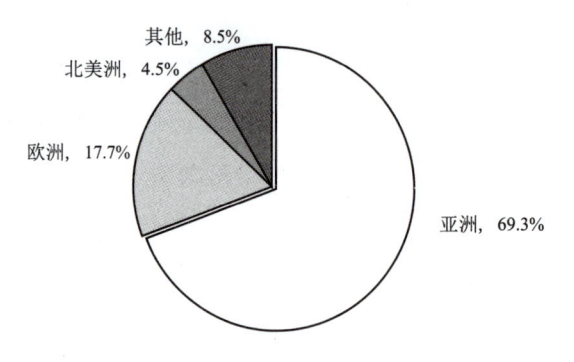

图1-5　2020年全球商标申请构成
数据来源：世界知识产权组织（WIPO）

3. 工业品外观设计方面

2020年，全球工业品外观设计申请数达到1 387 800项，同比增长2.0%。如图1-6所示，中国工业品外观设计申请数为770 362项，欧盟为113 196项，韩国为70 821项，美国为50 743项，土耳其为47 653项。2020年全球有效工业品外观设计注册总量约 475 万项，同比增长 11.0%，其中，中国有效注册量为 219 万项，其次为美国（371 870 项）、韩国（369 526 项）、日本（263 307）。

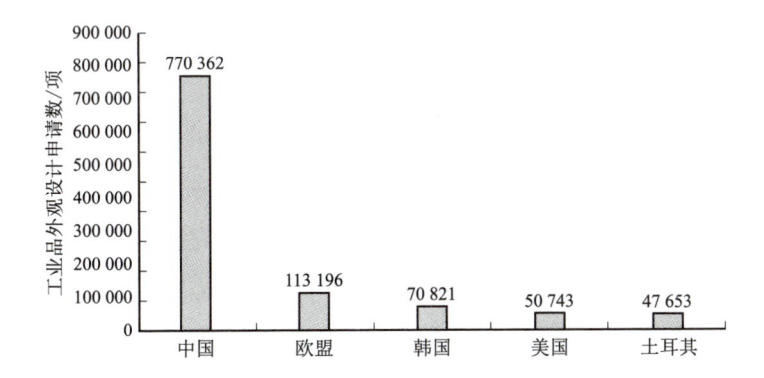

图 1-6　2020 年全球工业品外观设计申请数排名前 5 位的国家和地区
数据来源：世界知识产权组织（WIPO）

如图 1-7 所示，2020 年，亚洲工业品外观设计申请数占全球总申请数的 70.9%，欧洲占比为 22.1%，北美洲占比为 4.2%，其他国家和地区占比合计约为 2.8%。

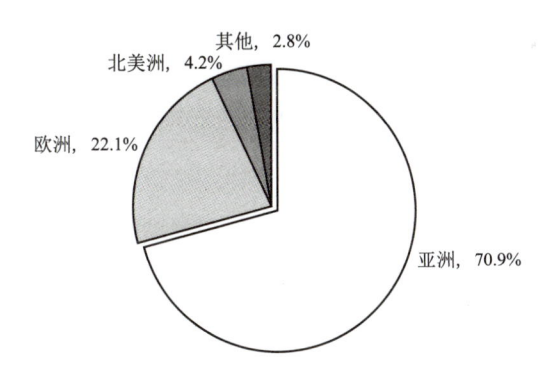

图 1-7　2020 年全球工业品外观设计申请数构成
数据来源：世界知识产权组织（WIPO）

国外知识产权制度发布早且完善，知识产权运营模式多样化。国外企业将知识产权运营与金融、法律、互联网等领域相融合，对依法合规拥有的有效知识产权进行分析、收购，并形成新的知识产权组合，通过知识产权转让、许可、质押、信托、诉讼、投融资、保险等运营模式实现知识产权的经济价值。随着国外知识产权运营市场的不断发展，知识产权运营模式不断更新升级，促使国外知识产权逐步形成完整的运营体系。

二、我国知识产权运营发展现状

（一）我国知识产权保护状况

知识产权保护是知识产权运营的前提，只有强有力的保护，才能激发运营的动力。自1978年改革开放以来，我国政府先后颁布了《中华人民共和国商标法》（1982年）、《中华人民共和国专利法》（1984年）、《中华人民共和国著作权法》（1990年）、《中华人民共和国反不正当竞争法》（1993年）等多项知识产权法规政策，初步建立起知识产权法律制度体系。这些法律也随着经济社会的发展，不断修订完善，为我国知识产权社会活动和知识产权事业的发展提供了根本遵循。表1-1展示了我国知识产权法律制度建设的最新进展。

表1-1　我国知识产权法律建设的最新进展

序号	类型	名称
1	2018年实施的新修订的法律法规	《中华人民共和国反不正当竞争法》《奥林匹克标志保护条例》
2	2018年新颁布或新修订，2019年实施的法律法规	《中华人民共和国电子商务法》《专利代理条例》
3	2021年完成修订的法律法规	《中华人民共和国专利法》《中华人民共和国著作权法》

为加强对知识产权的保护，2014年年底，北京、广州、上海相继成立了知识产权法院。随着知识产权法院相关案件的受理、审判工作陆续展开，司法体制和知识产权审判制度改革方案相继出台，知识产权司法保护进入全新的阶段。近年来，党中央、国务院多次强调要强化知识产权保护，营造尊重知识价值的营商环境，全面完善知识产权保护法律体系，大力强化执法，加强对外国知识产权人合法权益的保护，杜绝强制技术转让，完善商业秘密保护，依法严厉打击知识产权侵权行为。2018年，习近平总书记在亚洲博鳌论坛年会上讲道，"加强知识产权保护是完善产权保护制度最重要的内容，也是提高中国经济竞争力最大的激

励","把（知识产权）违法成本显著提上去，把法律威慑作用充分发挥出来"。

1. 知识产权司法保护方面

司法保护是知识产权保护的重要方面，主要有民事诉讼、行政诉讼和刑事诉讼三大类。2020年，全国法院新收一审、二审、申请再审等各类知识产权案件525 618件，审结524 387件（含旧存，下同），比2019年分别上升9.1%和10.2%。

强化知识产权民事司法保护。2020年，最高人民法院新收知识产权民事案件3 470件，审结3 260件，比2019年分别上升38.58%和64.98%。地方各级人民法院新收知识产权民事一审案件443 326件，审结442 722件，比2019年分别上升11.1%和12.22%。其中，新收专利案件28 528件，同比上升28.09%；商标案件78 157件，同比上升19.86%；著作权案件313 497件，同比上升6.97%；技术合同案件3 277件，同比上升4.53%；竞争类案件4 723件，同比上升14.41%；其他知识产权民事纠纷案件15 144件，同比上升34.96%。地方各级人民法院新收知识产权民事二审案件42 975件，审结43 511件，同比分别下降13.54%和10.67%。

妥善审理知识产权行政案件。2020年，最高人民法院新收知识产权行政案件1 909件，审结1 735件，比2019年分别上升79.08%和96.27%。地方各级人民法院新收知识产权行政一审案件18 464件，比2019年上升14.44%，审结17 942件，比2019年增加4件。其中，新收专利案件1 417件，同比下降14.69%；商标案件17 035件，同比上升17.83%；著作权案件12件，比2019年减少4件。地方各级人民法院新收知识产权行政二审案件6 092件，审结6 183件，比2019年分别下降16.59%和上升4.06%。其中，维持原判4 828件，改判1 214件，发回重审2件，撤诉114件，驳回起诉4件，其他21件。

加大知识产权刑事打击力度。2020年，地方各级人民法院新收侵犯知识产权刑事一审案件5 544件，审结5 520件，比2019年分别上升5.76%和8.77%。其中，新收侵犯注册商标类刑事案件5 203件，同比上升4.44%；侵犯著作权类刑事案件288件，同比上升37.14%。在审结的侵犯知识产权刑事一审案件中，假冒注册商标刑事案件2 260件，同比上升5.90%；销售假冒注册商标的商品刑事案件 2 528 件，同比上升 10.93%；非法制造、销售非法制造的注册商标标识刑事案件 395 件，同比下降 6.62%；假冒专利刑事案件 2 件；侵犯著作权刑事案件 273 件，同比上升 42.93%；销售侵权复制品刑事案件 17 件，比 2019 年增加 9 件；侵犯商业秘密刑事案件 45 件，比 2019 年增加 6 件。地方各级人民法院新收涉知识产权的刑事二审案件 869 件，审结 854 件，同比分别上升 7.55% 和 5.82%。

2. 知识产权行政执法方面

2019 年以来，全国各级行政执法机关不断加大执法力度，持续加大知识产权行政执法力度，组织开展"铁拳"专项行动，严厉查处商标侵权违法行为、假冒专利违法行为、专利侵权违法行为和特殊标志侵权违法行为。针对电子商务领域、重点商品交易市场和外商投资领域等重点领域，加强知识产权行政执法工作。

随着我国知识产权立法工作的开展，知识产权运营产业亦随之发展深化。由于国际化商业竞争压力不断加剧，知识产权作为发达经济体维护其自身利益的手段正逐渐受到各国企业的重视，跨国企业为占领和垄断先进技术，运用多样化的知识产权战略手段，如积极检索、购买核心技术、抢注知识产权等，抢占市场份额及利润。受贸易全球化影响，国际贸易已由纯粹的商品贸易逐渐发展成为商品贸易、资本贸易、技术贸易等多种贸易方式并存的态势，其中技术贸易额占国际贸易总额的比重逐步扩大。据商务部数据显示，2018 年 1 月我国共登记技术进出口合同 1 341 份，合同总金额达 311 亿元，其中技术进口合同 642 份，金额达 176 亿元，同比增长 22.3%；技术出口合同 699 份，金额达 135 亿元，同比增长 24.6%。以专利技术、软件著作权等知识产权许可和转让形式开展的技术贸易日益活跃，逐渐成为我国推动产业升级、贸易升级，及融入全球价值链的重要途径。

(二) 我国知识产权运营发展现状

国务院于 2008 年发布实施的《国家知识产权战略纲要》中提出，到 2020 年，把我国建设成为知识产权创造、运用、保护和管理水平较高的国家，标志着我国知识产权制度的战略重心从保护阶段进入创造、运用、保护和管理并重的阶段。2021 年，中共中央、国务院印发《知识产权强国建设纲要（2021—2035

年)》,其中提出,到2025年,知识产权强国建设取得明显成效,知识产权保护更加严格,社会满意度达到并保持较高水平,知识产权市场价值进一步凸显,品牌竞争力大幅提升,专利密集型产业增加值占GDP比重达到13%,版权产业增加值占GDP比重达到7.5%,知识产权使用费年进出口总额达到3 500亿元,每万人口高价值发明专利拥有量达到12件。知识产权保护与管理是知识产权运用的基础和保障,知识产权运用则是知识产权保护和管理的最终目的。随着我国社会经济与知识经济不断发展,我国知识产权创造能力日益提升,人民的知识产权意识逐渐增强。近年来,我国政府发布多项扶持政策,对知识产权的申请、保护和运用行为给予奖励,以此激发我国企业的创新热情,并在核心技术领域的自主知识产权不断取得新突破,近年来又逐步优化知识产权奖励补助政策,注重高质量导向,全面提升我国知识产权创造的质量。

1. 专利方面

足够的授权专利数量是专利运营的基础,从专利申请受理和授权角度来看,我国专利运营基础较好。如图1-8所示,截至2020年年底,我国累计受理专利申请数为519.4万件,同比增长18.6%;累计授权专利数为363.9万件,同比增长40.4%。

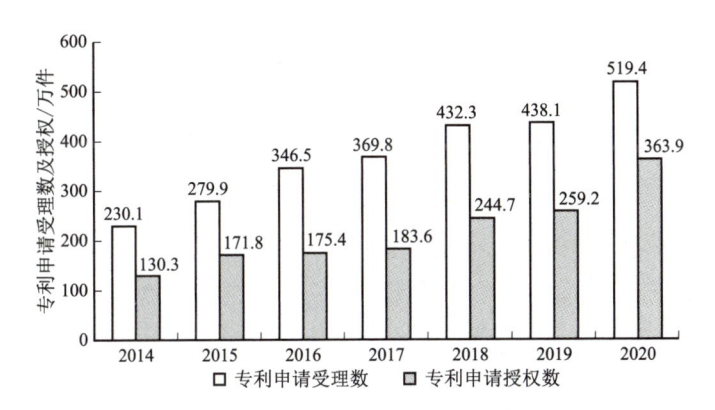

图1-8 我国专利申请受理数及授权数(2014—2020年)
数据来源:国家统计局

随着国家政策的扶持及我国企业专利意识的提升,我国专利的质量正逐渐提高。我国专利主要分为发明专利、实用新型专利及外观设计专利,其中国家知识产权局对申请的发明专利的新颖性、创造性、实用性等内容需要通过实质审查，因此发明专利在专利申请数量中的占比可反映出我国专利整体质量的高低。根据国家统计局数据显示，截至 2020 年年底，我国有效发明专利数达 305.8 万件，同比增长 14.5%。

2020 年，我国受理的发明专利申请量为 149.7 万件，同比增长 6.9%，连续 10 年位居世界第一。2020 年我国共授权发明专利 53.0 万件，其中国内发明专利授权数为 44.1 万件。在国内发明专利授权数中，职务发明数为 42.4 万件，约占 96.2%；非职务发明数为 1.7 万件，约占 3.8%。国家知识产权局共受理 PCT 国际专利申请数 7.2 万件，同比增长 18.6%，其中，6.7 万件来自国内，同比增长 17.9%。

如图 1-9 所示，2020 年，我国发明专利授权数排名前 3 位的国内（不含港澳台地区）企业依次为：华为技术有限公司（6 371 件）、广东欧珀移动通信有限公司（3 588 件）、中国石油化工股份有限公司（2 853 件）。

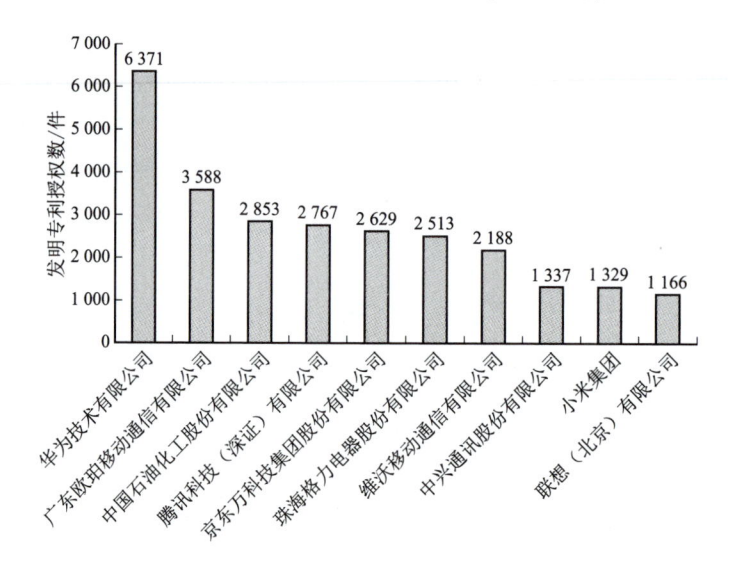

图 1-9　2020 年我国发明专利授权数排名前 10 位的国内（不含港澳台地区）企业
数据来源：国家知识产权局

截至 2020 年年底，我国国内（不含港澳台地区）发明专利拥有数累计 305.8 万件，每万人发明专利拥有数达到 15.8 件，其中北京市以每万人发明专利

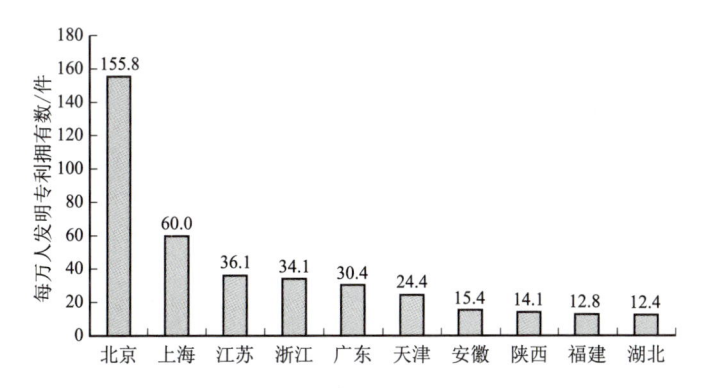

拥有数 155.85 件排名第一。排名前 10 位的省（区、市）如图 1-10 所示。

图 1-10 我国每万人发明专利拥有数排名前 10 位的省（区、市）（截至 2020 年年底）
数据来源：国家知识产权局

在三种专利申请数的占比方面，如图 1-11 所示，2020 年，我国发明专利、实用新型专利和外观设计专利占比分别为 28.8%、56.4% 和 14.8%，与往年相比，其结构发生逐渐变化，实用新型专利受理数占比有所上升。

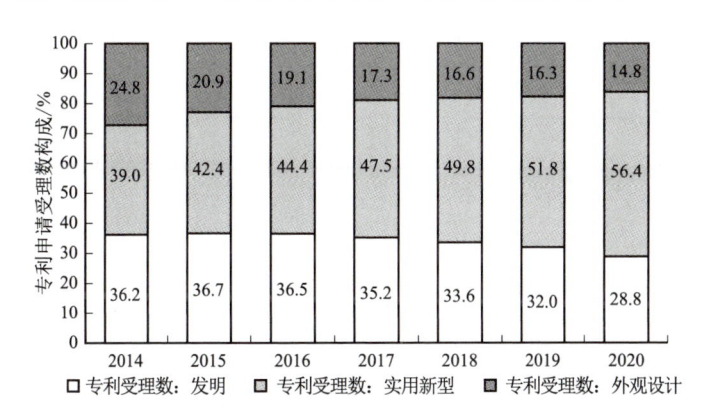

图 1-11 我国专利申请受理数构成（2014—2020 年）
数据来源：国家统计局

在三种专利授权数的占比方面，如图 1-12 所示，2020 年我国发明专利、实用新型专利和外观设计专利占比分别为 20.1%、65.3% 和 14.6%，与 2019 年相比，实用新型专利授权数占比上升较为明显。

自 2002 年以来，我国专利运营数量保持了持续增长的态势，如图 1-13 所示，2017 年专利运营次数为 24.8 万次，专利运营总次数（2002—2017 年）高达

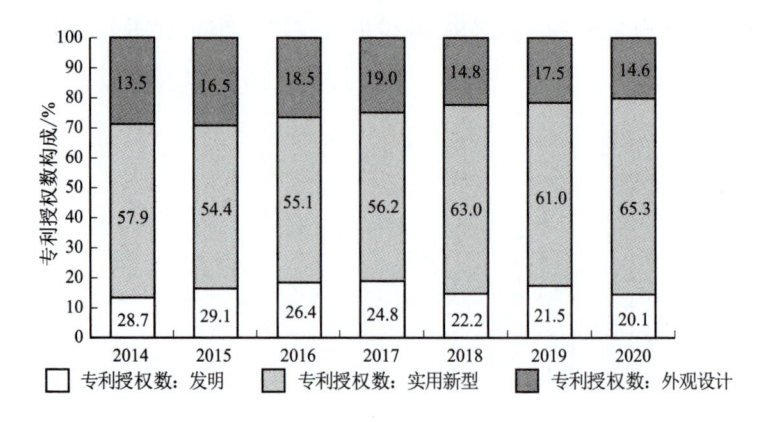

图 1-12 我国专利授权数构成（2014—2020 年）

数据来源：国家统计局

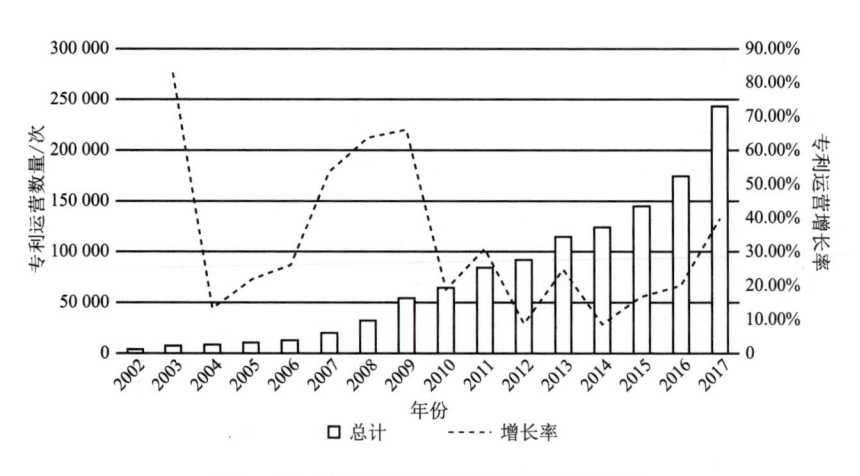

图 1-13 我国近年来的专利运营数量分析

数据来源：国家知识产权运营公共服务平台

147万次。从专利运营增长率来看，在 10%~88% 之间波动，且波动幅度较大。

从专利运营数量和专利公开量的对比数据（图 1-14）可以看出，专利运营量的增长趋势和专利公开量的增长趋势基本吻合。在 2008 年 6 月，国家知识产权战略开始实施，专利运营数量随着专利公开量的增长，也发生了急剧增长，2009 年增长率达到了 66%。2017 年 6 月，国家知识产权战略实施 10 周年（2008 年 6 月—2017 年 6 月），专利运营数量和专利公开数量再创新高。

通过对 2002—2017 年的专利运营数据进行分析，专利转让次数逐年增长，且专利转让是我国专利运营的最主要模式，以 2017 年为例，专利转让次数占所

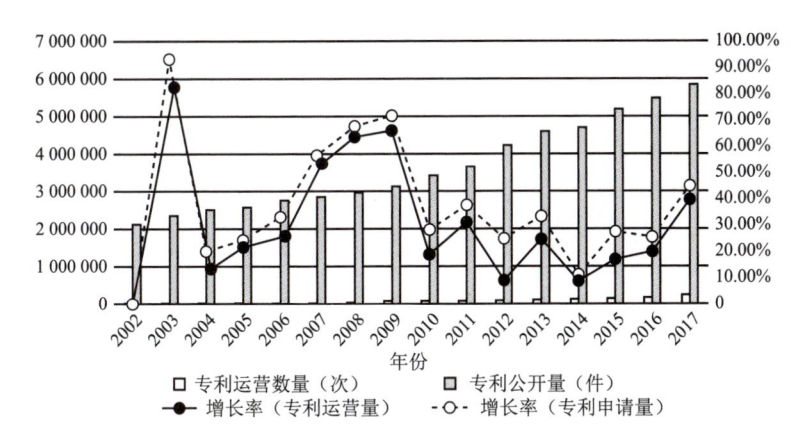

图 1-14　专利运营数量和专利公开量对比分析

数据来源：国家知识产权运营公共服务平台

有专利运营次数的 92.23%，远远超过专利许可和专利质押等运营模式，如图 1-15 所示。2017 年，专利转让数量有所下降，为 21.1 万次。同时，专利许可在专利运营中所占的比重在逐年下降，截至 2017 年年底，专利许可仅占专利运营总数的 1.97%，2018 年，专利许可占专利运营总数的 2.9%。

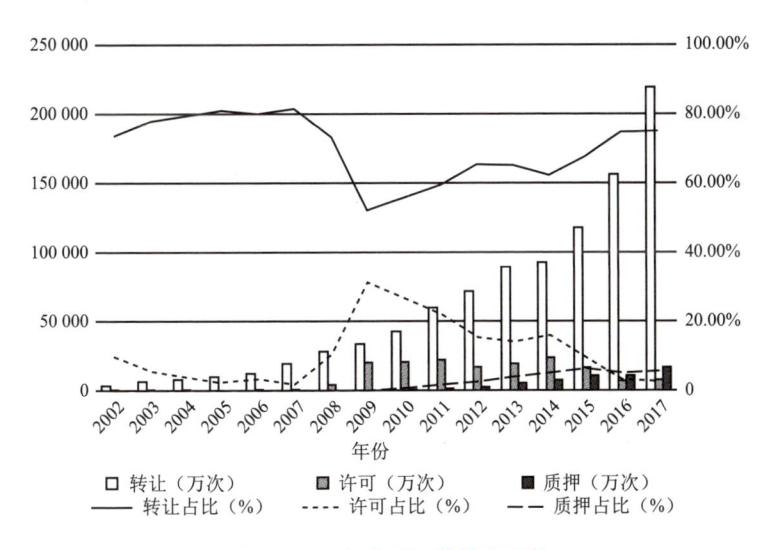

图 1-15　各专利运营模式趋势

数据来源：国家知识产权运营公共服务平台

2. 商标方面

随着我国经济不断转型升级，市场主体自主创新活力日益增强，企业自主品牌意识逐渐提升，商标注册申请数持续快速增长。2020年，我国商标申请数为934.8万件，同比增长19.3%，为历史新高。其中我国国内商标申请数为911.63万件，占比97.5%，同比增长20.2%。截至2020年年底，我国国内累计有效商标注册数达到3 017.3万件，同比增长19.6%，平均每4.6个市场主体拥有一件有效商标，其中国内有效注册商标2 839.3万件，占总量的94.1%，同比增长20.6%。

3. 著作权方面

著作权包括作品登记和计算机软件著作权登记。国家版权局发布的《关于2020年全国著作权登记情况的通报》数据显示，2020年我国著作权登记总数达5 039 543件，同比增长20.37%，其中作品登记数为3 316 255件，同比增长22.75%，而计算机软件著作权登记数为1 722 904件，同比增长16.06%。如图1-16所示，我国作品登记数各地区占比，北京以30.3%居首位；作品登记数各作品类型占比中，美术作品占比为39.1%。

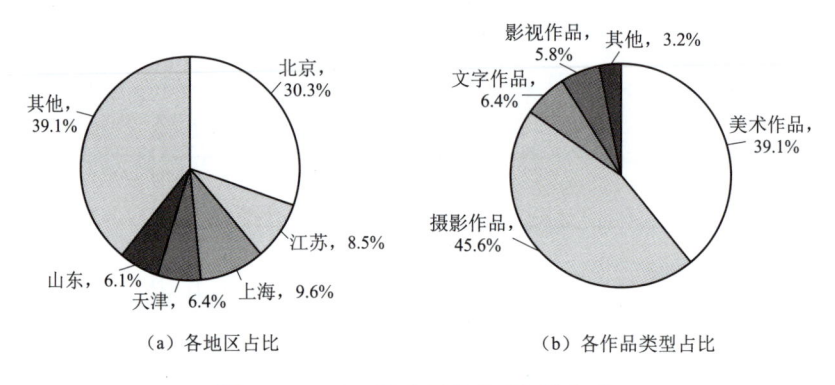

图1-16 2020年我国作品登记数构成
数据来源：国家版权局

我国知识产权制度建设及体系建设已取得新进展，知识产权相关宣传、教育及培训工作得以进一步加强，推动知识产权运营产业不断发展。国家知识产权局数据显示，2020年我国知识产权使用费进出口总额超过3 194.4亿美元，呈现出"出口进口同步增长、出口增速更胜一筹"的局面。

4. 专利质押融资方面

专利是知识产权资源中最具价值的资源，同时专利运营在知识产权运营中最具核心地位。专利运营不仅可以提升企业的创新能力，也是企业增强市场竞争力的有效手段。国家知识产权局数据显示，2020年，专利、商标质押融资总额达到2 180亿元，同比增长43.9%，质押项目数12 093项。其中，专利质押融资金额达1 558亿元，同比增长41.0%；质押项目为11 033项，同比增长56.3%。圆满完成《"十三五"国家知识产权保护和运用规划》中2020年度知识产权质押融资金额达到1 800亿元的目标。

5. 商标质押融资方面

近年来，我国商标专用权质押融资金额得到快速增长，2020年商标质权登记金额622亿元件，质押项目数1 060项。我国企业对商标质押融资的意识逐渐增强，商标的价值逐渐得到有效运用。

6. 著作权质押融资方面

2018年，全年共完成著作权质权登记384件，同比下降28.49%；涉及合同数341个，同比下降10.50%；涉及软件和作品数量123件，同比下降23.06%；涉及主债务金额405 876.6万元，同比下降46.90%；涉及担保金额392 524.3万元，同比下降46.24%。著作权质权交易规模在2019年以前呈逐渐扩大趋势，得益于著作权权利人大幅提升对著作权的保护、运用和管理力度，并逐渐加强以著作权作为核心资产进行融资等运营方面的意识。2019年后，受疫情影响，以及国家加强对影视行业的规范化管理，著作权质押登记情况呈现下降趋势。

三、我国知识产权运营政策环境分析

自2008年由国务院发布实施我国第一部知识产权战略纲要《国家知识产权战略纲要》以来，我国知识产权强国建设稳步推进，知识产权量质并进，知识产权保护工作体系逐步健全，知识产权保护得到全面加强。世界知识产权组织发布的《2021年全球创新指数报告》数据显示，我国创新指数排名升至全球第12位，较2020年上升2位。为保障知识产权产业的规范化发展，我国政府相继出台了多项法律法规及政策，促进知识产权价值的实现，部分内容如表1-2所示。

表1-2 我国知识产权运营相关法律法规及政策

名称	颁布日期	颁布主体	主要内容及影响
《中华人民共和国反不正当竞争法（2019修正）》	2019-04	全国人大常委会	（1）经营者不得实施教唆、引诱、帮助他人违反保密义务或者违反权利人有关保守商业秘密的要求，获取、披露、使用或者允许他人使用权利人的商业秘密；（2）扩大侵犯商业秘密的主体；（3）提高恶意侵犯商业秘密的赔偿限额。该政策的发布鼓励和保护市场公平竞争，制止不正当竞争行为的发生，保障经营者和消费者的合法权益，促进中国市场经济健康发展
《2018年深入实施国家知识产权战略加快建设知识产权强国推进计划》	2018-11	国家知识产权局	（1）推进知识产权管理体制机制改革；（2）加大高价值知识产权培育力度，完善专利审查质量保障和审查业务指导体系。该政策从深化知识产权领域改革、强化知识产权创造、强化知识产权保护、强化知识产权运用等方面入手，促进知识产权转移转化，推动知识产权成果产品化、商品化和产业化发展
《专利代理条例》	2018-09	国务院	（1）改进专利代理机构执业准入制度；（2）完善专利代理师执业准入制度；（3）鼓励专利代理机构和专利代理师为小微企业及无收入或低收入的发明人、设计人提供专利代理援助服务；（4）完善关于专利代理师和专利代理机构违法行为的法律责任。该政策的发布完善了专利代理行业的监督和管理工作，强化了地方管理专利工作部门的监管职责，推动专利代理行业健康发展
《"互联网+"知识产权保护工作方案》	2018-08	国家知识产权局	提出充分运用"互联网+"相关技术手段提升知识产权保护效率和水平，创新执法指导和管理机制，发挥大数据、人工智能等信息技术在知识产权侵权假冒的在线识别、实时监测、源头追溯中的作用，提升打击知识产权侵权假冒行为的效率及力度，增强知识产权领域治理能力，促进知识产权行业健康有序发展

续表

名称	颁布日期	颁布主体	主要内容及影响
《奥林匹克标志保护条例（2018年修订）》	2018-06	国务院	（1）对奥林匹克标志及其权利人的范围进行调整并给予更全面的保护；（2）将侵犯奥林匹克标志专有权行为扩大到使用近似标志，并加大行政处罚力度，提高对侵犯奥林匹克标志专有权行为的罚款数额。该政策的发布加大了对奥林匹克知识产权的保护力度，保障中国体育事业发展的同时推动了中国知识产权的法治建设
《中华人民共和国专利法》	2020-10	全国人大常委会	（1）增加了专利开放许可条款，专利权人自愿以书面方式向国务院专利行政部门声明愿意许可任何单位或者个人实施其专利，并明确许可使用费支付方式、标准的，由国务院专利行政部门予以公告，实施开放许可；（2）提高了对专利侵权的赔偿额，对故意侵犯专利权，情节严重的，可以在按上述方法确定数额的一倍以上五倍以下确定赔偿数额，人民法院可以根据专利权的类型、侵权行为的性质和情节等因素，确定给予三万元以上五百万元以下的赔偿
《知识产权强国建设纲要（2021—2035年）》	2021-09	中共中央、国务院	（1）建设面向社会主义现代化的知识产权制度；（2）建设支撑国际一流营商环境的知识产权保护体系；（3）建设激励创新发展的知识产权市场运行机制；（4）建设便民利民的知识产权公共服务体系；（5）建设促进知识产权高质量发展的人文社会环境；（6）深度参与全球知识产权治理
《"十四五"国家知识产权保护和运用规划》	2021-10	国务院	（1）全面加强知识产权保护，激发全社会创新活力；（2）提高知识产权转移转化成效，支撑实体经济创新发展；（3）构建便民利民知识产权服务体系，促进创新成果更好惠及人民；（4）推进知识产权国际合作，服务开放型经济发展；（5）推进知识产权人才和文化建设，夯实事业发展基础

2008年6月，国务院发布《国家知识产权战略纲要》，确立了"激励创造、有效运用、依法保护、科学管理"，确定到2020年，把我国建设成为知识产权创造、运用、保护和管理水平较高的国家，标志着我国知识产权制度的战略重心从保护阶段进入创造、运用、保护和管理并重的阶段。该政策的发布将知识产权工作上升到国家战略层面进行统筹部署和整体推进，指出知识产权创造是源头、管理是基础、保护是手段，运用才是目的，为知识产权事业发展指出明确方向。

2008年12月，全国人大常委会发布《中华人民共和国专利法（2008修正）》，提出了增强自主创新能力、建设创新型国家的发展战略，明确侵犯专利权的赔偿包括权利人维权的成本，加大对违法行为的处罚力度，强化了对知识产权转化、运用的规范及保护。该政策的发布从进一步完善专利保护、提高专利授权标准、加大处罚力度等方面对《中华人民共和国专利法》做出补充和完善，促进我国专利的规范化发展。

2012年9月，国家知识产权局、教育部、科技部等部委联合发布《关于进一步加强职务发明人合法权益保护促进知识产权运用实施的若干意见》，提出将职务发明人知识产权相关要素纳入其晋升、职称、奖励的考评范围。鼓励高等院校、科研院所在评定职称、晋职晋级时，将科研人员从事知识产权创造、运用及实施的情况纳入考评范围，同等条件下重视知识产权落实、运用情况优的候选人员在评选时可获得加分。该政策鼓励国家、地方、各行业重视知识产权的创造及运用，完善了相关人事评级制度。

2013年8月，全国人大常委会发布《中华人民共和国商标法（2013修订）》，提出：①在注册商标申请中增加"声音"，且商标注册申请人可通过一份申请就多个类别的商品申请注册同一商标；②在注册和使用商标时，应遵循诚实信用原则；③在管理上，企业宣传禁用"驰名商标"字样，且严格规定禁止恶意抢注他人商标；④对商标恶意侵权的赔偿额从50万元提高到300万元。该政策的发布引导企业、科研机构和个人对商标的正确认识，增强商标相关知识的普及和推广，促进商标申请管理及商标市场环境规范化发展。

2013年12月，国家知识产权局发布《关于进一步提升专利申请质量的若干意见》，提出：①由专利申请阶段资助向授权后资助转变，突出专利资助政策的质量导向；②由资助专利创造逐渐向资助专利运用转变，引导创新主体加强专利运用和保护。该政策的发布，大幅提高了专利的申请质量和转化率。2015 年 12 月，《国务院关于新形势下加快知识产权强国建设的若干意见》发布，提出到 2020 年：①在知识产权重要领域和关键环节改革上取得决定性成果，进一步完善知识产权授权确权和执法保护体系，基本形成权界清晰、分工合理、责权一致、法治保障的知识产权体制机制；②大幅提升知识产权创造、运用、保护、管理和服务能力，进一步优化创新创业环境；③基本实现知识产权治理体系和治理能力现代化，建成一批知识产权强省、市，为建成中国特色、世界水平的知识产权强国奠定坚实基础。该政策的发布对知识产权强国建设工作做出明确安排，提出创新知识产权投融资产品，探索知识产权证券化，完善知识产权信用担保机制，推动发展投贷联动、投保联动、投债联动等新模式，并在全面创新改革试验区域引导天使投资、风险投资、私募基金加强对高技术领域的投资，促进我国知识产权价值的有效运用。

2016 年 2 月，国务院发布《实施〈中华人民共和国促进科技成果转化法〉若干规定》，提出：①加快实施创新驱动发展战略，打通科技与经济结合的通道，促进大众创业、万众创新，鼓励研究开发机构、高等院校通过转让、许可或作价投资等运营方式，向企业或其他组织转移科技成果，优先向中小微企业转移科技成果，为大众创业、万众创新提供技术供给；②将科技成果转化纳入对研究开发机构与高等院校的年度考核，科技成果转化收益的 50% 以上用于奖励科研人员；③鼓励企业建立健全科技成果转化的激励分配机制，充分利用股权出售、股权奖励、股票期权、项目收益分红、岗位分红等方式激励科技人员开展科技成果转化。该政策鼓励研究开发机构、高等院校、企业等创新主体及科技人员转移转化科技成果，促进知识产权的有效运用及价值的实现。

2020 年 2 月 3 日，教育部、国家知识产权局和科技部联合发布《关于提升高等学校专利质量促进转化运用的若干意见》，提出：①各高校要深刻认识进一步做好专利质量提升工作的重要性，坚持质量第一，积极推动把专利质量提升工作纳入重要议事日程，进一步提高知识产权工作水平，促进知识产权的创造和运用；②将专利转化等科技成果转移转化绩效作为一流大学和一流学科建设动态监测和成效评价以及学科评估的重要指标，不单纯考核专利数量，更加突出转化应用；③每年3月底前高校通过国家知识产权局系统对以许可、转让、作价入股或与企业共有所有权等形式进行转化实施的专利进行备案；④鼓励高校以普通许可方式进行专利实施转化，提升转化效率，支持高校创新许可模式，被授予专利权满三年无正当理由未实施的专利，可确定相关许可条件，通过国家知识产权运营相关平台发布，在一定时期内向社会开放许可。

2020年2月24日，国家知识产权局联合教育部发布了《国家知识产权试点示范高校建设工作方案（试行）》，提出示范高校应全面提升知识产权高水平管理、高质量创造、高效益运用、高标准保护能力，形成知识产权综合优势。试点高校应基于自身基础和发展战略，以知识产权管理能力提升为基础，在知识产权"质量、效益、保护"任一方面形成专项特色或综合优势。

2020年2月26日，国资委联合国家知识产权局发布了《关于推进中央企业知识产权工作高质量发展的指导意见》，提出：①中央企业建立适应高质量发展需要的知识产权工作体系；②知识产权创造、运用、保护、管理能力显著增强，有效专利拥有量持续增长；③在关键核心技术领域实现重点专利布局；④工作模式更加成熟，体制机制更加完善；⑤打造一支规模合理、结构优化的高水平人才队伍，对中央企业创新发展的引领支撑作用进一步提升。

2021年9月，中共中央、国务院印发《知识产权强国建设纲要（2021—2035年）》，统筹推进知识产权强国建设，全面提升知识产权创造、运用、保护、管理和服务水平，充分发挥知识产权制度在社会主义现代化建设中的重要作用，描绘了未来较长一段时间建设知识产权强国的实施蓝图。纲要明确了我国面向2035年建设知识产权强国的战略背景、总体要求，提出了一系列重点任务，包括：①建设面向社会主义现代化的知识产权制度；②建设支撑国际一流营商环境的知识产权保护体系；③建设激励创新发展的知识产权市场运行机制；④建设便民利民的知识产权公共服务体系；⑤建设促进知识产权高质量发展的人文社会环境；⑥深度参与全球知识产权治理。

2021年10月，国务院印发《"十四五"国家知识产权保护和运用规划》，提出到 2025 年，知识产权强国建设阶段性目标任务如期完成，知识产权领域治理能力和治理水平显著提高，知识产权事业实现高质量发展，有效支撑创新驱动发展和高标准市场体系建设，有力促进经济社会高质量发展，并明确了 2025 年我国知识产权发展的量化目标。规划从以下方面明确了我国"十四五"期间知识产权工作的主要任务：①全面加强知识产权保护，激发全社会创新活力；②提高知识产权转移转化成效，支撑实体经济创新发展；③构建便民利民知识产权服务体系，促进创新成果更好惠及人民；④推进知识产权国际合作，服务开放型经济发展；⑤推进知识产权人才和文化建设，夯实事业发展基础。

第三节　知识产权运营基本类型

一、知识产权运营传统模式

（一）知识产权产品化模式

1. 知识产权产品化模式的含义

知识产权产品化是生产企业将知识产权从知识形态具象化为产品的过程。

专利权、商标权的产品化，需要将创新技术、外观设计和商标具体化到工业产品中。著作权的产品化，可以将各类作品进行纸质出版、图像化摄制、网络载体发布等产品化。知识产品的产品化，可以说是知识产权运营的最初形式，也是最根本的形式。

无法产品化的知识产权，通常来讲也就失去了运营的价值基础。当然也存在一些无法产品化的专利，作为其他专利的附庸或者作为评职称、得奖励的指标，确实实现了一定的价值，但这毕竟不是专利运营的主流，不值得提倡。

2. 知识产权产品化模式的现状和未来

知识产权的产品化是目前运营的主流，广泛存在于经济运行活动中，从农业、工业产品的生产到书籍、电视电影等文化消费品的生产，都包含了知识产权的产品化，因而其规模巨大。由于其广泛性，同时与诸多产业都有密切的关联，因此难以被统计。

从方式上来看，专利的产品化出现了众创空间、新技术中试平台等载体，为新技术的产品化提供系统服务；著作权的产品化也出现了新的变化，以往书籍靠印刷或网络出版收取费用，现在则出现了通过网络免费阅读书籍，培养受众后，再通过网剧、电视、电影等方式获得经济利益的方式。此外，知识付费产业的兴起和发展，也是知识产权产品化的一个重要分支。

可以预见，随着移动支付手段的便利化，以及新一代信息化技术和人工智能等技术的发展，知识产权的产品化模式会有新的变革，也必将迎来更蓬勃的发展。

（二）知识产权转让模式

1. 知识产权转让模式的含义

知识产权转让是权利人与受让方双方根据法律法规签订转让合同，将知识产权所有权转移给受让方的法律行为。

知识产权包括专利权、商标权、著作权等受知识产权法保护的种类。根据知识产权种类的不同，知识产权转让包括专利权转让、商标权转让、著作权转让等形式。

①专利权转让是专利权人将其专利所有权转让给受让方的法律行为，受让方通过专利权转让合同取得专利所有权，成为新的专利权人；②商标权转让是商标权人将其合法拥有的商标专用权按照法定程序转让给受让方的法律行为；③著作权转让是著作权人将其著作的全部或部分财产权通过买卖、互易、遗赠等方式转让给受让方的法律行为。

2. 知识产权转让模式的现状

如图1-17所示，根据中国科技部数据，我国涉及知识产权的技术转让合同成交数量从2013年的11 797项增长至2019年的16 953项，年复合增长率为6.2%，整体呈稳健增长发展态势。

近年来，涉及知识产权的技术转让合同数类别构成逐渐发生改变。如图1-18所示，专利实施许可转让合同数量从2013年的2 301项增长至2018年的2 615项，在技术转让合同数中占比增加1.4个百分点；专利权转让合同数量呈逐年增长趋势，由2013年的1 173项增长至2018年的4 542项，在技术转让合

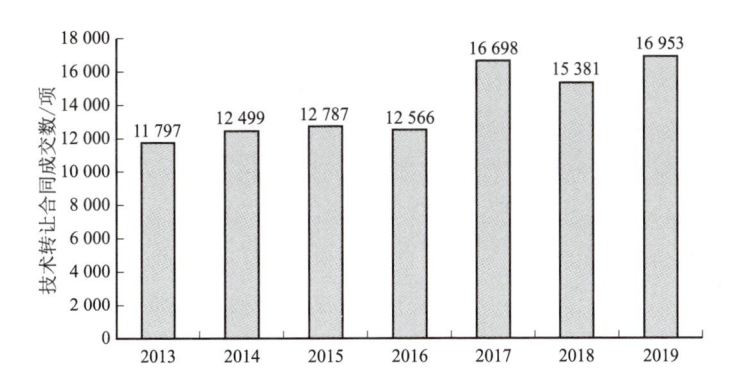

图 1-17 我国涉及知识产权的技术转让合同成交数（2013—2019 年）

数据来源：中国科技部

同数中占比增加 0.2 个百分点；计算机软件著作权转让合同数量从 2013 年的 381 项发展至 2018 年的 837 项，在技术转让合同数中占比略有下降。

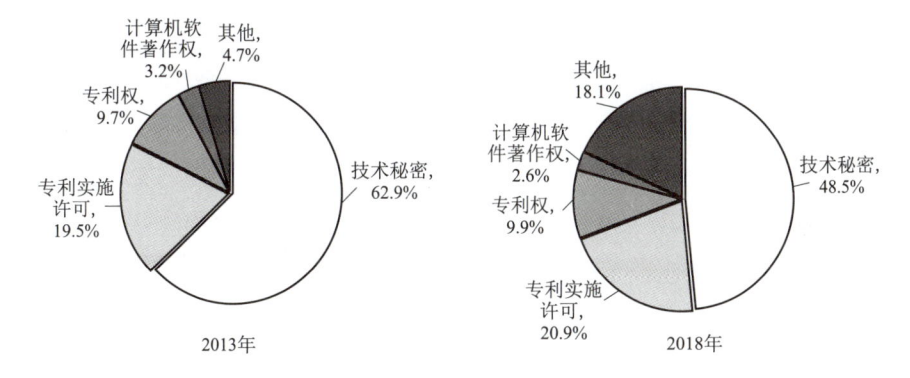

图 1-18 涉及知识产权的技术转让合同数构成（2013 年对比 2018 年）

数据来源：中国科技部

如图 1-19 所示，我国涉及知识产权的技术转让合同交易金额从 2013 年的 1 083.8 亿元增长至 2019 年的 2 188.9 亿元，年复合增长率为 12.4%，整体呈平稳增长发展态势。

如图 1-20 所示，专利实施许可转让合同交易额从 2013 年的 239.6 亿元增长至 2019 年的 381.06 亿元，年复合增长率为 8.0%；专利权转让合同交易额呈大幅增长趋势，从 2013 年的 31.6 亿元增长至 2019 年的 818.84 亿元，年复合增长率达 72%，在技术转让合同交易额中占比从 2013 年的 2.9% 增长至 2019 年的

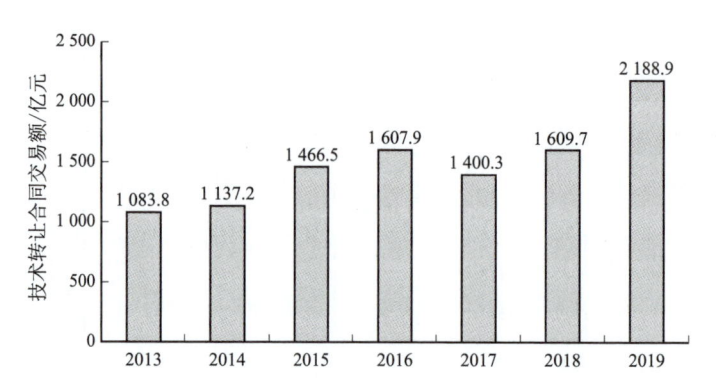

图 1-19　我国涉及知识产权的技术转让合同交易额（2013—2019 年）

数据来源：中国科技部

37.4%；计算机软件著作权转让合同交易额从 2013 年的 21.1 亿元增长至 2019 年的 182.91 亿元，年复合增长率为 43.3%。

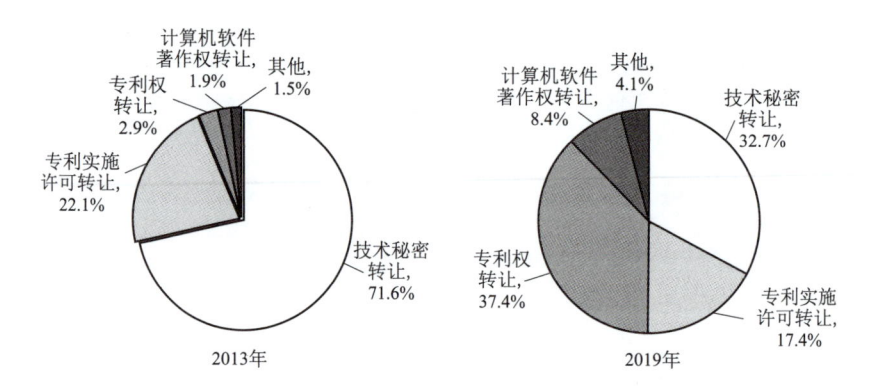

图 1-20　我国涉及知识产权技术转让合同交易额构成（2013 年对比 2019 年）

数据来源：中国科技部

3. 知识产权转让模式的类型

我国知识产权转让模式包括知识产权转让基本模式、企业并购转让模式和知识产权拍卖模式等。

①知识产权转让基本模式。权利人将其知识产权所有权转让给受让方从而获得收益，而受让方可在短时间内获得所需知识产权以改善自身知识产权缺乏的困境。以小米为例，为开拓海外市场发展国际化业务，2018 年小米从荷兰飞利浦公司购买约 350 项全球专利，截至 2018 年 3 月底，小米已在海外注册超 3 500 项专利。

②企业并购转让模式。企业通过并购目标企业从而获得该企业的相关知识产权与核心技术，同时接收目标企业研发、销售、售后等渠道，可迅速进入相关市场。以中国化工集团收购瑞士先正达为例，2017年6月中国化工集团以430亿美元收购全球第一大农药、第三大种子农化高科技公司瑞士先正达，从而获得先正达的研发、渠道、产品及其所拥有的大量高端市场用户。通过完成此次收购，中国化工集团迅速跻身成为和巴斯夫、陶氏—杜邦、拜耳组成的世界四大农业化学品和农药巨头之一。

③知识产权拍卖模式。权利人将其知识产权通过市场竞价交易的方式实现知识产权所有权的转移，知识产权拍卖模式具有覆盖面广、公开透明等特点。2018年12月13日，广州文化产业交易会粤港澳大湾区版权产业创新发展峰会中，以获得第十五届中国动漫金龙奖最佳剧情漫画奖铜奖的漫画《寂寞口笛手》为代表的多项知识产权授权项目参与竞拍，促成成交额超600万元。

（三）知识产权许可模式

1. 知识产权许可模式的含义

知识产权许可是权利人将其知识产权中的全部或部分使用权授予被许可人的法律行为，包括专利许可、商标许可、著作许可等形式。①专利许可，即专利许可证贸易，是专利权人以许可合同的形式授权他人在固定期限及范围内以固定方式使用专利权人所拥有的专利，被许可人支付相应使用费用；②商标许可是商标权人通过签订商标使用许可合同，许可他人使用其注册商标的法律行为；③著作权许可是著作权人许可他人在固定期限及范围内以协商的方式行使著作权利的行为。

2. 知识产权许可模式的现状

知识产权许可是我国知识产权运营模式中应用范围最广泛的方式之一，其应用率超过30%。根据中国科技部数据，如图1-21所示，2019年我国技术市场知识产权各类技术合同中专利实施许可转让合同数达3 222项，复合增长率为5.8%，交易额达381.1亿元，复合增长率为8.0%。知识产权实施许可模式既可增强企业市场竞争力，亦可促进资源有效运用，从而提高知识产权的使用率。

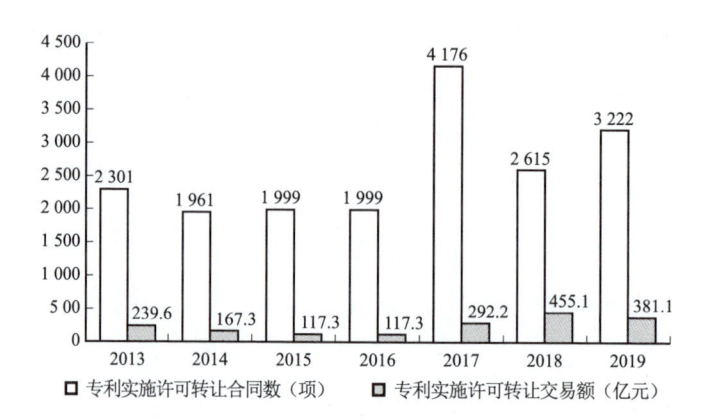

图 1-21 我国专利实施许可转让合同数及交易额（2013—2019 年）
数据来源：中国科技部

3. 知识产权许可模式的类型

知识产权许可是知识产权权利人与被许可人依法签订书面许可合同，由权利人授予被许可人知识产权使用权的法律行为。知识产权许可模式包括普通许可、排他许可、独占许可等。

①普通许可。权利人允许被许可人在合同规定的期限及地域内行使知识产权使用权，同时保留权利人自身使用该项知识产权及就该项知识产权与第三方签订许可合同的权利。因此在同一地域范围内，存在多个被许可人使用同一知识产权的情形。以肯德基为例，百胜餐饮集团提供肯德基商标使用权，授权加盟商在特定地域加盟经营肯德基门店。

②排他许可。权利人允许被许可人在合同规定的地域范围内独家行使知识产权使用权，并不再就该项知识产权与第三方签订许可合同，但仍保留权利人自身使用其知识产权的权利。2010 年 4 月，新加坡纳米材料科技公司（以下简称"NMT"）与北京万生药业有限责任公司（以下简称"万生药业"）签订排他许可协议。根据协议条款，万生药业支付关于使用 NMT 专有的超重力可控沉淀技术在我国国内进行药品生产及销售的费用，NMT 负责向万生药业提供药品配方且其自身拥有该配方的使用权。

③独占许可。权利人允许被许可人在合同规定的地域范围内，可独占该项知识产权的使用权，包括权利人自身在内均无权使用该项知识产权。2015 年，北

京华素制药股份有限公司(以下简称"华素制药")与中国人民解放军军事医学科学院放射与辐射医学研究所(以下简称"军科院二所")签订独占许可合同,华素制药以6 000万元购买军科院二所拥有的国家一类新药知母皂苷BII原料药、胶囊、国家一类新药知母皂苷BII注射用原料药、注射液及相关保健品智参颗粒相关专利的独占许可使用权。

(四)知识产权质押模式

1. 知识产权质押模式的含义

知识产权质押是知识产权权利人以其合法拥有的专利权、注册商标专用权、著作权等知识产权中的财产权为质押标的物出质,知识产权经评估作价后向银行等融资机构贷款,并按期偿还资金本息的融资行为。

我国知识产权质押模式多为专利、商标及著作权三种。1995年6月,第八届全国人民代表大会常务委员会第十四次会议通过《中华人民共和国担保法》,其中第75条规定依法可转让的商标专用权、专利权、著作权中的财产权可进行质押。2007年3月,第十届全国人民代表大会第五次会议通过《中华人民共和国物权法》,其中第223条规定可以转让的注册商标专用权、专利权、著作权等知识产权中的财产权可进行质押。

2. 知识产权质押模式的类型

知识产权质押模式可按融资方式分为:知识产权直接质押模式和知识产权间接质押模式,如表1-3所示。

表1-3 知识产权质押模式简介

知识产权质押模式	定义
知识产权直接质押模式	● 向银行机构进行知识产权质押 ● 出质人将知识产权质押给银行并获得贷款
知识产权间接质押模式	● 向非银行机构进行知识产权质押 ● 出质人将知识产权作为反担保质押给非银行机构 ● 该非银行机构向银行机构提供信用担保 ● 银行机构放款给出质人

3. 知识产权质押模式的现状

我国知识产权质押模式多应用于中小型企业，大型企业多具有固定资产多、信用良好、自有资产雄厚等特点，融资容易。随着我国创新驱动发展战略的实施，中小企业逐渐发展成为我国国民经济增长的基础性力量，在推进高新技术进步及推动国民经济发展等方面具有重要作用。但中小企业多处于起步阶段，企业规模小，缺乏固定资产及流动资金，致使中小企业难以通过传统的资产抵押获得贷款，存在融资困难的问题。大力推进知识产权质押模式的发展，可激励企业积极研发创新，进而推动国家经济增长，为中小企业融资提供新的解决途径，保障中小企业的蓬勃发展。2019年，《中国银保监会、国家知识产权局、国家版权局关于进一步加强知识产权质押融资工作的通知》印发，鼓励开展知识产权质押融资，解决中小企业融资难的问题。2019年，全国专利、商标质押融资总额超过1 500亿元，创历史新高，知识产权质押融资未来可期。

知识产权质押模式可改善我国金融抵押结构、拓宽企业融资渠道，提高企业抗风险能力。我国企业融资多利用不动产进行抵押贷款，企业融资渠道单一，同时我国金融行业与不动产行业间关联度大，风险集中度高。知识产权质押模式拓宽了企业融资渠道，有利于加强企业自主研发创新，促进企业有效实现科技创新成果的转化，增强我国企业知识产权核心竞争力。

（五）知识产权信托模式

知识产权信托模式中，知识产权权利人作为委托人与信托机构签订知识产权信托协议，委托人将其合法拥有的知识产权转移给信托机构，知识产权作为信托财产由信托机构代为管理及运用，以实现知识产权产业化、资本化及增值的目的[1]。信托机构通过单独和集合资金信托向投资者发售收益凭证以筹集知识产权信托计划的运作资金，知识产权实现转化后再将其收益分配给投资者，知识产权信托与资金信托有效结合，促进知识产权价值的实现。随着我国货币紧缩政策成为宏观调控的有力武器，中小企业出现了融资难的问题。知识产权信托为中小企业融资提供新的解决方案及途径。

---

[1] 李琴. 知识产权交易机制创新探析[J]. 经济与社会发展，2008（1）：123–126.

2002年，武汉国际信托投资公司（以下简称"武汉国投"）在我国率先推出专利权信托业务，武汉国投将专利权人委托的专利"无逆变器不间断电源"的技术特征进行挖掘和评估后，将专利预期收益分割为若干信托单位向风险投资人出售，专利转化后所得收益由专利权人、信托公司及风险投资人按约定的比例分成。

2018年10月，安徽省率先开展知识产权信托交易试点，其中安徽中科大国祯信息科技有限公司（以下简称"国祯信息"）、高新担保及国元信托签订知识产权信托合作协议，共抵押4项发明专利，获得1 000万元融资。在不改变知识产权权属的情况下，国祯信息将知识产权有偿委托给国元信托，由国元信托为其募集社会资金，信托协议到期后，再由国祯信息将知识产权回购。

（六）知识产权战略联盟

1. 知识产权战略联盟的含义

知识产权战略联盟是由多个利益高度关联的市场主体，以知识产权为基础，为维护自身及产业利益、增强产业自主创新能力而结盟形成的组织。知识产权战略联盟基于知识产权资源的整合与战略运用而组建，主要包括品牌联盟、版权联盟、专利联盟等形式，其中专利联盟是我国知识产权战略联盟的主要形式。联盟成员间以知识产权协同运用为基础，相互交叉许可彼此的知识产权，对外则由联盟共同进行使用许可。

通过联盟内部的知识产权集体保护机制，联盟成员可提高自身知识产权保护水平，并逐步实现相关技术标准化发展。

2. 知识产权战略联盟的特点

知识产权战略联盟具有领域集中等特点，知识产权作为知识产权战略联盟形成的基础，吸引相同领域的企业建立联盟协同发展。单项知识产权技术可应用领域具有局限性，且知识产权实现市场化及二次研发对于企业的专业性要求高，非该领域企业难以实现在该领域知识产权的有效运用。联盟内部的知识产权通常具有互补性及相似性的特点，同一领域不同企业的技术优势加以组合创造单一企业无法提供的竞争优势，因此知识产权战略联盟内部企业多来源于同一领域。国家知识产权局数据显示，截至2018年1月底，我国备案在册的产业知识产权联盟数达105个（表1-4中仅列出部分数据），其中广东省拥有24个知识产权联盟，位居第一，北京市拥有21个知识产权联盟，位列其次。

表1-4 我国备案在册的产业知识产权联盟数（截至2018年1月底）

推荐单位	联盟数量	联盟代表
广东省知识产权局	24	LED产业专利联盟 电压力锅专利联盟 中国彩电知识产权产业联盟 深圳市工业机器人专利联盟 深圳市黄金珠宝知识产权联盟 ……
北京市知识产权局	21	北京市智能卡行业知识产权联盟 北京市音视频产业知识产权联盟 北京食品安全检测产业知识产权联盟 中关村能源电力知识产权联盟 北京新型抗生素行业知识产权联盟 ……
山东省知识产权局	18	新型健身器材产业技术创新专利联盟 山东省石墨烯产业知识产权保护联盟 国家化工橡胶专利联盟 山东省化工产业知识产权保护联盟 济宁市智能矿山知识产权战略联盟 ……
江苏省知识产权局	12	新医药技术创新知识产权联盟 膜产业知识产权联盟 江苏省物联网知识产权联盟 泰州市特殊钢产业技术创新与知识产权战略联盟 南京光电产业知识产权联盟 ……
浙江省知识产权局	7	湖州市电梯产业知识产权联盟 杭州高新区（滨江）物联网产业知识产权联盟 浙江省磁性材料产业知识产权联盟 浙江省黄岩电动车塑件产业知识产权联盟 中国低压智能电器产业知识产权联盟 ……

续表

推荐单位	联盟数量	联盟代表
四川省知识产权局	6	四川省高效节能照明及先进光电子材料与器械技术创新和知识产权联盟 四川省生猪产业知识产权联盟 四川省眉山"东坡泡菜"产业专利联盟 四川省自贡市硬质材料产业专利联盟 宜宾市香料植物开发利用产业知识产权联盟 ……
海南省知识产权局	6	海南省热带特色高效农业知识产权联盟 海南省南药产业知识产权联盟 海南省食品产业知识产权联盟 海南省互联网产业知识产权联盟 海南省旅游业知识产权联盟 ……

（七）知识产权诉讼模式

1. 知识产权诉讼模式的含义

知识产权诉讼是知识产权权利人通过司法体系维护自身权利的行为，是知识产权权利人用于维护其知识产权市场竞争优势和保持知识产权市场份额的重要手段。知识产权运营主体，可以通过知识产权诉讼，达到其相应的运营目的。例如，通过保护自有知识产权、使对手停止侵权、获取侵权赔偿、否定他人知识产权等，还有严重的知识产权侵权行为涉及犯罪的，通过刑事诉讼予以打击，效果更加明显。

如图1-22所示，知识产权诉讼模式包括知识产权民事诉讼、知识产权行政诉讼和知识产权刑事诉讼。①知识产权民事诉讼分为知识产权侵权诉讼、知识产权归属诉讼和知识产权合同诉讼；②知识产权行政诉讼分为由国家行政机关做出的行政裁判引起的诉讼、由国家行政机关做出的详细行政行为引起的诉讼、由地方知识产权治理机关行政执法引起的诉讼；③知识产权刑事诉讼针对假冒注册商标罪、销售假冒注册商标商品罪、非法制造、销售非法制造的注册商标标识罪、假冒他人专利罪、侵犯著作权罪、销售侵权复制品罪及侵犯商业秘密罪8种行为构成的知识产权犯罪。

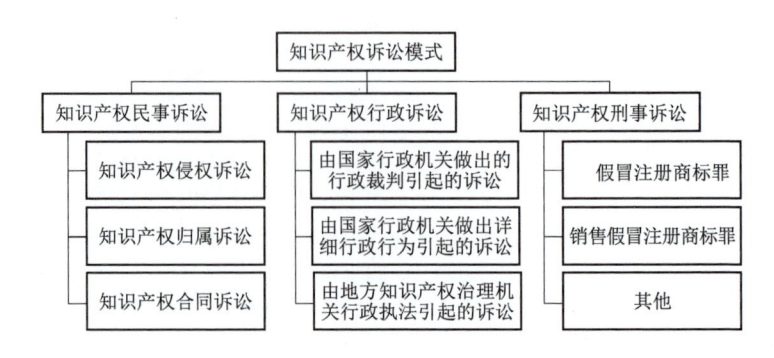

图 1-22　知识产权诉讼分类

2. 知识产权诉讼模式的现状

为推动实施国家创新驱动发展战略，进一步加强知识产权司法保护，切实依法保护知识产权权利人合法权益，2014年8月31日，第十二届全国人大常委会第十次会议通过《关于在北京、上海、广州设立知识产权法院的决定》，2014年11月3日，最高人民法院发布《最高人民法院关于北京、上海、广州知识产权法院案件管辖的规定》，大幅提升知识产权法院审理案件的专业性及效率。2019年1月1日，最高人民法院设立知识产权法庭，统一审理全国范围内专利等专业技术性较强的民事和行政上诉案件，肩负着统一专利等知识产权案件裁判尺度、加快创新驱动发展战略实施的重大使命，通过实现审理专门化、管辖集中化、程序集约化和人员专业化，为知识产权强国和世界科技强国建设提供有力的司法保障和服务。

随着知识产权战略顶层设计的不断发展及知识产权体系改革的实施，知识产权诉讼蓬勃发展。国家知识产权局发布的《2020年中国知识产权保护状况》数据显示，2020年，最高人民法院新收知识产权民事案件3 470件，案件审结3 260件。全国地方人民法院在2020年全年共新收知识产权民事一审案件443 326件，较上年提升11.10%，审结442 722件，同比上涨12.22%。其中，新收专利案件28 528件，同比上涨28.09%；商标案件78 157件，同比增加19.86%；著作权案件313 497件，同比上涨6.97%。执法机关加强知识产权民事诉讼审判工作，严格保护权利人的利益，推动了知识产权运营的发展。

近年来，人民法院加大知识产权行政执法力度，依法行政，促进知识产权的有效运用。2020年，最高人民法院新收知识产权行政案件1 909件，案件审结1 735

件。全国地方人民法院共新收知识产权行政一审案件 18 464 件，同比上涨 14.44%，审结 17 942 件，同比上涨 0.02%。其中，新收专利案件 1 417 件，同比下降 14.69%；商标案件 17 035 件，同比上涨 17.83%；著作权案件 12 件，同比下降 25%。持续强化的知识产权行政执法力度也是推动知识产权运营的发展的基础。

执法机关严格审理知识产权刑事诉讼案件，为我国发展知识产权运营产业营造健康的法制环境。2020 年，全国地方人民法院共新收侵犯知识产权罪一审案件 5 544 件，同比上涨 5.76%，案件审结 5 520 件，同比上涨 8.77%。审结案件中，假冒注册商标罪案件 2 260 件，同比上涨 5.90%；销售假冒注册商标的商品罪案件 2 528 件，同比上涨 10.93%；非法制造、销售非法制造的注册商标标识罪案件 395 件，同比下降 6.62%；假冒专利罪案件 2 件；侵犯著作权罪案件 273 件，同比上升 42.93%；销售侵权复制品罪案件 17 件，同比上涨 12.5%；侵犯商业秘密罪案件 45 件，同比上涨 15.38%。

3. 知识产权诉讼模式的类型

知识产权诉讼可分为知识产权侵权诉讼和知识产权不侵权确认之诉。

①知识产权侵权诉讼。权利人因其知识产权受非法侵犯而引发的诉讼，可以是单一知识产权受侵犯引起的知识产权侵权诉讼，如由知识产权转让引起的知识产权侵权诉讼，也可以是由其他原因引起的知识产权侵权诉讼。知识产权权利主体以提起知识产权侵权诉讼作为竞争手段，可控制产品销售价格、压缩竞争对手利润率、迫使竞争对手退出市场、提升自身品牌影响力、扩大企业自身市场份额。同时，知识产权权利主体通过提起知识产权侵权诉讼可获得损害赔偿金、许可费、技术报酬金、资本利得及国际税收利益等收益。2015 年 9 月，法国香奈儿公司（以下简称"香奈儿"）系核定使用于第 25 类"服装、鞋、帽、围巾、游泳衣"等商品的两个图形商标及"CHANEL"文字商标的权利人。文大香与凯旋酒店公司分公司华美达酒店签订商铺租赁合约，经营服装、皮具等。香奈儿认为文大香销售的鞋、钱包等商品侵犯了香奈儿注册商标专用权，遂以文大香、凯旋酒店公司及华美达酒店为被告，提起知识产权侵权诉讼。广州知识产权法院二审判决，文大香、华美达酒店、凯旋酒店连带赔偿香奈儿经济损失及合理费用 5 万元。

②知识产权不侵权确认之诉。自身利益受到特定知识产权影响的行为人，以该项

知识产权权利人为被告提起的，请求确认行为人不侵犯该项知识产权的诉讼。2008年，上海华明电力设备制造有限公司以确认不侵犯商业秘密为由向上海市第二中级人民法院提起诉讼，请求确认其不侵犯贵州长征电气股份有限公司商业秘密权。

二、知识产权运营新模式

（一）知识产权证券化

1. 知识产权证券化的含义

知识产权证券化是知识产权权利人作为发起机构将其合法拥有的知识产权或其衍生债券，转移给专门开展资产证券化业务的特殊目的载体（Special Purpose Vehicle，SPV），再由此特殊目的载体以知识产权或其衍生债券等资产作为担保，经过重新包装、信用评估后发行可流通证券，以此为发起机构融资。知识产权可流通证券形式多为债券和股票：①债券是拥有知识产权的企业、高校或者科研机构等向社会借债筹措资金时，向投资人发行，承诺按一定利率支付利息并按约定条件偿还本金的债权债务凭证；②股票是股份公司发行的所有权凭证，是股份公司为筹集资金而发行给各个股东作为持股凭证并借以取得股息和红利的有价证券。表1-5列举了部分知识产权证券化产品。

表1-5 部分知识产权证券化产品简介

名称	时间	发起机构	金额/亿元
兴业圆融—广州开发区专利许可资产支持专项计划	2019-09	广州凯得融资租赁有限公司	3.0
第一创业—文科租赁一期资产支持专项计划	2019-03	北京市文化科技融资租赁股份有限公司	7.3
北京市文化科技融资租赁股份有限公司2019年度第一期资产支持票据	2019-01	北京市文化科技融资租赁股份有限公司	7.7
奇艺世纪知识产权供应链金融资产支持专项计划	2018-12	天津聚量商业保理有限公司	4.7
文科租赁三期资产支持专项计划	2018-03	北京市文化科技融资租赁股份有限公司	8.4

知识产权证券化可促进知识产权实现转化，提高企业自主创新能力，同时可降低企业融资成本：①实现知识产权证券化，企业可获得资金以解决企业当期资金短缺或融资困难的问题；②实现知识产权证券化也为知识产权收益提供保障，大幅降低知识产权权利主体的获利风险。

世界最早的知识产权证券化实践是音乐版权证券化，英国著名摇滚歌星大卫·鲍伊（David Bowie）将其在 1990 年前录制的 25 张唱片的预期版权许可使用费作为担保，于 1997 年发行了鲍伊债券（Bowie Bonds），发行期为 10 年，利率为 7.9%，共为大卫·鲍伊筹集 5 500 万美元。鲍伊债券的成功发行推动艺术家、作家等版权所有者逐渐开始进行版权证券化操作，拓宽了资产证券化的操作范围，大幅提高了知识产权的有效运用。

2. 知识产权证券化政策分析

为促进知识产权证券化发展，我国政府相继出台了《国务院关于印发"十三五"国家知识产权保护和运用规划的通知》《国务院关于印发国家技术转移体系建设方案的通知》和《中共中央、国务院关于支持深圳建设中国特色社会主义先行示范区的意见》等多项政策，探索开展知识产权证券化融资试点，依法合规开展知识产权证券化业务，实现知识产权的有效运用。表 1-6 列举了我国知识产权证券化相关政策。

表 1-6 我国知识产权证券化相关政策

政策名称	颁布日期	颁布主体	主要内容及影响
《中共中央、国务院关于支持深圳建设中国特色社会主义先行示范区的意见》	2019-08	国务院	探索知识产权证券化，规范有序建设知识产权和科技成果产权交易中心，推动知识产权有效运用，实现知识产权的价值
《国务院关于印发国家技术转移体系建设方案的通知》	2017-09	国务院	开展知识产权证券化融资试点，鼓励商业银行开展知识产权质押贷款业务，推动知识产权证券化的发展

续表

政策名称	颁布日期	颁布主体	主要内容及影响
《国务院关于印发"十三五"国家知识产权保护和运用规划的通知》	2016-12	国务院	创新知识产权金融服务，开展知识产权证券化和信托业务，支持以知识产权出资入股，在合法的前提下开展互联网知识产权金融服务，加强专利价值分析与应用效果评价工作，加快专利价值分析标准化建设

3. 知识产权证券化的构成

知识产权证券化涉及的机构包括发起机构、特殊目的载体、担保人、承销商或代销商、受托银行及投资人：①发起机构是知识产权原始权利人，将其合法拥有的知识产权或其衍生债券作为担保用于融资；②特殊目的载体是为特定目的而设立的法律实体，其主要作用是作为知识产权受让方并基于知识产权发行可流通证券；③担保人为知识产权证券提供信用增级，降低投资人投资风险，并增强投资人的投资意愿；④承销商或代销商多为证券公司，为发行知识产权证券代理承销，便于投资人购买知识产权证券；⑤受托银行多为信用良好的大型商业银行，受特殊目的载体委托为知识产权证券管理现金流；⑥投资人是购买知识产权证券的人。

4. 知识产权证券化运作流程

①知识产权权利人将其合法拥有的知识产权未来一定期限的许可使用收费权作为基础资产，转让给特殊目的载体，发行资产支撑证券（Asset-Backed Securitization，ABS）；②特殊目的载体委托信用评级机构在知识产权支撑证券发行前对其进行内部信用评级；③特殊目的载体将内部信用评级的结果与知识产权权利人的融资需求进行比较，若知识产权支撑证券信用等级低而难以实现知识产权权利人的融资需求，则采用添加担保人等信用增级方式，提高知识产权支撑证券的信用等级；④特殊目的载体向投资人发行知识产权支撑证券，将发行收入用于向知识产权权利人支付知识产权未来许可使用收费权的费用；⑤知识产权权利人向知识产权被许可人收取许可使用费，并将收取款项存入特殊目的载体指定的银行收

款账户，由托管银行负责管理；⑥托管银行按约定期限对投资人支付本息，并支付信用评级机构等中介机构委托费用。

（二）知识产权保险模式

1. 知识产权保险模式的含义

保险是投保人根据合同约定向保险人支付保险费，保险人按照合同约定承担赔偿保险金责任或给付保险金责任的合同关系，保险具有化解和转嫁风险的功能。知识产权保险是根据投保人和保险人双方的合同约定，将知识产权及知识产权侵权赔偿责任作为保险标的，投保人向保险人支付保险费，保险人对所承担的知识产权在发生合同约定的情形时承担赔偿责任的保险方式。知识产权权利人易遭遇知识产权诉讼风险，为规避风险，知识产权保险主要围绕专利、商标、著作权等知识产权的侵权风险而设计，用于化解由于知识产权的侵权行为而造成的民事责任赔偿和财产损失的风险。

2015年11月，互联网知识产权金融平台知商金融与中国人保（PICC）正式签署战略合作协议，为知商金融平台用户提供专利交易、专利侵权等知识产权保险服务，同时，知识产权保险作为金融理财产品也为知商金融平台用户提供了投资理财选择。知识产权保险为投资者的权益提供保障，有效促进知识产权的产业化及市场化进程。

2. 知识产权保险模式的现状

随着知识经济的不断发展，知识产权拥有的巨大商业利益空间逐渐受到关注，而知识产权侵权问题随之日益严重。权利人选择通过知识产权诉讼维护自身合法利益，但知识产权诉讼程序复杂，耗时长，诉讼费用高昂。知识产权保险可分担企业在知识产权诉讼中的风险，帮助企业减少损失，维护知识产权权利人的合法权益，有效降低企业知识产权侵权的损失。

2012年4月，国家知识产权局正式启动专利保险试点工作，首批选取广东省广州市、四川省成都市、辽宁省大连市、江苏省镇江市、北京市中关村等四市一区作为专利保险试点地区，试点期限为3年。随后国家知识产权局发布《国家知识产权局关于确定第二批专利保险试点地区的通知》，提出正式批准20个地区，贯穿我国14个省份，展开专利保险第二批试点工作。2014年6月，国家知识产权局发布《国家知识产权试点、示范城市（城区）评定和管理办法》，提出新增6个地级市、10个县级市为国家知识产权试点城市，进一步加快我国专利保险制度试点工作的进程。2014年12月，国家知识产权局发布《深入实施国家知识产权战略行动计划（2014—2020年）》，提出要增加知识产权保险品种，扩大知识产权保险试点范围，加快培育并规范知识产权保险市场，推动我国知识产权保险的发展。同年，国家知识产权局与中国人保财险公司签订关于知识产权保险战略合作的协议①，此后，中国人保财险公司相继开发了覆盖专利、商标和地理标志，保障知识产权创造、保护、运用的全生命周期风险的15款知识产权保险产品。截至2018年年底，该公司累计为近1万家科技型企业的超过1.7万件专利提供了逾306亿元风险保障；通过引入保险机制，帮助科技型中小企业以知识产权质押方式获得融资超4.7亿元。目前，该公司知识产权质押融资保证保险业务已在四川、广东、江苏、湖北、青岛、厦门等省市落地，助力解决中小微企业融资难、融资贵的问题。2019年，该协议成功续签。2015年8月，人保财险昆山分公司与昆山奥仕达电动科技有限公司签订专利执行保险合同，承保奥仕达公司4项授权专利，收取保费8 000元。

3. 知识产权保险模式的类型

知识产权保险模式可分为知识产权执行保险和知识产权侵权责任保险。

①知识产权执行保险。保险人为投保人知识产权遭受他人非法侵犯主动提起诉讼时所需诉讼费用进行补偿，包括投保人针对他人知识产权侵权行为提起诉讼的费用、他人主张知识产权不侵权提起反诉的费用、重新审查投保人知识产权效力的费用等。

知识产权执行保险仅对诉讼费用进行赔偿，并不包括权利人因知识产权权利受到侵害所遭受的损失。知识产权具有专业性强、鉴别难度高、风险范围大等特点，致使保险对知识产权风险的控制难度加大，保险人无法有效预估及控制知识产权风险，因此知识产权执行保险只对诉讼费用予以承保。

---

① 国家知识产权局官网．知识产权保险战略合作签约仪式在京举行．http:∥www.sipo.gov.cn/zscqgz/1138886.htm.

②知识产权侵权责任保险。知识产权侵权责任保险针对知识产权潜在侵权人不适当地使用了他人的知识产权而遭受的诉讼风险进行保护，其保险标的为投保人因侵犯他人知识产权被判定侵权后的损害赔偿费用。

（三）知识产权运营基金

1. 知识产权运营基金的含义

知识产权运营基金是对知识产权本身进行投资的基金[①]。我国的知识产权运营基金主要为由政府资金引导、社会资本参与的市场化运营基金。政府主导的知识产权运营基金可推动知识产权运营机构及基金迅速发展，为知识产权运营产业营造积极的氛围。

2. 知识产权运营基金的现状

我国创新型企业拥有大量创新科学技术，但缺乏资金投入，又由于缺乏不动产等固定资产，创新型企业难以通过资产抵押筹集到资金，致使知识产权和技术转化应用受阻。2014 年，国家知识产权局结合财政部开展以市场化方式促进知识产权运营服务试点工作，大力培育知识产权运营机构，并在各省区市设立重点产业知识产权运营基金。2016 年 7 月，国务院办公厅发布《国务院关于新形势下加快知识产权强国建设的若干意见》，提出运用股权投资基金等市场化方式，引导社会资金投入知识产权密集型产业，推动知识产权基金的发展。

国家宏观政策的引导与扶持环境下，各类知识产权运营基金不断涌现。2014 年，我国第一支专利运营基金——睿创专利运营基金（以下简称"睿创基金"）在中关村正式成立。睿创基金重点围绕智能终端、移动互联网等核心技术领域，通过市场化收购和投资创新项目集聚专利资产，为我国知识产权运营产业开创了全新的商业模式。2015 年 10 月，财政部和国家知识产权局在全国范围内确定 10 支知识产权运营基金，四川、广东等地的知识产权运营基金陆续成立。2019 年 9 月，深圳市市场监管局发布《深圳市知识产权运营基金管理办法（试行）》（征求意见稿），提出以深圳市市场监督管理局受托管理的中央服务业专项引导资金 7 000 万元为委托资金的基础，定向吸引社会资金的投入和参与，争取首期基金

[①] 陈博勋，王涛. 从专利角度探析知识产权基金运作模式 [J]. 电子知识产权，2016（2）：83 – 87.

规模达 2.1 亿元，推动深圳市知识产权运营的发展。2019 年 12 月，由苏州市市场监管局（知识产权局）牵头，与市财政局、市金融监管局联合设立苏州市知识产权运营引导基金，基金首期规模 2 亿元，取得中央财政资金支持 1 亿元，已投资 2 只子基金共 5 000 万元，间接投资金额达到 20 亿元，放大财政资金 40 余倍。

第二章
知识产权价值评估

本章首先介绍了知识产权价值评估的应用场景，重点介绍了知识产权交易、作价入股、侵权赔偿和投融资等典型的应用场景；其次详细介绍了知识产权价值评估的三种基本方法——成本法、市场法、收益法；最后结合应用场景和基本方法，选择典型案例进行阐释与说明。

第一节 评估的应用场景

在知识经济时代，知识产权这种无形资产对企业发展和国家竞争力提升具有重要意义。在知识产权的运用过程中，一个重点难点问题就是知识产权价值评估。如果不能合理地评估知识产权价值，知识产权运用就难以顺利地开展。在对知识产权价值评估的专业挑战做出系统的考察之前，首先需要对知识产权价值评估的应用场景，即在什么情况下需要进行知识产权价值评估有所了解。中国资产评估协会根据《资产评估基本准则》制定的《知识产权资产评估指南》，提出了知识产权价值评估的五大应用场景：转让或者许可使用（知识产权交易）、出资（作价入股）、诉讼（侵权赔偿）、质押（投融资）、财务报告。考虑到知识产权价值评估都要出具相应的财务报告和评估报告，故不再做系统介绍。

一、交易

传统的知识产权交易指的是知识产权以一种有偿的方式在不同经济主体间的

转移。知识产权交易从内容和方式来说十分广泛，包括转让、出售、授权、许可等诸多方式，其中实际应用比较广泛的有两种：知识产权转让和知识产权许可。知识产权转让是指专利权人将知识产权的所有权转让给受让方，受让方支付相应的价款给转让方的法律行为；知识产权许可是指知识产权所有人作为许可方将涉及的知识产权授予被许可人按照约定的情况实施专利的法律行为。在知识产权的转让或者许可过程中必须确定相应的价格，从而也就必须进行知识产权价值的判断和评估。以专利权转让为例，首先，要对专利的市场经济价值进行测算，这样可以防止花费巨资购买一项"不值钱"的专利技术；其次，还需要对专利的法律状况进行全面盘查，明确专利权的保护期限、地域、权属、剩余有效期，以防止购买一项有法律缺陷的专利。

国家相关法律法规确定了相关的费用要求和具体操作细节，而相关费用的处置情况与知识产权价值密切相关。《中华人民共和国专利法》规定"任何单位或者个人实施他人专利的，应当与专利权人订立实施许可合同，向专利权人支付专利使用费"。《关于加强知识产权资产评估管理工作若干问题的通知》规定，国有企业以知识产权许可外国公司、企业、其他经济组织或个人使用的要进行知识产权价值评估。《专利实施许可合同备案办法》规定，"经备案的专利实施许可合同的种类、期限、许可使用费计算方法或者数额等，可以作为管理专利工作的部门对侵权赔偿数额进行调解的参照"。

从某种意义上说，知识产权价值评估是知识产权交易的前提和基础。一项研究显示，当前超过40%的许可合同对于许可费的测算是不准确的，导致许可费的损失高达12%~20%[①]。我国进行知识产权交易的早期阶段，由于缺乏足够的经验，使得在知识产权许可或者转让过程中，高估、低估或者不估知识产权价值的现象时有发生。比如金嗓子配方技术转让时，由于没有进行科学合理的知识产权价值评估，仅通过交易双方协商将其定价为5万元，但实际上后期金嗓子喉宝的年销售额超过了亿元，给知识产权持有人带来了较大的经济损失。广东某厂在

---

① 史密斯. 知识产权价值评估、开发与侵权赔偿[M]. 夏玮，周叔敏，杨蓬，等译. 北京：电子工业出版社，2012.

转让"岭南"商标时，以及杭州某企业在转让"西湖"商标时，都没有进行相应的商标评估，持有者也没有从中获取任何收益。但是，随着我国知识产权交易市场的日益完善，知识产权交易份额的不断提升，在知识产权交易前进行知识产权价值评估已逐步成为业界的共识。

二、作价入股

知识产权作价入股指的是知识产权所有人依据相关法律法规的规定，以转让或者许可的方式作为资本向公司出资，经评估其价值后确定知识产权出资人的地位和权利。知识产权作价入股由于具有可以节省资金、风险共担、效益共享等诸多优势，受到大部分高校、科研机构和企业的青睐。国家相关法律法规明确了知识产权作价入股必须进行知识产权价值评估。知识产权作价入股比例的高低对企业资本虚实、运营能力、创新能力等有着显著的影响，甚至关系到股东股权结构、收益分配、风险分担等重大问题。因此，知识产权作价入股时必须进行知识产权价值评估。

新修订的《中华人民共和国公司法》明确指出，"股东可以用货币出资，也可以用实物、知识产权、土地使用权等可以用货币估价并可以依法转让的非货币财产作价出资"。同时进一步明确指出："对作为出资的非货币财产应当评估作价，核实财产，不得高估或者低估作价。"《最高人民法院关于适用〈中华人民共和国公司法〉若干问题的规定（三）》进一步规定："出资人以非货币财产出资，未依法评估作价，公司、其他股东或者公司债权人请求认定出资人未履行义务的，人民法院应当委托具有合法资格的评估机构对该财产评估作价。"这里的"非货币财产"包括知识产权。《中华人民共和国促进科技成果转化法》进一步明确了国家设立的研究开发机构、高等院校的科技成果处置办法，"可以自主决定转让、许可或者作价投资，但应当通过协议定价、在技术交易市场挂牌交易、拍卖等方式确定价格"。

清末《公司律调查案理由书》的相关规定给出了知识产权作价入股必须进行价值评估的原因："一切放任自然，只凭创办人与出资者估定其价格时，则有些狡黠之商人，往往勾串通同，高抬虚价，冀以少数之出资而得过多之股份。是则与其各股份之以金钱缴纳股本者，相形之下，即失其平，且公司资本之总额，亦与其财产之价额，参差多少，名实不符，殊背资本充实之原则。"从这个意义上而言，知识产权作价入股时价值评估的意义在于：第一，保障知识产权出资价值的真实情况，满足知识产权出资适合性要求；第二，防止知识产权作价入股时的"掺水"现象；第三，有效地保障公司债权人的利益[①]。

北京亿维德电气技术有限公司注册资本为400万元[②]。此后，陈明洋向公司投入一项"基于互联网工业电气产品的供应链技术服务网络"专利技术，经评价其价值高达2 611万元，完全注入总股本后，公司注册资本达到3 000万元。高校和研究机构逐步成为知识产权作价入股的主力军，并且未来发展可期。以江苏省产业技术研究院为例，机器人与智能装备研究所以高智能型可穿戴型外骨骼助残机器人相关专利作价入股，与南京伟思医疗科技股份有限公司成立新公司，该所相关专利经评估后作价900万元。

三、侵权赔偿

随着国家知识产权战略的深入实施，全民知识产权意识得到了显著提高，我国当前提起诉讼的知识产权侵权纠纷案件，尤其是专利侵权、商标侵权等也越来越多。但是与国外企业知识产权侵权赔偿额动辄上百万元、千万元不同，我国高达95%的侵权赔偿都是由法官酌情确定的，基于权利人实际损失、侵权人所获利益、专利许可使用费确定的占比不到5%，赔偿数额常常远低于专利权人的实际损失额。统计显示，1995—2001年，美国专利侵权赔偿的平均值为500万美元；2001—2009年，平均侵权赔偿额达到了800万美元。而自2008年起，我国的法定侵权赔偿平均额度只有8万元。如何有效、科学地测算知识产权侵权赔偿额也成为知识产权侵权纠纷案件中存在的一个核心问题。

《关于审理专利纠纷案件若干问题的解答》中给出了专利侵权赔偿额的计算方式：①以专利权人受到的实际经济损失作为赔偿额；②以侵权人因侵权行为获得的全部利润作为损害赔偿额；③以不低于专利许可使用费的合理数额作为赔偿

---

① 张炳生. 知识产权出资制度研究［D］. 北京：对外经济贸易大学，2007.
② 案例来源：百度百科 知识产权价值评估。

额。人民法院可以根据案情的不同情况选择适用上述三种计算方法，双方当事人还可以商定其他合理的计算方法。十三届全国人大常委会第七次会议审议的专利法修正案草案提出，对故意侵犯专利权，情节严重的，可以在按照权利人受到的损失、侵权人获得的利益或者专利许可使用费倍数计算的数额 1~5 倍内确定赔偿数额。难以计算赔偿数额的情况下，将法院可以酌情确定的赔偿额从现行专利法规定的 1 万~100 万元，提高为 10 万~500 万元。

当前我国普遍采用四种方式来计算知识产权侵权赔偿额：被侵权人因侵权受到的损失、侵权人因侵权获得的收益、专利许可费的倍数、法定赔偿额。然而，这四种方式并不能充分体现被侵权知识产权的价值。事实上，早在 2006 年，财政部和国家知识产权局就联合发布了《关于加强知识产权评估管理工作若干问题的通知》，并明确指出：确定涉及知识产权诉讼价值①，人民法院、仲裁机构或当事人要求评估的应当进行资产评估。目前学术界也提出了一些用于知识产权侵权损害赔偿价值的评估方法，如损失获利法、许可倍数法、惩罚法等②。

近年来，知识产权尤其是专利侵权赔偿额得到了提高。比如 2017 年，金溢科技向北京知识产权法院提起诉讼，称聚利科技侵犯其"电子自动收费车载单元的太阳能供电电路"专利，要求聚利科技赔偿经济损失 1 亿元，创下中国发明专利史上索赔金额之最。2018 年，最高人民法院发布的"北京某源公司与某某汇源公司侵害商标权及不正当竞争纠纷案"案例显示，一审判决被告赔偿原告 300 万元，二审在综合考虑被告恶意明显等情节后将赔偿额提高到了 1 000 万元。2019 年，通领科技诉公牛集团专利侵权案在江苏省南京市中级人民法院开庭。据了解，通领科技称公牛集团未经其许可使用两项与安全插座有关的专利，要求赔偿金额高达近 10 亿元。尽管有些案件尚未审结完毕，但是知识产权侵权案中赔偿额的额度越来越高。随着知识产权意识的不断提升，知识产权侵权赔偿也势必成为知识产权价值评估的主要阵地之一。

---

① 马天旗，等. 高价值专利培育与评估 [M]. 北京：知识产权出版社，2018.
② 陈洪，赵英爽. 知识产权损害赔偿评估 [J]. 科技与法律，2013（6）：62-72.

四、投融资

知识产权已经发展成为重要的投融资工具。当前大力发展起来的知识产权质押拓展了融资渠道，一定程度上缓解了融资难的问题。区别于以往的以不动产作为抵押物进行融资，知识产权质押融资是指，企业或个人以合法拥有的专利权、商标权、著作权中的财产权经评估后作为质押物，向金融机构申请融资。知识产权质押融资的关键点就在于质押物知识产权未来价值收益的评估[①]，因为其评估结果是出质人和质权人双方客观认识和准确衡量质押标的物价值的基本依据，势必会对知识产权资产价值的实现和融资金额的大小产生重要影响。从银行的角度来说，如果评估准确，即使出现企业违约情况，银行贷款也可以通过质押物的变现得以收回，降低了银行的贷款风险。反之，质押物变现金额很少甚至为零，贷款金额有可能无法收回。因此，在知识产权投融资尤其是质押融资时要进行知识产权价值评估。

国家相关法律法规明确了知识产权质押融资时的价值评估要求。《专利权质押登记办法》规定，专利权经过资产评估的，还需要提供资产评估报告。《关于商业银行知识产权质押贷款业务的指导意见》更是明确了知识产权价值质押融资的条件：商业银行在选择用作知识产权质押贷款的质物时，要从该项知识产权的合法性、有效性、完整性、权属清晰性、经济价值、市场交易可行性等方面做出综合评估。同时还明确，商业银行要根据出质知识产权的经济价值等，审慎确定知识产权的最高质押率。《国家知识产权局关于进一步推动知识产权金融服务工作的意见》指出，开展对出资知识产权的评估评价服务，对于出资比例高、金额大的知识产权项目加强跟踪和保护。国家知识产权局、中国银保监会、国家版权局三部门联合印发《关于进一步加强知识产权质押融资工作的通知》规定，推动建立知识产权资产评估机构库、专家库和知识产权融资项目数据库，推进知识产权作价评估标准化，为商业银行开展知识产权质押融资创造良好条件。可见，

---

① 苏任刚，王炜，余莎莎. 知识产权质押融资价值评估新模式[J]. 哈尔滨学院学报，2015（6）：36-41.

知识产权投融资时需要进行知识产权价值评估。

在推进知识产权投融资的实践中，一些机构也积累了一些价值评估以及具有特色的金融服务产品。比如交通银行的知识产权贷款规定，发明专利权的授信额不超过评估值的25%，实用新型专利权的授信额不超过评估值的15%，商标专用权的授信额不超过评估值的50%，最高贷款金额为1 000万元，最长期限可达3年。连城评估提出的以"银行+评估+保险"质押融资模式，经过长期实践检验，得到了业内广泛认可。作为北京市成立最早的国有政策性担保公司，首创担保在提供知识产权投融资服务时，除了考虑知识产权本身的价值之外，还考虑了知识产权的载体情况，包括持有人的资质、持有人的经营情况、相关知识产权的运营状况等，并且在实际操作过程中，还引入了动态评估机制来进行知识产权价值评估。《"十三五"国家知识产权保护与运用规划》中提出，到2020年，我国的年度知识产权质押融资额度预计将达到1 800亿元。因此，知识产权投融资将成为知识产权价值评估的另一大应用场景。

第二节　评估的基本方法

当前知识产权价值评估基本的方法有三种：成本法、市场法和收益法。成本法是通过量化开发成本来预估未来经济效益。运用成本法的前提是被评估知识产权的重置成本能够合理计算以及需计算相关贬值成本。市场法旨在通过可比交易标的物的价格进行适当的调整来预估当前的公允价值。运用市场法的前提是：一个公开活跃的交易市场以及与估值日期相近的类似知识产权资产的交易。收益法旨在将资产未来经济效益折算成现值来确定知识产权资产价值。运用收益法的前提是：被评估知识产权的未来收益可通过货币衡量；知识产权资产拥有者获取效益所承担的风险可通过货币衡量；被评估知识产权预期获益时间是可确定的。

一、成本法

早期的知识产权价值评估大多是由会计师事务所采用成本法进行评价。成本法是估测被评估知识产权的重置成本，及已存在的各种贬损因素，然后将重置成本扣除各种贬值成本后而得到被评估知识产权价值的各种评估方法的总称①。成本法的基本假设是取得该项资产的成本与其在使用年限内所能够创造的经济服务价值是相称的；并且该项资产必须能够产生一定的经济效益，否则并不能应用成本法来评估该项资产。同时，在条件允许情况下，任何理性的投资者对购置一项资产时，愿意支付的最高价格不会超过完成该项资产所需要的建设成本。

成本法是进行知识产权价值评估时最直接和最简单的方法，因为它并不需要直接考虑可实现经济效益的金额以及该效益持续的时间周期②，只需要查询被评估知识产权在创造过程中的财务开支数据并结合市场情况进行调整即可③。但是使用成本法时需要重点考虑贬值成本或贬值率，因为被评估知识产权可能并不是全新的，也可能存在功能和技术落后的情况以及面临市场困难和外力的影响。

成本法的基本测算公式为：

知识产权资产评估价值 = 知识产权重置成本 − 贬值额

= 知识产权重置成本 × （1 − 贬值率）

使用成本法时所涉及的贬值并不完全等同于会计上的贬值，它不仅包括物理性贬值，还包括功能性贬值和经济性贬值④。因此，上述公式可以进一步细化：

知识产权资产评估价值 = 知识产权重置成本 − 物理性贬值额 − 功能性贬值额 − 经济性贬值额

在实际的知识产权价值评估中，绝大多数知识产权资产并不存在物理性贬值，因此，关键在于对功能性贬值和经济性贬值额度的预测。比如新的效用更高的知识产权资产的出现，使得原有的知识产权资产价值显著降低；比如政府的采购政策变化使得某些知识产权资产的价值快速贬值。因此，使用成本法来评估知识产权资产价值时，关键是要明确被评估知识产权资产的重置成本以及各种损耗，尤其是功能性贬值额和经济性贬值额。尽管知识产权资产的重置成本以及各种损耗的测算看似割裂，实质两者是融合在一起的。

---

① 刘璘琳. 企业知识产权评估方法与实践 [M]. 北京：中国经济出版社，2018.
② 史密斯. 知识产权价值评估，开发与侵权赔偿 [M]. 北京：电子工业出版社，2012.
③ 孔军民. 中国知识产权交易机制研究 [M]. 北京：科学出版社，2018.
④ 俞兴保. 知识产权及其价值评估 [M]. 北京：中国审计出版社，1995.

（一）重置成本的测算

对重置成本的测算通常有两种具体的方式。

一是历史成本趋势法。如果某公司拥有创造某种知识产权资产所发生的所有费用的完善记录，那么将这些历史成本运用物价指数换算成现值，就能得到现在创造该项知识产权资产的总成本。这里需要的信息包括项目研发所支出的直接费用成本、间接费用成本、该项资产的市场交易成本以及相应的专利费用开支等[1]。采用历史成本趋势法来测算重置成本时，应结合评估的目的有针对性地选择相应的成本内容。比如运用历史成本趋势法来测算某一项商标的重置成本时，不仅要考虑开始着手开发的起点以及后续维持的开始日期，还需要重点考虑的费用包括：创意开发费用、咨询费用、初步消费试验费、包装设计费、广告策划费以及媒体广告费等。

二是直接估算法。直接估算法是通过测算与待评估资产类似的知识产权资产的成本的方式来估算该项知识产权资产重置成本的方法。简单来说，是通过对标对比类似知识产权资产价值的方式来实现。直接估算法特别适用于缺乏完整财务数据记录的知识产权资产。比如对于某项专业软件（A），只要获取相似软件（B）开发的程序员的工资与待遇总额、软件开发时间、软件开发中所发生的场地、设备使用等全部间接费用以及软件安装和调试等的费用，就能大致测算出该项专业软件（A）的重置成本[2]。

（二）贬值率的测算

知识产权资产的贬值率是由知识产权资产损耗决定，但知识产权资产价值损耗与有形资产价值损耗的最大不同之处在于：前者不存在所谓的物理性损耗。因此，知识产权资产的贬值率仅涉及功能性贬值和经济性贬值。在实际对知识产权资产贬值率的测算中，专家鉴定法和剩余寿命预测法是两种常见的方式[3]。

一是专家鉴定法。统计方法中的"德尔菲法"在无形资产评估中具有重要地位，也是获取知识产权资产贬值率最简便、最直接的方法。具体方式是邀请知

---

[1] 马天旗，等. 高价值专利培育与评估 [M]. 北京：知识产权出版社，2018.
[2] 俞兴保. 知识产权及其价值评估 [M]. 北京：中国审计出版社，1995.
[3] 王翊民. 知识产权价值评估研究 [D]. 苏州：苏州大学，2010.

识产权资产及评估相关领域的专家，对待评估知识产权资产的先进性、适用性等做出判断，直至形成共识结论，从而来确定该项知识产权资产的贬值率。

二是剩余寿命预测法。该方法是由专业的、经验丰富的评估人员对知识产权资产的可能剩余经济寿命给出经验性的预测与判断，从而直接估算出该项资产的贬值率。该方法的基本计算公式为贬值率=已使用年限/（已使用年限+剩余使用年限）。这里的剩余使用年限并不是指该项知识产权的法定保护年限，而是指能为产权主体所带来经济效益的年限，通常可以采用专家经验法和技术更新周期法来获得。

尽管成本法计算较为方便简易，但是许多影响知识产权资产价值的因素没有直接考虑在内。比如：该方法没有直接考虑与某项知识产权资产相关的市场需求及经济收益等信息；对某项知识产权资产的经济收益变化趋势缺乏足够的重视；对某项知识产权资产取得预期效益的风险程度缺乏直接的考虑；对反映折旧影响的调整系数的确定一般来说主观性过强，难以量化；一项科研项目可能衍生出多项知识产权资产，分离单个知识产权资产的成本支付相对比较困难；知识产权资产的创造一般需要复杂的智力活动，具有较高的创造性和探索性，这使得该种成本的适用性有限。从这个意义上说，使用成本法进行知识产权价值评估出现误差的可能性很大，计算出来的结果很可能让各方均不满意。

二、市场法

市场法也成为市场比较法，是根据当前公开市场上与被评估知识产权资产相似的或可比的参照物的价值，并且在必要时经过适当的价格调整后来确定被评估知识产权价值的方法。该方法只有存在与被评估知识产权资产类似的交易时才是适用的。与成本法类似，市场法同样是基于替代原则或假设，即任何理性的决策者都不会为一项资产支付比其他购买类似替代资产多的价格[①]。采用市场法评估知识产权价值的关键在于要准确选择合适的参照物，重点需要注意如下事项：一是要选择与待评估资产相同或相似的资产；二是参照物与待评估对象具有内在可

---

① Akerlof G A. The market for "lemons": Quality uncertainty and the market mechanism. Uncertainty in economics [J]. Academic Press, 1978: 235-251.

比性；三是参照物的交易时间和地区相近；四是参照物的选择原则上要超过3个。比如，在美国，技术交易经纪人往往向客户推荐介绍以往大致类似的专利要价和成交价格的分布区间，以此促进客户对拟评估知识产权资产的报价做出更为合理的安排①。

市场法可以进一步细分为直接市场法和相似类比法。前者是指在公开的交易市场上找到类似于待评估知识产权资产的市场交易后，不经过价格的调整，以类似的知识产权资产的成交价格作为待评估知识产权价值。后者是指在公开交易市场上找到与待评估知识产权资产相似资产的交易实例，针对影响价格的关键要素进行逐项比较，以类似交易的全新价格减去按照现行市价计算的已经使用的累积折旧额作为基础进行必要的差异调整，确定待评估知识产权资产的现行市场价格。基本测算公式为待评估知识产权价值 = [全新参照资产市场价格 - （全新参照资产市场价格/预计使用年限）×资产使用年限] ×调整系数。

知识产权资产区别于有形资产，其可比性因素除了要考虑知识产权资产的法律属性、技术特点、功能作用等，还需要考虑诸如该项资产所运用的行业、获利能力、利润、新技术、进入障碍、增长前景、剩余生命周期等诸多因素②。运用市场法的难点在于调整系数的确定。调整系数的确定通常只能采用经验法等主观评估的方式进行，需要考虑的因素大致包括：参照物的交易时间与待评估知识产权资产的评估时间差异、待评估知识产权资产与参照物交易的地域差异、知识产权在生产经营中作用效用的差异等③。如果没有结合相应的知识产权特征进行系数调整，可能会导致评估价值出现较大的误差，严重偏离待评估知识产权资产的实际价值。

运用市场法进行知识产权价值评估具有一定的优势和合理性。所选择的参照知识产权资产是市场上各交易主体竞价所得到的均衡价格，容易被各方所接受。同时，市场法并不需要完整详细的财务记录数据，也不需要特别复杂的数学模

---

① IP Watchdog 2016 patent market report: patent prices and key diligence data.
② 陈静. 知识产权资本化的条件与价值评估 [J]. 学术界，2015（08）：96 - 105 + 331.
③ 周正柱，朱可超. 知识产权价值评估研究最新进展与述评 [J]. 现代情报，2015，35 292（10）：176 - 179.

型。对于知识产权交易市场比较成熟的行业，也可以直接运用知识产权交易的标准费率或业界标准的方式进行。以美国为例，小说和商业性图书的作者可获得零售价格10%或15%的使用费；更为专业的、小众的书籍作者则通常获取15%～20%的使用费[①]。一些国外的组织机构如Intellectual Property Research Associates制定了电子行业的专利使用费标准，最低获取0.5%，最高获取15.0%的运营销售许可费率。

然而，在实践中运用市场法来对知识产权资产进行估值的案例则相对较少。第一，运用市场法需要一个非常成熟的知识产权交易市场，但我国的各类知识产权交易市场则相对并不完善和成熟。第二，多数市场上已经成交的知识产权资产涉及诸多商业秘密，获取完整的信息相对比较困难，即便得到了相应的价格信息，也很有可能包括诸多其他利益方面的考虑。第三，由于知识产权尤其是专利的新颖性和创造性特征[②]，使得很难在市场上找到可比对的、类似的知识产权资产。第四，知识产权资产的交易可能与其他类型资产的交易连带发生，很难做到准确评估每项无形资产的价值。正是源于此，市场法在实践中应用的概率并不高。

三、收益法

收益法又被称为现金流折现法，是当前国内外企业进行知识产权价值评估最常采用的方法[③]。具体是指在未来有效期内，通过测算待评估资产的收益预期，并将未来收益预测折算成现值，以此来确定待评估资产价值的方法。该方法的基本假设是：一个理智的投资者在购置或投资于某一资产时，他所愿意支付或投资的货币数额不会高于他所购置或投资的资产在未来能给他带来的回报。

在运用收益法对知识产权价值进行评估时，需要重点关注：①需要依据以往的盈利能力来预测未来的现金流收益；②能够预测被评估资产取得预期收益的持

---

① 王翊民. 知识产权价值评估研究［D］. 苏州：苏州大学，2010.
② Diamond P A, Hausman J A. Contingent valuation: is some number better than no number? ［J］. Journal of Economic Perspectives, 1994, 8 (4): 45 – 64.
③ 董晓峰，李小英. 对我国知识产权评估方法的调查分析［J］. 经济问题探索，2005 (05): 120 – 126.

续时间；③确定每一个周期内现金流所对应的折现率。简单来说，收益额、折现率、收益期限是运用收益法评估知识产权价值的核心三要素。

收益法的基本测算公式是：

$$IP=\sum_{t=1}^{n}\frac{R_t}{(1+r)^t}$$

IP 是被评估知识产权资产的价值；R_t 是第 t 个周期内的预期收益额；r 是对应年份的折现率；t 为具体年限；n 为收益年限。

（一）收益额的测算

这里所说的收益额并不是知识产权资产的历史收益额，而是知识产权资产产生的未来预期收益额。由于单独的知识产权资产所带来的效益贡献通常无法单独测算，替代的方式是测算企业经营运作后的总体收益后对其进行分成。当前主要采用四种方法来确定收益额。

一是直接估算法。对知识产权主体而言，其预期收益可分为溢价型和节约成本两种类型。对于前者，其计算方式是使用一项知识产权资产前后的价格差，乘以当期的销售量；对于后者，其计算方式是使用某项知识产权资产前后的成本差，乘以产品销售量。

二是差额估算法。该种方法是指将采用某项知识产权资产之后的经营利润与行业平均水平进行比较，从而得到相应的超额收益。其计算公式是

超额收益 = 经营利润 − 知识产权总额 × 行业平均利润率

三是分成率法。此种方法是目前国内外比较常用的一种实用方式。通常来说，分成率包括销售收入分成率和销售利润分成率。其基本计算公式是

收益额 = 销售收入 × 销售收入分成率或者销售利润分成率

这里分成率的计算准确与否直接决定了该种方法的准确性。在具体实践中，对于分成率计算通常采用：边际分析法，计算知识产权受让方运用知识产权前后的利润差额除以使用知识产权后的利润总额计算得出；三分法，资金、技术和经营能力各占利润或者销售总额的三分之一；四分法，资金、劳动、技术和管理各占利润或者销售总额的四分之一。

四是行业惯例。联合国工业发展组织进行大量的论证考察之后认为，技术的销售收入分成率的范围区间为0.5%~10%，进一步分析发现，销售收入分成率具有显著的行业差异特征：石油化工行业销售收入分成率0.5%~2%；制药行业销售收入分成率为2.5%~4%；汽车行业销售收入分成率为4.5%~6%[1]。在实际的评估中，一般结合具体情况对行业标准分成率进行效应的参数调整得到。

（二）折现率的测算

折现率从本质上来看就是期望投资回报率，它是比较难以测算并且敏感性较强的参数。包括通货膨胀、变现能力、实际利率、风险报酬等在内的诸多因素都会影响折现率。在实践中常常采用的折现率测算方法有以下两种。

一是风险累加法。该方法要求对每个风险因素确定相应的补偿报酬率，然后加总作为折现率的刻画指标。比如在实践中，折现率通常包括享用延迟、非流动性调整、机会成本、在未来时段的通胀率、不确定性或风险五个部分[2]，对应的影响比率分别为1%、2%、2%、4%和18%，那么折现率将会是27%。

二是加权平均资本成本模型。该方法将加权平均资本成本作为折现率的刻画指标。

加权平均资本成本 = 股权成本 × （股权市场价值/总资产市场价值）+ 债务成本 × （1 − 税率）×（债务市场价值/总资产市场价值）[3]

（三）收益期限的测算

收益期限指的是知识产权获取收益的持续时间。与有形资产不同，知识产权资产的收益期限是由无形损耗来决定的，与法律或契约规定的期限有所不同；此外，随着知识产权经济时代的到来，知识产权的收益期限在快速缩短。对收益期限的测算通常需要同时采用法定保护期限法、更新周期法和剩余寿命预测法三种方法，通过比较不同方法所测算的期限，以期限最短者作为收益期限的最终值。

法定保护期限，通常指专利的保护年限或者合同约定的期限，是最长的收益

---

[1] 刘璘琳. 企业知识产权评估方法与实践 [M]. 北京：中国经济出版社，2018.
[2] William J Murphy. 专利估值：通过分析改进决策 [M]. 张秉斋，等译. 北京：知识产权出版社，2017.
[3] 孔军民. 中国知识产权交易机制研究 [M]. 北京：科学出版社，2018.

期限。这里需要注意的一个关键问题是在法定保护期内是否还有价值。比如各国法律都规定了著作权享有很长的法律保护期，但是它所能带来的经济收益的时间远低于法定期限。

更新周期法是指采用知识产权资产的更新周期来加以评估的方法。要使用该方法来评估知识产权收益期限，要特别关注与之相关联的产品或技术处于生命周期的哪个阶段。比如电子计算机的更新周期较短，从根本决定了相应的无形资产的更新速度快。采用更新周期法时，通常的做法是依据同类知识产权资产的经验材料进行判断。

剩余寿命预测法是直接评估某项知识产权资产还可以使用的年限。要使用该方法来评估知识产权收益期限，要特别关注当前产品的市场竞争情况、所处于的生命周期阶段、可替代技术的发展状态、技术更新的情况等因素。由于影响因素繁多，很难采用精确的测量方式，通常的做法是由技术专家、评估专家和市场营销专家等组成评估团队来加以综合性测算。

运用收益法评估知识产权价值的优势在于综合考虑了影响收益的诸多因素，尤其是将货币时间价值的影响纳入模型，结合知识产权未来收益和折现率折合成现值来加以评价，使得价值评估更科学、合理、符合客观现实的实际需求。理论研究显示，收益法是已批准的专利、商标与商誉、版权等的首选价值评估方法。同样在实践中采用这种方法也容易获得供求双方的认可。

尽管收益法具有诸多优势，但在实际运用中也存在着一些局限性。第一，由于单一知识产权的功效很难进行评估，以及知识产权未来收益的测算受到诸多的影响等原因，对知识产权超额收益的测算比较困难。第二，折现率的测算同样比较难以测算。无论采用何种方法来测算折现率，前提假设是折现率每年是固定不变的，这一点与实际不符；另外，折现率的各种测评方法都是以主观评价为主，各种方法所预测的折现率可能显著不同，然而折现率的稍微变化都会对其价值有显著影响。第三，知识产权的预期收益期限与市场状态、产品或技术生命周期等密切相关，使得收益期限的确认比较困难。

通过对成本法、市场法、收益法三种常用的知识产权价值评估方法的介绍与分析，可以看出三种方法各有优缺点。我们要规避一些关于知识产权价值评估的错误观念。一是知识产权价值评估只能有专家来评估。尽管外部评估专家有益于价值评估，但完全将其交给专家并不合理，因为很多需要输入的信息要依赖于知识产权的创造者和决策者。二是估值结果远远重要于估值过程。知识产权价值评估实质上是一个投入—转换—产出的过程，估值结果的准确性取决于测评方法的选择、各种信息数据的质量、具体操作解读的能力。三是方法越定量化估值结果越准确。如果仅仅是为了数据而数据，输入的数据质量不合理、不完善，甚至不正确，其结果反而误差较大，甚至完全不能体现知识产权的价值。四是知识产权价值评估的结果一定是精确的值。由于知识产权的特性以及整个过程的复杂性，难以绝对精确地给出某项知识产权的价值；但并不意味着知识产权价值评估是无用的，这就要求供求各方学会使用和解读估值结果。五是存在一种确定的最优的知识产权价值评估方法。事实上，知识产权价值评估是科学与艺术的结合，每种方法都有其优点和缺陷。

第三节　评估的案例分析

一、收益法评估知识产权价值的案例

随着市场进入销售旺季，企业急需较多的运营资金。结合当时的政策东风，A公司高层决定拟以"一种小型海水淡化装置"实用新型专利向银行进行质押贷款，为此，该公司经深入了解后委托某资深专利评估机构进行专利资产价值评估，为专利权质押贷款这一经济行为提供价值参考依据。[1]

此次的评估对象是A公司"一种小型海水淡化装置"实用新型专利。根据其《实用新型专利证书》，主要内容如下：实用新型名称：一种小型海水淡化装置；专利号：ZL200820103336.0；授权公告日：2009年9月6日；授权公告号：CN203109871Y；申请日：2008年8月5日。经过清查分析之后发现，这18项发明专利的专利权人均为A公司，按时缴纳了专利年费，未进行对外转让或许可使

---

[1] 案例来源：百度文库，技术价值评估经典案例．

用及法律诉讼，无历史质押记录，均符合银行的质押条件。结合银行相关调查以及公司情况，该项目专利评估基准日确定为 2009 年 9 月 30 日。

资产评估的常用方法有成本法、市场法及收益法三种。由于该公司评估专利的投入与产出效益之间的弱对应性，很难采用成本法来加以测算；同样，很难在市场上找到类似的专利交易案例，也不宜采用市场法。同时，由于能用货币衡量其未来期望收益的单项或整体资产，承担的风险也能用货币衡量，因此选用收益法。具体的方式是通过利润分成的方式来得到这些专利资产的预期收益，再结合适当的折现率加以计算，从而得出评估值。

收益法的计算公式：

$$IP=\sum_{t=1}^{n}\frac{R_t}{(1+r)^t}$$

（一）专利经济寿命的测算

对于专利而言，其经济寿命由权利寿命及经济收益寿命两个方面测算的最小值来确定。本项目涉及的是一项实用新型专利，其有效保护期为 10 年。另外，由于没有按时缴纳年费等原因导致专利权的终止期，就是法定保护收益期限的上限。由于待评估专利涉及的研究领域技术更新换代比较快，使得该领域专利的经济寿命逐步缩短。经过系统分析待评估专利的特点以及同行业领域内一般技术的实际经济寿命后，确定其技术寿命为 10 年，截至评估基准日已经过了 1 年，因此，该项专利的剩余收益期限为 9 年。

（二）未来收益额的测算

通过测算评估基准日起 6 年内的主营业务收入、主营业务成本、税金及附加、营业费用、管理费用、财务费用及企业所得税等，进而测算出未来 6 年的净利润，因为 6~9 年，企业进入相对稳定的经营状态，因此将其收益保持与第 5 年的等额水平。

①主营业务收入的预测。首先要进行销售价格的预测。在未来的 6 年内，考虑主要原料价格下降、竞争降价及国家相关政策的影响，企业产品销售单价将由于市场竞争等因素平均每年下降 3%，销售价格预测如表 2-1 所示。

表 2-1 产品销售价格预测

元

年份	第1年	第2年	第3年	第4年	第5年	第6~9年每年
2 吨设备	32 000	31 040	30 109	29 206	28 329	27 479
5 吨设备	80 000	77 600	75 272	73 014	70 823	68 699
20 吨海水淡化工程	340 000	329 800	319 906	310 309	301 000	291 970
50 吨海水淡化工程	880 000	853 600	827 992	803 152	779 058	755 686
500 吨海水淡化工程	3 400 000	3 298 000	3 199 060	3 103 088	3 009 996	2 919 696

其次要进行销售数量的预测。根据已签订的销售合同及意向书等，结合市场情况，第 1 年的产销量依据合同与意向书加以确定，由于项目还正在建设当中，第 2 年的销量按第 3 年的 1/3 执行，第 3 年建成预期项目，第 4~6 年预计分别比前一年增长 5%。销售数量预测如表 2-2 所示。

表 2-2 销售数量预测

台

规格型号	第1年	第2年	第3年	第4年	第5年	第6~9年每年
2 吨设备	500	1 667	5 000	5 250	5 513	5 788
5 吨设备	100	100	300	315	331	347
20 吨海水淡化工程	30	33	100	105	110	116
50 吨海水淡化工程	2	10	30	32	33	35
500 吨海水淡化工程	1	10	30	32	33	35

依据对于销售单价和销售数量的预测，从而可以计算出未来 6 年的主营业务收入，结果如表 2-3 所示。

表 2-3 主营业务收入预测

万元

规格型号	第 1 年	第 2 年	第 3 年	第 4 年	第 5 年	第 6~9 年每年
2 吨设备	1 600.00	5 174.37	15 054.40	15 332.91	15 616.57	15 905.47
5 吨设备	800.00	776.00	2 258.16	2 299.94	2 342.48	2 385.82
20 吨海水淡化工程	1 020.00	1 088.34	3 199.06	3 258.24	3 318.52	3 379.91
50 吨海水淡化工程	176.00	853.60	2 483.98	2 529.93	2 576.73	2 624.40
500 吨海水淡化工程	340.00	3 298.00	9 597.18	9 774.73	9 955.56	10 139.74
合计	3 936.00	11 190.31	32 592.78	33 195.74	33 809.86	34 435.35

②主营业务成本的测算。首先计算材料成本，随着材料科学的进步，膜材料和膜组件成本将呈现加速下降的趋势。结合评估对象实际情况，对海水取水系统、微电解系统、辅助系统价格每年按3%下降；反渗透系统价格每年按6%下降。根据各种产品材料成本及产品销售数量的测算，可以得出未来的材料成本，如表2-4所示。

表 2-4 原材料成本预测

万元

产品名称	第 1 年	第 2 年	第 3 年	第 4 年	第 5 年	第 6~9 年每年
2 吨设备	879.50	2 787.17	7 948.03	7 936.14	7 926.10	7 917.91
5 吨设备	473.50	449.89	1 282.66	1 280.21	1 278.06	1 276.20
20 吨海水淡化工程	471.30	493.40	1 423.32	1 423.01	1 423.05	1 423.43
50 吨海水淡化工程	70.22	333.50	950.57	948.49	946.63	944.98
500 吨海水淡化工程	155.89	1 485.69	4 248.78	4 253.77	4 259.82	4 266.92
合计	2 050.41	5 549.66	15 853.35	15 841.63	15 833.65	15 829.44

其次是主营业务成本的测算。企业主营业务成本主要包括原材料成本、燃料动力、生产工人工资福利、社保及公积金等、其他直接支出、固定资产折旧以及其他制造费用等。参考海水淡化主营业务成本水平，在原材料上涨对材料成本的影响基础上，通过不断国产化原材料采购，以及规模化的生产管理，控制原材料成本、燃料动力占收入的比率。生产工人工资、福利、社保及公积金等的预测，根据企业提供的员工编制及工资计划，结合现行有关规定及企业实际情况进行预测。固定资产折旧系根据企业的固定资产投资计划，对生产用房及设备计提折旧，其中生产用房按20年，生产设备按10年计提折旧，不计残值，第2年开始计提折旧。对于其他直接支出及其他制造费用，考虑到在成本中所占比重较小，系按照原材料的一定比例预测。主营业务成本的测算结果如表2-5所示。

表2-5 主营业务成本预测

万元

序号	项目	第1年	第2年	第3年	第4年	第5年	第6~9年每年
1	原材料	2 050.41	5 549.66	15 853.35	15 841.63	15 833.65	15 829.44
2	燃料动力	82.02	221.99	634.13	633.67	633.35	633.18
3	职工工资	253.24	1 029.80	2 021.80	2 226.00	2 449.00	2 449.00
4	职工福利费	17.73	72.09	141.53	155.82	171.43	171.43
5	工会经费	5.06	20.60	40.44	44.52	48.98	48.98
6	职工教育经费	3.80	15.45	30.33	33.39	36.74	36.74
7	社保及住房公积金等	45.58	185.36	363.92	400.68	440.82	440.82
8	其他直接支出	41.01	110.99	317.07	316.83	316.67	316.59
9	折旧费	0.00	177.00	401.00	401.00	401.00	401.00
10	其他制造费用	20.50	55.50	158.53	158.42	158.34	158.29
	合计	2 519.35	7 438.43	19 962.10	20 211.95	20 489.97	20 485.47

再者是要进行税金及附加的测算。企业应交的增值税率为17%；需缴纳的附加税有城市维护建设税，税率为应交增值税的7%，教育费附加，税率为应交增值税的3%，地方教育费附加，税率为应交增值税的1%，合计为11%。税金

及附加的测算结果如表 2-6 所示。

表 2-6 税金及附加测算结果

万元

项目	第 1 年	第 2 年	第 3 年	第 4 年	第 5 年	第 6~9 年每年
主营业务收入	3 936.00	11 190.31	32 592.78	33 195.74	33 809.86	34 435.35
产品材料成本	2 050.41	5 549.66	15 853.35	15 841.63	15 833.65	15 829.44
销项税	669.12	1 902.35	5 540.77	5 643.28	5 747.68	5 854.01
进项税	348.57	943.44	2 695.07	2 693.08	2 691.72	2 691.00
应交增值税	320.55	958.91	2 845.70	2 950.20	3 055.96	3 163.00
税金及附加	35.26	105.48	313.03	324.52	336.16	347.93

③相关费用的测算，包括营销费用、管理费用、财务费用。营业费用主要包括销售人员工资福利、社保及公积金等、宣传广告费及差旅费等。参照同行业类似企业的经营数据，结合本公司实际情况，营业费用占主营收入的比重在 8% 左右。管理费用主要包括管理人员工资福利、社保及公积金等、差旅费、技术开发费及无形资产摊销等。其中技术开发费参照高新技术企业标准，取 6%；无形资产按 10 年摊销，从第 1 年开始计算。参照同行业类似企业的经营数据，结合本公司实际情况，管理费用占主营收入的比重在 11% 左右；财务费用主要为借款利息支出。

④企业追加投资、固定资产折旧与摊销的测算。根据企业的投资计划，第 1~2 年完成固定资产投资 7 000 万元，铺底流动资金 3 000 万元，此后在评估收益期内无追加投资计划；固定资产折旧根据企业的固定资产投资计划，对生产用房及设备计提折旧，其中生产用房按 20 年，生产设备按 10 年计提折旧，不计残值，第 2 年开始计提折旧；无形资产按 10 年摊销，从第 1 年开始计算。

⑤净利润的测算。根据以上对评估基准日后第 1~6 年主营业务收入、主营业务成本、营业税金及附加、营业费用、管理费用及企业所得税等的预测，测算

出未来6年净利润。对于第6～9年，企业进入稳定的经营期，因此其收益保持与第6年等额水平。净利润的测算结果如表2-7所示。

表2-7 净利润测算结果

万元

项目	2009年	2010年	2011年	2012年	2013年	2014—2018年
一、主营业务收入	3 936.00	11 190.31	32 592.78	33 195.74	33 809.86	34 435.35
减：主营业务成本	2 519.35	7 438.43	19 962.10	20 211.95	20 489.97	20 485.47
税金及附加	35.26	105.48	313.03	324.52	336.16	347.93
二、主营业务利润	1 381.39	3 646.40	12 317.65	12 659.27	12 983.74	13 601.95
减：营业费用	252.09	960.31	2 483.88	2 509.50	2 535.60	2 562.19
管理费用	753.46	1 794.29	3 743.07	3 791.97	3 841.77	3 892.50
财务费用	29.70	29.70	29.70	29.70	29.70	29.70
三、营业利润	346.14	862.10	6 061.00	6 328.10	6 576.66	7 117.56
四、利润总额	346.14	862.10	6 061.00	6 328.10	6 576.66	7 117.56
减：所得税	—					
五、净利润	346.14	862.10	6 061.00	6 328.10	6 576.66	7 117.56

（三）利润分成率的测算

在任何一个企业盈利要素中，管理、技术、人力、物力、财力以及无形资产将共同作用，对企业的收益做出贡献，知识产权作为特定的生产要素，参与企业收益的分配。通过对被评估技术进行切合实际的分析，综合考虑到企业拥有各项技术的技术特点、产品的创新性、技术水平、竞争能力及市场前景，企业拥有各项技术的利润分成率取值为25%；进一步通过德尔菲法，征求专家意见，确定了待评估专利在全部技术中的权重，即47.95%。从而可得出利润分成率=47.95%

×25% =11.99%。

（四）折现率的测算

结合实际需要，此次评估采用累加法计算折现率。基本计算公式为：

$$折现率 = 无风险报酬率 + 风险报酬率$$

$$风险报酬率 = 行业风险报酬率 + 评估对象特有风险报酬率$$

①无风险报酬率的测算。无风险报酬率为评估基准日的中长期国债利率换算为一年期一次付息利率。我国2008年五年期国债利率为5.53%，考虑复利因素，五年期国债的一年付息利率为 $(1+5\times5.53\%)^{\frac{1}{5}} - 1 = 5.00\%$ 。

②风险报酬率。行业风险报酬率可以参考行业净资产收益率确定，上市公司的年报是判断行业净资产收益率的重要资料。通过对8家公司的平均净资产收益率进行系统分析后，取其平均值9.69%，再扣除无风险报酬率5%，从而得到风险报酬率为4.69%。此外，综合考虑待评估专利特有的技术风险、市场风险、资金风险及管理风险等主要因素，待评估专利的特有风险报酬率 = 技术风险系数 + 市场风险系数 + 资金风险系数 + 管理风险系数 = 3.00% + 3.02% + 4.00% + 4.00% = 14.02%。

综上，折现率 = 5.00% + （4.69% + 14.02%） = 23.71%。

结合收益法测算公式，最终得到委托评估的专利价值结果。截至评估基准日2009年9月30日，纳入本次评估范围的B公司的"一种小型海水淡化装置"实用新型专利评估价值为人民币1 792万元。

二、成本法评估知识产权价值的案例

B研究所在实施一项重大科研项目过程中，完成了一种为生物胶原材料及其在子宫内膜修复中的应用的创造性成果，并围绕该项成果申请了3项发明专利，并成功获得授权。当前该研究所决定对这3项发明专利进行作价投资，并选择Z评估公司进行相应的专利价值评估。[①]

本次评估涉及的标的是该研究所在生物胶原材料及其在子宫内膜修复中的应

[①] 马天旗，等. 高价值专利培育与评估［M］.北京：知识产权出版社，2018.

用的3项相关发明专利。此3项的专利申请日为2014年12月15日，授权日为2016年12月。

依据研究所的作价投资的具体需求，Z评估公司决定将市场价值作为价值评估的价值类型；为了便于进行相关的资料收集、核实以及作价投资之后的会计处理工作，将评估基准日确定为2017年4月30日。

由于该研究所已经建立了相对比较完善的科研经费申报和统计机制，关于此项成果研发过程有着较为详细的研发支出记录，并且科研计划的制定与实施有着良好的效果，大致具备了使用成本法的条件。故而Z评估公司决定选用成本法来进行价值评估。

Z评估公司选择的成本法计算式：

$$专利评估值 = 重置成本 \times (1 - 贬值率)$$

（一）重置成本的测算

涉及的3项专利均为B研究所自主研发所得，因此重置成本的计算方式是，修正后的专利原始成本加上合理的利润。这里首先需要计算的是专利原始成本。通常来说，专利原始成本由研制成本和交易成本两部分构成。其中研制成本又包括直接成本和间接成本。

直接成本泛指研发过程中直接投入的费用，具体包括材料费、专用设备费、资料费、外协会、咨询费、培训费、差旅费、管理费、折旧费、分摊费，还包括保险费、专利申请费等其他直接投入的经费。间接成本指的是与研发相关的费用，主要包括不同类型技术人员（高级、中级、初级、普通技术人员等）的劳动报酬。

交易成本指的是市场交易过程中产生的费用支出，主要包括：技术服务费，指的是卖方为买方提供的相关技术服务的支出；差旅费及管理费，指的是参加交易谈判的差旅费、食宿费等；手续费，指的是交易相关的公证费、咨询费等；税金，指的是知识产权交易中应该缴纳的税费；广告宣传费用及其他费用支出。

Z评估公司在与B研究所沟通和调研基础上，绘制了3项发明专利的原始成本，如表2-8所示。

表2-8 3项专利原始成本

万元

项目	投入年份 2012年	投入年份 2013年	投入年份 2014年	合计
研制成本	216.60	258.70	288.30	763.60
直接成本	60.60	89.70	113.30	263.60
材料费	46.00	68.00	92.00	206.00
专用设备费	6.00	10.00	4.00	20.00
资料费	0.30	0.20	0.20	0.70
外协费				—
咨询费	0.20	1.00	5.00	6.20
培训费	0.50	0.50	0.70	1.70
差旅费	1.00	1.20	1.30	3.50
管理费	2.00	2.50	3.50	8.00
折旧费	3.50	4.70	5.00	13.20
分摊费	1.10	1.20	1.60	3.90
其他直接费用		0.40		0.40
间接成本	156.00	169.00	175.00	500.00
技术人员薪酬	156.00	169.00	175.00	500.00
交易成本	16.50	14.50	16.40	47.40
技术服务费	15.00	13.00	12.00	40.00
差旅费和管理费	0.60	0.80	1.40	2.80
有关手续费			3.00	3.00
交易税金				—
广告、宣传费				—
其他费用	0.90	0.70		1.60
合计	233.10	273.20	304.70	811.00

在获取原始成本相关数据明细的基础上，Z评估公司又进一步依据现行价格标准进行了修正，得到了修正后的专利成本，具体结果如表2-9所示。

表 2-9 3 项专利修正后的原始成本

万元

项目	投入年份 2012 年	投入年份 2013 年	投入年份 2014 年	合计
研制成本	290.20	318.60	338.00	946.80
直接成本	75.20	103.60	123.00	301.80
材料费	59.80	81.60	101.20	242.60
专用设备费	6.30	10.00	4.00	20.30
资料费	0.30	0.20	0.20	0.70
外协费				—
咨询费	0.20	1.00	5.00	6.20
培训费	0.50	0.50	0.70	1.70
差旅费	1.00	1.20	1.30	3.50
管理费	2.00	2.50	3.50	8.00
折旧费	4.00	5.00	5.50	14.50
分摊费	1.10	1.20	1.60	3.90
其他直接费用		0.40		0.40
间接成本	215.00	215.00	215.00	645.00
技术人员薪酬	215.00	215.00	215.00	645.00
交易成本	16.50	14.50	16.40	47.40
技术服务费	15.00	13.00	12.00	40.00
差旅费和管理费	0.60	0.80	1.40	2.80
有关手续费			3.00	3.00
交易税金				—
广告、宣传费				—
其他费用	0.90	0.70		1.60
合计	306.70	333.10	354.40	994.20

此外，Z 评估公司结合 B 研究所的平均资本收益率测算出了期望获取的合理利润值。最终得到了 3 项专利的重置成本 = 修正后原始成本 × (1 + 合理利润率) = 994.20 万元 × (1 + 9.6%) = 1 090 万元。

（二）贬值率的测算

3 项专利贬值率的测算按照如下方式进行：

贬值率 = 专利已存在年限/（专利已存在年限 + 尚可使用年限）

3 项专利从申请之日起到专利评估基准日，已经存在了 2.4 年。Z 评估公司又结合该行业技术的发展趋势、产品生命周期、法定保护期进行了综合判断，确定 3 项待评估专利的尚可使用年限为 8 年。从而得出贬值率 = 2.4/（2.4 + 8）= 0.23。

结合重置成本以及贬值率，可计算得出三项专利资产在评估基准日的市场价值 = 1 090 万元 ×（1 - 0.23）= 839 万元。

三、市场法评估知识产权价值的案例分析

2008 年 11 月 20 日，艾曲波帕片作为短期治疗慢性特发性血小板减少性紫癜（ITP）药物在美国首次上市，之后又于 2010 年 5 月 27 日在英国上市，目前在加拿大、智利、俄罗斯、科威特和委内瑞拉等 90 多个国家已获准上市，批准适应证为慢性 ITP 治疗。

小分子血小板生成素受体激动剂艾曲波帕片（商品名：Promacta）主要用于慢性丙型肝炎患者的血小板减少症治疗。该类患者由于体内血小板数量偏低，无法接受丙型肝炎常用手段干扰素的治疗，艾曲波帕片是首个获批用于该类患者的支持性治疗药物。新药研发公司北京蓝贝望生物医药科技股份有限公司开发了艾曲波帕原料及片剂，2014 年 9 月提交北京市药监局获受理临床注册申请。沈阳三生制药有限责任公司希望北京蓝贝望生物医药科技股份有限公司能够转让艾曲波帕原料及片剂临床批件。

市场法通行的做法就是参考在市场上已经发生的转让行为中对类似项目的评估值，作为评估待分析无形资产的价值的基础。该种方法在新药行业有着不错的应用空间。对申报同品种的五家企业中的两家研发型企业进行了电话咨询，因为它们的产品已经进行了实质转让。通过与行业内专业人员的沟通，发现转让的价格分别为 500 万元和 550 万元。通过对上市公司的相关公告以及新闻媒体报道的收集与分析，得到了多个新药品种的转让信息和价格，具体如表 2 - 10 所示。

表 2-10 3 类化药转让价格参考表

新药品种	转让单位	受让单位	时间	信息来源	转让价格
吡啡尼酮	陕西合成	北京凯因	2011	电话咨询	410 万元
阿伐那非	未知	昆明制药	2013	公司公告	538 万元
阿伐那非	山东药研	未知	2014	电话咨询	550 万元
莫达非尼	军科院	桂林三金	2011	公司公告	800 万元
艾曲波帕	南京华威	未知	2014	电话咨询	550 万元

通过对行业信息的调研，收集到的多个新药品种转让信息表明，类化药的临床前转让价格大多在 400 万~800 万元，同品种项目转让价格为 550 万元。因此，可以大致预测该项知识产权资产的价格为 550 万元。

四、权利人因被侵权进行实际价值评估案例[①]

J 公司专注于某专利产品的生产与销售，当前一些产品已经在某平台网络上进行了试水销售，并且自 2011 年到 2015 年，这些产品的销售情况相对比较稳定。但在 2016 年 1 月，产品销售所在的网络平台接到了另外一家公司 Y 的投诉。Y 公司投诉称 J 公司在其网络平台上所销售的一些专利产品侵犯了它们的商标权，强烈要求网络平台撤下相关的产品。平台公司在接到投诉之后便对相关产品进行了立即下架的处置。与此同时，Y 公司在网络平台上立即停止销售与 J 公司专利产品同类型的产品。J 公司随后了解到这些情况后，发现自己公司销售的产品并没有侵犯 Y 公司的商标权，反而 Y 公司销售的产品侵犯了自己的专利权。因此 J 公司便将 Y 公司和网络平台公司同时起诉到了法院。法院在经过调查取证以及审理之后认定，J 公司在网络平台上所销售的产品并不构成侵犯 Y 公司的商标权，而 Y 公司在网络平台上销售的产品则侵犯了 J 公司的专利权；并且要求网络平台公司立即恢复上架 J 公司的相关产品，并正式发出公告说明情况以消除对 J 公司的消极负面影响，Y 公司要对 J 公司进行专利权侵权赔偿。2017 年 2 月，平台网络公司将 J 公司的专利产品上架，并专门发布了相关报告，随后销售情况也逐步恢复正常。

---

① 马天旗，等. 高价值专利培育与评估 [M]. 北京：知识产权出版社，2018.

法院委托 F 评估公司对专利权侵权损害进行价值评估。F 评估公司在经过系统分析之后，将评估基准日选定在 2017 年 2 月 28 日。从实际情况可以看出，Y 公司的专利权侵权行为对 J 公司的不利影响时间节点为 2016 年 1 月至 2017 年 2 月。在 2016 年 1 月前，J 公司在网络平台上的销售情况稳定。在 2017 年 2 月，网络平台公司在发布相关公告后，J 公司的相关专利产品也逐步恢复到正常水平。2016 年 1 月和 2017 年 2 月 J 公司的相关专利产品在网络平台有一定的收入，但与稳定阶段相比有显著的下降；但商品下架之后与上架之前这段时期内，J 公司的专利产品在网络平台上没有获取任何收入。因此，在很大程度上 J 公司在该网络平台上因侵权所造成的损失是可以进行量化的，F 评估公司选取权利人因被侵权所受到的实际损失价值作为侵权损害赔偿判断依据。

依据 J 公司所提供的材料，F 评估公司对 2011 年至 2015 年间涉案专利产品在网络平台的销售情况进行了汇总，如表 2 - 11 所示。

表 2 - 11 专利产品销售情况

年份	2011 年	2012 年	2013 年	2014 年	2015 年
专利产品销量/件	2 450	2 673	2 758	2 826	2 837
专利产品销售收入/万元	263	294	315	327	328
平均销售单价/（元·件$^{-1}$）	1 073	1 100	1 142	1 157	1 156
销量年增长率/%		9.10	3.18	2.47	0.39
销售收入年增长率/%		11.79	7.14	3.81	0.31

从表 2 - 11 可以看出，2011 年到 2015 年的销售量趋于稳定，增长率相对逐步减少，产品的价格也相对比较稳定。从分月度的统计数据来看，该专利产品受季节的影响并不大，每月的销售量也相对比较稳定。因此，可以以 2015 年的销售数据来有效预测 2016 年 1 月到 2017 年 2 月在该专利产品没有被侵权的情况下的销售收入情况，即平均每月销售收入为 27 万元，平均每月的销量为 236 件，从而可以计算出在没有被侵权的情况下，2016 年 1 月到 2017 年 2 月的专利产品销售收入 = 27 × 13 = 355 万元，而 2016 年 1 月和 2017 年 2 月专利产品实际销售收入为 11 万元和 9 万元。

依据 J 公司 2011 年到 2015 年的财务报表计算发现，专利产品的平均营业利润率约为 11.5%。由此，可以计算出权利人因为被侵权而导致的实际损失价值 = 专利产品销售收入减少额 × 专利产品平均利润率 =（355 – 11 – 9）× 11.5% = 39 万元。J 公司因被侵权导致专利产品的收入减少了，但是公司日常生产经营的固定费用并未因此得到减少，实际损失应该大于 39 万元。因此，在固定支出并未减少的情况下，采用下述公式对权利人因被侵权所受到的实际损失价值来测算应该更为准确。

权利人因被侵权所受到的实际损失价值 =（专利产品销售收入减少额 – 专利产品对应可变成本减少额）×（1 – 企业所得税率）= 专利产品销量减少额 ×（专利产品平均售价 – 专利产品单位可变成本）×（1 – 企业所得税率）

专利产品销售量的减少额是 3 073 件，2015 年专利产品的平均售价是 1 156 元/件，依据 J 公司提供的数据，专利产品的平均单位可变成本为 625 元/件，那么实际损失价值 = 3 073 ×（1 156 – 625）×（1 – 25%）= 122 万元。那么依据填平原则，应将 122 万元确定为权利人因侵权而遭受的实际损失价值。

第三章
专利资产分类分级管理

第一节 概述

一、分类分级管理与维护的必要性

专利资产管理是知识产权管理工作的基础，随着研发投入的增加、专利数量的持续产出和管理工作的深入，专利分类分级管理逐渐受到创新主体重视。这项工作已经成为专利申请、维护及运用等基础管理工作的升级，更是高价值专利培育和布局的基本要求。

在国家标准《企业知识产权管理规划》（GB/T 29490—2013）的基础管理章节的第二小节"维护"中，明确规定：应建立知识产权分类管理档案，进行日常维护；有条件的企业可对知识产权进行分级管理。原文如下："应编制形成文件的程序，以规定以下方面所需的控制：a) 建立知识产权分类管理档案，进行日常维护；b) 知识产权评估；c) 知识产权权属变更；d) 知识产权权属放弃；e) 有条件的企业可对知识产权进行分级管理。"标准制定者认为分类管理相对简单，适用于全部企业，分级管理更为复杂，可以在企业具备一定条件后开展。

所有类型的创新主体在积累了一定数量的专利（申请）后，均应该开展专利分类管理，尤其是初步的专利分类，管理成本较低，工作效率明显提升。专利资产的分类管理，可以先按照不同申请国家、不同专利类型分类管理。再进一步的，还可以按照专利的技术领域、对应产品、产出部门等各种属性特征进行更精细的分类，采用不同的管理方式，如规定不同的责任主体、设定不同的工作目标、采用不同的工作流程，等等。更精细的分类管理不仅限于资料、文档的管理，而且是对专利全生命周期中各环节的差异化管理，一部分工作会与分级管理相互交叉[1]，或者说将分类在一定程度上作为分级的一种方式和一个步骤。

专利资产属于无形资产的一种，看不见，摸不着，其价值以及重要性如何区分和判断，进而利用专利资产来创造价值，让专利部门不再只是一个成本部门，对于专利管理人员来说是道难题。专利资产的分级管理相对分类管理更为复杂和精细，通常是根据专利的价值或重要性对专利进行分级，一般包括3~5个等级，进而决定资源投入等级、管理流程、运营模式等。分级管理的目的在于进一步提高专利管理的效率，降低专利管理的成本，维护并优化企业的专利资产，核心在于专利价值的评价和分级标准的制定。

对于精细化的分类和分级管理，受到分类体系和分级标准的科学性、专利价值评价的质量、不同级别管理模式和内容的设置是否合理、运营保护中市场环境和竞争对手的影响等诸多因素的影响，工作难度较大，成本较高，而且对于单件专利而言，工作效率和效果的提升存在很多的不确定性。因此，无论是企业还是高校与科研院所，当其知识产权发展到一定阶段、达到一定水平时，就有必要开展分级管理与维护。一般来说，包含以下必要条件。

第一，专利资产量达到一定数量级，导致专利费用成为不可忽视的成本。例如，专利数量达到一定规模时，企业都会严格记录专利费用的预算和支出，管理者希望知晓专利资产给企业带来的价值到底如何，专利费用花得值不值，将来该如何管理专利费用。管理部门就可借助分级管理的方式，提高专利管理效率和质量，向管理者证明专利资产的价值和用处。另外，此时还可以通过规模效应降低分级管理对单件专利效果不确定性的影响。

第二，创新主体的发展对专利资产价值的要求提高，同时更要避免专利风

---

[1] 企业专利分类分级管理漫谈 [EB/OL]. http://www.360doc.com/content/19/0411/11/22751255_827897303.shtml.

险。为了促进发展，管理者需要专利资产的增值，这也代表着专利竞争力的提高，分级管理与维护能够帮助创新主体实现专利资产增值，节约成本，增加收益。不可避免的，自身发展壮大，也会面临更大的外部专利风险。管理者开始愿意为专利分级管理投入成本，也愿意承担获得收益的时间成本，以便降低来自市场的专利纠纷的风险成本。

第三，知识产权管理工作具备一定基础。分级管理不是目的，而是一种手段，专利资产需要通过作用于创造、运用和保护环节才能真正发挥作用，转化为市场竞争力。因此需要企业的知识产权管理工作具备一定的基础，知识产权管理团队达到一定的地位，内部对专利资产的分级管理与维护的意识提高，认识到专利资产的作用不是表面上的一纸证书。专利权是无形资产，价值会有高有低。高价值专利或专利组合的作用是可以匹敌"千军万马"的。

二、分类分级管理的实施方式

分类分级的具体实施方式需要根据行业特点、管理基础、经营发展目标等各方面情况进行个性化规划。

（一）分类管理

专利资产的资料、文档的分类管理较为基础和简单。要建立一套完整的专利申请程序和专利档案管理方案，在此基础上，建立专利分类管理档案[1]，进行日常维护。

由于专利文件种类繁多，进程复杂且周期长，专利档案的管理问题显得非常突出，因此需要建立系统的专利档案管理制度，以充分发挥这些文件的作用，并且防止过程中的疏忽而导致权利丧失或者利益受损。专利档案包括：将要申请专利的技术文件档案、处于审查过程中的专利申请文件档案、已授权专利文件档案、专利许可转让文件档案、专利质押融资文件档案、专利评估文件档案、专利诉讼无效文件档案、专利侵权纠纷文件档案等。

---

[1] 中规（北京）认证有限公司.《企业知识产权管理规范》审核实务与案例汇编[M].北京：知识产权出版社，2019.

对于专利数量不多的，可采取建立不同的分类表格分类保存文档的方式进行管理。文档可按每条专利或者处于不同阶段的专利分类。分类表格中的统计内容应体现专利的专利号（申请号或公开号）、专利名称、申请日、公开日、授权日、申请人或专利权人、发明人、法律状态、待办事项、年费缴纳日期、相关联的企业产品、实施情况、专利等级等内容。需要强调的是发生过著录项目变更的专利数据，需要重点记录其著录项目变更情况。如专利的权属有过变更或放弃，一定要记录清楚。例如，集团将自身的专利变更到其子公司名下，无论是申请过程中的还是已授权的专利，都要做好交接管理，集团和子公司的管理人员分别要进行记录，约定好上述专利的管理职责。尤其是费用缴纳情况的交接，确保专利费用正常缴纳。对于专利数量较多的创新主体，建议引进专业数据库和信息化系统，对专利进行科学规范的管理。

专利管理人员可以利用分类管理维护档案，对历年的专利申请与授权情况、实施情况、年费缴纳情况、专利奖酬情况、专利技术评估情况、专利纠纷情况、被侵权情况等企业自身专利的整体情况定期进行分析，针对专利的管理、实施等方面，向管理层提供准确的数据和合理的建议。

精细化的分类管理是进一步挖掘专利的自身特征，对其进行分类。一般地，根据专利对应的产品、技术进行分类比较有代表性，对后续开展不同方式的管理意义也较为明显。这种方式需要先建立产品和技术的多层次分类体系，根据行业特点的不同，分类体系可以按照产品和技术分别建立，也可以合并建立。分类体系既要覆盖企业当前的产品和技术现状，也要从产业链、技术链的上下游关系、技术发展的前瞻性等角度进行一定的拓展。

【案例3-1】专利分类体系与产品类型紧密相关

专利分类体系的选择应与企业技术和产品紧密相关。一般来说，产品型企业大多选择按照产品的大类来进行专利的一级分类。例如某交通运输类的专利分类，技术大类为其单轨交通主要方式，可包括跨座式、悬挂式以及磁浮式，技术中类为交通结构的组成部件，技术小类为部件的具体改进点。

（二）分级管理

分级管理首先需要设定不同的专利级别，参考所采取的专利价值评价方法确定定级标准，再根据专利价值评价的结果划分专利的等级。以 3~5 级为宜，级别过多会增加管理的复杂性，降低效率，级别过少则不能有效显示出不同级别管理方式、内容的差异化[①]。IBM 公司将其资产主要分为 4 级，包括 0 级（又称钻石专利）、1 级、2 级、3 级，各等级下的专利资产价值依次降低。

定级标准的表述方式和选择的评价方法息息相关，整体上可以从各级别的占比进行把控，如核心/战略级别在 10% 左右。评价方法大体可以分为定性评价和定量评价两种，定性评价一般针对单个指标进行，定量评价一般会建立指标体系，通过赋予权重获得综合评价分数。针对定性评价的定级标准首先确定考察哪些指标，其次确定各指标间的逻辑关系，如全部符合、单个否定或按一定逻辑顺序筛选。针对定量评价的定级标准一般体现为分数，可以针对指标体系的不同维度设定分数，即某个维度达到或低于某个分数时，专利应划入哪个等级。

在实践中，还可以采取动态跟踪管理的方式，即从专利提案开始，通过在审查、授权、无效和诉讼等不同节点的多次评价和定级，通过发明人、技术专家、专利工程师的多方参与，使一件专利的评价结果更准确，定级更具科学性。

三、分类分级管理后的资产维护

（一）差异化管理

分类分级不是目的而是手段，在分类分级之后就是对不同类型、不同级别的专利进行差异化管理。这种差异化管理应当贯穿于专利的全生命周期中，即从提案/申请提交阶段、审查阶段至授权后的维护，当然也包括无效诉讼、许可转让类运营活动等特殊节点。

由提案/申请提交至授权后的维护是一件专利的法定程序（有可能提前终止），可以对不同级别的专利在操作流程和质量要求两方面采取不同的管理方式。操作流程方面，不同级别的专利可以设定不同的工作流程，如高级别专利应更加强调专利检索环节，低级别专利可以减少质量审核次数或降低审核人员的级别。

---

① 企业专利分类分级管理漫谈 [EB/OL]. http://www.360doc.com/content/19/0411/11/22751255_827897303.shtml.

质量要求方面，不同级别的专利可以对具体工作设定不同的内容和标准，如高级别专利在选择代理机构时应考虑机构的整体水平、代理人的专业匹配性，需要由技术专家对撰写文本进行质量审核，低级别专利交底书的内容可以适当简化，权利要求的数量要求可以适当降低，选择代理机构也可以相对灵活。

不同级别的专利案件的代理费是可以根据创新主体的自身情况主动区分的，例如，高级别专利的代理费中务必涵盖一定的检索费，确保专利申请的新创性，而低级别专利的检索可以由内部知识产权管理人员进行，以便节约专利成本。尤其是高级别专利中的基本专利，将来可能会引发无效和侵权诉讼程序的，务必确保法律价值经得住考验，权利稳定性、权利要求范围、侵权可判定性都要在撰写质量考核标准中明确要求，选择专业领域方向适合的优质代理人或律师，代理费用标准可能远高于一般市场价。

【案例3-2】不同等级专利的代理费差异化管理

某集团近几年的专利年申请量达上千件，每年的专利代理费用花费不少。同时也培养了一支岗位配备完整的知识产权团队，制定了相对完善的专利分级管理办法，在集团研发中心范围内正式推广。每年新申请的专利都会从交底书阶段开始评级，确保整个研发过程的专利分级管理。与代理机构进行合同签订时，高中低三种等级的专利代理费由高到低，进行价格区分。向代理机构委托案件时，专利工程师会根据专利分级管理办法的规定，在委托时就会标注专利案件的等级，以便代理机构区分高中低三种级别的案件。在立案委托时，由于高等级的案件规定会给专门的检索费，所以流程人员会将高等级案件首先分配给检索人员，检索完成后，再流转给熟悉集团专业技术的优质代理人，确保专业领域更加匹配，代理人撰写完稿件后，要由审校老师首先对权利要求质量校对后，再发给专利工程师审核，在修改过程结束后，审校老师会对代理人的全文修改稿最终定稿后，再反馈给专利工程师，专利工程师完成最后定稿。高等级专利案件在代理所的审稿周期最长，中等级次之，低等级最短。

专利无效时常和侵权诉讼相伴而来，其中既有主动发起，也有被动应战。对于主动发起来讲，必须做到准确筛选哪些专利可能遭到了竞争对手的侵犯、识别哪些专利经得起无效程序的考验。可以通过分类分级管理为专利添加标签，如对核心专利开展初步识别专利侵权对象的检索，对可能被侵犯的专利进行稳定性评价。当专利被提起无效，需要被动应战时，可以针对涉案专利的不同级别采取不同的响应措施，进行不同程度的资源投入。

在开展主动的运营活动时，如许可、转让、质押等，应当设定哪些类别和级别的专利可以许可或者转让，并进一步细分许可的类型，独占、排他或普通许可。一般地，核心等级的专利不考虑转让，能否许可也应根据市场竞争情况慎重考虑，其他等级的应用型专利则可以考虑通过普通许可的方式扩大市场整体规模。

专利权属变更、放弃，是指权利人的名称或其他信息的变更。企业因转让或受让专利、合并、重组或自身需要而需要变更权利人名称等信息时，为维持权利的一致性和有效性，应及时到知识产权行政管理部门做变更手续。由于专利权维持需要一定的成本，即使该专利权仍在法定的保护期限内，但若对于企业的发展已没有太大价值，企业也可以选择主动放弃该专利权。在放弃专利权时，需要慎重考虑，全面衡量，需要考虑的因素通常包括技术发展状况和相关产品的市场情况等。一般报企业管理层研究审批后执行。企业的知识产权管理部门应慎重处理放弃、变更知识产权的行为，以免对企业知识产权造成损失。

（二）维持专利权的判断标准

分级分类后，一般来说，专利等级越高的专利，维持的期限越长。专利等级越低的专利，可视具体情况处置和维持。企业在专利维护时，首先应做出专利价值评估。好的专利，应具有足够宽的保护范围、很强的法律稳定性和较高的市场价值。这不仅要求专利技术具有较强创新力度，而且要求专利文件应有较好的撰写质量。

1. 市场价值

专利价值应体现在市场经济上。市场需求和经济价值也应是激发企业申请专利的正确导向。有些专利正在现有产品上实施，应重点维护。要确认这些专利实施的具体产品型号或产品系列编号，以备下次专利价值评估时或给予发明/设计人专利实施奖励时参考。有些专利，申请时仅为储备，并未具体实施。若干年后，这些专利如果还没有实施且没有再储备的必要性，应优先放弃。有些专利曾经实施在具体产品上，但产品由于升级、换代或市场不好已经停产。如果这些专利没有再实施或进行储备的必要性，应优先放弃。

2. 保护范围

专利保护范围过窄，根本起不到保护专利产品或专利方法的作用。他人实施了专利技术，而仅对技术特征略微变通或省略某些非必要的技术特征就能轻易规避专利侵权。独立权利要求细节烦琐，占据权利要求版面的整页，甚至数页的专利，大多属于这种情况。独立权利要求中技术特征过多或仅保护某具体实施例，即专利保护范围过窄。在进行专利价值评估时，应由更资深的专利管理人员对专利本身进行重新评价，并优先挑出这些专利予以放弃。

3. 法律稳定性

"问题专利"，是指在授予专利权后，保护范围过宽或权利本身仍不符合专利法有关规定的专利。在进行"问题专利"维权时，专利权无效的可能性很大。因此，"问题专利"法律稳定性较差，起不到真正保护专利产品或专利方法的目的。"问题专利"主要包括如下情形：缺乏创造性和实用性；说明书未做到清楚、完整，不能达到所属技术领域的技术人员实现的程度；权利要求书未做到清楚、简要，不能得到说明书支持；修改超范围；缺少必要技术特征等。专利代理人对技术方案理解偏差、对背景技术不熟悉以及个人经验和能力不足等都容易导致上述情形产生。因此，为避免"问题专利"的产生，企业应尽量委托专业对口、经验丰富的专利代理人。在进行专利价值评估时，应由更资深的专利管理人员对专利本身进行重新评价，并优先挑出这些"问题专利"予以放弃。

开展专利分类分级管理，是从粗放式向精细化的转型，是从简单的流程和文档管理向以价值为基础的科学管理升级的必经之路。建立自身的分类分级标准和管理体系，才能对逐渐增多的专利进行更高效的管理，才能通过专利管理为应对潜在的专利风险提前做好准备，才能通过专利管理挖掘发现高价值的专利，从整体上提升专利竞争力，提升专利工作对发展经营的助推作用。

第二节 专利资产分级的保障措施

一、专利资产分级管理体系

专利资产分级管理工作是复杂并且系统性的工作，需要建立科学合理的管理系统或模型。分级体系可以简单分为模型体系、指标体系。模型体系多为定性，指标体系的用途是定量。有时二者可以相结合，例如，模型体系中的判断流程可以采用指标来实现。具体工作中，建议参照专利价值评价体系来制定合适的分级管理体系。对于一些对分级工作标准要求不高，同时人手也不充裕但想尽快开展分级管理工作的创新主体来说，如中小型的企业，可以尝试建立简易的定性模型体系，把数量不多的专利资产尽快进行分级管理。对于大型企业以及高校等专利数量庞大的创新主体，则建议采用指标体系等定量方式来实现专利价值的分级管理。

专利资产分级模型体系或分级指标体系应当结合行业特点及创新主体自身发展现状来构建，不能照搬官方或其他成熟的指标体系及评价方法，应在满足评价要求的前提下重新进行指标筛选及模型组合。模型体系强调定性判断的结果有参考性，一般要明确判断节点的判断依据合理，判断流程有科学性并且逻辑严密，以便最终的分级评价结果有说服力。指标体系一般也分解为多个专利价值评价维度，再将各个维度分解为多个专家评价指标，即一般包括3层架构，即分级体系、分级维度和分级指标。分级指标体系是逻辑严密、可执行的方法系统，包括多个分级维度。分级维度就是某一体系内部不同的专利价值评价角度，如经济价值、法律价值、技术价值等。分级指标是各个分级维度下的基本元素，如法律价值的权利稳定性、技术价值的先进性等。

①经济价值的分级指标：获益情况（专利质押、专利转让、专利许可、作价入股、专利诉讼、侵权赔偿）、标准相关度等。

②法律价值的分级指标：权利稳定性、不可规避性、侵权可判定性、权利要求保护范围、专利维持年限、全球同族布局情况等。

③技术价值的分级指标：技术的先进程度、应用前景、应用广度、成熟度、可替代性、独立性等。

④市场价值的分级指标：市场当前应用情况（自实施情况、市场规模、市场占有率）、市场未来预期情况、竞争情况等。

⑤战略价值的分级指标：可用于进攻、用于防守、用于提升影响力、作为谈判筹码等。

专利价值分级管理工作专业性较强，知识产权部门无法独立完成，一旦涉及非知识产权专业人员，就必须保障评价指标的可读性较强、独立性较强，只有这样才有可能保障评价结果的可靠和准确。在确定好分级体系和维度后，分级指标的注意事项对于指标参数的定义要清晰。指标要能够量化，至少打分者应该在头脑中具备量化的能力，在进行分级打分是可使用数字进行等级划分。打分者最好为给出的评分做注解。整体操作越简单越理想。

企业专利价值评价工作任务繁重，因此评价指标应当适当简化，删除存在关联/交叉关系的指标、非必要性指标，以关键指标的评价来实现分级。

二、专利资产分级管理人员及职责

专利资产分级管理工作专业性较强，知识产权部门无法独立完成，需要组建专利分级管理人员团队，明确各部门的分工和职责。以下是较为完整的分工和职责。

①研发工程师以及技术专家负责对专利的技术价值进行分级。发明人一般是一项专利技术的"最知情人"，因此应当由专利的主要发明人，一般来说是研发工程师首先进行自评。技术评价专家以发明人自评结果为依据展开综合判断，更加准确高效地获得最终评价意见。

②专利律师或专利代理人负责对专利的法律价值进行分级。专利的法律价值由专业人员来负责分级，如专利律师，比较专业的专利代理人或者内部专利律师等。需要注意的是，律师或代理人自身对于专利技术的理解将会影响其对法律价值的判断，因此要寻找专业领域匹配度高的专业人员，围绕竞争对手的产品与自身专利清单进行对应，提升专利（组合）的法律价值。

③市场销售人员负责对专利的市场价值进行分级。市场销售人员对于产品的市场价值最为敏感，但对专利，尤其是专利与产品的对应性可能不够了解，需要专利工程师或研发工程师首先根据技术分类以及产品分类，将专利与产品以及技术的对应关系理清。市场销售人员根据产品的上市情况，给予在现有产品上实施的专利最高的评价分值，给予没有实施在现有产品但可实施在有上市前景的产品上的专利较高的评分价值，而实施在由于升级、换代或市场不好已经停产产品上的专利因没有再实施或进行储备的必要性，评分最低。

④专利运营经理（专利销售）负责对专利的经济价值进行分级。如果专利本身没有发生过交易转化，则没有合适的专业人士对专利的经济价值进行直接判断，需要考虑专利资产评估师的介入。

⑤执行管理者负责专利资产的运营、投入和产出，负责对专利的战略价值进行分级。一般来说，对于一些大型企业，专利资产的数量和金额都达到一定水平时，专利资产分级工作的战略价值应该得到重视，需要执行管理者负责分级。

⑥专利布局工程师负责执行专利战略，制定布局策略，负责对专利的战略价值提出分级意见。

⑦其他人员，如负责专利维持的财务人员、具体执行层面的人员等。

⑧专利年费管理员，能够知道该专利是否需要续费或放弃缴费。

企业专利资产分级管理工作一般由技术专家和法律专家共同评价。如果缺失市场销售人员，可以通过市场信息共享的方式由专利管理人员代替评价。在企业进行专利分级时，各类人员应各司其职，分工合作，综合判定。专利价值评价模型包含多个维度，有时为了降低评价成本和周期，会选择同时具备两个或两个以上维度评价能力的复合型专家来进行评价，以同时开展多个维度的评价，但因评价维度分散、专利技术方案分散等也可能导致其评价难度增加、准确性降低。

企业专利资产分级管理专家团队，应当包含法律专家、技术专家、经济专家，至少也应包含法律专家和技术专家。具体选择的专家应依据技术分类体系来进行筛选，可按照评价内容进行分组，每一组应当包含两至三位评价专家。评价得分最后由专家组组长统筹，通过权重计算得出。

三、专利资产分级管理与维护流程

(一) 整体流程

专利资产分级管理与维护的流程步骤大致包括以下步骤（如图 3-1 所示）。

图 3-1　专利资产分级管理与维护流程

第一，构建分级管理机制。企业提出的适用于本单位的专利分级流程、专利分级体系，要有较强的可执行性和科学性，不可盲目照搬或复制。要配合企业的知识产权管理规范和管理体系来制定分级体系，明确管理和参与人员、分级思路，制定专利分级管理办法。分级管理办法在适当的范围内实施。

第二，组建分级管理团队。根据分级管理机制，组建分级管理团队，确定创新主体内部的分级管理者。管理者最好达到一定职位级别和影响力，能够指挥分级管理团队将分级管理制度实施到位，并能够及时将专利资产分级后的成果以及专利风险预判及时汇报给创新主体的管理层，提高管理效率。

第三，执行分级管理步骤。对专利资产执行分级管理，即在分级管理者的指导下，参与人员严格执行专利分级管理办法，将专利划分等级，并记录。具体的分级步骤可以包括申请前的技术方案分级、申请中的法律价值评价、授权后的综合价值评估。另外，如采用专利价值定性评价体系，则可以执行专利价值的分级流程（详见案例 3-3）。

第四，实施分级管理动态维护。按照专利等级对专利资产实施分级管理维护，必要时放弃部分低价值专利的权利，放弃权利时务必要慎之又慎，尤其要有战略眼光，重视长远利益。维护专利资产时要按照判断标准，选择继续维护的不同等级的专利。

【案例 3-3】一种专利价值的分级管理流程[①]

一种专利价值的定性评价分级流程如图 3-2 所示。

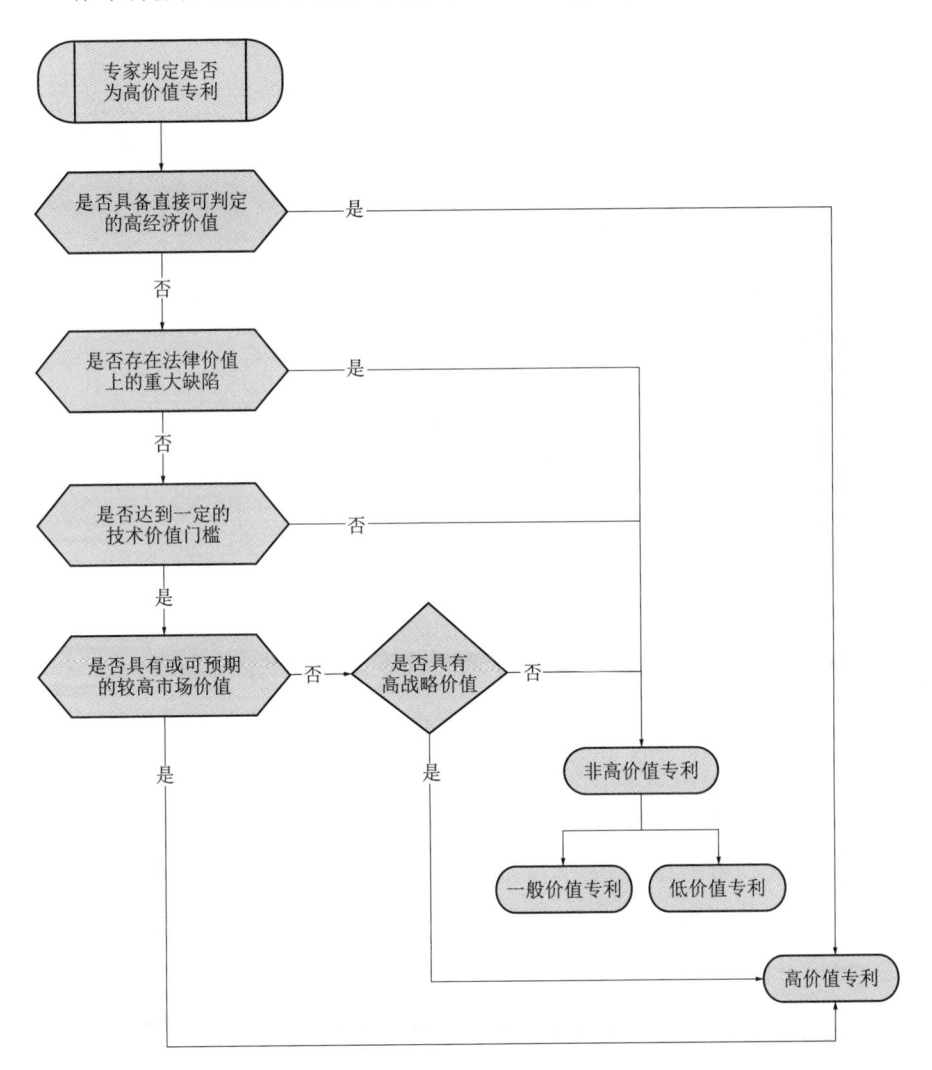

图 3-2 专利价值的分级流程

---

① 马天旗. 高价值专利筛选 [M]. 北京：知识产权出版社，2018.

专利根据其价值的高低可分为高价值专利、一般价值专利和低价值专利。专利价值的具体分级方法如下。

判定路径一

根据提供的专利包或专利，行业专家首先判定该专利是否具备较高的经济价值，具体评价方式可依据专利经济价值度的算法，如果该专利的经济价值超过预先设定的阈值（视行业情况而定，比如可设定专利经济价值≥100万元为高经济价值，10万元≤专利经济价值<100万元为一般经济价值，专利经济价值<10万元为低经济价值），则认定该专利为高经济价值的专利，也即高价值专利，否则继续进行判定路径二。

判定路径二

步骤一：如果该专利经济价值不突出或者无法获知相关数据，进一步判定其是否存在法律价值上的重大缺陷，专利的法律稳定性需提供专利权稳定性尽职调查报告。如果存在比如专利权无效、权利稳定性较差、保护范围过小等重大法律意义上的缺陷，则视为非高价值专利，并根据需要进一步判定其是一般价值专利，还是低价值专利。

步骤二：如果法律价值上不存在重大缺陷，则继续判定该专利是否达到一定的技术价值门槛，具体评价方式可依据专利技术价值度的算法，综合考虑技术价值维度所有的一级分析指标。按照技术价值度的区间来判定其技术价值是否过关（视具体情况而定，比如可设定专利技术价值度≥0.5时，即认定技术价值过关）。如果技术价值度没有达到设定的阈值，则视为非高价值专利，并根据需要进一步判定其是一般价值专利，还是低价值专利。

步骤三：如果技术价值过关，则继续判定该专利是否具有或可预期的高市场价值，具体评价方式可依据专利市场价值度的算法，充分考虑实施情况、市场规模和占有率，以及竞争情况和政策环境的影响。如果认定其市场价值高，则直接认定其为高价值专利，否则继续进行判定路径三。

判定路径三

如果该专利的市场价值为一般或较低，则继续根据专利战略价值度进一步判定其是否具有高战略价值，充分考虑专利进攻价值、专利防御价值和专利影响力价值，以及专利的实际用途和专利组合的构建等因素。如果认定其战略价值高，则直接认定其为高价值专利，如果为否，可以根据需要进一步判定其是一般价值专利，还是低价值专利。

（二）维护流程

根据专利的等级实施专利动态维护流程时，可以细分为以下步骤：①定期监控不同等级的专利费用；②根据重要专利事件定期更新专利等级；③根据专利等级和用途实施不同的维护手段。

专利发生以下事件一般可判断其专利等级为最高级别，并且推断其专利价值高：①专利多次被无效、仍然保持有效；②专利胜诉后，赔偿数额高；③专利许可费数额高；④专利已成为标准必要专利；⑤专利被引证次数多。另外，对于同族国家多的专利，一般也会专利等级较高。要格外重视以上所述专利的维护措施，确保核心专利资产利益不受损失。

图3-3是根据专利的企业战略匹配度以及专利保护质量的高低不同，得到的专利用途矩阵示意图[①]。根据专利等级和用途实施不同的维护手段时，可以参考图3-3中所示的原则。

①核心专利（企业战略匹配度高、保护质量高）：诉讼或许可。②外围专利（企业战略匹配度高、保护质量低）：许可或维持。③偏离专利（企业战略匹配度低、保护质量高）：许可或转让。④弱项专利（企业战略匹配度低、保护质量低）：转让或放弃。

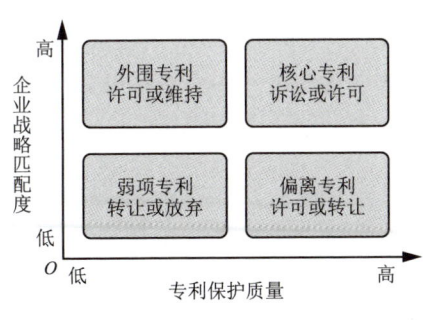

图3-3 专利用途矩阵

[①] 马天旗. 高价值专利筛选［M］. 北京：知识产权出版社，2018.

维护专利时还可能考虑如下情形。

1. 发明人/设计人离职

发明人/设计人离职，尤其是到同行业从业，容易将专利技术带走并实施，因此，涉及部分或全部发明人/设计人离职的专利，应优先维护。但也有一些企业，对发明人/设计人离职的专利优先放弃，主要在于减少职务发明的奖励费用等。

2. 专利所处专利年度

由于专利年费是逐阶段递增的，对于同样价值的专利，企业应优先放弃所处专利年度较高的专利，以减少维护费用。另外，有些企业享受国家或当地政府对专利费用的减缓政策，授权后部分年费可以减缴或全额报销。

3. 知识产权战略

综合考虑主要竞争对手专利布局、行业特点、政府对知识产权的保护力度和奖励措施等，对拥有的有效专利数量设定战略指标。继而，根据目前的专利申请或授权状况决定每次放弃和维护的专利数量比例。

第三节 典型创新主体的案例

一、大型企业

（一）技术或产品视角的精细化分级管理

专利的分级管理是分类管理的升级，对于企业专利管理人员具有更大的挑战，原因在于，专利的分级管理涉及企业专利价值的分析、评价、评估等专业化工作，而一件企业专利的整体价值，可能需要从技术、法律、市场、战略、经济等多个维度来进行综合评定。因此，对于大型企业以及那些拥有大量专利的技术密集型企业而言，专利分级管理需求迫切，建立一套系统、精细化的专利价值分析模型或专利分级管理模型尤为重要。专利资产的数量级已达到千件及万件以上的企业，更加需要完善的管理体系来实现分级管理。

基于企业专利管理需求的技术与产品对应法[①]是较为常用的，企业在管理专利时，往往是从技术或者产品的对应关系入手管理。从技术视角进行分级管理是根据企业自身的研发情况，包括企业自身的技术路线、动向，以及针对竞争对手的技术路线、动向等因素对技术进行分类分级。每个技术大类下，相应地还可以设置多级的技术分支。从技术视角分级较好理解，应用也较普遍。

从产品维度进行分级管理也较多见。企业根据在研项目、市场上的在销产品对企业的产品线进行分类，每个产品下根据产品结构或模块再细分成不同的产品子类。企业可以根据以上分类与专利的对应关系对专利进行分级。在上述两个维度划分完成后，构建一个技术产品和专利对应的二维分析矩阵，建立技术—产品分级表。企业将其专利资产在技术和产品两个维度进行分析，经过筛选后可获得一系列价值较为明确的专利资产。

【案例 3–4】根据技术价值指标来建立分级指标体系

某上市企业从专利与技术的对应关系入手制定专利分类分级管理办法。研发中心已经按照企业的技术路线划分为不同的技术板块和相应的技术课题组，在专利分级管理时，以技术课题组为基本单元，首先根据技术交底书的技术先进性以及应用前景来进行评分进而分级。分级指标表如表 3–1 所示，对技术先进性、3 年内本公司的应用前景、3 年内其他公司的应用前景进行评分，根据评分分类结果将技术交底书分为核心专利、一般专利、外围专利三个类别。

表 3–1 分级指标

评估项目	权重	发明人	技术课题组组长	分管研发负责人	知识产权专员	知识产权负责人
技术先进性	25%					
3 年内本公司的应用前景	50%					
3 年内其他公司的应用前景	25%					
三项评估总分	100%	0.00	0.00	0.00	0.00	0.00

---

① 马天旗. 高价值专利筛选 [M]. 北京：知识产权出版社，2018.

同时，交底书后续还会进行申请中的法律价值评价，对专利等级将会有所调整。重点关注技术可专利性和专利文本质量。技术主题可否通过专利保护，技术方案是否属于商业秘密，可否申请专利，如果确定可以申请专利，技术方案"三性"如何由专利管理部门评价……根据公司申请文本的预审标准对专利申请文本质量评分，评价指标为权利要求的创造性、清楚性、保护范围、布局合理，以及说明书的清楚性、完整性和可实现性。核心专利的申请文本质量的评分需达到90分以上，一般专利的评分不低于80分，外围专利的评分至少为70分。如果核心专利申请文本质量达不到90分以上，首先判断原因，看是否为代理人的撰写问题或是技术方案本身有瑕疵。若判断代理人的撰写质量待提高，需要与代理所管理层反馈，要求提高核心专利的代理人撰写水平。若存在技术方案问题时，要反馈给发明人，告知其专利申请文本的实质问题，请其协助挖掘发明点。在专利申请文本质量满足后，正式提交申请。每个等级中20%的专利可以申请特殊处理，如自愿降低等级，或延缓申请。申请提交时，新申请的专利等级经过两步评价后最终确定。核心专利的奖励分为两个阶段：申请阶段和授权阶段。其余专利的奖励均在授权阶段执行。

（二）专利权的合理处置

对于拥有专利数量较多的企业，专利管理部门每年都应就专利费用做出财务预算，根据财务预算或企业知识产权战略，决定每次专利维护时放弃专利的数量，或者根据分级分类和专利价值评估情况等确定要放弃的专利。专利管理部门可以对发明人/设计人、专利申请/实施部门等进行专利维护信息调查，根据反馈信息和自己对专利撰写质量、保护范围和法律稳定性的分析进行综合判断，确定需要放弃的专利。除了放弃外，大型企业还会有相当数量的专利进入转让、许可或质押融资等步骤，同样需要根据企业管理方式合理地进行挑选，一般由市场、法律、研发，以及专利部门协同讨论最终确定。

【案例3-5】企业放弃专利权的实际案例

下面给了一个企业放弃专利权的具体操作流程，专门设计了《专利维护信息调查表》，可供参考。①

第一步，专利管理部门提出

专利管理部门每三个月把年费到期的有效专利进行一次整理，按照专利所属的申请/实施部门进行划分，将专利号填写在《专利维护信息调查表》中的"专利号"栏中；把公告的专利文献的电子版本进行整理，在上述表格里的专利号上加入超级链接；将《专利维护信息调查表》及专利文献打包发给专利申请/实施部门的专利联络员，并规定反馈时间。

第二步，专利申请/实施部门做出专利维护信息反馈

专利联络员首先核对发明/设计人的离职情况。发明/设计人没有离职或部分离职的，由全体或在职发明/设计人在"发明/设计人意见"栏给出"是否维护"的建议；发明/设计人若全部离职的，"是否维护"不予填写。然后，专利联络员认真调查并听取部门领导意见，对"维护"和"放弃"给出建议，并对具体理由做出判断，完成"专利申请/实施部门意见"栏的填写。其中常见"维护理由"已经列出，包括"正在实施""备用""有无样机"等，属于"正在实施"的专利还应填写"实施的产品/系列型号"。常见的"放弃理由"也已经列出，包括"产品淘汰""技术更新""未实施""提前公开""保护不到""公知技术"等。属于维护和放弃的"其他理由"的，应进行具体文字描述。专利联络员将填好的表格发回专利管理部门。

第三步，专利管理部门做出评估

专利管理部门组织资深专家，对专利的"撰写质量""保护范围""稳定性"进行判断，并给出"是否维护"的建议，完成"专利管理部门意见"栏的填写。

第四步，综合判断

由主管专利的公司领导确定本次专利权维护和放弃的比例。由各部门专利联络员、专利管理部门代表、主管专利的公司领导组成合议组，共同讨论、做出每件专利维护或放弃的决定，"是否维护"的决定明确填写在《专利维护信息调查表》的"结果"项中。

---

① 刘杰. 企业对专利权的维护和放弃 [J]. 家电科技，2011 (3)：48-49.

专利管理部门根据《专利维护信息调查表》中的"结果",对需要维护的专利缴纳年费,不需要维护的专利不再缴费。《专利维护信息调查表》填写简单,除"实施的产品/系列型号""其他理由"项须进行具体文字描述外,其余项只需做出选择,符合的打"√"即可。

二、高校及科研院所

高校是科技创新的重要主体,知识产权管理是高校创新管理的基础性工作,也是高等学校科技成果转化的关键环节。与企业相比,高校及科研院所专利资产商业价值少,但数量庞大,同时管理粗放,因此需要精细化管理。建议先从分类做起,再根据实际情况做好分级工作。

高校与科研院所的专利分级管理是一项系统工程,需要多方协调完成。《高校知识产权管理规范》(GB/T 33521—2016)强调要加强知识产权分级管理,包括:①基于知识产权价值分析,建立分级管理机制;②结合项目组建议,从法律、技术、市场维度对知识产权进行价值分析,形成知识产权分级清单;③根据分级清单,确定不同级别知识产权的处置方式与状态控制措施。加强知识产权策划推广,基于分级清单,对于有转化前景的知识产权,评估其应用前景,包括潜在用户、市场价值、投资规模等;评估转化过程中的风险,包括权利稳定性、市场风险等。

《科研组织知识产权管理规范》(GB/T 33520—2016)强调要重视评估与分级管理,满足以下要求:①构建知识产权价值评估体系和分级管理机制,建立知识产权权属放弃程序;②建立国家科研项目知识产权处置流程,使其符合国家相关法律法规的要求;③组成评估专家组,定期从法律、技术、市场维度对知识产权进行价值评估和分级;④对于有产业化前景的知识产权,建立转化策略,适时启动转化程序,需要二次开发的,应保护二次开发的技术成果,适时形成知识产权;⑤评估知识产权转移转化过程中的风险,综合考虑投资主体、共同权利人的利益;⑥建立知识产权转化后发明人、知识产权管理和转化人员的激励方案;⑦科研组织在对科研项目知识产权进行后续管理时,可邀请项目组选派代表参与。

近年来,以中科院计算所、中科院大连化物所为代表的科研院所,在适用于科研院所的专利分级管理模式上尝试了一系列探索。中科院计算所早在2014年就提出了基于专利价值分析体系的专利分级分类管理办法。2019年，中科院大连化物所成为我国首家通过《科研组织知识产权管理规范》认证的科研院所。

【案例3-6】中国科学院某研究所的专利分级管理方法

中国科学院A研究所的分级分类管理办法是利用专利价值分析体系[①]，主要从技术、法律和经济三个维度对专利价值进行分析，根据分析结果确定专利的级别，并根据不同的级别采取不同的管理和处置措施，以达到资源的优化配置，使专利的管理更规范，并从根本上促进专利的转移转化[②]。分级指标包括基于法律价值的分级指标表，基于技术价值的分级指标表、基于经济价值的分级指标表。评审表格包括授权专利集中评审表、发明人自评表、审核记录表，以及专家评审表。由于所属信息技术领域，该研究所对专利价值分析指标体系进行了优化。

第一步，对于已授权专利，按照技术方向集中进行分级。参与人员包括技术专家和知识产权管理人员。

第二步，对于新的申请，将专利价值分析体系运用贯穿专利申请的全过程，按照申请前、申请中、授权后三个阶段评审进行动态分级。在申请前，通过对技术方案的分析确定技术价值中的先进性，法律价值中的授权可判定性。根据得分将其分为A级钻石专利，B级优质专利，C级普通专利。

第三步，根据专利质量和专利交易数据来反观指标设置的合理性，适当调整指标设置，使得分级依据更具有说服力。

另外，被国家知识产权局评为"专利价值分析试点单位"的中科院B研究所，也应用了上述专利价值分析体系。该所成立了研究所专利分类分级管理工作组，建立了专利价值分析专家数据库，希望通过对研究所存量专利进行分析和梳理，结合专利全过程管理，探索建立专利分类分级管理标准化体系；参照国家知

---

① 中国技术交易所. 专利价值分析指标体系操作手册[M]. 北京：知识产权出版社，2012.
② 基于专利价值分析体系的专利分级分类管理方法。

识产权局出台的专利价值分析指标体系，探索建立符合中科院院情和适合该所学科特点的专利价值分析方法，建立具有纳米产业特色的专利价值分析指标体系[①]。技术转移中心项目执行团队结合研究所专利全过程管理及专利运营理念等实际情况，对现有专利价值分析指标进行了优化调整，并对存量专利进行了分析和梳理，这为实现后期的专利运营与转化打下了坚实的基础。在分类分级的管理工作中，工作组主要对法律价值的指标和指标权重提出了调整意见，如表3-2所示。

表3-2　法律价值的指标和指标权重调整意见

指标	问题描述	指标修改方案
多国申请	对于已经进行多国申请的专利，本身该技术对于课题组来讲非常重要，因此可以直接划分到A类级别进行重点管制，从而没有必要再进行评估，以节约成本和人力	删除该指标
专利许可情况	对于已经进行许可的专利，由于无论其评估结果如何，不能在许可期限内放弃其专利权，因此该类别专利也没有必要进行评估，可以直接划分到A类级别进行重点管制	删除该指标
不可规避性	该指标直接体现了专利撰写质量，因此从法律角度应该适当提高其比重	比重由30%提高至45%
专利侵权可判定性	由于不具备专利侵权可判定性的专利无权主张权利，也就是说该专利技术应该采用技术秘密方式进行保护，而不该申请专利，因此也需要提高该指标的比重	比重由20%提高至35%
调整后指标		
法律价值度（LVD）= 稳定性×（不可规避性×45% + 依赖性×20% + 专利侵权可判定性×35%）		

【案例3-7】基于运营视角的专利分级与维护[②]

华南理工大学创新性地对专利成果进行分级分类，采用专利池打包、转让、实施许可、作价入股创办企业等多种模式盘活专利资产。除此之外，学校还针对

[①] 仲崇明，黄春梅. 浅析科研院所专利分级分类管理［J］. 职工法律天地（下），2018（12）：258-259.

[②] 如何玩转高校专利转化？华南理工大学的做法或值得借鉴［EB/OL］. http://ip.people.com.cn/n1/2018/0612/c179663-30051925.html.

目标企业，强化技术交流，有针对性地开展重点企业知识产权服务，解决企业技术难题，形成长期合作关系，甚至共建成果转化企业。对于"芳纶纸专利成果"，学校将所得股权的80%，约5 347.2万元奖励给科研团队，由团队直接持股。该负责人表示，通过较为全面的细化措施，学校的科研团队真正尝到了创新的甜头。科学的市场属性评估是专利分级管理的关键。同时，华南理工大学围绕国家及地方有关促进科技成果转化的政策和实施细则，及时调整学校相关管理办法，修订出台了《华南理工大学知识产权管理办法》等文件，规定专利转让与实施许可90%以上收益奖励给发明人，极大调动发明人实施运用专利的积极性。

高校和科研院所的专利资产大多围绕学术研究和科研项目产生，容易与市场需求相脱节。如果高校和科研院所储备了大量的专利资产，准备将专利视为资产进行分类分级管理，就需要以专利的市场价值为核心进行分级。对于能直接带来效益的专利资产，比如正在许可他人实施、已作价入股等的专利资产，高校和科研院所应当重点维护，必要时进行进一步研究并加强保护；对于未来很可能带来效益的专利资产，应该进行专利技术路线的梳理，找准前沿技术发展的主路径，进一步进行针对性研发和卡位式的专利布局；对于间接效益的专利资产，应当挑选技术先进性较好的专利进行重点维护，对于技术先进性一般的专利可以逐步进行低价变现或放弃处理；对于既不能带来直接效益又不能带来间接效益的专利资产，可直接进行低价变现或放弃处理[1]。

【案例3-8】专利分类分级管理平台的建立[2]

国内高校的专利申请量和保有量大增，但运用效果不明显，大量的专利资产闲置，每年需要额外支出大额维护费用，同时大部分专利对应项目均已经结题，课题经费已经结清，高校需要额外从其他经费中划拨这部分费用。特别需要分清楚哪些专利有价值，对于那些价值低或没有价值的专利，必要时候可以转让，甚至放弃。需要引入一个科学的分级分类体系来加强科技成果的管理和转化利用。

---

[1] 马天旗. 高价值专利筛选[M]. 北京：知识产权出版社，2018.
[2] 国家知识产权运营公共服务平台提供案例。

因此某高校开发建立了专利分级分类管理平台。

专利分类管理：根据国民经济分类方法对本校所有有效专利进行提取划分，实现分类结果查询和查看。分类标准参考高校的优势专业领域，并与国民经济分类内容融合，可分为新一代信息技术、生物医药、新能源及节能环保等战略新兴产业大类别。

专利分级管理：通过专利价值分析的结果，系统可实现专利评估筛选和分级归类，从法律、技术和经济等角度评价某一件专利的实际价值，实现单篇专利的自动评估，最终提供切实有效的评估结果及翔实的评估细节报告。将系统打分结果按照不同的分数进行分级，包括重点推广、推广、推荐、关注、储备5个级别。系统可根据评分自动排序，支持升序和降序列表查看。通过支持级别进行筛选查询，并对查询结果进行详情查看。

指标权重分配及指标取舍是指标体系设计的关键，行业不同，指标的关注点也就不同，相应地，指标的权重分配也就不同。该指标体系设计兼顾定量、定性两个方面的特点，通过精心设置多级指标，避免指标之间的重复表征。同时考虑到专利转让的实际情况，通过系统打分方式对各类指标赋值，使得专利评价结果具有较强可比性，能够用于分析特定专利在专利群中的地位及其经济价值。该指标体系在一些指标设计上考虑了技术进步、市场发展对专利价值带来的影响，使得专利评价结果具有一定的时效性，能够适应现今瞬息万变的市场环境。通过该指标体系推演评价结果，能够侧面指导技术研究与专利创造，合理规划专利申请，进而从源头上推进专利价值的提升。

基于上述的设计原则，分级体系可以划分为三层指标。

第一层指标：从专利自身属性的角度，分为法律、技术、经济、战略和市场五个指标。

第二层指标：从专利功能的角度，将第一层的指标分解为专利保护范围、专利稳定性等支撑指标。

第三层指标：从专利自身属性量化的角度，将第二层的指标分解为授权专利独立权利要求数量、从属权利要求数量等，作为评判二级指标的标准。这些指标综合了静态评价与动态评估，充分体现了稳定和变动的要素。

专利价值分析方法：根据专利自身属性数据内容，由系统为第三层指标逐个打分，这些分数经加权汇总之后，形成对专利进行衡量的一种标准化统一度量。

专利价值度 $=a\times$ 法律价值度 $+b\times$ 技术价值度 $+c\times$ 经济价值度 $+d\times$ 市场价值度 $+e\times$ 战略价值度，专利价值度满分 100 分，$a+b+c+d+e=1$。

除了上述分级指标设计外，按统计口径高价值专利筛选也可一键直选出结果。如图 3-4 和图 3-5 所示，即为使用 IP7+ 专利分级系统，根据分级标准导出的高价值专利分级情况。

图 3-4 分级标准筛选

图 3-5 高价值专利分级结果

三、中小企业

无论从企业总量、GDP总贡献还是专利申请总量来看，国内的中小企业仍旧是创新的主力军。对于大多数专利数量并不多的中小企业而言，建立一套复杂且精细化的专利分级管理模型并不现实，也无太大必要。能够在有限的人力和财力条件的分配下，建立一套简易并且实用的分级管理定性模型，将会有更大的实际价值。

【案例3-9】一种适用于部分中小企业的专利分级管理定性评价模型[①]

凌赵华提出一种适用于部分中小企业的专利分级管理简易模型。这种专利分级管理简易模型，摒弃了传统模型中较复杂的数学模型和高难度的专家打分机制，由企业研发部门和市场部门配合企业IP部门或IP管理人员，通过简单流程化操作，即可完成本企业专利的分级工作，方便后续的管理。

在该简易模型中，将企业的专利按价值分为以下5个等级：S级、A级、B级、C级和F级。其中，S级和A级专利均属于高价值专利，B级属于中价值专利，C级和F级属于低价值专利。具体划分规则如下。

①S级专利：a. 有国外同族申请或PCT国际申请的授权专利；b. 有过运营（许可、诉讼、无效、质押、保险、外购等）或获奖历史的授权专利；c. 公司重要产品/技术关联的重要专利（基础专利、核心专利、关键专利等）；d. 针对竞争对手/产品布局的重要专利。

②A级专利：a. 公司重要产品/技术关联的普通专利（外围专利、应用专利等）；b. 针对竞争对手/产品布局的普通专利。

③B级专利：公司普通产品/技术关联的授权专利。

④C级专利：为追求数量而编写的无对应产品的授权专利。

⑤F级专利：无效专利（未授权或已失效的专利等）。

以上规则中提到了几个关键名词：重要产品、重要技术和重要专利。其中，

[①] 凌赵华. 一种中小企业的专利分级管理简易模型[EB/OL]. https://mp.weixin.qq.com/s/wBrm8BISstdyRG4wSt1W9g.

公司重要产品的认定工作由市场部门负责，可参考的标准包括出口与否、年均销量、总销售额、市场占有率、市场容量、预期收益、产品定位，等等。公司重要技术的认定工作则由研发部门负责，可参考的标准包括技术先进性、技术适用范围、技术可替代性，等等。重要专利的认定工作由知识产权部门负责，可参考的标准包括专利与产品/技术的关联程度、专利对产品/技术的重要程度、专利的可应用范围、可规避性、保护范围大小，等等。

另外，在以上规则中，当某专利只关联一个特定产品时，仅需判定该产品是否为公司重要产品，不必判定该专利关联的技术是否为公司重要技术；当某专利关联多个产品或可应用于多个产品时，仅需判定该专利关联的技术是否为公司重要技术，不必判定该专利关联的产品是否为公司重要产品。

在实际操作中，如何对一件待分级专利进行定级？

①确定专利的法律状态，如专利未授权或已失效，则直接判定为 F 级专利。

②针对授权维持状态的专利，确定其是否已申请 PCT 或国外同族专利，如是，则直接判定为 S 级专利。

③针对无国外同族的专利，确定其是否有过专利运营或专利获奖经历，如是，则直接判定为 S 级专利。

④针对无运营及获奖经历的专利，确定其是否关联公司的具体产品或技术，如否，则继续确定其是否关联竞争对手的具体产品或技术；如否，则直接判定为 C 级专利。

⑤针对关联竞争对手具体产品或技术的专利，确定其是否为重要专利，如是，则直接判定为 S 级专利，如否，则直接判定为 A 级专利。

⑥针对关联公司具体产品或技术的专利，确定其是否仅关联单个特定产品，如是，则继续确定该产品是否为公司重要产品。

⑦如果该产品为公司普通产品，则直接判定为 B 级专利。

⑧针对关联公司重要产品的专利，确定其是否为该产品的重要专利，如是，则直接判定为 S 级专利，如否，则直接判定为 A 级专利。

⑨针对关联多个产品或可应用于多个产品的专利，确定其是否为公司重要技术，如否则直接判定为 B 级专利。

⑩针对关联公司重要技术的专利，确定其是否为该技术的重要专利，如是，则直接判定为 S 级专利，如否，则直接判定为 A 级专利。

图 3-6 所示为上述流程经过重新整理的流程图，可分为"专利评级主线""专利评级内部支线""专利评级外部支线""申评线"。图 3-7 所示为完善后的待分级的专利申请评级流程，对"申评线"详细展开，添加了"申请专利评级主线"。

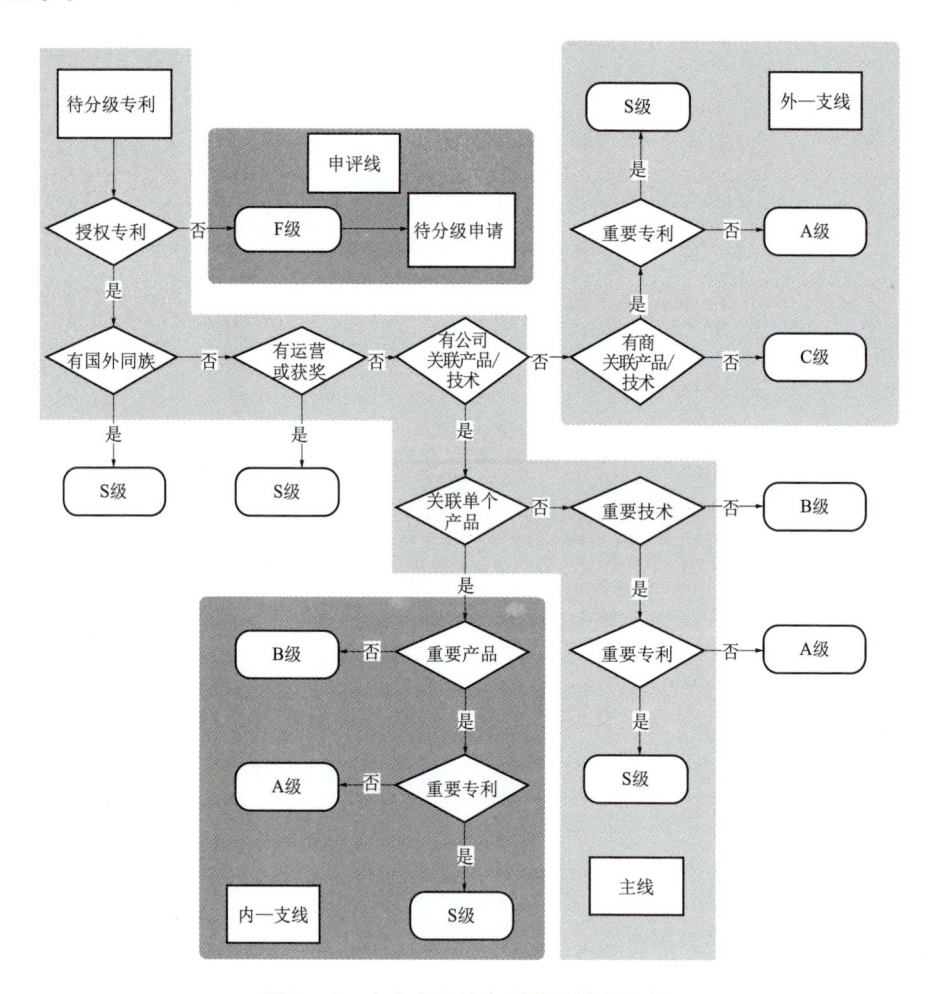

图 3-6　中小企业的专利分级管理流程

从图 3-4 中可知，在专利申请阶段，研发人员、专利管理人员和专利代理人还在紧密地配合着完成申请工作。同样，在公司资源有限的前提下，对于 F 级别下的不同子等级的明确，是有利于这个阶段工作的专业人员作出"轻、重、缓、急"的判断，进而配合输出。

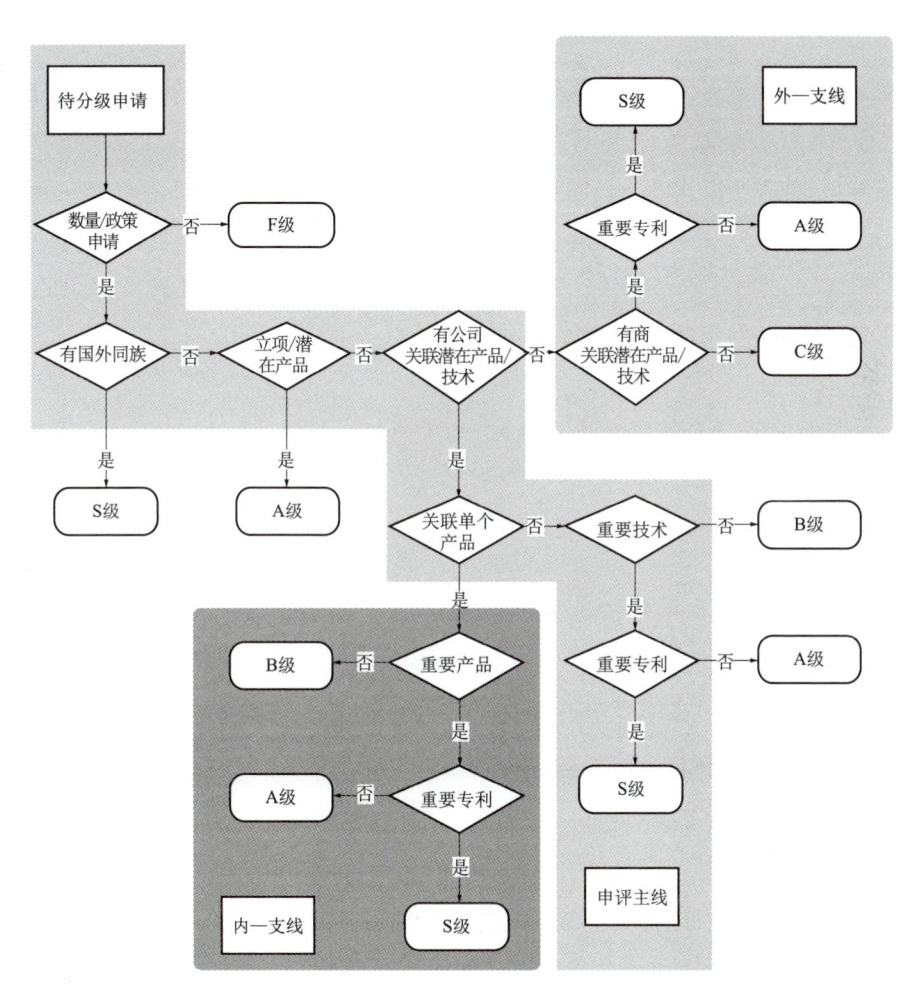

图 3-7　中小企业专利申请中的专利分级管理流程

对于企业专利分级管理简易模型，企业应当根据自身适用情况进行参照和调整。最后，每一件专利的价值都是动态变化的，因此，随着专利生命周期、产品市场情况、专利运营、公司战略等因素的变化，企业专利管理人员应当及时重新评估并调整相关专利的价值等级。

第四章
技术转移概论

第一节 技术转移概述

一、定义

技术转移是指技术在国家、地区、行业内部或之间以及技术自身系统内输入与输出的活动过程，该词源于英文 technology transfer。《国家技术转移示范机构管理办法》对技术转移给出了确切的定义。该办法第二条第一款规定，技术转移是指制造某种产品、应用某种工艺或提供某种服务的系统知识，通过各种途径从技术供给方向技术需求方转移的过程。这一定义包含两层含义：一是技术被界定为"制造某种产品、应用某种工艺或提供某种服务的系统知识"，也可理解为应用技术成果。二是转移被限定为从技术供给方向技术需求方转移，包括技术归属权或技术使用权的转移，以及技术知识的应用与推广等，不包含同一主体内所进行的价值转移，即价值实现、成果转化。

《技术转移服务规范》（国家标准号为 GB/T 34670—2017）采用《国家技术转移示范机构管理办法》对技术转移的定义，规定技术转移的内容包括科学知识、技术成果、科技信息和科技能力等。在这里，可理解为"系统知识"包含科学知识，但不能理解为技术等同于科学知识，技术转移包括科学知识的传播。将科学知识纳入技术转移的内容，即科学知识的传播归入技术转移，进一步丰富了技术转移的内涵。

除前述官方定义外，由我国台湾科技管理学者袁建中教授主编的《科技管理》一书提出，技术转移是一种知识流动的行为过程，如将学术机构所研究的成果转移给企业，开发成商业化的产品，或将某一产业的技术转移至另一个产业，或跨越国际，将一国的生产技术及管理科技转移给另一国使用，其目的都是快速减少自行研发所需的时间与金钱，将有限资源更有效地利用，以更新的科技，发展更好的产品，以维持企业或国家的优势与竞争力。

技术在空间上发展的不平衡，是技术转移及其定向性的内驱力。从技术效率与功能的角度，可以把技术内容定性为尖端技术、先进技术、中间技术、初级技术、原始技术等 5 种级差形态[①]。当然，这种座次是变动的，随着技术的发展，大体呈依次后移的态势。正是技术效率与功能上的级差，造就了不同技术所特有的技术势位，也赋予它特有的运动惯量和特定的运动方向。随着区域经济发展，利益驱使资本流动，表现为在技术上先进的国家、地区、行业、企业向技术落后的国家、地区、行业、企业实行技术让渡，前者是技术的溢出者，后者是技术的吸纳者。

二、模式

联合国《国际技术转移行动守则》将"技术转移"定义为系统知识的转移，是从生产知识的地方转移到使用知识的地方，转移内容不是一种设备，而是涉及信息、知识、专利等软件，转移的目的不是展览，而是能得到运用，其转移的技术一般较已有技术更为新颖，更加先进。因此，从技术内容的完整性、技术载体的差异性、技术功能区别等方面，又可以进行多种分类。

（一）从技术内容的完整性上看，可以把技术转移区分为移植型和嫁接型两种模式[②]

移植型技术转移，是指技术的全部内容都被转移，跨国公司的海外扩张多是

[①] 龚彦波. 技术转移在制造型企业技术创新中的应用研究［J］. 建材与装饰, 2017（26）: 2.
[②] https://baike.baidu.com/item/%E6%8A%80%E6%9C%AF%E8%BD%AC%E7%A7%BB/7596811? fr = aladdin.

通过这种模式实现其技术转移的。这种模式对技术吸纳主体原有技术系统依赖性极小，而成功率较高，是"追赶型"国家或地区实现技术经济跨越式发展的捷径，但转移的支付成本较高。嫁接型技术转移，是指技术的部分内容，如某一单元技术，或关键工艺设备等流动而实现的技术转移。它以技术需求方原有技术体系为母本，与外部先进技术嫁接融合，从而引起原有技术系统功能和效率的更新。显然，这种技术转移模式对技术受体原有技术水平的依赖性较强，要求匹配的条件较为苛刻。虽然技术转移的支付成本较低，但嫁接环节上发生风险的频率较大。一般为技术实力较为均衡的国家、地区、企业之间所采用。

（二）从技术载体的差异性上，可以将技术转移区分为实物型、智能型和人力型技术转移三种模式

实物型技术转移是指由实物流转而引起的技术转移。从技术角度看，以生产手段和劳动产品形态出现的实物，都是特定技术的物化和对象化，都能从中反观到某种技术的存在。因此，当实物发生空间上的流动或转让时，某种技术就随之发生了转移，这是所谓"硬技术"转移的基本形式。

智能型技术转移模式是指由一定的专门的科学理论、技能、经验和方法等精神范畴的知识传播和流动所引发的技术转移。它不依赖实物的转移而进行，通常把这种技术转移称为"软技术"转移。市场上的专利技术、技术诀窍、工艺配方、信息情报等知识形态的商品交易，都是这种技术转移借以实现的基本形式。

人力型技术转移是较为传统的一种技术转移模式，它是由人的流动而引起的技术转移。如随着人员的迁徙、调动、招聘、交流往来、异地培养等各种流动形式，皆可引发技术的转移。这是因为，技术无论呈现何种具体形态，都是以人为核心而存在，为人所理解、掌握和应用，所以人力资源的流动必然伴随着技术转移。

（三）从技术功能上看，又可把技术转移区分为工艺技术转移和产品技术转移两种基本模式

一般来说，在产业技术系统内部，并存着工艺技术形态和产品技术形态两大系统，而每种技术形态又包含若干相关性极强的单元技术，它们共同构成社会生

产活动的技术基础。从具体生产过程看，工艺技术是产品技术形成的技术前提和物质手段，直接决定着产品的技术性能和生产能力。而从社会生产总过程看，产品技术往往又构成工艺技术的单元技术（广义上说，工艺技术的实体本身就是特定的产品），它又影响着工艺技术的总体水平和效率。事实上，任何产业技术就其功能而言，都不是万能的，而是有着不同的侧重点。技术侧重于影响生产流程，具有提高效率和扩张产量作用，这种技术的转移称为工艺技术转移；而技术侧重于影响生产过程的结果，有助于提升产品的技术含量及功能拓展，这种技术的转移称为产品技术转移。一般来说，农业、采掘业领域的技术转移多属前者，而制造业、信息产业、建筑业等领域的技术转移多属后者。同时，工艺技术和产品技术在功能上又具有极强的相干性。因此，技术转移过程，又往往是通过工艺技术的转移来达到产品技术的升级，或通过产品技术的转移来实现工艺技术的改造。

三、相关要件

技术的转移往往不是孤立进行，往往随着资金、资本、资源、人才、知识、信息、管理、市场等要素的转移而转移，或者在技术转移的过程中，也往往伴随着上述资源要素的转移而转移，从实践来看，以下 10 种类型基本可以囊括技术市场转移工作的类型[①]。

①技术+资本或资金，包括直接投资、合资、并购等。直接投资是指投资者向被投资企业注入资金、资源等以取得该企业的有效控制权，包括该企业的技术及相关知识产权，如专利权、商标权、品牌、商业秘密权，以及在组织、管理、营销等方面所积累的经验与技巧等。虽然这些技术及相关知识产权仍属于被投资的企业，但投资者获得了被投资企业的有效控制权，进而获得了对该部分技术及相关知识产权的控制权。合资是指两个或两个以上的投资者共同投入资本，并按照各自投资占总投资的比例或者约定分摊风险及收益，共同对合资企业进行控制与决策。典型模式是投资者以科技成果或技术作价投资与其他投资者共同成立新

---

① https://www.aisoutu.com/a/607531.

的公司，或者投入现有企业。

②技术+知识产权，即将技术的部分或全部权利授予他人。技术的权利转让，即技术权利的所有者将技术的所有权利转移给受让人，由受让人取得技术权利或实施该技术权利，并取得收益。技术授权是指许可人允许被许可人在特定的期限和特定的形式下使用该技术。

③技术+市场，即通过特许经营的方式，迅速拓展市场，实现技术的市场价值。特许是指特许者允许被特许者使用商标或品牌的权利，并提供技术上的协助、训练及管理等方面的服务，以获取特许的报酬。特许经营往往伴随着技术转移，即特许者向被特许者输出技术。

④技术+人才，即通过人才流动实现技术转移。人才是技术的重要载体，人才流动必定带动技术的转移。高等院校、科研院所的科技人员通过聘用、挂职、兼职、离岗创业等多种形式向企业流动，这些人才所掌握的技术知识必然会转移到企业。人才流动是技术转移的重要途径。

⑤技术+管理，即通过管理咨询、管理输出等方式实现管理技术的转移。例如，华为公司接受IBM公司IPD技术的咨询，大大提高其管理水平和研发能力。

⑥技术+知识或信息，即通过专业展览、专业培训、专家咨询、专业会议等多种形式交流知识，实现技术转移。专业书籍的出版、专业杂志，以及各种媒体等，都是传播新知识，进而实现技术转移。

⑦技术+服务，即委托方接受受托方提供的技术服务，包括受托方提供特定的技术服务，如维护或修理机器设备、建议作业程序、解决特定的问题，以及品质管制、服务提供的时间程序等，在服务的过程中进行了技术转移。

⑧技术+工程，包括工程项目的设计与施工，即工程发包方向工程设计方、工程施工方提出工程设计要求与工程项目建设要求，分别由工程设计方进行工程设计，提供完整的设计图纸，由施工方按照工程设计图纸进行施工，并交付发包方使用。无论是设计还是施工，通常包含了已获得专利授权或尚未获得专利授权的相关技术，如向业主交付完整的工厂与设备、土木建筑工程、工厂和设备的建筑物、操作程序的初始训练，以及某些运转后的问题解决等，确保工厂、设施设备、土木工程、建筑物等可以启动运转。比较典型的是交钥匙工程，这其中包含

了大量技术的转移和知识的传授。

⑨产学研协同。产学研协同的过程，就是技术知识从高等院校、科研机构向企业转移的过程，即技术转移过程。这是技术转移最常见也是最主要的形式。

⑩军民互转，即军用技术向民用转移，民用技术也可向军用转移。

上述各种方式都是技术从供给方向需求方转移的渠道或形式，既有单纯的技术买卖，也有技术随着其他要素的转移而转移，即技术从一个主体向另一个主体转移，而转移的过程就是实现技术价值的过程。

第二节 科技成果转化

一、技术转移与成果转化

技术转移的概念正如前文所述，指制造某种产品、应用某种工艺或提供某种服务的系统知识，通过各种途径从技术供给方向技术需求方转移的过程。技术供体是开发者、发明者及所有者，凭借其拥有某项技术的独特地位及其在法律上受保护的地位，在技术转移过程中处于高位，主宰着技术转移过程的发生与发展，且根据自己的利益和偏好，决定是否转移技术、如何转移以及转移给谁。技术受体是技术的接受者、使用者，是实施技术引进的一方。

而科技成果转化（Transformation of Scientific and Technological Achievements）是我国科技工作的专有名词，《中华人民共和国促进科技成果转化法》（1996.10）认为科技成果转化是指为提高生产力水平而对科学研究与技术开发所产生的具有实用价值的科技成果所进行的后续试验、开发、应用、推广直至形成新产品、新工艺、新材料，发展新产业等活动。由于高校及科研院所因承担各类研发任务、课题会产生科技成果，在科技成果转化方面往往担任了技术供给方的角色。简单来讲，科技成果转化是我国特有一种技术转移方式。

二、高校科技成果转化

我国高校的科学技术转移活动起步较晚但发展迅速，一方面，它将高校的人才、科研、技术优势迅速转化为生产力，从而推动不同行业的技术革新与进步；另一方面，有效的技术转移活动能实现科研成果自身的经济效益和社会效益，实现高新技术成果从实验室到市场的良性循环，并最终推动经济发展和社会进步，为国家和地区的发展做出重大贡献。因此，现在越来越多的高校开始意识到自身在国家科技创新体系中举足轻重的作用，对高校科学技术转移的研究也有着非常重要的意义。

（一）校企直接转移

校企直接转移是指技术从学校到企业的转移，这是一种传统模式，也是主要的转移方式。学校将技术转让给企业，或者企业到学校来寻找技术，技术转移的成果基本是学校的自有成果。此种模式虽然有其客观不足和限制因素，但是仍然为很多高校采用。如清华大学于1983年设立科技开发部，负责与各企事业单位科技合作和签订技术合同。

（二）技术孵化器

技术转移通过不同的技术孵化器管理机构来实施，大学科技园、合作研究院、国家工程（技术）研究中心、校企联合创建的科技研发机构等都是常见的技术孵化器服务机构，其有助于推动工程技术面向行业转移、扩散。

①大学科技园是经过科技部、教育部共同批准认定的科技创业服务机构。截至2021年，经科技部、教育部共同批准认定的国家大学科技园共有140家。大学科技园在我国技术转移体系中已经成为一支重要的力量。

——哈尔滨工业大学国家大学科技园。该园是依托于哈尔滨工业大学建立起来的A类国家级大学科技园，成立于1999年12月，是科技部、教育部首批确立的15家试点国家级大学科技园之一。科技园先后被认定为国家高新技术创业服务中心、高校学生科技创业实习基地、紫丁香众创空间、"国家小型微型企业创业创新示范基地"、国家大众创新万众创业示范基地、黑龙江省技术转移优秀示范机构。科技园积极探索，勇于创新，打造科技创新平台，助推黑龙江经济发展和产业升级，打造独具特色的产业基地，为区域经济的发展提供强有力的科技支撑；采用"投资+孵化"的模式，以投资的方式进行学校科技成果转化。企业化平台哈尔滨工业大学国家大学科技园发展有限公司为学校全资二级子公司，由哈尔滨工业大学资产经营有限公司 100% 持股。现有在孵企业 155 家，全部为科技型企业，其中高新技术企业 6 家，科技型中小企业 24 家，"毕业"企业 19 家。这些企业涉及电子信息、生物医药、新材料及材料设备、光电一体化、节能环保等领域。哈尔滨工业大学国家大学科技园现已成为推动创新资源集成、科技成果转化、科技创业孵化、创新人才培养和开放协同发展，促进科技、教育、经济融通和融合技术的重要平台和科技服务机构。

②国家工程（技术）研究中心由科技部认定，依托于行业、领域科技实力强的重点科研机构、高科技型企业或高校，具有国内领先的工程技术研究设计、开发和试验的高素质人才队伍，以及比较完整的相关工程技术综合配套试验条件，可以提供多种形式的综合服务，与企业联系密切，能够自我良性循环发展。目前，科技部共认定国家工程（技术）研究中心 346 个，涵盖农业、制造业、材料、节能与新能源、生物与医药、环境保护、社会事业等各领域。

——国家镁合金材料工程技术研究中心。该中心经科技部 2007 年批准组建，以重庆大学为依托单位，成员单位包括重庆市科学技术研究院、重庆博奥镁铝有限公司、重庆盛镁镁业有限公司、重庆镁业科技股份有限公司、长安汽车（集团）有限责任公司等。在重庆、青海盐湖、山西闻喜、贵州安顺、香港等地建立了镁合金研究分中心或产业化基地。国家镁合金材料工程技术研究中心先后承担国家及省部级重要项目等 40 余项，开发了一批新材料（其中 16 个已上升为国家标准牌号），突破并掌握了一批关键技术，取得了一批具有自主知识产权的标志性成果，极大地推进了我国镁产业的发展。该中心是世界上规模最大的镁合金研究机构，拥有研究和开发人员 200 多人。

③国家工程研究中心由国家发展和改革委员会认定，是国家科技创新体系的重要组成部分，截至目前，发改委认定的国家工程研究中心有 127 家。该中心旨在提升自主创新能力、增强产业核心竞争力和发展后劲，依据建设创新型国家与产业结构优化升级的重大战略性需求，组建包括高校、科研机构和企业等在内的研发实体。

——上海数字电视国家工程研究中心。根据国家发展和改革委员会的组建批复，2009 年 12 月，由上海高清数字科技产业有限公司联合海信、康佳、长虹、

TCL、海尔、创维、北广科技、上海东方传媒、上海文广科技等数字电视领域领先的高校、科研机构、广播机构及企业共同筹建数字电视国家工程研究中心。作为国家级技术研发机构，数字电视国家工程研究中心致力于具有前瞻性的、丰富的研究成果，采用技术转移、技术合作的模式，将研究成果扩散到中国数字电视产业界，协助产业链建立新兴科技产业、培育产业科技人才及提升企业国际竞争力。

④政府与高校合作。大学和省（市）级政府合作共同成立相关研究机构，以高校的技术和团队为支撑，以长期合作、共同发展、优势互补、合作共赢为宗旨，充分发挥和利用省校双方优势资源，突出政府的导向功能，面向区域经济社会发展。

——成都"未来医学城"。医学城是成都与四川大学共建的集医、教、研、产于一体的高能级医学中心，从发展模式、产业布局、管理体制、空间规划等方面深入对标波士顿长木医学区、神户医疗产业都市、苏州生物医药产业园等国内外顶级的生物医药园区。四川大学华西医学旗下华西医院、华西第二医院、华西口腔医院、华西第四医院等顶级医疗资源，将按照"多中心、组团式、集约型"建设高能级特色医疗中心、国际医学教育科研中心、全程健康管理中心、互联网医疗中心、健康险中心五大中心；此处还将打造高精器械孵化平台、现代中药研究平台、生物医药转化平台三大平台，布局高精医疗器械基地、智慧医学数据基地、生物医药创新基地、现代中药健康基地四大基地，形成国际特色示范医疗集群、创新驱动转化医学集群、精准医学融合药械产业集群三大集群。

⑤校企联合研发。高校和企业在双方确立的专业技术领域内开展科技攻关，并建立联合研究中心、研究所及实验室等，确保合作双方共同完成有关技术研发、孵化与产业化的任务。该模式是以高校研发为主的模式，不同的是企业可以预先介入，这样研究更具有针对性，对技术市场具有很好的拉动作用，实现企业与高校之间无缝对接，强强联合。企业依托其对市场把握及资金等优势，高校依托人才、技术、信息资源等优势。

——北京交通大学电气工程学院新能源研究所。该所自 2003 年开展风电和光伏发电并网变流器技术研究，依托其在电力电子学科领域的传统优势，先后研制了

2 MW 直驱风电机组并网变流器，1.5 MW 双馈风电机组并网变流器实验平台。并拥有 10 kWP 光伏并网发电实验系统，与国内多家风电整机制造企业建立了紧密的"产学研"合作关系，多项技术和产品已经得到了工程化应用。其中，风电和光伏发电并网变流器技术与北京能高自动化技术有限公司的产学研合作，投入经费 732 万元，建设完成了并网变流器生产线，实现批量生产和销售。

（三）技术转移平台/中心

学校设立技术转移平台或技术转移中心，承担社会中介服务机构的角色。其作为一种公司化的新型模式，类似于院校技术转移职能部门，拥有明确的职能，采取市场化运作模式，拥有独立的法人地位；与高校有着不可分割的关系，公司的法人和总经理会一般兼任学校科技处等部门职务，有利于充分调动和协调学校科技资源。

（四）技术创业模式

该模式是指以大学科技成果为起始点，对应另一个成长的实体，即由高校利用学校科技成果而催生的高校科技型企业。企业运行模式是高校技术入股到科技型企业中，共同创办企业，并参与组织管理，注册的企业独立承担后期产业化与二次开发工作。这些企业的注册资本是由高校资产经营公司及其所属企业或与社会共同出资完成。该种模式提倡高校科研人员、专业老师积极投身技术创新创业，实现科技成果的社会价值。

三、当前高校成果转化工作存在的问题

总体来看，随着我国促进科技成果转化系列政策法规的逐步落实，各高校院所科技成果转化已进入平稳发展阶段。但目前依然存在诸多影响科技成果转化的问题，主要涉及科技成果转化政策的衔接和落实、服务机构服务能力和人才水平的提升、科技评价体系改进等方面[①]。

（一）机构建设及人才水平提升待加强

《2019 中国科技成果转化年度报告》显示，自建技术转移机构的单位占比是

---

① 《中国科技成果转化年度报告 2020》（高等院校与科研院所篇）。

19.3%，过程中发挥重要作用的占比是41.2%。已设立的技术转移机构职能不健全，仅能进行技术服务类、品种权许可等简单操作，对常规科技成果转化的5种方式并不熟悉，对于作价投资等需要提供系列专业化服务的转化活动更无法有效实施。部分单位未设立专门技术转移机构，涉及科技成果转化需科研人员自己完成或者寻找第三方中介服务机构协助完成，而目前中介服务机构水平参差不齐，中介服务机构内部转移转化机制尚未健全，提供的服务缺乏针对性，难以满足高校院高质量的成果转化要求。同时，复合型转移转化人才缺乏。转移转化涉及知识产权、技术开发、法律财务、企业管理、商业谈判等方面，对专业的转移转化人员要求高。但目前高校院所给予转移转化人才的待遇不高且没有明确的晋升机制，愿意投身于此的专职人员较少，高水平技术转移专业人才仍较为紧缺。

（二）转化基地尚待系统布局

在试验基地方面，虽然国家及地方对中试放大试验基地的重视程度有所提升，但依然存在着经费投入不足、观念和意识未跟进、社会中试资源分散、企业参与动力不足、利益分配机制缺乏和建设不充分等问题。此外，缺乏系统完备的第三方信息交流平台。现存的各类信息平台缺少统一规范和管理，普遍存在新闻信息多、统计分析少，重复信息多、前沿资讯少，零散数据多、有效资源少等问题。缺少信息共享的利益分配机制，全国性科技成果信息服务网络的各个节点无法真正打通、形成有效协同，进而增加了获取有效信息的难度，严重影响了科技成果信息服务平台的使用效率和可信度。高校科技成果转化基地建设与成果转化分属不同部门，存在政策不协调、各自为政的情况；平台建设的内容与设立时的目标不一致，成果转化在平台的评估中没有发挥引导作用。

（三）科技成果转化的质量及动力有待提高

当前对于高校院所反映的"四唯"问题（唯论文、唯职称、唯学历、唯奖项）仍然存在，部分科研工作者重基础研究轻应用研究，重论文轻成果转化，不了解市场情况和企业需求，转化动力有待提高。部分科技成果质量水平不高，许多成果只是为了完成项目、发表论文、申报专利和申报职称凑数，成果本身转化价值不高。成果转化主体作用有待进一步发挥。部分中小企业资金实力有限，科技成果承接能力弱，较难将科技成果及时推向市场。而有成果转化能力的大型国有企业创新不够，动力不足，风险投资体系不够完善，不愿尝试创新成果的转化应用。

（四）科技评价机制改革需要深入推进

当前需要合理有效的评价方法来替代"四唯"。虽然 2020 年国家出台了一系列相关政策，但部分单位反映，"四唯"破而未立，如何将科技成果转化放入职称晋升的考核体系尚未有统一方式，我国科技评价的不良状况没有得到明显改善，科学合理的评价机制有待进一步落实。科技成果评价仍以同行评议的定性评价为主，缺乏以分类评估、系统性、定量定性相结合、可溯源为原则开展科技成果评价的机构，开展的科技成果评价活动缺乏规范性和权威性。国家科技计划立项、验收评审中对科技成果的先进度、成熟度、创新度等的评价重视不够。对于无形资产，多数单位主要通过学术委员会进行初步估值后，结合财务核算的形式进行评估。这种方法存在一定局限性，因无形资产的特殊性，较难准确估算其真正的价值。

（五）科技金融体系亟待完善

科技成果转化工作离不开金融资本支撑。近年来，国家层面设立了国家科技成果转化引导基金等多类金融资本。引导社会资源支持科技创新，推动成果转化。截至 2019 年年底，中国政府引导基金的数量已经超过 1 700 支。目标规模达到了 10 万亿元。已到位的资金规模 4.69 万亿元。但因规避风险，相关资本进入成果转化最早期，解决成果转化"死亡谷"问题的意愿不强。资本普遍更愿追求"短平快""赚快钱"的利益回报。如何引导资本建立从实验研究、小试、中试到规模化生产全过程，多元化、差异化的科技金融投资模式，仍是科技成果转化面临的重要课题。

第三节 我国技术转移工作现状

一、整体情况

随着科技体制改革的持续发力，尤其是资源配置、计划管理、科技成果转化等方面重大改革措施的出台，以及大众创业、万众创新局面的兴起，科技成果转化为现实生产力的速度在加快。截至目前，国家技术转移示范机构共 6 批 453 家，技术（产权）交易机构 30 家。2020 年，全国技术合同成交额达到 2.8 万亿元人民币,同比增长26%,共签订技术合同54.9万项,其中涉及知识产权的技术合同18.6万项,成交额1.1万亿元,占全国技术合同成交总额的39.8%。

2019年数据与同期相比体现在以下三方面。一是以转让、许可、作价投资方式转化科技成果的合同项数和当年到账金额比同期有所增长。2019年,3 450家高校院所以转让、许可、作价投资方式转化科技成果的合同项数为15 035项,其中2 760家单位的合同项数比上一年增长32.3%,合同总金额为152.4亿元。当年到账金额达44.3亿元,比上一年增长29.8%,占当年签订合同总金额的29.1%。二是转化合同总金额超过1亿元的单位数量保持在30家左右,以转让、许可、作价投资方式转化科技成果合同总金额超过1亿元的单位有29家。三是财政资助项目产生的科技成果转化合同项数有所上升,财政资助项目产生的科技成果以转让、许可、作价投资方式转化合同项数为2 815项,比上一年增长10.9%,合同金额47.0亿元。

二、近年国家成果转化相关政策

促进科技成果转化是国家实施创新驱动发展战略的重要任务,是加强科技与经济紧密结合的关键环节,对于推进结构性改革,尤其是供给侧结构性改革、支撑经济转型升级和产业结构调整,促进大众创业、万众创新,打造经济发展新引擎具有重要意义。因此近年国家出台多项相关政策。表4-1对近年的政策进行了集中梳理。

表4-1 近年国家科技成果转化支持政策汇编

编号	文件名称	发文字号
1	中华人民共和国专利法(2020年新修订)	2020年中华人民共和国主席令第55号
2	国家科学技术奖励条例	中华人民共和国国务院令第731号
3	科技部 财政部关于印发《国家科技成果转化引导基金创业投资子基金变更事项管理暂行办法》的通知	国科发区〔2021〕46号
4	国务院办公厅关于提升大众创业万众创新示范基地带动作用进一步促改革稳就业强动能的实施意见	国办发〔2020〕26号
5	国务院关于促进国家高新技术产业开发区高质量发展的若干意见	国发〔2020〕7号
6	国务院办公厅关于推广第三批支持创新相关改革举措的通知	国办发〔2020〕3号

续表

编号	文件名称	发文字号
7	国务院关于2019年度国家科学技术奖励的决定	国发〔2020〕2号
8	关于开展双创示范基地创业就业"校企行"专项行动的通知	发改办高技〔2020〕310号
9	科技部 财政部 发展改革委关于印发《中央财政科技计划（专项、基金等）绩效评估规范（试行）》的通知	国科发监〔2020〕165号
10	科技部办公厅关于加快推动国家科技成果转移转化示范区建设发展的通知	国科办区〔2020〕50号
11	科技部 教育部印发《关于进一步推进高等学校专业化技术转移机构建设发展的实施意见》的通知	国科发区〔2020〕133号
12	科技部等9部门印发《赋予科研人员职务科技成果所有权或长期使用权试点实施方案》的通知	国科发区〔2020〕128号
13	科技部办公厅 财政部办公厅 教育部办公厅 中科院办公厅 工程院办公厅 自然科学基金委办公室关于印发《新形势下加强基础研究若干重点举措》的通知	国科办基〔2020〕38号
14	科技部 财政部印发《关于推进国家技术创新中心建设的总体方案（暂行）》的通知	国科发区〔2020〕93号
15	科技部印发《关于科技创新支撑复工复产和经济平稳运行的若干措施》的通知	国科发区〔2020〕67号
16	科技部印发《关于破除科技评价中"唯论文"不良导向的若干措施（试行）》的通知	国科发监〔2020〕37号
17	教育部 科技部印发《关于规范高等学校SCI论文相关指标使用 树立正确评价导向的若干意见》的通知	教科技〔2020〕2号
18	教育部 国家知识产权局 科技部关于提升高等学校专利质量促进转化运用的若干意见	教科技〔2020〕1号
19	住房和城乡建设部等部门关于推动智能建造与建筑工业化协同发展的指导意见	建市〔2020〕60号
20	科技部 农业农村部 教育部 财政部 人力资源社会保障部 银保监会 中华全国供销合作总社印发《关于加强农业科技社会化服务体系建设的若干意见》的通知	国科发农〔2020〕192号
21	农业农村部办公厅关于开展国家农业科技示范展示基地	农办科〔2020〕6号

续表

编号	文件名称	发文字号
22	国家知识产权局办公室关于进一步提升企业知识产权管理体系贯标认证质量的通知	国知办函运字〔2020〕953号
23	国家知识产权局办公室关于印发《知识产权信息公共服务工作指引》的通知	国知办发服字〔2020〕43号
24	国务院办公厅关于支持国家级新区深化改革创新加快推动高质量发展的指导意见	国办发〔2019〕58号
25	国务院办公厅关于印发科技领域中央与地方财政事权和支出责任划分改革方案的通知	国办发〔2019〕26号
26	科技部 教育部关于印发《国家大学科技园管理办法》的通知	国科发区〔2019〕117号
27	科技部印发《关于促进新型研发机构发展的指导意见》的通知	国科发政〔2019〕313号
28	科技部等6部门印发《关于扩大高校和科研院所科研相关自主权的若干意见》的通知	国科发政〔2019〕260号
29	科技部印发《关于新时期支持科技型中小企业加快创新发展的若干政策措施》的通知	国科发区〔2019〕268号
30	关于进一步加大授权力度促进科技成果转化的通知	财资〔2019〕57号
31	人力资源社会保障部 农业农村部关于深化农业技术人员职称制度改革的指导意见	人社部发〔2019〕114号
32	中共自然资源部党组关于激励科技创新人才的若干措施	自然资党发〔2019〕2号
33	人力资源社会保障部关于进一步支持和鼓励事业单位科研人员创新创业的指导意见	人社部发〔2019〕137号
34	关于推动先进制造业和现代服务业深度融合发展的实施意见	发改产业〔2019〕1762号
35	中共中央办公厅 国务院办公厅印发《关于分类推进人才评价机制改革的指导意见》的通知	中办发〔2018〕6号
36	中共中央办公厅 国务院办公厅印发《关于进一步加强科研诚信建设的若干意见》的通知	中办发〔2018〕23号

续表

编号	文件名称	发文字号
37	中共中央办公厅 国务院办公厅印发《关于深化项目评审、人才评价、机构评估改革的意见》	中办发〔2018〕37号
38	国务院关于全面加强基础科学研究的若干意见	国发〔2018〕4号
39	国务院关于优化科研管理提升科研绩效若干措施的通知	国发〔2018〕25号
40	国务院关于推动创新创业高质量发展打造"双创"升级版的意见	国发〔2018〕32号
41	国务院办公厅关于推进农业高新技术产业示范区建设发展的指导意见	国办发〔2018〕4号
42	国务院办公厅关于印发《知识产权对外转让有关工作办法（试行）》的通知	国办发〔2018〕19号
43	国务院办公厅关于推广第二批支持创新相关改革举措的通知	国办发〔2018〕126号
44	国务院办公厅关于抓好赋予科研机构和人员更大自主权有关文件贯彻落实工作的通知	国办发〔2018〕127号
45	关于印发振兴东北科技成果转移转化专项行动实施方案的通知	国科发创〔2018〕17号
46	科技部 国资委印发《关于进一步推进中央企业创新发展的意见》的通知	国科发资〔2018〕19号
47	科技部关于印发《关于技术市场发展的若干意见》的通知	国科发创〔2018〕48号
48	科技部 财政部 税务总局关于科技人员取得职务科技成果转化现金奖励信息公示办法的通知	国科发政〔2018〕103号
49	财政部 税务总局 科技部关于科技人员取得职务科技成果转化现金奖励有关个人所得税政策的通知	财税〔2018〕58号
50	国家税务总局关于科技人员取得职务科技成果转化现金奖励有关个人所得税征管问题的公告	国家税务总局公告2018年第3号
51	国家发展改革委关于印发《国家产业创新中心建设工作指引（试行）》的通知	发改高技规〔2018〕68号
52	教育部关于印发《高校科技创新服务"一带一路"倡议行动计划》的通知	教技〔2018〕12号

续表

编号	文件名称	发文字号
53	教育部 财政部 国家发展改革委印发《关于高等学校加快"双一流"建设的指导意见》的通知	教研〔2018〕5号
54	教育部关于印发《高等学校科技成果转化和技术转移基地认定暂行办法》的通知	教技〔2018〕7号
55	工业和信息化部办公厅关于印发《国家制造业创新中心考核评估办法（暂行）》的通知	工信厅科〔2018〕37号
56	工业和信息化部 财政部关于印发国家新材料产业资源共享平台建设方案的通知	财资〔2018〕54号
57	财政部 科技部 国资委关于扩大国有科技型企业股权和分红激励暂行办法实施范围等有关事项的通知	工信部联原〔2018〕78号
58	财政部 税务总局 科技部关于企业委托境外研究开发费用税前加计扣除有关政策问题的通知	财税〔2018〕64号
59	财政部 税务总局 科技部关于提高研究开发费用税前加计扣除比例的通知	财税〔2018〕99号
60	财政部 税务总局 科技部 教育部关于科技企业孵化器大学科技园和众创空间税收政策的通知	财税〔2018〕120号
61	中共自然资源部党组关于深化科技体制改革提升科技创新效能的实施意见	自然资党发〔2018〕31号
62	交通运输部办公厅关于建立交通运输重大科技创新成果库的通知	交办科技〔2018〕37号
63	关于印发国家卫生健康委员会科技重大专项实施管理细则的通知	国卫办科教发〔2018〕15号
64	食品药品监管总局 科技部关于加强和促进食品药品科技创新工作的指导意见	食药监科〔2018〕14号
65	国务院关于印发国家技术转移体系建设方案的通知	国发〔2017〕44号
66	科技部关于印发国家科技成果转移转化示范区建设指引的通知	国科发创〔2017〕304号
67	教育部办公厅关于进一步推动高校落实科技成果转化政策相关事项的通知	教技厅函〔2017〕139号

续表

编号	文件名称	发文字号
68	人力资源社会保障部关于支持和鼓励事业专业技术人员创新创业的指导意见	人社部规〔2017〕4号
69	质检总局关于促进科技成果转化的指导意见	国质检科〔2017〕140号
70	交通运输部关于印发促进科技成果转化暂行办法的通知	交科技发〔2017〕55号
71	国家林业局关于印发《国家林业局促进科技成果转移转化行动方案》的通知	林科发〔2017〕46号
72	国家食品药品监督管理总局关于促进科技成果转化的意见	食药监科〔2017〕71号
73	交通运输部关于印发促进科技成果转化暂行办法的通知	交科技发〔2017〕55号
74	中共中央 国务院印发《国家创新驱动发展战略纲要》	中发〔2016〕4号
75	中共中央办公厅 国务院办公厅印发《关于实行以增加知识价值为导向分配政策的若干意见》的通知	厅字〔2016〕35号
76	国务院关于印发实施《中华人民共和国促进科技成果转化法》若干规定的通知	国发〔2016〕16号
77	国务院办公厅关于印发促进科技成果转移转化行动方案的通知	国办发〔2016〕28号
78	教育部 科技部关于加强高等学校科技成果转移转化工作的若干意见	教技〔2016〕3号
79	教育部办公厅关于印发《促进高等学校科技成果转移转化行动计划》的通知	教技厅函〔2016〕115号
80	财政部 国家税务总局关于完善股权激励和技术入股有关所得税政策的通知	财税〔2016〕101号
81	财政部 科技部国资委关于印发《国有科技型企业股权和分红激励暂行办法》的通知	财资〔2016〕4号
82	国土资源部关于印发促进科技成果转化暂行办法的通知	国土资发〔2016〕105号
83	农业部关于印发《农业部深入实施〈中华人民共和国促进科技成果转化法〉若干细则》的通知	农科教发〔2016〕7号

续表

编号	文件名称	发文字号
84	中国科学院关于印发《中国科学院促进科技成果转移转化专项行动实施方案》的通知	科发促字〔2016〕37号
85	中国科学院 科技部关于印发《中国科学院关于新时期加快促进科技成果转移转化指导意见》的通知	科发促字〔2016〕97号
86	中国科学科技成果转移转化重点专项项目管理办法	科发促字〔2016〕138号
87	国家粮食局关于大力促进粮食科技成果转化的实施意见	国粮储〔2016〕148号
88	中华人民共和国促进科技成果转化法（2015年修订）	中华人民共和国主席令第三十二号

（一）将科技成果转化纳入国民经济和社会发展规划

《中共中央关于制定国民经济和社会发展第十四个五年规划和二〇三五年远景目标的建议》提出"加强知识产权保护，大幅提高科技成果转移转化成效"，表明在未来若干年里，科技成果转化的目标和工作重心是提高成效，包括提升转化水平、增强转化能力、更好地发挥科技成果转化对经济社会发展的促进作用。

（1）支持企业转化科技成果。"创新科技成果转化机制，鼓励将符合条件的由财政资金支持形成的科技成果许可给中小企业使用。推进创新创业机构改革，建设专业化市场化技术转移机构和技术经理人队伍。完善金融支持创新体系，鼓励金融机构发展知识产权质押融资、科技保险等科技金融产品，开展科技成果转化贷款风险补偿试点。"

（2）落实科技成果转化收益分配政策。"实行以增加知识价值为导向的分配政策，完善科研人员职务发明成果权益分享机制，探索赋予科研人员职务科技成果所有权或长期使用权，提高科研人员收益分享比例。"

（3）健全知识产权运用机制。"优化专利资助奖励政策和考核评价机制，更好保护和激励高价值专利，培育专利密集型产业。改革国有知识产权归属和权益分配机制，扩大科研机构和高等院校知识产权处置自主权。完善无形资产评估制度，形成激励与监管相协调的管理机制。"

（二）科技成果权属改革

2020年10月17日，十三届全国人大常委会第二十二次会议通过了对《中华人民共和国专利法》第四次修正案，第六条增加了"该单位可以依法处置其职务发明创造申请专利的权利和专利权，促进相关发明创造的实施和运用"的内容，授予职务发明单位处置专利权和专利申请权，为高校院所等科研事业单位和国有企业赋予科技人员职务科技成果知识产权提供了法律依据。第十五条增加了第二款"国家鼓励被授予专利权的单位实行产权激励，采取股权、期权、分红等方式，使发明人或者设计人合理分享创新收益"。根据这一规定，科技人员不仅可获得奖励和报酬，还可分享创新收益。

（三）加强科技成果转化载体建设

《科技部办公厅关于加快推动国家科技成果转移转化示范区建设发展的通知》（国科办区〔2020〕50号）为充分发挥国家科技成果转移转化示范区的带动作用，以科技成果转化引领示范区高质量发展，提出了加快示范区建设发展的七项措施。

一是以服务科技型企业为重点，发挥支撑复工复产示范带动作用。

二是以创新促进科技成果转化机制模式为重点，进一步加大先行先试力度。

三是以强化科技成果转化全链条服务为重点，提高成果转化专业化服务能力。

四是以示范区主导产业为重点，加快推进重大科技成果转化应用。

五是以集聚创新资源为重点，促进技术要素的市场化配置。

六是以完善工作推进体系为重点，提升示范区治理水平。

七是以优化布局和绩效评价为重点，加快推进示范区高质量发展。

（四）促进企业实施科技成果转化

2018年4月19日，科技部、国资委印发了《关于进一步推进中央企业创新发展的意见》（国科发资〔2018〕19号），提出"推进《中华人民共和国促进科技成果转化法》在中央企业落地，采取多种方式推动建立中央企业技术交易平台，提高知识产权创造、应用、管理和保护能力"和"加强国家科技成果转化引导基金与中央企业创新类投资基金的合作，联合地方政府、金融机构、社会资本，成立一批专业化创业投资基金，推动中央企业科技成果的转移转化和产业化"。

2021年3月22日，财政部办公厅、国家知识产权办公室印发了《关于实施专利转化专项计划 助力中小企业创新发展的通知》（财办建〔2021〕23号），提出"以更高质量的知识产权信息开放和更高水平的知识产权运营服务供给，主动对接中小企业技术需求，进一步畅通技术要素流转渠道，推动专利技术转化实施，唤醒未充分实施的'沉睡专利'，助力中小企业创新发展"。

为此，财政部、国家知识产权局决定实施专利转化专项计划，利用三年时间，择优奖补一批促进专利技术转移转化、助力中小企业创新发展成效显著的省、自治区、直辖市。《通知》要求地方拓宽专利技术供给渠道、推进专利技术供需对接、完善配套政策和服务措施，国家知识产权局、财政部对有关省份开展专利转化专项计划给予扩大数据开放、提供绿色通道，并对专利技术转化运用成效显著的省份给予1亿元的奖补资金。

（五）规范奖酬金分配

中共中央办公厅、国务院办公厅印发的《关于促进劳动力和人才社会性流动体制机制改革的意见》提出"研究制定科研人员获得的职务科技成果转化现金奖励，计入当年本单位绩效工资总量，但不受总量限制且不纳入总量基数的具体操作办法"。

2021年2月28日，人力资源社会保障部、财政部、科技部印发了《关于事业单位科研人员职务科技成果转化现金奖励纳入绩效工资管理有关问题的通知》（人社部发〔2021〕14号），规范"事业单位科研人员职务科技成果转化现金奖励纳入绩效工资管理"。

一是"科技成果完成单位按规定对完成、转化该项科技成果做出重要贡献人员给予的现金奖励，计入所在单位绩效工资总量，但不受核定的绩效工资总量限制，不作为人力资源社会保障、财政部门核定单位下一年度绩效工资总量的基数，不作为社会保险缴费基数"。

二是"属于科研人员在职务科技成果转化工作中开展技术开发、技术咨询、技术服务等活动的，项目承担单位可根据实际情况，按照《技术合同认定登记管理办法》规定到当地科技主管部门进行技术合同登记,认定登记为技术开发、技术咨询、技术服务合同的,项目承担单位按照促进科技成果转化法等法律法规给予科研人员的现金奖励",按照该通知第一条规定执行。

三是"科技成果完成单位统计工资总额、年平均工资、年平均绩效工资等数据以及向有关部门报送年度绩效工资执行情况时,应包含现金奖励情况,并单独注明"。

三、国内外知名技术转移机构介绍

技术转移机构(Technology Transfer Office,TTO)是指为实现和加速从技术供给方向技术需求方转移过程提供各类服务的机构,包括技术经纪、技术集成与经营和技术投融资服务机构等,技术转移机构是以企业为主体、市场为导向、产学研相结合的技术创新体系的重要组成部分,是促进知识流动和技术转移的关键环节,是区域创新体系的重要内容。这类机构最早诞生于美国。为了促进大学技术向产业的转移,斯坦福大学首创了TTO模式,该模式具有两个基本功能:一是代理研发人员发布技术成果信息,降低搜寻成本;二是为企业提供技术价值评估服务,降低投资风险。随后欧洲、日本都陆续产生类似TTO模式的技术转移机构。不同于国外的技术转移机构,我国技术转移机构起步较晚。2001年,国家首批认定了清华大学、上海交大、西安交大等六所大学的技术转移机构作为国家技术转移中心。中心以优化和调整产业结构为目标,推动高校和科研院所的科技、人才、信息等资源与重点行业、重点企业结合,推动产学研联合工作向纵深发展,主要任务是开展共性技术的开发和扩散,推动和完善企业技术中心建设,促进高校科技成果转化和技术转移。

(一)国外知名的技术转移机构[1]

1. 美国网络技术交易市场平台

该平台于1992年2月由3M公司、杜邦、福特、霍尼韦尔国际等10余家国际知名企业投资成立,目前扩展到60家,总部设于美国,全球设有5个分部,拥有14万用户,同时集聚了许多风险投资基金。平台线下超过9万名技术专家,

---

[1] 谢秀红. 国内外技术转移机构的调查与研究[J]. 江苏科技信息,2016.

其服务内容有技术许可服务、咨询服务以及会员服务，同时匹配自己的风险投资基金，为技术双方合理有效地发布技术成果或解决技术难题提供了保证，确保技术交易商业运作成果。

2. 美国国家技术转移中心

美国国家技术转移中心（NTTC）为非营利性的独立机构，于1989年成为国家技术交易市场平台，提供整合性技术交易信息网站及专业咨询服务。其服务内容为。①整合性技术信息平台，负责维护超过700个联邦实验室与100所大学的研发成果资料，并整合这些研发成果资料进行分析归类。②提供航空航天、计算机应用程序开发、小企业创新技术、导弹防御技术、医学新技术、安全与食品健康等基础性研究的技术支持与咨询服务。③其服务领域涵盖专业咨询、联合开发、市场评价、商业策划与推广、专业培训等。该机构除连接700个联邦实验室与100所大学外，在全美各地区组建了6个区域技术转移中心，连接美国航天全球技术交易市场平台与太空总署建立的商业网络，形成全方位的技术交易网络。

3. 欧洲创新转移中心（IRC）

欧洲创新转移中心（IRC）是1995年由欧盟创新计划资助成立的，其目的在于促进欧洲地区的研发机构与中小企业的技术转移，是一个泛欧洲的技术交易市场平台。IRC总部设于卢森堡，利用遍布30个国家、68个地区、超过250家技术创新中心的地理便利性，提供一对一的技术交易服务。而同时通过网络工作平台的建设，提供跨国际的即时技术交易服务，对欧洲区域间的技术转移成效颇大。

4. 德国史太白促进经济基金会

史太白经济促进基金会自1983年改组成专注于技术转移的机构后，发展成为国际化、全方位、综合性的技术转移网络，面向全球提供技术与知识转移服务，在全球60个国家和地区覆盖1 000多家专业技术转移中心的国际技术转移网络组织。其服务内容有咨询服务、研究与开发、培训和员工能力提升、评估与专家报告。服务的主要特色在于史太白基金会瞄准有能力支付服务费用的目标客户，着眼于挖掘客户的真实需求，有效地将技术创新与组织创新、管理创新进行融合，将新技术、新知识、新能力集成到现有客户的应用领域，帮助目标客户获得新技术、新产品、新工艺、新发展以及形成核心竞争能力，注重为客户提供有市场、有产品、有商机的增值服务。

5. 英国技术集团

英国技术集团（BTG）目前被认为是国际技术转移的最大中介机构之一，最早经营政府资助形成的科技成果，后逐步发展成为从事技术转移的国际化、市场化、专业化中介机构，在推进知识产权和先进科研成果的商业化方面取得突出的成就。其主要服务内容为：寻找、筛选、获得技术；开展技术转移；借助风险投资，以提高管理和经营的方式来帮助初创型公司快速成长，从而保护专利产品、知识产权，获取利益最大化；支持各种形式的技术开发。每年在全世界范围内从公司、大学、研发机构中预选 400 项技术和专利，从中筛选和评估出 100 项最有商业市场价值的技术项目，帮助实现专利申请或实施专利授权，强化专利运营，资助技术的进一步开发达到实际应用程度再转让给买方。英国技术集团内部组织结构高效精简，200 多个雇员都是具有技术和商业知识的人才，其中半数以上是科学家、工程师、专利代理人、律师和会计师等，具有很强的技术市场、法律知识背景和丰富的实践经验。

6. 日本 Technomart

日本 Technomart 于 1985 年成立，是日本最著名的国家级技术交易市场平台。其前身为财团法人 Technomart，1997 年在通产省专利局支持下开始"特许流通促进商业"计划。为了继续增进发展技术转移促进地区的功能，与 2002 年 4 月重整后归入日本立地中心（JILC）。Technomart 运作采用会员制，分为一般会员、情报会员与支持会员。会费分为入会费与年会费二种，依享受权益不同而收取不同的费用。会员可以通过 E-Technomart 登录该平台，并可优先参与 Technomart 所受理的各类技术研讨会与商谈会等活动。一般会员可利用 Technomart 新设立的技术交易中介平台联络专家与查阅资料库，进一步进行技术交易。

Technomart 的技术转移活动强调地域性的推动，并且侧重商谈与展览活动、技术信息网站以及技术交易服务人员实时联络等三大部分。

（二）国内知名的技术转移机构

1. 中国技术交易所

中国技术交易所（简称"中技所"）目前是中国最大的技术交易平台，成立于 2009 年。中技所采用公司化运行模式，立足北京，服务全国，是我国建立的具有国际影响力的技术交易中心市场，在专利拍卖、网络竞价、第三方交易托管以及科技金融产品等服务方面具有优势。2021 年全年完成科技成果转化、知识产权交易、科技融资、评价估值、政策咨询、股权激励、合同登记等各类项目近 12 000 项，成交金额 900 多亿元。

2. 中国科学院北京国家技术转移中心

2003 年 3 月 28 日，经原国家经贸委、教育部和中国科学院批准，由中国科学院与北京市人民政府共建成立中国科学院北京国家技术转移中心，专门从事技术转移、科技成果转化工作。该机构也是科技部认定的首批国家技术转移示范机构。北京中心自成立以来致力于整合院内外科技资源，并不断加强与地方政府、科研院所和企业的合作，形成以重大项目推进平台、首都科技条件平台、科技金融平台、国际技术转移平台、京外科技合作平台、知识产权平台及技术转移产业联盟为主体的"6＋1"技术转移工作体系。在大众创业、万众创新的新常态下，该中心不断进行市场化探索，形成了以"科技智库、科技金融、科技培训、科技孵化"四轮驱动的市场化业务体系。

3. 国家知识产权运营公共服务平台

2014 年，财政部会同国家知识产权局启动以市场化方式促进知识产权运营服务工作，着力推动构建"平台＋机构＋资本＋产业＋人才"五位一体的知识产权运营服务体系。国家知识产权运营公共服务平台秉承公共服务与市场运作相结合的建设思路，以"数据为基、信用为根、服务为本"为宗旨，立足大众创业、万众创新，通过提供创新全链条的知识产权运营服务，打造全要素的知识产权运营生态圈。国家平台以信息流、业务流、资金流互联互通为目标，着力打造一个开放、多元、融合、共生、互利的良性运营生态系统。

知识产权运营篇

第五章
专利交易与经营

第一节 专利转让

一、概述

（一）专利转让的含义

根据《中华人民共和国专利法》第十条规定："专利申请权和专利权可以转让。"

专利转让是指专利权属由专利权人进行的转让行为，除非是赠予的形式，专利转让通常是通过商业购买方式进行的。专利转让后，转让人（即原专利权人，卖方）失去了对于该专利的全部权利，受让人（即新权利人，买方）成为受合同法保护的专利权享有者。在专利转让行为中，转让的客体包括专利的申请权和专利权，专利申请权的转让涉及已经提交的专利申请、尚未获得授权的专利，而专利权的转让涉及已经获得授权的专利。

在专利转让行为中，受让人不必进行专利开发投资及承担开发风险，直接获取专利权利，不但充实了企业的专利资源，实现企业研发自由，利用该专利更好占据市场优势，还能够将其作为商业合作的谈判筹码，抵御专利诉讼。对于转让方来说，通过转让专利可以获取大量资金，收回研发成本，以更好地投入自身其他方面运营中。表5-1给出了在专利转让行为中专利权的变化情况、转让人及受让人动机。

表 5-1　专利转让的权属变化及转让动机①

专利权变化	转让人动机	受让人动机
专利申请权和专利权： ①专利申请权的转让客体：已经提交的专利申请、尚未获得授权的专利； ②专利权的转让客体：已经获得授权的专利	收回研发成本，获取研发利润，积累研发资本	获取专利技术，充实企业专利资源，实现研发自由；获取合作谈判筹码；抵御专利诉讼

（二）我国专利转让现状

近十几年来，我国专利转让情况的活跃程度整体呈现上升趋势，以下从专利转让数量、专利转让人、专利转让涉及的专利类型、高校和科研机构专利转出情况列举说明我国专利转让现状。

1. 专利转让数量

如图 5-1 和表 5-2 所示，自 2002 年以来，我国专利转让次数不断攀升，专利转让数量整体呈逐年增长的趋势。2007 年专利转让数量急剧增长，转让量为 19 504 次，增长率达到 56.81%。2018 年专利转让数量有所下滑，同比减少 4.78%。2019 年之后几年，随着国家知识产权运营工作的提升，专利转让数量有了明显提升，2021 年达到转让量峰值 375 953 次。

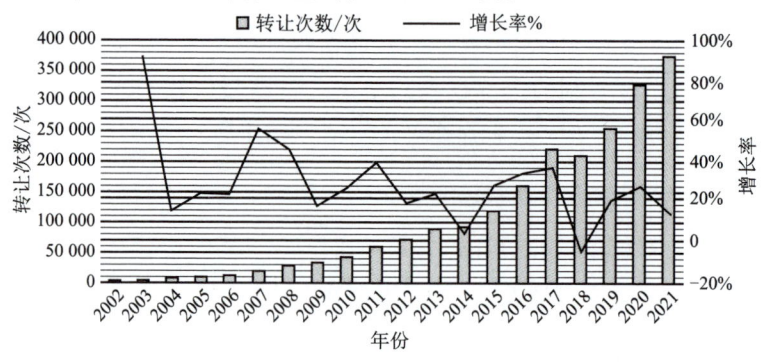

图 5-1　专利转让趋势

数据来源：国家知识产权运营公共服务平台

---

① 商凤敏. 专利交易与专利诉讼相互作用研究 [D]. 大连：大连理工大学，2018：21.

表 5-2 专利转让趋势

年份	转让数量/次	增长率
2002	3 631	
2003	6 961	91.71%
2004	8 047	15.60%
2005	10 024	24.57%
2006	12 438	24.08%
2007	19 504	56.81%
2008	28 540	46.33%
2009	33 703	18.09%
2010	42 830	27.08%
2011	60 003	40.10%
2012	71 826	19.70%
2013	89 434	24.51%
2014	93 051	4.04%
2015	119 610	28.54%
2016	161 152	34.73%
2017	221 765	37.61%
2018	211 170	-4.78%
2019	255 998	21.23%
2020	328 068	28.15%
2021	375 953	14.60%

数据来源：国家知识产权运营公共服务平台

2. 专利转让人排名

如图 5-2 所示，国外企业在我国的专利转让活动中占据着重要的地位。例如三星集团、松下电器、微软公司、诺基亚等知名企业，专利转让次数都相对较多，其中三星集团位居榜首；国内企业如中兴通讯、华为等专利转让活动也十分活跃。从 2018 年以前的数据来看，国内专利转让较多的都是企业，运营机构参与较少。从 2019 年开始，在国家政策和市场化的影响下，许多专利运营机构在国内参与专利交易运营越来越活跃，如广东高航知识产权运营有限公司，通过专

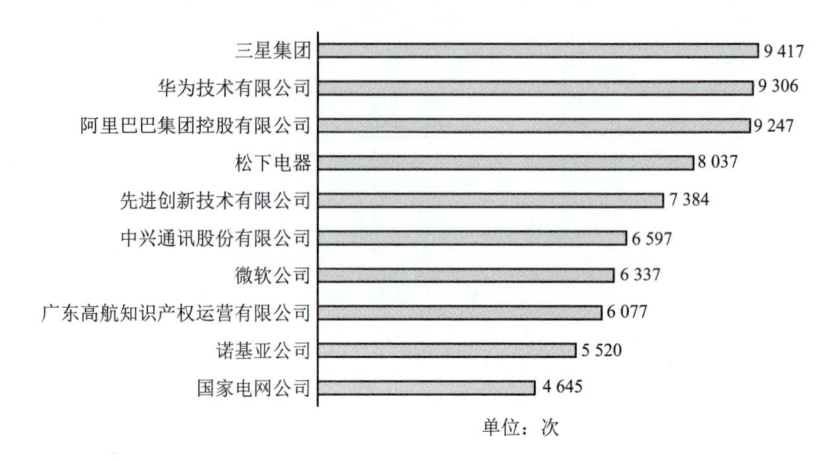

利流通实现技术的商业价值，提高产业化率。

企业	次数
三星集团	9 417
华为技术有限公司	9 306
阿里巴巴集团控股有限公司	9 247
松下电器	8 037
先进创新技术有限公司	7 384
中兴通讯股份有限公司	6 597
微软公司	6 337
广东高航知识产权运营有限公司	6 077
诺基亚公司	5 520
国家电网公司	4 645

单位：次

图 5-2　转让人专利申请量排名前 10 位企业
数据来源：国家知识产权运营公共服务平台

3. 专利转让涉及的专利类型占比情况

如图 5-3 所示，在专利转让活动中，从专利类型来看，发明专利件数最多，占总数的 49.57%，实用新型专利次之，占总数的 33.66%。外观设计专利和 PCT 专利占比相对较少。

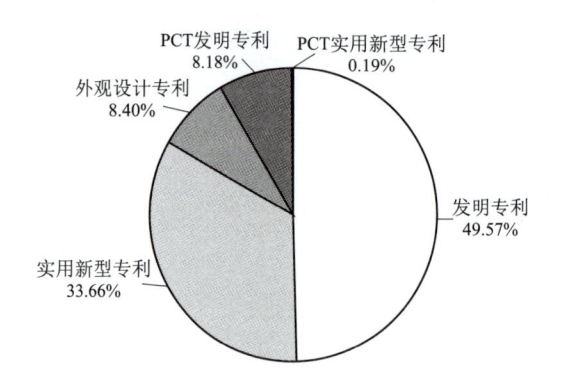

- PCT发明专利 8.18%
- PCT实用新型专利 0.19%
- 外观设计专利 8.40%
- 发明专利 49.57%
- 实用新型专利 33.66%

图 5-3　专利转让涉及的专利类型占比情况
数据来源：国家知识产权运营公共服务平台

4. 高校和科研机构转出专利排名

如图 5-4 所示，由对高校和科研机构的专利转出活动分析可知，南京林业大学占专利转让人排名的榜首，转让次数为 3 380 次，其次是中国电力科学研究院和清华大学，转让次数分别为 2 243 次和 1 957 次。

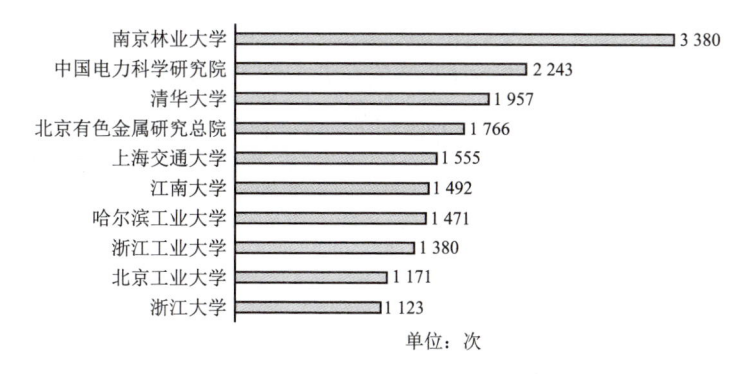

高校/机构	转让次数
南京林业大学	3 380
中国电力科学研究院	2 243
清华大学	1 957
北京有色金属研究总院	1 766
上海交通大学	1 555
江南大学	1 492
哈尔滨工业大学	1 471
浙江工业大学	1 380
北京工业大学	1 171
浙江大学	1 123

单位：次

图 5 – 4　高校和科研机构转出专利数量排名前 10 位

数据来源：国家知识产权运营公共服务平台

二、运作模式

（一）专利转让流程

根据《中华人民共和国专利法》第十条规定："转让专利申请权或者专利权的，当事人应当订立书面合同，并向国务院专利行政部门登记，由国务院专利行政部门予以公告。专利申请权或者专利权的转让自登记之日起生效。"也就是说，专利转让流程包括订立合同、办理登记。但是在实际的专利转让行为中，还需要在前期做好一系列调查研究及文件材料的准备工作。专利转让流程如图 5 – 5 所示。

(1) 通过多种途径寻找/出售转让的专利
↓
(2) 对转让的专利做好前期调研工作
↓
(3) 专利转让人和受让人签署专利权转让合同
↓
(4) 在国家知识产权局办理登记手续
↓
(5) 公告变更结果

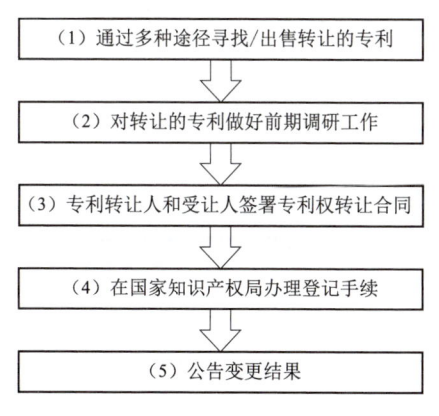

图 5 – 5　专利转让流程

1. 通过多种途径寻找/出售转让的专利

这是专利转让流程中最基本的一个环节，可以通过多种途径实现。例如，可以通过传统的专利交易市场、参加相关的行业展会和高新技术专利成果转化交易会等，也可以委托中介机构，或者通过互联网专利交易或运营平台等方式实现；如果企业自身具有较强的知识产权团队，在寻找专利交易对象时可以自己根据需求进行专利文献检索，锁定具体的目标专利（组合）或专利权人，直接对接相关的企业或个人。

2. 对转让的专利做好前期调研工作

受让人在购买专利之前，应对从各类渠道获取的潜在引进专利做好调研工作。调研内容包括法律状态、技术成熟程度、专利与本企业契合度、研发前景分析、经济投入及预期市场收入分析等，另外还需要对即将购买的专利进行基于技术高度和市场行情的价值评估，如果是针对企业并购进行的专利收购，还涉及对企业的尽职调查。引进专利前进行的综合研究，可以避免受让人投入过多成本，也能够避免购买到不利于企业运营战略的低价值专利。

3. 专利转让人和受让人签署专利权转让合同

这是专利转让流程的关键步骤，专利转让人与受让人之间需要经谈判后对该次转让达成的共识，订立《专利权转让合同》，合同一般包括合同名称、发明创造名称、发明创造种类、发明人或者设计人、技术情报和资料清单、专利申请被驳回的责任（针对专利申请权的转让）、专利权被撤销和被宣告无效的处理方式（针对专利权的转让）、价款及其支付方式、违约金损失赔偿额的计算方法、争议的解决办法等，同时也应以文字内容的形式在合同中明确转让方与受让方双方的利益。对于一件专利存在多个专利权人的情况，专利权的转让需要全体专利权人的签字或盖章。

另外，需要注意的是，在专利转让合同生效前，原专利权人授权他人实施该专利的（如在前与他人签署了专利实施许可合同），在专利转让合同生效后不影响原专利实施许可合同的效力，现专利权人替代原专利权人成为专利许可人，按照约定的权利和义务，继续履行原专利实施许可合同。

4. 在国家知识产权局办理登记手续

当事人应当向国家知识产权局专利局办理专利转让登记相关手续，可以通过电子形式办理、邮寄或直接送交至国家知识产权局专利局受理处办理。专利转让人和受让人需要提前准备好专利转让需要的相关材料，包括《著录项目变更申报书》、著录项目变更证明材料、《专利权转让合同》，一并递交给专利局办理著录项目变更手续，并在提出请求之日起一个月内缴纳著录项目变更费。

需要注意的是，采用电子申请的专利，变更也应该采用电子形式办理，如果是采用离线申请的专利，也应采用离线方式提交变更。另外，变更后的联系人，必须能收到信件，因为专利证书及相关通知，都是以挂号信的方式邮寄到这个地址，因此，这个地址应该详细，方便邮局寄送。[1]

缴纳费用可以通过到国家知识产权局面缴，也可以通过网上缴费、邮局或银行汇款方式进行缴纳。

若企业或个人对于办理著录项目变更手续流程不熟悉或者材料准备方面有困难，这一步工作可以委托专业的专利代理机构完成，不仅省去了烦琐的流程事务，而且对于转让合同中的具体条款也可以获取较为专业和有利的意见和建议。

5. 公告变更结果

国家知识产权局专利局对提交的材料审查合格后，以发出《变更手续合格通知书》的日期为登记日，它也是专利权转让的生效日。国家知识产权局专利局将在专利公报上对专利著录项目变更予以公告，公众可以通过专利公告或在国家知识产权局专利数据库中查询到相关的变更结果。

（二）专利转让途径

1. 传统交易市场模式

各类经济主体可以自行在技术交易市场、专利技术交易机构或利用中介机构

---

[1] 一丰.专利转让变更手续办理的20个策略（更新版）[EB/OL].(2018-10-24)[2019-10-27]. https://mp.weixin.qq.com/s/4rhtl7C3TVlW8Asgqp6R0w.

寻找或转让专利技术。近年来全国各地纷纷建立了地方性的知识产权交易中心，知识产权交易市场没有地域界限，全国各地的企业、高校、科研院所和个人都可以在交易市场进行专利交易，还可以参加相关的行业展会、高新技术专利成果转化交易会、投融资领域洽谈会等。另外，在寻找转让专利时，还可以考虑从拥有大量专利但缺乏市场化运作能力或需求的高校、研究机构、个人发明人手里购买专利。这些方式属于比较传统的以市场贸易为基础的专利交易模式，专利的买方和卖方可以对专利项目有直观的了解。表5-3对传统专利技术交易机构或专利成果转化交易会进行了示例说明。

表5-3 专利技术交易机构、专利成果转化交易会举例

类别	名称	介绍
知识产权交易机构	中国技术交易所	成立于2009年，为技术交易提供价值评估、交易对接、公开竞价、项目孵化、科技金融、政策研究等专业化服务
	天津滨海国际知识产权交易所	2011年成立，全国首家知识产权交易所，为知识产权提供交易场所、设施、技术支持及相关配套服务
	上海知识产权交易中心	2017年成立，为知识产权提供交易场所及其配套服务，以及知识产权服务集成功能
专利成果交易会	中国国际高新技术成果交易会	创办于1999年，每年在深圳市举办，由多家政府部门、科研单位和深圳市人民政府共同主办
	中国国际专利技术与产品交易会	创办于2002年，每两年在大连市举办，由国家知识产权局、辽宁省人民政府共同主办，是我国唯一的国家级、国际化专利技术品牌展会；2020年起，专交会调整为一年一届，并永久落户大连
行业展会	世界人工智能大会	创办于2018年，每年在上海举办，由国家发展和改革委员会、科技部、工业和信息化部、国家网信办、中国科学院、中国工程院和上海市人民政府共同主办
	世界智能制造大会	创办于2016年，每年在南京举办，由工业和信息化部、江苏省人民政府共同主办

续表

类别	名称	介绍
国际专利展会	日内瓦国际发明博览会	始于1973年的世界著名发明展览会，展会主办方受到瑞士联邦政府、共和国议会、日内瓦州、市政府及世界知识产权组织的支持赞助，规模大，在国际展览界享有较高声誉，是全球最新发明产品的重要展示舞台；受疫情影响，2021年第48届日内瓦国际发明展的参展形式变更为"线上展示和评审"

2. 知识产权网络交易/运营平台模式

传统的交易市场模式进行专利转让通常是线下撮合最终达成交易，从一对一寻找合作者到最终成交，各个分散的环节可能花费双方大量的时间和精力，且专利具有时间期限，尤其是快速迭代技术领域的专利，很有可能因为前期时间的浪费导致"技术过时"。随着互联网＋各行业的紧密融合，专利转让也可以在网络平台进行，交易双方可以打破交易时间与空间的限制，且交易周期短、频率高，降低了交易成本，提高了科技成果转化的进程[①]。

知识产权运营服务平台模式已经成为国家提倡的一种新商业模式。自2014年起，财政部会同国家知识产权局启动了以市场化方式促进知识产权运营服务工作，推动构建"平台＋机构＋资本＋产业"四位一体的知识产权运营服务体系。2016年3月17日发布的《中华人民共和国国民经济和社会发展第十三个五年规划纲要》中指出："实施严格的知识产权保护制度，完善有利于激励创新的知识产权归属制度，建设知识产权运营交易和服务平台，建设知识产权强国。"2016年12月30日发布的《"十三五"国家知识产权保护和运用规划》中指出："构建知识产权运营公共服务平台体系，建成便民利民的知识产权信息公共服务平台。"2021年10月发布的《"十四五"国家知识产权保护和运用规划》中指出："培育发展综合性知识产权运营服务平台，创新服务模式，促进知识产权转化。"国家对知识产权运营平台的重视，使得专利交易有了更加活跃的环境，越来越多的专利线上运营平台纷纷出现，表5-4列举了几种线上专利运营平台。

---

① 杨霄飞.《专利运营商业模式比较研究》[D].重庆：重庆理工大学，2017：34.

表 5-4　线上专利运营平台举例

名称	介绍
国家知识产权运营公共服务平台（以下简称"国家平台"）	依据"十三五"规划中关于知识产权运营平台建设的要求，国家平台以"数据为基、信用为根、服务为本"为宗旨，围绕企业、高校、科研院所等市场主体及各级政府需求，汇集知识产权大数据释放、运营项目供需展示、IP 服务电商以及创客空间和创意工作室等功能模块，国家平台以数据为基，实现了业务流、信息流、资金流的互联互通，面向重点产业领域提供资源有效对接、信息顺畅交互、服务集中供给的全方位综合性服务
技 E 网	中国技术交易所有限公司于 2014 年年底上线技术交易的互联网平台，旨在为技术交易参与各方提供全流程的市场化支撑服务
知呱呱	一站式知识产权服务平台，依托互联网、大数据、人工智能等技术手段，为用户精准、高效地提供知识产权管理、检索查询、研发导航、预警分析以及知识产权的布局、挖掘、保护等商业化一站式全链条的服务
高航网	以"互联网+知识产权运营"模式构建的知识产权运营服务平台，通过线上互联网平台和线下合伙制结合的方式，以一对一经纪人服务模式，为客户提供专业、流程化、标准化的知识产权运营解决方案：专利商标版权免费查询、注册申请、交易运营等便捷服务，以及专业的技术分析、价值评估、市场预测等增值服务

3. 企业并购中的专利收购模式

企业并购，是指企业通过兼并和收购，获取被并购企业的专利资产。企业并购是企业快速扩张的主要方式，目标公司拥有的所有资产将自动转移给买方，专利等其他知识产权也包含其中[1]。在企业并购过程中，专利可能是发起并购的重要动因之一，并且成为并购中的谈判重点。不同于直接收购专利，在企业并购中的专利收购过程复杂性更高，需要全面考虑企业的内部环境和现实影响因素[2]，

---

[1] 商凤敏.专利交易与专利诉讼相互作用研究［D］.大连：大连理工大学，2018：39.
[2] Goniadis I, Goniadis Y Patent as a Motivation of Starting a New Entrepreneurial Activity of High Potential［J］. International Journal of Economic Sciences & Applied Research，2010，3（1）：97-108.

要对目标企业进行知识产权尽职调查以及目标企业专利的综合评估。

首先,需要从知识产权资产调查、知识产权保护和有效利用的调查、知识产权相关的法律诉讼调查三个方面来对企业并购过程中目标企业知识产权的调查进行详细分析。其中,知识产权资产调查包括专利、商标、版权作品、工业品外观设计、地理标志等其他形式知识产权的总汇,是企业提升产品价值、提高利润的关键,是人力资本的组成部分,其中受法律保护的无形资产,比如专利、商标具有关键作用。企业并购过程中进行知识产权保护和有效利用的调查主要是为了确定其权利的时间权限和所属权限,所以要对其有效期限、发明人、风险度、权利所属人等进行详细的调查,确定各项内容是否存在瑕疵,所以主要调查有:①某项专利属于该企业的时间权限长短;②发明人是公司员工还是其他人员;③该权限的技术特征,并将其与市场竞争者进行对比,判断其未来是否存在较大风险;④知识产权相关的法律诉讼调查主要是确定目标公司在知识产权和专利方面是否存在法律诉讼案件,如果没有,还要确定是否存在潜在的知识产权诉讼风险,必要时还应进行相关调查[①]。

然后,需要对目标企业专利进行综合评估,这是企业并购中的专利收购前非常重要的步骤,通过评估鉴别具备价值的专利,避免落后技术或无用专利造成并购和后期维护费用的增加,主要从两个方面进行,分别是专利价值法律评估和专利价值技术评估。其中,专利价值法律评估主要对专利的寿命和所处的法律状态来进行评估,其中值得注意的是不同的专利在《中华人民共和国专利法》中有不同的期限规定,然而在有效的期限内某项专利的稳定性、侵权的判定等都会影响该专利的寿命;而专利所处的法律状态主要是确定其是否具有瑕疵、申请的成功率高低、专利许可状况好坏以及是否具有潜在的诉讼风险。专利价值技术评估主要是确定该专利的技术质量、成熟度、覆盖的广度与宽度,如果某一专利的技术强度越高,说明该目标企业竞争优势越明显、专利价值越大,如果专利的技术成熟度越高,说明其完整度和可实施度越强,在某一技术领域越能属于顶尖位置。

---

① 杨会娟. 企业并购中尽职调查及知识产权风险的规避——以专利为视角[J]. 法制博览, 2018 (10): 216.

（三）适合进行专利转让交易的专利

企业在寻找专利进行引进时，需要选择适当的专利。对于大型企业来说，大量的专利积累是"做乘法"，那么对于创新方式灵活但同时专利储备和资金都有限的中小企业来说，选择适合企业发展的、少而精的专利，利用其撬动市场，可以称之为"做指数"[1]。那么对企业来说，什么样的专利可以称为适合引进的呢？以下就列举几点在专利转让中处于核心位置的专利应当具备的特质。

1. 专利稳定性强

首先，选择已经授权的专利时，需要选择稳定性强的专利。能够经受得住可专利性质疑，不仅仅要具有能够保护这个技术方案的高质量、高水平的专利申请文件，也需要在严格审查的情况下获得授权的稳定的专利，这样才能够经受得住专利无效宣告请求的考验，这也在一定程度上体现了这件专利的法律价值，是专利在专利运营、专利诉讼等市场化运作手段以最大化实现专利价值的保障[2]。

2. 具有高技术含量和创造性价值

企业引进专利的原因之一是由于自身专利储备量不足，需要依托外部专利充实自身的专利资源以快速投入研发进程，甚至有的企业自身几乎没有专利，完全依靠购买少数几件核心技术专利支撑全部的前期创新工作，而技术含量和创造性价值来自专利技术本身，体现了专利的技术价值。

3. 具有市场价值

专利转让是一种对专利以市场、需求为导向的市场化运作，只有满足市场需求的专利进行转让，其在市场中才能实现市场价值，也就是转让的专利应当具有可市场化能力。专利的可市场化能力主要指通过专利的产业化到最终在市场中销售时，被受众的认可度和专利的潜在使用价值转变为现实价值的能力。简言之，具有市场价值的专利在市场化中具有实现企业盈利的能力。因此在进行专利转让

---

[1] 王宇，孙迪. 高价值专利：激活创新源动力的"上海密码"[J]. 中国知识产权报，2017（4）：1.
[2] 徐棣枫，于海东. 专利何以运营：创新、市场和法律[J]. 重庆大学学报（社会科学版），2016（6）：141.

前，需要对专利的市场价值进行研判，包括市场上是否已经应用该专利，如果没有，该专利的市场化应用前景如何，等等①。

具有市场价值的专利包括但不限于：①标准必要专利（Standard Essential Patent，SEP），这类专利表现为其所要求保护的技术方案被某项强制性标准（如ETSI）所采纳，由于强制性标准具有市场准入和普遍适用的属性，因此标准必要专利与生俱来就被强制市场化，是市场化程度最高、范围最广且最具有市场价值的专利，这类专利往往是专利交易、专利许可、专利诉讼等专利运营实践中最受青睐的一类资产；②已被产品商用化专利，这类专利体现为其所保护的技术方案被市场化的产品所采纳，即其技术方案被市场化实施，这类专利虽然市场化范围和强度不及标准必要专利，但由于其被市场化的产品所采纳，仍具有一定的市场价值。③具有市场化前景的专利，这类专利既非标准必要专利，又没有被实际商用化，不具有现实的使用价值，但是其将来有可能会被市场所选中，从而具有可期待的市场价值。

4. 专利组合

专利组合指具有一定相关性和差异性的若干个专利，形成一个比较完整、保护范围更大、竞争优势更强的专利集合体，其整体价值大于单个专利的价值之和，具有一定的规模优势和多样化优势，通过组合专利形成的专利组合体系可以为企业构筑竞争优势。在专利转让中，企业选择引进专利组合，能够增加在其关注的技术领域中形成必要的专利壁垒的可能性；对于拥有专利组合的经济主体来说，专利组合的规模化和多样化可以增加其市场运营资本和商业谈判筹码，容易对潜在的转让对象形成吸引力②。

5. 具有战略价值

企业在引进专利时，需赋予该专利以独特的战略价值，也就是说，引进专利的目的各不相同。通常专利的战略价值包括用于进攻的专利、用于防守的专利，

---

① 杨会娟. 企业并购中尽职调查及知识产权风险的规避——以专利为视角[J]. 法制博览，2018（10）：216.

② 徐棣枫，于海东. 专利何以运营：创新、市场和法律[J]. 重庆大学学报（社会科学版），2016（6）：141.

以及用于提升影响力或作为谈判筹码的专利。因此，企业在引进专利前，需根据自身实际情况对其战略价值做好规划，将其可能发挥的作用与企业自身发展进行有机融合，以最大化实现其专利价值，助企业创新发展。

三、案例分析

【案例 5-1】小米的专利战略

小米科技有限责任公司（简称"小米"）是一家以生产智能手机起家的科技型企业，小米在自身专利储备不够充足、在国际上屡受专利诉讼之痛的状况下，采取了迅速加大自身专利储备同时大量收购国际专利的战略，弥补专利短板，打开国际市场，是国内企业"走出去"的优秀案例[1]。

小米创建于 2010 年，在初创的前几年，专利储备总量尚未形成较大规模，且仅有少部分专利进行了海外布局。2014 年，爱立信指控小米专利因涉嫌侵犯其所拥有的 ARM、EDGE、3G 等 8 项专利，并且要求印度德里高等法院禁止小米在印度销售手机。这一诉讼使得小米面临法院"临时禁令"，无法在印度市场推出非高通处理器的手机。

对企业而言，由于发展时间、发展阶段、规模不同，采取的专利战略也会有所区别，而这也决定了企业发展的命运。面临国际专利诉讼，小米采取了大规模的自身专利积累和外部专利收购扩容的战略。小米从自身角度加大研发力度，及时申请大量专利，建立庞大的专利体系，拿出有竞争力的产品。从小米成立以来到 2018 年的专利申请趋势（如图 5-6 所示）可以看出，小米的专利申请数量有了突飞猛进的增长，尤其在 2015 年达到了专利申请量的峰值。

另外，为了进军国际市场，小米大量收购国际专利。2014 年 12 月，小米购入大唐电信的 2 项美国专利；2015 年 10 月，又购买了美国芯片公司博通公司（Broadcom）关于通信技术的 31 项美国专利；2016 年 2 月，从英特尔（Intel）收购关于通信技术和半导体芯片技术领域的 332 件美国专利；2016 年 5 月，从微软收购 1 500 件专利。图 5-7 给出了小米收购的 332 件英特尔专利的技术领域

---

[1] 商凤敏. 专利交易与专利诉讼相互作用研究 [D]. 大连：大连理工大学，2018：18-28.

分布。

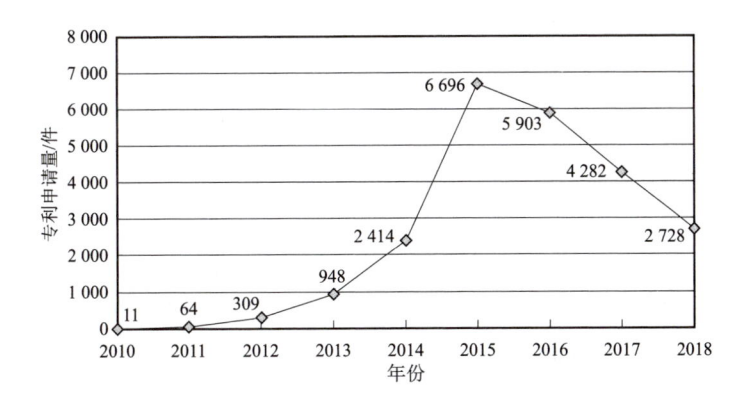

图 5-6　2010—2018 年小米专利申请量
数据来源：国家知识产权运营公共服务平台

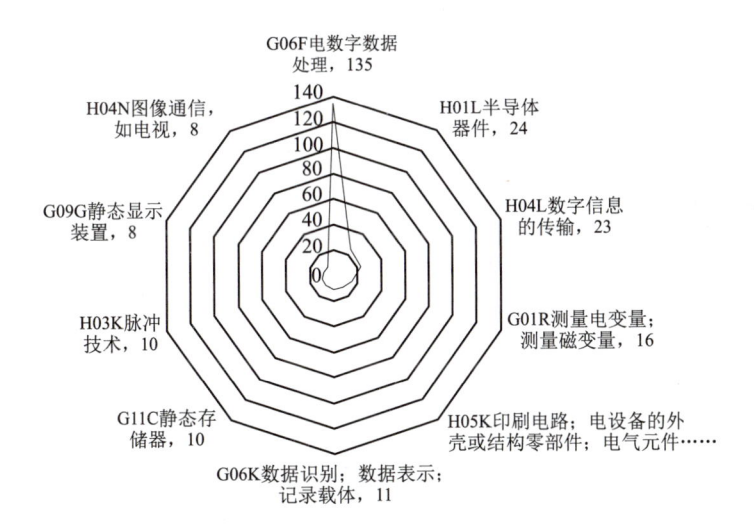

图 5-7　小米收购的英特尔专利技术分布
数据来源：国家知识产权运营公共服务平台

对于生产型企业而言，科技是企业存活和成长的基础保证，企业的科技水平主要体现在其拥有的专利上。初创企业由于成立时间短，专利数量不可能一蹴而就，小米正是意识到了专利上的短板，加上不断出现的海外专利诉讼，才推动其形成了积极的专利战略，最终成就其强大的市场竞争力。因此，小米采取加大自身专利储备同时大量收购国际专利的战略值得已经或即将"走出去"的企业进行参考。

【案例 5-2】滴滴收购导航技术服务商神达集团（MiTAC）多项导航技术专利

滴滴出行是国内主流的互联网约车服务商之一。2016 年，继收购优步（中国）之后，滴滴出行与台湾电子行业巨头神达集团（MiTAC）达成一笔涉及多个国家和地区的大宗专利包交易。据美国专利经纪机构 IP Offerings 发布的 2015 年前三季度美国专利交易价格数据估算，本次专利交易的总价在千万美元水平。滴滴此次巨资进行海外专利收购，不仅能够对其"走出去"的步伐打好坚实基础，还预见性地在国际诉讼频发的移动打车领域提前做好布局防范，是其主动出击并筑起坚固堡垒以防专利诉讼的良策。①

据美国专利商标局公布的信息显示，该批专利包括 29 件美国专利，以及其同族的 35 件欧洲专利（涉及英、德、法三国）和 1 件中国台湾专利。相关专利技术分布如图 5-8 所示，其 IPC 分类按照小类主要集中在 G01C（导航，测量距离），G06F（电数字数据处理）导航技术领域，G06G（模拟计算机）以及 G08G（交通控制系统）等。

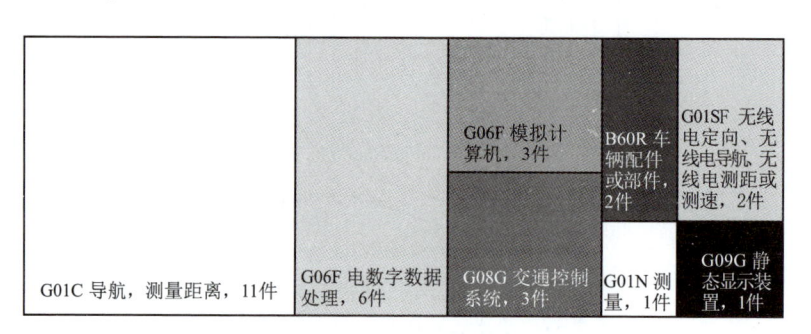

| G01C 导航，测量距离，11件 | G06F 电数字数据处理，6件 | G06F 模拟计算机，3件 | B60R 车辆配件或部件，2件 | G01SF 无线电定向、无线电导航、无线电测距或测速，2件 |
| G08G 交通控制系统，3件 | G01N 测量，1件 | G09G 静态显示装置，1件 |

图 5-8 滴滴收购神达集团专利的专利技术分布

数据来源：国家知识产权运营公共服务平台

向滴滴转让专利的神达集团是我国台湾最大的电脑集团，在导航技术领域深

---

① 滴滴被曝斥资千万美元豪购 60 余件导航技术基础专利 [EB/OL]．(2016-11-02) [2019-09-30]．http://www.wotao.com/display.asp?id=3591．

耕多年，实力雄厚，是世界顶级的导航技术服务商之一。2007年2月，神达集团从美国BNT公司手中收购其著名的GPS企业Navman；2008年12月，神达集团再度对外宣布以9 600万美元的价格收购美国商业导航领域元老级企业麦哲伦导航（Magellan Navigation, Inc.）消费类导航产品品牌及其相关资产。这两笔交易曾震动当时的GPS导航领域，也使得神达集团成为世界顶级的导航技术服务商之一。此次与滴滴交易的专利包主要来自此前麦哲伦的收购，且有部分专利是导航领域的基础专利，此次收购能够很大程度地扩充其高质量的专利储备，弥补自身在导航技术领域的短板。

截至与神达集团发生专利收购行为之时，滴滴成立4年来，其自身专利储备数量在130件左右，其中包括一定量的PCT国际专利申请，但其专利总量和布局情况仍难以匹配自身的发展势头。因此，可以猜测，滴滴以重金收购导航技术的多国专利，在高质量专利储备方面加速国际化布局的意图十分明显。

另外，近年来国际上移动打车领域出现的专利诉讼越来越多，美国重要的移动打车软件公司如Uber、Lyft、Sidecar、RideCharge、Hailo、Flywheel等均曾成为被告。值得关注的是这些专利诉讼几乎全部由NPE（非专利实施主体）发起，其中涉案专利也几乎全部来自专利收购。这表明近年来飞速发展的移动出行行业不仅成为专利诉讼的高发区，而且已经被NPE盯上，而领域内处于出让状态的相关专利也很可能成为NPE的收购目标，作为其在未来发起诉讼的专利储备。滴滴此次收购神达集团导航技术专利包，可能就是因为关注到了上述情况，这也使得滴滴的此次收购有着浓厚的防御性收购意味。

【案例5-3】国家知识产权运营公共服务平台专利转让案例

在互联网经济的大趋势下，国家对知识产权运营平台的重视，使专利交易有了更加活跃的环境，创新主体也面临创新发展的更多知识产权新机遇。

依据国家"十三五"规划关于知识产权运营平台建设的要求，国家平台秉承公共服务与市场运作相结合的建设思路，以"数据为基、信用为根、服务为本"为宗旨，围绕企业、高校院所等市场主体及各级政府需求，立足服务于"大众创业、万众创新"，已搭建并上线运行了汇集知识产权大数据释放、运营项目供需展示、知识产权服务电商以及创客空间和创意工作室等功能模块统一的知识产权运营平台，实现了业务流、信息流、资金流的互联互通，面向重点产业领域，提供资源有效对接、信息顺畅交互、服务集中供给的全方位综合性服务。通过提供全链条的知识产权运营公共服务，国家平台促进了知识产权保护运用，包括知识产权转移转化、收购托管、交易流转、质押融资、导航评议等。

2018年12月，哈尔滨工业大学（转让方）委托北京隆源智信知识产权咨询有限责任公司（代理方）在国家平台开展专利运营工作。首批待转让200件专利涉及新材料、电池、通信、控制等机器人相关领域，经分级、分包和评估后，该批专利形成三个独立的专利组合包，以专利组合包的形式转让出售。上述专利在国家平台上经过议价、公示等程序，于2019年1月顺利完成交易，从该项目正式登录平台到最后成交不到1个月的时间。

第二节　专利许可

一、概述

（一）专利许可的含义

专利许可，也称"专利实施许可"，指专利权人许可他人在限定的时间、地域内，以一定的方式实施其拥有的专利，在许可实施过程中，被许可人（即专利实施人）通常需要向许可人（通常是专利权人）支付专利使用费用。专利许可与专利转让的区别是，专利许可过程中交易的仅仅是专利的使用权，专利许可的客体涉及已经获得授权且许可限定时间维持有效的专利的使用权，而所有权仍归属于专利权人；而专利转让是专利所有权的转移。

在专利许可行为中，被许可人获得专利技术许可，直接实施该专利技术，还能够将其作为商业合作谈判的筹码。而专利许可人可以获得许可费用，还可以通过交叉许可获得技术共享资源。表5-5给出了在专利许可中专利权的变化情况、许可人及被许可人动机。

表 5-5　专利许可的权利变化及许可动机①

专利权变化	许可人动机	被许可人动机
专利使用权在限定时间、地域内的转让	获得许可收入，通过交叉许可获得技术共享，面临专利诉讼，商业合作	获取专利技术许可，获取合作谈判筹码

（二）我国专利许可现状

以下从我国专利许可数量和增长情况、专利许可排名、高校和科研机构专利许可情况、专利许可地域情况列举说明。

1. 专利许可数量

如图 5-9 和表 5-6 所示，2009—2015 年，中国专利许可次数相对较高，在 2014 年，专利许可数量达到巅峰，专利许可数量将近 2.4 万次。但近五年，专利许可数量出现了明显的下滑，2016 年专利许可次数下降到 7 291 次，跌破 1 万次，创 2009 年以来历史新低，同比下降 56.16%。2019 年相比 2018 年有缓慢回升，但增幅不大，同比上升 23.77%，到 2020 年又有下降趋势。值得注意的是，2021 年我国专利许可次数有了明显回潮，达到 18 261 次，同比上升 103.49%，这说明近年来国家开展的知识产权运用促进工作取得了一定成效，许可双方主体进行备案的意识也增强了。

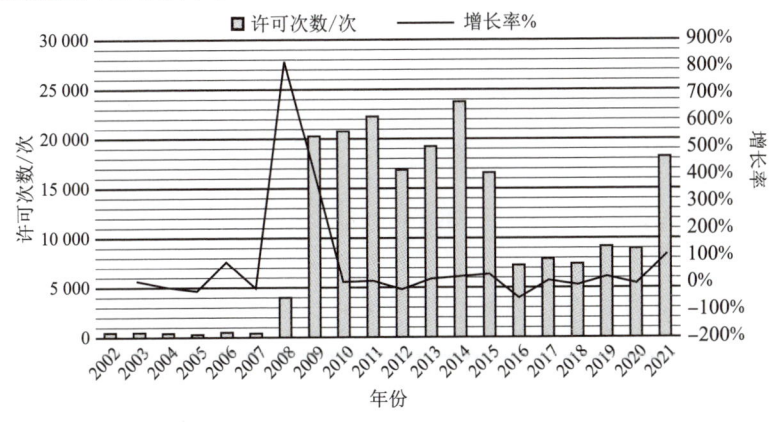

图 5-9　专利许可趋势

数据来源：国家知识产权运营公共服务平台

---

① 商凤敏. 专利交易与专利诉讼相互作用研究 [D]. 大连：大连理工大学，2018：21.

表 5-6 专利许可趋势

年份	许可数量/次数	增长率/%
2002	481	
2003	509	5.82
2004	424	-16.70
2005	299	-29.48
2006	535	78.93
2007	430	-19.63
2008	4 010	832.56
2009	20 340	407.23
2010	20 836	2.44
2011	22 363	7.33
2012	16 924	-24.32
2013	19 307	14.08
2014	23 838	23.47
2015	16 631	-30.23
2016	7 291	-56.16
2017	7 929	8.75
2018	7 424	-6.37
2019	9 189	23.77
2020	8 974	-2.34
2021	18 261	103.49

数据来源：国家知识产权运营公共服务平台

2. 专利许可次数排名

在专利许可活动中，我们统计出专利许可次数排名前 10 位的 16 件专利，如表 5-7 所示，其中，专利号为 CN95190979.7 的专利，许可次数高达 208 次，排名第 1。在排名前 10 位的专利中，信息存储、地板行业相关的专利占大多数，许可次数都较高，且在上述专利许可次数排名前 10 位的 16 件专利中，有 7 件来自皇家菲利浦电子有限公司，8 件来自尤尼林管理私营公司。

表 5-7 专利许可次数排名

专利号	专利名称	申请人	次数
CN95190979.7	多层信息存储系统	皇家菲利浦电子有限公司	208
CN02123006.4	由硬地板块构成的地板以及制造这种地板块的方法	尤尼林管理私营公司	152
CN200410057586.1	由硬地板块构成的地板以及制造这种地板块的方法	尤尼林管理私营公司	146
CN95190776.X	信号调制方法、信号调制装置、信号解调方法和信号解调装置	索尼公司	135
CN200610090323.X	地板块	尤尼林管理私营公司	129
CN200610090321.0	地板块	尤尼林管理私营公司	128
CN200610090477.9	硬的地板块及地板	尤尼林管理私营公司	128
CN200610099924.7	用于构成地板的地板块	尤尼林管理私营公司	128
CN200610090318.9	用于构成地板的地板块	尤尼林管理私营公司	127
CN95192103.7	多层记录载体和扫描该载体的装置	皇家菲利浦电子有限公司	127
CN02160474.6	记录载体	皇家菲利浦电子有限公司	127
CN200610101665.7	记录载体	皇家菲利浦电子有限公司	126
CN02122058.1	记录载体	皇家菲利浦电子有限公司	122
CN200610090478.3	地板块	尤尼林管理私营公司	122
CN200310102653.2	转换信息字为被调制信号的方法、编码设备、记录载体、译码设备	皇家菲利浦电子有限公司	121
CN95190261.X	记录载体及其阅读装置	皇家菲利浦电子有限公司	121

数据来源：国家知识产权运营公共服务平台

3. 高校和科研机构许可人排名

我国高校和科研机构研发出了大量创新成果，这里对高校和科研机构的专利许可情况进行了统计，如图 5-10 所示。根据对专利许可人情况的分析可以看出，南京林业大学许可专利数量最多，达到 2 805 次，远超过排名第 2 和第 3 位的南京邮电大学和浙江大学，这两所高校许可次数分别是 1 202 次和 651 次，其次是江苏科技大学、江苏大学，许可次数在 400 次以上。综合分析，在南京、浙江和广东等地区，高校的专利许可活动较为活跃。

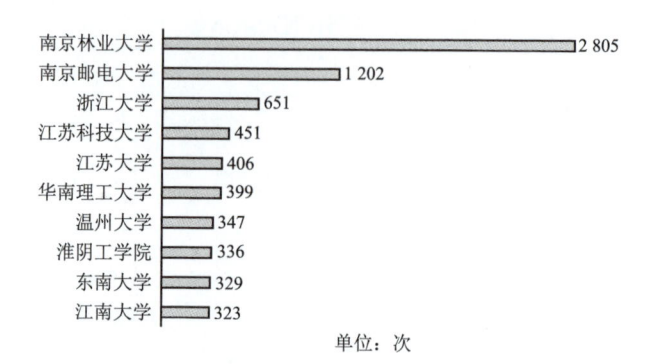

南京林业大学	2 805
南京邮电大学	1 202
浙江大学	651
江苏科技大学	451
江苏大学	406
华南理工大学	399
温州大学	347
淮阴工学院	336
东南大学	329
江南大学	323

单位：次

图 5-10　高校和科研机构许可人专利许可数量排名前 10 位
数据来源：国家知识产权运营公共服务平台

4. 专利许可地域分析

如图 5-11 所示，对我国专利申请人进行分析发现，浙江省有近 3 万件专利进行了专利许可，位居榜首，其次是广东省、江苏省、北京市和上海市，这五个地区在国内专利许可均较为活跃。

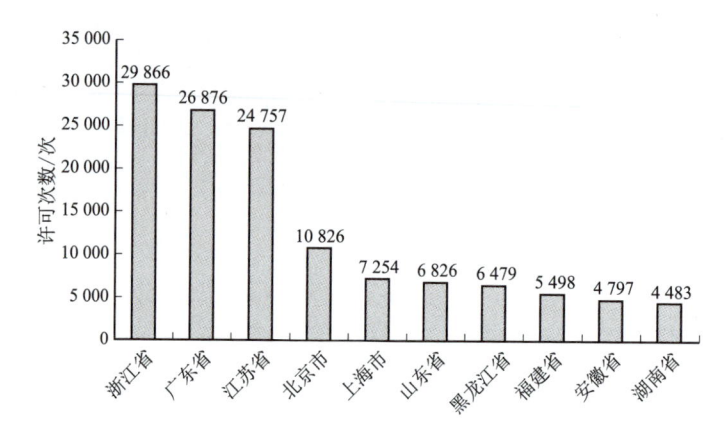

省份	许可次数/次
浙江省	29 866
广东省	26 876
江苏省	24 757
北京市	10 826
上海市	7 254
山东省	6 826
黑龙江省	6 479
福建省	5 498
安徽省	4 797
湖南省	4 483

图 5-11　专利许可主要来源省份前 10 位
数据来源：国家知识产权运营公共服务平台

二、运作模式

（一）专利许可方式

目前的专利许可包括多种方式。根据许可权利的大小和范围等实施条件，专利许可分为普通许可、独占许可、排他许可、交叉许可和分许可等方式。表 5-8

给出了不同许可方式下的被许可人权利、许可人权利及授权第三方权利[①]。专利许可行为受合同法保护，可以通过在国家知识产权局备案、登记形成更好的法律保障，但专利许可备案在我国法律上并不是必需的，可以通过双方订立专利实施许可合同达成许可协议。

表 5-8 专利许可方式及权利

专利许可方式	被许可人权利	许可人权利	授权第三方权利
普通许可	可以使用	可以使用	可授权使用
独占许可	可以使用	不可以使用	不可授权使用
排他许可	可以使用	可以使用	不可授权使用
交叉许可	可以使用双方专利	可以使用双方专利	不可授权使用
分许可	可以使用	不可以使用	可授权使用

1. 普通许可

普通许可是最常见的专利许可方式，指在一定时间和地域范围内，专利权人许可他人按照合同约定的使用方式实施该专利。与此同时，许可人不仅可以自己实施该专利，而且可以再授权第三方实施，也就是说，被许可人可能同时存在若干个。普通许可是许可人授权被许可人权利范围最小的一种许可方式，其许可费用也比独占许可、排他许可的费用低。

由于在一定时间和地域范围内，可能有多个被许可人同时被授权实施该专利技术，且专利许可是不强制备案登记的，所以可能出现在普通许可之后，该专利被转让或被独占许可，这时在后的专利受让人或获取独占许可权的实施人与在先的获得普通许可权的实施人将形成权利的冲突，普通许可的被许可人在同一市场上则需要面对较多的竞争。

2. 独占许可

独占许可指在一定时间和地域范围内，专利权人只许可一个被许可人实施该专利，且许可人自己也不得实施该专利，即被许可人享有该专利的独占性实施

---

① 陈璐璐. 专利许可视角下的技术扩散研究 [D]. 大连：大连理工大学，2015：13.

权，任何第三方不得授权以同样的方式实施该专利。独占许可授权的权利范围广，其许可费用相比其他许可方式高。

2008年发布的《高新技术企业认定管理办法》（国科发火〔2008〕172号）规定，参评高新技术企业的条件之一是，拥有5年以上的独占许可的权利，视作当事人拥有自主知识产权，专利实施许可的合同备案将作为该自主知识产权的依据。但2016年发布的《高新技术企业认定管理办法》（国科发火〔2016〕32号）修订了相关内容，独占许可将不作为高新技术企业认定的条件，其原因主要是原管理办法要求的独占许可涉及境外知识产权在我国境内的独占许可协议，目前国家知识产权局不予受理备案登记，主管机关核查困难，在此背景下，新规予以取消。2016年我国专利实施许可备案数量大幅降低，一定程度上与该年度发布的《高新技术企业认定管理办法》中取消了专利独占许可作为高新技术企业认定条件有关。

3. 排他许可

排他许可又称"独家许可"，指在一定时间和地域范围内，专利权人只许可一个被许可人实施该专利。与独占许可不同的是，排他许可允许许可人自己实施该专利。从权利范围上讲，排他许可是仅次于独占许可的许可方式。与独占许可相比，排他许可的被许可人的竞争优势不如独占许可的被许可人，其与许可人之间可能存在竞争关系[①]。

在我国，专利的被许可人除了获得实施专利的权利外，也有相关法律提及了专利许可中涉及的专利权侵权行为。根据《最高人民法院关于对诉前停止侵犯专利权行为适用法律问题的若干规定》，被许可人可以向人民法院提出诉前责令被申请人停止侵犯专利权行为的申请。独占实施许可合同的被许可人可以单独向人民法院提出申请；排他实施许可合同的被许可人在专利权人不申请的情况下，可以提出申请。

4. 交叉许可

交叉许可又称"互换实施许可""互惠许可""相互许可"，指两个或两个以上的专利权人在一定条件下互相许可对方实施自己的专利，双方互为许可人和被许可

---

① 徐丽娜. 知识产权许可使用权的效力研究［D］. 湘潭：湘潭大学. 2017：5-6.

人。如果双方的专利价值大致相等，那么这样的交叉许可通常是互免许可费用的，如果双方的技术评估价值相差太大，可以约定有一方给予另一方适当的许可费用。

交叉许可行为在电子、通信行业发生较多。电子、通信行业产品更迭迅速，且高新技术产品生产周期短、技术含量高，但是专利技术的研发需要前期大量人力、物力的铺垫，且并不是每一项研发技术都能够投入量产，也不是所有投入量产的专利技术都能够保障盈利。因此，高新技术产业实际面临着商品生产周期短暂与专利研发过程漫长的矛盾。为了分担企业承受的研发风险，部分企业倾向交叉许可，即用自己的专利实施权交换取得其他企业的专利实施权，提高企业的产品生产效率，占领市场份额[①]。

从竞争角度来讲，交叉许可的优势互补可以为许可人和被许可人带来若干益处。企业与企业之间并没有必要在竞争中两败俱伤，实行交叉许可能够将相互的技术组合起来并清除相互阻斥地位，营造和谐的良性竞争环境，实现双赢。这不但有利于企业自身发展，也有利于推动科学技术的进步。另外，交叉许可可以通过与其他许可方式结合使用，降低交易成本。但同时由于交易双方的双重身份，需要对合同签订前的专利实施相关规定做好双方同意的规定，以免实施中引发纠纷导致双方意见分歧。

5. 分许可

分许可又称"从属许可"，指被许可人依照与专利权人的合同约定，专利权人允许被许可人在约定的时间和地域范围内再许可第三方实施该专利。未经专利权人事先同意，被许可人无权与任何第三方订立分许可合同[②]，也就是说，需要许可方同意在合同中明确规定被许可方在约定的时间和地域范围内实施该专利的同时，被许可方可以以自己的名义许可第三方使用该专利。

（二）专利许可备案流程

在我国，国家知识产权局专利局或者专利代办处对专利实施许可合同进行审查式备案登记为主，之后对专利实施许可合同引起的权利变更登记备案，并对外

---

① 张盈. 专利交叉许可的反垄断规制研究 [D]. 武汉：武汉工程大学，2018：15.
② 陈璐璐. 专利许可视角下的技术扩散研究 [D]. 大连：大连理工大学，2015：14.

公示。

根据《最高人民法院关于对诉前停止侵犯专利权行为适用法律问题的若干规定》第四条的规定:"利害关系人应当提供有关专利实施许可合同及其在国务院专利行政部门备案的证明材料,未经备案的应当提交专利权人的证明,或者证明其享有权利的其他证据。"也就是说,虽然我国不强制要求专利实施许可合同备案,但备案是对专利许可交易进行更强的法律保障。利害关系人提出诉前责令被申请人停止侵犯专利权行为的申请时,进行备案具有对抗善意第三人的效用,具备证据效力,否则还需要提供专利权人的证明或证明其享有权利的其他证据。另外,经备案的专利实施许可合同的种类、期限、许可使用费计算方法或者数额等,可以作为管理专利工作的部门对侵权赔偿数额进行调解的参照[①]。图 5 – 12 为一般专利许可备案流程。

```
(1) 专利许可人与被许可人双方订立书面合同
           ↓
(2) 提前准备专利许可备案相关材料
           ↓
(3) 在国家知识产权局办理备案手续
           ↓
(4) 公告备案结果
```

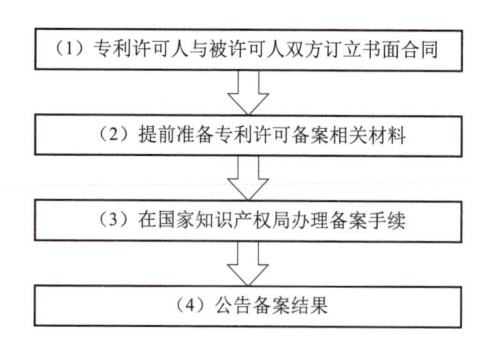

图 5 – 12 专利许可备案流程

1. 专利许可人与被许可人双方订立书面合同

专利实施许可合同的意义在于签订了合同就有了法律依靠。在履行合同期间,双方的书面承诺,有法可依,有据可循,使交易双方都能规范承诺和履行合作。申请备案的专利实施许可合同应当以书面形式订立,专利实施许可合同可以使用国家知识产权局统一制定的合同范本,也可采用其他合同文本,但应当符合《中华人民共和国合同法》的规定。

专利实施许可合同需要明确许可人和被许可人的姓名或名称、地址,以及进

---

① 国家知识产权局:许可备案和质押登记咨询培训 [EB/OL]. (2020 – 06 – 05) [2019 – 09 – 30]. https://www.cnipa.gov.cn/art/2020/6/5/art_1553_99785.html.

行许可的专利权项数以及每项专利权的名称、专利号、申请日、授权公告日，同时需要约定被许可人向许可人支付的专利实施费用及交付方式、专利许可的方式与范围、技术资料的交付、专利权被撤销和被宣告无效的处理等。

需要注意的是，专利实施许可合同的生效日不一定是合同的签订日，以合同中明确约定的生效日为准。当事人应当自专利实施许可合同生效之日起 3 个月内办理备案手续。备案并不影响合同效力，备案只是国家对专利许可行为的一种管理方式。

2. 提前准备专利许可备案相关材料

申请专利实施许可合同备案的，应当提前准备好以下文件：①许可人或者其委托的专利代理机构签字或者盖章的专利实施许可合同备案申请表；②专利实施许可合同原件或经公证机构公证的复印件；③许可人、被许可人的身份证明（个人需提交身份证复印件，企业需提交加盖公章的营业执照复印件、组织机构代码证复印件，事业单位需提交加盖公章的事业单位法人证书复印件、组织机构代码证复印件）；④许可人、被许可人共同委托代理人办理相关手续的委托书；⑤代理人身份证复印件；⑥其他需要提供的材料（如以上文件是外文文本的，应当附中文译本一份，以中文译本为准）等。

3. 在国家知识产权局办理备案手续

国家知识产权局免费为当事人办理专利实施许可合同备案手续。当事人可以通过邮寄、直接送交至国家知识产权局专利局或者专利局代办处办理专利实施许可合同备案相关手续，也可以委托依法设立的专利代理机构办理。依照国家知识产权局颁发的《专利实施许可合同备案办法》，我国专利实施许可合同备案过程中，审查的主要内容包括专利许可资格、专利有效性、手续文件形式三方面[1]。

第一，专利许可资格审查。审查的内容包括：许可方是否是当前专利权人；审查专利权人是否有权进行许可，许可是否受到限制，与已经存在的许可实施权是否存在冲突的情形；专利权人与其他共有权人的约定，按照《中华人民共和国专利法》第十五条的规定，实施专利独占许可或排他许可，需要得到其他共有人

---

[1] 杨玲. 专利实施许可备案效力研究 [J]. 知识产权. 2016 (11)：78 - 79.

的同意；是否属于分许可合同，对于分许可合同，尤其需要关注专利权人对分许可权人的授权。

第二，专利有效性审查。专利实施许可合同中的专利应当处于有效状态。实践中常见的情形是，专利技术因未按期缴纳年费导致专利权进入年费滞纳期，或被宣告专利权无效，或超过保护期限而失效。对以上情形，专利局将做出不予备案的决定，并指明缺陷。

第三，手续文件形式审查。在满足前述两方面实质性要求之后，专利实施许可合同备案还要依照《专利实施许可合同备案办法》的要求进行手续文件形式上的审查，主要包括手续文件齐全、签章审查等。此外，合同约定事项应当满足《专利实施许可合同备案办法》第九条的最低要求。

通过以上三方面的审查，备案部门实现了对专利许可活动法律行为合法性的初步审核，维护了当事双方的基本利益以及专利技术许可交易的基本公平。

4. 公告备案结果

专利实施许可备案申请经审查合格的，国家知识产权局在收到符合规定的备案材料之日起7个工作日内发出备案证明。国家知识产权局向当事人出具《专利实施许可合同备案证明》，专利实施许可合同备案的有关内容由国家知识产权局在专利登记簿上记载，并在专利公报上公告以下内容：许可人、被许可人、主分类号、专利号、申请日、授权公告日、实施许可的种类和期限、备案日期。

（三）提升专利许可途径

信息不对称是制约专利权有效实施的最主要因素。2019年《中国专利调查报告》结果显示，制约专利权有效实施的最主要因素是信息不对称造成专利权许可转让困难，占比44.6%，其次是"缺乏权威可信的专利交易平台"，占比40.9%。从专利权人类型来看，科研单位认为信息不对称造成专利权许可转让困难的占比达到70.5%，明显高于其他专利权人类型。综上，为进一步提升专利运用水平，促进专利价值实现，提出如下三个方面的建议：一是建立专利交易许可相关信息披露和传播机制，鼓励利用人工智能、区块链等技术手段，提升专利交易许可效率，进一步降低专利交易许可成本和周期，并有效运用国家级知识产权运营服务平台,在权威可信的知识产权交易平台上开展专利许可交易;二是注重发挥高质量创新政策引导作用,加快实现国家科技创新政策体系从专利数量激励向质量激励的转变;三是重点加强高校、科研单位的科技成果转移转化体系建设,进一步推动产学研深度融合,围绕企业的技术需求和产业方向,激发高校、科研单位科技成果"转"出创新发展新动能[①]。

三、案例分析

【案例 5-4】尤尼林集团的专利许可战略

尤尼林管理私营公司原是比利时一家木业公司,被美国莫霍克(Mohawk)公司收购后更名为尤尼林集团。通过对尤尼林集团专利许可数据的分析,我们发现,尤尼林集团在我国一共发生了 4 000 多次专利许可,在专利许可企业排行中占据首位。为此,我们对其在中国进行活跃的专利许可战略进行研究,挖掘企业成功背后的原因和方法,希望可以为中国企业提供一定的参考[②]。

2007 年 1 月,美国国际贸易委员会(ITC)对全球 38 家木地板企业的"337 调查"作出终裁,裁定这些企业在美国销售的地板侵犯了尤尼林集团、爱尔兰地板工业公司和美国尤尼林北卡罗来纳地板公司(后两者是尤尼林集团的关联公司)的地板锁扣专利,其中有 18 家中国木地板企业涉案。随后,尤尼林集团开始通过签署《专利实施许可合同》的方式,向中国地板生产出口企业收取不菲的费用。2007 年开始,中国 3 000 多家地板企业,尤尼林集团已经许可了 200 多家,2017 年地板总销量 4 亿平方米;专利许可费用约 1.196 亿美元/年,专利费用占到了企业总成本的 10%~15%,几乎半数的企业利润都为他人"做了嫁衣"。

尤尼林集团在全球申请了 1 000 多件专利。如图 5-13 所示,从申请国家和地区来看,申请量最多的是美国(294 件),第 2 位是欧洲专利局(164 件),第 3 位是世界知识产权组织(71 件),第 4 位是中国(67 件)。可见北美、欧洲和

---

① 国家知识产权局. 2019 年中国专利调查报告 [R].
② 国家知识产权运营公共服务平台. 尤尼林集团的专利许可案例分析研究报告 [R].

中国是其专利布局的重点。

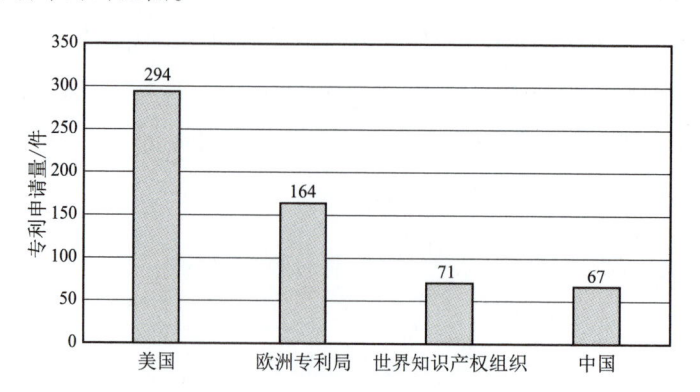

图 5-13　尤尼林集团专利全球分布
数据来源：国家知识产权运营公共服务平台

尤尼林集团在中国一共许可了 200 多家企业，针对这 200 多家企业进行分析，我们发现中国的地板企业保护知识产权的意识萌芽较晚，从 1999 年起，这些企业才开始逐步申请专利。图 5-14 比较了近 20 年来中国企业的专利数量和尤尼林集团的专利数量。

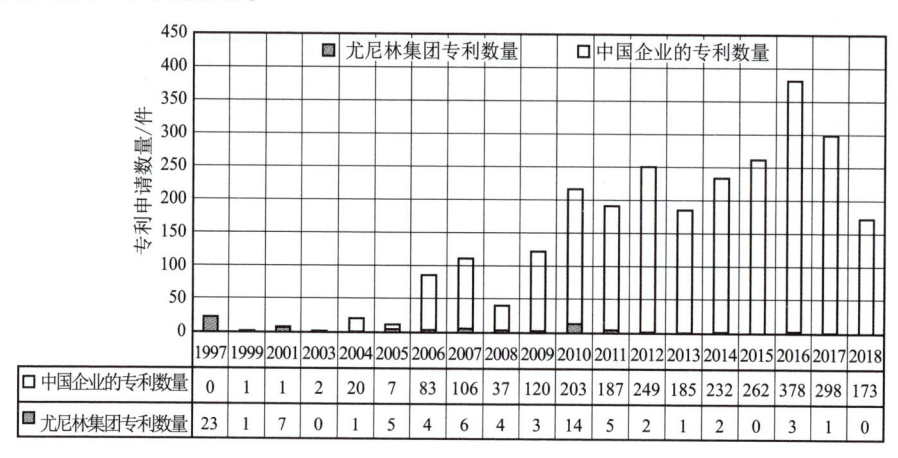

年份	1997	1999	2001	2003	2004	2005	2006	2007	2008	2009	2010	2011	2012	2013	2014	2015	2016	2017	2018
中国企业的专利数量	0	1	1	2	20	7	83	106	37	120	203	187	249	185	232	262	378	298	173
尤尼林集团专利数量	23	1	7	0	1	5	4	6	4	3	14	5	2	1	2	0	3	1	0

图 5-14　中国企业和尤尼林集团专利申请趋势对比情况
数据来源：国家知识产权运营公共服务平台

目前，被许可的 200 多家企业中有 100 多家企业都是拥有专利的，且专利数量高达 2 500 多件，发明专利有 800 多件，仅有一件专利进行了 PCT 申请，可见中国地板企业在技术上有一定的潜力，但是在专利海外布局方面还是意识不足。

尤尼林在中国一共申请了82件专利，其中有62件专利发生了专利许可，许可率高达75.6%，专利许可次数累计达到4 482次。图5-15列举了尤尼林集团在中国的专利申请中许可次数排名前10位的专利，其中许可次数最多的专利CN02123006.4，专利名称为"由硬地板块构成的地板以及制造这种地板块的方法"，目前许可次数高达154次，此外，许可次数达到100次以上的有13件专利。

专利号	许可次数
CN02123006.4	154
CN200410057586.1	149
CN200610090323.X	133
CN200610090477.9	132
CN200610099924.7	132
CN200610090321.0	132
CN200610090318.9	131
CN200610090478.3	126
CN200580031652.0	119
CN97190692.0	113

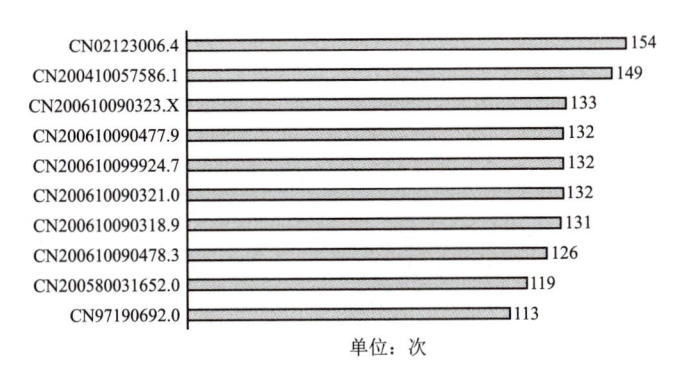

单位：次

图 5-15 专利许可次数排行榜
数据来源：国家知识产权运营公共服务平台

经过进一步分析发现，专利CN02123006.4许可给了中国140多家企业，该专利于2017年7月25日专利权终止，但是在2017年6月23日尤尼林集团还将该专利分别许可给了三家中国企业。同样，专利CN200410057586.1、CN200610090323.X等也是在专利权仅剩1个月期限时，还在进行专利许可，由此可见，尤尼林集团将该专利的价值发挥到了极致。

通过尤尼林集团的专利许可案例可以看出，虽然中国地板企业拥有了一定的技术积累，但在海外市场进行专利布局的意识淡薄，对企业产品的出口不利，且海外应诉方面经验不足，缺乏应诉机制，因此，不得不"被动"采用签署专利实施许可合同的方式实施尤尼林集团的地板专利。中国企业应当借鉴国内外在专利运营方面做得较好的企业，重点培育高价值专利，把专利部署到主要竞争对手的产品链中，加强海外专利布局和专利运营。

【案例5-5】浙江大学的专利许可

高校是我国科技研发的重要阵地，而专利许可是高校实现专利转化运用的重要方式。目前我国高校专利转化运用活跃度并不十分理想。我们将通过浙江大学专利许可的情况分析高校的专利运营方向，希望为我国高校和科研机构提供参考。

浙江大学的专利许可数量在全国高校中名列前茅，截至2020年年底，662件专利许可给381家企业。许可专利涉及的领域覆盖了物联网、机器人、新材料等前沿领域。表5-9列举了与浙江大学进行专利许可行为最为活跃的10家公司，图5-16给出了浙江大学专利许可的主要技术领域。

表5-9 浙江大学专利许可对象

被许可人	专利数量/件
宁波澳普管业科技有限公司	18
威海威高生命科技有限公司	17
恒生电子股份有限公司	13
杭州浙大三色仪器有限公司	11
杭州南江机器人股份有限公司	10
浙江国自机器人技术有限公司	10
上海利正卫星应用技术有限公司	8
浙江双元科技开发有限公司	7
永康威力科技股份有限公司	6
浙江大学建筑设计研究院有限公司	6

数据来源：国家知识产权运营公共服务平台

浙江大学校长吴朝晖院士，带领计算机科学与技术学院的尹建伟、吴健、李莹、邓水光等组成研发团队，致力于物联网及云计算研究。吴朝晖院士团队的42件专利许可给了恒生电子股份有限公司、银江股份有限公司等在内的8家企业。在2001年吴朝晖任浙江大学软件与网络学院副院长时，以吴朝晖为首的平台软件研究团队，联合恒生电子、信雅达等多家龙头软件企业，通过将日常使用的各种软件中具有同样功能的代码进行整合，研制出了钱塘软件平台。如今，该项目已应用于电子商务、金融证券、电信服务、公共服务等七大行业，成为我国

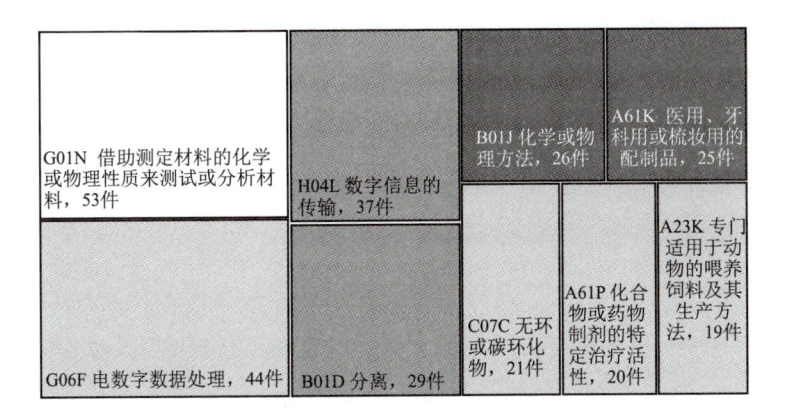

图 5-16 浙江大学专利许可主要技术领域

数据来源：国家知识产权运营公共服务平台

现代服务业应用软件建设中重要可选平台，取得了显著经济效益①。

浙江大学医学部的李兰娟院士团队的 18 件关于人工肝脏相关技术的专利许可给了威海威高生命科技有限公司和浙江同创越诚健康科技有限公司，其中威海威高生命科技有限公司实施李兰娟团队的专利技术，成功制成"李氏人工肝支持系统"，该系统用于医院急性、亚急性重型肝炎治疗，病死率由 88.1% 降至 21.8%，慢性重型肝炎病死率由 84.6% 降至 56.6%，开辟了重型肝炎肝衰竭治疗新途径，并获 2015 年国家科技进步一等奖②。

市场化的运作，浇灌了浙江大学的技术转化之花。目前，我国高校研发出了大量创新成果，浙江大学的专利技术转化运用的经验值得学习和借鉴。

【案例 5-6】上海交通大学医学院的专利拆分许可探索模式

2021 年 1 月 18 日上海《解放日报》头版报道，上海交通大学医学院将中国发明专利"增强激动型抗体活性的抗体重链恒定区序列"及其国际同族专利一个靶点以独占许可方式，授权上海某医药科技公司实施，合同总金额约 3 亿元。2019 年，该专利的其他靶点以 8.28 亿元合同总金额，独占许可苏州某医疗科技

---

① 吴朝晖：新任浙大校长，百分百浙大制造［EB/OL］.（2015-03-26）［2019-09-30］. http://news.cnnb.com.cn/system/2015/03/26/008287964.shtml.

② 专利许可：期待从"花开数枝"到"春色满园"［EB/OL］.（2017-11-23）［2019-09-30］. http://www.sohu.com/a/206248126_100019625.

公司实施。上海某知识产权服务有限公司促成了上述这两项交易，并在其中发挥了专业作用。

本案例的一个突出亮点是一件发明专利先后进行了两次独占许可。该专利的"权利要求覆盖多种肿瘤和多个药物靶点"，每开发一个肿瘤药物或药物靶点，投入都很大，周期也很长，不确定性及其潜在风险都很高。

本案例的另一个亮点是合同总额高，两次许可的合同总额高达 11.28 亿元，引人注目。一件专利允许两家公司独占实施"专利拆分许可"，初看似乎不可思议，其实道理很简单。本案例中的苏州公司和上海公司分别获得上海交通大学医学院同一件专利的不同靶点的独占许可使用权，彼此间不存在冲突和竞争。这就好比将一套住房不是租给一户人家或一个人，而是进行适当拆分，分别租给两个及以上的人。这种做法，分别减轻了苏州公司和上海公司实施该专利的投入与负担，可更好地实现该专利的价值。

同时，从这个案例我们也可以看出，高水平的研发需要结合高质量的知识产权服务和技术转移服务，以提高专利价值，为专利实现"变现"。高校院所的科研人员在研发过程中，要主动寻求专业的技术转移机构担任自己的研发顾问。研发顾问提供的是增值服务，有助于提高研发质量，强化知识产权保护，培育其商业价值，进而增强研发的目的性、商业性，有助于科技成果的转移转化。以商业价值大小对研发项目及其预期成果进行判断，可强化研发与转化之间的有机衔接。同时，高校院所对于高水平的研发活动，要注重引入专业能力强的技术转移机构提供服务。高校院所应完善科研管理，统筹好科研、科研管理和技术转移三者之间的关系。有关数据显示，目前有 700 多所高校院所引入了市场化技术转移机构。单看数字，已经不少了。但市场化技术转移机构的服务水平、服务能力参差不齐，服务内容也不尽相同。不同水平的研发项目，需要的技术转移服务也不一样。对于高水平的研发活动，需要专注于为该行业的技术转移机构提供专业化的服务[①]。

---

① 吴寿仁. 科技成果转移转化系列案例解析（十三）：一件发明专利如何拆分许可？[J]. 科技中国. 2021 (2)：35-39.

第三节　专利的特别许可

2020年10月17日，十三届全国人民代表大会常务委员会第二十二次会议通过了《全国人民代表大会常务委员会关于修改〈中华人民共和国专利法〉的决定》。其中，将专利法第六章修改为"专利实施的特别许可"，既与国际规则接轨，保留了原有的强制许可制度，又根据我国市场主体和创新主体的需求，参考国外立法，新增了开放许可的相关条款，丰富了专利实施许可的类型与方式[1]。本节内容将简要阐述专利的强制许可和开放许可制度以及企业在该制度下的实施模式探索。

一、专利的强制许可

（一）概述

专利的强制许可，是一种"非自愿许可"，是指在未经专利权人同意的情况下，政府依法授权他人实施其专利的制度[2]。专利强制许可仅涉及发明创造和实用新型专利，不包括外观设计。从一国范围内看，专利强制许可平衡的是特定专利权人与利用专利的社会公众之间的利益；若从国际视角切入，专利强制许可制度则体现了掌握优势专利的发达国家与专利占有量低的发展中国家的利益平衡。在国际关系上，专利强制许可制度反映出发达国家与发展中国家之间的利益冲突，集中体现了专利的公共政策[3]。目前我国已经有了关于专利强制许可制度，但迄今为止，《中华人民共和国专利法》与强制许可相关的实践从未被触发过，而在2020年以来新冠病毒疫情的背景下，关于药品专利强制许可的声音迅速加剧。

---

[1] 中国知识产权报——以开放许可制度促专利运用 [EB/OL]．（2020-11-20）[2021-03-28]．http://www.dttc-icp.com/newsarticle/13733.html．

[2] 尹新天．中国专利法详解 [M]．北京：知识产权出版社，2011．

[3] 易继明．专利的公共政策——以印度首个专利强制许可案为例 [J]．华中科技大学学报，2014（28）：77．

（二）专利强制许可的几种情况

根据《中华人民共和国专利法》关于专利强制许可的规定，专利强制许可包括以下几种情形。

1. 未在合理长时间内取得使用权的强制许可

这种类型也称为普通强制许可。就目前而言，在世界各个国家关于强制许可和相关的国际条约规定之中都做了这样的规定，从专利权被授予起满三年，且自提出专利申请之日起满四年，如果专利权人无正当理由未实施或者未充分实施其专利的，那么其他人就可以依法申请该专利的强制许可，与此同时，如果专利权人在行使专利权利时被依法认定有垄断行为的，也可以按照个人或者单位申请颁发强制许可，当然我国也遵循了这一规定。申请强制许可，应当具备的条件是：第一，请求人必须是具备实施条件，也就是具备生产、制造、销售专利产品或使用专利方法的基本条件；第二，请求人必须曾以合理条件与专利权人就实施其专利进行过协商，合理的条件主要是关于使用费的支付、技术服务等双方需履行的基本义务；第三，请求人没有在合理长的时间内获得专利权人的许可。

2. 为国家利益或公共利益的需要给予的强制许可

在国家出现紧急状态或非常情况时，或者为了公共利益的目的，国务院专利行政部门可以给予实施发明专利或实用新型专利的强制许可；为了公共健康目的，对取得专利权的药品，国务院专利行政部门可以给予制造并将其出口到符合中华人民共和国参加的有关国际条约规定的国家或者地区的强制许可。

3. 从属专利的强制许可

这种类型也称为交叉强制许可，从属专利的强制许可是基于专利间的依赖关系授予的，即"一项取得专利权的发明或者实用新型比以前已经取得专利权的发明或者实用新型具有显著经济意义的重大技术进步，其实施又有赖于前一发明或者实用新型的实施"，为了促进先进专利技术的实施，有必要授予后专利权人实施前专利技术的强制许可证。同时，"在依照前款规定给予实施强制许可的情形下，国务院专利行政部门根据前一专利权人的申请，也可以给予实施后一发明或者实用新型的强制许可"。

(三) 企业适用普通强制许可应具备的条件[①]

1. 企业适用未在合理长时间内取得使用权的强制许可应具备的条件

企业是市场竞争的主体和原动力，利用知识产权帮助实现企业发展的目标是其适应市场需要的重要转变。然而，面对众多专利技术的垄断和滥用，在我国目前的立法环境下，企业要适用专利强制许可制度还需要自身条件不断完善。权利和义务是守恒的，企业被授予专利强制许可，是使用专利的权利与实现专利价值的义务的统一。

企业实施专利的目的是发挥专利的实用性，将技术成果转化为现实生产力，实现企业的利益追求，创造社会价值。然而，企业得到许可后，实际上没能达到实施条件，那么不仅巨额的使用费将付之一炬，同时技术也会被搁置，更重要的是本来拥有的市场优势也可能会被严重冲击。不经调查而盲目提出强制许可申请，往往会使企业陷入困境，投入与产出无法协调，所以企业运用普通的强制许可应慎重，防范法律风险势在必行。

2. 企业适用为国家利益或公共利益的需要给予的强制许可应具备的条件

顾名思义，为公共利益实施的强制许可要求企业主观上有为公共利益服务的愿望。为公共利益强制许可的特殊属性，限制了实施强制许可的行业，大多集中于教育、科研、医药、卫生类等。根据法律规定：取得专利实施强制许可的单位或者个人，享有实施专利的权利。如果企业获得了专利许可，还会有相关限制条件，如不得享有独占的实施权，同时也无权允许他人去使用，包括为了公共利益而实施。由于当强制许可的事由丧失时，专利权人有权请求行政机关撤销许可，所以，作为实施强制许可的企业应做好充分的准备，不断改进技术水平，创造科技成果以防止此种情况的发生。实施强制许可，应当注意维持各方的利益平衡。为公共利益的强制许可，可能会导致专利权人的利益受损，破坏专利权人的研究积极性，因此应当慎重和适度。如果公共利益可通过其他方式得到保护时，就不应再实施强制许可。

[①] 李贺. 论中国企业对专利强制实施许可制度的运用 [D]. 哈尔滨：哈尔滨工程大学，2013：20 - 26.

3. 企业适用从属专利的强制许可应具备的条件

在高科技发展的今天，企业的生存和发展策略要依赖知识产权，保护好知识产权意味着间接保护企业。当前我国的法律对从属专利的强制许可申请和审批程序缺少明确规定，这也使得我国企业面对外围战的时候寸步难行。从属专利的强制许可在我国化学行业领域经常会出现许可人实施专利技术对权利人造成侵权。然而在德国，申请从属专利的强制许可人必须是基于公共利益的需要才能提出申请并予以实施。我国企业自有专利本身较少，能够获益的能力不足，而外国相关企业往往通过实施强制许可来制约我国相关企业的发展。完全基于资源交换的强制许可经常因为我国企业本身的技术匮乏、资源短缺而被限制，如果我国企业想要摆脱困境，还要借助我国法律对强制许可制度的限制。当然，如果企业一味追求通过申请强制许可开拓技术途径，而对反向强制许可的法律风险估计不足，后果也不敢设想。

（四）企业对专利强制许可制度的运用程序[①]

1. 审批机构

法律明文规定，由国家知识产权局负责专利强制许可审批程序：受理专利强制许可、对专利强制许可进行审查、裁决当事人纠纷的使用费和终止强制许可的请求。这表明包括反竞争行为的强制许可情形的所有与专利强制许可有关的情形均由国家知识产权局来管辖。专利权人对国务院专利行政部门关于实施强制许可的决定不服的，专利权人和取得实施强制许可的单位或者个人对国务院专利行政部门关于实施强制许可的使用费的裁决不服的，可以自收到通知之日起三个月内向人民法院起诉。

2. 企业申请专利强制实施许可应准备的材料

根据专利法实施细则第74条、第75条规定："请求给予强制许可的，应当向国务院专利行政部门提交强制许可请求书，说明理由并附具有关证明文件。请求国务院专利行政部门裁决使用费数额的，当事人应当提出裁决请求书，并附具

[①] 李贺. 论中国企业对专利强制实施许可制度的运用 [D]. 哈尔滨：哈尔滨工程大学，2013：20 – 26.

双方不能达成协议的证明文件。"根据《专利实施强制许可办法》的规定，企业或其请求人应当准备充分的证据材料。

3. 专利强制实施许可审批的基本程序

根据《专利实施强制许可办法》的相关规定，审批的基本程序可以总结为：接受申请人提交的中文请求书（委托专利机构代理的，提交有代理权限的委托书）；受理和审查强制许可的请求。如果作出专利实施强制许可决定，也应根据其理由，规定实施范围和时间，将该决定及时通知专利权人，还应予以登记和公告，以便让公众了解这一情况。当出现不予受理的条件或驳回请求的条件时，裁定不予受理或驳回请求，并通知请求人，自收到通知15日仍未补证或未陈述意见，作请求未提出处理；根据请求人或专利权人的要求，及时组织听证会；做出决定。

专利权人提出终止强制许可申请，国务院专利行政部门应进行审查。如经审查确认给予专利实施强制许可的理由已消除并不再发生时，应做出终止实施强制许可的决定。

二、专利的开放许可

（一）概述

专利的开放许可是指专利权人通过专利授权部门公告做出声明，表明凡是希望实施其专利的人，均可通过支付规定的许可费而获得实施该专利的许可。开放许可属于自愿许可的范畴，但政府可以通过参与其中提供相关服务。

2021年6月1日起施行的《中华人民共和国专利法》关于专利开放许可的规定包含三个条款。第五十条规定了开放许可的声明与撤回。专利权人自愿以书面方式向国务院专利行政部门声明愿意许可任何单位或者个人实施其专利，并明确许可使用费支付方式、标准的，由国务院专利行政部门予以公告，实行开放许可。第五十一条规定了专利实施许可的获得、年费减免与许可使用费。开放许可实施期间，对专利权人缴纳专利年费相应给予减免。第五十二条规定了开放许可纠纷解决的处理。当事人就实施开放许可发生纠纷的，由当事人协商解决；不愿协商或者协商不成的，可以请求国务院专利行政部门进行调解，也可以向人民法院起诉①。

专利开放许可制度具有自愿性、开放性、公平性，其使专利法传统的"确权""保护"的二元结构转化为"确权""保护""运用"的三元结构②。我国新修改的专利法对开放许可的声明及其条件，撤回及其限制，获得开放许可的程序以及开放许可纠纷的行政调解做了规定，具体如表 5-10 所示。

表 5-10　我国开放许可规定

申请主体	专利权人
撤销主体	专利权人
撤销效力	不影响在先给予的开放许可的效力
激励政策	开放许可实施期间，对专利权人缴纳专利年费相应给予减免
许可使用费	事前明确许可使用费支付方式、标准；专利权人亦可与被许可人就许可使用费进行协商给予普通许可
许可人/专利权人的权利	• 提出开放许可的请求权 • 随时申请撤回声明的请求权 • 对许可费的支付方式、标准的自决权 • 开放许可实施期间，专利年费缴纳减免权 • 纠纷调解请求权
许可人/专利权人的权利限制	不能进行独占、排他许可
许可人/专利权人的义务	• 事前确定许可费的支付方式、标准 • 就实用新型、外观设计专利提出开放许可声明的，应当提供专利权评价报告
被许可人的权利	• 目标专利的实施权 • 纠纷调解的请求权
被许可人义务	书面通知与支付许可费
纠纷解决	当事人就实施开放许可发生纠纷的，由当事人协商解决；不愿协商或者协商不成的，可以请求国务院专利行政部门进行调解，也可以向人民法院起诉

---

① 中国知识产权报——以开放许可制度促专利运用 [EB/OL]．(2020-11-21) [2021-03-27]．https://mp.weixin.qq.com/s/41ZACFEwGk14GIsJZtZioA.

② 易继明．专利法的转型：从二元结构到三元结构——评《专利法修订草案（送审稿）》第 8 章及修改条文建议 [J]．法学杂志．2017 (7)：41．

(二) 国外专利开放许可制度与我国的比较分析

如表 5-11 所示，西方国家对专利开放许可制度的规定各有特色，但整体仍是符合专利开放许可制度的基本内涵。在此基础上，我国结合实际情况对开放许可申请条件、许可费数额、撤回条件、年费补缴等方面进行适当调整[①]。

表 5-11　西方国家开放许可规定

国家	制度起源	审查模式及许可费	优惠政策	撤回机制	增设制度
英国	最早实行开放许可的国家，起源于英国 1919 年《专利及外观设计法》	事前审查；专利许可费为涉案专利销售价格的 5%	专利年费减半	许可批准后尚未向他人进行许可的，可随时撤回；已向他人许可的，经被许可人同意可撤回；需补缴减免专利年费	于 2009 年建立专利开放许可数据库，同年专利开放许可申请量占专利授权量的比例从 2% 提升至 4.71%
法国（已废止）	《法国知识产权法典》规定了专利开放许可制度	审查是否存在影响发明专利的在先文件，授权后将该事实登记于专利登记簿中；双方协商确定许可费	减少缴纳专利年费	对撤回未加任何限制；专利权人撤回开放许可后，不需要补缴优惠的专利年费	—
德国	德国《专利法》第 23 条规定了专利开放许可制度	在申请条件下同时又规定限制条件，即若存在专利独占许可的情形则不得申请进行开放许可；专利许可费为涉案专利销售价格的 5%，一年内不得变更	减半收取专利年费	撤回开放许可后，补缴的专利年费需在一个月内缴付	建立专利许可声明数据库，使得专利开放许可总量超过最初实行专利开放许可制度的英国

我国当前开放许可制度的法律规定与英、德、法在某些具体问题上有着较为明显的区别：如未明确开放许可制度的申请条件，权利义务等不同，也尚无明确的专利开放许可数据库。但我国的专利法已经明确构建了专利开放许可的制度框

---

① 倪晓洁. 专利开放许可的制度价值及其运行前瞻 [J]. 中国发明与专利. 2019 (12): 37-38.

架，相信后续还会出台系统对接、流程设计、书面形式等具体操作层面规程，以便专利权人便利使用这一新制度。

（三）我国专利开放许可制度的功能[①]

专利开放许可制度作为新引进的制度，主要起到促进专利技术供需双方的对接、降低专利许可交易成本和提高专利转化率的功能，以实现专利法促进科学技术进步和社会发展的立法宗旨。

1. 促进专利技术供需双方的对接

首先，专利开放许可为仅记载专利的权属信息、生效时间等专利信息的专利登记簿贴上一个开放的标签，将专利的许可信息同专利登记簿一同传播，通过建立专利交易许可相关信息披露和传播机制，有效降低专利交易中的法律风险。专利开放许可制度为专利权人和公众搭建专利转化或推广应用平台，尤其是针对不具备实施能力的高校、科研院和具有技术需求而信息获取渠道少的中小企业，通过加大许可信息的流动，提高信息传播效率。

其次，专利权人发布许可声明，表明许可给任何满足条件的被许可人使用专利，从而将费用分摊给大量的被许可人，通过减少排他性独占权以成交数量更多的许可来获取收益，以达到公平、合理、无歧视许可费的标准，促进双方达成许可交易。

最后，专利开放许可制度的引入，能够有效解决专利交易市场中供需信息不对称的问题，促进有资金和能力去实施专利的企业与以研发技术为主的企事业单位进行合作对接，加速专利信息的传播，促进将专利技术转化为现实的生产力。

2. 降低专利许可交易成本

通常进行专利的独占许可、排他许可和普通许可需要花费大量的精力和成本，且独占许可和排他许可因对专利的其他使用者排他性程度高，专利权人不能将专利再许可给其他人，一般许可费的金额设定很高。因此，专利许可交易的成本通常花费巨大，资金不雄厚的中小企业难以负担高昂的专利许可交易成本。专利开放许可能降低专利交易的成本。根据国外实践经验，专利开放许可费通常仅

---

① 李明阳. 专利开放许可制度研究［D］. 哈尔滨：华侨大学，2020：12–14.

为普通许可费的 50%①。

3. 提高专利的转化率

我国专利虽然申请授权量位居世界第一，但专利的转化率与发达国家存在比较大的差距，尤其是高校的专利转化率低。降低交易成本和促进供需双方对接是提高专利转化率的基础。引入专利开放许可为解决高校专利转化率低的问题提供了新的思路，一方面通过建立开放许可数据库，促进专利交易信息的流动，减少专利许可的交易成本，促进供需双方对接，解决专利许可信息不对称的问题，促使将专利转化为现实的生产力；另一方面，通过削弱专利权的排他性垄断，给予满足条件的被许可人以开放许可的方式使用专利技术，减少专利资源的闲置，以提高专利的转化率。

（四）开放许可工作建议

专利开放许可制度可以有效调整我国目前专利实施运用存在的现实困境，将专利权与市场充分接轨，使专利价值通过实施运用加以实现，也有些专家学者认为目前我国的专利交易效率仍未充分释放，未来应根据新专利法的实施情况，对专利开放许可制度继续加以检视与完善②。国内关于开放许可还没有相关案例，因此本小节内容仅阐述在开放许可制度下的一些工作开展建议。

1. 设立开放许可数据库和开放交易平台

由国务院专利行政部门设立专利公共数据库，通过合理披露专利许可转让供求信息，可以有效提高专利转让、运用效率。国务院专利行政部门作为主导专利开放许可的机关，其职能设置应当体现对市场机制的尊重和对市场规律的运用，以服务职能为主。通过公告服务职能、法律文书服务职能以及调解职能，在坚持开放许可自愿启动、许可合同自行订立的基础上，促进交易顺利进行③。国务院专利行政部门应与知识产权运营平台、知识产权交易中心建设相配套，专利开放许可的相关信息可以上传至运营平台与交易中心，以便专利权人更方便地获取专利信息，降低双方当事人的信息搜索成本，从而搭建更为有效的专利信息供需双

---

① 易继明. 专利法的转型：从二元结构到三元结构——评《专利法修订草案（送审稿）》第 8 章及修改条文建议 [J]. 法学杂志. 2017（7）：45.
② 刘琳. 论专利法第四次修订背景下的专利开放许可制度 [J]. 创新科技. 2020；20（8）：43 – 44.
③ 倪晓洁. 专利开放许可的制度价值及其运行前瞻 [J]. 中国发明与专利. 2019（12）：37 – 38.

方对接平台，及时披露专利许可需求信息，快速实现专利开放许可的市场化交易功能，推进专利开放许可制度的落地实施①。

2. 能够节省专利交易成本的方式探索

①专利开放许可制度给予任何被许可人平等的地位，专利许可费用设定较独占或排他许可低。一方面开放许可将费用分摊给大量的被许可人，在我国这个巨大市场环境下，存在大量有需求的中小企业，专利权人获得的总收益很有可能远超过独占或排他许可的收益；另一方面，设置较低的许可费，可能是专利权人的营销策略，以吸引投资人实施其专利，专利权人可以从被许可人的其他需要的配套设备中获得收益。

②提供与开放许可有关的一些法律文书服务。例如，英国知识产权局在其官网提供专利开放许可声明模板及开放许可声明撤销模板，新加坡专利局则在官网提供开放许可声明与撤销声明合一的表格模板。英国知识产权局还提供一份知识产权许可事项检查表，提醒专利许可合同双方在合同中需要考虑的事项：合同参与方、许可的内容、授予的权利及附加的限制、许可费及其支付、知识产权保护及侵权、保密条款、质量担保和责任及其他条款等。我国专利开放许可通过官方制定详细专业的开放许可声明、专利许可合同等模板，解决大量专利权人和被许可人无能力撰写相关法律文书的问题，减少许可双方当事人委托专业律师撰写法律文书的成本。

三、案例

【案例5-7】印度首个专利强制许可案

德国拜耳公司（Bayer）在印度持有化疗药物复合索拉非尼（Sorafenib Tosylate）的专利，该药物的商品名称为"多吉美"（Nexavar），可以被用来治疗肝癌与肾癌。这项专利技术由拜耳公司与美国加州一家名为"Onyx Pharmaceuticals"的生物科技公司共同研制，可以延长肝、肾癌症晚期患者的寿命约3个

---

① 中国知识产权报——以开放许可制度促专利运用［EB/OL］.（2020-11-21）［2021-03-27］. https://mp.weixin.qq.com/s/41ZACFEwGk14GIsJZtZioA.

月。在印度医药市场中，由于药品价格昂贵，很快便出现了一家名为"Natco Pharma"的印度公司（以下简称"拿特科公司"）生产的廉价仿制药品。尽管从德国拜耳公司"多吉美"在印度的贸易额来看，其在印度的销量目前还是微不足道的，但这一做法严重侵权，并影响了拜耳公司潜在的贸易利润。于是，拜耳公司决定对拿特科公司发起专利侵权诉讼。2012年3月12日，印度专利管理局颁布了印度历史上首个强制许可给拿特科公司，允许其使用拜耳公司持有的化学药物复合索拉非尼专利技术，生产仿制"多吉美"的廉价药品，旋即，拜耳公司就此强制许可令，向位于陈奈市（Chennai）的印度知识产权上诉委员会（Intellectual Property Appellate Board，IPAB）提起上诉。与此同时，拜耳公司在印度改变了其价格策略，"多吉美"在印度市场上1个月剂量的价格，从拜耳公司官方原议定的280 000卢比（约5 098美元）降至仿制药的8 800卢比（约160美元）。

2013年3月4日，IPAB的斯瑞得芬（Prab-ha Sridevan）法官最终以支付能力和药品获取作为理由，驳回了拜耳公司对强制许可的上诉，宣布维持印度专利管理局授予拿特科公司的"多吉美"药品的首个专利强制许可[①]。

索拉非尼的强制许可决定对印度具有里程碑式的意义，受到发展中国家、相关非政府组织和广大民众的欢迎。本案实际上结束了拜耳公司在印度对用于治疗肾癌和肝癌的药物甲苯磺酸索拉非尼的垄断，标志着印度第一次允许当一种药物病人负担不起时，可生产仿制药，确保贫穷的病人也能获取该药物，仿制药生产商会向专利权人支付许可使用费，用以帮助专利权人补偿开发成本。

但实施药品专利强制许可同样也造成相应的消极影响。一方面损害了创新医药企业的利益，使得印度的投资环境变差，仿制药企业获得的市场利益，阻碍医药科技的创新发展；另一方面，由于印度仿制药企业在药品质量管理和生产技术上与欧美发达国家存在差距，导致质量参差不齐，仿制药质量难以保证[②]。

---

① 易继明. 专利的公共政策——以印度首个专利强制许可案为例［J］. 华中科技大学学报. 2014（28）：77.
② 《我不是药神》系列谈（二）：印度首个药品专利强制许可案［EB/OL］. （2018-08-10）［2021-03-27］. https：//www.sohu.com/a/246278199_774749.

【案例 5-8】浙江探索实施专利开放许可制度①

2021年8月，浙江省市场监管局发布通知，征集可实施开放许可的专利。截至2021年年底，共收到浙江省14所高校和科研院所申报的379件专利，经筛查均符合实施开放许可条件，目前各高校院所已与企业签署118个专利转化项目。上述专利清单在"浙江知识产权在线"平台上公布，企业可直接登录查看有关信息。首批379件开放许可专利在许可期限内不向企业收取任何许可费用。专利的单次许可期限1年起步，最长可达5年，从而确保企业有充足时间投入专利二次研发和产品试验，最终形成市场化产品。免费开放许可到期后，将根据具体情况开展后续合作。比如，浙江大学规定，原免费许可受让方可申请继续免费许可，并同等条件下享有优先有偿受让权。为支持高校和科研院所输出专利，浙江省出台了诸多利好政策，在产生经济效益并达到一定标准后，高校和科研院所每年将获得不超过50万元的奖励；为支持中小微企业引进专利，促成转化后产生较大经济效益的，达到一定标准后将获得最高100万元的奖励。

作为一项试点工作，浙江探索实施的专利开放许可制度相关工作仍有许多亟待改进的地方，比如授权期限到期后，是否有统一的制度保障来为企业发展提供持续性的指导与支持，针对高校的激励政策也需要进一步完善。接下来浙江还将推动产业知识产权联盟、行业协会等服务机构组建公共专利池，承接免费开放许可的专利，促成专利在中小微企业聚集的产业园区内广泛推广、深化运用，最大程度惠及广大中小微企业。

第四节　专利标准化

一、专利标准化概述

（一）标准的概念及其种类

标准是指为在一定的范围内获得最佳秩序，经协商一致制定并由公认机构

---

① 浙江探索实施专利开放许可制度［EB/OL］. https：//www.360kuai.com/pc/9298a785534cfbea1？cota=3&kuai_so=1&sign=360_57c3bbd1&refer_scene=so_1https：//www.sohu.com/a/246278199_774749.

批准，共同使用的和重复使用的一种规范性文件。而技术标准则是指一种或一系列具有一定强制性要求或指导性功能，内容含有细节性技术要求和有关技术方案的文件。本质上是一种统一的技术规范，其目的是协调统一某领域的特定技术事项。技术标准能够保证特定技术领域内的主体重复性使用该技术，从而保障该技术所生产的产品或服务能够兼容、通用和互换，有利于增进效率，消除国际贸易障碍，减少消费者的适应成本，避免浪费社会资源。由此可知，标准背后代表的是公众利益。标准化，可促进技术成果转化，提升产品和服务质量，从而促进社会创新发展。

根据标准制定主体和程序的不同，标准可以分为法定标准和事实标准。法定标准是指由政府标准化或政府授权的标准化组织制定的标准；事实标准是指没有官方或准官方标准设定机构批准的情况下，企业自身通过市场进程成功地使业界接受某种技术而形成的标准[1]。根据标准适用范围的不同，标准可以分为国际标准、国家标准、行业标准、团体标准和企业标准，其中企业标准又可分为企业自行制定的标准和企业联盟制定的标准。根据标准效力的强行性的区别，标准分为强制性标准和推荐性标准。以上分类方法从不同角度对标准进行分类，一项标准可能同时从属于不同分类，比如既有强制性国家标准，也有推荐性国家标准[2]。

（二）专利与标准的异同

通过前文所述的设立标准所欲实现之社会公益，我们可以知道标准需要具有公益性、基础性和可发展性等特征。与之形成对比，专利权重要的特征在于其独占性、排他性和创新性。专利权是赋予发明人一定期限内的独占权，独占性使得企业通过将技术转化为专利从而获得市场核心竞争力。专利还具有排他性，企业可以通过及时地将自主创新成果申请专利，占据市场，获得垄断性利益。此外，标准是一定领域内已有技术的总结和提炼，具有基础性，而为实现专利权促进社会科学技术进步的目的，专利所体现的技术必须具有创

---

[1] 张平，马晓. 标准化与知识产权战略 [M]. 北京：知识产权出版社，2005：24.
[2] 参见《中华人民共和国标准化法》.

新性。

专利的私益性与标准的公益性表面上似乎背道而驰，但究其根本，二者是统一的。从技术层面来说，标准可以通过引导市场来指引技术研发方向，专利技术的进步也可以带动标准的发展；从市场层面来说，二者都是企业占据市场，获得市场核心竞争力的手段。所以，探索技术标准与知识产权的有效协同之路，是产业转型升级发展中不容回避的问题。

（三）专利标准化的作用

随着国家知识产权保护力度和企业保护意识的增强，各类技术呈现专利泛化趋势，专利标准化活动应运而生。在各类技术被普遍专利化后，有关产品或技术制定标准时难以避免地将某些专利所包含的技术纳入其范畴。专利标准化就是指某些专利中的技术被标准所采纳，成为标准的一部分，其实质是技术标准化和技术专利化的结合产物。

从社会的角度而言，一方面，专利标准化有利于标准维持其自身活力，保持较高技术水平，促进产业整体发展；另一方面，专利标准化有利于技术所生产产品的兼容互通，增进社会效率，避免资源浪费。从企业的角度而言，一项核心技术如果能被标准所吸纳，企业就此将搭上标准的"便车"，借助标准的实施进行专利许可，获得经济利益。虽然专利标准化有利于企业占领市场，但对企业而言并非有百利而无一害。如前所述，标准分为法定标准和事实标准，一旦专利被纳入法定标准之中，专利必须按"公平、合理、无歧视"原则进行许可，而这种许可费率有可能远低于普通专利[①]，从而对企业造成经济利益的减损。是搭乘标准专利便车，还是选择作为普通专利许可运营，最终仍需要权衡企业自身实际情况，结合专利经营策略进行综合考量。

二、专利标准化运作模式

发达国家早已形成了"技术专利化—专利标准化—标准许可化"的专利标准化战略思想。通过梳理企业内部开展专利标准化的方式，根据路径导向的不

---

① 田金涛，孙琨. 浅谈专利标准化及其策略 [J]. 中国发明与专利，2015（5）：64.

同，本文总结出两种企业专利标准化运作的模式：分别为技术导向模式和市场导向模式。从企业外部来看，为完成专利标准化，可以采取技术联盟或专利联盟模式。

（一）技术导向模式

技术导向模式是指以企业具有市场前景的优势技术为导向开展专利标准化的模式，具体如图 5-17 所示。首先企业需从自身出发，了解本企业具有市场前景的优势技术并加大其研发力度，形成核心技术，进而获取核心专利。然后通过各种市场化策略促进专利产品销售，获取市场份额。最后通过市场反馈改进技术研发路径，并在循环递进中不断强化这一路径，最终达到占据领先市场份额的目的，促进自身专利技术逐步形成本行业领域的事实标准。在形成事实标准后，企业仍可以通过专利许可、产品经营进一步扩大市场份额，并积极参与本行业领域的新标准创设，争取将核心专利技术纳入法定标准范畴。继而通过法定标准的推行实施，扩大技术应用、形成市场规模、实现产业兴起。

图 5-17　技术导向模式

不难看出，此种专利标准化路径对企业的技术研发能力和市场经营能力均有较高要求，需要将企业技术研发策略、知识产权管理运营策略和市场化经营策略有机统一起来，最终实现占领市场、促进发展的目的。

（二）市场导向模式

市场导向模式是指以现有市场发展需求为导向的专利标准化路径，具体如图 5-18 所示。市场导向模式需要企业从现有标准出发，充分调研市场现状、技术发展现状和现行标准实施情况，对比分析专利技术，从而准确把握现有标准升级、延伸的技术方向，率先在未来标准升级和延伸的技术方向上进行专利挖掘与布局，积极把握参与标准竞争时机，将前期挖掘和布局的专利技术纳入标准更新范畴。

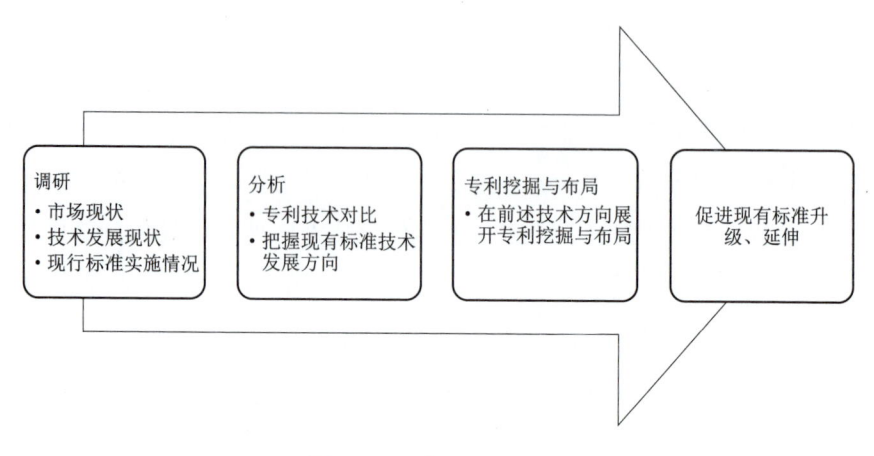

```
┌─────────────┐  ┌─────────────┐  ┌─────────────┐  ┌─────────────┐
│ 调研         │  │ 分析         │  │ 专利挖掘与布局│  │ 促进现有标准升│
│ ·市场现状    │→ │ ·专利技术对比│→ │ ·在前述技术方向│→│ 级、延伸     │
│ ·技术发展现状│  │ ·把握现有标准│  │ 展开专利挖掘 │  │             │
│ ·现行标准实施│  │ 技术发展方向 │  │ 与布局       │  │             │
│ 情况         │  │             │  │             │  │             │
└─────────────┘  └─────────────┘  └─────────────┘  └─────────────┘
```

图 5-18　市场导向模式

与技术导向的运作模式不同，此专利标准化路径虽然对企业市场化策略要求降低，但需要通过调研和分析准确把握未来趋势，并提前开展专利挖掘与布局，实际上对企业的知识产权运营管理策略提出了更高的要求。

需要说明的是，以上两种专利标准化路径并无孰优孰劣之分，企业需考虑自身实际情况和定位，采取适合本企业发展的专利标准化之路。比如对于市场先发企业而言，由于已经掌握一定市场份额和重要专利技术，可以按照技术导向的专利标准化路径推进；对于市场后发企业而言，在缺乏市场优势的情况下，可以通过市场导向的专利标准化模式，预先开展专利挖掘和布局，为后续标准更新竞争之战做好良好铺垫。

（三）联盟模式

前述两种模式是对企业内部进行专利标准化的运作的模式划分，但实际上一项标准的形成，往往需要由制定机构牵头，联合多家企业进行研究，纳入标准的技术还需要获得同行认可，所以标准化的过程不可能是孤军奋战的过程。除前述两种从企业内部探索专利标准化的路径模式外，从外部而言，企业专利标准化路径可以采用如图 5-19 所示的联盟模式，沿袭联合研发、联合制定、联合推广发展之路。

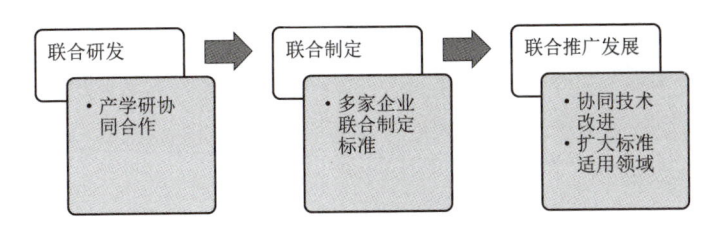

图 5-19 联盟模式

具体而言，在开始的研发阶段，企业就可能需要获得高校、科研院所研发力量的支持，开展产学研协同合作；在标准制定阶段，企业需要与其他企业共同研究标准制定细节，其技术水平还需要获得同行企业支持和认可；在后标准化阶段，企业还可以充分利用联盟的力量，促进改进标准技术、助推标准实施和发展。综上，组建技术联盟或者专利联盟，是企业借助外部资源进行专利标准化的有效途径。

三、案例分析

（一）标准的威力

【案例 5-9】被小小"安全锁"锁住的打火机市场

2002 年 4 月 30 日，在欧盟标准化委员会主持的表决中，打火机 CR 法规终被通过，并决定于 2005 年执行。由此，温州打火机出口到欧盟之路亮起了红灯。这也是中国加入世贸组织后，第一次在国际贸易方面遭遇来自 WTO 成员方的技术壁垒。

CR 法规，实质是一种技术法规，其核心内容包括两点：其一，全面禁止玩具型打火机进入欧洲市场；其二，出口价格在 2 欧元以下的打火机必须安装防止儿童开启的安全锁，否则不允许进入欧洲市场。这一规定看似与专利相距甚远，但实质上"安装防止儿童开启的安全锁"是功能要求的体现，实现该功能就必须使用到有关安全锁装置的专利技术。

据悉，当时欧洲市面上 80% 的打火机来自我国温州市。温州年生产金属打火机近 5 亿只，其中 80% 以上出口国外市场，占国际金属打火机市场份额的 70%。打火机甚至成为当地经济的支柱产业，也带动了相应的配套辅助加工工业、零配件专业制造企业的发展。① 而温州打火机产业竞争优势恰恰在于其廉价劳动力和成熟生产工艺带来的低成本——其产品出口价格基本都在 2 欧元以下。虽然 CR 法规中所要求的配备的打火机儿童安全锁工艺并不复杂，但相关技术已经被国外企业抢先申请了专利。如果温州打火机想要继续在欧洲市场上售卖，就不得不向专利权人支付专利许可费。许可费的发生直接导致温州打火机生产成本大幅提升，从而丧失价格优势。由此，CR 法规中一把儿童安全锁把温州打火机锁在了欧洲市场门外。

本案例中，饱受争议的 CR 法规是否有违 WTO 公平和非歧视原则，此处暂且不论。值得注意的是，CR 法规并不是温州打火机企业第一次遭遇来自国外标准的阻击。早在 1994 年，美国曾出台一项内容与 CR 法规如出一辙的法规。该法规规定 2 美元以下打火机由于使用普遍、容易被孩子玩耍，必须加装保险锁。这一法规的出台及实施，使温州打火机 8 年来在美国市场节节败退。8 年时间过去了，历史又在欧洲市场重演。CR 法规通过后，国内组成的涉外团队前往欧洲进行了漫长而又艰辛的交涉，但结果收效甚微。

与本案例类似的还有 2007 年美国 ATSC 标准成为中国彩色电视进入美国市场的绊脚石的案例。2006 年美国联邦通信委员会发布，在 2007 年 3 月后美国国内销售的所有电视机都必须是数字电视，而且都必须符合 ATSC（先进电视制式委员会）标准的技术规范。该标准背后隐藏着大量专利，这意味着当时我国出口美国的数字电视面临缴纳巨额专利费的困境。有分析表明，如果按照 ATSC 对韩国（电视）的收费标准计算，当时中国彩电企业因专利授权，每年将不得不支出大约 10 亿美元的费用。

通过这些案例我们不难看出，一项看似无足轻重的微小专利，一旦其专利技术成为行业领域内的标准，那么将对产业产生举足轻重的影响。这些相似案例也时刻警醒着企业，如果不重视专利标准化工作，未来极有可能面临受制于人的局面。反之，如果能利用好专利标准化这一经营策略，将会产生巨大的市场价值。

---

① 欧盟抛出 CR 法规 [EB/OL]．(2002-04-22) [2019-10-15]．http://business.sohu.com/84/61/article200556184.shtml.

在遭遇技术壁垒时，企业可以考虑通过前节所述的两种运作模式，加大技术创新，调整产品结构，力争将自身专利标准化，突破技术壁垒，转逆为顺，不再重蹈覆辙。

（二）企业的专利标准化之路

【案例 5-10】技术导向模式——中兴通讯从标准的"跟跑者"到"领跑者"

世界知识产权组织（WIPO）公布的 2018 年通过 PCT（专利合作条约）提交的国际专利申请统计排名中，中兴通讯以 2 080 件 PCT 国际专利申请量排名全球第 5，这是中兴通讯连续第九年 PCT 国际专利申请量位居全球前 5。截至 2018 年 12 月 31 日，中兴通讯已申请过的全球专利资产累计超过 7.3 万件，其中，全球授权专利累计超过 3.5 万件。中兴通讯向 3GPP 等组织提交 5G NR/NexGenCore 国际标准提案 7 000 余篇，5G 专利申请超 3 000 件，向 ETSI（欧洲电信标准化协会）披露首批 3GPP 5G SEP（标准必要专利）超过 1 200 族。[①]

中兴通讯可谓将"技术专利化、专利标准化、标准许可化"的战略思想贯彻到底。在通信领域，中兴通讯拥有雄厚的研发实力和市场领导者地位，在已经掌握本领域内核心技术的基础上，其专利标准化之路正是选择的前文所述的技术导向模式。

● 产品未动，专利先行

作为一家领军型高科技企业，专利战略在中兴通讯的整体发展战略中占有举足轻重的地位。中兴通讯从初期研发开始，就力争进行详尽严谨的知识产权分析，坚持技术研发与专利保护相结合，践行专利导航技术开发，专利护航产品销售的产业发展之路。

● 从标准"跟跑者"向"领跑者"转化

当市场份额和专利布局已经达到行业领先水平后，中兴通讯的专利运营战略并未止步于此，除了在技术研发、专利布局和产品销售投入大量精力外，中兴通讯积极地探索专利与标准协同发展之路，积极参与行业领域内国际标准、国家标

---

① 中兴通讯 2018 年 PCT 国际专利申请 2080 件 申请量连续九年居全球前五 ［EB/OL］．（2019-03-25）［2019-10-16］．http://stock.xinhua08.com/a/20190325/1806166.shtml．

准和行业标准的研究与制定。作为中国通信标准化协会的全权会员,中兴通讯牵头、参与起草的标准有350多项,加入了ITU、3GPP、CDG、OMA、OIF、RPRA等30多个国际标准化组织[①]。

对国内许多企业而言,发展过程中难免遇到这样的问题:本行业领域内大多数标准由国外知名企业提出,他们的技术成熟、市场领先,在劣势的竞争环境下,如果不能攻克其标准技术所构筑的壁垒,发展道路上难免掣肘。此外,科学技术发展日新月异,标准受其公益性所限,总是稍滞后于现阶段技术水平,促进专利标准化有利于产业协同发展。中兴通讯的经验告诉我们,国内企业想要"走出去",需要积累一定销售规模和专利储备,以应对海外复杂的知识产权环境。在建立好销售基础和专利基础之后,应积极参与国际标准组织活动,争取获得在国际市场的发声机会,获得国际竞争力。

【案例5-11】内部市场导向,外部技术联盟——浙大中控技术股份有限公司与EPA技术标准[②]

浙大中控技术股份有限公司(以下简称"浙大中控")是中控科技集团的核心成员企业,致力于工厂自动化领域的现场总线与控制系统的研究开发、生产制造、市场营销及工程服务。浙大中控创建于20世纪90年代初,经过近30年的发展,浙大中控就从一家校办小工厂成长为如今的国家级高科技企业。从打破国外垄断、填补国内空白到成长为领先的自动化供应商,浙大中控走过了不平凡的征程。浙大中控牵头制定了中国第一个工业化领域国际标准——EPA(Ethernet for Plant Automation)。

EPA是由浙大中控公司牵头制定,正式被IEC(International Electro Technical Commission,国际电工委员会)批准的国际标准,也是我国第一个拥有自主知识产权的现场总线国际标准。在2000年以前,传统现场总线领域的核心技术被国外跨国公司所垄断。为打破技术壁垒,浙大中控开始研究新一

[①] 从"跟跑者"到"领跑者"中兴通讯专利战略透视[EB/OL].(2014-04-28)[2019-10-16]. https://tech.huanqiu.com/article/9CaKrnJEU0p.

[②] 杨幽红,陈凯. 企业知识产权与技术标准化结合案例研究[J]. 中国标准化,2014(1):62-64.

代的总线技术和标准，率先提出 EPA 概念。最终，EPA 标准于 2005 年正式被 IEC 接纳为国际标准。EPA 技术标准不仅实现了我国在自动化控制领域国际标准零的突破，也改变了我国在现场总线领域跟踪研究和在技术上受制于人的状况。EPA 标准确立了浙大中控在国内自动控制领域的领军地位。从专利到标准，浙大中控为我国科技型企业在专利技术标准化方面做出了榜样。浙大中控可以说采取的正是内部以市场为导向，外部组建技术联盟相结合的专利标准化路径。

● 技术创新，曲线救国

在 EPA 相关技术发展前，传统现场总线领域的核心技术被 PROFJBUS 总线等国外跨国公司垄断。作为后发企业，中国企业在本领域只能在前人基础上，跟随原有的技术路线进行研发，无法突破国外企业在技术和专利方面的壁垒。为掌握现场总线领域发展的主动权，在深入研究分析现有技术和专利后，浙大中控公司决心绕开传统现场总线技术，开辟新一代总线技术和专利的挖掘与布局——EPA。

● 技术专利化、技术标准化同步推进

浙大中控在新技术研发过程中，十分重视专利布局。在技术攻关时期共申请 20 多项发明专利，在 EPA 技术标准成为国家标准和国际标准后又取得了 12 项发明专利。至此，EPA 的系列标准中融合了浙大中控及其合作者的 30 多项专利[①]。自此，工业自动化国际标准一直被欧美发达国家垄断的局面被打破，浙大中控走上了主导国家和国际标准制定的道路。

● 联合发展

除了内部贯彻企业专利标准化之路，浙大中控还积极联合外部力量，为 EPA 标准工作的推进提供强大支持。在前期研发阶段，依托浙江大学的科研实力，浙大中控联合浙江大学对新技术路线进行研发；后来，浙大中控还先后与中科院沈阳自动化研究所、清华大学、重庆邮电大学、大连理工大学等著名科研院所和高等院校开展基础研究合作。在标准化阶段，EPA 标准工作组成员，除了浙大中控

---

① 杨幽红，陈凯. 企业知识产权与技术标准化结合案例研究 [J]. 中国标准化，2014（1）：63.

和许多高校科研院所外，还有仪器仪表、自动化系统和网络设备制造等领域的其他企业，EPA标准的制定离不开所有成员的精诚合作。在获得国际标准和国家标准之后，浙大中控并未浅尝辄止，积极通过联盟的方式进一步提升标准质量并扩大标准的影响力和应用范围。浙大中控联合行业内其他领军企业，开发和改进相关技术，进一步地将原来标准的应用范围从单纯的流程工业领域，拓展到数控机床、机器人等更为广阔的工业制造加工领域。

浙大中控将企业知识产权与标准结合协同发展的案例，对目前在海外市场受到国外企业专利技术限制的国内企业有重大借鉴意义。其一，在遇到技术壁垒时，敢于创新。受发展进程影响，与发达国家相比，我国不论是专利制度还是技术发展均起步较晚，在国际竞争中往往容易受到前人用专利或标准构建起来的技术壁垒制约。在陷入发展困境时，企业可以借鉴浙大中控经验，大胆创新，开辟新的技术领域，成为开拓者而不是跟随者。但开疆拓土并不是盲目的，应当以市场需求为导向，在详尽的技术和专利分析的指导下进行。其二，重视专利布局。技术领先是产业发展的基石，专利布局则是产业发展的保护罩。只有将核心技术在目标市场国家申请专利，才能构筑真正的产业堡垒。其三，促进专利标准化。在获取领先技术之后，通过自身或者联盟的努力，逐步促使专利技术被行业标准、国家标准，甚至是国际标准所吸纳，构建起我国产业整体的国际竞争力。其四，组建技术联盟。本案例中技术联盟对浙大中控从研发、标准化到标准后续发展的全流程都给予了莫大的支持和帮助。在竞争日益激烈的大环境下，企业不能成为孤岛，只有不断与外界沟通合作，构建一张网，才能获得良好发展。

四、小结

科技企业圈中常流传一句话"三流企业搞技术；二流企业搞专利；一流企业搞标准"。诚然，专利标准化是企业扩大专利许可实施范围、获得垄断性市场利益的有效途径。具有行业优势技术和市场领先地位的企业可以选择技术导向的专利标准化模式；尚未形成市场优势，但技术创新能力强的企业可以考虑市场导向的专利标准化路径；技术联盟更能够为企业的专利标准化之路添砖加瓦。但需要注意的是，专利标准化并非企业专利经营的不二法门，企业首先应该做好专利标准化可行性及利益平衡的研判，结合企业发展战略和定位，制定适合自身发展的专利经营战略。

第五节 专利诉讼

一、专利诉讼的概念和种类

专利诉讼是有关专利纠纷的诉讼。关于专利诉讼的理解有狭义和广义的区分，广义上的专利诉讼指所有关于专利权争议的诉讼。狭义的专利诉讼仅指对专利机关有关专利权的决定不服，而向法院提起的行政诉讼，不包括专利侵权纠纷和专利权的合同纠纷所引起的诉讼。本文所探讨的专利诉讼主要为专利侵权诉讼以及与专利权合同有关的纠纷。

二、专利诉讼的策略及技巧

随着专利与市场竞争的关联度日益提升，专利诉讼从企业保障权利的最后一道防线逐渐发展成企业常态专利经营策略。一方面，企业可以通过积极地向他人发起专利侵权诉讼维护自身权益，阻止潜在竞争者进入市场，保持市场竞争力。同时，随着我国专利侵权赔偿额度逐步提升，高额的侵权赔偿额还可以给竞争对手以打击，获取经济利益；另一方面，企业在面对竞争对手发起的专利诉讼时，也可以灵活准备应诉策略，以化解危机，走出困境。比如提起主张专利无效抗辩，打破对手先发优势，突破市场壁垒，进军新领域。

（一）专利诉讼发起策略

目前，想要在激烈的市场竞争中赢得胜利，企业之间的竞争层次逐渐从技术战、产品战扩大到专利战。发起专利诉讼是各大企业在进行市场竞争过程中有利的武器。如图5-20所示，根据企业采取专利诉讼的目的和作用不同，可以将专利诉讼分为以下五种类型。

图 5-20　专利诉讼发起策略

1. 打击对手型诉讼

专利权是法律赋予权利人的一种排他性权利。为获取垄断性利益，巩固市场地位，现有市场主体会主动向竞争对手或潜在竞争者提起专利侵权诉讼，以达到稀释竞争的目的。一方面通过专利诉讼打击潜在竞争对手进入信心，提高市场准入门槛；一方面可以使得竞争对手疲于应诉，扰乱其发展布局，主动掌握企业发展时机。如果诉讼成功还可能达到贬损对手商业信誉，甚至驱逐竞争对手，加强市场控制力的目的。采取此种专利诉讼策略的一般是具有一定市场地位的主体。

2. 保障权利型诉讼

虽然我国知识产权保护制度不断进步，不断提出加大知识产权保护力度，构建"严保护、大保护、快保护、同保护"知识产权保护格局，但与知识产权制度完善的发达国家相比，社会知识产权保护意识还有待提高，专利侵权现象仍屡见不鲜。企业为保护自身合法权益，诉讼是其打击专利侵权现象的有效方式。同时，此类诉讼如果获得成功，可以对市场上的其他侵权者产生震慑效应和连锁反应，起到"杀一儆百"的效果。

3. 促进沟通型诉讼

促进沟通型专利诉讼发起的目的不在于获得侵权赔偿或击败竞争对手，而是达成专利许可，与对方建立长期合作关系。在正常商业合作谈判失败后，企业可以通过发起专利诉讼迫使对方再次坐在谈判桌上，就专利许可，甚至交叉许可等事宜进行谈判。这一诉讼策略常常发生在市场地位相当的龙头企业，互相都需要使用对方专利技术的情境中。

4. 广告宣传型诉讼

为迅速打开市场，扩大知名度，部分知名度较低的企业会选择对相关市场的著名企业发起专利诉讼。在国内外知识产权保护话题热度居高不下的环境下，具有一定影响力的企业一旦陷入知识产权纠纷，会引来媒体争相报道和社会广泛关注。此时，对于知名企业，陷入知识产权纠纷可能会引起商誉贬损，而对于知名度较低的企业而言，可以趁势加大宣传力度，提高社会知名度。这时的专利诉讼成为节约企业广告成本的宣传策略。不过需要说明的是，广告型专利诉讼是把双刃剑，企业通过此举获得的知名度不一定全是正面评价，有时还会被冠以"碰瓷""炒作"的恶名，所以企业应当根据实际情况审慎选择。

5. 获取利润型诉讼

在国外专利运营市场上，有一类企业购买大量专利，但并不将专利技术投入生产而是四处起诉生产企业以索取高额侵权赔偿或专利许可费获得盈利。这一类企业通过发起专利诉讼，榨取远远高于其专利价值的利润，被生产企业深恶痛绝，常被称作"专利蟑螂""专利流氓"（Patent Troll）等。

（二）专利诉讼防御策略

在国内外知识产权保护问题都受到热切关注的大环境下，不论是国内市场的企业，还是走向海外市场的企业，随时随地都有被发起专利诉讼的可能。在掌握主动发起专利诉讼策略后，企业也应当灵活掌握专利诉讼应诉策略，化解危机。

第一，企业应当做好专利预警分析。在企业开展重大战略决策时，应当预先了解其知识产权风险，通过专利检索分析等方法做好专利预警工作，尽可能避免专利诉讼风险。

第二，积极应诉，寻求合作。在企业被诉专利侵权时，应当充分了解对方起诉目的，积极应诉，在海外市场更是如此。如果对方发起专利诉讼是为了促进双方谈判，在诉讼过程中，企业可以主动与专利权人沟通，争取达成相关专利的授权许可获得和解双赢局面。如果没有谈判空间或者谈判破裂，企业则应当积极举证，争取胜诉。

第三，企业应当熟悉专利诉讼的法律程序，"走出去"的企业也应对目标海外市场的专利法律制度有所了解，注重知识产权风险防范，从容面对专利诉讼。

比如，在收到专利权人专利诉讼警告但还未进入侵权诉讼程序阶段，可以分析对方专利是否有法律状态瑕疵，主动发起专利确权诉讼，以明确专利实然状态。在我国，遭遇专利侵权诉讼，还可以考虑请求专利复审委员会宣告专利无效。一方面，专利如果被无效，那么专利侵权诉讼将成为无源之水。此外，即使专利无效宣告未获得成功，可以迫使专利权人在无效程序中对其专利进行解释修改，为后续诉讼过程中使用"禁止反悔原则"抗辩进行铺垫。① 在答辩期内请求宣告专利无效的，还可能触发中止诉讼，以获得更充足的时间进行应诉准备。进入侵权诉讼实质审理阶段后，企业应当对诉讼专利认真检索分析，积极主张诉讼时效、现有技术、权利穷竭和禁止反悔原则等抗辩事由。

第四，寻求专业法律团队的帮助。国内大型企业拥有具备专业知识的资深产权法律事务团队应对专利诉讼，但对于多如繁星的中小型企业而言，可能并未设置专门应对知识产权诉讼的法律事务部门。如果遇到专利诉讼，中小型企业应当及时寻求专业律师团队的帮助，避免因为自身应对知识产权诉讼经验的欠缺而引发败诉的风险。

（三）专利诉讼技巧

1. 诉讼时机

诉讼时机的选择对于企业发动打击对手型专利诉讼至关重要。向竞争对手发起专利诉讼，可以起到打乱其阵脚、贬损其商誉的效果。如果选择恰当的时机发起进攻，还可能有事半功倍的效果。比如在对手试图开拓业务领域、进军新市场时，专利诉讼可以起到阻碍其发展，提高市场准入的作用；在对手收购或上市等扩大版图的关键时期发起专利诉讼，可以降低被诉企业社会评价，拖延其商业发展进程，为企业自身下阶段竞争布局赢得时间。何时诉讼要根据企业需求、竞争局势合理选择。

2. 诉讼地点

律师圈流行这样一句话"打官司首先打管辖"，这足以说明诉讼地点选择的重要性。根据我国最高人民法院关于审理专利纠纷的规定，专利侵权诉讼由侵权

---

① 邢素军. 刍议企业专利诉讼策略 [J]. 合作经济与科技，2013（476）：127.

行为地或者被告住所地人民法院管辖。① 企业如果选择被告住所地人民法院进行起诉，案件审理可能会受到地方保护主义干扰。现实生活中，大量专利侵权案件都选择在侵权行为地进行起诉，因为随着互联网等新一代技术的发展，使用专利技术产品的流通领域不断扩大，使得侵权行为地的选择可能十分广泛，可以减少地域因素对案件审判的干扰。

3. 诉讼对象

随着信息时代的到来，互联网渗透进日常生活，网络世界成为知识产权侵权现象屡禁不止的高发地带。同时，网络专利侵权还具有隐蔽性高、取证难和再次侵权可能性大等特征。在纷繁复杂的网络环境中，不可能将所有侵权者全部告上法庭，那么如何选取专利诉讼对象成为企业保障合法权益必须考虑的问题。选择大型企业进行诉讼，可以引发社会关注，成功维权后能起到"杀一儆百"的效果。但大公司法律制度完善、法律诉讼应对经验丰富，企业可能存在无法与其抗衡的风险。选择小型企业进行诉讼，诉讼成功率较高，但往往容易陷入"打地鼠"困境，不能有效遏制侵权行为，无法对市场其他侵权者起到震慑作用。在诉讼对象的选择上，也需要企业注重策略，多方权衡。

4. 诉争专利

对竞争对手核心技术领域发起专利诉讼，一旦成功的确能够给予对手沉重打击，改变竞争局面。但核心技术领域向来是"兵家必争之地"，各竞争方在该领域都会有周全的专利布局以规避知识产权风险。所以有时可能选择不起眼的微小专利起诉能够有意外收获。此外，在我国，与发明专利相比，实用新型和外观设计专利在许多诉讼程序上更为便捷，如果想"短平快"地挫败对手，可以考虑选择从实用新型或外观设计入手。所以，在诉争专利的选择上，企业应当进行详尽的专利信息分析，根据诉讼目的，从取证难易度、诉讼程序繁简度、专利稳定性等多方面进行综合考量。

---

① 《最高人民法院关于审理专利纠纷案件适用法律问题的若干规定》第五条："因侵犯专利权行为提起的诉讼，由侵权行为地或者被告住所地人民法院管辖。侵权行为地包括：被诉侵犯发明、实用新型专利权的产品的制造、使用、许诺销售、销售、进口等行为的实施地；专利方法使用行为的实施地，依照该专利方法直接获得的产品的使用、许诺销售、销售、进口等行为的实施地；外观设计专利产品的制造、许诺销售、销售、进口等行为的实施地；假冒他人专利的行为实施地。上述侵权行为的侵权结果发生地。"

三、案例分析

【案例 5-12】市场竞争攻防之战——公牛集团 IPO 关机之际遭遇专利诉讼伏击

2019 年 3 月，江苏通领科技有限公司（以下简称"通领科技"）一纸诉状将国内插座行业知名企业公牛集团股份有限公司（以下简称"公牛集团"）告上法庭，称公牛集团侵犯其两项专利权，索赔近 10 亿元。而就在 2018 年 10 月证监会刚刚披露了公牛集团提交的 IPO 招股书申报稿。

- 通领科技——成功"走出去"的民营企业，专利诉讼经验丰富

本案被告公牛集团是插头行业巨头，为公众所熟知。但原告通领科技实力也不容小觑。通领科技早期业务面向海外市场。目前公司拥有已授权的美国发明专利 21 项，加拿大发明专利 4 项，国内专利 86 项。其核心技术专利荣获"中国专利优秀奖"。在 2004 年，通领科技刚刚走出国门进军美国市场时，就遭遇了美国莱伏顿等多家竞争对手的伏击。莱伏顿等公司在三个月时间内在美国各州不同联邦法院对通领科技发起了多场专利诉讼。直到 2006 年，通领科技在新墨西哥州联邦法院获得胜诉。随后，莱伏顿的同行美国帕西 & 西姆公司随后以侵犯专利权为由，向美国国际贸易委员会（United States International Trade Commission, ITC）提交 337 项调查请求。不久后，ITC 做出调查终裁决定，下达了海关有限排除令。但通领科技并未被此举吓退，而是在联邦巡回上诉法院（The United States Court of Appeals for the Federal Circuit, CAFC）对 ITC 提起上诉，要求撤销 ITC 判决，历时一年后，CAFC 做出判决，撤销 ITC 的 337 项调查指控通领科技侵权的裁决，解除其海关有限排除令。至此，一家中国民营企业不仅战胜了海外竞争对手的狙击，还经受住了美国政府机构的刁难。

- 专利标准化红利

本案例中，两项诉争专利涉及通领科技安全门的相关技术。根据国家标准化管理委员会发布的 2015 年修订的标准，安全门作为强制标准于 2017 年正式实施。插线板和转换器插孔必须设置安全门，否则不能获得 3C 认证，不准上市销售。而通领科技早在 2010 年就申请了安全门相关专利。正因相关标准将通领科

技专利纳入范畴，通领科技认为如果没有使用其相关专利，公牛集团产品根本无法上市销售，所以据此向公牛集团提出近10亿元的巨额索赔。

● 公牛集团积极应对，取得阶段性胜利

在通领科技起诉之后，公牛集团聘请专业法律团队积极应对。2019年1月公牛集团就涉及的两项专利向国家知识产权局提出了专利无效宣告申请，国家知识产权局分别在2019年4月23日和5月24日对上述两项专利的无效宣告申请案进行了审理。根据南京市中级人民法院2019年7月做出的裁定来看，本案以国家知识产权局已宣告两项诉争专利无效，通领科技撤诉暂告一段落。① 虽然目前公牛集团取得了阶段性的胜利，但这并不意味着案件终结，通领科技仍然有可能对国家知识产权局做出的无效宣告提起行政诉讼。

这一家掌握行业技术，专利诉讼经验丰富的企业选择在公牛集团IPO上市之际，将其告上法庭。这一诉讼时机的选择很难说不是通领科技有意阻碍竞争对手上市进程的专利诉讼策略。通过发起专利诉讼对竞争对手造成阻碍，为自身发展赢得布局时间。虽然目前通领科技撤销了起诉，但如果其继续坚持走完行政诉讼程序，寻求专利有效，可继续展开专利侵权诉讼。"根据过去同类的诉讼经验，走完相关程序做出明确的判决，恐怕要等待2年以上的时间。"②

通过本案例我们可以发现，专利诉讼是市场竞争的一把利剑，企业在适当的时机运用得当，能够达到出其不意的效果，为自己争取竞争优势。并且专利经营战略并不是只有某种单一策略，而应当是根据企业实际情况，全面布局的企业发展战略。在本案中，如果通领科技没有前期专利标准化基础和海外诉讼背景，可能无法在关键时刻做出发起专利诉讼的竞争决策。从防御角度而言，企业应当注重专利侵权风险防范，提前做好专利侵权风险预警，可以避免陷入许多不必要的困境。如果公牛集团在上市前夕，进行全面专利检索，注重专利侵权风险预警工作，或许有希望在IPO的重要时机避免这一争诉。但企业应明白专利风险预警并不能帮助企业规避一切风险，专利诉讼随时有可能发生。本案中丧失先机的公牛

---

① 江苏省南京市中级人民法院：民事裁定书（2018）苏01民初3441号.
② 公牛集团IPO敏感时刻撞上专利官司"插座一哥"被诉遭索赔10亿[EB/OL].（2019－03－26）[2019－10－31]. http://finance.ifeng.com/c/7lM1XWEkY64.

集团通过积极应对，及时采取专利无效宣告请求策略，成功为自己扳回一城。当专利诉讼实际发生时，企业应当及时、认真应对，尽可能减少诉讼的不利影响，实现企业利益最大化。

【案例 5-13】专利诉讼促进商业谈判——苹果诉爱立信

2015 年国际手机品牌爱立信与苹果爆发专利大战。当时苹果向加州北部地方法院提交诉状，指控爱立信在 4G 技术专利上收取了过高的专利费，成为首家就 LTE 专利问题向爱立信发起诉讼的手机公司。随后，爱立信反诉苹果侵权，申请禁售令。最终在 2015 年年底，爱立信对外称已与苹果达成和解，双方签订了全球范围内的专利授权协议，协议包含了涵盖两家公司标准必要专利和其他专利的交叉授权，同时双方终止针对对方的全部专利侵权诉讼。

在此次历经专利起诉、反诉又和解的专利大战中，两家公司争议焦点在于 LTE 这一标准必要专利（Standard Essential Patent, SEP）许可费的收取标准。苹果认为爱立信以整机价格来收取专利使用费的模式不正确，并认为应该以基于整合 LTE 技术的零部件的价值为基准来计算。爱立信方则坚持其遵守"公平、合理、无歧视"原则向苹果报价，苹果在双方合同到期后迟迟不愿签订新合同，在无专利授权的情况下继续使用爱立信专利技术，构成专利侵权。

实际上，爱立信与苹果在专利大战前，双方进行了长达两年时间的谈判，但并未能就相关 SEP 专利许可费问题达成一致。苹果此番发起诉讼实际目的在于逼迫爱立信再次走向谈判桌，与其就专利许可费问题进行新一轮谈判。最终，爱立信与苹果双方达成和解，并就两家公司 SEP 和其他专利的交叉许可等内容签订了长达 7 年的合作协议。爱立信方面还表示，双方未来会在多个技术领域开展合作，包括统筹研发 5G 技术、优化现有无线网络技术等。就此苹果与爱立信长达一年的专利大战落下帷幕。

在本案中，苹果使用的专利诉讼策略正是发起促进沟通型专利诉讼。此种专利策略常常发生在行业市场地位相当的企业间未来合作不可避免的情况下。在正常的商业谈判破裂后，苹果不愿退步支付高额的许可费，因此一纸诉状将爱立信以收费标准不合理为由告上法庭，促使双方就许可费收取标准继续谈判，并以专利诉讼为威胁增加其谈判砝码。最终两家当时无线通信领域的巨头达成庭外和解,并且表示未来将在多领域、长时间开展合作。这一结果让我们明白商场没有永远的敌人,专利诉讼虽然使得涉诉双方站在尖锐的对立面,但其也可以作为促进谈判的手段。一方面可以开启新一轮谈判,另一方面也为谈判增加新的筹码。

其实当时,爱立信与我国小米公司也发生了专利纠纷。爱立信一直希望通过专利诉讼与小米展开对话,但小米始终拒绝。在双方达成协议前爱立信都没有放弃诉讼。如今,在我国民族企业在世界各行各业不断释放威力的背景下,我国企业在海外市场时常受到竞争者的重点关注。我国企业对此种国际竞争中时常采取的专利诉讼策略,应当详细了解并熟练掌握,争取掌握竞争主动地位。

【案例 5-14】侵权还是炒作?——康巴赫与苏泊尔"蜂窝不粘锅"之争①

2019年10月,德国锅具品牌康巴赫(KBH)(简称康巴赫)起诉浙江苏泊尔股份有限公司(简称苏泊尔)侵犯其"蜂窝不粘"专利技术。目前案件正在受理阶段②。

本来这次诉讼只是芸芸专利侵权案件中不起眼的一件。但康巴赫在起诉后,首先购买《羊城晚报》大幅版面刊登一封"感谢信",写道:"苏白尔,感谢你,要不是你的模仿,无人知晓蜂窝不粘锅原创发明者是我。"此举引来各界广泛关注并猜测,信中"苏白尔"是否代指中国最大、全球第二的炊具研发制造商——苏泊尔?随后,10月23日康巴赫举行了一场主题为"巨额索赔 百亿损失 见证原创"的新闻发布会,向苏泊尔提出巨额索赔,并要求其立即停止侵权行为。更为戏剧性的是,在发布会开场之前,康巴赫收到苏泊尔申请诉前行为保全的民事裁定书,要求康巴赫立即停止可能影响苏泊尔公司商誉的不当宣传行为③。

在本案例中,康巴赫在专利诉讼后,不但购买报纸版面发表"感谢信"预热,而且召开标题"吸睛"的新闻发布会公布相关法律文书,并广泛接受媒体采访。这一系列行为不难看出康巴赫希望通过此次专利诉讼扩大其知名度并减损

---

① 康巴赫诉苏泊尔专利已正式立案 维权大战正式开启 [EB/OL]. (2019-10-28) [2019-10-31]. http://baijiahao.baidu.com/s? id=1648647812219214367&wfr=spider&for=pc.
② 浙江省杭州市中级人民法院:案件受理通知书(2019)浙01民初3842号。
③ 浙江省杭州市中级人民法院:民事裁定书(2019)浙01行保3号。

竞争对手商誉。至于苏泊尔后续是否反诉不正当竞争或是名誉侵权、案件结果如何均尚未可知。不过，康巴赫利用大家耳熟能详的"蜂窝不粘锅"对行业龙头苏泊尔发起专利进攻，已达到其迅速进入公众眼帘的目的。但其实广告宣传型专利诉讼副作用开始显现。目前，已经开始有媒体用"碰瓷""炒作"等词对康巴赫进行评论。① 企业如何使用专利诉讼这把双刃剑，还需周全考虑，审慎而行。

四、小结

目前，我国不断加大知识产权保护力度，提高专利侵权案件的判赔额度，建立知识产权惩罚性赔偿制度，均对企业拿起法律武器维护自身合法权益起到鼓舞作用。随着知识产权保护意识的不断增强，中国企业传统"厌诉"观念已经被摒弃，逐步发展成为能够正视诉讼，勇于利用专利诉讼打击侵权的现代观念。但达到将专利诉讼融合进企业专利经营战略的目的，还需要企业借鉴前人案例，结合实际情况，灵活运用专利诉讼进攻和防御策略，在实践中不断学习，积累经验。

第六节 非专利实施主体

一、NPE 概念

NPE 是 Non-Practicing Entities 的缩写，对应的中文翻译是"非专利实施主体"。美国联邦贸易委员会在 2003 年发布的《促进创新：竞争与专利法律政策的适度平衡》报告中首次提出"NPE"概念②，其实质就是拥有专利权的主体本身并不实施专利技术，即不将技术转化为用于生产流通的产品。

（一）专利产业化与专利商业化

对于 PE（Practicing Entities，专利实施主体）而言，其研发或购买专利的目

---

① 苏泊尔遭遇康巴赫碰瓷？专利维权不应成企业炒作工具［EB/OL］.（2019-10-28）［2019-10-31］. https://mp.weixin.qq.com/s/tm2z59mFsqv_1aBnms8Ixw.

② US Federal Trade Commission. To promote innovation: the proper balance of competition and patent law and policy［EB/OL］.（2003-10-30）［2019-10-24］. https://www.ftc.gov/sites/default/files/documents/reports/promote-innovation-proper-balance-competition-and-patent-law-and-policy/innovationrpt.pdf.

的在于保护技术,将专利产业化,获得垄断性利益。NPE 研发或购买专利的目的不在将专利产业化,而在于将专利通过诉讼、融资、拍卖等手段商业化、市场化,从而获取商业利益。实际上,随着专利布局、经营等理念的进步,现在 PE 也在实施一些非专利产业化实施的运营行为。比如,现在 PE 除了在其产业技术领域申请专利之外,也会根据企业发展竞争战略申请或购买一些防御型专利或攻击型专利;也会通过专利进行一系列金融活动,比如专利质押融资、专利证券化等。但总体上来说,专利运营市场主体仍然以 NPE 为主。

(二) NPE 与专利蟑螂

在很长一段时间里,理论界在 NPE 与"专利蟑螂"之间画上等号。最早开始使用"专利蟑螂"一词的是英特尔公司副总裁、首席律师助理彼得·得特肯 (Peter Detkin)[①]。1999 年,一家 NPE 公司凭借其购买而来的专利起诉英特尔公司,索要高额许可费。英特尔公司将这类公司称为"专利蟑螂",并将其定义为"那些从他们并不实施、没有意愿实施而且多数情况下从未实施的专利上试图获取大量金钱的人"。实际上,将 NPE 与"专利蟑螂"等同,并不严谨。"专利蟑螂"是对各种 NPE 中一种不当经营方式的控诉——一部分 NPE 利用购买的低价专利,通过专利诉讼等方式,对实体生产企业进行专利讹诈,以收取高额不合理的许可费或诉讼赔偿金。而 NPE 实际上应当是一个"中性的"知识产权运营市场主体概念,其包括所有以非产业化方式经营专利的专利运营主体,而不是"专利蟑螂"的等同概念。

二、NPE 运作模式

在明确了 NPE 含义并梳理了 NPE 与"专利蟑螂"二者之间的区别后,下面将对各种类型的以非产业化的方式运营专利的主体进行介绍。根据 NPE 进行非产业化专利运营的目的不同,可以将其分为以下四种类型。

---

① 无讼阅读:专利怪物、专利渔翁、专利地痞?——美国的 Patent troll 应当翻译成什么 [EB/OL]. (2017 - 07 - 10) [2019 - 10 - 28]. http://victory. itslaw. cn/victory/api/v1/articles/article/b6b14727 - 9e53 - 4284 - a780 - 076fcaa76b3e.

（一）攻击型 NPE

攻击型 NPE 主要通过购买个人或小团体的零散专利，借此对已经在市场上已经商业化的产品进行专利诉讼，以获取专利许可费或诉讼赔偿金。由于这一类 NPE 并不将专利产业化，一旦被其起诉，生产商很难通过交叉许可或者反诉侵权来予以反击，所以技术产品的生产商对于此类 NPE 深恶痛绝，称其为"专利蟑螂"。但即使是攻击型 NPE 也不完全是专利讹诈，虽然其有可能依靠所持专利榨取了远高于该专利对产品价值所贡献的利润。这一类 NPE 的存在时刻警醒着企业进行专利布局、获取相关专利许可，在一定程度上加强了企业知识产权意识，促进社会创新；此外，这一类 NPE 的存在也是市场上小型研发主体与行业巨头抗争，维护其专利权的有效途径。

（二）防御型 NPE

与攻击型 NPE 相对，在攻击型 NPE 利用专利诉讼向大型生产商索要高额侵权赔偿或许可费的行为风靡一时时，防御型 NPE 应运而生。由于生产商往往对于攻击型 NPE 的进攻疲于应对，甚至束手无策，但高额的专利许可费使得他们利益遭受重大损失，所以防御型 NPE 的市场逐渐发展成熟。防御型 NPE 同样购买专利并不进行产业化生产，与利用专利对生产商发起攻击相反，防御型 NPE 选择与生产商合作，将其购买的专利打包许可给生产商，使生产商免受相关专利被攻击型 NPE 购买后被起诉并索要高额许可费的威胁。

（三）研发型 NPE

研发型 NPE 是指自身不具备生产条件，仅仅进行技术研发并申请专利，然后将其专利许可给生产型企业产业化的主体。最常见的如高校和科研院所，他们通常仅进行基础研究，申请专利后再对外许可，不进行产品生产。市场上还有一些商业化公司也会设立自己的研发实验室进行技术研究，申请专利后直接运营，比如美国高智发明公司设立的 IV LAB。

（四）投资型 NPE

投资型 NPE 通过募集基金获得资金来源，从研发的源头对发明人进行资助，旨在购买或者获得该项专利的全球独占许可权，为下一步专利权商业化运作奠定基础。对于此类 NPE 而言，专利及其发明人只是他们投融资的对象，与其他常见的金融运作对象无异,其购买或申请专利的目的在于将专利商业化而非产业化。

需要注意的是,以上对 NPE 运作模式所进行分类,是根据专利运营市场上 NPE 的具体专利经营行为做出的,而非对 NPE 本身的性质界定。可能投资型 NPE 也会进行自主研发活动以进行后续专利运营,也会发动专利诉讼进行攻击型专利经营行为,甚至即使是防御型 NPE 也有可能进行专利诉讼等攻击行为。

三、案例分析

【案例 5-15】"专利蟑螂"还是"正义使者"?——攻击型 NPE:Rembrandt IP Management 公司

2019 年 1 月,苹果在美国得克萨斯州东区联邦地方法院被起诉,被指控侵犯两项与蓝牙技术有关的专利。起诉苹果的是伦勃朗无线技术公司,其隶属于伦勃朗知识产权管理公司(Rembrandt IP Management,简称 Rembrandt 公司)。该公司的经营模式就是通过大量购买小主体的专利,对可能涉及其专利技术领域的生产商起诉专利侵权,以获得高额侵权赔偿额或许可费。

此次起诉苹果并不是 Rembrandt 公司第一次开展此类 NPE 活动。早在 2011 年,Rembrandt 公司对希捷和西部数据提起专利权诉讼,称这两家公司的硬盘侵犯了该公司持有的相关专利。当时美国硬盘市场总额每年大约为 120 亿美元,而希捷和西部数据占有极大的份额,Rembrandt 公司希望依据两家公司的市场份额获得"合理的专利许可费"。① 2018 年,Rembrandt 公司在得克萨斯州东区联邦地方法院起诉三星侵犯其两项与蓝牙技术有关的专利,最终该法院裁定三星因侵犯这两项专利赔偿 Rembrandt 公司 1 100 万美元经济损失。② 或许正是这一裁判结果,让 Rembrandt 公司 2019 年继续选择在同一法院以同一诉由起诉苹果。

虽然在众多生产商眼里,Rembrandt 公司是臭名昭著的"专利蟑螂",但

---

① 美知识产权公司起诉希捷和西数硬盘专利侵权[EB/OL]. http://www.ipraction.gov.cn/article/xxgk/mtbd/mtgc/201601/20160100077162.shtml.
② 美国 Rembrandt 起诉苹果侵犯其蓝牙专利,三星曾赔 1100 万美元[EB/OL]. https://www.xianjichina.com/special/detail_382997.html.

Rembrandt 公司坚称自己是"正义使者"。Rembrandt 公司认为如果没有他们，许多大公司未经许可使用小发明人的专利，小发明人无从发现，及时发现了也无力与之抗衡。而 Rembrandt 公司正是维护这些小发明人权益的"正义使者"。"Rembrandt 公司提供了必要的专业知识和资本，在发明家和资金充足的侵权者之间创造公平的竞争环境。"①

【案例 5-16】"专利保护英雄"——防御型 NPE：RPX 公司②

RPX 公司是在美国纳斯达克上市的专利运营公司，是一家专利风险解决方案供应商。RPX 的目标是通过防御性专利收集及面向营业公司的许可权直接交易，提供联合交易、专利交叉许可协议或其他降低风险的解决方案，帮助遍及全球多个国家的客户群实现专利风险管控，避免可能面临的高额诉讼及专利使用费。

RPX 公司的商业模式被称为"防御型专利收购"，即通过收购专利，保护技术企业免受诉讼或威胁。不难发现，RPX 商业运营模式是随着美国"专利蟑螂"肆意横行发展而来的应对措施。RPX 公司专利收购方式主要有三种：市场购买方式，即从中介机构和专利权人手中购买专利；诉讼购买方式，即从专利权人处取得许可，但专利权人依然可以行使其专利权；合作购买方式，即从分散的力量较小的公司那里获得专利许可，通过构建专利组合，增强他们的防御能力。

RPX 公司所采取的商业模式是会员制。RPX 公司把可能会给厂商带来麻烦的关键专利纳入其保护性专利收集计划并组成专利池，所有 RPX 专利池内的专利会全部授权给其成员，并向成员收取年费和授权费。RPX 的会员当中很多都是国际知名公司，比如 IBM、戴尔、英特尔、微软、诺基亚、三星、松下、索尼和 HTC 等。RPX 规定会员可以享有以下权利：与 RPX 达成不起诉合约，短期许可合同以及预防专利库等。

【案例 5-17】专利基金运营模式——投资型 NPE：高智发明公司

美国高智发明投资有限责任公司（Intellectual Ventures, LLC, 简称高智发

---

① 苹果又因蓝牙遭诉讼！这家"专利流氓"竟单挑了手机行业三巨头 [EB/OL]. https://t.qianzhan.com/caijing/detail/190126-43dc0119.html.

② 刘国维. 国际运营专利新势力 [EB/OL]. https://www.cnblogs.com/liuguowei/archive/2013/05/10/3071041.html.

明）成立于 2000 年，由微软前首席技术官（CTO）内森和前首席架构师荣格创办。截至目前，其在全球拥有近 9 000 件专利，其中在美国拥有 8 400 多件专利。① 所拥有的专利技术几乎覆盖了所有工业领域，从计算机硬件到生物医药，从电子消费品到纳米技术等。另外，高智发明公司共运营一千多家知名的"空壳"公司，其中近千家"空壳"公司在自己名下拥有专利。②

高智发明公司的商业模式十分复杂，最显著的特征是募集基金，对专利运营各项活动进行投资。高智发明募集到的投资基金总额约 50 亿美元，同时管理着超过 3 万项的知识产权资产，投资回报已超过 10 亿美元。根据高智发明公司官网信息，③ 目前高智发明主要投资基金包括发明投资基金（Invention Investment Fund）、发明科学基金（Invention Science Fund）和深度科学基金（Deep Science Fund）。其运作模式简化如图 5-21 所示，高智发明公司所运营的专利主要来源渠道包括购买和研发，研发又包括内部自主研发和与外部合作研发。发明投资基金主要用于购买具有市场潜力的专利；发明科学基金主要用于资助公司发明会议中产生的想法与世界上一些顶尖的发明家进行跨学科的头脑风暴，将其想法和创意进行研发取得研究成果并申请专利；深度科学基金专注于调查发明和创意在前沿领域的应用，从而自主或与技术专家合作将其商业化。最终将各种渠道获得的专利组成专利池对外许可、转让，或进行专利诉讼活动获得盈利。

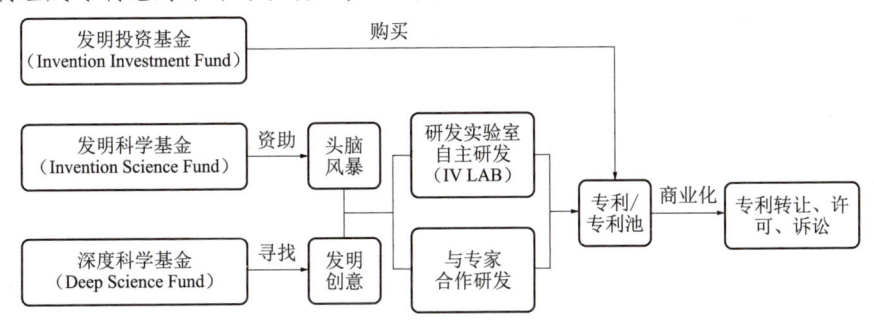

图 5-21 高智发明公司商业模式

---

① 截至 2019 年 10 月 29 日，在 INCOPAT 专利数据库中，以"高智发明 or Intellectual Ventures"为专利权人进行检索，申请号合并后，专利及申请共计 8 984 件，其中美国专利及申请共计 8 402 件。

② 数据来源：https://baike.baidu.com/item/高智发明/9187207? fr = aladdin，最后浏览时间：2019 年 10 月 29 日。

③ 高智发明公司 [EB/OL]. https://www.intellectualventures.com/.

2008年10月高智发明在北京举办中国区开业典礼,标志着高智发明这个发明投资领域的巨擘正式踏入中国市场,并首次将全球领先的发明投资模式引入中国。进入中国市场后,高智发明首先寻求与高校及科研院所合作,设立基金资助高校已有的发明或研究,展开后续的国内外专利布局,高智发明则收购或获得上述专利的全球独占许可权,进行商业化的专利运营[①]。

四、国外 NPE 实践对我国专利经营的启示

(一) 我国"走出去"企业的风险防范

在我国企业不断"走出去"的大背景下,海外知识产权风险值得我们警惕。RPX 防御型的商业模式为我国企业提供了规避海外知识产权风险的新路径。

其一,企业需要明确的是,完全避免专利诉讼是不可能的。尤其在进入美国、欧洲等知识产权制度发达的海外市场时,潜在的专利诉讼风险就像悬在企业头上的达摩克利斯之剑,企业须时刻保持警惕。其二,做好专利布局。虽然在我国专利运营市场上,攻击型 NPE 的活动十分罕见,但我国"走出去"的制造型企业在海外市场也曾屡次遭受攻击型 NPE 的打击。这要求我国企业在进军海外市场时,具有高度的知识产权风险意识。其三,加强对 NPE 商业运作模式的了解。一方面提前做好专利布局,防止 NPE 专利攻击,一方面也可以考虑与"专利镖局"合作以寻求保护,在日后的国际博弈中处于主动的位置。

(二) NPE 运营模式在我国的兴起

目前,我国知识产权市场活跃的 NPE 仍然是少数,其主要原因可能在于,与美国、欧洲等国家地区相比,我国专利质量较低,专利运营市场尚未成熟。2018 年,习近平主席在博鳌亚洲论坛年会开幕式上表示:我国专门将加强知识产权保护作为扩大开放的四个重大举措之一,再一次向世界传递了中国依法严格保护知识产权的坚定立场和鲜明态度。

2019 年 10 月,国务院通过《优化营商环境条例》,提出国家建立知识产权侵权惩罚性赔偿制度。随着我国专利数量和质量不断提升、知识产权保护力度持

---

① 陈柏兴,许华锋. 高智发明新模式探究及其启示 [J]. 科技管理研究. 2018 (16).

续加大和知识产权侵权惩罚性赔偿制度的逐步建立和完善，中国市场将吸引众多海外 NPE 进入，同时内生许多 NPE 尝试知识产权运营。因此，国家应当进一步完善我国专利法、反垄断法等相关法律制度，建立相对完善的监管机制。专利丛林现象会为进行专利讹诈的"专利蟑螂"提供藏身之所。在我国专利申请量和授权量不断激增的背景下，前期需要检索的专利文献如汗牛充栋，这无形中增加了企业防范"专利蟑螂"的难度。一味追求专利数量并不真正有利于企业和国家产业发展，注重提升专利质量才是未来我国企业专利申请和国家专利授权应当努力的方向。在现阶段，我国生产企业应当防患于未然，提升企业知识产权保护意识。加强自身专利申请质量，及时进行专利布局。对于专利持有量较大的企业可以与 NPE 合作展开专利运营，协同开展专利产业化和商业化。此外，还需对攻击型 NPE 保持警惕。我国新兴的 NPE 应在国家政策引导下，有序开展专利运营活动。通过借鉴国外高智、RPX 等实践经验，开展知识产权金融、知识产权风险管理等运营活动，促进我国知识产权运营市场有序健康发展。

第六章
专利拍卖

第一节 专利拍卖理论概述

一、专利拍卖概述

近年来,随着知识产权运营市场的兴起,专利拍卖作为新兴技术成果转化模式逐渐走进人们视野。专利拍卖是指专利权人或专利申请人将自己拥有的专利权或专利申请权以协议交易、挂牌出售以及公开竞价拍卖等方式与购买方进行买卖的行为。对于国内企业来说,专利拍卖是科技成果转化的新模式,其不仅有利于企业促进科技成果转化,还有利于专利技术流向社会,提升社会福利。

专利拍卖由企业破产程序中发展而来,作为一种新兴的技术交易和转移模式,起源于美国。美国著名的知识产权资本化综合性服务集团海洋托莫(Ocean Tomo)公司于2006年4月在旧金山市举办了"世界历史上第一次现场专利拍卖会",本次专利拍卖的标的覆盖了通信、医药、半导体、汽车、金融服务等领域。最终成交26个标的,成交率为33%,成交金额约为300万美元。随后在2007年,位于德国汉堡的知识产权拍卖有限公司(IP Auctions)主持进行了欧洲首次知识产权拍卖会,共有83件标的参与拍卖,估值超过500万欧元。最终40%的专利拍卖成功，成交金额为 50 万欧元[①]。与知识产权发展较快的欧美国家相比，专利拍卖在我国的发展起步相对较晚。2010 年 12 月，中科院计算技术所与其下属的海淀中科计算技术转移中心，以及中国技术交易所合作，举办了国内首届真正意义上的现场专利拍卖会。该次拍卖共有 69 个标的、89 件专利参拍，最终成交 28 项，成交率达 41%，成交金额近 300 万元[②]。

二、专利拍卖优势

与传统的专利交易方式——双边谈判相比，专利拍卖具有覆盖面广、公平竞价等特点，能有效降低专利交易成本和风险。专利拍卖可以作为传统专利交易方式的有效补充。

（一）构建公开透明的交易市场

在专利拍卖流程中，标的所有人公开专利信息和报价，竞买人公开竞价，第三方拍卖人则作为中间组织方，提供买卖双方资质、专利权属及状态等信息确认服务。这一引入第三方服务机构的专利交易模式为专利买卖双方构建了公开透明的交易市场。

（二）简化交易流程，节省交易成本

与传统专利交易中由买卖双方进行谈判相比，专利拍卖可以简化交易流程，节省交易成本。一方面，在专利拍卖过程中，由第三方拍卖人对拍卖标的信息进行搜集并推介，节省了专利卖方获取潜在买受人的搜寻成本。同时，拍卖公开竞价的报价方式直接省去买卖双方谈判博弈流程，节省了买卖双方的时间成本。

（三）降低交易风险

专利拍卖这一科技成果转化模式有利于降低双方交易风险。专利拍卖过程中，拍卖人一方面需要对出卖人所提供的专利进行专利有效性和权利归属等信息的尽职调查，降低专利拍卖的专利风险；另一方面在拍卖前，拍卖人收取竞买人的竞买保证金，有利于保障拍卖成功后合同的签订和履行，降低合同风险。

---

① 高航网. 专利交易当中的专利拍卖在中国的起源［EB/OL］.（2016 - 03 - 10）［2019 - 11 - 03］. http://www.gaohangip.com/article/1603.html.

② 李小娟，隋雪青. 专利拍卖在我国的发展机遇与挑战［J］. 中国科学院院刊，2015，30（3）：354.

(四) 价值发现

知识产权是一种无形财产，其价值评估一直是知识产权交易过程中不可避免的难题。而拍卖所具有的独特的价格发现功能对专利价值的确定有所助益。竞买人根据自身需求和对拍卖标的估值进行竞价，报价充分反映标的、专利标的在竞买人处的主观价值，并且竞价模式可以充分挖掘标的专利的潜在价值。与知识产权市场价值评估相比，竞拍时专利价值的动态发现过程比静态估值更具有准确性。

三、拍卖基础理论

（一）拍卖参与方

专利拍卖参与方主要包括拍卖标的的所有人及其委托人、竞买人及其代理人、拍卖人。其中，标的所有人及其委托人是交易卖方，竞买人及其代理人是交易买方，拍卖人是中立的第三方知识产权服务机构，如图 6-1 所示。

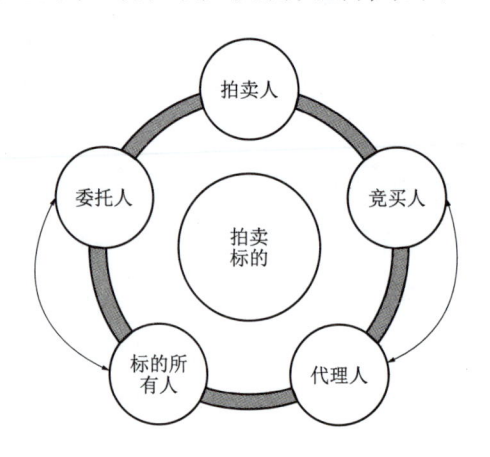

图 6-1 拍卖参与方关系

（二）拍卖流程

一次专利拍卖的具体流程可以分为拍卖前准备、拍卖和拍卖后权利交割三个阶段，如图 6-2 所示。

图 6-2 专利拍卖流程

1. 拍卖前准备

拍卖前准备主要是从拍卖人的角度阐述拍卖的流程。具体包括项目征集、专利确权、专利分类、价格确认和拍卖公告五个环节（见图6-3）。

项目征集 → 专利确权 → 专利分类 → 价格确认 → 拍卖公告

图6-3 拍卖前准备

项目征集，是指征集本次拍卖的标的——专利。拍卖人作为专利拍卖的组织方负责拍卖标的的征集工作。其一，拍卖人需要进行广泛而详细的市场调查确定潜在的专利卖方；其二，拍卖人需要通过对专利卖方所持有的专利或专利申请进行细致分析，确定有市场价值的潜在拍卖标的；其三，拍卖人通过网络宣传和实地走访等方式，游说潜在卖方参与到专利拍卖中来，从而完成本次专利拍卖的第一步——项目征集。

专利确权，是指为避免后续环节发生权利争议，需要对将要拍卖项目进行确认。为避免专利拍卖标的出现专利纠纷，拍卖人需要对专利权属、转让许可情况等专利法律信息进行尽职调查，即"专利确权"。专利确权可由委托人、标的所有人提供有关权利证明文件核实，也可由拍卖人自行调研。对于拍卖人而言，其可以自己主动核实专利权属及法律状态等情况，也可以委托中介机构进行审核。专利确权内容包括但不限于：专利权属，剩余法律年限、是否共同申请、是否已经失效、是否发生转让、是否许可、是否质押、专利有效期、是否职务发明、被引证、同族专利。

专利分类，是指对将要拍卖的专利进行领域分类，以便于潜在竞买人理解拍卖标的以及对其所要参加的拍卖进行选择。分类标准可按照拍卖标的授权文件中记载的技术领域为基础进行分类，也可以参考现有分类文件，如国民经济技术分类、战略性新兴产业分类、知识产权重点支持产业目录，还可以由拍卖人、标的所有人及其委托人自行设定，只要分类方式便于理解即可。

价格确认，需要确认的价格包括拍卖标的的起拍价和保留价。起拍价是指拍卖师就某一标的开始拍卖时第一次报出的价格；保留价则是指拍卖标的最低的出售价格。对设定保留价的标的，如达不到保留价则不能成交。拍卖标的价格的确认，可由标的所有人及其委托人向拍卖人提出拍卖价格；可由拍卖人以往拍卖标的成交情况评估拍卖标的价格；也可由双方协商确定拍卖标的价格；还可以委托中介服务机构评估拍卖标的价格。

拍卖公告，在标的专利权属及状态和价格（起拍价和保留价）确认完成后，拍卖人开始对外发布拍卖公告，招募竞买人。同时，拍卖人还需要对竞买人进行资格审查并向其收取竞买保证金。

2. 拍卖

专利拍卖包括线上拍卖、线下拍卖以及线上线下拍卖相结合三种形式。线下拍卖即传统拍卖模式。与线下拍卖相比，线上拍卖能够更加充分地发挥拍卖的公开性、透明性和覆盖面广优势，但在精准服务潜在买卖双方、实物展示等方面稍有欠缺。线上线下拍卖相结合模式，即融合线上虚拟服务和线下实体服务，网上浏览拍品，线上线下都可以参与拍卖。既可以发挥并进一步扩大线上拍卖公开透明、受众广的优势，也可以弥补线上拍卖在精准服务和实物展示等方面的不足。

拍卖方式分为增价拍卖（又称作英式拍卖）、降价拍卖（又称作荷兰式拍卖）、一级价格密封拍卖和二级价格密封拍卖。增价拍卖，是指在拍卖过程中，拍卖人宣布拍卖标的的起拍价及加价幅度，竞买人以起拍价为起点，由低至高竞相应价，最后在最高竞价者三次报价无人应价后，落槌成交。但成交价不得低于保留价。降价拍卖，是指在拍卖过程中，拍卖人宣布拍卖标的的起拍价及降价幅度，拍卖师提槌报价，第一位应价人即落槌成交，但成交价不得低于保留价。一级价格密封拍卖，是指每个竞买者都对拍品单独秘密报价，封在信封里交给拍卖师，互不知底，最后由拍卖师拆开信封，出价最高者获得拍品；二级价格密封拍卖，与一级价格密封拍卖类似，区别在于出价最高的人获得拍品，但他无须付出自己所报价格，只需按照排位第二高的价格付款即可。

专利拍卖活动按照既定的规则流程进行，促成拍卖成交。拍卖标的有保留价的，竞买人的最高应价未达到保留价时，该应价不发生效力，拍卖师应当停止拍卖标的的拍卖。

3. 拍卖后权利交割

在拍卖成交后，原专利权人与买受人应及时签署《技术转让合同》及用于专利权属变更递交国家知识产权局的变更申请文件。在此过程中，买受人应按照约定时间缴纳相应款项及佣金，原专利权人应配合买受人办理专利权属变更手续，拍卖人应退还竞买保证金并积极协调推进。

第二节 专利拍卖交易案例研究

一、国际拍卖交易案例

【案例6－1】专利拍卖的专利价值发现机制——加拿大北电网络公司估值10亿美元的专利最终以45亿美元成交[1]

在传统专利交易和运营过程中，在专利资产的无形性、时间性、权属不确定性以及影响专利资产未来收益因素的多元性等众多因素的作用下，专利资产的价格和价值发生背离，造成专利价值评估的困难。现有的确定专利价值指标的研究，大都是依靠专家利用专利续展等数据对专利价值的估计，或者依靠更多间接的专利价值衡量方法。但国外学者通过利用公司专利拍卖数据对专利拍卖价格体现专利价值模型进行实证研究，表明专利拍卖可以成为专利价值评估的有用机制[2]。除实证分析外，动态的专利竞拍有利于发现专利标的的市场价值的功能，在加拿大北电网络公司专利拍卖案例中也体现得淋漓尽致。

北电网络（Nortel Networks）（简称北电公司），是加拿大一家著名电信设备供应商。贝尔刚刚发明电话时，就在加拿大设立了生产电话的机械部门，逐渐发展成为后来的北电公司。2009年，北电公司因为巨额亏损在美国和加拿大申请破产保护，北电公司开始售卖资产，其中包括其6 000多项专利及专利申请，由

---

[1] 罗明雄. 6000件专利=45亿美元：北电专利拍卖解析［J］. 中国发明与专利，2011（9）：106-107.
[2] Timo Fischera, Jan Leidinger. Testing patent value indicators on directly observed patent value—Anempirical analysis of Ocean Tomo patent［J］. Research Policy, 2014：519-529.

此引发了一场精彩纷呈的专利拍卖。当时,加拿大北电公司拥有的 6 000 多项专利及专利申请,涵盖无线、无线 4G、数据网络、光纤、语音、互联网、服务供应商、半导体等技术领域。这种广泛的专利组合几乎覆盖到了通信行业的每一个领域,而且辐射到了其他市场,包括互联网搜索和社交网络等。因其重要性业内称之为"核武专利"。但在当时,这一专利组合的申请账面价值却不足 2 亿美元,摩根士丹利银行分析师对其估值也仅在 7.5 亿到 10 亿美元之间。然而最终,北电公司专利以 45 亿美元的高价成交。

本案例中,专利拍卖竞拍团队十分强大,竞买者主要包括五个阵营:第一阵营,谷歌;第二阵营,苹果;第三阵营,英特尔;第四阵营,爱立信、黑莓(RIM)、微软、索尼和易安信(EMC)组成的联盟——摇滚天团(Rockstar Bidco);第五阵营,苹果专利风险解决方案提供商 RPX[①] 领导的众多企业组成的联盟。最初,谷歌作为本次拍卖的"假马竞标"(Stalking-Horse Bid),宣布以 9 亿美元竞购北电的 6 000 件专利。按照"假马竞标"的一般做法,如果其他人竞标,报价必须高于 9 亿美元。最终售卖价格超过 9 亿美元,北电应该返给谷歌一些费用,相当于补偿谷歌。反之,如果到竞标截止期没有其他人出价更高,那么这批专利就被以 9 亿美元的价格卖给谷歌。

此次拍卖经过了近 20 轮报价角逐,最终由苹果领衔的"摇滚天团"胜出。第一轮,英特尔出价 15 亿元,最小增加为 500 万美元,RPX 公司领导的联盟在此轮退出竞拍。第二轮最小增加调高至 5 000 万美元,到第三轮竞买时,最小增加已经达到了 1 亿美元。到第五轮时,爱立信和黑莓所在的"摇滚天团"联盟停止报价,准备退出竞拍。但此时苹果提出要与其他团队合作竞拍,获得同意后,苹果加入"摇滚天团"联盟继续竞拍,此时竞拍阵营剩下三方阵营——谷歌、英特尔和苹果领导的联盟。到第六轮竞拍后,英特尔公司也意欲退出,但谷歌和"摇滚天团"联盟都极力争取与英特尔合作,最终,英特尔选择与谷歌达成合作,组成"特别行动队"(Ranger)继续与"摇滚天团"竞争。当竞标价格到达 30 亿美元的时候,谷歌联盟孤注一掷,要求进行大幅加价,得到允许后,报出

---

① 注:RPX 公司是一家通过收购专利、保护技术企业免受诉讼或威胁的公司.

了 40 亿美元的高价。随后，苹果联盟给出了 45 亿美元的报价，最终谷歌联盟决定放弃竞价，苹果联盟成为本次专利拍卖的最终赢家。有趣的是，谷歌在此次拍卖过程中经常给出一些奇特的数字，比如拍卖快到了 20 亿美元的时候，谷歌的出价是一个数学上的 Brun 常量 19.021 605 40 亿美元。过了 25 亿美元的时候，Google 的出价则为另一个常数 Meissel – Mertens 常量 26.149 721 28 亿美元；等到过了 30 亿美元以后，Google 叫出了 31.415 9 亿美元。

在本案例中，谷歌前期的"假马竞拍"行为，和后期报价过程中天马行空的报价都为人津津乐道。但是北电公司专利从最初的账面价值 2 亿美元，业内评估不超过 10 亿美元，到最终成交价一路飙升至 45 亿美元，这无疑体现了专利拍卖在专利资产价值发现方面的独特优势。专利拍卖通过信息公开和市场竞争的动态价值发现机制，有效地弥补了无形资产评估的不准确性。

需要注意的是，本案例中的专利拍卖是企业破产清算程序中资产处置环节，是新兴的现场专利拍卖孕育的起点，但二者之间也存在区别。最明显的差异在于，破产程序中的专利拍卖一般由专利所有权人自行组织，拍卖标的是既定的。而前文所讨论的专利拍卖是由第三方市场机构作为拍卖人发起的，拍卖标的也是由拍卖人征集并进行尽职调查，是受众面更广，更加市场化的专利交易模式。

【案例 6 – 2】世界第一次公开专利拍卖发起人——Ocean Tomo 公司的专利拍卖经营模式[①]

海洋托莫（Ocean Tomo）有限责任公司是一家智慧资本商业银行公司，提供知识产权相关金融产品和服务，包括金融专家证言、价值评估、战略咨询、专利分析、投资咨询、创新管理咨询与交易经纪业务。海洋托莫（Ocean Tomo）有限责任公司以成功创办全球史上第一个现场专利拍卖而闻名于世。Ocean Tomo 不仅是专利拍卖的开创者也是不断推动专利拍卖创新发展的先锋。Ocean Tomo 每年春季和秋季在美国举行两次现场专利拍卖，目前正在寻求将频次增加到每年举办四次。到目前为止，Ocean Tomo 已经在北美、欧洲和亚洲成功举办了几十场专利拍卖，完成千万美元级的场均成交金额。其成功创新的商业模式值得我们学习。

---

① http://www.oceantomo.com/auctions.

目前，Ocean Tomo 所经营的线下专利拍卖活动，除了现场拍卖外，还有非公开拍卖。非公开拍卖是指汇集一定数量的最终竞拍者与卖家会面，然后通过循环竞价等行之有效的拍卖方法最终成交。非公开拍卖实践结合了交易的私密性和实时拍卖中固有的竞标，适合针对感兴趣的买家。

如图 6-4 所示，Ocean Tomo 公司已经通过实践形成一套标准化的交易流程。在卖方一侧，所有提交的专利都需要经过严格的审查程序以确保其质量，并聘请外部专家和顾问进行评审，综合分析专利是否适合进行市场化的拍卖。在买方一侧，竞买人需要通过注册获得资格，并对其证明进行审核。在买卖双方审核通过后，将双方信息录入数据库。在拍卖前，Ocean Tomo 公司会通过内部的专业数据库对专利卖家进行尽职调查，必要时也会与专利卖家进行面谈。进入拍卖环节，Ocean Tomo 会保持中立促进拍卖成交，并协助完成交易成功后的权利交割问题。但如果出现标的底价过高而导致流拍的情形，从出于促进专利交易的目的，Ocean Tomo 公司会促进买卖双方私下协商。

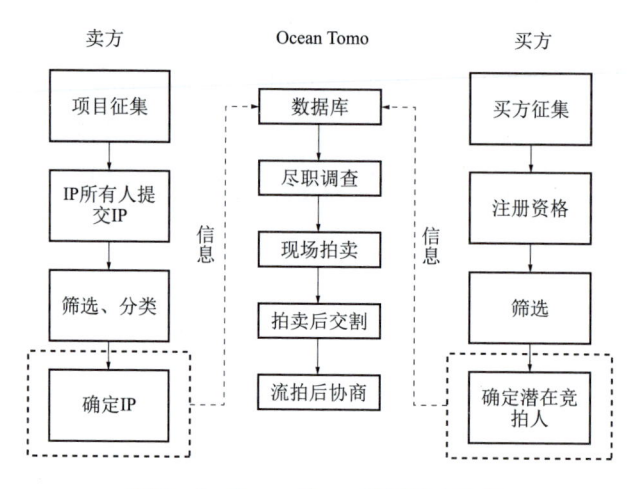

图 6-4 Ocean Tomo 公司拍卖流程

除专业严谨的专利拍卖流程外，在拍卖模式方面，Ocean Tomo 公司在现场拍卖的基础上创新了线上线下相结合的拍卖模式。为了扩大专利拍卖的覆盖面，减少买卖双方的交通成本，此外，考虑到许多买家更喜欢处于安全隐秘的办公环境，以便在拍卖过程中更有效地调整报价，Ocean Tomo 的现场拍卖会在网络上面向全球观众公开播出，同时提供远程竞标。

在出价方式方面，Ocean Tomo 公司在一次与美国宇航局（NASA）的合作中引入新的出价方式——销售提成，确定销售提成率后，对前期付费进行拍卖。与传统专利实施许可交易中普遍采用的入门费加提成的支付方式类似，如此，在专利拍卖中有效形成了买卖双方风险共担机制。这也表明参与专利拍卖的卖家不再局限于将专利脱手的所有权人，也可以吸引试图与买家建立长期有效商业合作关系的专利权人。

在拍卖标的方面，Ocean Tomo 公司经常采取捆绑拍卖的方式。比如将类似专利组成专利组合，将商标和域名放入同一资产组合进行拍卖。① 这样，如果买家看中组合中的任何一项知识产权，就会对该组合出价。

Ocean Tomo 公司自 2006 年组织第一场现场拍卖以来，积累了十多年专利拍卖实践经验，探索发展了许多使专利拍卖这一促进科技成果转化形式保持活力的创新模式。专利拍卖在我国方兴未艾，可以结合自身情况，借鉴 Ocean Tomo 多年来的发展经验，逐步发展成为成熟市场。

二、国内拍卖交易案例

【案例 6-3】高校科技成果拍卖激活高校科技成果转化——2018 首届上海国际技术拍卖会

2018 年上海举办了首届上海国际技术拍卖会，采取的是线上线下相结合的拍卖模式。这场拍卖会由国家技术转移东部中心（以下简称"东部中心"）、上海国际商品拍卖有限公司和上海申创中小企业合作交流促进中心联合举办，最终成交总金额达到 142.8 万元。本次拍卖会的特色在于吸引了在沪众多高校加入。经过充分筹备，主办方从来自高校、院所、企业的 86 件专利中精心筛选出 6 件标的，涵盖了影视图像分析、化工、生物医药等热门技术领域。

东部中心首次尝试组织科技成果拍卖会，在实践中创新了如图 6-5 所示的拍卖会组织服务流程。

---

① 刘鹏，方厚政. 美国海洋托莫公司的专利拍卖实践及启示 [J]. 科技与管理，2012，14（5）：86.

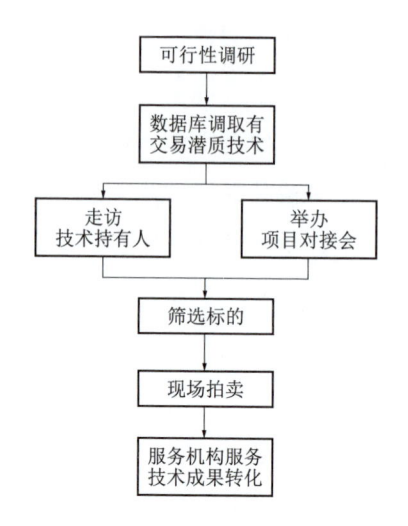

```
        可行性调研
            ↓
      数据库调取有
      交易潜质技术
        ↙      ↘
    走访        举办
  技术持有人   项目对接会
        ↘      ↙
        筛选标的
            ↓
        现场拍卖
            ↓
      服务机构服务
      技术成果转化
```

图 6-5　国家技术转移东部中心技术成果拍卖流程

作为专利交易新兴领域，科技成果拍卖概念对我国众多高等院校、研究所等创新主体而言可能较为陌生。东部中心谨慎调研了10余家技术转移服务机构，探讨以技术拍卖作为技术转移服务新路径的可行性。在确定可行后，决定以高校作为本次科技成果拍卖的主要服务对象，简化高校科技成果转化流程，探索高校科技成果转化新模式。拍卖会筹备初期，东部中心首先从自建成果库中检索分析出具有交易潜质的技术，走访上述技术持有人，邀请其科研管理负责人、科研团队尝试技术拍卖的交易新方式。为扩大本次科技成果拍卖会的知名度与参与度，东部中心举办了论坛、路演、一对一项目精准对接等多种形式的项目对接会。最后，东部中心从高校、研究所和企业各方的86件专利中，筛选出6件优质专利作为标的进行现场拍卖。最终，6件拍卖标的全部成功拍卖，总成交金额达到142.8万元。东部中心在专利拍卖举办前的充分调研和走访推介为本次专利拍卖的成功举办提供了有力保障，并在有巨大技术成果转移转化市场的高校主体中宣传了专利拍卖模式，为专利拍卖市场后续发展提供助力。

此外，东部中心作为第三方知识产权服务机构，其服务内容没有止步于专利拍卖活动。事实上，通过专利拍卖完成的技术成果转化并未简单画上句号。在专利交易完成后，买方企业完成相关专利技术的落地孵化，实现知识产权价值增值还需要经历相当长一段路程。在拍卖结束后，东部中心充分发挥上海市科技成果转化公共服务平台的功能作用，让科技中介服务机构深入技术转移转化各个环节，结合专家顾问，引导支持有条件的技术转移机构为此次拍卖后的科技成果落地提供技术交易备案、成果熟化、战略规划等专业化服务，探索技术转移转化新模式，促进企业技术创新和产业发展。

国家技术转移东部中心这次技术成果拍卖会的成功组织为我国大胆创新尝试专利拍卖模式提供了方向。首先，国家支持技术成果转化，专利拍卖组织方具有良好的公信力。在专利拍卖市场尚未成熟之时，完全市场化的专利拍卖可能并不能达到预期收益。国家技术转移东部中心作为具有政府信用背书的组织方，为各方创新主体参与技术成果拍卖会增加了信心和保障。其次，精准定位服务对象。在我国，高等院校、研究所技术研发实力不俗，但由于其科研性质决定了其缺乏及时将专利技术产业化的条件和途径。虽然近年来高校、科研院所与企业不断展开产学研合作，但现状是高校、科研院所的技术成果转移转化率仍然处于低位，其仍然是亟待科技成果转移转化的创新主体。精准定位高校作为技术成果拍卖会的服务对象，一方面服务了高校需求，另一方面也可以保障拍卖会拍卖标的质量，确保专利拍卖成功促进技术成果流转。最后，引入服务机构提供拍卖后的专业化服务。与国外完全市场化的专利拍卖不同，专利拍卖标的成交并交割后，东部中心进一步加深服务深度，引入中介服务结构，结合专家顾问为专利买家后续技术成果落地实施提供专业服务，进一步增强技术成果拍卖会的实效。

【案例6-4】高质量、大规模的专利成果转移转化——中科院首场专利拍卖会[①]

2018年，中国科学院（以下简称"中科院"）建院以来首场专利拍卖会在山东济南举行。中科院通过此次拍卖会将高质量、大规模的专利成果通过市场化运营实现科技成果转移转化。本次拍卖会一共932项拟拍卖专利成果，来自中科院的57家院属机构，涵盖新材料产业、新一代信息技术产业、智能制造产业、健康产业等前沿领域。其中网络浏览量最高的36项专利参与现场拍卖。此次拍卖

---

① 中国经济周刊.中科院首次拟拍卖932件专利总估价约2.9亿元［EB/OL］.（2018-04-02）［2019-10-24］.http://finance.sina.com.cn/roll/2018-04-02/doc-ifysvpuq4472743.shtml.

最终成交28件专利，成交额503万元，单个拍品最高成交价60万元。

- 与互联网拍卖服务商创新合作

中科院在山东组织的这场专利拍卖会，创新地与线上拍卖平台——"点拍网"合作，采用在"点拍网"线上竞价和现场拍卖相结合的方式进行。拍卖期间在线上交易平台"点拍网"设立了竞价专场，对本次专利拍卖标的进行集中展示。932项专利按照九大行业分门别类地进行展示。据悉，在展示期间，专利总浏览量近214万次，平均每件专利浏览量2307次。有效地扩大了本次专利拍卖的受众范围。

- 专利价值估值模型辅助定价

中科院知识产权运营管理中心在此次专利拍卖筹备期间，推出了"中科院专利估值模型"，从专利先进性、技术支撑度、市场关联度3个维度进行评价，生成拟拍卖专利的预估值。本次拍卖会932件拟拍卖专利经估值预算，总价值约2.9亿元。但从专利拍卖起拍价来看，"78.7%的专利起拍价在10万～50万元，15.81%的专利起拍价在50万～100万元。起拍价100万元以上的专利占比不到3%"。①

- 山东省政府政策积极推动专利拍卖发展

本次专利拍卖会在山东举办，东道主山东省政府对专利拍卖活动提供了有力的政策支持。为更好地鼓励和推动企业参加，山东省对参与竞拍的企业提供政策优惠，参加竞价购买专利的企业，技术成果转化实施后，将按比例给予一定奖励和资助。符合相关产业化政策的，可以纳入重点领域关键核心技术项目进行培育，最高可享有500万元政府补贴。

本案例中，首先，中科院开创了与线上交易平台合作的先河。网络技术不断发展的今天，线上交易已经成为主流。专利拍卖虽然是新兴的交易模式，但线上交易方式是其未来发展的必然趋势，中科院的此次探索为我国专利拍卖事业的创新发展提供了可靠经验。其次，从本案例的拍卖结果我们不难发现，中科院采用

---

① 彭文波. 总价2.9亿！从专利分析的角度看中科院史上最强专利拍卖［EB/OL］.（2018-02-23）［2019-10-25］. https：//mp.weixin.qq.com/s/U6f-MFaVJSHQenskLJKJSg.

的专利价值估值模型对专利价值的评估与专利拍卖成交价存在一定程度的背离。国外实践经验和实证数据都表明专利拍卖是专利价值发现的有效机制,随着专利拍卖次数的增加,中科院可以记录每次专利拍卖数据,形成专利拍卖数据库,对其专利估值模型进行验证并改进,以提高估值的准确度,或者创设专利估值的新维度。最后,国内专利拍卖市场刚刚起步,发展初期离不开政府指导与支持。国家层面的支持成为专利拍卖这一新兴市场发展的强大助力。山东省政府提供给参与竞拍企业政策优惠,吸引了众多企业进入专利拍卖领域。一方面扩大了专利拍卖覆盖面,促进了专利拍卖市场的发展,另一方面为企业获得重点领域关键技术提供新途径。

【案例6-5】我国首次跨境专利拍卖——第四届中以科技创新投资大会专利拍卖会[①]

专利拍卖作为传统专利交易的有效补充,除了促进国内高校、企业等创新主体科技成果转化外,更是深入海外市场,加强与国际交流,促进专利的跨境转移转化。2018年,在珠海召开的第四届中以科技创新投资大会专利专场拍卖会上,来自以色列特拉维夫大学的4件高价值专利参加拍卖。其中,一件名为"检测神经病变的方法和系统"的发明专利以33万元人民币的价格拍出。这是在中国举行的首次以色列高校专利拍卖会,也是国内首个跨境专利拍卖会。

与目前我国市场上的其他专利拍卖活动不同,本次珠海专利拍卖服务对象是以色列高校。此次参加拍卖的"检测神经病变的方法和系统"等4件以色列专利,均来自以色列特拉维夫大学,分别用于检测糖尿病引发的神经病变、老人跌倒监测及报警等,均是为了解决民生领域的现实需要,其相关专利产品未来的市场前景不可限量。

随着创新驱动发展战略不断深入实施,我国知识产权运营市场方兴未艾。其中,专利的跨境转移转化日益成为业界关注的焦点,诸多知识产权服务机构纷纷摩拳擦掌,在运营模式和形式上进行创新和探索。本案例说明在促进我国

[①] 国家知识产权战略网. 跨境专利拍卖,成功"跨"出第一步[EB/OL]. (2018-07-19)[2019-11-03]. http://www.nipso.cn/onews.asp?id=42316.

科技成果转移转化的同时，专利拍卖作为专利交易新模式同样可以服务于境外专利。本次跨境专利拍卖的成功举办不仅有利于我国知识产权运营机构将触角延伸至海外市场，还能够通过完成境外高价值专利在国内的转移转化，解决我国技术瓶颈，发掘国内潜在市场。此次知识产权交易平台在跨境技术转移方面的成功探索说明专利拍卖可以充分发挥两端的服务效益，一端促进国内科技成果转化，一端通过专利产业化提升我国技术领域产业化进程，实现产业兴起。此外，2013年，中国国家主席习近平在出访中亚和东南亚国家期间，先后提出共建"丝绸之路经济带"和"21世纪海上丝绸之路"（以下简称"一带一路"）的重大倡议，得到国际社会高度关注。与"一带一路"沿线国家的跨境专利拍卖合作的尝试有利于加快"一带一路"建设，促进沿线各国经济繁荣与区域经济合作，加强不同文明交流互鉴，促进世界和平发展，是体现我国大国担当的有力佐证。

三、国内外专利拍卖实践对比

由于我国专利拍卖起步较晚，在市场发展程度、服务形式、服务标准化程度等方面，与国际市场仍存在一定差距，但随着国内知识产权运营事业蒸蒸日上，专利拍卖这一交易形式将不断活跃在专利交易领域，实践经验的积累将促进专利拍卖市场进一步发展，使其成为促进科技成果转化的有效补充形式。具体国内外专利拍卖实践对比情况如表6-1所示。

表6-1 国内外专利拍卖实践对比

地域	市场	经营主体	服务形式	标的价值	服务标准化程度	服务人才
国外	成熟	市场化主体	多样化	高	形成标准化流程	专业化水平高
国内	初级	非市场化主体	单一	低	探索形成标准	缺乏专门人才

（一）知识产权运营市场发展阶段不同

相较于美国、德国等发达国家，我国知识产权制度起步较晚，国外知识产权相关市场规模和发展阶段更为成熟。在国外技术普遍专利化的大背景下，专利拍卖作为专利交易的一种形式，具有更广阔的经营市场。目前，我国知识产权运营事业刚刚起步,专利拍卖更是近年兴起的促进技术成果转化新模式,市场尚未成型。但据国家知识产权局公布的数据,2018 年,我国发明专利申请量为 154.2 万件,共授权发明专利 43.2 万件;发明专利授权平均权利要求项数为 8.3 项,较 2017 年提高 0.3 项;有效发明专利平均维持年限为 6.4 年,较 2017 年增长 0.2 年。[①] 随着我国知识产权保护意识不断加强,专利数量不断提升,专利质量稳中向好的发展环境下,专利运营市场将是一片蓝海。通过借鉴国际发展经验,结合我国专利拍卖实践,专利拍卖市场在未来会逐步走向成熟。

(二)专利拍卖运营主体不同

在国际市场上活跃的运营专利拍卖主体多为市场化的、成熟的知识产权运营主体。比如美国 Ocean Tomo 公司是一家从事知识产权金融、价值评估等业务知识产权运营主体;德国知识产权拍卖有限公司(IP Auctions)也是市场化主体。而从国内目前的知识产权拍卖实践来看,多为具有国家背景的主体推动专利拍卖发展,如中国科学院、中国科学院计算机技术所、国家技术转移东部中心等。这一现象与我国专利拍卖市场尚处于初级起步阶段有关。另外,高校出于自身大量科技成果转移转化的需要,结合专利优势开展专利拍卖等运营活动;国家中心、平台等主体在政策支持下在知识产权运营领域不断创新探索,随着市场逐渐成熟健全,将不断吸引更多市场化主体进入市场创造活力。

(三)国外专利拍卖服务形式更加多样化

目前,国内外专利拍卖实践大都采用的是线上线下相结合的模式,将现场拍卖通过网络公开接受远程报价。国外专利拍卖线上模式实践已经开始发挥其扩大拍卖覆盖面、降低交易成本的实效。而国内目前线上拍卖尚处于探索阶段,拍卖会上成交专利基本来自现场竞拍者。这是由于专利拍卖概念在我国尚未普及,线下竞拍者大多从拍卖会前大量的推介活动或精准调研活动了解到专利拍卖,而线上模式无法吸引受众,故难以发挥预期效果。此外,国外专利拍卖实践已经引入了有效分担买卖双方风险的提成报价方式、保护客户竞争策略的匿名报价方式、

---

① 人民网.2018 年度数据发布 我国知识产权主要指标稳中有进 [EB/OL]. (2019-01-10) [2019-10-25]. http://scitech.people.com.cn/n1/2019/0110/c1007-30515708.html.

组成专利组合等捆绑拍卖方式以及流拍后促使买卖双方私下谈判以低于底价成交等多样化的个性化服务以满足不同客户不同层次的需求。实际上，我国专利运营市场已经涌现出不同层次的技术成果转移转化需求，为满足多样化的市场需求，我国专利拍卖主体未来可以借鉴国外经验，不断创新服务，开拓市场。

（四）国内专利拍卖高价值专利较少

作为国际市场上运营专利拍卖的典范——美国 Ocean Tomo 公司专利拍卖的场均成交额高达千万美元级，而国内各大专利拍卖的成交额大都在百万人民币级别，在专利拍卖标的价值方面与国际先进水平存在较大差距。以我国拍卖标的数量、质量均较为优质的中科院山东拍卖会为例，拍卖最终成交 28 件专利，成交额 503 万元，单个拍品最高成交价 60 万元。从所有专利标的起拍价来看，起拍价 100 万元以上的专利占比不到 3%。[①] 一方面，可能由于战略合作、技术秘密等因素的影响，高价值专利交易倾向于传统的双边谈判交易模式。另一方面，我国高价值专利基数较少，专利拍卖这一新兴模式尚未获得高价值专利交易的青睐。

（五）专利拍卖服务标准化程度不同

目前，国外从事专利拍卖的主体已经通过多年实践和市场竞争，形成了标准化的专利拍卖流程。专利拍卖主体作为中立的第三方服务机构，已经形成商业性质的拍卖信息数据库，并构建严格谨慎的专利质量审查、评级程序和尽职调查流程。走在国内专利拍卖实践前列的运营主体，如中国科学院等，已经在实践中逐步形成专利拍卖流程，但尚未形成统一服务标准。随着专利拍卖活动不断践行，各实践主体将不断探索专利拍卖服务标准化，规范新兴市场。

（六）专利拍卖人才专业化程度不同

在国外，由于相关法律制度、市场发展成熟度，专利拍卖运营主体已经形成了一支高度专业化、商业化的专利拍卖服务团队。专利权等无形知识产权资产的商业化运营需要培养一批懂技术、懂法律、懂经营、懂管理、懂外语的高水平多

---

① 彭文波．总价 2.9 亿！从专利分析的角度看中科院史上最强专利拍卖［EB/OL］．（2018 - 02 - 23）［2019 - 10 - 25］．https：//mp．weixin．qq．com/s/U6f - MFaVJSHQenskLJKJSg.

层次跨学科的综合型人才队伍，我国在这一方面尤显薄弱。在我国，整个专利运营市场刚刚发展起步，专利拍卖领域更是刚刚开始探索。许多从事专利运营的机构都是从传统的知识产权行业转型而来，专利运营机构尚处于"摸着石头过河"阶段，知识产权运营的专业人才匮乏现象严重。高校尚未建立起与知识产权运营市场契合的人才培养模式，导致我国在人才输送的源头处就已经与时代脱节。

第三节　专利拍卖启示与探索

专利拍卖是技术转移与拍卖交易机制相结合的模式创新，是促进成果转化生态的一次路径创新。国际市场的专利拍卖发展得风生水起。我国自 2006 年首次举办以来，专利拍卖活动不断发展。通过对我国专利拍卖的法律、市场等环节进行分析，可以发现我国专利拍卖发展目前仍然存在些许问题。通过对比研究国内外优质的专利拍卖案例，结合我国实际，本文对我国专利拍卖发展提出探索性建议。

一、我国专利拍卖发展存在的问题

（一）社会公众对专利拍卖较为陌生

专利拍卖作为新兴的技术成果转化模式，我国社会公众对其概念、运作模式均比较陌生。目前，我国现有的专利拍卖活动信息发布主要是通过中国专利拍卖协会、地方拍卖协会以及拍卖组织方的官方网站，其广告宣传主要依靠专利拍卖组织方委托的互联网媒体和报纸等传统媒体。由此可见我国专利拍卖的广告宣传主要是通过利益相关方推动，并没能吸引社会的主动关注。这样一来，专利拍卖信息始终只能在已经对其熟悉的领域内流通，无法突破界限深入更为广泛的受众领域。如果无法将专利拍卖的概念传递到普通大众，那么将对专利拍卖市场进一步发展壮大形成阻碍。如何突破信息壁垒，让社会公众对专利拍卖有所知悉是专利拍卖市场发展急需解决的问题。

（二）法律制度尚未完善

我国专利拍卖相关法律存在一定的滞后性。由于专利拍卖在我国刚刚起步，尚未形成专门对知识产权拍卖进行规制的法律，那么我国现阶段的专利拍卖活动只能在《中华人民共和国拍卖法》（简称《拍卖法》）的规范下进行。但现行《拍卖法》不能完全适应专利等无形资产拍卖活动的需要。

首先，《拍卖法》与时代脱轨。我国现行《拍卖法》于1997年开始实施，虽然当年《拍卖法》的出台为拍卖事业创造了良好的环境，确立了其法律地位，促进了我国拍卖事业的发展并为其规范、健康发展奠定了良好基础。但是当时的情况是，我国拍卖事业刚刚起步，拍卖标的种类稀少，程序单一，拍卖纠纷罕见。即使2004年第十届全国人民代表大会常务委员会第十一次会议通过了《关于修改〈中华人民共和国拍卖法〉的决定》，完成了对《拍卖法》第一次修订，但修订内容十分有限，且距今已经15年之久。

其次，《拍卖法》的内容不能与以无形知识产权作为标的物的专利拍卖活动完全契合。我国《拍卖法》沿袭"按现状拍卖"的国际规则，规定了拍卖人对拍卖标的的瑕疵免责条款。《拍卖法》第六十一条规定："拍卖人、委托人在拍卖前声明不能保证拍卖标的的真伪或者品质的，不承担瑕疵担保责任。"① 首先，这一瑕疵担保责任的声明免除规则与我国《合同法》和《消费者权益保护法》存在一定程度的冲突。更为重要的是，拍卖人对瑕疵担保责任的声明免除规则与专利拍卖活动中拍卖人负责对拍卖标的和专利权人进行尽职调查的流程设置有所冲突。对知识产权交易买方而言，如果适用瑕疵担保声明免除规则，专利拍卖这一专利交易模式不再具有降低交易风险的优势。这为本就受众面狭小的专利拍卖市场平添吸引主体进入的障碍。

此外，不论是国际还是国内专利拍卖，线上拍卖都有逐步成为专利拍卖主流形式的趋势。由于线上线下拍卖模式具有不同特性，在现行《拍卖法》框架下已经不能调整线上拍卖产生的法律关系，我国有关线上拍卖活动的法律规制尚处

---

① 《中华人民共和国拍卖法》第六十一条："拍卖人、委托人违反本法第十八条第二款、第二十七条的规定，未说明拍卖标的的瑕疵，给买受人造成损害的，买受人有权向拍卖人要求赔偿；属于委托人责任的，拍卖人有权向委托人追偿。拍卖人、委托人在拍卖前声明不能保证拍卖标的的真伪或者品质的，不承担瑕疵担保责任。因拍卖标的存在瑕疵未声明的，请求赔偿的诉讼时效期间为一年，自当事人知道或者应当知道权利受到损害之日起计算。因拍卖标的存在缺陷造成人身、财产损害请求赔偿的诉讼时效期间，适用《中华人民共和国产品质量法》和其他法律的有关规定。"

于空白。

（三）专利拍卖人才短缺

据统计，到 2018 年，我国内地拍卖师总数约为 1.3 万人。现阶段，我国高质量的拍卖业人才本就短缺，更何况专利拍卖领域需要的是一批懂技术、懂法律、懂经营、懂管理、懂外语的复合型专业人才，其数量更为稀少。专利拍卖活动刚开始活跃在我国公众视野，人才培养完全依靠专利拍卖运营机构摸索创建，建立完善的人才培养机制迫在眉睫，且任重道远。

二、专利拍卖发展探索

（一）国家支撑专利拍卖市场发展

其一，逐步建立并完善相关法律制度。我国《拍卖法》将拍卖标的界定为："拍卖标的应当是委托人所有或者依法可以处分的物品或者财产权利。"① 这就说明我国《拍卖法》有通过修订对知识产权拍卖活动加以规制的改善空间。为促进和规范专利拍卖市场发展，我国应当加紧《拍卖法》的修订进程，尽早明确知识产权这一无形资产在《拍卖法》中的合法地位。此外，《拍卖法》还需要根据知识产权拍卖中第三方知识产权服务机构作为拍卖人的特殊性和线上拍卖兴起的趋势，及早制定和修改相关法律条款，填补法律空白，为知识产权拍卖营造良好的营商环境。

其二，加强国家政策支持力度。专利拍卖是知识产权运营形式之一，我国知识产权运营市场正处于发展初期阶段，持续稳定的发展离不开国家政策的支持。依照我国市场发展路径，政策红利往往是市场发展壮大的强心剂，专利拍卖市场也不例外。国家、省市从政策层面加强专利拍卖活动的宣传，有利于扩大社会公众对专利拍卖的熟悉度，有利于增强社会各界参与专利拍卖市场的信心，促进专利拍卖市场进一步发展。

其三，建立各级政府创投，多方参与的知识产权运营投资体系。在中科院山

---

① 《中华人民共和国拍卖法》第六条："拍卖标的应当是委托人所有或者依法可以处分的物品或者财产权利。"

东专利拍卖会案例中，山东省为鼓励和推动企业参加专利拍卖，对参与竞拍的企业提供政策优惠，对符合条件的竞拍企业提供政府资助奖励和补贴。这一资金支撑对中科院山东专利拍卖活动的成功举办起到了至关重要的作用。目前，国外专利运营市场发展成熟，已经形成有效的市场融资机制。但我国知识产权运营尚且处于起步阶段，一方面需要国家建立专项资金注入市场增强活力，另一方面，国家需要加强知识产权运营市场融资规范，以政府专项资金和市场融资共同促进知识产权运营的开展。

其四，国家引导培养领先的综合性知识产权运营机构。在市场尚未成熟阶段，国家应积极推动专利拍卖领域中介服务机构发展，大力培养类似于美国Ocean Tomo公司的领先综合性知识产权运营机构。一方面，综合型知识产权运营机构可以在专利拍卖过程中，将价值评估、知识产权金融化等服务融入其中，促进知识产权运营全领域协同发展；另一方面，培养领先型市场主体，可以发挥市场鲶鱼效应，激励市场内部竞争，吸引市场外部主体加入竞争，促进专利拍卖市场快速发展。

（二）市场主体促进专利拍卖蓬勃发展

其一，专利拍卖主体应当结合我国实际，借鉴国家技术转移东部中心专利拍卖案例经验，从高校合作入手，扩大专利拍卖的知名度和辐射面。在我国，高校拥有巨大的专利储备量，并且其中不乏众多优质专利，但高校目前技术成果转化应用效率并不理想，其巨大的知识产权运营市场亟待开发。与高校合作推动专利拍卖市场发展，有利于迅速打开市场，初步形成行业规模。

其二，专利拍卖主体应以市场为导向，不断创新服务形式。从国内外专利拍卖实践经验来看，专利拍卖运营主体均未局限于传统拍卖，不断根据市场需求，创新服务形式。一方面，推广线上线下相结合的拍卖模式。虽然目前线上拍卖尚未发挥威力，但进入信息时代以来，网络经济不断迸发新活力。线上线下相结合乃至全面线上拍卖模式是未来专利拍卖的发展趋势。专利拍卖主体需要在线下推介阶段，加强线上拍卖渠道宣传，并逐步完善线上拍卖网络建设，充分发挥网络渠道作用，扩大受众，降低交易成本。另一方面，创新企业个性化服务。一是可以为客户创办专利拍卖专场，对于专利持有量较多，专利转化需求较大的客户，可以针对客户提供个性化的专利拍卖专场，助力客户科技成果转化运用。如2018年同济大学与上海知识产权交易中心联合举办了同济大学专利拍卖专场，促进高校科技成果转化。拍卖会上，同济大学科研团队研发的6个项目参加竞拍，最终全部成交，成交额合计502万元。二是可以借鉴传统专利实施许可常用的交易方式和美国Ocean Tomo公司专利拍卖竞价经验，在竞价方式中引入入门费+销售提成。确定入门费后，对销售提成率进行竞拍，有利于形成买卖双方风险共担机制，买卖双方也可借此达成长期商业合作。三是可以将类似专利标的组成专利组合进行拍卖，促进成果转化。专利组合拍卖方式可能会降低竞买者的竞买欲望，因为组合中可能存在不需要的专利。但如果专利组合中存在企业发展所必需的核心专利，专利组合的形式一定程度可以帮助企业隐藏其技术布局及竞争实力。另外，实践中专利组合的价格往往低于组合中所有专利价值的加和，所以专利组合拍卖形式并非毫无市场。四是可以创新匿名拍卖机制，在专利战略逐渐成为企业重要发展战略的背景下，企业专利布局策略逐步上升为商业机密。专利公开叫卖的形式可能会引发竞买企业泄露发展策略的顾虑，所以可以为有需要的企业组织非公开拍卖，或匿名拍卖的个性化服务。五是可以为客户提供促进流拍后私下协商、拍卖成交后后续转化运营服务。专利拍卖旨在提高专利技术成果的流动性，如果拍卖过程中未能达成合作，可以促进意向买方与卖方私下协商。在专利成功转移后，综合性知识产权服务机构可以持续为竞买企业提供后续专利落地产业化运营服务，形成专利运营全链条协同发展。

其三，专利拍卖市场先行者探索建立知识产权拍卖服务标准，规范市场发展。由于起步较晚，我国尚未形成完善统一的知识产权拍卖标准。知识产权拍卖标准化，通过有限行政干预和市场化运作相结合的方式，促进科技成果转化，畅通知识产权转让途径，是对建立"归属清晰、权责明确、保护严格、流转顺畅"的现代产权体系的积极探索。标准的形成可以促进知识产权以市场为导向的成果转移转化机制的建立，普惠科技创新企业，规范新兴市场，促进行业有序健康发展。

其四，专利拍卖是发现专利价值的有效机制。从国内外专利拍卖实践可知，专利拍卖的动态报价过程是发现专利市场价值的有效机制。国外专利拍卖数据实证研究表明，专利拍卖可以成为专利估值的有用指标。随着我国专利拍卖活动的不断深入，专利拍卖经营主体可以进一步挖掘专利拍卖的商业价值，将历次专利拍卖报价数据和成交数据记录在册，形成商业化专利拍卖数据库，以构建专利价值评估的检验模型，或者通过研究论证创设专利价值评估新维度，促进专利等无形资产的价值评估和知识产权拍卖协同发展。

其五，培养专门的专利拍卖人才。人才是专利拍卖市场发展的原动力。一方面，高校需要以市场人才需求为导向更新完善现有的知识产权人才培养机制和模式，为社会输送高层次人才。更为主要的是，知识产权运营机构活跃专利拍卖市场一线，应当及时感知市场需求和市场变化，依据自身在专利拍卖实践中积累的经验和发现的问题，制定完善的专利拍卖人才培养机制，为专利拍卖市场的后续发展提供源源不竭的动力。

我国知识产权运营正如火如荼地进行。在不断完善的国家法律政策指导下，市场进一步健全，专利拍卖作为传统专利交易的补充，将充分发挥其覆盖面广、交易成本低等优势。市场发展成熟后，竞争将愈演愈烈，专利拍卖经营主体需要以市场为导向不断创新服务形式，完善服务标准，以提高服务质量，并探索拓宽市场外延，促进专利拍卖在我国健康茁壮成长。

第七章
专利池构建与运营

■ 第一节 专利池概述

一、专利池的概念

专利池最早起源于美国，严格意义上来讲，"专利池"（Patent Pool）并非法学概念，通常的理解是：通过集中控制必要专利来执行协议的池或组合；是一种交叉授权的约定，在这种约定中，几个专利持有人组成联盟，使联盟的所有成员都能使用各自持有的专利①。

在欧盟法律体系中，与专利池对应的概念是技术池（Technology Pools），最早写入 2004 年"欧共体条约第 81 条适用于技术转让协议的指导规则（2004/C 101/02）"中。根据该指导规则的第 2.2 款（第 41 条），技术池的概念为两个或两个以上缔约方同意将其各自的技术汇集起来作为一个技术包进行许可的协议。技术池的概念为两个或两个以上企业同意许可第三方并授权他对技术包进行许可的协议②。

---

① Definition of PATENT POOL [EB/OL]．https：//www．merriam－webster．com/dictionary/patent%20pool．
② LexUriServ．pdf [EB/OL]．https：//eur－lex．europa．eu/LexUriServ/LexUriServ．do？uri＝OJ：C：2004：101：0002：0042：EN：PDF．

在我国，专利池的概念是从西方国家引入的。专利池，亦称专利联盟、专利联营、专利集管，是指两个或两个以上的专利权人相互间交叉许可或共同向第三方许可其专利的联营性协议安排，有时也指这种联营协议安排下的专利集合[①]。

二、专利池的发展沿革

（一）国际专利池发展历史

专利池迄今为止已有 160 多年的历史。纵观国际专利池的发展历史，如图 7-1 所示，大致经历了 3 个阶段：第一个阶段为兴起阶段；第二阶段为反垄断阶段；第三个阶段为理性发展阶段。

兴起阶段	反垄断阶段	理性发展阶段
1856年，第一个专利池"the Sewing Machine Combination"问世	1890年，美国出台《谢尔曼法》	1995年，美国司法部和联邦贸易委员会联合发布《知识产权许可的反垄断指南》
1856年	19世纪末20世纪初	20世纪末

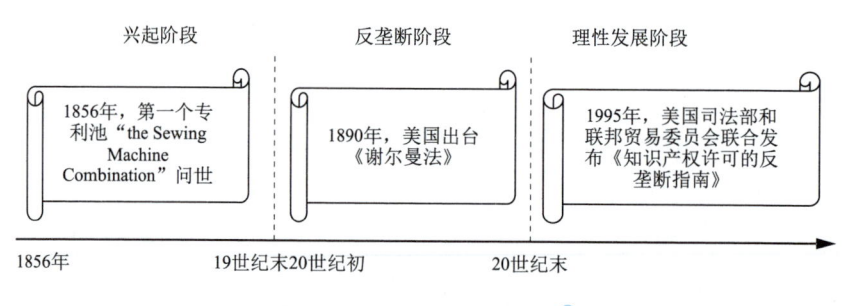

图 7-1 专利池的发展沿革[②]

1. 兴起阶段

1856 年，美国出现了第一个专利池——缝纫机专利池，该专利池几乎囊括了美国当时所有缝纫机专利的持有人。1908 年，Armat、Biograph、Edison 和 Vitagraph 四家公司达成协议组建专利池，将早期动画工业的所有专利集中管理，被许可人例如电影放映商，要向专利池缴纳指定的专利使用费。1917 年，当时正值美国参加第一次世界大战，急需大批飞机，然而，有关飞机制造的主要专利掌握在 Wright 公司和 Curtiss 公司手中，它们有效地限制了飞机生产。于是，美国官方出面促成各飞机生产厂商组成专利池，以减少专利阻碍，扩大飞机生产。

---

① 詹映. 专利池管理与诉讼 [M]. 北京：知识产权出版社，2013.
② 许琦. 专利池组建与管理研究述评 [J]. 情报探索，2018（1）：117-123.

2. 反垄断阶段

到 19 世纪末，专利池在美国已经十分普遍。但专利池的发展壮大开始遇到越来越多的争议。反对者认为专利池有可能导致垄断和不正当竞争，认为专利池成员常常互相勾结排斥竞争对手，控制市场价格，以非必要专利甚至无效专利进行不合理的收费。1912 年美国最高法院在 Standard sanitary manufacturing co., ltd. v. united states 一案中，认定这一卫生用品专利池固定销售价格的做法违反了《谢尔曼法》。1945 年，法官 Hugo Black 在 Hartford – Empire 一案中甚至声言：在美国历史上可能还从未有过像该专利池这样成功统治产业的经济暴政。法院在 Hartford – Empire、New Wrinkle 等一系列案例中都作出对专利池不利的判决，专利池的发展陷入低谷，这一状况直至 20 世纪 90 年代才开始改观。

3. 理性发展阶段

1995 年，美国司法部和联邦贸易委员会联合发布了《知识产权许可的反垄断指南》，美国司法部与联邦贸易委员会权衡利弊，一分为二地看待专利池问题，统筹兼顾了专利权人和被许可人的利益均衡，充分发挥了专利池的优势而又有效地抑制了专利池的垄断性特点。从此，专利池进入理性发展阶段。

1997 年，基于 MPEG – 2 数字视频压缩标准的 MPEG – 2 专利池成立，包括哥伦比亚大学、富士通公司、朗讯、索尼等九个成员。该专利池控制了全球 MPEG – 2 标准的数字视频压缩产业。此后，美国司法部和欧盟有关机构相继批准了 MPEG – 2、1394、DVD 3C、DVD 6C 等重要的专利池。2001 年 1 月美国专利和商标局（USPTO）在其发布的《专利池白皮书》中公开为专利池正名，认为"生物技术领域的专利池将同时造福公众和私人企业"，最终的结论是"专利池，尤其在生物技术领域，能够创造更多的创新和平行的研发，能够消除专利瓶颈并加速产品开发"。①

（二）我国专利池发展历史

从我国专利池发展的阶段来看，我国专利池发展经过了三个阶段：以探究为

---

① 百度百科：专利池_[EB/OL].［2022 – 01 – 28］. https://baike.baidu.com/item/% E4% B8% 93% E5% 88% A9% E6% B1% A0/10646803？fr = aladdin.

目的—以保护为目的 —以竞争为目的①。

①第一阶段（21 世纪初）：以探究为目的。

自新世纪以来，我国各个行业开始以试探性的态度建立专利池，原因有两点：一是在这一时期建立起来的专利池主要是由国有企业和政府主导完成的，出于摸索专利池流程与结构的目的；二是这一时期建立起来的专利池在后来的发展过程中较多沿用国外的建立原则与利润分配手段。2002 年由大唐电信、华为、中国移动等十家企业共同成立 Td - scdma 专利池，成为我国第一家专利池项目；2003 年由联想集团牵头，共八家公司设立中国闪联专利池项目。

②第二阶段（2004—2010 年）：以保护为目的。

在初步尝试之后，我国的高新技术产业得到了长足发展。在这一时期，我国行业为了应对国内外的知识产权侵犯问题，开始了漫长的维权道路。其中，针对我国中小企业为主的专利池开始建立，这一时期建立起来的专利池成为我国现有专利池的主要组成部分。

2005 年，由中国巨星轻质建材有限公司设立我国空心楼盖专利池；2006 年，由美的等七家企业合作创立中国广东顺德电压力锅专利池；同年，国家商用密码办公室、国家无线电检测中心成立中国 WAPI（Wireless LAN Authentication and Privacy Infrastructure，无线局域网识别标准）专利池；2007 年，TCL、康佳等十家国内电视机生产厂商联合组成中国彩电联合会（中彩联），并建立该领域第一家国内彩电专利池。2008 年是我国专利池"井喷"的一年：4 月，由佛山个性陶瓷、汇美陶艺腰线厂以及安美陶瓷共同成立佛山镀金属抛釉陶瓷专利池；9 月，信息化产业部科学司成立中国 AVS（Audio Video coding Standard，音视频编码标准）专利池；12 月，清华大学光盘国家工程研究中心和中国电子技术集团第三研究所共同成立中国 CBHD（中国蓝光高清光盘）专利池。2010 年，由江苏德威木业有限公司与深圳燕加隆实业发展有限公司共同成立中国地板专利池。

③第三阶段（2010 年至今）：以竞争为目的。

---

① 王舒平. 我国专利池模式与企业创新产出效应研究 [D]. 西安：西安电子科技大学，2014.

从 2002 年至今，我国已经在许多领域发展出数十家专利池，但由于我国法制建设不完善，许多专利池已经形同虚设，甚至许多专利池并未真的起到保护作用。因此，我国许多已经建立专利池的企业开始转型与反思，主要的方式包括两种：一是减缓建立专利池。我国在 2010 年之后专利池的建立数量开始下降，许多行业并没有跟风建立。二是建立专业的专利池运营机构。专业运营机构运营现有专利池，有助于我国专利转化效率，提升我国技术创新价值。

2010 年，上海盛知华知识产权服务有限公司成立，前身为上海生命科学院知识产权与技术转移中心。公司由上海市政府、中科院国科控股、上海生科院以及上海生命科学研究院知识产权与技术转移中心共同投资创建，为中科院研究所、大学、其他研究机构和企业提供服务。同年，深圳中科院知识产权投资有限公司由中国科学院国有资产经营有限责任公司（国科控股）投资成立，是中国科学院唯一一家从事知识产权商业运营的公司。2014 年，财政部会同国家知识产权局启动以市场化方式促进知识产权运营服务工作，目前，"平台 + 机构 + 资本 + 产业 + 人才"五位一体的知识产权运营服务体系已基本形成，各类要素不断聚集，知识产权运营活动日趋活跃。其中，在运营平台方面，形成了以国家知识产权运营公共服务平台为核心枢纽的"1 + N"知识产权运营平台体系，如表 7 - 1 所示。

表 7 - 1　国家知识产权运营平台（中心）名单①

平台名称	建设/批复时间	所在地区
国家知识产权运营公共服务平台	2014 年	北京昌平
国家知识产权运营公共服务平台军民融合（西安）试点平台	2014 年	陕西西安
国家知识产权运营公共服务平台金融创新（横琴）试点平台	2014 年	广东珠海
中国（南方）知识产权运营中心	2017 年 12 月	广东深圳
中国汽车产业知识产权投资运营中心	2017 年 12 月	北京海淀
国家知识产权运营公共服务平台国际运营（上海）试点平台	2018 年 4 月	上海浦东

---

①　国家知识产权运营平台（中心）名单 [EB/OL]．[2022 - 01 - 28]．https：//www.cnipa.gov.cn/art/2021/1/7/art_433_43299.html．

续表

平台名称	建设/批复时间	所在地区
中国智能装备制造（仪器仪表）产业知识产权运营中心	2018年5月	宁夏吴忠
国家知识产权运营公共服务平台军民融合（西安）试点平台	2014年	陕西西安
国家知识产权运营公共服务平台高校运营（武汉）试点平台	2018年6月	湖北武汉
国家知识产权运营公共服务平台交易运营（郑州）试点平台	2018年12月	河南郑州
稀土产业知识产权运营中心	2020年9月	江西南昌
电力新能源产业知识产权运营中心	2020年11月	广东广州
汽车知识产权运用促进中心	2020年11月	天津东丽
节能环保产业知识产权运营中心	2020年12月	湖北武汉
新材料产业知识产权运营中心	2020年12月	江苏南京
长春新区知识产权运营服务中心	2020年12月	吉林长春
山东知识产权运营中心	2020年12月	山东济南

三、专利池的形成原因

（一）"专利灌丛化"形成的专利障碍需要专利池来消除

现代科技的复杂性已不能和以前同日而语，一项产品所涉及的专利越来越密集，出现所谓的"专利灌丛化"（Patent Thicket）现象。"专利灌丛化"使得众多专利间互相形成障碍的危险性大增，促使专利权人之间结成专利池以保障专利能够顺利实施。

（二）产业分工精细化，产业链不断拉长造就了专利池

由于分工越来越细密，产业链不断延伸，某一产业内聚集的厂商数目远远多于过去，上下游企业之间的技术关联度也越来越高。在这种情况下，如果没有专利池，众多企业各自寻求专利许可的交易成本将十分惊人，而专利池的一站式打包无疑是最为高效的选择。

（三）产业技术标准化催生了专利池

在全球一体化的大背景下，伴随着技术标准网络效应的影响，近年来产业技术标准的作用和地位愈加凸显。技术标准的竞争成为世界产业竞争的制高点。现代产业技术标准往往同专利结合在一起，技术标准的形成过程也伴随着专利池的形成过程。一项技术标准一旦确立，标准中所含大量专利的许可问题可能变得错

综复杂,成为标准推广的绊脚石。此时,相关专利权人结成专利池是解决这一问题的最佳方式。无论是 MPEG-2,还是 3G 等标准,结成专利池成为标准推行中不可或缺的重要一环。

(四)现代技术周期缩短加快了专利池的形成

现代科技的发展一日千里,技术的更新换代不断加快,一项技术如果不能迅速实现产业化,不但不能盈利,甚至连研发成本都无法收回。然而技术产业化进程常常为费时费力的专利授权过程所累,人们不得不借助专利池来迅速解决这一问题。如 DVD-3C 专利池就是因为飞利浦、索尼和先锋公司等不及漫长的专利谈判,担心错过 DVD 产业的发展良机而抢先成立的。[①]

四、专利池的作用

专利池的出现是科技发展和专利制度结合下的必然产物。尽管争议不断,但无论是支持者还是反对者都不否认专利池的存在具有积极作用。

(一)专利推广应用

随着经济和技术发展,产业分工越来越细,产业链越来越长,上下游企业之间技术关联度也越来越高,一项产品所涉及专利越来越密集,形成了"专利灌丛化"。其中包括主从性专利、互补性专利和竞争性专利。主从性专利存在于基础专利和从属专利之间。没有基础专利则从属专利就不能实施,基础专利也常常需要实施从属专利才能获得更好的商业效果。因此,主从专利之间交叉许可十分必要。互补性专利由不同的研究者独立研发拥有,互相依赖,需要交叉许可才能发挥最佳作用。竞争性专利是指可以相互替代的专利,如果存在于同一专利池中,将会引发垄断。其中用主从性专利或互补性专利构建专利池,将会消除专利交叉许可的障碍,促进技术的推广应用。

(二)谋求竞争优势

对于产业内单独的一家公司而言,各自的基础专利无法使其产品具有最佳性

---

① 华转网:什么是专利池?[EB/OL]. https://zhuanlan.zhihu.com/p/179941014?utm_source=wechat_timeline.

能，因而无法形成某一行业的垄断优势，而由多家公司基础专利技术共同组成的专利池可以达到这个目的。多家公司缔结产业专利池主导制定行业标准，比如电源标准、螺旋桨标准等，然后以标准必要专利构建专利池，标准制定者通过专利池控制标准，甚至垄断产业，获取利润。可以说，技术标准与专利池的诞生息息相关。专利池内的企业以标准构筑竞争堡垒，使得池外的企业被迫接受该标准，一定程度上限制了竞争。

（三）降低交易成本

如果某公司也想生产同种性能先进的智能网联汽车，按照传统的专利许可程序，该公司要分别同多个专利权人分别请求许可，费时费力不说，所花费许可费用势必更高。有了专利池，该公司便可以直接同负责该专利池运营的专利池专员洽谈许可事宜，省时省力，许可费用也更低，从而降低了交易成本。

（四）减少专利纠纷

专利池可以有效化解"专利灌丛化"造成的技术风险。如专利池中各权利人之间发生侵权纠纷时，可以在内部协商解决，而不一定非要对簿公堂。专利池的专利清单以及被许可使用者的名单都是公开的，侵权行为很容易被发现。当专利池内的专利遭受外部侵权时，负责专利池运营的工作人员可协调各专利权人统一采取维权行动。专利侵权行为的减少意味着专利诉讼的减少。并且，即使出现了专利纠纷，专利池作为一个整体代表专利池成员参与诉讼，可使诉讼过程大为简化。由于专利诉讼的成本高昂，因此专利池形式可以极大地节约诉讼双方的诉讼成本，不但减轻了企业负担，也避免了社会法律资源的巨大浪费。

（五）抱团抵御攻击

近年来，我国企业在海外市场屡屡遭受国外专利权人的攻击。企业如果单兵作战，往往面临诉讼成本过高及抗风险能力差的问题。而通过专利池，企业可以组团作战，利用集团的资金优势及技术集合优势，有效应对技术壁垒，减少贸易摩擦。①

---

① 什么是专利池？专利池的作用［EB/OL］. https://www.1633.com/article/32 126. html.

专利池所具有的上述积极作用使其得其不断发展，尤其是到了今天，现代专利池开始不断壮大，其产业影响也越来越广。

五、专利池的分类[①]

（一）按照许可方式分类

专利池依其是否对外许可可以分为开放式专利池和封闭式专利池。开放式专利池以各自专利相互交叉授权，对外则由专利池统一进行许可。封闭式专利池则只在专利池内部成员间交叉许可，不统一对外许可。开放式专利池是现代专利池的主流，其对外许可方式通常为一站式打包许可，并采用统一的专利收费标准，专利费收入按照所持专利的数量比例或贡献度在专利池成员内分配。专利池对外许可事宜或委托专利池内某一成员代理，或授权独立实体机构来实施。与此同时，专利池各成员通常可以单独对外进行许可[②]。

（二）按照管理者性质分类

按照管理者的性质分类，分为三种，分别是拥有独立于专利权人之外的管理机构的专利池、由某一专利权人设立全资子公司管理的专利池、各专利权人委托其中一人管理的专利池。第一种专利池由独立于专利权人之外的管理机构来管理，该管理机构既非专利权人也非许可人，它的主要职能是让用户在无须与每一方谈判的条件下从多方专利权人的手中以单一的交易方式获取必需的适用于专门技术标准或平台的专利权，避免对许可业务的影响以及垄断行为的产生；第二种专利池由池内某专利权人在其他专利权人委托下设立全资子公司管理，该专利权人设立的全资子公司专管池内事务，但该专利权人对专利池的许可业务仍然有一定的影响，有发生垄断行为的隐患；第三种不同于前两种，池内的专利权人没有建立一个新的管理机构，而是把所有专利共同授权于其中某一专利权人，再由该专利权人管理，此模式下管理专利池的专利权人对整个专利池的许可业务有直接的控制与影响，有极大的

[①] 陈佩淳. 不同治理模式下专利池的创新效率研究——以 MPEG-2 和 DVD6C 为例 [D]. 长沙：湖南大学，2017.

[②] 詹映. 专利池管理与诉讼 [M]. 北京：知识产权出版社，2013.

垄断隐患①。

(三) 按照入池协议特点分类

按照入池协议是否透明化，通常分为一般式专利池和代理集合式专利池。一般式专利池采取统一的入池协议，专利评估、许可费分配以及诉讼等条款对不同专利权人均是透明化，对外许可费率也由池内成员共同决定。这种模式公开透明，公平公正性高，有利于激励专利权人的创新积极性，促进专利的更新，推动整个产业向前发展。代理集合式专利池采取独立保密的入池协议，专利池与不同专利权人签署的协议条款不同且对其他人保密，对外许可费率无须共同商讨，只需将各权利人要求的费率相加即可，这种模式从本质上来说将专利池变成了专利权人的收费工具，难以为产业发展注入活力②。

(四) 按照所涉技术是否进入标准分类

根据所涉技术是否进入标准，分为标准型专利池和非标准型专利池两大类。标准型专利池是国际上较为成熟的专利池形态，面向标准（包括法定标准和事实标准）的制定或推广，自愿加入并经筛选后建成，向外许可专利。标准型专利池已经形成了专利信息披露规则、标准必要专利筛选机制等多项共识，不论流程控制还是专利池运行管理都充分考虑了反垄断法的要求。非标准型专利池利益目标多样，结构及成员纷杂，如何运作尚未形成成熟经验。标准型专利池的独特性及其相对成熟的经验并不必然能为非标准型专利池的发展所借鉴，其约束条件也不宜直接移用，后者的建设内容仍亟待明确③。

(五) 按照治理结构分类

按照治理结构的不同，分为基于长期合同的专利池和基于信托的专利池。基于长期合同的专利池采取合同制的管理模式，专利权人委托专利管理公司管理，有效解决专利池中专利集中和分发的问题，但这种模式需要特定的适应性机制，以便在遇到意外干扰如专利权变动时能够有效地重新安排，并保证专利池的运作效率。基

---

① 胡远. 国内外专利池管理模式比较研究 [J]. 科技成果管理与研究, 2010 (2).
② 张晓. 国际专利池的结构及运作机理浅析 [J]. 中国发明与专利, 2012 (6): 13-16.
③ 张晓东, 张琼. 我国非标准型知识产权联盟建设研究——基于利益目标分解的视角 [J]. 科技管理研究, 2020, 40 (11): 113-119.

于信托的专利池采取由专利权人与管理者签订信托合同并将专利转移给管理者进行集中与分发管理的模式。此种模式下，由于专利权人是基于对受托人的信任，将其专利及其衍生权利委托给受托人，由受托人以委托人的意愿、以自己的名义为受益人的利益或者特定目的来管理专利的，因此表现出非常好的自发性与适应性[1]。

第二节 专利池的参与主体及构建流程

一、参与主体

一个专利池的运作主要涉及三方：专利权人、许可管理人及被许可人。在法律关系设计上，许可管理人与专利权人间可以是代理关系，也可以是许可关系（即专利权人将专利许可给管理人，并允许其进行分许可）。这三者间的关系如图7-2所示。

图7-2 专利池参与主体关系[2]

许可管理人在专利池的运作过程中起着至关重要的作用。国际上著名的许可管理人主要有 MPEG-LA、SISVEL、VIA、Marconi、Access Advance 等，以下将以 MPEG-LA 为代表进行简介。

MPEG-LA 是全球领先的各种标准和其他技术平台的一站式许可证提供商。从20世纪90年代开始，该公司便开创了现代专利池运营，帮助产生了消费电子历史上最广泛使用的标准，同时积极扩大其他突破性技术的使用渠道。MPEG-LA 运营着众多技术的许可项目，包括94个国家的逾2.5万项专利，涉及270名

---

[1] 丁飞. 浅论专利池的模块化、分级化管理 [J]. 现代经济信息, 2012 (6): 6-7.
[2] 张晓. 国际专利池的结构及运作机理浅析 [J]. 中国发明与专利, 2012 (6): 13-16.

专利持有人和约 7 300 位被许可人。通过协助用户实现他们所选择的技术，MPEG-LA 提供许可解决方案，让被许可方获取基本的知识产权、操作的自由度，同时降低他们遭到诉讼的风险，获取业务规划流程的可预测性[①]。

（一）成立背景

20 世纪 90 年代，新兴技术领域，尤其是信息通信技术领域产生大量专利，标准制定组织在这些领域建立技术标准时，迫于标准先进性的内在要求，不得以将大量专利技术纳入标准，出现了专利技术标准化现象。这种做法满足了技术标准对先进性的要求，却给实施标准带来了大量困难。因为实施标准者在实施标准前需要从诸多专利权人手中获得使用专利的许可，为了避免出现技术标准下专利权人拒绝许可、技术标准推广受阻的局面，国际标准组织要求进入标准的专利权人对外负担合理非歧视许可义务，然而由于技术标准下专利技术数量成百上千，传统"一对一"专利许可或者交叉许可方式并不能有效解决技术标准下专利许可问题，产业界不断思索解决该问题的办法。1995 年，美国司法部与联邦贸易委员会联合发布了《知识产权许可的反垄断指南》（简称《反垄断指南》）对专利池的竞争性和垄断性进行了细致规定。2007 年 4 月，美国联邦贸易委员会与司法部依据 2002 年发布的《反垄断执法与知识产权：促进创新和竞争》报告，进一步完善了对拒绝许可、专利池及专利期满后等许可协议的法律规制。

1998 年，国际标准化组织和国际电工委员会第一联合技术组成立了运动图像专家组（Moving Picture Expert Group，MPEG）负责制定视频、音频的压缩编码技术标准。1991 年，MPEG 制定的国际技术标准 MPEG-1 出台，由于该标准下专利权人没有采取合适方式对外开展专利许可，加之标准本身不够完善，MPEG-1 标准很快被产业界弃之不用。1990 年，MPEG 开始研究制定 MPEG-2 标准，MPEG-2 标准持有公司也同时开始研究技术标准下专利许可管理问题，并在 1992 年到 1996 年召开一系列关于专利许可事项的非正式会议，磋商知识产权许可管理问题，达成了设立 MPEG-2 专利池并由独立性管理机构对专利池进行统一管理和许可的意向。

---

① 美国商业资讯的博客-CSDN 博客. MPEG LA 提供一站式 ATSC 3.0 许可证［EB/OL］. https:// blog. csdn. net/sinat_41698914/article/details/122722122? spm = 1001. 2014. 3001. 5502.

（二）创设过程

在上述背景下，Baryn S. Futa 等人顺应技术发展与市场竞争需要，决定参与专利池组建与管理。1996 年 5 月，Futa 等人基于美国特拉华州公司在法律、政策、诉讼解决等方面优厚条件，在特拉华州注册成立了名为 MPEG－LA 的有限责任公司，Futa 也因此成为 MPEG－LA 首任首席执行官。考虑到公司主营地不适合设置在特拉华州，同时依据美国法律对公司在注册州外的州开展商务活动需要经过该州批准的规定，1996 年 6 月，Futa 在拿到特拉华州州务卿 Edward J. Freel 开具的公司存续证明后，向科罗拉多州公司管理部门提交了州外有限公司确权证明申请，将其公司运营总部设立在该州丹佛市。1996 年 7 月 29 日，科罗拉多州公司管理部门同意了 MPEG－LA 的请求，允许其在该州从事商务活动，MPEG－LA 创设活动终结，公司正式投入运营。

（三）扩张阶段

MPEG－LA 投入运营后即着手组建专利池，1997 年年初，MPEG－LA 按照美国《反垄断指南》及司法部有关规定，向美国司法部反垄断局提交了对专利池进行反垄断审查的申请书。1997 年 6 月，美国司法部反垄断局 Joel I. Klein 以商务意见书形式对专利池促进竞争作用予以认可："对 MPEG－2 必要专利的许可安排很可能对于许可人和被许可人具有节约花费、减少时间和费用支出、促进竞争的显著功能，不然这些时间和费用将会在一对一专利许可中支出，并且专利池对必要专利技术的限制和使用独立，降低了专利池被用于消除潜在的竞争技术之间竞争的风险。"于是在 MPEG－LA 组织下，富士通、朗讯、索尼等 8 家企业以及美国哥伦比亚大学，以其所拥有的 27 项 MPEG－2 标准必要专利为基础，组建了 MPEG－2 专利池，并开始对外开展专利许可业务。MPEG－2 专利池也因此成为《反垄断指南》颁布之后首个通过美国司法部反垄断局审查的专利池，MPEG－LA 也成为近代历史上首家管理通过美国司法部审核的专利池的公司，从此作为一站式购物中心的代表，不断为需要获得其标准下专利的企业提供许可服务。

目前，MPEG－LA 共管理 VVC、ATSC 3.0、QI WIRELESS POWER、EV CHARGING、EVS、HEVC、AVC/H.264、DISPLAYPORT、ATSC、VC-1、MPEG－4 VISUAL、MVC、MPEG－2、MPEG－2 SYSTEMS、1394、DASH 等 16 个标准型专

利池。

（四）专利池管理机制

MPEG－LA 的专利池管理机制包括主动倡导组建专利池机制、新专利权人入池机制和实施一站式专利许可机制。

①主动倡导组建专利池机制：在某行业出现或即将出现国际技术标准之时，主动向拥有有关标准专利技术的专利权人发出邀请函，倡导其联合起来组建专利池，在专利权人接受倡导并提交专利之后，MPEG－LA 组织独立第三方专家组对该专利进行评估，将必要专利纳入专利池，然后协助专利权人制定专利池协议，成立专利池。

②新专利权人入池机制：MPEG－LA 倡导组建的专利池对于法定标准下所有必要专利权人开放，必要专利权人可在相关专利池成立后向 MPEG－LA 提交加入专利池的申请，MPEG－LA 经过有关程序进行入池审核，然后做出是否准许加入的决定。

③一站式专利许可机制：一站式英文"one stop"，源自欧美系统销售的商业理念，体现了对服务流程或服务内容集成、整合的思想，是指 MPEG－LA 将某一国际法定标准下必要专利集中起来，向实施法定技术标准进行产品生产或者服务提供的公司提供一揽子许可，实施标准的公司以单一交易的方式合理、公平、无歧视地从 MPEG－LA 手中获取必需的适用于专门技术标准的专利权，并向 MPEG－LA 缴纳专利许可费，MPEG－LA 收取专利许可费。其中，许可费 5%～10% 留作管理费用，剩余部分按照每个专利池成员拥有的必要专利的数量进行分配。①②

二、构建流程

专利池构建流程如图 7-3 所示，主要包括召集与沟通、评估与谈判、协议签署、实施运营等。由于相较于非标准型专利池，标准型专利池的构建要求更加严格，故以下将选取标准型专利池的构建流程进行介绍。

---

① Licenses for standards and other technology platforms ｜ MPEG LA：MPEG LA［EB/OL］.［2022-02-10］. https：∥www.mpegla.com/.

② 秦天雄. MPEGLA 公司专利联盟专利池管理机制及启示［J］.法制与社会（旬刊），2013（34）：4.

召集与沟通 ⇨ 评估与谈判 ⇨ 协议签署 ⇨ 实施运营

图 7-3 专利池构建流程

（一）召集与沟通

当组建新专利池时，许可管理人或发起人（一般为专利权人）向拥有相关专利技术的企业发出组建专利池的要约邀请，邀请其加入组建新专利池，并不断与之沟通磋商，直到足够数量专利权人同意参加组建新专利池，此时，专利权人之间，或者专利权人与许可管理人之间通常会签署一项筹备协议。该协议主要规定筹备费用的分担、对讨论的内容保密等条款。此外，筹备协议中还可包括评估条款。

（二）评估与谈判

1. 入池专利的评估遴选

①评估专家的选聘与运作。

评估专家的选聘方式主要有两种：一种是直接选择产生，通常在采用直接管理模式的专利池中比较常见。例如，DVD 3C 的评估专家由专利许可人直接进行选择。DVD 6C 的评估专家也由专利池的专利持有人进行推荐，并采用投票方式多数表决产生。对于评估专家不满足专家协议规定的"以专业的、有能力的、可信赖的或者适时的方式"进行评估时，专利持有人再采用同样的投票方式将缺乏此种能力或者不尽职责的专家解雇。另一种方式是委任选择产生，这种方法在代理管理模式的专利池中应用较多。例如，MPEG-2、ATSC、IEEE 1394 等专利池的评估专家选聘与运作由 MPEG-LA 公司负责，WCDMA 专利池由 3G Licensing 公司负责，MPEG Audio、DVB-T、ATSS 等专利池的评估专家选聘与运作则由 SISVEL 公司负责，而 MPEG-2 AAC、NFC、TV-Anytime 等专利池的评估专家选聘与运作则由 Via Licensing 公司负责。在这种方式下，评估专家并不由专利持有人直接选择产生，技术专家和专利评估员之间的协作由代理公司负责。

②必要专利的评估原则。

独立评估原则。为了保证评估结果的公正性和合理性，必要专利评估的评估专家只能由不属于专利池成员，且与专利池成员无经济从属关系的第三方专家组成。对于评估专家的选聘与薪酬，要求不与评估专家对专利必要性的判断相关联。例如，尽管DVD 6C专利池的评估专家由许可人推荐并且由多数投票选举产生，但是，他们在许可协议中保证评估专家与每个独立的许可人之间没有经济从属关系。

动态评估原则。基于风险和收益的考虑，很多企业并不会在专利池形成之初加入，而是根据企业的战略利益调整，在专利池运作一段时间后陆续加入。对于新加入的专利持有人主张的必要专利，评估专家应当对专利进行动态评估，以保证联合许可专利清单中专利的必要性。在DVD 6C专利池中，评估专家每四年对所有纳入DVD专利池的专利进行一次全面的评估。在四年之中，专家同样对引起较大争议的必要专利进行个别评估。如果某个专利持有公司对某项专利的必要性提出了善意的质疑，并且提供了合理的理由，专家将会对此专利进行重新评估。如果重新审查的结果说明此项专利仍不是必要的，那么这项专利将被排除在DVD 6C专利许可范围之外。

勤勉尽职原则。从专利持有人与评估专家签订的协议来看，评估专家均应当在评估的过程中"以专业的、有能力的、可信赖的或者适时的方式"对专利池的必要专利进行尽可能全面、详尽、深入的调查研究，切实履行应尽的职业责任，维护专利评估专家的职业声誉，不得出现重大遗漏和失误，在评估完成之后，评估专家需向委托公司和必要专利持有人提供具有高度专业见解的专业评估意见。专利池的专利持有人有权利对评估专家的评估行为进行监督，对于缺乏科学评估的专业能力及在评估过程中未尽勤勉尽职义务的评估专家，专利持有人或者代理公司可以将其解聘。

最小评估原则。专利持有人对其持有的某个专利的必要性主张通常有多项，对于这些主张的评估以及必要性的认定，必须至少有一项获得评估专家的认可，才能放入专利池之中。例如，在3G标准必要专利的认定中，对于每个提交专利的评估，评估服务组将会选择三个能够胜任的评估人组成一个评估小组来负责一项专利或者专利族的评估，对于专利持有人认为的特殊的3G标准必要的专利，至少必须有一项专利主张被评估专家认为是必要的，才可放入专利池之中。我国的AVS专利池管理规定也要求，在最初创建专利池的时候，AVS授权管理实体将邀请潜在必要专利权人至少提交一个专利进行评估。

评估不可诉原则。为了保证第三方独立专家的权威性以及提高专利评估的效率，专利池通常在专利许可协议中明确监管专家评估的规则以及专家评估结果的确定性。例如，DVD 6C 在专利许可协议中规定：尽管专家必须提交一份报告来解释专家对一项专利非必要的评估结果，但是专家的决定是确定性的，并且不可上诉。除非某个专利持有公司对某项专利的必要性提出了善意的质疑，并且能够提供合理的理由，专家才会对此项专利进行重新评估。对于评估的结果，专家并不承担任何法律责任。

③评估方法。

标准制定组织通常对专利"必要性"给出明确的定义，如果有部分没有给出的，则由专利池的发起人共同确定，定义的角度主要有技术因素（专利技术的必要性和不可替代性，标准技术与必要专利关联性、专利性、系统性分析）、法律因素（专利技术的时间和地域上的有效性）和商业因素（专利技术的市场价值及市场前景）三个层面。大部分解释将"必要性"从法律和技术层面定义为"没有侵犯此项专利，标准不能执行"。例如，DVD 6C 专利池即将"必要性"定义为"当执行 DVD 标准规格时，必然侵犯或者没有实际的选择"。ETSI、ATSC、BLUETOOTH SIG、TV – Anytime Forum 等标准制定组织也采用此种定义方法。市场层面的"必要性"侧重于"即便没有专利，标准可以运作自如，但是对于消费者，标准则不能以最佳的方式执行"。DVD 3C 专利池即采用这种方法，将必要专利定义为"执行 DVD 标准规格必要的"。IEEE 将商业因素作为认定必要专利的决定因素之一，考虑商业因素相对于技术因素使得"必要专利"更容易构成。从上述因素出发，评估专家或者小组综合考虑一项专利的专利引证指数、同族专利指数以及科学关联性等专利指标之后，从整体上判断专利是否具有必要性。

④评估费用。

专家专利评估的费用由提出必要专利主张的专利持有人承担，所有专利评估的成本由必要专利的持有人来分担。在 DVD 6C 专利池中，当一个专利持有人质疑 DVD 专利许可中一项专利的必要性时，他将承担专家专利评估的费用，但如果评估专家赞成这项质疑时，专利评估的费用则由这项专利权的所有持有人来承担。但专利评估费用的支付方式通常并不由专利持有人直接支付给评估专家，而是通过专利池代管机构来统一处理。例如，MPEG – 2、ATSC、IEEE 1394 等专利池必要专利的评估费用通过 MPEG – LA 收取标准评估费的方式来处理。MHP、MPEG – 2 AAC 等专利池必要专利的评估费用则由 Via Licensing 公司负责处理。①

2. 入池协议核心条款的商务谈判

该阶段,各方针对以下核心问题进行多轮沟通和谈判。

第一,针对哪些产品进行许可?一项技术标准的实施往往涉及很多产品。例如,通信标准涉及终端、基站,终端又有手机、数据卡、电脑等,甚至手机也可以再细分为智能手机和功能手机;再如,视频标准涉及解码器、编码器、数据流、存储介质等。有的专利池会针对各种类型的产品均进行许可,有的仅针对其中某些类别。

第二,针对产业链上的哪一环节进行许可?一个合理的专利池应该只针对产业链上的一个环节进行许可。例如,可以针对芯片厂商,也可以针对整机厂商,当然还可以针对销售者。

第三,许可费及其分配问题。针对不同产品收取多少许可费,是专利池的核心问题,也往往是专利权人在进行专利池筹备时的争议焦点。从专利权人的角度,许可费并非越高越好,过高将不利于产业的发展,技术标准实施者减少,最终导致专利权人的利益受到损害。另外,有些专利权人本身也需要从专利池获得许可,他们往往不愿意将许可费定得过高。许可费如何分配是一个关键问题。分配方式多种多样,可以完全由专利权人讨论决定。

第四,专利权人如何进行防御?专利池的许可都是开放式的,即任何公司均可要求管理许可人给予其许可。这可能导致如下的问题:专利权人 A 将其必要专利放入某一标准技术的专利池,标准实施者 B 获得了专利池许可,之后 B 又以其专利控告 A 侵权,此时 A 无法与 B 进行交叉许可,这种情况导致专利池无法吸引那些以专利防守为主要战略的必要专利持有人。

因此,专利池往往还会为专利权人设置一定的防御机制。最典型的是"防御性终止"和"回授权"。在防御性终止机制下,若 B 也以同样标准的必要专利控告 A 侵权,则 A 通过专利池对 B 的许可自动终止,之后 A 可以以其专利与 B 进行交叉

---

① 姚远,宋伟. 专利联盟专利池必要专利评估机制研究 [J]. 中国科技论坛,2010 (7):149 – 155.

许可。在回授权机制下，B 在获得专利池许可的同时，必须将其同样标准的必要专利以一定条件（例如免费，或者与专利池相同的条件）授权给专利池成员。

（三）协议签署

专利池的本义是指两个或两个以上的专利权人相互交叉许可或共同向第三方许可其专利的联营性协议安排，因此专利池的组建基于一系列协议，其中最重要的是专利池成员之间的结池协议和专利池成员与许可管理人之间的委托及专利授权协议。

①结池协议。专利池成员之间的结池协议是指专利池成员之间关于共同建立专利池所达成的协议，是建立专利池最基本的协议文件。专利池的结池协议的主要内容一般包括成员的权利和义务、专利池的管理方式和机构设置、专利费收入的分配和相关费用的承担等。

以 MPEG-2 专利池结池协议为例，该协议条款包括：术语定义，成员义务与权力，运行，代表与保证，债务、收入和开支，修订，期限和终止，其他约定。

②委托及专利授权协议。专利池成员与许可管理人之间的委托及专利授权协议，也叫入池协议。该协议主要目的是约定由专利池成员授权许可管理人代为进行专利许可，甚至专利诉讼等事务，需明确界定专利权人和许可管理人双方的权利义务，协议内容一般包括专利池许可范围和对象、专利许可费用的收取方式、支付和分配、专利池成员对许可管理人的专利授权和保证以及相关商业秘密的保护等。

一般而言，许可管理人与不同专利权人签署的委托及专利授权协议都是相同的，协议中条款对不同专利权人都是透明的。许可管理人对外许可适用的费率，是由各专利权人一起讨论决定的。但也有一些专利池，不同专利权人与许可管理人签署的协议并不相同，且这些条款对其他专利权人保密。这种模式下的专利池更像是一个简单的"代理集合"，即许可管理人分别从不同专利权人处获得标准专利的许可代理权，然后统一对外许可。此模式下，对外许可费无须经专利权人集体讨论，只需简单地将各权利人要求的费率相加即可。从整个产业发展的角度看，这样的专利池只是专利权人的收费工具而已，并不会为产业发展带来太多的好处。

以 MPEG-2 专利池的委托及专利授权协议为例，专利池成员与许可管理人之间的委托及专利授权协议主要条款包括：生效日期，术语定义，许可的发放（包括中间产品、解码产品等），专利许可费及支付，声明和保证，机密信息，期限、终止和移交，其他条款。

（四）实施运营

该阶段主要是逐步扩大专利池规模，并根据实际情况更新专利池条款，并对拟新入池的专利进行评估，不断扩展和完善专利池，同时推进专利池的对外许可，与被许可人签署专利许可协议。

专利池对被许可人的专利许可协议是专利池对外许可的基础性文件，由专利池许可管理人与需要使用相关专利的被许可人签订。专利许可协议通常采用统一的格式合同，部分专利池的专利许可协议文本可以从许可管理人的网站上公开获取。专利许可协议中规定的许可形式一般为打包许可方式，即将相关专利组合以打包形式对外进行许可，专利许可协议中一般会规定全球统一的专利许可费标准，并就许可范围、许可条件、回授权等事项进行细致的约定。

以 DVD 6C 专利池许可协议为例，其主要条款包括附加条款、DVD 专利许可和发放、专利回授、保证和免责声明、期限和终止条款、其他条款等。[①]

（五）MPEG – LA 的专利池构建流程

以 MPEG – LA 的专利池构建为例，其所管理的专利池构建流程如下[②]。

在召集与沟通阶段，MPEG – LA 主动倡导组建专利池，主要是跟踪国际标准组织标准制定动向，发现可组建专利池的技术标准。以法律效力为依据，可将技术标准划分为法定标准和事实标准。法定标准是由政府或政府主导的标准化组织制定的，包括国家标准、行业标准、地方标准等。事实标准是通过市场过程产生的，往往是市场中的优势企业制定的。MPEG – LA 利用专业化团队紧跟国际标准组织技术标准制定动向，在法定标准下寻找可组建专利池的领域。然后发出组建专利池的倡导。在 MPEG – LA 发现有潜力的标准后，会通过新闻发布会等方式向拥有相关专利技术的企业发出组建专利池的要约，邀请其加入组建新专利池，并不断与之沟通磋商，直到该法定标准技术下一定比例专利权人同意参加组建新专利池。

---

① DVD6C PATENT POOL（dvd6cla.com）［EB/OL］.［2022 – 02 – 10］. http：//www. dvd6cla. com/index. html.

② 秦天雄. MPEG – LA 公司专利管理机制及启示［J］. 法制与社会（旬刊），2013（34）：4.

在评估与谈判及协议签署阶段，MPEG-LA 组织独立第三方专家组对专利进行评估。技术标准下专利权人参加组建专利池后，MPEG-LA 会组织独立第三方专家组对这些权利人拥有的专利技术进行评估，通过评估确保每个囊括进来的专利都是 MPEG-2 标准下必要技术，没有替代技术进入专利池。必要专利的专利权人在相互协商基础上会同 MPEG-LA 公司制定专利池协议，并在此基础上协商讨论专利池对外许可协议，例如专利池许可费用收取方式、收取额度、收取时间以及专利权人之间利益分配等。

在实施运营阶段，主要负责新专利权人入池及一站式专利许可。

新专利权人入池机制主要有以下三点。一是专利权利人向 MPEG-LA 提交加入某专利池的申请书和其拥有完全专利权的专利。二是 MPEG-LA 组织独立第三方专家组对权利人提交的专利进行评估，判断该专利是否构成该法定标准下必要专利，如果构成必要专利则进入下一步，如果不构成必要专利，则告知专利权人不能加入该专利池。三是专利权人与 MPEG-LA 签订入池协议，成为专利池新成员。MPEG-LA 将新专利池成员必要专利纳入专利池中，继续对外开展一站式许可，新专利池成员依据入池协议享受权利，履行义务。

一站式专利许可方式的市场运作流程。主要有以下三点。一是打包专利。MPEG-LA 对专利池内专利进行整体打包，以整个专利包为许可对象。二是公开专利池的交易信息。三是推进对外许可。

其中，公开专利池的交易信息为"一站式"专利许可的核心，将专利池的许可条件、许可对象、许可费用等对所有人充分公开，不仅能减少信息不对称带来的影响，提高谈判效率，还充分保证了公平。MPEG-LA 从六方面公开了旗下 16 个专利池的信息。下面以 MPEG-LA 对 MPEG-2 专利池信息公开为例进行介绍。

第一，公开 MPEG-2 标准的技术领域与地位。指出 MPEG-2 是消费性电子产品历史上被最广泛使用的标准，可被广泛用于机顶盒、DVD 播放器和录音机、电视机、个人电脑、游戏机、照相机、DVD 视频磁盘等产品上。

第二，公开 MPEG-2 专利池中各专利权人的专利清单。MPEG-LA 罗列了自 2013 年 4 月 1 日统计截止的 MPEG-2 专利池许可协议中包含的全部企业及所拥有的在各个国家注册专利的专利号，并在已到期和 2013 年即将到期的专利号旁边标注了到期的具体年月日。比如，阿尔卡特公司，US5453790，2012 年 3 月 25 日专利到期；思科股份有限公司，AU680680，AU683134，…，JP2937301，US5420866；索尼公司，AT0573665，2012 年 12 月 28 日到期，CA2027659，2010 年 10 月 15 日到期等。

第三，公开 MPEG-2 专利池中专利与技术标准的对应关系。以国别为标准罗列了在各个国家申请专利的专利号、该专利解决的技术问题的类别及在技术标准中的标准编号。

第四，公开 MPEG-2 专利池中的专利许可人。MPEG-LA 将 MPEG-2 专利池的专利许可人全部列出，总共 27 个，如阿尔卡特朗讯公司、英国电信公司、日本富士通公司、通用电气科技发展公司等。

第五，公开 MPEG-2 专利池专利被许可人。在被许可人一栏，MPEG-LA 公布了获得许可的 1 417 个被许可人名称。

第六，公开 MPEG-2 专利池许可协议的摘要。该摘要主要对专利池包含的专利和所要实现的技术标准进行说明，并对在 MPEG-2 专利池之下不同类别产品在获得有关专利许可时的许可费用和许可期限进行了详细规定。

第三节　代表性专利池实践案例

一、ATSC 3.0 专利池

ATSC 3.0 标准中，中国数字电视标准技术首次直接导入国际标准体系，且上海数字电视国家工程研究中心有限公司作为首批专利池成员深度参与 ATSC 3.0 专利池的组建，这确保了我国自主技术在美国新一代数字电视标准中的实质性存在，对于提升我国技术在国际标准竞争中的战略地位和话语权具有重要意义，同时有利于我国企业在北美、韩国等市场的专利谈判中扭转被动局面，避免高昂的专利费用，提升市场份额和盈利能力。ATSC 3.0 专利池，是上海数字电视国家工程研究中心有限公司的实践，对我国标准型专利池的构建工作具有极其重要的借鉴价值。

(一) ATSC 及 ATSC3.0 标准简介

1. ATSC

美国高级电视系统委员会（ATSC）成立于 1982 年，是一个全球性非营利的数字电视标准制定组织，由社会协作联合委员会（JCIC）、电子产业协会（EIA）、电子与电气工程师学会（IEEE）、全美广播电视联盟（NAB）、北美有线电信协会（NCTA）以及电影电视工程师协会（SMPTE）共同发起成立。目前成员单位接近 150 个，包括广播电视、广电设备、动态图像、消费电子、计算机、有线电视、卫星电视、半导体等多个领域的企业、研究机构及大学。ATSC主要协调电视标准在不同通信媒体间的应用，重点关注数字电视、互动电视系统、宽带多媒体通信等领域。同时，ATSC 还制定数字电视战略部署，围绕 ATSC标准开展研讨会。如图 7-4 所示，ATSC 下设 ATSC 技术标准工作组（TG1）、ATSC 3.0 技术标准工作组（TG3）、个性化与交互性执行组、高级紧急报警执行组。其中，TG1 主要负责现有标准的组织和活动，制定和推荐自愿的国际性技术标准；TG3 主要负责新一代标准 ATSC 3.0 的技术研发和标准制定等活动；个性化和交互性执行组主要负责解决 ATSC 3.0 标准的业务、监管、技术要求等实施过程中的问题；高级紧急报警执行组主要为业界探讨紧急警报的实施等相关问题提供交流平台。

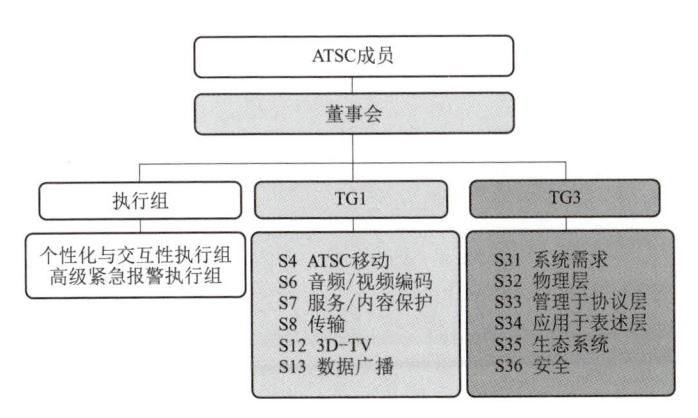

图 7-4 ATSC 3.0 组织架构

2. ATSC 3.0 标准

从 ATSC 组织成立至今，陆续发布了 ATSC1.0、ATSC2.0 和 ATSC 3.0 标准。

在 ATSC1.0 标准中，支持高清视频、多播、5.1 声道环绕立体声、电子程序导览、视频字幕、移动数字电视等功能。ATSC2.0 标准中，能够后向兼容 1.0 标准，支持非实时传输、高级的音/视频压缩、加强的业务指南，增强了交互性。2018 年 1 月，ATSC 委员会在 NAB 展会上正式发布了 ATSC 3.0 标准，该标准可实现增强型传输和接收功能、传输 4K 超高清电视、沉浸式音频，并使用互联网和广播混合连接提供互动服务。如图 7－5 所示，ATSC 3.0 包含 20 个独立标准，能让广播商使用新的传输方式，将无线和宽带服务的革新结合到一起。[①] ATSC 3.0 已经在韩国和许多美国电视市场推出，它通过更高的音频和视频质量、改进的压缩效率，用于固定数字电视、转换盒和移动设备接收的稳健传输，以及增强的可访问性、个性化、互动性和先进的紧急警报服务能力，来改善电视观看体验。

图 7－5　ATSC 3.0 标准一览表

ATSC3.0 标准按照 3 个主要步骤进行工作。

① 应用需求征集与分析。首先在全球范围内征集下一代广播的应用需求，在需求征集的基础上进行分析和研究，根据分析结果进行系统架构设计（分

[①] 重磅:美国下一代电视标准 ATSC3.0 于 CES2018 大展正式发布 [EB/OL]. [2022－02－10]. https:// www.sohu.com/a/216793423_99927956.

层），并根据该结果进行分组，在 TG3 内部成立系统需求（S31）、物理层(S32)、管理与协议层（S33）以及应用与表述层（S34）4 个专家组。

②系统需求定义。根据收集到的应用需求，需求组（S31）确定了系统需求定义，撰写并发布系统需求报告，并明确各项系统需求与各小组之间的关系。

③提案征集、评估和系统开发。根据系统需求定义，各小组确定工作范围和计划时间表，并按照计划时间表进行各个小组的提案征集、技术评估和系统开发工作。

在 ATSC 3.0 标准的制定过程中，中国数字电视标准技术首次直接导入国际标准体系，主要历程如下。

2011 年 11 月，ATSC 成立了 ATSC 3.0 技术组（TG3），其任务是专门研究制定下一代数字电视广播标准 ATSC 3.0，并在成立时规划了标准的 5 年计划，如图 7-6 所示。

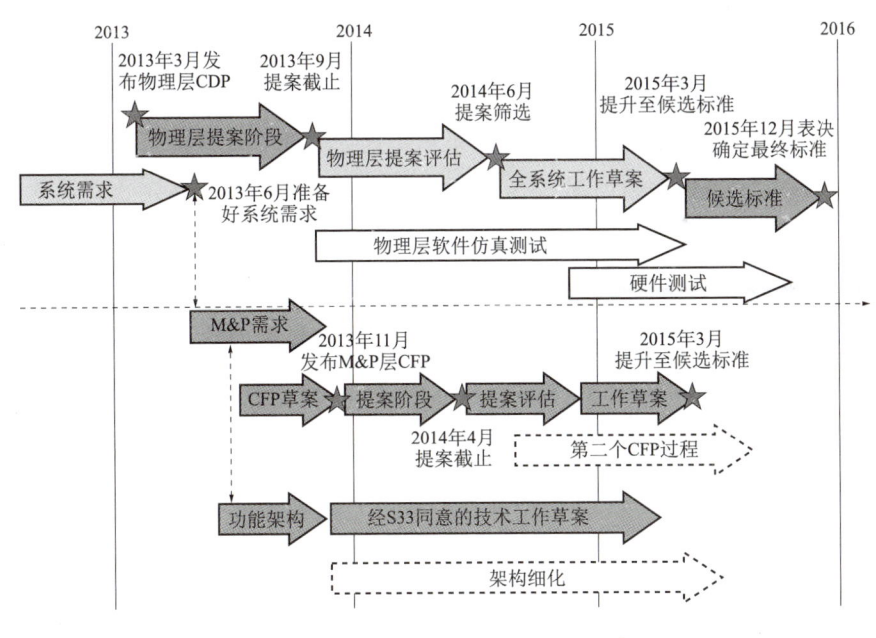

图 7-6　ATSC 3.0 标准 5 年计划[①]

2013 年 3 月，ATSC 向全世界发布征集下一代数字电视系统物理层方案的公

---

① 何大治，赵康，徐异凌，史毅俊，徐洪亮，朱林林，管云峰．ATSC3.0 关键技术介绍［J］．电视技术，2015，39（16）：105-114，128．

告，要求新的系统采用国际化的核心技术。

2013年5月，数字电视国家工程研究中心、上海交通大学、中科院上海高研院组成联合工作组，向 ATSC 组织提交物理层提案，与来自欧洲数字电视标准组织、日本广播公司、韩国电子通信研究院、加拿大通信研究中心、美国辛克莱尔广播集团等全球数字电视标准组织，以及高通、索尼、三星、LG、爱立信、Harris 等国际知名企业的提案进行竞争。

2013年10月16日，ATSC 在华盛顿审议标准提案，"中国提案"不但因为拥有支持未来8K、4K超高清晰度电视的链路传输能力，同时支持建设大容量的覆盖网络和高速移动接收，开创性地扩展了数字电视网络的上行功能等特点，受到全球数字电视技术研究同行的广泛关注。

从2013年年底至2015年3月，联合工作组按照 ATSC3.0 专家组的要求，积极参与相关标准提案的各项评估工作。在一年半的提案评估阶段里，ATSC3.0 的专家组对中国技术提案进行了多次研讨和交叉评估，通过多次的方案修订、技术研讨、结果论证和性能测试，"中国提案"的5个技术模块在众多技术提案中脱颖而出，被 ATSC3.0 标准采纳，这是中国数字电视标准技术首次直接导入国际标准体系。这5个技术模块分别是信令码、星座映射、比特交织、Bootstrap 和回传信道。[1]

（二）ATSC 3.0 专利池创建过程

2017年8月，MPEG-LA 宣布征集对 ATSC 3.0 标准必要专利，开启建立 ATSC 3.0 专利池一站式许可的第一步。[2]

2017年9月至2021年12月，MPEG-LA 组织独立第三方专家组对征集的专利进行评估，筛选出拟入池必要专利，并通过专利权人会议与筛选出的必要专利的专利权人就专利池许可费用收取方式、收取额度、收取时间以及专利权人之间利益分配等进行协商，并签署结池协议和入池协议。

---

[1] 何大治,赵康,徐异凌,史毅俊,徐洪亮,朱林林,管云峰. ATSC3.0 关键技术介绍 [J]. 电视技术,2015,39（16）：105-114,128.

[2] MPEG-LA 宣布征集对 ATSC 3.0 至关重要的专利 [EB/OL]．[2022-02-10]. https://www.sohu.com/a/162224747_114872.

ATSC 3.0 专利池首批入池专利清单和 ATSC 3.0 标准的对比情况如图7－7所示，可以看出，ATSC 3.0 专利池的入池专利覆盖 ATSC 3.0 的 20 个独立标准中的 14 个，分别为 A/300、A/321、A/322、A/324、A/330、A/331①、A/332、A/333、A/336、A/337、A/338、A/343、A/344 和 A/360。

ATSC 3.0 Patent Portfolio License Cross-Reference Chart

(The following chart shows illustrative essential claims for each patent. Other claims may also be essential and/or other portions of the Standard may be covered.)

Ctry.	Patent	Description	CI	Standards / Sections
CA	2,773,716	Method and System for Wireless Data Communication	1, 9, 10	A/322:2021, Secs. 4.2, 6.4, 6.4.1, 7.2.7.4, 9.3.4, 9.3.5, Figs. 4.1, 4.3, 4.4, 6.14, 6.15, 7.18-7.22, Table 9.22 A/324:2021, Sec. 4.8, Fig. 4.2, Annex A.1
JP	5,562,408	Directed Interpolation and Post-Processing of Data	1	A/344:2021, Secs. 4.2, 5.2.5, 9.7.2, Fig. 4.1
KR	1,159,432	Scalable Information Signal, Apparatus and Method for Encoding a Scalable Information Content, and Apparatus and Method for Error Correcting a Scalable Information Signal	33	A/300:2021, Annex A.1.1.1 A/331:2021, Secs. 1, 2.1, 4.1, 8.1, 8.1.2.5 ISO/IEC 23008-1:2017, Secs. 3.1.33, 3.1.34, Fig. C.3, Annexes C, C.1, C.3
KR	1,691,709	Network-Initiated Content Streaming Control	1, 16	A/337:2019, Secs. 2.1, 4.2, 4.4, 4.5.1, 4.5.2, 4.5.2.2, Table 4.6 ISO/IEC 23009-1:2014, "emsg"
KR	1,812,218	Forward Error Correction Using Source Blocks with Symbils from at least Two Datastreams with Synchronized Start Symbol Identifiers Among the Datastreams	1, 8	A/300:2021, Sec. 2.1, Annex B.1.1.1 A/331:2021, Secs. 2.1, 4.1, 8.1.2.5 ISO/IEC 23008-1:2017, Figs. C.11, C.12, Annexex C.1, C.3, C.5, C.5.2, C.5.3
KR	1,908,349	Interleaving and Mapping Method and Deinterleaving and Demapping Method for LDPC Codeword	1	A/332:2021, Secs. 6.2, 6.2.1, 6.2.2, 6.2.3.1, Figs. 6.5, 6.6, 6.7
US	8,335,962	Interleaver Apparatus and Receiver for a Signal Generated by the Interleaver Apparatus	1, 21	A/332:2021, Secs. 7, 7.1.5.5, 7.2.2.1, 7.3, 8, Figs. 6.2, 6.3, 7.5, 7.7(b), 7.8, Tables 6.1, 6.14, 7.4
US	8,902,928	System and Method for Efficient Transmission of Multimedia and Data	1	A/330:2019, Secs. 1, 4, 5, 7, 7.1.2, Figs. 5.1, A.1.4, A.1.5, Tables 5.6, 7.3, Annex A.1.3
US	9,078,140	Method and System of Beacon Transmission and Reception Using Directional Antennas	1	A/322:2021, Secs. 1.1, 7.2.1, 7.2.2.1, 7.2.5, 7.2.5.1, Figs. 7.10, 7.11, Annex L.11.1
US	9,253,428	Broadcasting System with Digital Television Signals and Metadata that Modulate Respective Sets of OFDM Carriers	1	A/332:2021, Secs. 7.2.1, 7.2.2.1
US	9,392,325	Method of Processing an Electronic Service Guide and Electronic Service Guide Broadcaster	1	A332/2017, Secs. 2.1, 3.4, 5.1, 5.2.2.1.6, 5.5.1, 5.5.2, Table 5.5 OMA "Service Guide for Mobile Broadcasr Services," V.1.0.1:2013, Secs.5.1.1, 5.4.1.5.1, 5.4.1.5.2, 5.4.2, 5.4.3, Appendix D
US	9,479,826	Method and System for Wireless Data Communication	1, 9, 10	A/322:2021, Secs. 4.2, 6.4, 6.4.1, 7.2.7.4, 9.3.4, 9.3.5, Figs. 4.1, 4.3, 4.4, 6.14, 6.15, 7.18-7.22, Table 9.22 A/324:2021, Sec. 4.8, Fig. 4.2, Annex A.1
US	9,521,432	Correction of Over-The-Air Signals	1	A/331:2021, Secs. 3.4, 7, 7.1.7, 8.3, 8.3.3
US	9,769,476	Digital Receiver and Digital Transmitter Having a Variable Interleaver Functionality	1, 18	A/332:2021, Secs. 6.3, 6.3.4, 7.1, 7.1.2, 7.1.5, Fig. 4.1
US	9,942,364	Method for Encoding and Decoding Scheme Using Time Stamp	2	A/331:2021, Secs. 2.1, 3.4, 4.1, 8.1.2, 8.1.2.1.2, 8.1.2.3, Figs. 4.2, B.1.2, Annexes B.1, E.3 ISO/IEC 23008-1:2017, Secs. 3.1.1, 7, 10.1, 10.5.2.1, Fig. 7 ISO/IEC 14496-12:2015, Secs. 6.2.3, 8.6.1.3.1
US	10,079,708	System Discovery and Signaling	1	A/321:2016, Secs. 1.1, 3.5, 4.2, 5.2, 5.2.1, 5.2.2, 5.2.4, Figs. 5.1, 5.2
US	10,631,037	Decoding Device, Reception Device, Transmission Device, Transmission/Reception System, Decoding Method, and Storage Medium Having Decoding Program Stored Therein	3	A/331:2021, Secs. 6.4, 8.1.2, 8.1.2.1.1, 8.1.2.1.3, 8.1.2.3, Figs. 8.5, B.4.2, Table 6.7, Annexes B.4, E.3 A/336:2019, Sec. 5.4.3
US	10,931,313	Parallel Bit Interleaver	1	A/322:2021, Secs. 1, 4.2, 6, 6.2.2, 6.3, Figs. 4.1, 6.1, 6.5, 6.6, 6.8, 6.9
US	10,931,494	OFDM Transmitter Device Having a Symbol Generator for Generating Non-Zero Control Symbols, and OFDM Transmission Method Including Generating Non--Zero Control Symbols	1	A/321:2016, Secs. 4.1, 5.4, Figs. 5.5, 5.6 A/322:2021, Secs. 4.1, 6.5.2.11, Figs. 4.1, 7.10
US	11,012,275	Preamble Symbol Transmitting Method and Device	1	A/321:2016, Secs. 5.4, 5.4.2, Figs. 5.4, 5.6

图 7－7　ATSC 3.0 专利池入池专利清单和 ATSC 3.0 标准的对比情况②

2022 年 1 月，MPEG－LA 宣布推出 ATSC 3.0 专利池，提供对 ATSC 开发的新一代广播标准的相关重要专利的一站式许可。ATSC 3.0 专利池公开的专利清单如图 7－8 所示。

① 注：A/331 中，2021 年所有用于实施 MPEG－DASH 的非 ATSC 3.0 标准均被排除在外，包括但不限于 ISO/IEC 23009（所有部分和版本）。

② Licenses for standards and other technology platforms ｜ MPEG LA：MPEG LA［EB/OL］．［2022－02－10］．https://www.mpegla.com/.

```
                MPEGLA
January 20, 2022                    ATSC 3.0 Attachment 1

CableTelevision Laboratories,     ONE Media, LLC              Her Majesty the Queen in Right
Inc.                                                          of Canada, as represented by the
                                  US 10,079,708               Minister of Industry through the
US 9,521,432                                                  Communications Research
                                  Panasonic Corporation       Centre Canada
Cerinet USA Inc.
                                  US 10,931,313               CA 2,773,716
US 9,253,428                                                  US 9,479,826
                                  Shanghai National Engineering
Dolby Laboratories Licensing      Research Center of Digital  Koninklijke KPN N.V.
Corporation                       Television Co., Ltd (NERC-
                                  DTV)                        KR 1,691,709
JP 5,562,408                                                  US 9,392,325
                                  KR 1,908,349
Fraunhofer-Gesellschaft zur       US 11,012,275               Koninklijke Philips N.V.
Foerderung der angewandten
Forschung e.V.                    Sun Patent Trust            US 8,902,928
                                                              US 9,978,140
KR 1,159,432                      US 10,931,494
KR 1,812,218                                                  NEC Corporation
US 8,335,962
US 9,769,476                                                  US 10,631,037

                                                              Nippon Hoso Kyokai

                                                              US 9,942,364
```

图 7-8　ATSC 3.0 专利池公开的专利清单[1]

（三）ATSC 3.0 专利池许可方

如图 7-9 所示，ATSC 3.0 专利池原始专利所有方（许可方）包括：Cable Television Laboratories，Inc.；Cerinet USA Inc.；隶属于加拿大科学创新和经济发展部的加拿大通信研究中心（CRC）；Dolby Laboratories Licensing Corporation；Fraunhofer – Gesellschaft zur Foerderung der angewandten Forschung e. V.；Koninklijke KPN N. V.；皇家飞利浦公司；日本电气株式会社；日本广播协会；ONE Media, LLC；松下株式会社；上海数字电视国家工程研究中心有限公司（NERC – DTV）以及 Sun Patent Trust。

（四）ATSC 3.0 专利池许可条款

1. 相关协议有效期

本期至 2027 年 12 月 31 日，续签时适用的特许权使用费率对特定产品的许可授予增长不超过 20%。

---

[1] Licenses for standards and other technology platforms ｜ MPEG LA；MPEG LA［EB/OL］.［2022－02－10］. https：//www.mpegla.com/.

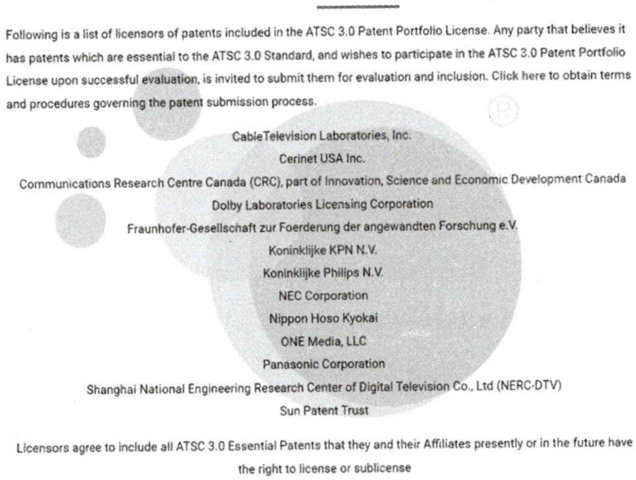

Following is a list of licensors of patents included in the ATSC 3.0 Patent Portfolio License. Any party that believes it has patents which are essential to the ATSC 3.0 Standard, and wishes to participate in the ATSC 3.0 Patent Portfolio License upon successful evaluation, is invited to submit them for evaluation and inclusion. Click here to obtain terms and procedures governing the patent submission process.

CableTelevision Laboratories, Inc.
Cerinet USA Inc.
Communications Research Centre Canada (CRC), part of Innovation, Science and Economic Development Canada
Dolby Laboratories Licensing Corporation
Fraunhofer-Gesellschaft zur Foerderung der angewandten Forschung e.V.
Koninklijke KPN N.V.
Koninklijke Philips N.V.
NEC Corporation
Nippon Hoso Kyokai
ONE Media, LLC
Panasonic Corporation
Shanghai National Engineering Research Center of Digital Television Co., Ltd (NERC-DTV)
Sun Patent Trust

Licensors agree to include all ATSC 3.0 Essential Patents that they and their Affiliates presently or in the future have the right to license or sublicense

图 7-9　ATSC 3.0 专利池专利许可方名单[①]

2. 许可费用

①ATSC 接收器产品（ATSC 3.0 TR1）。2.75 美元每台，含最多两个接收器；产品中超过两个接收器时，第三个和第四个接收器为 0.50 美元，超过四个的部分，每个接收器 0.25 美元。

②ATSC 接收器产品（移动）以外（ATSC 3.0 TR2）。第一个 ATSC 3.0 TR2 0.50 美元，一个以上（不含一个），每个 ATSC 3.0 TR2 接收器 0.10 美元。

二、AVS 专利池[②]

目前，音视频产业可以选择的信源编码标准有五个：MPEG-2，PEG-4，MPEG-4 AVC（简称 AVC，也称 JVT，H.264），HEVC，AVS。其中，AVS 是基于我国创新的数字音视频编解码技术和部分公开技术制作的自主标准。AVS 专利池是由我国相关机构发起设立的标准型专利池的代表，AVS 专利池的实践，对国内标准型专利池的构建和运营具有重要的指导作用。

---

① Licenses for standards and other technology platforms | MPEG LA：MPEG LA ［EB/OL］.［2022-02-10］. https：//www.mpegla.com/.

② 数字音视频编解码技术标准工作组（avs.org.cn）［EB/OL］.［2022-02-10］. http：//www.avs.org.cn/.

（一）AVS 标准工作组

1. AVS 标准工作组成立背景[①]

自 20 世纪 90 年代至今，MPEG 和 VCEG 已或独立或联合制定了一系列编码标准，也包括 MPEG-2、MPEG-4、H.263、H.264/AVC 以及目前最新的 H.265/HEVC 编码标准。但这些标准所用的技术专利多属于国外的公司或研究机构，尤其是 H.265/HEVC 之前的编码标准几乎没有我国专利的影子，而国内的企业和用户如果使用这些专利技术需要支付数额巨大的专利费用。对于不到 100 美元价格的 DVD，我国 DVD 制造商需要缴纳约 6% 的专利费，目前，DVD 市场竞争已经非常激烈，专利费支出已经成为中国 DVD 企业的沉重负担。

MPEG-LA 制定的 MPEG-4 收费标准规定每台解码设备需要向 MPEG-LA 交付 0.25 美元，编码/解码设备还需要按时间交费（4 美分/天 = 1.2 美元/月 = 14.4 美元/年）。如若继续采用 MPEG 技术作为数字电视标准，今后 10 年，我国销售的数字电视、机顶盒和播放设备有 4 亿台，那么中国需要向 MPEG-LA 缴纳 10 亿美元的专利费用，还要付出几千亿的芯片费用。

这些专利收费事件充分暴露了不掌握核心技术标准就会受制于国外专利机构的情况，引起了我国政府的高度重视。现在推出的 AVS 目的就是取代 MPEG 技术，摆脱国外标准对我国的束缚。

经过多年的积累，我国已具备自主制定数字音视频标准技术的技术和人才基础，在此背景下 2002 年 12 月，信息产业部科学技术司正式发文成立"数字音视频编解码技术标准工作组"（简称为 AVS 标准工作组），以面向我国的信息产业需求，负责数字音视频等多媒体设备与产品中的压缩、解压缩、处理和表示等技术标准的制定工作。AVS 标准工作组组织架构如图 7-10 所示。

2. AVS 标准

AVS（音视频编码标准）是我国具备自主知识产权的第二代信源编码标准，AVS1 标准如图 7-11 所示，AVS2 标准如图 7-12 所示，是《信息技术先进音视频

[①] 【解密】AVS 标准工作组：最年轻的 HEVC 专利池——Velos Media［EB/OL］．［2022-02-10］．https://laoyaoba.com/n/742160．

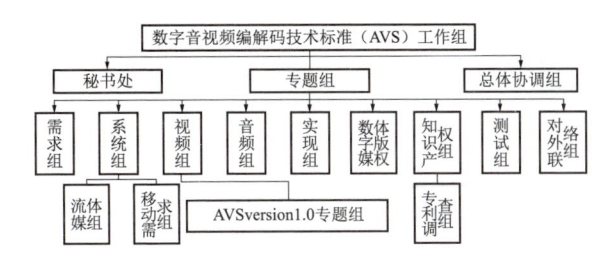

图 7-10　AVS 标准工作组组织架构

编码》系列标准的简称，其包括系统、视频、音频、数字版权管理等四个主要技术标准和符合性测试等支撑标准。第一代 AVS 的编码效率比 MPEG-2 高 2~3 倍，与 AVC 相当，又加上第一代 AVS 技术方案简洁，芯片实现复杂度低，达到了信源编码标准的最高水平。在此基础上第二代 AVS2 编码效率比第一代标准又提高了一倍以上，压缩效率甚至超越了国际标准 HEVC（H.265）。

为便利产业界对 AVS 技术标准的采用，工作组支持 AVS 专利池的建立。经过独立评估确认为必要权利要求的第三方专利权人可以加入 AVS 专利池，参与打包许可与专利许可费的分配。

（二）AVS 专利池基本原则

①包容原则。AVS 专利池管理的目的是按照国际惯例，以开放与包容的态度营造一个鼓励潜在核心专利持有者将他们的专利放入 AVS 专利池的良好环境。

②诚实信用原则。AVS 工作组要求成员信守承诺，根据知识产权政策将与其提案相关的在中国的必要专利要求放入 AVS 专利池统一管理或根据 RAND 免费实施许可。

③自愿原则。AVS 工作组鼓励但是并不强求未参加 AVS 标准化过程的专利持有人将他们的必要专利放入 AVS 专利池，这将有助于实现 AVS 专利的一站式授权概念，也有助于将 AVS 尽快推广成为国际化的产业标准。

④非排他授权原则。用户获得 AVS 的专利授权可以有至少两个渠道，可以通过 AVS 专利授权实体进行，也可以单独和所有专利持有成员直接协商获得。

（三）AVS 专利池入池专利的筛选评估

①进入 AVS 专利池的专利应该尽可能是独立、客观和开放的。虽然 AVS 工作组并不要求提案者对所提出技术的独立与客观性进行检索，也不要求提案者

(AVS1)《信息技术 先进音视频编码》(GB/T 20090) ↑返回

AVS部分	拟家标准计划号	小组草案(WD)	工作组草案(CD)	最终草案(FCD)	外部征求意见稿	标准送审稿(FD)	标准报批稿(FDS)	国家标准(GB)
AVS1-P1(系统·广播)	20051304-T-339	2003.10	2003.12	2006.10		2007.03	2009.12	2012.12
AVS1-P1(三维视频描述)	报补新计划	1.0-2009.09 2.0-2010.03 3.0-2010.06						
AVS1-P2(视频·基准)	20032265-T-339	2003.10	2003.12	2004.4		2004.08		2006.2
AVS1-P2(视频·修订)	20080549-T-469			2009.09	2009.12	2010.06	2011.06 2013.03	2013.12
AVS1-P2(视频·第二次修订版)	提出修订计划	2010.06	2012.03 2012.06	2012.09 2013.03				
AVS1-P3(音频·双声道)	20051305-T-339	2004.12	2005.3	2005.12		2006.4	2009.03	
AVS1-P3(音频·5.1)	20051305-T-339	2005.9	2005.12	2005.12		2006.4	2009.03	
AVS1-P3有损与无损	补篇(照计划)	2010.06	2010.07	2011.06				
AVS1-P3无损	补篇(照计划)	2010.06	2010.07	2011.09				
AVS1-P4(符合性测试)	20051306-T-339	2006.9 (P2基准)	2006.12 (P2基准)	2007.3 (P2基准)			2000.09	2012.12
	P2-修订版	2009.09	2010.06 2011.04	2012.06				
	P2-第2次修订	2011.09 2012.05	2012.12					
	P3	2009.12						
	P10	2011.04						
	P13	2013.06 WD1						
	P16		2014.05					
AVS1-P5(参考软件)	20051307-T-339		2007.6 (P2基准)				2008.09	2012.12
	P2-修订版	2011.12 (RM09.11) 2012.01.16(RM09.12) 2012.06.16(RM09.13)						
	P2-第2次修订	2012.06.16(RM12.01)						
	P3		2008.12 (P3)	2010.03 (P3)				
AVS1-P6(DRM)	20051308-T-339	2005.3	2005.12	2006.12		2007.03	2009.08 2011.12	待颁布
AVS1-P6(家庭网络栅)	20110148-T-469	2007.12	2008.12	2069.09				
AVS1-P6(数字音视频安全接口)		2008.9	2008.12	2009.09				
AVS1-P7(移动视频)	20051309-T-339	2004.6	2004.9	2004.12		2006.4	2006.08 2011.12	待颁布
AVS1-P8(系统-IP)	20074554-T-469	2005.3	2005.9	2005.12	2010.10	2011.07	2012.12	待颁布
AVS1-P9(文件格式)	20074555-T-469	2005.3	2005.9	2005.12	2010.10	2011.07	2012.12	待颁布
AVS1-P10(移动语音与音频编码)	20080548-T-469 (要求2010完成)	2007.03	2008.09	2009.12	2010.06	2010.09	2011.06	2013.12
AVS1-P11(同步文本)	20110145-T-469		2009.06	2011.01	2012.12		2013.12	2015.12
AVS1-P12(综合媒体)	20110146-T-469	1.0-2009.09 2.0-2010.05 3.0-2010.06	2010.12	2011.12	2012.12		2013.12	2015.12
AVS1-P13(视频工具集)	20110147-T-469	2011.03WD1 2012.09WD2 2012.12WD3 2013.06 WD4	2013.10	2013.12		2015.03	2016.03	2017.12
AVS1-P16广播视频(GY/T 257.1-2012)		2012.03 (WD1.0)		2012.06 2012.09			2014.10	报批 2014.12 颁布 2016.04

说明：1.斜体字代表延迟；2.TSD代表尚未确定；3.浅底代表文本已确定；4.红字代表文本待确定；

图7-11 AVS1标准列表

(AVS2)《信息技术 高效多媒体编码》(GB/T 33475) ↑返回

AVS2部分	国家标准计划号	小组草案 (WD)	工作组草案 (CD)	征集草案 (FCD)	标准送审稿 (FD)	标准报批稿 (FDS)	国家标准 (GB)
AVS2-P1 (系统)	20141192-T-469	2013.06WD1 2014.04WD3 2014.10WD4	2015.03	2015.08		2017.09	
AVS2-P2 (视频)	20110149-T-469	2012.11WD1 2012.12WD2 2013.03WD3 2013.06WD4 2013.10WD5 2014.01WD6	2014.05CD1 2014.08CD2 2014.10CD3 2014.11CD4	2014.12 2015.03FCD2 2015.06FCD3 2015.08FCD4 2015.12FCD5	2016.02	2016.03	2016.12
	3D	2015.04WD0.1 2015.11WD3.0 2015.12WD4.0 2016.03WD5.0 2016.06WD6.0 2016.08WD7.0 2017.02WD8.0 2017.04WD9.0 2017.07WD10.0 2017.09WD11.0 2017.12WD12.0	2018.04CD1.0				
	MV	2017.01WD8.0	2017.04CD1.0				
	SMC	2016.04WD1.0 2016.08WD2.0 2017.01WD3.0					
	高级场景档次	2017.04WD1.0	2017.06CD1.0				
	4:4:4视频和图像	2017.04WD1.0	2017.06CD1.0 2017.12CD2.0,转为P8、P9				
	AVS2-P2修订		2017.07CD1.0				
AVS2-P3 (音频)	20130368-T-469	2010.06	2015.02	2015.03			2018.06
	无损部分	2010.06	2010.07	2011.09			
	高质量	2014.11WD1		2015.03FCD1 2016.03FCD2	2016.06	2016.09	
	高效语音	2014.06WD0.5					
AVS2-P4 (测试)	P2	2014.04WD0.1 2014.06WD0.2 2014.10WD1.0 2015.03WD2.0	2015.06CD1.0 2016.09CD4.0 2017.12CD5.0 2018.04CD5.1				
	P3	2018.04WD1.0 2018.06WD2.0					
AVS2-P5 (参考软件)	P2	2015.12WD1.0					
	P3	2015.12WD1.0					
AVS2-P6 (智能媒体传输)		2015.08WD0.5 2015.12WD1.0 2016.03WD1.5 2016.06WD2.0 2016.09WD3.0	2017.01CD1.0	2017.09FCD			
AVS2-P7 (图像容器)			2017.07CD1.0 2017.09CD2.0	2018.01FCD			
AVS2-P8 (互联网视像)		2017.04WD1.0	2017.06CD1.0 2017.12CD2.0	2018.04FCD			
AVS2-P9 (制作域)		2017.04WD1.0	2017.06CD1.0 2017.12CD2.0				

说明：1. 斜体字代表延迟；2. TBD代表尚未确定；3. 浅蓝代表文本不确定；4. 红字代表文本待确定；

图 7-12 AVS2 标准列表

对于提案的技术侵权行为承担相应的法律责任,但是工作组仍然希望提案者的提案应该尽可能清晰、独立。

②AVS 授权管理实体将聘请独立技术专家和独立法律(专利)专家审核提交的技术专利是否为可以放入 AVS 专利池的核心专利。评估专家通过书面评估报告表述评估意见。

③在最初创建专利池的时候,AVS 授权管理实体将邀请潜在必要专利权人至少提交一个专利进行评估。在确认潜在必要专利权人之后,AVS 授权管理实体将就具体许可条款的协商进行协调。

④每个希望入池的专利必须单独提出申请。在 AVS 专利池许可活动启动之后,评估和入池的整个过程应当在 3 个月内完成。

(四)AVS 专利池专利授权管理

AVS 专利池管理委员会是 AVS 专利池管理机构的决策机构,设主任一人、副主任一人。主任和副主任由全体委员会推选。委员每届任期两年,可以连任。

AVS 专利池管理委员会由十九位委员组成,其中五位委员是从国家相关部委邀请的技术和管理方面专家(相关部委包括:信息产业部、科技部、国家广电总局、国家发展和改革委员会、国家标准化管理委员会、国家知识产权局、商务部等),六位 AVS 用户委员来自采用 AVS 标准的企业,六位专利许可人委员来自 AVS 专利池许可人。另外两位委员是 AVS 工作组的组长和 AVS 专利池管理执行机构的主任。

AVS 授权管理实体是 AVS 专利池管理的执行机构,接受 AVS 专利池管理委员会的领导。AVS 授权管理实体应该是在中国本土注册的和信誉可靠的非营利法人实体。授权管理实体可以获得的管理费用包括不高于 10% 的专利授权费。

(五)AVS 专利池专利许可条款

1. 费用相关条款

①对编解码器收费。AVS 标准的使用者对 AVS 编解码器或包含 AVS 编解码器的终端产品缴纳专利费。AVS 编解码器包括编解码芯片、编解码软件等体现 AVS 标准(即 AVS 视频、音频、系统、DRM,或以上标准的组合)所有特征的完整实现者。

对上述编解码器的收费应当只有一次,即如果编解码芯片或编解码软件已经缴纳过专利费,则包含编解码芯片或编解码软件的终端产品不必再次缴纳专利费。

内容提供商或运营商在应用符合 AVS 标准的技术将内容提供给用户的时候，可不予以缴纳专利费。

②打包许可或菜单许可的模式。一是被许可人可以选择采用所有标准涉及的必要专利，此时 AVS 专利池提供的专利许可应当遵循有竞争力的许可费用原则。二是被许可人可以选择标准涉及的部分专利，此时专利池管理机构可以提供视频、音频以及其他部分的标准许可菜单供被许可人选择，其相应的专利许可费为整体打包费的一定百分比。该比例待定，但原则上不超过整体打包费的80%。

③年封顶费。专利池管理机构应考虑根据市场情况就许可费设立相应的封顶上限。包括整体打包许可的年封顶费以及上述单项菜单许可的封顶费。年封顶费原则上为每年一定数额。单项菜单许可的封顶费按总封顶费的相应比例计算。

2. 许可的地域性

提供的许可可以考虑按照许可地域进行细分，并确定不同的收费标准。即许可不必限定为全球许可。被许可人可以选择只取得某一区域。例如中国的专利许可，专利池运行的初始阶段，专利许可将只在中国进行。

在中国的许可，其收费标准应当体现中国的国情。原则上，在中国为使用 AVS 标准的消费者编解码器提供的专利许可的费用为人民币 1 元/台。

在中国之外其他国家和地区的许可标准，可由各方在最有竞争力以及公平、公正的原则下另行协商确定。

三、AIoT 专利池

AIoT 专利池的组建，是中国特色非标准型专利池模式的一次有益性探索，有利于营造保护知识产权的良好氛围，赋能中小微企业高质量成长，促进产业链持续健康发展。

（一）设立背景

1. 政策背景

2020 年 11 月 30 日，习近平总书记在组织学习"全面加强知识产权保护工作，激发创新活力，推动构建新发展格局"时，强调"要促进创新要素自主有序流动、高效配置，让创新成果更好惠及人民"；2021 年年初，为进一步促进专利技术惠及中小企业，财政部、国家知识产权局联合印发《关于实施专利转化专项计划 助力中小企业创新发展的通知》（财办建〔2021〕23号），助力专利技术流向中小企业；2021年9月，中共中央、国务院印发了《知识产权强国建设纲要（2021—2035年）》，指出要深化实施中小企业知识产权战略推进工程，建立规范有序、充满活力的市场化运营机制。2021年10月，《"十四五"国家知识产权保护和运用规划》发布，明确提出"推动在数字经济、智能制造、生命健康、新材料等领域组建产业知识产权联盟，构筑产业专利池。"

2. 产业背景

AIoT（人工智能物联网）= AI（人工智能）+ IoT（物联网）。AIoT融合AI技术和IoT技术，通过物联网产生、收集来自不同维度的、海量的数据存储于云端、边缘端，再通过大数据分析，以及更高形式的人工智能，实现万物数据化、万物智联化。物联网技术与人工智能相融合，最终追求的是形成一个智能化生态体系，在该体系内，实现了不同智能终端设备之间、不同系统平台之间、不同应用场景之间的互融互通、万物互融。

我国人工智能、物联网产业蓬勃发展。2020年，我国人工智能核心产业规模达到3 251亿元，同比增长16.7%[1]，截至2020年10月，我国人工智能专利申请共计69.4万件，同比增长56.3%[2]，物联网产业规模突破1.7万亿元[3]。整个行业呈现领军企业构建生态合作圈、中小企业深耕垂直领域的态势，但安全、新兴技术融合、降低成本等方面仍面临挑战，需要全产业链携手共进、共谋发展。

（二）组建理念及原则

AIoT专利池由华智众创（北京）投资管理有限责任公司联合人工智能与

---

[1] 报告｜2021人工智能发展白皮书中国（sohu.com）[EB/OL].[2022-02-10]. https://www.sohu.com/a/469049593_121123919.

[2] 新华．国家工业信息安全发展研究中心、工信部电子知识产权中心发布《2020人工智能中国专利技术分析报告》[EB/OL].[2022-02-10]. http://www.xinhuanet.com/enterprise/2020-11/16/c_1126744833.htm.

[3] 必看！2021中国互联网大会｜《中国互联网发展报告（2021）》发布-附全文-知乎（zhihu.com）[EB/OL].[2022-02-10]. https://zhuanlan.zhihu.com/p/389605281.

物联网领域创新企业共同发起组建，旨在通过深度整合 AIoT 行业领先的技术资源，集各家之所长，借鉴新修订的专利法中增加的专利开放许可模式，遵"小微特惠"之理念，循资源共享、优势互补、互利共赢、共同发展之原则，为广大小微企业提供便捷、优惠的一揽子专利许可授权，赋能小微企业高质量成长。

（三）管理机制

AIoT 专利池由系列子专利池构成，并以联盟的形式进行管理，即各发起方先成立名为 AIoT IP Camp 的联盟，联盟成员包括理事长单位、副理事长单位、普通会员单位，由联盟成员大会和理事长联席会组织进行相应工作，组织架构如图 7-13 所示。华智众创（北京）投资管理有限责任公司为理事长单位，并作为联盟内各领域专利池的许可管理人，负责专利池的全面统筹和联盟的日常管理工作。副理事长单位由北京旷视科技有限公司、北京京东尚科信息技术有限公司、京东方科技集团股份有限公司、美的集团股份有限公司联盟创始成员担任。联盟成员入盟自愿，退盟自由。联盟的成员有权自主决定是否将各自的专利加入或退出联盟管理及（或）联盟下辖的各子专利池。通过联盟理事长联席会有效投票通过后，进入专利池的专利由理事长单位统一管理授权许可。

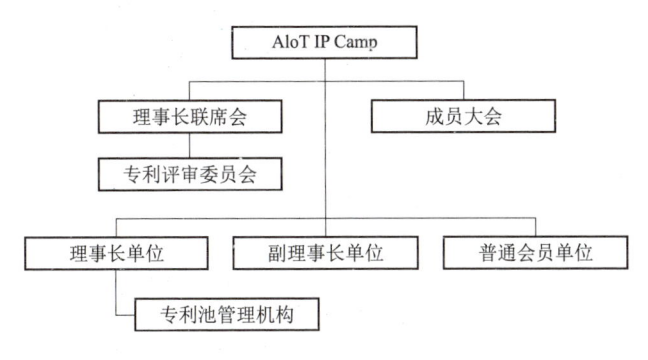

图 7-13 AIoT IP Camp 组织架构

目前，已完成计算机视觉方向、语音与 NLP 方向两个子专利池的构建，后续将根据需要构建其他 AIoT 领域的子专利池。

（四）专利池成员

AIoT 专利池首批专利池成员包括北京京东尚科信息技术有限公司、北京旷视科技有限公司、北京搜狗科技发展有限公司、京东方科技集团股份有限公司和美的集团股份有限公司。

（五）许可条件

许可对象：中国小微企业。

对外许可方式：普通许可。

许可范围：限于在中华人民共和国境内制造、使用、销售其专利的产品，或者使用其专利方法以及使用、销售依照该专利方法直接获得的产品，或者进口其专利产品或者进口依照其专利方法直接获得的产品。

（六）新成员入池流程

如图 7-14 所示，新成员入池首先须向理事长单位提交相关申请资料，理事长单位审查申请文件和资质证明，若符合要求，报联盟理事长联席会表决，同意加入的，与理事长单位签订《专利入池协议》。

```
向理事长单位提交相关申请材料
        ↓
理事长单位审查申请文件和资质证明
        ↓
   报联盟理事长联席会表决
        ↓
同意加入的，由联盟成员与理事长单位签订《专利入池协议》
```

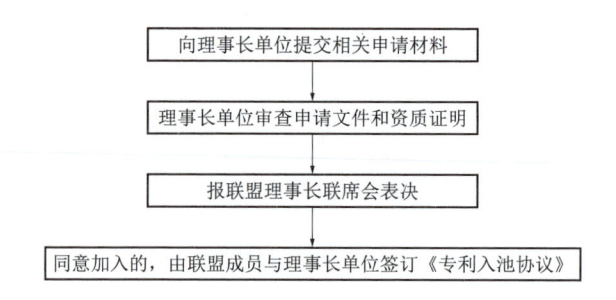

图 7-14　AIoT 专利池新成员入池流程

四、"科技普惠民生"公益专利池

"科技普惠民生"公益专利池的组建，是科技创新企业回馈社会的有效方式之一，不但可以推进塑造尊重知识、崇尚创新、诚信守法、公平竞争的知识产权文化理念，更是对推动知识产权文化、法治文化、创新文化和公民道德修养融合共生、相互促进的践行。

（一）组建理念及原则

"科技普惠民生"公益专利池由华智众创（北京）投资管理有限责任公司联合多家具有高度社会责任感的创新型企业共同发起设立，华智众创（北京）投资管理有限责任公司为许可管理人。

"科技普惠民生"公益专利池秉持"专利赋能小微企业，技术助力公益发展"的理念，面向特定领域的小型微利企业，提供便捷的、一揽子的免费专利许可授权，以期为企业发展融智慧之资，解燃眉之急，助一臂之力。

（二）专利池成员及入池清单

"科技普惠民生"公益专利池首批成员单位包括北京京东尚科信息技术有限公司、北京旷视科技有限公司、北京搜狗科技发展有限公司、北京小米移动软件有限公司、京东方科技集团股份有限公司和美的集团股份有限公司。该专利池的专利清单如表7-2所示。

表7-2 "科技普惠民生"公益专利池专利清单

序号	场景	申请号	发明名称	类型
1	助残	201810694412.8	松紧鞋带装置的控制方法、装置和可读存储介质	发明
2	适老	201410363248.4	监控控制方法及装置	发明
3	适老	201210484408.1	移动终端中的信息录制方法及装置	发明
4	适老	201410182841.9	内容服务提供方法和装置	发明
5	适老	201410347054.5	电话呼叫识别方法及装置	发明
6	助残	201610986202.7	一种输入方法和装置、一种用于输入的装置	发明
7	防灾	201911400725.9	一种信息推送方法、装置和电子设备	发明
8	防灾	201930744211.X	带地震预警的图形用户界面显示屏幕面板	外观设计
9	适老	201410225583.8	伪基站消息识别方法和装置	发明
10	适老	201630087146.4	用于手机的图形用户界面	外观设计
11	适老	201510188496.4	一种通信控制方法、网络服务器及电子设备	发明
12	助残	202110325237.7	一种线上测听方法和系统	发明
13	适老	201911192424.1	一种用于摔倒监控的可穿戴装置及方法	发明
14	防灾	202010493904.8	一种自动售货装置及实现售货的方法	发明
15	防灾	201910022536.6	订单处理方法、装置、存储介质及电商系统	发明
16	防灾	201910994782.8	基于物联网的农业监控方法及装置、存储介质及电子设备	发明
17	适老	201610827359.5	人脸识别方法及装置	发明

续表

序号	场景	申请号	发明名称	类型
18	适老	201711257555.4	神经网络训练方法、人脸检测方法及人脸检测装置	发明
19	适老	201510779016.1	用于管理走失人员信息的方法和设备	发明
20	适老	201910360663.7	人脸识别方法、装置、设备和存储介质	发明
21	适老	201510800367.6	基于人脸检测的监控相机自定位方法及装置	发明
22	适老	201610124479.9	一种监护系统及方法	发明
23	适老	201620167037.8	一种监护系统	实用新型
24	助残	201620536983.5	导盲机器人	实用新型
25	助残	201610391227.2	导盲机器人	发明
26	适老	201811088599.3	一种采血机器人及其控制方法	发明
27	适老	201510382120.7	移动式空气净化装置	发明

(三) 相关许可条件

对外许可对象：①专利实施范围限于适老、助残、防灾；②小型微利企业。

对外许可方式：普通许可。

许可费用：对外许可均不收取任何费用。

许可范围：在中华人民共和国境内制造、使用、销售其专利的产品，或者使用其专利方法以及使用、销售依照该专利方法直接获得的产品，或者进口其专利产品或进口依照其专利方法直接获得的产品。

第八章
注册商标运营与地理标志品牌运营

第一节 商标价值与品牌资本

一、品牌与商标价值的构成要素

2013年，中华人民共和国国家质量监督检验检疫局和中国国家标准化管理委员会发布国家标准 GB/T 29186—2012《品牌价值要素 Brand value – Elements》，其中规定，品牌价值的构成要素包括：①品牌价值创造因素：质量能力、财务状况、创新能力、社会责任、法律保护；②品牌价值传递要素：市场竞争力、市场稳定性、品牌销售渠道、品牌文化、品牌供应链；③品牌价值实现与维护要素：顾客满意度、品牌形象、顾客期望、感知质量、感知价值、品牌忠诚度、顾客投诉。

商标和品牌都是企业无形资产的重要组成部分，在某些语境下，商标是品牌的同义语，所以二者价值的构成要素具有共性，但品牌的内涵比商标更加丰富。商标价值指的是商标作为无形资产在企业的生产经营活动能够为企业带来的资本价值。商标价值随着自身情形和市场环境的变化而变化。一般而言，商标价值的构成要素包括：商标的成本价值、区分价值和商誉价值。企业设计、注册、维持和保护商标的实际成本分为取得成本和维护成本。商标具有的区分商品或服务来源的功能是商标的区分价值，即商标的显著性。消费者可以借助商标将特定的产品或服务与企业联系起来，商标显著性越强，顾客对其敏感度也越高，就越能吸引顾客的注意力。尤其是互联网时代是一个注意力经济时代，消费者的注意力是企业竞相争夺的稀缺性资源。商誉指的是企业通过商品或服务提供及广告宣传所产生的吸引顾客的能力，它是企业在市场中的竞争优势的集中体现，受到商标法和反不正当竞争法的保护。商标的商誉价值主要体现在商标所承载的消费者对相应商品的性能、质量与服务品质及企业形象的整体认知与认可程度。综上，商标价值的构成要素中，商标的成本价值、区分价值和商誉价值都是商标的价值构成要素，共同体现一件商标的价值。

二、品牌与商标价值评估的影响因素

从无形资产评估的角度看，商标价值评估和品牌价值评估均属于企业无形资产评估的范畴，但是品牌比商标的内涵更加丰富。一般而言，品牌价值评估主要从以下三个维度进行：第一，基于财务的评估方法，如成本法、收益法、市场法；第二，基于市场要素的评估方法，如 Interbrand 评估法[1]、世界品牌实验室法[2]等；第三，基于消费者要素的评估方法，如艾克品牌资产十要素法[3]。

目前，我国对于知识产权评估并没有指定专门的法律，现行可以参照适用的标准是《资产评估执业准则——无形资产》《知识产权资产评估指南》《文化企业无形资产评估指导意见》《商标资产评估指导意见》《著作权资产评估指导意见》《专利权资产评估指导意见》等。其中《资产评估执业准则—无形资产》规定的市场法[4]、

---

[1] 约翰·墨菲（John Murphy）凭借其在销售领域多年积累的经验，创建了英特品牌，并提出英特品牌（Interbrand）评估法。Interbrand 评估法对品牌价值评估包括两个部分：一部分是不以营利为目的推出年度"全球100个最有价值品牌"；另一部分是受托于特定企业客户而进行的品牌价值评估。

[2] 世界品牌实验室所采用的品牌评估法是"经济适用法"，对企业的销售收入和利润等财务数据进行综合分析，运用"经济附加值法"得到企业过去的盈利水平。其主要是根据各品牌的世界影响力进行抽象评估得到各品牌的价值。

[3] 大卫·艾克在《建立强势品牌》一书中将品牌资产五要素模型进一步扩展，形成了品牌资产十要素模型。包括忠诚度评估（1. 价差效应；2. 满意度/忠诚度）；品质认知/领导性评估（3. 品质认知；4. 领导性/受欢迎程度）；联想性/区隔性评估（5. 价值认知；6. 品牌个性；7. 企业联想）；知名度评价（8. 品牌知名度）；市场状况评估（9. 市场占有率；10. 市场价格，通路覆盖率）。

[4] 《资产评估执业准则——无形资产（征求意见稿）》第23条规定，采用市场法评估无形资产应当：（一）考虑该无形资产或者类似无形资产是否存在活跃的市场，考虑市场法的适用性；（二）收集类似无形资产交易案例的市场交易价格、交易时间及交易条件等交易信息；（三）选择具有比较基础的可比无形资产交易案例；（四）收集评估对象近期的交易信息；（五）对可比交易案例和评估对象近期交易信息进行必要调整。

成本法[①]与《企业会计准则—基本准则》规定的收益法[②]是三种重要的知识产权资产评估的方法。评估机构一般会根据企业及商标的具体情况选择适宜的评估方法。

2018年广药集团收回"王老吉"商标使用权时使用收益法和成本法评估商标的价值，最终确定收益法更能反映被评估商标的市场价值。白云山与公司控股股东广药集团签订了《广州白云山医药集团股份有限公司与广州医药集团有限公司关于现金购买商标协议书》，双方约定根据《广州医药集团有限公司拟转让商标涉及广州医药集团有限公司拥有的420项商标专用权资产评估报告书》（中联国际评字〔2018〕第WIGPZ0701号）确定的评估值定价，白云山拟以13.89亿元的价格收购广药集团拥有"王老吉"系列420项商标专用权。[③] 采用收益法评估基础性商标价值为138 912.263 1万元，采用成本法评估基础性商标价值为141.133 1万元，二者相差甚远。主要是因为收益法主要以资产与其收益为价值标准，反映资产的经营能力（获利能力）的大小，其受宏观经济、产业政策、资产的有效使用等多种因素的影响。基础性商标都是知名度比较高的商标，收益法能够有效反映商标较高知名度对于商标产品销售所具有的重要贡献，其评估结果更能反映出商标资产的市场价值。但成本法以资产的成本重置为价值标准，反映对资产的投入所消耗的社会必要劳动（构建成本）。商标的构建成本与其价值之间的对应关系一般很难真实反映商标专用权的内在价值。所以，评估机构认为"王老吉"系列商标采用收益法更合适。[④]

---

① 《资产评估执业准则——无形资产（征求意见稿）》第15条规定，成本法是指按照重建或者重置被评估资产的思路，将评估对象的重建或者重置成本作为确定资产价值的基础，扣除相关贬值，以此确定资产价值的评估方法的总称。

② 《企业会计准则——基本准则》（2014）第42条规定，在现值计量下，资产按照预计从其持续使用和最终处置中所产生的未来净现金流入量的折现金额计量。负债按照预计期限内需要偿还的未来净现金流出量的折现金额计量。

③ "王老吉"商标争夺战再起，白云山称公司不受影响，https://www.sohu.com/a/324399362_162818，最后访问时间2019年10月26日。

④ 知识产权资产评估的现实困境与完善路径，https://mp.weixin.qq.com/s/M0cpVugLwWpel6_RXB-pK8w，最后访问时间2019年10月28日。

根据《商标资产评估指导意见》第 19 条的规定①，一般情况下，商标价值评估的主要因素包括商标自身和商标所依附的商品或服务。

（一）商标自身的因素

1. 商标是否注册

商标注册体制下，注册商标的经济价值具有相对稳定性。未注册的商标即使能带来经济价值，但由于权属未定，法律不为其提供充分的保护，其经济价值也得不到确认。

2. 商标注册核准使用的商品或服务范围

注册商标专用权只在核定的商品或服务上使用时才受法律保护，超出这个范围则不具有商标专用权，对于超出使用范围的部分所带来的经济利益不计入商标权的预期收益中。所以进行商标价值评估时，商标注册的商品或服务种类及范围也是影响商标价值的重要因素。

3. 商标注册的地域

注册商标专用权受到地域范围的限制，商标权只有在法律认可的一定地域范围内受到保护，商标权的地域范围对商标价值有一定影响。

（二）商标的使用和宣传情况

1. 商标使用的时间

商标通过使用才能在市场交易中体现其价值，把商标的无形财产权转化为物质财富。证明商标使用持续时间的有关材料包括该商标使用、注册的历史和范围。同时，商标的权利期限、续展期限也会影响对于商标价值的评估。

---

① 2011 年《商标资产评估指导意见》第 19 条规定，注册资产评估师执行商标资产评估业务，应当对商标资产相关情况进行调查，包括必要的现场调查、市场调查，并收集相关资料等．注册资产评估师在调查过程中收集的相关资料通常包括：（一）商标注册人的基本情况；（二）商标和有关权利事项登记情况；（三）商标权利限制情况，包括在时间、地域方面的限制以及质押、法律诉讼等；（四）公众对商标的知晓程度；（五）商标使用的持续时间；（六）商标宣传工作的持续时间、程度和地理范围；（七）与使用该商标的商品或者服务相关的著作权、专利、专有技术等其他无形资产权利的情况；（八）宏观经济发展和相关行业政策与商标商品或者服务市场发展状况；（九）商标商品或者服务的使用范围、市场需求、经济寿命、同类商品或者服务的竞争状况；（十）商标使用、收益的可能性和方式；（十一）类似商标近期的市场交易情况；（十二）商标以往的评估及交易情况；（十三）商标权利维护方面的情况，包括权利维护方式、效果、成本费用等。

2. 商标宣传工作的持续时间、程度和地理范围

企业对于商标投入的广告宣传越多、时间越久，商标的影响力的范围就越广。一般证明商标宣传工作的材料包括广告宣传和促销活动的方式、地域范围、宣传媒体的种类以及广告投放量等。

（三）商标的知名度

相关公众对于商标的知晓程度也是商标价值评估的重要因素。驰名商标的跨类保护体现了知名度越大与商标受保护的范围和商标价值呈正比关系。商标专用权的效力体现在禁止第三人在相同或相似商品上使用相同或近似的商标。商标专用权禁用范围的大小受到其商标知名度大小的限制。未注册商标受保护的前提是经过使用建立一定的知名度和影响力。注册商标的禁用范围是相同或类似的商品或服务。驰名商标的排斥范围可以扩大到与其核定使用商品不同的商品类别上。

（四）商品或服务的因素

宏观经济发展和相关行业政策，商标、商品或者服务市场发展状况，商标、商品或者服务的使用范围，市场需求，经济周期，同类商品，或者服务的竞争状况等也是影响商标价值评估的因素。

三、品牌的价值与作用

品牌是企业与营销相关的无形资产，包括（但不限于）名称、用语、符号、标识、设计或其组合，用于区分产品、服务和（或）实体，或兼而有之，能够在利益相关者意识中形成独特印象和联想，从而产生经济利益。[①]品牌核心价值是品牌竞争力的集中表现，是品牌向消费者传递的价值理念。品牌是给商品或服务一个独特而有价值的特征，可以告知消费者"我是谁""我可以为消费者带来什么样的产品或服务""我的品牌价值是什么"等。具体而言，品牌对于企业和消费者的作用主要体现在以下几个方面。

（一）品牌对企业的价值与作用

第一，品牌是企业的核心竞争优势。

---

① 中华人民共和国国家标准 GB/T 29188—2012《品牌评价——品牌价值评价要求》。

品牌的价值直接体现了企业在市场中的身价和竞争地位。Brand Finance 发布《2022 年全球最具价值品牌 500 排行榜》，美国苹果、亚马逊、谷歌分别以价值 3 550.8亿美元（增值34.8%）、3 502.73 亿美元（增值37.8%）、2 634.25 亿美元（增值37.8%）占据全球品牌前三位。[①]世界品牌实验室发布了 2021 年《中国 500 最具价值品牌》排行榜，国家电网、工商银行、海尔分别以价值 5 576.95 亿人民币、4 962.76 亿人民币、4 575.29 亿人民币占据中国品牌排行榜的前三。[②]可见，上述品牌的货币价值是品牌在预期的有效经济寿命期内所具有的经济利益，直接反映了企业在市场中的竞争地位。企业创建品牌是日积月累的过程，需要企业投入时间和资本去维护和建设品牌。良好的品牌可以设置竞争壁垒，提高企业的竞争力。

第二，品牌具有外部性，可以降低企业的成本。

品牌是企业的商品或服务、经营能力、声誉及影响力、社会价值等要素的综合。品牌具有很强的价值增值功能，品牌包含的价值、个性、品质等特征都能给商品或服务带来重要的价值，从而提升企业的价值。良好的品牌是企业拓宽市场的背书，可以有效降低企业的广告宣传成本和新产品开发的成本。

第三，品牌可以激励企业不断提升商品或服务质量。

品牌是企业对消费者的承诺，品牌是企业塑造自身形象、知名度和美誉度的基石。在产品同质化的时代，品牌可为企业和产品赋予个性、文化等许多特殊的意义。企业品牌做大做强的过程中，其影响力越大，越能激励企业重视产品与服务质量，从而形成良好的正向循环。

（二）品牌对消费者的价值与作用

第一，品牌可以帮助消费者识别商品或服务来源。

品牌或商标都可以指示产品或服务的来源，帮助消费者辨认出产品的制造商、产地等基本要素。

第二，品牌可以降低消费者的搜寻成本和决策风险。

品牌帮助顾客理解、处理并存储大量的商品或服务信息，从而减少消费者在搜寻

---

① Brand Finance Global 500（USDm）。
② 2021 中国 500 最具价值品牌排行榜，http：//www.ttpaihang.com/news/daynews/2021/21062456306.htm 最后访问时间 2022 年 4 月 2 日。

过程中花费的时间和精力。更为重要的是品牌可以为消费者塑造期望，影响消费者决策。一个好的品牌会在无形中影响消费者的购买意愿。在用户注意力越来越稀缺的情况下，品牌所承载的信任可以为顾客带来安全感，简化顾客决策，并降低决策风险。

第三，品牌可以表达消费者的身份识别和体验价值。

品牌经过发展积累了独特的个性和丰富的文化内涵，消费者可以通过购买与自己个性气质相吻合的品牌来展现自我、定位自己，并赢得社会尊重。

四、商标与品牌价值的关系

关于商标与品牌价值之间的关系没有统一的认识。有人认为商标与品牌价值之间是共生的关系。也有人认为商标是法律概念，品牌是市场概念。品牌既有市场营销的因素，也有丰富的文化和价值取向，体现了企业及其产品和服务的影响力与知名度。品牌是一个市场的判断，它是一个影响力与知名度的判断。商标是品牌的关键和内核，品牌以商标为支撑。[①]

第一，从商标的来源识别功能看，企业的品牌是以商标为支撑。

商标最基本的功能是识别商品或服务来源，其发挥了识别产品或服务来源的功能，所以它指向了品牌价值的归属。商标对品牌来说，具有主体的指向意义、从品牌归属方面决定了商标对于品牌的内在支撑地位。

第二，从商标的品质保障功能看，企业的商标是品牌的关键。

商标向消费者传递商品的品质信息，它传播商品的品质信息，客观上激励、督促商标权人去保持，甚至不断提高商品和服务质量。对于品牌培育来说，商标最重要的功能就是督促商品和服务的提供者去保持和提高商品服务的质量。

第三，从广告宣传功能看，企业的品牌是以商标为支撑。

企业的商标是一个广告宣传的载体，推销商品和服务。基于品质保证功能和广告宣传功能，商标实际上是维系品牌的连续性、影响品牌市场表现、扩大社会公众对品牌认知，并培养消费者对品牌忠诚度的基础。商标的品质保障功能、宣

[①] 杜颖．大数据技术助推商标支撑品牌经济发展［J/OL］．中华商标杂志 https：//mp.weixin.qq.com/s/GfT2j9HciBdt0SWSGjq17g．

传功能决定了商标对品牌发挥的支撑作用。

第四，从商标的文化功能看，企业的商标是品牌的关键。

一般而言，商标有一种美好的寓意，蕴含了企业的发展理念，代表了一种时尚和文化价值观。消费什么样的品牌，可能就代表了这个人的价值取向和文化观念。

总之，商标的品质保障、广告宣传和文化功能与品牌之间的关系体现在，商标强化了品牌的差异性和个性化，影响消费者对品牌最初的印象和后续的联想，确定并逐渐丰富品牌的概念和市场的定位。

五、企业商标与品牌资本的典型案例

企业使用商标的目的是确保消费者或潜在的消费者能够了解其提供的产品或服务，并且让消费者对企业提供的产品的质量、价格和售后服务有良好的印象，这种印象进而影响到消费者的后续联想，逐渐丰富企业品牌的内涵，确定品牌的市场定位。

【案例8-1】"王老吉"商标与品牌运营

1997年，"王老吉"进入广州药业，并作为"王老吉"商标持有者与香港鸿道集团签订了"王老吉"商标许可使用合同。2000年，广药集团与鸿道集团签订《商标许可协议》，期限自2000年5月2日至2010年5月2日。2002年11月27日，双方再次签约将许可协议延长至2020年5月1日。"王老吉"虽然是个百年老牌，但长期以来广药集团运营不善，并没有发挥出其品牌效应。与"加多宝"合作以后，"王老吉"的知名度越来越大，带来市场份额、产品以及服务上的增值。2010年11月，广药集团启动"王老吉"商标评估程序，其品牌价值为1 080.16亿元。2012年7月6日，广药集团与加多宝公司于同日分别向法院提起诉讼，均主张享有"红罐王老吉凉茶"知名商品特有包装装潢的权益，并据此诉指对方生产销售的红罐凉茶商品的包装装潢构成侵权。最高人民法院终审判决认为，广药集团与加多宝公司共享对红罐王老吉凉茶的特有包装装潢权益。[①]

加多宝公司与广药集团之间的"王老吉"商标之争实质上是品牌资本的竞争，体现了品牌资本对于企业发展的重要性。优质的品牌资产是固定资产无法取

---

① 最高人民法院（2015）民三终字第2、3号民事判决书。

代的。纠纷发生之后,"加多宝"改名,从产品、价格、推广、渠道等方面强化自身品牌,扩大品牌的影响力。可见,品牌资产的建设与管理是一项系统工程,是与企业发展战略相匹配的品牌战略部署,做品牌资产的管理与建设的根本目的是为企业创造更有益的长久发展空间。

第二节 商标的运营战略

一、商标运营的意义

知识产权运营是指知识产权权利人和相关市场主体优化资源配置,采取一定的商业模式实现知识产权价值的商业活动。[①] 国家知识产权局对知识产权运营的定义是:"以实现知识产权经济价值为直接目的的、促成知识产权流通和利用的商业活动行为。具体模式包括知识产权的许可、转让、融资、产业化、作价入股、专利池集成运作、专利标准化等,涵盖知识产权价值评估和交易经纪,以及基于特定专利运用目标的专利分析服务。"商标运营是知识产权运营体系中的重要组成部分,是指商标权人通过许可、转让、抵押融资等方式实现商标价值、建设企业品牌的商业活动。商标运营对于企业的意义具体分为以下几个方面。

第一,商标运营可以直接为企业带来经济价值。

商标是企业重要的无形资产,商标运营促进企业实现价值转化。商标运营的主要目的是将商标权人的注册商标专有权转变为现实的经济利益,因此企业对于商标的运营可以直接给企业带来经济利益。无论是商标权人自己使用商标,还是将商标授权许可、转让给第三方都可以直接为企业带来经济收益。商标的质押融资还可以为企业解决融资问题,进而盘活企业的其他资产,为企业带来收益。

第二,商标运营可以帮助企业建设核心品牌。

企业持续使用商标,扩大商标时间和空间上的影响力,还可以帮助企业在市场中树立品牌,品牌又可以给产品或者企业带来溢价。品牌的溢价主要在于品牌

[①] 范建永.知识产权运营开启价值实现之门[J]中国知识产权报,2016,8.

可以培育消费者的信任度和好感度。据中国指数研究院报告显示，中国房地产品牌维持销售溢价的优势明显，中海、万科、保利等十家全国品牌企业在一线、二线及三线城市的溢价率均值分别为 28.78%、21.51% 和 9.12%。品牌企业回归或深耕经济发展强劲、市场需求旺盛的一、二线城市，品牌地位受到充分认可，获得更为突出的销售溢价表现。① 可见品牌溢价使得企业从市场竞争的同行业者中胜出，得到消费者认可的同时不断获得利润并实现增值。品牌价值的增值和影响力的扩大会促使企业不断改良推出新的产品，强化消费者对于品牌的认可和忠诚度。

第三，商标运营可以帮助企业获得市场竞争优势，增强企业的防御能力。

企业拥有商标，商标运营发展成为品牌，品牌帮助企业在市场竞争中确立地位。尤其是在知识产权经济时代，商标等无形资产日益成为新的市场竞争工具，更加受到国家和企业的重视。企业商标运营反映了其拥有的商标价值和品牌资本与实现企业价值的内在关联性。在激烈的市场竞争中，商标运营可以有效利用企业的商标和品牌资本，整合企业内部非其他资源，利用知名度和影响力及时有效地将企业的产品或服务推向市场，提高企业的经济效益，实现企业的战略目标，从而整体上提升企业的竞争优势。

第四，商标运营可以促进企业自主创新，推动企业完善经营机制。

企业知识产权战略的最大价值在于运营，只有将专利、商标等投入运营，在运营中发现问题、解决问题、总结经验，才可以促进并产生新一轮的企业创新，才可以发现预期效果之外的问题。商标的知名度和市场价值、品牌战略的打造与维护、企业的商誉和企业文化等，这些问题的发现和解决将会有利于企业发掘蕴藏其中的新的创新点。在运营中的知识产权战略带来的力量和市场价值才是无穷无尽的。随着企业无形资产不断累积，技术研发持续推进，商标运营日益成为企业不断强化自身形象、打造驰名商标、塑造国际化形象的重要手段。

二、我国商标运营的状况分析

2021 年，我国商标注册申请量为 1 400 万件，商标注册量为 773.9 万件，其

---

① 《中指院报告：中海万科保利品牌价值突破 300 亿元》，http://m.haiwainet.cn/middle/345646/2014/0919/content_21107582_2.html，最后访问时间 2019 年 10 月 28 日。

中国内商标注册4 754.3万件。截至2021年年底，我国国内有效商标注册量（不含国外在华注册和马德里注册）达到3 724万件。[1] 目前我国已经是世界上商标申请量第一大国，已经成为全球商标知识产权增长的主要贡献者，也逐渐成为全球创新和品牌发展的引领者。[2]

我国商标运营存在的问题有如下几点。

（一）商标交易运营平台起步晚

自2014年以来，国家知识产权局会同财政部以市场化方式开展知识产权运营服务试点，在北京建设全国知识产权运营公共服务平台，在西安、珠海建设两大特色试点平台，并通过股权投资重点扶持20家知识产权运营机构（20），示范带动全国知识产权运营服务机构（N）快速发展，初步形成了"1 + 2 + 20 + N"的知识产权运营服务体系。[3]但是我国商标运营中还是存在交易不够活跃、运营模式和服务有待创新等问题。

（二）商标运营模式单一，商业化程度不高

相比于美国的知识产权运营模式，我国的知识产权运营起步比较晚，制度建设还处在初级阶段，主要依靠政府的政策性引导，运营资本更多依靠政府出资，因此市场化和商业化的程度不高。此外，很多初创企业商标战略思维不高。

（三）商标运营中的价值评估机制不完善

商标运营的各个阶段都会涉及对于商标价值的评估。但是目前我国商标价值评估存在标准不明确、随意性大、可靠度不高等问题。商标和品牌的价值处于不断的发展变化中，但我国没有非常可观的标准可以计算出商标在许可、转让、质押、出资等运营过程中的准确价值。市场虽然存在一些第三方的评估机构，但商标价值评估参照的是无形资产评估的办法，缺乏具体的商标价值评估标准和规则。

（四）商标运营缺乏专业性人才

商标运营是系统性和综合性的工作，需要有专门知识的人进行，相关的管理

---

[1] https://baijiahao.baidu.com/s? id = 17217408748414403 27，最后访问时间2022年4月2日。

[2] 中国经济迎来"品牌时代"，https://baijiahao.baidu.com/s? id = 15875314284388 87690，最后访问时间2019年10月21日。

[3] 国家知识产权局副局长：我国已初步形成四位一体的知识产权运营服务体系，https://www.sohu.com/a/276590224_362042，最后访问时间2019年10月18日。

人员不仅要具备知识产权专业相关的知识，更要精通市场营销、品牌管理和投资证券类的知识，但是我国目前缺乏这类人才。

三、品牌定位与商标保护

（一）清晰的品牌定位是消费者对品牌认知的第一步

品牌定位是企业在市场定位和产品定位的基础上，对特定的品牌在文化取向及个性差异上的商业性决策，它是建立一个与目标市场有关的品牌形象的过程和结果。换言之，企业品牌定位是告诉消费者企业是谁，企业的产品或服务的特征，以及企业文化等。对于企业而言，品牌定位就是要锁定目标消费者群体，实现消费者需求，并根据自身的经营战略，在满足消费需求的同时实现与同行业竞争者之间的差异。

（二）品牌定位就是针对竞争确立优势位置

企业品牌定位的三个必经阶段是：明确细分市场、选择目标市场、具体品牌定位。品牌定位的方法包括：产品利益定位、竞争者定位、消费群体定位、质量/价格定位、文化定位以及情景定位。与"可口可乐"的定位不同，"王老吉"把吃火锅喝的饮料重新定位为一种增加植物草本、清凉、预防上火的功能饮料，与"可口可乐"形成对立差异关系，"怕上火喝王老吉"广告语更能打动顾客的心。但品牌定位并不是一成不变的，随着外部环境变化，当新的竞争对手出现时，品牌就要重新定位。

（三）品牌定位与商标保护相互作用

企业的品牌定位与商标战略相互助力。首先，商标注册是品牌定位战略的起点。企业商标注册要有前瞻性，要根据企业的未来发展及竞争对手，合理选择商标并选择商标类别，做到市场未动，商标先行。其次，商标保护是品牌战略的根本保障。企业在市场上利用其商标品牌战略竞争之际，难免遭遇侵害。不管是权利人维权，还是行政机关治理，其所依托的基本依据是商标的法律保护，并以此为基础判定是否构成商标侵权或不正当竞争等。因此，对商标权的保护，无论是从制止混淆，还是从反淡化的角度，都是商标品牌战略的根本保障。

综上，品牌定位是企业将品牌的价值特征和宣传特点与顾客的购买动机保持一致，将品牌自身的优势特征与目标消费者的心理需求相统一。通过在目标消费者心目中确立差异化的竞争优势和位置，从而锁定消费者。随着消费者需求的多样化，品牌也必须要具有鲜明的特征，从而显示独特的差异优势。

四、品牌延伸与商标布局

品牌延伸是指企业同时加大对品牌利用的深度，挖掘品牌的附加价值，如借助品牌发展战略联盟，进行资产重组或股权经营等。针对美国超市销售量最大的几个品牌的研究发现，有三分之二以上的品牌都是原有品牌的延伸品牌。[①]品牌延伸已经成为西方企业发展战略的核心。如雀巢咖啡经过品牌延伸之后形成的奶粉系列、柠檬茶系列、冰激凌系列都在市场中获得了成功。中国市场上的海尔、娃哈哈、乐百氏等品牌也通过品牌延伸拓宽企业自身的产品类别，利用知名品牌的竞争优势扩大企业规模和产品的市场占有率，使得知名品牌所蕴含的价值得到充分利用。

首先，从商标法律制度的角度看，品牌延伸首先必须扫清法律上的障碍，在多个领域广泛注册商标才能为品牌延伸提供有效的法律保障。我国商标制度采用先申请原则，具有使用意图的企业应具有商标布局意识，提早注册商标。另外若出于种种考虑，有意申请多个关联商标，在申请和使用过程中，应注重强化名下各关联商标之间的联系，促使相关公众形成对特定来源的稳定认知，否则可能因在类似商品或服务上存在在先申请或注册的相同或近似商标而被阻注册，又因难以满足基础商标延伸注册要求的条件，最终被驳回商标申请。

其次，品牌延伸还需要将企业的商标在其他相关领域申请注册，主动防止他人使用相同或近似的商标，进而避免不同企业使用相同商标可能导致的品牌混淆，保持品牌与企业的唯一对应关系。北京市高院《商标授权确权行政案件的审理指南》第8条规定，商标延续注册是指"商标注册人的基础注册商标经过使用获得一定知名度，从而导致相关公众将其在同一种或者类似商品上在后申请注册的相同或近似商标与其基础注册商标联系一起，并认为使用两商标的商品均来自该商标注册人或与其存在特定联系的，基础注册商标的商业信誉可以在在后申请

---

① 董金山. 企业品牌延伸战略研究［D］. 天津：天津大学硕士论文，2007.

注册的商标上延续"。商标延伸注册审查中,"知名度""类似商品或服务上的近似商标""特定联系"是判断商标延续关系的关键词。

最后,企业在申请商标注册选择商品范围时不能只着眼于实际生产的商品,需要前瞻性,对可能涉及或者具有一定关联性的商品一并予以保护,以免为品牌的发展留下障碍和后患。

五、品牌与商标的海外战略

(一)企业申请海外商标的策略

1. 企业应该建立全方位的品牌和商标保护体系

商标注册途径包括单一国家注册、地区注册、马德里商标国际注册。不同的途径具有各自的优势和劣势(详细分析如表 8-1 所示)。企业进行商标申请布局的时候,要综合企业的发展阶段和战略目标及时申请商标注册,建立全方位的品牌和商标保护体系。本着商标先行、商标引领的战略目标,海尔率先布局海外业务市场,开展海外注册。海尔集团的主商标英文字母、汉字和图形三种形式,在全世界 190 个国家和地区申请注册了 3 274 件商标,其中,基于对马德里商标国际注册途径的认识与理解,充分利用其手续更简便、费用更划算、时间更节省的优势,积极通过马德里国际注册 7 枚标识,共计 522 件商标,分别为 casrate、Haier(新标)、海尔兄弟(图形)、海尔、Haier、Haier 海尔、LUXU-RII;2013 年,海尔集团的主商标进一步优化,2014 年海尔积极通过马德里国际注册切换了最新优化商标,涉及 6 个国际类别 16 件商标,覆盖了整个马德里体系成员国。

表 8-1 不同商标注册途径的比较

比较项	单一国家注册	地区注册	马德里商标国际注册(领土延伸申请)
依据	各国法律	向一个区域商标主管机关申请注册商标,如欧盟知识产权局 EUIPO、非洲知识产权组织 OAPI 等	《商标国际注册马德里协定》《商标国际注册协定有关议定书》

续表

比较项	单一国家注册	地区注册	马德里商标国际注册（领土延伸申请）
优点	适用范围广	一份申请可以涵盖该地区多个国际	费用低廉 手续简单：一套程序、一份申请、一次性办理 注册周期短：成员国主管局必须遵守自国际注册通知之日起12个月或18个月的驳回期限
缺点	成本高、手续烦琐、注册周期长	以全有或全无的方式覆盖该区域，如果申请被驳回，则在该区域的各个成员国都不能获得注册	绝大多数国家不颁发注册证：目前只有美国和日本颁发商标注册证 缺少一些后续程序① 部分国家尚未加入

首先，企业要及时制定和调整商标跨国保护策略，商标海外注册申请要有前瞻性。企业应该有计划、分期、分批次地在一些具有潜在市场的国家或地区申请商标注册，并不断关注各地商标的变化情况。其次，企业要根据确定的产品出口国清单、产品的种类和性质，有重点地选择注册国别，争取做到突出在重点国家、重点地区的商标注册，避免商标布局过于分散，造成资源浪费。此外，企业要尽量选择防护类别及对应的商品/服务项目进行申请。即使自己不用也不能让其他人使用，因为被他人借用商誉，可能会为今后经营无形资产留下隐患。同时，商标的命名要考虑不同地域的文化差异，防止与个别国家禁忌相矛盾或在当地语言中有不良含义。同时要避免使用英文词汇中被广泛使用的词汇，因缺乏独创性最终导致被驳回。因此，在拟注册商标设计阶段，要进行主要目标地域跨地域检索，考虑不同国家的文化差异对于同一个商标的接受力及识别度，以及预测各目标地域授权前景。

2. 企业应该针对各国地域特点制定商标与品牌策略

英国和美国是商标先使用取得的典型国家，中国、日本、韩国等是商标先注

---

① 在被指定缔约方出现被驳回或被异议的情况下，申请人还是需要委托当地代理机构来提交复审或者异议答辩。

册取得的典型国家。对于申请或注册在先原则的国家，申请注册要越早越好，越快越好，否则企业的商标就会存在被抢注的风险。对于使用在先原则的国家，应注意尽早将出口商品所含商标投入出口对象国的商业实际使用之中。因为注册不及时导致我国商标在海外被抢注的例子也有很多。"大宝"在美国、英国、荷兰、比利时、卢森堡被一名荷兰人注册；上海冠生园食品总厂的"大白兔"商标在日本、菲律宾、印度尼西亚、美国和英国都曾被抢注；"青岛啤酒"在美国被抢注；"竹叶青酒"在韩国被抢注等。其次，商标使用证据的保存也至关重要。使用证据包括产品销售网页、有效合同、广告材料、产品说明书、外包装、产品宣传材料、销售票据等。即使他人抢注，也可以基于这些实际使用证据，通过异议、无效等程序，将商标权夺回来。

3. 商标应该在注册国进行持续使用

无论是商标注册在先还是使用在先，商标的价值最终都在于使用。如果商标被核准注册之后，企业一定要在注册地域内及时有效使用。《与贸易有关的知识产权协定》（TRIPS）规定："如维持注册需要使用商标，则只有在至少连续三年不使用后方可注销注册，除非商标所有权人根据对商标使用存在的障碍说明正当理由。"实践中，世界各国一般规定注册商标连续三年或五年不使用即可被撤销。因此，在商标注册后，一定要积极使用，并尽量多地保留使用证据。最大限度地使用注册商标是对商标最好的保护。

4. 企业应该及时监测和维护商标

商标注册只是企业商标工作的第一步，为企业后续商标从法律上获得确权。商标被核准注册后，企业应该在注册商标有效期内及时使用商标，使利益最大化，避免第三方侵权或"搭便车"。商标的真正作用是通过大量使用不断形成品牌效应，使消费者接受并忠于该品牌。如果第三方对自身商标权利产生侵害或构成冲突，便应合理利用各种法律措施阻止对方侵权或商标注册。

（二）企业的品牌管理策略

品牌管理是对建立、维护、巩固品牌的全过程进行有效监管控制，并协调与消费者之间关系的全方位管理过程，如品牌知名度、品牌美誉度、品牌联想、品牌忠诚度等。品牌资产只有通过系统化的品牌管理才能最终确立竞争优势。品牌管理成熟的一个标志是将品牌管理与产品管理相分离。与产品组合类似，在大企业中也存在一个由许多品牌组成的品牌组合。所谓和谐的品牌组合是指相互独立的众多品牌的有机结合。不同品牌在其中扮演各自不同的角色，同时又相互支持，以便取得协同效果。

1. 精简产品的品牌数量

品牌过多不仅造成企业资源分散，还会由于缺乏主打品牌，在国际市场竞争中处于不利地位，因此企业要集中力量培育核心品牌，将品牌建设的重点放到培育具有国际影响力的旗帜品牌上。著名战略管理专家哈梅尔和普拉哈拉德在《未来大竞争》一书中，形象地将未来企业的构架比作一间房子：核心能力是其地基，核心产品和核心技术是房子的支柱，而屋顶则是企业品牌或旗帜品牌。他们认为，旗帜品牌是未来企业获得持久竞争优势的重要来源。所谓旗帜品牌就是企业的主要品牌，在企业的品牌组合中居于较高层次，发挥核心作用，是企业营销投资的重点。一般而言，旗帜品牌具有很高的知名度和良好的形象，顾客联想较为抽象，延伸能力强，可以同时使用在多种产品上，起到注释和推动产品销售的作用。一个企业可能只有一个旗帜品牌，如 Body Shop、Intel、Nike、Virgin 等公司，他们的旗帜品牌就是企业品牌；也可以同时拥有几个旗帜品牌，例如吉列公司的 Gillette、Sensor、Gel、Series 等。

2. 注重品牌间的合作与配合

在品牌组合中，不同层次的品牌具有不同的功效。旗帜品牌知名度大，能够向公众传递企业的经营理念，反映企业的实力和信誉，有助于吸引消费者的注意力和增强购买信心；产品品牌易于表达产品的具体功能和特色，传达产品的独特卖点。如果巧妙地将不同品牌的特点有机结合，在旗帜品牌与产品品牌之间建立适当的联系，使它们能够相互支持和促进，就可以收到事半功倍的效果。注重品牌间的合作和配合，主要的做法有两种。第一，双品牌策略或合作品牌策略。即在促销时，同时使用两种品牌。吉列公司就是一个典型例子。它把公司的旗帜品牌"吉列"的主题设为"男人的最佳选择"，并且把这个主题和"吉列"这个名称印制在其所有的产品包装上。当它为产品做广告时，突出其旗帜品牌"吉列"所代表的含义，依靠"吉列"的声誉帮助其产品成功地被顾客接受。这种双品牌策略在"吉列"推出"感应（Sensor）"系列时，取得了巨大成功，并且很快使吉列在全球树立起一个良好的新形象。第二，在产品品牌中含有旗帜品牌。例如，雀巢公司在许多产品品牌前面都加上"Nes"这个字头，如 Nescafe（咖啡）、Nestea（茶）和 Nesquik（奶昔）等，这样使雀巢在推出众多产品的同时，可以利用雀巢的知名度和良好信誉带动产品销售，同时也强化了雀巢品牌的市场地位。20 世纪 90 年代中期，雀巢已经成为全球 10 大最有价值的品牌之一。3M 公司在其新战略中也采取了这种方法，在推出产品时，采用 3M 加上通用产品名称或已有产品品牌名称的方法，企业品牌和产品品牌相互支持，相得益彰。近年来，部分企业还借助外部资源，缔结品牌战略联盟。

3. 树立国际化品牌的理念

跨国公司在我国市场能够成功地实施其品牌战略，与其实现品牌全球化理念是分不开的。就我国企业而言，树立国际化品牌的理念是实施品牌国际化的首要立足点。我国企业只有进军国际市场，成功地打出自己的品牌，才有可能成为国际知名品牌。国内企业首先是要树立国际化品牌的理念，只有这样，才能真正促进企业品牌国际化战略的实施。同时，企业还应该保护好自己的品牌，避免出现商标注册不及时、保护不全面导致在其他国家被抢注的现象。目前国内华为企业是树立国际化品牌理念的典范，随着华为手机走向世界，华为品牌也得到欧洲、北美和非洲等市场的认可。

4. 夯实品牌国际化的基石

企业核心竞争力是指企业最基本的、能够使整个企业保持长期稳定发展的竞争优势和获得超额利润的竞争力。它是企业获得长期稳定的竞争优势的基础，是将技能、资产和运作机制有机结合在一起的企业组织能力。跨国公司大都具有独特的核心竞争力，品牌是公司最具有价值的资产，其懂得如何运用品牌、理念和出色的设计来展现它的价值。品牌是企业核心竞争力的外在表现，品牌定位是一种价值定位，从顾客的角度，立足于市场，说服顾客并赢得顾客，努力满足目标顾客心理需求并产生共识。

第三节　商标的运营策略

一、商标的使用策略

商标的价值在于使用，如果不使用就会面临失去商标的风险。根据《中华人民共和国商标法》（以下简称《商标法》）的规定，注册商标连续三年未在注册指定的商品或服务上使用，又无不使用的正当理由，任何人都可以申请撤销该商标注册。可见，企业对其商标的正确使用，既是该商标受法律保护的基础，也是有效实施商标战略的保障。

（一）强调商标使用的标准化

《商标法》第 56 条规定："注册商标的专用权，以核准注册的商标和核定使用的商品为限。"《商标法》第 24 条规定："注册商标需要改变其标志的，应当重新提出注册申请。"因此，原则上商标权人使用其注册商标应该严格与注册证书上的商标一致。换言之，企业应该保持商标注册的形象与使用在产品或服务、企业形象和广告宣传中的相一致。尤其是在品牌形象越来越强大时，企业的经典商标标识应该固定。Coca–Cola、IBM、Apple、Google、McDonald 等知名企业的商标标识经历了演变发展的过程，[1]但是随着品牌影响力扩大，企业标识的经典形象就会被固定下来，这样做既符合消费者认知经济性，又能强化企业的形象。

（二）建立商标使用的管理标准

商标设计、注册、使用、维持、保护等都涉及商标的管理，它是一项系统性的工作。若企业使用商标不规范，不仅会面临商标被撤销和侵权的风险，还面临企业品牌形象遭受破坏的风险。因此，企业应该建立商标使用的标准化管理体系，不仅要规范企业自身内部使用商标的行为，而且要规范企业外部使用。首先，企业内部应该将商标和企业品牌形象管理作为企业日常管理的一部分。其

---

[1] 一个 logo 用 100 年？细数这些经典 logo 的进化史，https://mp.weixin.qq.com/s/ZeO–PU9A8sfCR_HTE-QnaBw，最后访问时间 2019 年 10 月 26 日。

次，企业应规范供应商、经销商、广告商等各类合作伙伴使用商标的行为，加强沟通，准确地向相关公众表达和传递商标和品牌信息。①

（三）留存商标使用的证据材料

《商标法》第48条："本法所称商标的使用，是指将商标用于商品、商品包装或者容器以及商品交易文书上，或者将商标用于广告宣传、展览以及其他商业活动中，用于识别商品来源的行为。"商标使用的证据是商标注册、异议、撤销程序以及商标侵权诉讼中的重要证据。因此，企业在平时的经营活动中应该留存使用的证据，包括合同书等交易文书、发票、产品外包装以及各类宣传资料等。② 此外，法律还规定了不可抗力、政府政策性限制、破产清算以及其他不可归责于商标注册人等的正当事由。

（四）有针对性使用商标的策略

企业要在遵循商标使用原则的基础上，根据商品或服务及市场的情况，结合自身的经营发展战略，有针对性地实施商标使用的策略。首先，单一商标策略是指企业在经营过程中只使用一个商标。比较有代表性的是宝马、雀巢、飞利浦、耐克、佳能等。单一商标策略的优势是，既可以节省企业商标注册和管理成本，还可以迅速拓展市场。企业专注建立商标的知名度，可最大程度拓宽品牌的影响力。

其次，主副商标策略是指在同一产品上注册多个商标，一个是在各类产品上体现企业形象的主商标，其他的则是在某种特定产品上使用的副商标（又称为从商标），副商标建立在一个先成功的主商标基础上。主商标的作用是建立和提高企业各类产品的名气，副商标的作用是显示特定产品的用途、功能、成分、品质

---

① 袁真富. 企业商标使用的标准化管理［J］. 中国知识产权报，2015（6）.
② 《商标局明确商标使用证据提交问题》规定："国家知识产权局明确商标使用在指定商品上的具体表现形式主要包括：（1）采取直接贴附、刻印、烙印或者编织等方式将商标附着在商品、商品包装、容器、标签等上，或者使用在商品附加标牌、产品说明书、介绍手册、价目表等上；（2）商标使用在与商品销售有联系的交易文书上，包括使用在商品销售合同、发票、票据、收据、商品进出口检验检疫证明、报关单据等上；（3）商标使用在广播、电视等媒体上，或者在公开发行的出版物中发布，以及以广告牌、邮寄广告或者其他广告方式为商标或者使用商标的商品进行的广告宣传；（4）商标在展览会、博览会上使用，包括在展览会、博览会上提供的使用该商标的印刷品以及其他资料；（5）其他符合法律规定的商标使用形式."http：//ip.people.com.cn/n1/2018/0817/c179663-30234722.html，最后访问时间2019年10月26日.

等，两者相得益彰。也就说，副商标本质上是一种商标延伸策略，主要利用消费者对于主商标的忠诚度和信赖，推动副商标产品或服务的销售，以获得市场优势。企业实施主副商标策略非常普遍，比如日本的丰田、索尼，中国的光明乳业、海尔集团。

主副商标策略对企业有很多好处。第一，企业可以充分利用主商标知名度。副商标利用主商标的市场知名度、市场信誉，可避开同行业经营者的追随和竞争，推动副商标产品的销售。比如光明乳业对于乳制品布局了大量的商标。以牛奶为例，目前光明的品牌包括致优、优倍、如实、基础鲜牛奶等。光明在品牌运营过程中形成了不同档次不同需求的产品品牌，采用主副商标的策略进行品牌保护。光明采用的方式是将"光明"主商标与副商标共同使用在产品上，通过"光明"主商标长期以来形成的名气提高消费者的接受度，并且在主商标和副商标长期使用的过程中，逐步形成对副商标使用的熟悉度，甚至可以独立使用副商标也达到相同的市场效果。从企业整体的品牌宣传考虑，将主商标和副商标持续共同使用在同一产品上，对主商标和副商标都能够产生促进作用。从市场上来看，由于"光明"品牌大众的认可度，光明乳业对于旗下的各个不同产品大多采样的是主副商标策略。除了"光明"以外，很多大型企业都在进行主副商标的布局。企业所需要的商标一定是为了满足品牌战略、市场需求和法律保护三方面的需求。因而，企业在构建自己的商标体系时需要考虑自身实际，以保证每件商标有其作用和价值，形成符合自身发展要求的主副商标策略。第二，主副商标策略可以避免商标一损俱损。与单一商标策略相比，主副商标策略更加有利于企业降低商标运营中的风险。因为副商标策略中宣传的重点是副商标的产品，而主商标放在宣传的次要地位，这样在一定程度上能降低对于企业造成的损害。

但是主副商标策略也存在一些劣势。第一，企业商标的管理成本高。第二，发生纠纷时维权困难。"港中旅"[①]"新百伦"[②] 等商标侵权案件中，法院确定赔

---

① （2015）粤高法民三终字第 444 号。
② （2015）湘高法民三终字第 4 号。

偿金额时考虑了被诉侵权标识对被告获利的贡献率。因此，被诉侵权商品上同时使用两个或多个商标时，很难证明其中一个商标对被告获利的贡献率。同时，对原告来说若其主商标一直是与其他商标共同使用于同一商品之上，如何确定权利商标的价值或者原告遭受的损失面临同样的问题。

二、商标的许可策略

（一）商标许可的类型

对于商标权人而言，商标许可使用可以迅速实现品牌知名度的提升和品牌价值的增加，维持商标持续稳定使用，获得巨大的经济利益。对于被许可人而言，利用有一定知名度的商标可以帮助其减少前期商标注册、宣传等费用，迅速实现获利。商标使用许可是商标注册人通过法定程序允许他人使用其注册商标的行为。《最高人民法院关于审理商标民事纠纷案件适用法律若干问题的解释》（法释〔2020〕19号）第3条将商标使用许可分为独占使用许可、排他使用许可、普通使用许可三个类型。

1. 注册商标的独占许可

注册商标的独占许可是指商标权人许可他人在规定地域内使用其注册商标后，不仅不得就同一注册商标于同一地域再许可第三人使用，而且自己也不得使用的一种使用许可方式。在注册商标的独占许可中，只能由被许可人使用该注册商标，连许可人即注册人自己也不能使用该注册商标，否则即构成违约，须承担相应的法律责任。商标独占使用许可必须在使用许可合同中明确约定，且要求双方当事人（许可方和被许可方）严格按照约定履行自己的义务。

2. 注册商标的排他许可

注册商标的排他许可是指许可人在同一时间内准许一个被许可人在规定的地域和指定的商品或者服务项目上使用其注册商标的同时，不得再准许他人使用其注册商标，但许可人本人仍然保留使用该注册商标的权利。

3. 注册商标的普通许可

注册商标的普通许可是指许可人在同一时间内准许一个被许可人在规定的地域和指定的商品或者服务项目上使用其注册商标的同时，不但许可人本人仍然保留使用该注册商标的权利，而且还保留了许可其他人使用其注册商标的权利。在普通许可中，被许可人只是取得了该注册商标的使用权，至于许可人使用该注册商标以及其他第三人经许可使用该注册商标，被许可人都无权干涉。

（二）商标许可备案的流程

委托商标代理机构办理商标使用许可合同备案的，申请人可以自愿选择任何一家国家认可的商标代理机构办理。

申请人直接到商标注册大厅办理商标注册申请的，申请人可以按照以下步骤办理：准备申请书件 → 在商标注册大厅受理窗口提交申请书件→ 在打码窗口打收文条形码→ 在交费窗口缴纳备案规费→ 取得商标使用许可合同备案通知书。

1. 应提交的申请书件

①一件注册商标许可一个被许可人使用，应提交一份商标使用许可合同备案申请书。

②申请人为自然人的，应当提交能够证明其身份的有效证件的复印件（如身份证等）。

③商标使用许可合同副本，或经过公证的商标使用许可合同复印件（在商标局备案阶段无须提供此文件）。

④合同文字使用外文的应当同时附送相应的中文译本。

⑤委托商标代理机构办理的，还应提交商标代理委托书。

2. 具体要求

①所有书件应当字迹工整、清晰，备案申请书应当用打字机打印。

②许可合同双方当事人必须在合同上加盖各自的印章，无印章的应当由法定代表人签名。

③申请书的填写应符合以下要求。

A. 申请书上的许可人名称、注册证号、商品或者服务名称应与《商标注册证》上的注册人名义、注册证号、商品或者服务名称完全相同。

B. 许可使用的商品不得超出《商标注册证》核定使用的商品范围。

C. 许可使用的期限不得超过《商标注册证》上的有效期限。

3. 商标使用许可合同必须具备以下条款

①许可使用的商标名称及其注册证号码。

②许可使用的商品及服务范围。

③许可使用的期限。

④被许可人使用的注册商标标识的提供方式。

⑤许可人对被许可人使用其注册商标的商品质量进行监督的条款。

⑥被许可人在其使用许可商标的商品上标明被许可人的名称和商品产地的条款。

（三）商标的许可策略

1. 重视对被许可人的资质的审查，及时进行商标许可备案

首先，在授予许可之前，许可人首先应该对被许可人的资质进行审查，对于国家规定的特殊行业需要特殊资质的，应该要求被许可人提供。其次，《商标法》第43条规定："许可他人使用其注册商标的，许可人应当将其商标使用许可报商标局备案，由商标局公告。商标使用许可未经备案不得对抗善意第三人。"因此商标许可合同信息会公开备案在商标局公共系统中，视为相关公众对此许可情况的知晓。如果没有在商标局进行备案，不视为相关公众知晓这种许可关系。另外，许可人还需对被许可人生产能力、管理水平、产品质量等进行考察、测试，选择生产能力较好、经营管理水平较高且履约能力较强的企业作为被许可人。

2. 重视对被许可人的产品质量监督，合理计算商标许可费

首先，《商标法》第43条规定："许可人应当监督被许可人使用其注册商标的商品质量。"可见，质量监督既是许可人的法定义务，也是对于其商誉和利益保护的体现。因此，许可人应该提前在合同中约定明确细化的质量标准和要求。其次，许可人作为品牌所有人应该对任何可能对品牌造成严重打击的商业行为都极力予以规避，力求塑造企业品牌在市场良好的口碑以及企业的良好形象。同时，企业应该根据商标的评估价值和企业经营状况合理确定商标许可费。一般情况下，被许可商标的知名度、被许可使用的时间、地域以及商品或服务的范围，许可使用方式等都是影响商标许可费的重要因素。除此之外，企业所处行业的前

景、利润率等也是影响费率的因素。

3. 加强对于商标和品牌的管理，避免商标被淡化

企业应该在合同中明确约定禁止被许可人注册或使用与被许可商标近似的商标。因为在商标许可使用中，被许可人出于自身利益的考虑会培养自有品牌，注册或使用与被许可商标近似的商标，甚至将被许可商标的一部分与自己的商标组合后使用和注册，这会导致消费混淆或品牌被淡化。

4. 特许经营中商标许可策略

特许经营是指权利人将其商标、商号、经营模式在一定条件下许可给经营者，允许他在一定区域内从事与授权人相同的经营业务。特许经营中的商标许可策略包括：第一，企业以其商标作为商业特许经营资源对外进行商业特许经营活动的，其商标应为注册商标。[①]第二，在特许经营合同关系中，许可人对应当保持注册商标等特许经营资源的绝对控制，被许可人应当依约诚信经营，不得攫取特许人的知识产权利益，且未经许可人许可，被许可人不得擅自使用特许经营资源开设店铺。[②]第三，对于被许可人在经营过程中对许可人的品牌增值做出的贡献，应该提前在特许经营合同中约定，避免后续因品牌增值引起纠纷。

三、商标的交易策略

商标交易又称为商标转让，是指商标权人将自己的注册商标转让给第三人使用的行为。同时，当企业想要使用的商标被他人抢注之后，若通过异议或无效程度后仍无法取得商标，商标交易也是一种有效的措施。因此，对于商标交易双方当事人而言，商标转让时一般的风险是合同风险。除此之外，还包括商标交易中特有的风险，比如商标权不稳定的风险、商标权存在权利负担等风险。

对于商标出让人而言，应该与受让人共同到国家知识产权局办理注册商标的转让手续，商标转让生效的时间是国家知识产权局核准公告的时间。对于商标受

---

① 上海浦东新区人民法院（2015）浦民三（知）初字第142号。
② 江苏省高级人民法院（2010）宁知民初字第465号、（2012）苏知民终字第0154号，南京宝庆银楼连锁发展有限公司、江苏创煜工贸有限公司与南京宝庆银楼首饰有限责任公司、南京宝庆首饰总公司特许经营合同纠纷案。

让人而言，在交易前应该主动核实商标的使用情况、效力状态以及与该商标相关的诉讼。如商标注册满三年但未进行市场使用，则可能导致被其他人提出撤销的风险，或者该商标可能已经办理了质押手续，不能在质押解除之前进行转让等。

【案例 8-2】"IPAD"商标的交易策略

深圳唯冠在中国大陆申请了两个"IPAD"文字商标和文字图形结合商标的商标专用权，并于 2001 年获得商标局核准注册，之后深圳唯冠将该商标使用在其自行研发的液晶显示器等电子产品上。2001—2004 年，唯冠控股旗下另一子公司"台湾唯冠"在欧盟、韩国、墨西哥、新加坡等国家共获得 8 个"iPad"相关注册商标专用权。2005 年前后，苹果公司策划相关产品进入欧洲市场之时，得知"iPad"归"台湾唯冠"所有，以撤销闲置不用商标等理由向英国商标局提出申请，但在英国败诉。2009 年 12 月，在英国设立的 IP（IP Application Development Limitd）公司于台湾与台湾唯冠签署 IPAD 商标整体转让协议，协议对价 3.5 万英镑。2010 年 4 月 3 日，苹果公司 iPad 平板电脑产品在美国上市，4 月 7 日，苹果公司与 IP 公司签订转让协议，以 10 英镑价格"受让"包括涉案商标在内的所有商标。2010 年下半年，苹果公司联合 IP 公司在深圳中院起诉深圳唯冠，请求法院确认两 IPAD 商标专用权归苹果公司所有。美国苹果公司和 IP 公司起诉唯冠科技不履行 IPAD 转让商标义务。该案件经过三次开庭，最终判定苹果败诉。2012 年 2 月，唯冠要求在上海地区禁售 iPad 的听证会结束，苹果提请驳回禁售令。2012 年 6 月，广东省高院通报，苹果支付 6 000 万美元一揽子解决 IPAD 商标纠纷。

四、商标质押融资

商标质押融资是指企业或个人以合法拥有的商标权经评估后作为质押物，向银行申请融资贷款。中国银保监会、国家知识产权局和国家版权局在《关于进一步加强知识产权质押融资工作的通知》中强调："鼓励商业银行对企业的专利权、商标专用权、著作权等相关无形资产进行打包组合融资，提升企业复合型价值，扩大融资额度。研究扩大知识产权质押物范围，积极探索地理标志、集成电路布图设计作为知识产权质押物的可行性，进一步拓宽企业融资渠道。"商标质押融资对于中小企业意义重大。因为商标质押融资能在一定程度上缓解其资金困难。宁波东钱湖投资开发有限公司以"东钱湖"商标作为质押从浙江稠州商业银行宁波分行获得2亿元的贷款。[①] 安徽鸿润（集团）股份有限公司以"鸿润"商标作为质押在徽商银行安庆桐城支行贷款10亿元人民币。昆山市巴城镇阳澄湖蟹业协会质押"巴城阳澄湖大闸蟹"地理标志商标专用权获得银行贷款1亿元。可见，商标质押融资是拓宽企业质押融资渠道的重要途径。

（一）我国商标质押融资的现状

①商标质押制度不健全，融资效果不明显。据统计，商标质押融资额度集中分布在3 000万元以下和500万元以上，占比85%。数据显示，2016年，江苏省注册商标申请量突破了20万件，而同期办理的商标质押仅有29件。从全国来看，截至2021年，全国专利、商标质押融资登记金额达到3 098亿元，同比增长42%，这一数据相对于我国1 000多万件的注册商标总量和2 000多万家的企业总数来说显得极不相称。我国目前关于商标质押融资效果不明显。据调查，很大原因是银行、企业开展商标质押贷款工作的积极性并不高，尤其是银行部门，它们认为商标质押贷款存在很大风险。企业也认为手续麻烦，质押困难，还很难找到相应质押机构。[②]

我国知识产权质押融资起步较晚，但是随着我国知识产权产业发展的进步，技术、品牌走出国门的需要，政府从政策层面更加重视对于商标、专利、著作权等的质押融资，以实现无形资产的变现。目前，北京中关村中技知识产权服务集团与华软资本集团合作建立了国内首家"评—保—贷—投—易"五位一体的知识产权金融服务体系，通过"成长债"业务帮助科技型企业以"知识产权质押+股权质押"方式获得银行贷款，成为国内债股结合、投贷联动的经典案例。[③]

---

① "东钱湖"商标再次成功质押获得贷款5亿元，http://news.cnnb.com.cn/system/2016/04/19/008495642.shtml，最后访问时间2019年10月24日。

② 关于商标质押融资价值评估体系现状分析，https://mp.weixin.qq.com/s/7P3NQz8i_QEF7 kOHGuk-bTg，最后访问时间2019年10月21日。

③ 北京中关村中技知识产权服务集团："评—保—贷—投—易"五位一体创新知识产权运营模式，http://tj.people.com.cn/n2/2017/0421/c380747-30069864.html，最后访问时间2019年10月27日。

②商标质押融资具有良好的产业前景，但是我国目前的商标价值评估方法和模型还需加强。中细软知识产权研究院发布的《2017年至2020年知识产权市场规模预测报告》指出："2016年我国商标办理质权登记申请1 410件，同比增长20%，帮助企业融资649.9亿元，同比增长90%。保守估计，按照20%增长率计算，预测2017年商标质押登记件数达到1 692件，金额达780亿元；2020年商标质押登记件数达到2 924件，金额达1 348亿元。"① 目前国家质检总局和国家标准化委员会出台了《品牌评价：品牌价值评价要求》《品牌价值：要素》《品牌价值：术语》《品牌评价：多周期超额收益法》等4项推荐性国家标准。商标是无形资产，其价值被正确评估是商标质押融资的前提条件和难点。

（二）商标质押融资的法律风险和防范措施

1. 商标权的不稳定性

①被无效的风险。国家知识产权局撤销或他人请求商评委宣告无效。《商标法》第44条规定的，违反第4条、10条、11条、12条、19条第2款，或者以欺骗或其他不正当手段取得。在先权利人或利害关系人请求商评委宣告无效。《商标法》第45条规定的，违反第13条第2款、第3款，第15条，第16条第1款，第30条，第31条，第32条，自商标注册之日起五年内，在先权利人或利害关系人可以请求商标评审委员会宣告该注册商标无效。

②被撤销的风险。《商标法》第49条规定：商标注册人在使用注册商标的过程中，自行改变注册商标、注册人名义、地址或者其他注册事项的，由地方工商行政管理部门责令限期改正；期满不改正的，由国家知识产权局撤销其注册商标。注册商标成为其核定使用的商品的通用名称或者没有正当理由连续三年不使用的，任何单位或者个人可以向国家知识产权局商标局申请撤销该注册商标。

2. 商标质押模式的多样性

一是单笔质押，以商标质押为债权人和债务人签订的借款合同或债务提供担保，债权数额以合同约定为准，质权登记日，该债权数额已经确定；二是最高额

---

① 2017—2020知识产权市场规模预测报告（三），https://mp.weixin.qq.com/s/K87a5b7t_mfNoiVO-qd7VQg，最后访问时间2019年10月24日。

质押，以商标质押为债权人和债务人在一定期限、在合同约定的最高额限度内连续发生的借款或债务提供担保，质权登记日，该债权数额并未确定；三是余额质押，商标已办理质押后，在征得质权人同意情况下，可以其剩余价值部分办理再次出质，在后质权人受偿顺序居后。

3. 商标价值评估的滞后性

商标只有在持续使用过程中才能实现价值增值，商标价值评估的时间节点并不能正确反映出商标的动态价值和未来的溢价。首先，企业的商品或服务质量、品牌策略、销售模式等都会对商标价值产生影响。其次，市场环境、政策导向、行业格局调整等都会影响商标价值。目前商标评估的方法有：一是直接的估值方法割差法；二是"收益现值法"评估企业整体资产—"重置成本法"评估企业有形资产—商标之外的无形资产；三是超额收入法，同一企业，销售同一种产品，"使用商标"收入减去"不使用商标"，得出实际收入差额，就是商标价值。此外还有间接的估值方法，主要参考以往商标许可合同中确定的许可费率，或借助同类行业或同类产品在侵权诉讼中由法院判决的数额。

五、商标运营中的风险分析

（一）商标运营中的风险

商标运营风险与企业无形资产运营风险密切相关，商标运营中的风险既包括企业无形资产运营的一般风险，也包括商标运营中特殊的风险。

1. 商标注册不当的风险

商标注册不当的风险包括被抢注和不被核准注册的风险，后者主要指商标注册存在禁止注册的绝对事由和相对事由。根据《商标法》规定，商标权取得要件包括显著性、合法性、非功能性以及不与在先权利相冲突。若申请人申请的商标不满足上述要件，就会面临无法获得商标权的风险。即便暂时获得授权，还会因为缺乏合法性（违反《商标法》第10条）、缺乏显著性（违反《商标法》第11条）、缺乏非功能性（违反《商标法》第12条）而被行政机关依职权撤销或第三人申请撤销。

2. 商标使用不规范的风险

商标被核准注册后的侵权风险来自两方面：一是商标不规范使用侵犯他人权利；二是商标不规范使用被撤销、无效的风险。若存在使用商标的主体不合法、使用的商标不合法、使用不连续等情形，就会面临商标被行政机关撤销、侵犯他人商标权和在先权利等风险。根据《商标法》第 49 条规定，商标注册人自行改变注册商标的，自行改变注册商标、注册人名义、地址或者其他注册事项的，连续三年停止使用已注册商标的，注册商标可能面临被国家知识产权局撤销的风险。根据《商标法》第 57 条的规定，不规范使用有可能侵犯他人注册商标专用权。

（二）商标运营中风险的应对措施

1. 商标申请前充分检索评估，降低商标不被授权的风险

第一，企业要规划商标申请的时间，避免被抢注。

企业在推广宣传产品前要做好商标申请的规划，避免产品进入市场后被其他人抢先注册。若商标已经被他人抢注，企业可以通过谈判购买被抢注的商标，但容易被价格挟持索要高价。在无法通过购买途径获得商标时，我国《商标法》对于商标抢注行为进行了规制，《商标法》第 15 条规定了禁止代理人、代表人以及特定关系人抢注，第 32 条规定禁止不正当抢注具有一定影响力的商标。

第二，企业要确认是否存在在先权利，避免侵犯他人在先权利。

《商标法》第 32 条规定，申请商标注册不得损害他人现有在先权利。在先权利指的是在商标申请注册日之前已经取得的，除商标权以外的其他权利，包括字号权、著作权、外观设计专利权、姓名权、肖像权、地理标志以及应该保护的其他合法的在先权益，《反不正当竞争法》第 6 条规定的其他权益。

第三，企业根据分类表的变化及时补充新的商标，避免商标侵权风险。

《类似商品和服务区分表》是商标审查员、商标代理人和商标注册申请人判断类似商品或服务的参考，也是行政机关和司法机关处理商标案件时判断类似商品或服务的参考。尼斯分类表每五年会有一次重大修订，每年会有一些小的修订。因此，企业应及时关注其变化，避免因分类表变化而带来的商标侵权风险。

2. 商标被核准注册后要规范使用，降低侵权风险

第一，注册商标的使用应以《商标注册证》上核准的标志为限。注册商标的使用应以《商标注册证》上核定的类别和核定使用的商品为限，不得超出核定使用的类别。

第二，商标注册人的名义、地址发生改变的，应及时依法办理变更手续。

3. 商标的许可、转让以及质押要进行风险评估

商标的许可、转让及质押涉及注册商标专用权的转移，风险主要存在于合同订立及履行的过程中。作为商标的被许可人、受让方以及质押权人，要重视对商标使用的侵权风险和商标权的稳定性。

六、商标运营的典型案例解析

【案例 8−3】"鲁花"质押成功授信 15 亿元

农行山东分行成功为山东鲁花集团有限公司 15 亿元授信业务办理商标专用权质押登记。银行的贷款授信常因为担保落实问题，无法对优质客户授信。当时"鲁花"可供抵押的机器设备、房地产固定资产已经比较少了，第三方担保也难以落实。农业银行结合"鲁花"市场销售额、品牌保护程度等多项因素，与山东鲁花集团有限公司签署《最高额权利质押合同》，并在国家工商行政管理总局商标局办理最高额质押登记后，以知识产权质押方式积极为山东鲁花集团有限公司办理贷款业务。一旦出现贷款风险，依据质押合同，农行有权处置其"鲁花"商标，农行信贷资产可有保证。

第四节 商标与专利运营的相互助力

一、产品研发期——商标专利提前布局

商标和专利运营是企业知识产权运营的重要组成部分，商标和专利提前布局是非常重要的，尤其是对于科技型产业，要做到产品上市前，专利和商标先行。华为公司在中国和海外的商标布局和专利技术布局是实现商标与专利运营相互助

力的典范。华为公司自 1989 年开始自主研发,于 1995 年成立知识产权部,从 2000 年起华为国内外专利申请量以每年翻倍的速度增长,在国外专利申请方面,累计 PCT 申请或国外专利申请已经超过 10 650 件,累计国内外商标也超过 600 件①。

华为在产品研发期,提前进行商标和专利战略,做到产品上市前商标和专利先行。首先,在产品推出前提前申请商标注册。比如早在华为推出 Mate 20 产品时,华为已经向欧盟知识产权局注册申请了 Mate 系列的产品,包括 Mate 30、Mate 40、Mate 50、Mate 60、Mate 70、Mate 80 和 Mate 90 商标。另外,据外媒 Letsgodigital 报道,华为向英国知识产权局提交了包括智能手机、手机、平板电脑等在内的名称为 P300、P400 和 P500 的三份商标申请。其次,在技术研发前提前申请商标注册。比如,华为已经向欧盟知识产权局申请了多项商标专利,其中"HUAWEI ARK OS"(华为方舟系统)被认为是华为为海外市场发布自研系统而做的准备。2015 年,国家商标总局核准华为申请注册的"华为鸿蒙"商标,相关的一系列华为鲲鹏、华为昆仑、华为麒麟等以中国传统文化中神仙志怪为名的商标也都被核准注册。从华为商标布局战略可以看出,华为对其品牌手机、运行操作系统及核心芯片专利技术的商标的体系化建设。"华为鸿蒙"不仅仅是一个操作系统,更是其商标和品牌。更为重要的是,华为公司在技术构思确定时就开始专利布局。比如早在华为退出 MateX 手机前,华为就将多显示屏的折叠拼接作为未来显示设备的发展方向进行技术研究开发和专利布局(CN201210161483.4——折叠式移动终端),于 2014 年左右进一步深化(CN201410765262.7——多屏拼接显示处理方法和设备),2016—2017 年技术趋于成熟②。华为于 2016 年为折叠处的铰链结构申请的专利在 2018 年才申请公开。华为利用发明专利公布的最晚规定期限公开其专利,尽可能让其竞争对手延迟看到自己的核心技术,从而防止专利公开太早而导致技术被别人

---

① 陈星星,浅析我国企业海外知识产权战略的构建——基于华为案例的引申思考,https:∥mp.weixin.qq.com/s/26k1SkQQ7DesAWCZL-TSjA,最后访问时间 2019 年 10 月 27 日。

② 你只看到 MateX 的惊艳,没看到华为的专利布局,https:∥mp.weixin.qq.com/s/UeRdgEJaPbip06Y9H-vU5w,最后访问时间 2019 年 10 月 28 日。

模仿。

　　由此可以看出，有实力的研发型企业对技术是具有长远眼光的，技术萌芽—发展—成熟—面市，整个过程都有长远规划和布局。进行核心技术的开发及长远技术研究的企业，应该在技术构思成型后即开始进行专利布局、专利申请，如后续不断有技术改进，可再进行扩展性或补充性专利申请的布局。具体来说，要遵循以下几个原则。第一，产品未上市，专利先行；第二，不提前公开，抢占早的申请时间，防止被他人仿冒；第三，随着研发的进步，进行专利扩展布局；第四，不仅申请中国专利，同时通过 PCT 途径进行全球战略布局。

二、成熟推广期——商标专利齐护航

　　如果说华为是专利布局和商标布局并驾齐驱、相互助力的典范，那么当年腾讯的微信商标案就是企业商标布局不及时的深刻教训。创博公司于 2010 年 11 月 12 日在第 38 类信息传递等通信服务上申请注册"微信"商标。2011 年 8 月 27 日，该申请经商标局初审公告。2011 年 1 月 21 日，腾讯发布微信即时通讯软件的测试版，随后在很短时间里吸引了超过 5 000 万的注册用户，"至 2013 年 7 月用户已达 4 亿，至 2014 年 11 月用户更超 8 亿"。第三方张某在法定异议期内对创博公司的商标申请提出异议，认为该商标注册会产生《商标法》（2001）第 10 条第 1 款第（八）项意义上的"其他不良影响"。商标评审委员会支持张某的主张，拒绝核准注册该"微信"商标。北京知识产权法院一审维持了这一决定。虽然腾讯公司最终以"不良影响"的理由撤销了创博公司注册的微信商标，表面上维护了企业的利益，将微信商标争夺回了自己手中，不至于像在"IPAD"商标案中那样被索要高价的商标转让费用。但是这一案件也反映出腾讯公司在商标布局战略上缺乏应该有的敏感度和前瞻性。据说腾讯于 2011 年 1 月 21 日才对外发布名为"微信"的 1.0 测试版软件，1 月 24 日才首次向商标局提交"微信"图文商标注册申请[①]。可见，相比华为全面的商标和专利布局，腾讯的知识产权

---

① 微信商标案的不良"后遗症"，https://mp.weixin.qq.com/s/h9NqCddrcASXBUocT620yg，最后访问时间 2019 年 10 月 28 日。

运营战略还有待改进和完善。

三、无形资产增值——1 + 1 > 2

在数字化经济时代，无形资产的类型越来越多样化，企业对于无形资产的培育、维护也越发重视。知识产权营运战略中对于无形资产的使用、许可、质押融资、证券化等策略都是帮助企业实现无形资产价值及促进价值增值的重要途径。所以企业在发展的任何阶段，尤其是在产品研发期和成熟推广期更要重视无形资产的布局和规划。

第五节 知识产权保护视角下的地理标志制度

一、知识产权保护下的地理标志

（一）地理标志的概念及内涵

地理标志是由原产地名称逐渐发展而来。1958 年《保护原产地名称及其国际注册里斯本协定》规定："原产地名称系指一个国家、地区或地方的地理名称，用于指示一项产品来源于该地，其质量或特征完全或主要取决于地理环境，包括自然和人为因素。"[1] 该公约虽然只有 19 个成员，但其关于原产地名称的定义为世界各国所接受。随后，世界知识产权组织在 20 世纪 60 年代通过的《发展中国家原产地名称和产地标记示范法》，树立了保护地理标志的一个立法范本，它为原产地标记提供了更加完善的保护措施，详细规定了对原产地标记予以保护的条件以及违法使用的责任等。1991 年世界贸易组织缔结《与贸易有关的知识产权协议》明确适用了地理标志概念，规定："地理标志是指识别一货物来源于一成员领土或该领土内一地区或地方的标识，该货物的特定质量、声誉或其他特征主要归因于其地理来源。"[2]

---

[1] WIPO 世界知识产权组织．保护原产地名称及其国际注册里斯本协议［Z］．1979（10）译本．
[2] 国家知识产权局．与贸易有关的知识产权协议［Z］．2010（03）译本．

我国与地理标志相关的概念较早出自原国家质量技术监督局 1999 年 8 月 17 日制定的《原产地域产品保护规定》，其是我国第一部专门规定原产地域产品保护制度的部门规章。我国作为《与贸易有关的知识产权协定》的成员，根据相关规定，也将地理标志称为原产地域产品，在本条第 2 款中对其概念作出了明确界定，"原产地域产品是指利用产自特定地域的原材料，按照传统工艺在特定地域内所生产的，质量、特色或者声誉在本质上取决于其原产地域地理特征并依照本规定经审核批准以原产地域进行命名的产品。" 2001 年 10 月修订的《中华人民共和国商标法》则首次以法律形式明确了地理标志概念，此后颁布的《中华人民共和国商标法实施条例》规定了地理标志可以通过申请集体商标和证明商标予以保护。2005 年 6 月，国家质量监督检验检疫总局公布《地理标志产品保护规定》，将《原产地域产品保护规定》中的原产地域产品改称为地理标志产品。明确地理标志产品是指"产自特定地域，所具有的质量、声誉或其他特性本质上取决于该产地的自然因素和人文因素，经审核批准以地理名称进行命名的产品"。据此，可明确我国的地理标志与国际上地理标志的相关概念存在一致性，具有以下特征。

①地理标志是一种标示商品地理来源的标志。该标志商品必须来源于某地区而非其他地区，且该地理名称必须真实存在[①]。例如，使用普洱地理标志的普洱茶，就是标示着该茶是云南普洱茶区生产的茶。西湖龙井商标中的西湖，实际存在于浙江省杭州市，而不是虚构出来的一个地理名称。

②地理标志标示的商品具有特定的质量、信誉或者其他特征。例如，章丘大葱的特定质量、特征为可高达 1.5m，葱白长 0.5~0.6m，茎粗 3~5cm，重有 1 斤多，被称为"葱王"；辣味淡，有清香润甜，葱白肥大脆嫩，久藏而不变质，嚼之无丝，汁多味甘[②]。

③使用地理标志的商品的特定质量、信誉或者其他特征，主要由该地区的自然因素或者人文因素所决定。所谓自然因素，是指自然界客观存在的各种因素，

[①] 于金葵. 地理标志法律保护模式的探讨 [J]. 中国海洋大学学报：社会科学版，2006.
[②] 乔晓阳. 中华人民共和国商标法释义及实用指南 [M]. 北京：中国民主法制出版社，2013：59－60.

如水质、土壤、地势、气候等。吐鲁番葡萄皮薄、肉脆、高糖低酸、高出干率等独特的品质，是由新疆吐鲁番地区独特的水土、光热等自然资源决定的。所谓人文因素，是指人类社会生产、生活中的各种因素，如用料、配方、工艺、历史传统等。南京云锦是明代早期南京织锦艺人发明的工艺技法，已有1 500多年的手工织造历史，其"木机妆花"工艺是在我国织锦历史中不可被机器取代的，是只凭口传心授的编织工艺[1]。

（二）地理标志与其他知识产权的区别

地理标志是与商标有关的商品区别标志，与发明、商标、实用新型、外观设计、厂商名称、服务标记等工业产权相比，有着明显的区别。

首先，功能不同。一般的知识产权并不直接反映商品质量或特色，而地理标志有品质担保、质量认证的功能。因此，地理标志不能个体专有，但是商标可独家注册[2]。一般商标不能注册为地理标志，地理标志也不能注册为商标，但是善意注册的继续有效。

其次，时间性要求不同。很多地理标志都与传统、文化、历史紧密相关，而且该项权利也没有保护期的限制。然而，多数的工业产权保护则需要在一定的保护期限内。

再次，权利转让不同。地理标志不得转让或许可使用；商标可被转让或许可他人使用；发明、外观设计、厂商名称、服务标记等也都具有可转让的法律特征。

最后，寻求法律保护和救济的权利主体范围不同。地理标志被滥用时，任何权利人均可起诉。而其他权利被侵权时，只有权利个体可以主张权利。

二、知识产权保护下的地理标志产品

（一）地理标志产品的类型

地理标志产品，是指产自特定地域，所具有的质量、声誉或其他特性本质上

---

[1] 陆晔，王宝林，等. 独创的艺术成就——谈南京云锦"妆花"工艺 [J]. 上海工艺美术，2002（4）.
[2] 吴汉东. 知识产权法学 [M]. 6版. 北京：北京大学出版社，2014：198.

取决于该产地的自然因素和人文因素，经审核批准以地理名称进行命名的产品。在我国，目前存在三类地理标志产品认证及保护管理体系：一是国家工商行政管理总局认证及管理保护的中国地理标志 GI；二是国家质量监督检验检疫总局认证及管理保护的中国地理标志 PGI；三是农业部认证及管理保护的农产品地理标志 AGI。具体分类差异如表 8 – 2 所示。

表 8 – 2　三种地理标志产品的分类列表

比较项目	GI	PGI	AGI
部门	工商行政管理总局、商标局	国家质检总局	农业部
名称	地理标志证明商标和集体商标	地理标志保护产品	农产品地理标志
法律依据	《商标法》《集体商标、证明商标注册和管理办法》	《地理标志产品保护规定》	《农产品地理标志管理办法》
定义	某商品来源于某地区，该商品的特定质量，主要由该地区的自然因素或者人文因素所决定的标志	产自特定地域，所具有的质量、声誉或其他特性本质上取决于该产地的自然因素和人文因素，经审核批准以地理名称进行命名的产品	来源于特定地域，产品品质和相关特征主要取决于自然生态环境和历史人文因素，并以地域名称冠名的特有农产品标志
范围种类	组织成员的资格标志；已证明产地、原料、制造方法、质量或特定品质的商品和服务	本地区种植、养殖产品；原材料来自本地区或部分来自其他地区，并在本地区按特定工艺生产和加工的产品	在农业活动中获得的植物、动物、微生物及其产品

（二）地理标志产品之间的异同

以上三类地理标志从产品认证、保护与使用的有关规定、法律依据来看，虽然认证机构不同、认证相关规定与制度有一定的差异性、有效年限不同，但在对地理标志产品的相关要求、技术制度、管理办法、标志使用等方面，依然存在着基本类似的特征。

1. 地理标志产品的特征（如图 8-1 所示）

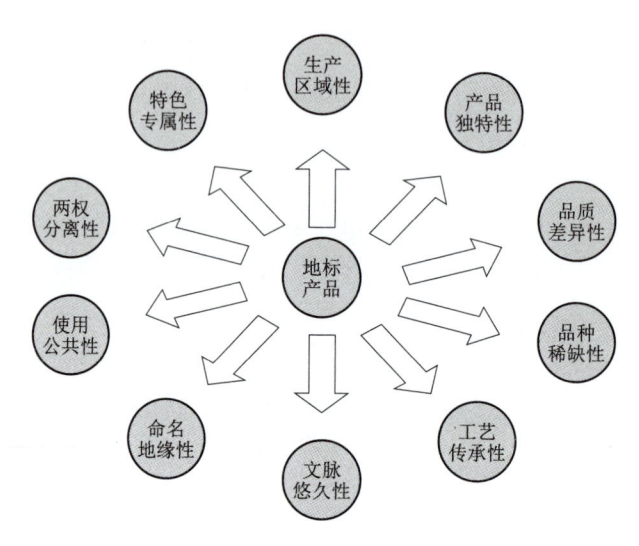

图 8-1 地理标志产品的特征

生产区域性决定地理标志产品不同区域会有不同的风土、物种、工艺、人文等因素，从而限定了地理标志产品的生产区域范围。并且通常该地区具有长期的种植养殖历史，在历史演变中形成工艺发展技法和生产文化脉络，进一步形成了地理标志产品的工艺传承性和文脉悠久性。如，龙井茶产于浙江杭州西湖龙井村一带，已有一千二百余年历史，并且该茶的采制具有的"抖、搭、搨、捺、甩、抓、推、扣、磨、压"十大手法。

产品独特性则要求地理标志产品要具有品种独特性、品质风味差异性、原材料特色、特殊工艺、特殊人文因素等当地地域特点及人文因素。"橘生淮南则为橘，生于淮北则为枳"，即便是同一科同一属的产品，由于地理条件、人文因素等的不同，不同地区会产出不同的品种，并且即使是同一品种，品质特征也是有差异的，因此形成品质差异性和品种稀缺性。如同样是羊，就有宁夏盐池滩羊、内蒙古巴美肉羊、陕西横山羊、海门山羊、蒙山黑山羊、梁山青山羊、阿勒泰大尾羊等不同区分。

不仅如此，为了更好地区分以及标志产品的特殊性，便于记忆、便于产生品牌联想，地理标志产品通常具有命名地缘性。实践中，除 GI 之外（规定可以是该地理标志标示地区的名称，也可以是能够标示某商品来源于该地区的其他可视性标志），PGI、AGI 两类地理标志认证的产品，名称均由农产品所生产的地理区域名称、农产品品类通用名称两者合并构成。如福州茉莉花、云阳红橙等，前两字为地理区域名称，后几个字为产品品类通用名称。

除此，地理标志产品具有使用公共性，只要是在限定的区域内生产，其产品符合地理标志产品认证要求的、获得认证保护管理权力机构（协会或者其他组织）认可的企业或个人，都能够获得授权，拥有生产权益。两权分离性是指所有权和使用权分离。GI 中明确表明地理标志证明商标的商标所有权、商标使用权两权分离，PGI、AGI 则由于其使用的公共性，存在地理标志产品保护监管者、地理标志使用者（企业、合作社、农户等）之间的分离现象。

综上，PGI、GI、AGI 三类地理标志认证的产品，品质和特色主要取决于独特的自然生态环境和人文历史底蕴，因此，地理标志产品也具有特色专属性。

2. 地理标志产品之间的差异

一是管理依据和范畴不同。GI 是由国家工商管理总局依据《商标法》对集体商标、证明商标的注册和使用进行管理，属于法律层面的管理。PGI 是由国家质量检测检验检疫局以《地理标志产品保护规定》等部门规章进行地理标志产品的注册、质量、监控、专用标识使用管理①。AGI 则是由农业部以《农产品地理标志管理办法》等部门规章强调对农产品地理标志实行登记制度，从而加以保护，同样属于部门规章层面的保护。

二是品质规范不同。GI 的申请要求附送主体资格证明文件并详细说明其具有生产特定商品品质的能力。PGI 的申报则要求说明：产品生产地域的范围及地理特征；产品生产技术规范；产品的理化及感官等质量特色，与生产地域地理特征之间的关系；产品生产、销售、历史渊源等。AGI 的申请主体则是具有监督和管理农产品地理标志及其产品的能力、能提供指导服务和承担独立承担民事责任

---

① 指南针商品交易. 三类地理标志产品认证及管理保护体系的共性特征与差异比较［EB/OL］. (2017 – 06 – 01)［2018 – 10 – 24］. http:∥www.sohu.com/a/145084759_813950.

的农民专业合作经济组织、行业协会等组织。

三是两权关系不同。GI 两权分离，商标注册者不可以使用该证明商标，集体商标只能注册的集体成员可使用。PGI 的使用者为地理标志产品产地区域内的企业。AGI 的使用则需要登记证书持有人与经营单位或个人之间签订农产品地理标志使用协议，并在协议中载明使用的数量、范围及相关的责任义务。

三、我国地理标志知识产权保护制度的历史沿革及现状

（一）地理标志知识产权保护制度的历史沿革

地理标志产品保护制度，是世贸组织协定的工业知识产权之一。地理标志产品经注册登记后，赋予该产品专用的特殊标志，它既是地理标志，也是质量标志，更是一种知识产权。实施地理标志知识产权保护制度，有利于保护地理标志产品，维护市场秩序，推广民族精品，提升国际竞争力，打造世界级知名品牌。我国地理标志知识产权保护制度自 20 世纪 80 年代初开始探索，发展至今大体经历了三个阶段。

1. 地理标志知识产权保护的萌芽阶段（1985—1992 年）

我国有关地理标志保护的知识产权制度起步相对较晚，直到 1985 年加入《保护工业产权巴黎公约》之后，为了履行《巴黎公约》的义务，我国才开始正式考虑有关地理标志的保护问题。并且当时我国有关地理标志保护的法律相对缺乏，与地理标志保护相关的争议，大多只能依靠行政命令来解决。其中，1986 年 11 月 6 日，国家工商行政管理总局商标局在《就县级以上行政区划名称作商标等问题的复函》中指出，行政区划名称不能用作商标，且不能与原产地名称保护相矛盾。1987 年 10 月 29 日，商标局在《关于保护原产地名称的函》中表示，我国是《保护工业产权巴黎公约》成员方，有义务遵守该公约的规定。因此，责令北京京港食品有限公司立即停止使用"丹麦牛油曲奇"这一名称，以保护《巴黎公约》缔约方的原产地名称在我国的合法权益[1]。除此，我国地理标志的知识产权保护在于 1988 年修订了《商标法实施细则》，其中第 6 条规定："县级以上（含县级）行政区划名称和公众知晓的外国地名，不得作为商标，但是使

---

[1] 黄琳. 刍议我国地理标志保护法的历史、现状与未来［J］.法制与经济（下半月），2008（1）.

用前述名称已经核准注册的商标,继续有效。"这一规定后来被 1993 年修订的《商标法》采纳,并成为我国从法律层面对地理标志进行保护的开始。由此可见,虽然在这一阶段我国还没有建立起正式的地理标志知识产权保护制度,但相关法律法规及行政规范已经开始对地理标志保护问题有所涉及。不过,当时这些规范的出发点主要在于维护市场秩序和产品质量,其重点并非在于保护地理标志权利人的权利,因此保护水平较有限。而且,由于当时有关地理标志保护的法律制度缺失,再加上普通民众保护意识不强,我国境内有关地理标志的侵权案件时有发生,其中最为典型的地理标志侵权案是"法国香槟酒"案,其成为当时我国地理标志保护基本状况的一个缩影[①]。该案后,我国企业、事业单位和个体工商户以及在华的外国(法国除外)企业被要求不得在酒类商品上使用"Cham-pagne"或"香槟"字样。

2. 地理标志知识产权保护制度的初步建立时期(1993—2000 年)

20 世纪 90 年代以后,随着市场经济体制的不断完善,我国有关地理标志保护的需求不断增加,开始对如何完善我国地理标志保护制度进行了一定的探索和尝试,我国公布了许多关于地理标志保护的法律法规。例如,1993 年,我国对《商标法》进行了修订,其中第 8 条延续了 1988 年《商标法实施细则》的立场,规定"县级以上行政区划的地名或者公众知晓的外国地名,不得作为商标,但是,地名具有其他含义的除外;已经注册的使用地名的商标继续有效"。同年修订了《商标法实施细则》,对地理标志保护问题进行了更为详细的规定。第 6 条规定:"依照《商标法》第 3 条规定,经商标局核准注册的集体商标、证明商标,受法律保护。"这一规定将集体商标和证明商标纳入注册商标的范围,为后来我国通过证明商标和集体商标保护地理标志奠定了基础。

1994 年,我国又颁布了《集体商标、证明商标注册和管理办法》,该办法第 2 条第 2 款规定:"证明商标是指由对某种商品或者服务具有检测和监督能力的组织所控制,而由其以外的人使用在商品或服务上,用以证明该商品或服务的原产地、

---

① 黄礼彬. 试论强化我国地理标志的法律保护——以法国香槟酒行业委员会与商标评审委员会商标争议纠纷为引[J]. 价值工程, 2014(16).

原料、制造方法、质量、精确度或其他特定品质的商品商标或服务商标。"这是我国法律首次明确规定,通过证明商标的形式来保护与地理标志相关的原产地名称。

通过上述努力,我国开始初步构建起以商标权为核心的地理标志保护制度,并对地理标志的申请机构、申请程序和监督管理等问题做出了相应的规定。这时,我国工商部门地理标志保护工作的重心,也随之从单纯的禁止虚假产地标志,转移到主动授权的保护工作上来。① 除了工商部门外,我国质检部门也在这一时期参与到地理标志保护工作中来。1999年,国家质量技术监督局发布了《原产地域产品保护规定》,该规定对原产地域产品的定义及相关权利的登记与使用等问题进行了规定,对由地理因素决定其质量、特色或者声誉的产品给予直接保护。至此为止,我国形成了由工商部门和质检部门共同管理地理标志问题的"二元"管理模式。

3. 地理标志知识产权保护制度的进一步发展阶段(2001—2017年)

2001年,我国正式加入WTO。为了履行入世承诺,尤其是TRIPS协议中有关保护地理标志的要求,我国开始着手对商标法中有关地理标志的条款进行修订。修订后的《商标法》第一次对"地理标志"进行了定义,并对通过证明商标来保护与原产地相关的特定标志进行了明确规定。为了配合新《商标法》的施行,2002年8月,国务院修订了《商标法实施条例》,首次指出可以通过集体商标制度来保护地理标志。2003年4月,国家工商行政管理总局又修订了《集体商标、证明商标注册和管理办法》,明确规定了通过集体商标或证明商标制度进行地理标志保护所需要的程序及所需提交的材料,增强了通过商标法体系保护地理标志制度的可操作性。

与此同时,我国农业部也加入地理标志保护工作中。2002年修订的《农业法》第23条规定:"符合规定产地及生产规范要求的农产品可以依照有关法律或者行政法规的规定申请使用农产品地理标志。"该条规定赋予了我国农业部门对地理标志进行管理的权力。为了加强对农产品地理标志的保护,农业部又于2007年12月颁布了《农产品地理标志管理办法》,对有关农产品地理标志保护的问题进行了规范。此外,我国农业部还制定了《农产品地理标志登记程序》和《农

---

① 王笑冰. 我国地理保护的问题和对策[J]. 电子知识产权,2006(06).

产品地理标志使用规范》，并于 2008 年 8 月发布施行，以进一步规范我国农产品地理标志的登记和使用管理。

除此之外，在这一时期，我国质检部门也加强了对地理标志产品的保护，并制定了一些有关地理标志保护的新规定，其中比较重要的是 2005 年的《地理标志产品保护规定》。该规定取代了 1999 年的《原产地域产品保护规定》，成为当时我国质检部门从事地理标志管理工作的重要文件之一。与 1999 年规定相比，2005 年规定的一个显著变化便是将原先的"原产地域产品"改为"地理标志产品"，以便与国际条约以及我国其他法律文件保持一致。此外，该规定还对地理标志产品的申请受理、审核批准、专用标志的注册登记和监督管理等问题进行了较为详细的规定。

（二）地理标志知识产权保护制度的现状

2019 年 4 月 23 日，第十三届全国人民代表大会常务委员会第十次会议对《商标法》《反不正当竞争法》第四次修正；2022 年 3 月 20 日，《最高人民法院关于适用〈中华人民共和国反不正当竞争法〉若干问题的解释》施行。并经过几十年的发展，目前我国已经构建起一套由质检、工商、农业三部门共同管理的地理标志知识产权保护制度。这三个部门在职能方面存在明显差异，因此在地理标志保护的主体和范围、方式等基本问题上，三个部门的相关规定也存在显著不同。

1. 工商部门对地理标志的管理

我国工商部门主要负责商标注册和管理工作，依法保护商标专用权和查处商标侵权行为，处理商标争议事宜，加强驰名商标的认定和保护工作，同时负责特殊标志、官方标志的登记和保护等工作。地理标志是一种常见的商业标志，对其保护显然属于工商部门的职能范围，并且在商标法体制下，工商部门主要通过集体商标和证明商标来保护地理标志。根据《商标法》《商标法实施条例》《集体商标、证明商标注册和管理办法》等相关规定，一方面，工商部门禁止有关地名商标的使用、误导性地名商标的注册和使用等行为。另一方面，工商部门进一步明确地理标志品牌的使用范围，对有关地理标志的集体商标和证明商标采取主动管理行为，包括登记、注册、宣传、维权等行为。该种管理模式下，地理标志品牌主要采取"地理标志商标 + 特色商品 + 精准扶贫"的模式。如紫阳富硒茶、静宁苹果、英山云雾茶、宽城板栗、平谷鲜桃、沼山胡柚、盐池滩羊、黄松甸黑木耳等地理标志商标[①]。我国地理标志商标注册情况及种类如图8-2、图8-3所示。

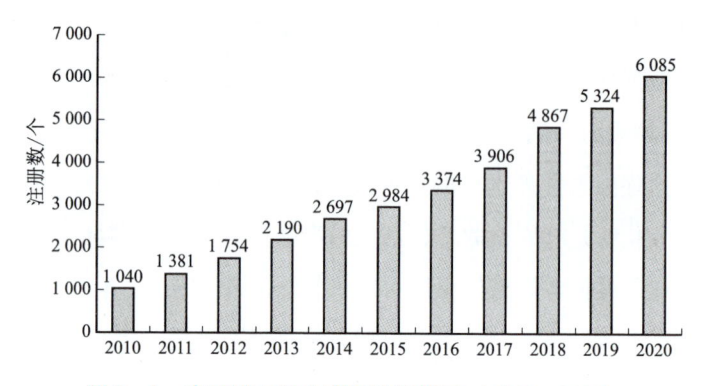

图8-2 我国地理标志商标注册情况（2010—2020）

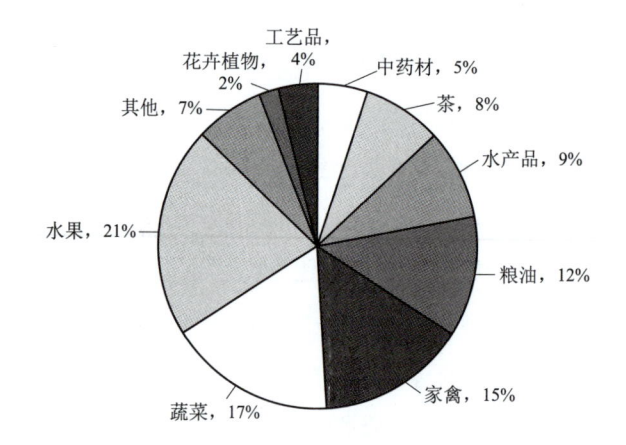

图8-3 我国已注册地理标志分类情况

2. 质检部门对地理标志的管理

其一，我国质检部门主要负责产品质量的监督工作，对有关地理标志产品质量进行管理与保护。且质检部门对地理标志的管辖范围并不仅限于经过加工制作的产品，也包括大量未经加工制作的农业产品。比如西林火姜、仓桥水晶梨、昌平草莓等农产品都已经成功获得我国质检部门地理标志保护产品的称号。

其二，根据我国《地理标志产品保护规定》与《地理标志产品保护工作细

---

① 数据来源于2021年1月国家知识产权局举办2021年第一季度例行发布会统计数据．

则》，我国质检部门负责地理标志产品的申请受理、审核批准、地理标志专用标志的注册登记和监督管理、地理标志产品质量监督、地理标志保护的国际合作及国外地理标志保护与注册等工作。

其三，随着我国对外开放程度的不断增大，质检部门逐渐加强了在涉外地理标志产品保护与地理标志保护的国际合作等方面的工作。自2007年开始，国家质检总局和欧美共同组织了中欧10+10地理标志互认互保试点工作[①]。2013年，国家质检总局发布了《关于加强涉外地理标志产品保护工作的通知》（质检办科〔2013〕153号），通知要求地方质检部门加强对涉外地理标志产品保护工作的领导，加强对企业以及其他地理标志产品生产者的业务咨询指导，促进涉外地理标志保护产品的对外贸易，筛选并研究推荐符合国际消费市场、出口稳定或无安全质量问题的涉外地理标志保护产品清单。2016年3月，为了有效保护在我国销售的国外地理标志产品，规范国外地理标志产品名称和专用标志在中国的使用，国家质检总局又专门发布了《国外地理标志产品保护办法》。

3. 农业部门对地理标志的管理

按照《农产品地理标志管理办法》《农产品地理标志登记程序》《农产品地理标志使用规范》《农产品地理标志登记审查准则》《农产品地理标志登记申请人资格确认评定规范》等相关规定，农业部门主要负责对农产品地理标志产品的管理工作，该农产品是指来源于农业的初级产品，而不包括经过加工的农产品。不仅如此，为强化对农产品地理标志的证后监管，保护农产品地理标志知识产权，2012年我国农业部农产品质量安全中心专门发布了《关于加强农产品地理标志证后管理工作的通知》，并多次开展地理标志农产品标志使用专项检查，举办全国农产品地理标志核查员暨师资培训班。此外，为了更好地监督农产品地理标志产品的质量，我国农业部门专门建立了全国农产品地理标志产品追溯云平台，有效地促进了农产品地理标志产品的质量监管[②]。

---

① 国家质量监督管理局. 中欧地理标志互认项目取得重大进展［EB/OL］.（2011-6-9）［2019-10-27］. http://kjs.aqsiq.gov.cn/dlbzcpbhwz/zcfg/zxzcxx/201303/t20130305_345406.htm.

② 安徽阡陌网络科技有限公司. 建立农业生产端大数据平台，助力地理标志农产品质追溯［J］. 中华商标，2018（11）.

第六节　地理标志品牌运营

一、地理标志品牌的发展

（一）地理标志品牌的概念及内涵

现代营销学之父科特勒在《市场营销学》中定义，品牌是销售者向购买者长期提供的一组特定的特点、利益和服务[①]。因此，地理标志认证不等于品牌，产品取得地理标志认证之后，要进一步品牌化，但基于地理标志产品的特殊专属性、独特性，地理标志产品具有良好的品牌基因。

一方面，地理标志是法律层面的概念，品牌是市场层面的概念，在市场经济环境下，任何标志皆应品牌化。地理标志产品和地理标志品牌之间相异的是，地理标志产品是机构批准的，而品牌是消费者认可的；相同的是，地理标志产品和品牌都具有个性化、特色化的本质特征。两者的关系在于，地理标志品牌的建立以获取地理标志认证的产品为基础，但品牌化还要求传播面广、被消费者广泛认同，同时有着较强的市场影响力与美誉度等。

另一方面，品牌是一种差异化竞争战略，这种差异化体现在特色和个性上。因此，地理标志产品要成为品牌，要深入挖掘当地的历史文化，凸显产品品牌个性，满足消费者的情感诉求，树立特色农产品在消费者心目中独特的品牌形象。除此，还必须通过符号化与消费者建立深层联结，实现独特的价值。概而言之，"差异化" + "符号化" + "有力传播" 就是地理标志产品的品牌化路径[②]。

（二）地理标志品牌的发展模式

1. 特色农产品区域公用品牌

地理标志产品在产品生产、品质监管、产业规模、商标使用、文化背景、生产者等方面均具有区域共性特征。因此特色农产品区域公用品牌就是利用地理标

[①] 黄见. 战略性品牌管理——理论与案例 [D]. 重庆：西南财经大学，2000.
[②] 宋奕勤，张媛，等. 城市品牌形象的符号化传播应用研究——以湖北省城市品牌形象为例 [J]. 大家，2012（8）.

志产品一系列的区域共性特征，创建单一产品品类、全品类的农产品区域公用品牌。首先，区域公用品牌，与企业品牌、合作社品牌、农户品牌等普通商标意义上的品牌不同，具有整合区域资源、联动区域力量的特殊能力。其次，特色农产品区域公用品牌主要是以地理标志产品为产业基础，创建区域公用品牌，并形成与企业品牌、合作社品牌、农户品牌等的母子品牌协同关系，创造区域与企业（合作社、农户）的品牌互动模式，最大限度地形成区域、产业、企业、农户的合纵连横，创造区域品牌新生态。最后，特色农产品区域公用品牌形成一种公共背书，解决了品牌共性认知问题，让文化和产业的紧密相融，形成品牌创造的整体战略规划体系，并经过传播、推广，进一步得到市场和消费者认可。

以陕西户县葡萄为例，鲜食葡萄是近年来全国各地争相发展的一个产业。但随着种植面积的迅速扩大，销售压力日渐增加。户县葡萄在产品层面，无论规模还是品质都不占优势，但户县是闻名全国的"农民画之乡"，于是户县种植葡萄的农民，晚上拿着画笔作画，白天则拿着锄头下地种葡萄，将每一颗葡萄都注入了艺术因子。最终根据这一文脉特色，户县葡萄被定位为"农作艺术品"，并提出区域特色显著的品牌口号"户县葡萄，粒粒香甜醉秦岭！"[1] 让户县葡萄在市场上很快脱颖而出。

2. 差异化、专属性强的个性品牌

品种稀缺性可以创造农产品品牌基于品种特色的独特品牌竞争力；自然风土与生产工艺特征带来的产品品质差异性可以形成品质差异化的品牌特征；悠久文脉的独特性可以传承与演绎农产品品牌的文化特色与个性价值；特色专属性则能打造出专属性强、无法复制的区域农产品品牌。地理标志产品在具有以上特征之下，完全可以形成具有差异化、专属性强的个性品牌。另一方面，差异化、专属性强的个性品牌是以形成区域公用品牌为基础的，因此要进一步区分地理物种品牌和地理集群品牌[2]。其一，地理物种品牌的差异化、专属性集中了区域环境的突出特性，从而提炼出具体的产品卖点；其二，地理集群品牌需要打造区域生态

---

[1] 淡海英. 谈陕西省户县葡萄的推广经营之路 [J]. 福建农业，2014（z1）：42.
[2] 陈矗，吴传清. 区域产业集群品牌的地理标志管理模式选择 [J]. 武汉大学学报：哲学社会科学版，2012（3）：107-113.

形象名片，将产业文化与产品生产、营销相结合。例如，新疆瓜果品牌（吐鲁番葡萄、哈密瓜）、东北大米品牌（盘锦大米、五常大米）、福建浙江茶系列品牌（安溪铁观音、武夷山大红袍）等都是极具差异化、专属性强的地理标志品牌。

3. 区域形象互动融合、互为支撑的区域品牌

地理标志产品的两大优势：一是质量、品质上具有独特之处；二是一定地域范围内具有社会影响和知名度。因此，区域形象和区域品牌的建立相辅相成，借助区域特征及形象，可以进一步提高地理标志品牌的知名度、联想度、记忆度，并形成富有唯一性的品牌形象与品牌个性特征，从而建立区域品牌形象与农产品区域公用品牌互为背书、互为支撑的专属性、唯一性关系。

"丽水山耕"就是一个典型案例。丽水地处浙南山区，长期默默无闻，随着生态文明时代的到来，丽水的发展出现了新的转机。其依据丽水山区"九山半水半分田"的客观事实和延续多年的农耕文化特点，从农业品牌的区域性、公共性特征为基础，探索打造一个全区域、全品类的农业区域公用品牌，并命名为"丽水山耕"，定品牌口号为"法自然、享纯真"，挖掘价值链，形成区域特色带动区域品牌、创造区域公用产品的发展模式[①]。

（三）地理标志品牌的构建

地理标志产品是地方特色产品发展的一条重要渠道，而地理标志品牌更是作为一种无形的财产对市场买卖双方起到了联系的纽带作用，对增强地方经济实力具有较强的指导性，是推动地理标志产品长期循环绿色发展的必然途径。在地理标志品牌的具体构建中，一方面要对各个产品的特征进行充分的调查认证，包括市场因素、文化因素、管理因素和质量因素等，从而确立其在市场的定位目标，增大品牌的效应；另一方面要对整个品牌化系统的管理进行完善，最终推动地理标志品牌化的建设。具体构建因素分析如表 8-3 所示。

以三门青蟹为例。三门青蟹品牌建设的主要做法包括：把争创品牌作为实施"青蟹三门"战略的重要措施，安排专项资金用于品牌宣传、品牌推介和争创品牌等各项工作，致力于提高三门青蟹的知名度和美誉度。通过网货改造、供应链

---

① 何有良．"丽水山耕"区域公用品牌创建发展之路［J］．杭州农业与科技，2018（01）．

优化提升产品品质，历时五年来，持续开展品牌营销活动；借助网红直播、新媒体内容营销、跨界营销（与中华老字号、十大餐饮品牌企业知味观建立跨界跨区营销活动，现场青蟹烹饪、品尝，网红直播全过程，线下+线上产品订购，提升三门青蟹的品牌知名度，以扩大产品销量），广泛连接市场资源，倒逼青蟹产业提质增效[①]。并形成了三门小海鲜、三门蜜瓜、三门蜜橘等周边产品联动发展的局面，共同打造三门城市名片。

表8-3 地理标志品牌影响指标构成

一级指标	二级指标	影响因素
市场因素	单品模式	将有限的资源投入品质最佳市场的潜力最大的产品中，通过集中所有资源，打造一两款大单品，通过大单品联动，带动地方产品线上的其他产品的发展，最终形成完整的产品结构
	样板市场	地理标志产品品牌的发展需要以样板市场为根基，建立一个该区域市场销量大、销量相对稳定且持续、产品品牌在区域内有较高的品牌认知度和美誉度的连片式样板市场。从而实现"样板市场—战略性市场—全国性市场"的发展路径
	消费倾向	当地理标志性产品无法实现大众市场时，切勿盲目追求规模。通过对消费群体的细分，挖掘其个性化需求，描述消费画像，通过专注服务好一部分人的需求而占据市场份额，以做强做大产品品牌，做"小而美"
文化因素	品牌文化	地理标志品牌区别于一般商标品牌的最为核心的因素，在于它蕴含的深厚文化底蕴。消费者在消费过程中不仅收获了产品，更体验了一种文化。因此，必须要强化文化因素，建立品牌文化，使得地理标志品牌比一般商品更具吸引力和经济效益
	去地方化	地方特色品牌营销的本质就是"去地方化"，以往，很多地方特色品牌产品只为当地人熟悉，如今，互联网技术打破信息传播的时空局限，微信、微博等新媒体手段，直接连接全国消费者，促进了区域产品在全国范围内的流通

---

① 卢昌彩，赵景辉，等. 水产品区域品牌建设——三门青蟹区域品牌案例分析［J］. 中国水产，2014（1）：36-38.

续表

一级指标	二级指标	影响因素
质量因素	质量标准	产品质量是根本，其影响着地理标志品牌长远发展的规划实施以及稳定收益获取的能力。要保障地理标志产品的质量，同时还要将质量的保障情况、消费者的投诉情况、质量监督抽查、风险检测等纳入质量稳定性中
	产品稳定性	
	区域形象	地理标志产品具有生产区域性，区域环境的好坏直接影响着产品的口感、风味、色泽等变化，影响消费者的体验和购买欲望
管理因素	合作组织	包括地理标志品牌的申请者：农民合作组织或行业协会；自建垂直类电商平台及与第三方平台合作，进一步与消费者建立高黏性、高频次的连接
	品牌传播	对于地理标志产品品牌而言，如何选择品牌传播方式，需要结合产品自身的特性、历史文化、目标受众等多种因素来考量

二、地理标志品牌的运营模式

（一）传统产区发展模式

传统产区发展模式主要是完善地理标志产品生产布局，完成地理标志上下游产业链产业集聚，让农民增收、企业获利，从而使地理标志产业促进地方经济发展，让地理标志产品成为真正的金字招牌。因此，采取传统产区发展模式的一大优势在于利用本地资源禀赋和独特的人文历史，壮大传统产区的地理标志品牌，打造资源利用更加节约高效、产地环境更加清洁、绿色供给能力更加突出的产品生产基地，促进特色产业实现绿色发展。除此，另一大优势在于可以依托传统产区增加就业，拓宽增收渠道，并进一步挖掘文化内涵、引进科技服务、加大人才建设和宣传推广，不断扩大品牌影响力，推动地方土特产和小品种，做成带动持续增收的大产业。

（二）现代农业园区发展模式

近年来，随着现代农业转型升级，"区域品牌+支柱产业+龙头企业+产业链"的现代农业联动发展格局正加快形成。以技术推广、科技开发、农业示范、成果孵化等为任务的现代农业园区，是传统农业向现代化农业发展的必然选择。

一方面，响应国家农业供给侧结构性改革号召，把"五区一园四平台"作为推进的重点，加快农业现代化建设，以实现"保供给、保收入、保生态"的目标[①]，包括打造现代农业示范的载体从而带动区域农业发展、农业技术推广与创新、农业企业化发展、农业主导产业品牌化等。另一方面，采取"企业＋基地＋农户""合作社＋基地＋农户"的合作经营模式，以企业、合作社为主体，统一流转土地，统一种植品种，统一培育品牌，统一产后销售，以此带动引领农民增收致富[②]。另外，加大招商引资力度，全力推进现代特色农业示范园区建设；通过政策扶持、资金补助等措施，全面提升发展现代农业园区，优化产业发展环境，形成现代农业生态循环发展。积极培育和扶持地理标志区域品牌和龙头企业发展，触发生态旅游、餐饮、交通运输等第三产业联动发展，吸引带动高端产业和重大项目集中落地，集聚形成产业转型升级的新兴增长点。

例如，河南省正阳县就实现了以龙头带动、品牌集中、品类齐全的花生加工体系的现代农业产业园。河南省正阳县现代农业产业园在17万亩耕地上种植优质花生16.6万亩，带动全县种植花生170多万亩，辐射周边市县种植花生近1 000万亩。并且产业园相继引进"君乐宝""鲁花"两个龙头企业，以及花生天地、正花食品、正味粮油、维维粮油等以花生油、休闲食品、花生饮料、花生蛋白、花生保健食品为主的深加工企业，形成了龙头带动、品牌集中、品类齐全的加工体系。园内花生加工企业达到30家，花生机械生产企业38家，君乐宝乳业延伸产业链，建成了4 000多亩的乐源观光牧场。

（三）地理标志特色小镇发展模式

地理标志特色小镇是指在地理标志产品核心产区打造地理标志特色小镇，完善整个区域的产业结构，就近解决了农村剩余劳动力就业问题，从而实现产城融合与城乡融合。其中，特色主要应基于小镇自身的自然禀赋与文化积淀，聚焦特色产业打造完整的产业生态圈，用特色产业激活经济发展，用特色文化保留乡土气息，增强人们对小镇文化的认同感、归属感，让居住其中的人享受

[①] 今年农业供给侧结构性改革的重要抓手，重点抓好"五区一园四平台"[J]．农村农业农民，2017（01）．

[②] 孔凡铭，姚待猷．公司＋基地＋合作社＋农户＝粮食银行[J]．企业管理，2018（04）．

到便利的城市公共设施和现代化的生活方式。2016年7月,国家决定在全国范围开展特色小镇培育工作,明确提出到2020年培育1 000个左右具有特色、富有活力的特色小镇。

例如,江苏省农业委员会依托地理标志品牌资源,建立了横溪街道甜美西瓜小镇(依托横溪西瓜)、茅山葡萄小镇(依托丁庄葡萄)、阳山蜜桃小镇(依托阳山水蜜桃)。广东省依托埔田竹笋建立了埔田特色小镇,以竹笋种植为基础,带动竹笋深加工、旅游业、餐饮服务业等产业协同发展,并积极发展农业观光游和休闲旅游,开发生态旅游景区,进一步发展竹产业交易平台、田体综合体等项目[①]。

(四)企业博物馆发展模式

企业博物馆主要进行企业自身的文化展示和品牌宣传,以"收藏、教育、研究、传播"为任务,只做与企业相关的主题与内容,通过展览教育,将价值观、企业愿景、制度经验、品牌形象等文化信息凝聚、加工、放大成一个洪亮的声音,传播给社会大众,以"强势文化"打造"强势品牌"。

以酒类博物馆为例,茅台酒、五粮液等都设有企业博物馆,葡萄酒行业烟台张裕酒文化博物馆也是国内知名的博物馆。游客在参与博物馆体验项目的过程中,对企业品牌形成进一步的理解。企业广告歌、定制主题曲等环境音效可以被运用到场馆休闲区,品牌设计元素可以被装点在宣传册(页)上,借由参观者传递给更多的潜在受众,从而加大地理标志品牌的知名度及公众影响力。

(五)"一村一品"发展模式

"一村一品"是指以村为基础,充分发挥本地优势,使一个村拥有一个或多个市场潜力大、区域特殊、附加值高的主要性产品或产业,从而快速提升经济实力的农村经济发展模式,也是贫困地区开展扶贫开发、帮助农民脱贫致富的重要途径。

以国内首个国家地理标志产品保护示范区平度为例。平度市立足传统优势和

---

① 何小妍. 揭东区埔田镇依托绿水青山打造特色小镇[EB/OL]. (2018-08-07) [2019-10-28]. http://jyrb.jynews.net/content/20190104/detail252169.html.

种植习惯，在一村范围内发展优势明显的主导产业或产品，形成"一村一品"发展格局，涌现专业村百余个。其中大庙村油桃、大黄埠西瓜、樱桃西红柿被农业部评为"一村一品"特色产业并获得地理标志保护农产品登记。大力推广"地理标志产品+龙头企业+合作社（基地）+市场+农户"的经营模式，将分散的生产要素予以优化配置和重新组合，加快扩大产业化经营规模[①]。强化品牌监督管理保护工作，建立无公害管理、投入品管理、无公害种养、质量抽检、种养档案及产品追溯"六项制度"，制定实施《平度市地理标志产品保护办法》，规范地理标志产品专用标志的申请、使用和管理，使得地理标志品牌成为当地农业的金字招牌。

三、地理标志品牌的运营实践

（一）地理标志区域公用品牌培育与运营

加强地理标志品牌和区域公用品牌培育，是助推农业转型升级、实现高质量发展的客观要求，是调整产业结构，提高农产品质量和安全水平的重要手段；也是助力产业扶贫、实现农业增效农民增收的重要途径。同时，加强地理标志品牌和区域公用品牌建设，有利于整合资源，培育富农支柱产业，形成规模集聚效应，有利于打造区域品牌名片，增强农产品市场竞争力，实现品牌销售和溢价收益；有利于树立统一的区域品牌形象和农产品品质标准，形成推进脱贫攻坚的经济效益、社会效益和生态效益。

地理标志区域公用品牌的培育与运营，要做到"创一个品牌、带一个产业、富一方群众"。一要加速发展地理标志品牌建设，增强区域公用产品市场竞争力。二要持续推动区域公用品牌建设，采取统一品牌形象、统一宣传参展、统一许可授权、统一质量标准、统一建立追溯机制、统一包装标识销售等方式，让品牌惠及企业、农户，形成政府宣传推动、企业农户受益的发展格局。三要健全完善区域公用产品流通营销体系。加强"龙头带基地、企业连农户、产供销一体化"渠道建设，以优质特色产品抢占主流市场份额，并根据国内区域性消费特点和市

---

① 宋学春，李培强．山东平度白埠镇"一村一品"拓宽农民致富路［N］．人民网．2009（09）．

场需求差异，组织开展特色产品专项推介会等以提升品牌知名度和市场占有率。四要创新区域公用品牌运营机制。积极推进市场建设，发展网上交易、连锁分销，引导和推动优质品牌农产品和公益性集体商标产品通过直销方式或与第三方平台合作，形成多层次、多渠道的营销体系。

下面以"潜江龙虾"掀起红色浪潮，成就网红小龙虾的区域公用品牌培育和运营为例说明。

首先，用品质铸造品牌，把品牌建设放在首位。"潜江龙虾"从养殖到运输、农田到餐桌的每一环节都有严格管控。其一，建立虾—稻全产业链质量监管可追溯体系，实时监控龙虾养殖环境、监测水质条件、实现龙虾疫病远程诊断等。其二，严格龙虾质量检测标准。在小龙虾质量检测的 120 个检测参数基础上，新探索出小龙虾养殖用水实验室检验、虾—稻种植土壤检验以及快检检测工作。其三，推行以"生产记录、用药记录、销售记录"为核心的"三项记录"制度。要求养殖场、虾—稻共作基地等重点生产区域监督指导生产者按标准要求组织水产品生产，规范水产投入品使用行为；由湖北小龙虾检测中心对抽检结果合格的小龙虾产品出具小龙虾产品检验合格证明；农民专业合作社或养殖基地对检验合格区域的小龙虾开具小龙虾产地证明；由市场监管局对全市小龙虾批发市场具备这两项证明的开具小龙虾"一票通"[①]。不仅如此，市工商部门还会对其审查发放"潜江龙虾"二维码地理标志，以确保每批次小龙虾来源可溯、去向可查。

其次，建立品牌文化，推动品牌走出去。一是潜江自 2009 年起开始举办潜江龙虾节，并将其发展成为集"美食盛宴、文化盛典、经贸盛会"的省级节会。二是为进一步提升品牌影响力，潜江市还开展了"潜江旅游一卡通""虾路相逢"等系列龙虾美食宣传推介活动，"坐高铁、吃龙虾、游潜江"蔚然成风。三是潜江成功举办中国（潜江）国际龙虾·虾—稻产业博览会，进一步提升"一会一节"影响力，擦亮"潜江龙虾"品牌名片。四是拍摄以龙虾为主题的"虾

[①] 农业部渔业渔政管理局调研组. 潜江龙虾造就大产业——湖北省潜江市小龙虾产业发展情况调研报告［J］.中国水产，2015（07）.

哥的故事""虾哥传奇"等影视作品，编排了以龙虾为题材的万人广场舞，举办了"中国摄影家聚焦潜江"和中国作家、中国诗人、中国书画名家曹禺故里行采风创作活动等一系列文化交流活动，收获一批龙虾文化产品。

再次，实施品牌创新战略，构建品牌创新发展模式。其中，"虾—稻共作"模式促进了资源综合利用和生态环境保护，实现循环农业、效益农业，是稻田综合种养和现代农业发展的成功典范。另外，"潜江龙虾"积极探索绿色农业发展模式，变废为宝，将小龙虾壳生产成甲壳素；"潜江龙虾"加工业形成了"良仁""楚玉""楚江红"等品牌。探索合作共赢模式，与餐饮企业合作，在潜江"虾皇"等店门设置"潜江龙虾"的区域公用品牌标识。借助互联网，"虾小弟""虾尊"等线上品牌涌现，带动互联网营销小龙虾破亿元。

最后，提升品牌的政府公信力和背书认可。在政府引导下，"潜江龙虾"与其他地区签订《共享"潜江龙虾"区域公用品牌合作协议》，实现"潜江龙虾"品牌及技术9地共用共享，加大知识产权保护，将"潜江龙虾"及其图片认定为驰名商标。进一步强化龙虾名优品牌培育工程，完善龙虾产业品牌发展、推介、保护、利用运行机制，加快龙虾品牌整合，形成规模优势和品牌效应。

（二）地理标志品牌的保护

1. 地理标志保护模式

国际上，目前主要存在四种地理标志保护模式：专门法保护模式、商标法保护模式、混合法保护模式和反不正当竞争法保护模式[①]。我国目前的制度设计主要是采用专门法及商标法保护模式相结合的方式。

专门法保护模式，通过制定专门的地理标志法或者原产地名称法对地理标志进行保护，属于强保护模式，如对农产品地理标志和地理标志保护产品的保护。该模式设有专门的各级别的管理委员会，由其负责地理标志注册和管理，对产品生产过程进行严格控制、产品申请人须为特定协会或组织且具有民事行为能力。

商标法保护模式，是把地理标志当作一种特殊的商标，通过注册集体商标或者证明商标的方式对其进行保护的模式。该模式具有如下特点：首先，禁止地名

---

① 于金葵. 地理标志法律保护模式的探讨[J]. 中国海洋大学：社会科学版，2006（05）.

注册为商标是一般性原则，注册集体商标或者证明商标是例外。其次，商标法的保护是一种私权保护，属于申请人所有，受到侵害时由商标所有人和有权使用人提起诉讼。最后，申请者必须是集体组织，且其中集体商标只能通过授权他人使用的方式确保权利。

2. 地理标志保护实践

地理标志产品是推进优势特色产业发展的重要途径和有效措施，是打造区域性品牌的重要途径，其在促进经济发展的基础上同时兼具保护中华民族文化的重要使命。强化地理标志保护工作，生产者和商标使用者要强化维权意识及产品质量的保障意识；政府要强化监管，为实施农产品地理标志发展创造良好的氛围；消费者要树立监督意识及对传统文化的保护意识，协力促进地理标志良好有序发展。

①地理标志产品必须来源于地理标志所在地，否则不予注册并禁止使用。

【案例8-4】"杨柳青"案

申请人提出申请商标注册申请，申请在年画、剪纸商品上标注"杨柳青"商标。司法实践认为：天津杨柳青年画历史悠久，其年画制作有自身鲜明的特色、独特的风格，并为社会公众熟知，因此构成我国商标法上所称的地理标志。另外，剪纸和年画都是节庆时所使用的商品，两者在功能、用途、销售渠道、消费对象等方面基本一致，加之"杨柳青年画"的知名度，将"杨柳青"使用在剪纸商品上容易使相关公众误认为剪纸也来源于天津杨柳青镇。并且申请人未提供证据证明其与杨柳青镇（或杨柳青画）有关联，因此其将"杨柳青"作为商标指定使用在年画、剪纸商品上，容易使消费者对商品产源产生误认，进而产生不良影响。

②规范使用"商标+产品通用名称"组合，否则构成商标侵权。

【案例8-5】"射阳大米"案

地理标志所标识的某一类通用产品的特定质量、品质、声誉或其他特征往往与生产地的气候、地质、土壤以及品种等自然因素和与之相适应的生产技术、加工工艺等人为因素密切相关，因此连用"具体地名+产品通用名称"的方式可凸显来自该地区的该类通用产品具有特殊的品质及其特有的风格。对地理标志商标的保护，应当以"具体地名＋产品通用名称"的构成为界，确定商标专用权的保护范围，不能随意使用与地理标志商标中与地名相近似的文字加产品通用名称组合使用的标识。"射場大米"与汉字"射阳大米"在整体视觉效果上具有一定的相似性，相关公众容易产生混淆，造成侵权。

③符合证明商标使用管理规则规定条件的，在履行注册人所规定的手续后，才能使用该证明商标。

【案例 8-6】"涪陵榨菜"案

"涪陵榨菜"有着很高的市场声誉。不法商家通过对其生产的榨菜产地或是对"涪陵榨菜"证明商标会员身份造假，而擅自使用"涪陵榨菜"商标。这些非会员榨菜生产厂家虽是涪陵当地的企业，但其生产的榨菜品质达不到"涪陵榨菜"证明商标要求的标准，其生产成本低，销售价格也低，对"涪陵榨菜"的声誉造成了严重的损害。该类行为构成了对"涪陵榨菜"证明商标的侵犯，工商部门对不法商家作出的责令其停止侵权、收缴假冒榨菜并处罚款的行政处罚。

④协会加强对注册证明商标进行管理与宣传，但无法阻碍他人合理使用地理标志与植物品名。

【案例 8-7】库尔勒香梨案

"库尔勒香梨"商标注册人发现市场未经许可便印制和买卖标记有"新疆特产香梨"与"香梨特产基地"等词汇的纸箱，认为这些行为严重损害了其权益，并提起诉讼。一方面，商标专用权的范围不能扩张到地名或者通用名称的单独使用。另一方面，其禁用权的范围不能不当剥夺他人合理使用地名或者产品通用名称的正当权利，不能扩张为禁止他人单独使用地名或者产品名称等其中一项要素。因此该使用行为属于正当使用，并不构成商标权益侵犯。

⑤假冒他人注册商标情节严重的，追究刑事责任。

【案例 8-8】赣南脐橙案

赣南脐橙是国家地理标志产品。经营水果生意的符某在湖北省某县购得当地脐橙 780 件，运至赣州市安远县金亿隆生态农业发展有限公司进行外包装。该公司黄某梁明知符某采购的脐橙非赣南脐橙，仍然为其提供印有"赣南脐橙"字样的包装纸箱、精品塑料袋、箱贴，进行分级加工。该利用外地脐橙假冒赣南脐橙，非法使用"赣南脐橙"注册商标的行为构成假冒注册商标罪。

3. 地理标志产品的防伪溯源

防伪溯源系统可以对产品进行全生命周期追溯，真正做的来源可查、去向可追、责任可究的特点，便于企业对产品的监控稽查，为企业提供了一款更方便的管理系统和地理标志保护系统。第一，溯源功能使消费者更放心，并且对产品有了更深的认识，增强对产品品牌的信任度。第二，防伪功能可以阻断造假者钻产品没有防伪标签，或者防伪标签易复制的空子，规避市场内假冒伪劣行为，保护品牌信誉。

以"五常大米"为例，因域外造假、域内掺混、恶意竞争现象频生，严重损害了"五常大米"的声誉和品牌形象。因此，五常市政府引进了最为先进的溯源防伪技术，并基于该技术建立五常臻米网和五常大米溯源防伪系统，通过"三确一检一码"溯源防伪制度确保真品五常大米全程质量可追溯，并针对造假或以次充好的不法企业，为政府提供准确的执法依据，实现"稻农增收、企业增效、财政增税、消费满意"[①]。"五常大米"建立防伪溯源系统，采取以下方式：首先，要求五常市所有获证大米生产加工企业都加入五常大米防伪溯源体系，如发现违法违规行为立刻取消资格。其次，将防伪溯源体系企业的水稻情况信息录入物联网数据库，自动上传博码防伪溯源查询平台和五常臻米网，让消费者可以通过网站或博码防伪溯源查询平台直接进行有关信息查询。要求要统一溯源防伪标志使用形式，由粘贴标签改为在包材上统一印刷；要统一溯源防伪标志印制位置。再次，由政府牵头，建立五常稻农地块确权、建设物联网中心工作，并设置监控中心、云数据中心、智慧农业控制系统中心，实时监测农户从育种、种植到收割等一系列的过程。最后，反复抽检，合格后稻米上的防伪码才会被激活，并可以由消费者实时扫描查询相关流程信息，完善消费者监督机制。

---

① 蒋红瑜，杨柳，邓乔，等. 五常大米追溯辨真假 [J]. 中国食品药品监管，2017（07）.

四、地理标志助农脱贫致富

【案例8-9】湖南桑植白茶

桑植，曾是湖南省西北边陲一个国家扶贫开发工作重点县，正以地理标志产品培育为主要着力点，打造出了"知识产权精准扶贫的世界样本"，受到境内外媒体的高度关注。而"桑植模式"是中国国家知识产权局和桑植县共同探索的产业扶贫新路，充分发挥了知识产权的独特优势，开启了"造血式"助农兴农新模式，具有长效性和可持续性。

产业聚集带动地理标志品牌建设

"桑植白茶"充分利用知识产权行业优势，形成了以产业扶贫为核心、以地理标志产品培育为主要着力点的"帮扶作战图"。一是积极实施优势农产品发展"3+2+N"三年行动计划，在产品定位上进行充分差异化，结合桑植白族文化，形成桑植白茶独有的"新工艺、老茶味"的品质特色，建成了覆盖产前、产中、产后的白茶地方标准体系，并完成"桑植白茶"SC食品生产许可证、绿色食品认证，成功申报"桑植白茶"国家地理标志保护产品。二是发挥地理标志效应，不断延伸产业链，提升农业产业集聚水平，形成和壮大产业集群，创建国家级特色优势农产品示范区，加强区域公用品牌建设，进一步扩大桑植白茶品牌影响力。桑植白茶大力实施"商标富农""商标兴农"战略，通过土地流转、资金入股、劳动务工等多种形式，让当地群众深度参与产业开发，形成群众长久受益的"绿色银行"。

依托地理标志营造农民增收环境

2016年以来，桑植县把优质资源变为富民强县的大产业，通过引进新技术，改良老茶园，引进新品种，扩建茶叶生产基地，全力发展"桑植白茶"地理商标，展开了一幅"茶山绿、茶农富"的新画卷。一是创建"桑植白茶"优势品牌，始终坚持高品质，进一步提高茶叶生产的绿色化、标准化、规模化、集约化水平。"桑植白茶"已成为湖南"五彩湘茶"标志性品牌和湖南省委、省政府重点支持发展的5大茶叶区域公共品牌之一，持续推动茶产业高质量发展，使一片片茶叶成为富裕一方百姓的"金叶"。二是为推动精准扶贫，强化产业带动，桑植县政府组织成立产业公司，领衔进行"桑植白茶"产品研发、销售渠道开拓和"桑植白茶"地理商标推广，形成了以龙头企业、专业合作社、种植大户为主体的茶叶产业组织体系及"一园一带一片"的产业格局，利用龙头企业的扩张力和凝聚力，减少农民个体在市场竞争中的风险，逐渐成为桑植的支柱产业。

农产品产业化助力乡村振兴长效化

"桑植白茶"按照"一主多特"的产业发展思路，狠抓产业扶贫、就业扶贫和消费扶贫三个基本轴点，打造稳定脱贫长效机制，实现市场主体全带动、产业扶持全覆盖、利益机制全联结，以"桑植白茶"服务"两有四个一"扶贫工程（乡有主业有龙头、村有产业有社企、一村一基地、一户一产业、一家一就业、一人一技能）。

一村一基地：在种植过程中，大力推行"市场主体＋生产性合作社（劳务联合体、扶贫工厂）＋贫困户"的发展模式，扩大白茶种植范围，让茶厂覆盖每村每落。

一户一产业：发展家庭产业、庭院经济，全面覆盖茶农，定点帮扶，定点发展，确保产业覆盖到户。

一家一就业："桑植白茶"相关企业进一步扩大劳动力转移就业、就近劳务就业等岗位，确保有劳动力的贫困户家庭有茶产品就业机会。

一人一技能：充分利用新时代文明实践站、屋场会，因村因人开展分类分级培训，实现"培训一人、创业一人、带动一片"。

推动农产品消费需求与供给精准对接

由于疫情影响导致"桑植白茶"销售难，为让"桑植白茶"农产品"俏"起来，继续带动增收，"桑植白茶"积极组织开展订单消费。首先，通过桑植县组建农特产品销售平台，推进"桑植白茶"供需订单化市场运作，通过线上线下联动，积极收集、发布信息，汇总农特产品需求订单。其次，将茶叶订单消费扶贫纳入结对帮扶工作，订单总数调控指导产业发展，并由农民专业合作组织与贫困群众签订协议，确保家庭茶户"收完卖尽"。再次，加大产业奖补，围绕"桑植白茶"主导扶贫产业，对建档立卡贫困户、非贫困户给予种苗、肥料补贴，通过对发展产业的贫困户和具有带动脱贫能力的市场主体给予奖励，促进形成"桑植白茶"扶贫带贫减贫的良性机制。最后,实现农产品供需商品化。按照政府引导、市场运作、社会参与的原则,开展"三有三上"订单扶贫行动,即贫困户农产品有标准、有产量、有订单,农产品上网、上架、上餐桌,着力解决茶农茶叶滞销问题。组织开展百场消费扶贫、扶贫产品公益亲子认购、"网红带货"、展销会、年货节等活动,通过茶叶带动副产品形成长期订单、短期订单,达到以订促销、以销促产、以产增收的目的。

【案例 8-10】大同黄花

大同市云州区位于山西省北部大同盆地,是国家燕山——太行山集中连片特困地区,已有 600 多年的栽培黄花历史,从明朝开始,云州区就有"黄花之乡"的美誉。而黄花,学名萱草,又名忘忧草、金针菜,集食用、药用、观赏、生态价值为一体,自古就有"莫道农家无宝玉,遍地黄花是金针"的诗句。近年来,大同将"大同黄花"作为产业扶贫和"一区一业"的主导产业,通过"大同黄花"地理标志带动黄花产业的组织形式、科技研发、品牌打造、产品销售、龙头带动各个环节提档升级,带动云州区驶入脱贫致富的"快车道"。2020 年 5 月 11 日,习近平总书记视察山西时作出了"把黄花产业保护好、发展好,做成大产业,做成全国知名品牌,让黄花成为群众脱贫致富的'摇钱草',让黄花成为乡亲们的'致富花'"的重要指示。

依托地理标志提升品牌内涵

"大同黄花"入选 2020 年地理标志运用促进工程项目。"大同黄花"通过聚焦地理标志发展的现实性问题,以服务区域经济发展为重点,以支撑产业发展为关键,探索"大同黄花标志—产品—品牌—产业"发展路径,推动了黄花特色产业发展、生态文明建设、历史文化传承有机融合,为推进供给侧结构性改革、培育经济发展新动能、实现绿色生态可持续发展提供基础支撑。同时,入选地理标志运用促进工程后,"大同黄花"品牌的使用和保护有了更强有力的法律武器,有效激发了品牌内生发展动力,提升了"大同黄花"的知名度,助力了黄花产业加速发展和农民增收,让"大同黄花"走上品牌化经营的发展之路。

构建"一区一业一品牌",发展规模种植

脱贫攻坚开展以来,云州区先后出台各类扶持政策 21 项,启动全程"保姆化"的服务模式,开启了孵化特色产业成为脱贫产业的新征程。一是设立种植补贴,提高组织化程度。成立种植合作社,集中当地土地资源,解决农民种黄花前三年没收成难题;对全县的贫困户新栽黄花按人补贴,推广套种、间种模式,缓解种植初期效益不明显的问题。二是改善水利设施,提高黄花产量。在种植环节,黄花种植区积极争取水利设施项目,铺设地下管道、修复配套机井、实施节水喷灌,解决旱天没有淋头雨、黄花减产等问题。在生产环节,"大同黄花"深化与科研院校的合作,大力培育优良黄花种苗,加强病虫害绿色防控,探索良种良法结合、农机农艺配套的高效栽培技术模式。在生产加工环节,"大同黄花"还依托专家团队引进、研发黄花烘干设备和贮藏保鲜技术,建立了产业服务体系。三是统一种植保险,降低种植风险。引导种植户加入黄花种植保险和价格保险,并统一以合作社名义参加自然灾害险和目标价格险,进行风险赔付,消除种植户的后顾之忧。

延长产业链条,促进产业融合发展

一是融合发展独特理念。依托黄花产业、40天花期、近郊区位、乡土文化等资源,推进农业与生态旅游、文化康养等深度融合,建成了火山天路、忘忧大道、忘忧农场等一批黄花采摘观光、健康养生等景点,并与大同火山群国家地质公园、西坪国家沙漠公园、峰峪国家湿地公园连成一线,形成山水田林湖的美丽景观,拓宽了产品类别和市场空间,带动了农民就业增收。二是促进全产业链延伸。"大同黄花"集中乡村产业集群队伍,通过整合实行"公司+基地+农户"经营方式,积极研制出黄花咀嚼片、食用酱和黄花泡菜等120道"黄花宴",深受市场青睐。随后,黄花菜品、冰鲜黄花、黄花系列饮料、黄花真空冷冻、黄花提纯、黄花洁颜面膜等黄花深加工和延伸产品纷纷面世。借助大同独特的地理气候条件,"大同黄花"带动孕育了许多名优杂粮品种,黄花、黄芪、莜麦、谷黍、杂豆、胡麻油、苦荞茶等特色农产品构成了"大同好粮"这一公共品牌,促进了乡村振兴,夯实了产业基础。

提高组织化程度,促进品牌价值链提升

"大同黄花"通过流转土地、规模经营、公司化运作、品牌推广等手段,向规模化、集约化、品牌化的现代农业发展。一是打造质量标准平台,提升品牌价值。大同市先后出台《关于做优做强黄花产业加快乡村产业振兴助推脱贫攻坚的实施意见》和《大同市扶持黄花产业发展十条政策》,并通过建立健全技术标准、管理标准和工作标准体系,实现了优质黄花菜全过程标准化生产,探索做优品质、做响品牌之路。二是品牌口碑传播凝聚集群规模效益。"大同黄花"携手电商产业,以"品牌化、电商化、数字化"为支撑,实施"线下实体+线上平台+产业培育机制+节事品牌"工程,创建品牌、标准、准入三大体系,带动线上线下销售,全面助力产品走向全国市场。由此,"大同黄花"进入高质量发展时期,开始向全国优势产业挺进。三是多方互利共赢带动致富效果显著。"大同黄花"按照"分步实施、面上发动、以点带面、打造样板"的思路,由各有关部门各自发挥工作职能,争取项目、吸引资金、引进技术投入黄花产业的发展,统筹涉农项目资金,统一布置、统一安排、统一划拨、统一使用,形成项目集聚效应,助推乡村振兴,推动黄花产业不断做大做强,为全面建成小康社会提供了坚实支撑。

【案例 8-11】崇礼彩椒

崇礼区地处坝上高原与华北平原过渡地带,气候冷凉、光照充足、降雨充沛、早晚温差大,所生产的彩椒具有色泽鲜艳,果形方正,果肉厚,货架期长,耐储运等特点。随着农业结构调整,崇礼区通过大力发展彩椒产业,建设成了全国最大的越夏彩椒生产基地,种植面积达 4.33 万亩,崇礼彩椒的品牌效应逐步显现,彩椒产业成为带动当地农民增收致富的主导产业之一,现已带动全区 1 万多人致富,带动贫困户通过发展彩椒实现持续稳定增收,户均增收 3 000 多元,进一步增强农村发展的"造血"功能。

大力夯实产业发展基础

一是崇礼区委、区政府高度重视,出台财政资金扶持政策,优先发展和鼓励蔬菜深加工、农业产业化龙头企业,在税收、土地、基础设施配套等方面给予优惠。二是建立以彩椒为主的农业科技推广服务体系,采取现代化智能育苗温室生产种苗,化解土壤板结现象,实现崇礼彩椒土壤改良的二次革命,已建成部省、市级标准化生产园区 50 个。三是通过落实绿色彩椒标准化生产关键集成技术措施,完善田间生产管理档案,建立产品质量"二维码"溯源系统,形成了政府主导、经营主体参与的蔬菜质量安全监测体系。

协调联动，完成品牌打造项目

在国家知识产权局驻崇礼定点帮扶工作组的帮助下，持续推进"崇礼彩椒"品牌建设和品牌保护工作，从品牌注册和登记、品牌创意与设计保护、防伪溯源体系建设、品牌宣传与推广等多个角度积极构建"崇礼彩椒"品牌体系，努力形成全方位品牌效应。并通过开展品牌推广和贸易交流，依托国家平台及相关媒体资源构建线上线下宣传矩阵，参与中国国际高新技术成果交易会、第十二届中国国际商标品牌节等活动，进一步提高了品牌影响力，塑造了"崇礼彩椒"品牌形象。

多措并举，做好产销支撑

一是搭建彩椒龙头企业或农民专业合作社超200家，培养农民经纪人300多人，负责订购种苗、销售农资、提供市场、联系客商运销产品等，实现彩椒生产、供应、销售规模化和专业化。二是"崇礼彩椒"种植不再采取订单形式销售，而是通过召开蔬菜销售恳谈会，邀请全国各地客商参观基地、座谈提出建议；到全国主要销售市场进行考察、回访，调查市场价格和销售情况；制定政策、措施，帮助客商解决问题，保证销售渠道畅通。三是依托国家平台网络资源，搭建地理标志产品扶农助农专区，以长期促进地理标志产品交易和商贸对接，推动地理标志品牌、地理标志产品的展示和交易，为线下积累潜在商户，提供宣传途径。

第九章
知识产权运营体系建设

第一节 概述及发展历程

在我国知识产权制度的建立初始阶段，由于企业知识产权数量少，自主创新能力弱，部分关键核心知识产权缺失，直接导致了我国企业产品质量不高，产业结构不合理，产业国际化程度低，全球化经营能力不高。我国知识产权运营体系的发展进度与国外相比较为缓慢，起初我国知识产权的运作仅限于专利转让、许可、作价投资等简单方式。

21世纪初，随着我国加入世界贸易组织，我国企业逐渐走出国境谋求新发展。而在境内境外交互发展的过程中，我国知识产权产业面临发达国家与中低收入国家"双向挤压"，形成严峻挑战：一是国际知识产权运营商进驻我国进行专利运营；二是我国企业由于专利保护意识不强而在国外市场面临一系列的"专利危机"，知识产权成为我国企业进入国际市场的壁垒和"拦路虎"。在这种背景下，为应对日益复杂的国内外经济环境，党中央国务院高度重视知识产权保护和运用工作，国家"十三五"规划中强调了"实施严格的知识产权保护制度，完善有利于激励创新的知识产权归属制度，建设知识产权运营交易和服务平台，建设知识产权强国"。国务院71号文《关于强化实施创新驱动发展战略进一步推进大众创业万众创新深入发展的意见》中提出"发挥国家知识产权运营公共服务平台枢纽作用，加快建设国家知识产权运营服务体系"。随着我国专利数量的逐渐增多，企业、高校、科研院所、服务机构也加深了对专利运用重要性的认识，积极响应号召，抓好知识产权政策风向，开始尝试专利池、专利质押等复杂的专利运营模式。我国的专利运营产业朝着专业化、制度化方向发展。各级政府积极出台知识产权运营体系建设方案，我国知识产权运营体系建设取得显著成效。截至2020年年底，我国知识产权运营服务体系建设重点城市达到37个，批复支持建设的知识产权运营平台（中心）达到16家，专利转让、许可、质押等运营次数达到40.5万次，知识产权证券化、知识产权保险等金融产品创新实现新突破。（数据来源为国家知识产权局）

第二节 知识产权运营体系建设主要内容

一、知识产权运营体系建设的基础手段

目前，我国的知识产权运营模式以转让、许可、作价入股和质押融资等模式为主。

转让是我国知识产权运营的最主要表现形式。知识产权转让是指知识产权出让主体与知识产权受让主体，根据与知识产权转让有关的法律法规和双方签订转让合同的法律行为。知识产权转让是实现知识产权价值的途径之一，我国企事业单位应从实际出发，结合自身的发展目标、条件进行优势分析，将知识产权转让与本单位经营发展战略有机组合，实现知识产权转让行为价值最大化。

许可也是我国知识产权运营工作的主要手段之一，企业可通过合法的知识产权许可行为提高知识产权的运用效率，增加知识产权带来的收益率，降低企业自身在知识产权活动中的经济与法律风险。目前，我国企业实体间比较常见的知识产权许可活动为专利池许可。专利池是科技发展和专利制度结合下的必然产物，消除专利实施中的授权障碍是专利池的重要作用，有效提高了产业实体间的专利运用率。

知识产权作价入股是指知识产权权利人将知识产权作为资本入股，由此获得

股权收入的经营方式。反过来，接受权利人将知识产权作价入股也属于这种经营方式。以这种方式经营知识产权时，首先需要对知识产权的价值作出合理的评估。

知识产权质押融资是我国近几年来政策导向明显的知识产权运营模式之一。知识产权质押融资是指企业以其合法拥有的专利权、商标权、著作权中的财产权经评估作为质押物从银行获得贷款的一种融资方式。知识产权质押融资有效帮助我国科技型中小企业解决融资难的问题。近年来，除了传统的知识产权质押融资外，知识产权证券化也逐渐兴起。知识产权证券化是发挥企业知识产权价值的有效途径之一，它的优势在于知识产权权利人在利用其合法的知识产权进行融资的同时，还拥有该类知识产权的自主权。

二、知识产权运营服务体系的新探索

近年来，国家知识产权局会同财政部、科技部等部委制定并发布了一系列知识产权运营建设相关政策，通过构建运营体系和培养知识产权人才等措施，以公共服务与市场运作相结合的运营方式，提升知识产权价值。自启动知识产权运营体系建设以来，我国知识产权转让及许可数量、知识产权质押贷款金额和知识产权运营收益均实现大幅增长。

2013年4月，国家知识产权局制定并发布《关于实施专利导航试点工程的通知》（国知发管字〔2013〕27号），启动实施专利导航试点工程。专利导航试点工程明确要求为提高知识产权运用能力专门成立专利运营机构，开展专利运营。在该通知的基础上，国家知识产权局分类搭建了专利导航试点工程工作平台，布局建设了一批国家专利导航产业发展实验区和专利协同运用试点单位。

为落实党中央和国务院《国家知识产权战略纲要（2008—2020年）》（国发〔2008〕18号）等文件精神，建设知识产权运营服务体系，2014年国家知识产权局会同财政部投资建设国家知识产权运营公共服务平台，还在广东珠海和陕西西安试点建设面向创业投资的知识产权运营特色分平台和军民融合知识产权运营特色分平台。2014年12月，财政部办公厅、国家知识产权局办公室印发《关于开展市场化方式促进知识产权运营服务工作的通知》（财办建〔2014〕92号），通知指出"2014年支持在北京等11个知识产权运营机构较为集中的省份开展试点，采取股权投资方式，支持知识产权运营机构"。该项措施有力地推动了全国范围内知识产权运营体系建设的新进程。2015年，国家知识产权局发布《2015全国专利事业发展战略推进计划》，提出高标准建设知识产权运营体系的相关要求，按照计划我国将按照"1+2+20+N"的建设思路，建设1家全国性知识产权运营公共服务平台和2家特色试点平台，在部分试点省份以股权投资的方式支持一批知识产权运营机构。同时，国家知识产权局还将严格评审涵盖高校、科研机构、知识产权服务机构在内的20家企业开展股权投资试点。

2015年12月28日，国务院发布的《关于新形势下加快知识产权强国建设的若干意见》（国发〔2015〕71号）提出"构建知识产权运营服务体系，加快建设全国知识产权运营公共服务平台"，并将知识产权投融资、知识产权证券化、知识产权信用担保机制、知识产权众筹和众包模式等作为知识产权运营的重要内容，进一步促进全国知识产权运营体系建设。2016年8月5日，工业和信息化部、国家知识产权局联合印发《关于做好军民融合和电子信息领域高价值知识产权培育运营工作的通知》（工信部联财〔2016〕259号），引导重庆等10个城市开展新能源和互联网等重点产业的专利运营工作。近年来，为促进区域内实体间知识产权转移转化，调动各地知识产权运营积极性，财政部、国家知识产权局在全国选择若干创新资源集聚度高、辐射带动作用强、知识产权支撑创新驱动发展需求迫切的重点城市（含直辖市所属区、县），支持开展知识产权运营服务体系建设，推动知识产权运营与实体产业相互融合、相互支撑。知识产权运营体系建设重点城市应在建设期内构建起要素完备、体系健全、运行顺畅的知识产权运营服务体系，知识产权创造质量、保护效果、运用效益、管理能力和服务水平显著提升，推动产业发展质量变革、效率变革和动力变革。《关于做好2020年知识产权运营服务体系建设工作的通知》明确了知识产权运营服务体系建设重点城市应建立健全知识产权引领产业发展工作机制，支持创新主体提高知识产权运用能力，深化知识产权金融服务，高水平建设知识产权服务业集聚区。有条件的知识产权运营服务体系建设重点城市可以积极探索知识产权运营服务体系建设有关创新性、改革性举措，城市可采取财政补助、以奖代补、股权投资、政府购买服务等方式，统筹用于支持知识产权运营服务体系建设工作。

至此，我国初步形成了包括全国平台、特色分平台、区域知识产权运营中心和运营机构等在内的全国知识产权运营体系，我国知识产权综合发展指数持续提升，知识产权运用进步明显。

三、新时代知识产权运营体系载体

（一）知识产权运营平台

知识产权运营平台作为联结运营主体、落实运营制、优化制度供给的运行环境和信息管理系统，在知识产权运营能力的整体塑造方面，发挥着关键作用。其包括具有公益性质的知识产权公共服务平台和商业化的企业知识产权运营服务平台，以及介于两者之间的高校、科研机构建设的知识产权运营平台。在我国，有相当一部分知识产权信息运用、交易、质押融资、证券化、托管等业务内容，是通过专门设立的知识产权运营平台进行的。另外，部分省、省辖市、市辖区的知识产权管理部门也设立了区域性的知识产权服务平台。目前，部分全国性的知识产权运营平台如表9－1所示。

表9－1　国家知识产权运营平台（中心）名单

平台名称	建设/批复时间	所在地区
国家知识产权运营公共服务平台	2014年	北京昌平
国家知识产权运营公共服务平台军民融合（西安）试点平台	2014年	陕西西安
国家知识产权运营公共服务平台金融创新（横琴）试点平台	2014年	广东珠海
中国（南方）知识产权运营中心	2017年12月	广东深圳
中国汽车产业知识产权投资运营中心	2017年12月	北京海淀
国家知识产权运营公共服务平台国际运营（上海）试点平台	2018年4月	上海浦东
中国智能装备制造（仪器仪表）产业知识产权运营中心	2018年5月	宁夏吴忠
国家知识产权运营公共服务平台高校运营（武汉）试点平台	2018年6月	湖北武汉
国家知识产权运营公共服务平台交易运营（郑州）试点平台	2018年12月	河南郑州
稀土产业知识产权运营中心	2020年9月	江西南昌
电力新能源产业知识产权运营中心	2020年11月	广东广州

续表

平台名称	建设/批复时间	所在地区
汽车知识产权运用促进中心	2020年11月	天津东丽
节能环保产业知识产权运营中心	2020年12月	湖北武汉
新材料产业知识产权运营中心	2020年12月	江苏南京
长春新区知识产权运营服务中心	2020年12月	吉林长春
山东知识产权运营中心	2020年12月	山东济南

（二）知识产权运营服务体系建设重点城市

创新资源集聚度高、辐射带动作用强、知识产权支撑区域发展需求迫切的重点城市是开展知识产权运营服务体系建设的重要载体。知识产权运营服务体系建设重点城市在加强政策集成和改革创新、促进体系融合和要素互补、强化资源集聚和开放共享等方面发挥中央和地方两个积极性，以知识产权各门类全链条运营为牵引，探索知识产权引领创新经济、品牌经济和特色产业高质量发展的全新路径。截至2020年年底，全国知识产权运营服务体系建设重点城市数量已经达到37个，具体名单如表9-2所示。

表9-2　全国知识产权运营服务体系建设重点城市

第一批	第二批	第三批	第四批
苏州	北京海淀	台州	北京朝阳
宁波	上海浦东	济南	天津滨海新区
青岛	南京	上海徐汇	太原
郑州	杭州	无锡	沈阳
长沙	武汉	东莞	长春
成都	广州	石家庄	合肥
西安	深圳	天津东丽	烟台
厦门	海口	重庆江北	洛阳
		大连	宜昌
		泉州	昆明
			乌鲁木齐

第三节　知识产权运营体系建设案例

一、知识产权运营公共服务平台案例

截至 2020 年年底，全国批复支持建设的知识产权运营平台（中心）已达到 16 家，全国及各地知识产权运营平台在知识产权运营工作中发挥着主导性、资源性和统筹协调性等重要职能，有效聚集社会各界资源，链接服务资源、金融资源与企业创新产品，实现有效的知识产权转移转化活动。

【案例 9-1】国家知识产权运营公共服务平台

2014 年，财政部会同国家知识产权局启动以市场化方式促进知识产权运营服务工作，着力推动构建"平台＋机构＋资本＋产业＋人才"五位一体的知识产权运营服务体系。

国家知识产权运营公共服务平台秉承公共服务与市场运作相结合的建设思路，以"数据为基、信用为根、服务为本"为宗旨，立足大众创业、万众创新，通过提供创新全链条的知识产权运营服务，打造全要素的知识产权运营生态圈。

国家平台以信息流、业务流、资金流互联互通为目标，着力打造一个开放、多元、融合、共生、互利的良性运营生态系统。

在以往的技术转化中，企业、高校等创新主体及市场主体之间已尝试实践线下转移转化活动，但效果不够明显。国家平台通过知识产权大数据的全面释放，铺设了这一专利运营高速公路；把高校、企业的创新成果以"小汽车"的形式呈现，通过专利导航来为高速公路上运转的项目提供方向指引，精准区分不同车道不同颜色的项目，导航匹配适合的产业和技术方向的项目给需求方；此外，将原本分散的服务机构、金融资本汇聚起来，形成高速路上的服务区和加油站，从而为运营在高速路上的项目和创新主体提供专业的服务和充足的资金供给。在此基础上，以完善的规则体系、交易结算管理和市场监管机制为运营生态系统运转提供坚实保障。在这样的运营生态系统中，优质项目"不同门类外观的小汽车"会源源不断地从高校、园区产生，最终会形成一个知识产权转移转化畅通、资源

相对聚集、服务链条相对完整的良性运转的知识产权交易运营生态系统,为技术成果产业化提供完整解决方案,实现创新驱动发展的战略支撑。

由华智众创(北京)投资管理有限责任公司承担的国家平台建设任务已于2018年11月全部完成并上线试运营,几年来不断坚持以国家平台建设的初心为核心,研究实践"一体两翼"运营业务体系,积极推进知识产权运营生态建设,扎实开展知识产权运营服务工作,并以党建、制度、人才作为保障支撑。

国家平台以数据为基,拥有海量的知识产权相关数据,并以全生命周期的专利信息为支撑,包括专利基础数据、审查过程数据、专利运营数据等,延伸开发了数据开放平台、专题库、统计分析平台以及信息化基础资源服务等线上增值服务模块,将专利数据进行全面释放。同时,国家平台还拥有专业的政策数据及商标数据,为创新主体准确把握政策方向,精准匹配供需提供支持。

国家平台作为全国知识产权运营服务平台体系的核心和枢纽,一方面全面维护信息化项目线上大数据资源利用和运营公共服务的"一核"职能;另一方面积极拓展线下业务,形成了"一体两翼"的服务体系。"一体"指高价值专利培育运营,"两翼"分别是运营人才培养和信息化系统开发。

国家平台近年来以大数据的深度挖掘应用为基础,以高价值专利培育运营为核心,积极开展IP运营托管服务和IP金融服务,同时将人才培养及信息化系统开发作为国家平台高价值运营主体业务的重要支撑。

另外,国家平台还利用自身集聚资源这一优势,积极建设中国知识产权发展联盟并开展各类品牌活动,提升国家平台品牌形象。目前,中国知识产权发展联盟成员已达710家,专业委员会数量已达30个,涵盖信息通信、金融投资、电力电子、生物医药等各类行业,国企、民企、外企、高校、律所、银行均有包含,遍布全国29个省、自治区、直辖市。同时,国家平台充分发挥实干精神,开展了一系列富有积极成效的品牌活动及重大专项。

【案例9-2】国家知识产权运营横琴金融与国际特色试点平台

2014年12月,国家知识产权局会同财政部批准成立国家知识产权运营横琴金融与国际特色试点平台(简称"横琴平台")。横琴平台是以市场化方式开展的知识产权运营服务试点之一。除市场化运作以外,横琴平台还以知识产权公共服务为基础，以国家政策为导向，提供以知识产权金融创新、知识产权跨境交易为特色的知识产权资产与服务交易。横琴平台将知识产权与资本、政策相结合，积极探索区域知识产权运营新模式。

横琴平台在创建初期以服务中小微企业为目标，着力提高中小微企业的知识产权运用与保护意识。对于具有研发能力的中小微企业，如果其有专利运营需求，横琴平台可以为其提供知识产权服务；对于研发能力不足的中小微企业，若想拥有专利，也可以在平台上寻找到有价值的专利。此外，横琴平台还开展了金融创新特色业务，如知识产权质押融资、知识产权运营基金等，解决中小微企业融资难题。

据横琴平台有关负责人表示，国家横琴平台的基本任务是建立国家知识产权运营交易平台，形成"3+4+N"的业务体系，即3个核心业务、4个派生业务，N个支撑业务。其中，3个核心业务包括交易、金融创新和跨境运营，4个派生业务包括服务、运营、投资和知识产权软件开发，N个支撑业务包括专利技术效果检测、年费管理、期限监控、专利或商标预警分析、中国专利分级认证等服务。

横琴平台还上线了知识产权资产与服务交易网，聚集知识产权人才与服务机构、金融机构等，平台将以线上线下业务为基础，努力推动潜在需求转化为刚需，推动知识产权行业大众化转变，提供公众知识产权意识，推动知识产权交易标准化，推动企业提高知识产权保护意识，提高企业创新技术转移转化效率。

【案例9-3】重庆江北知识产权运营公共服务平台

江北知识产权运营公共服务平台是江北区知识产权运营体系建设重点城市项目，是集展示、咨询、托管、评估、交易运营、行政管理与决策支撑等功能于一体的一站式知识产权运营公共服务平台。

2020年7月，国家平台建设主体华智众创（北京）投资管理有限责任公司与江北区人民政府签署知识产权交易运营公共服务平台建设及运营服务合作协议。双方将按照"政府引导、市场运作"的模式共同推动公共服务平台落地江北区，全面支撑运营服务体系建设绩效目标圆满完成。

江北平台建设将围绕运营服务、知识产权集聚区建设、高端产业引进、人才团队培养等维度开展相关工作，破解制约知识产权价值实现的体制、机制障碍，整合资源要素，发挥协同效应，积极探索知识产权引领创新经济、品牌经济和特色产业高质量发展。

目前，江北平台建设已经进入稳步发展阶段，线上平台建设运营稳步推进，并已依托国家平台资源，开发知识产权交易、专利分级管理、政府决策支撑、专利运营专题库等特色功能。未来，江北平台将紧密融入国家知识产权运营平台体系，紧紧围绕战略性新兴产业和传统优势产业，以促进知识产权与创新资源、金融资本、产业发展有效融合为宗旨，依托江北区的区域资源、产业优势、政策支持，以及国家知识产权运营公共服务平台的行业资源、信息资源、人才资源和知识产权运营开发经验，实现与国家知识产权运营公共服务平台的数据资源、项目资源及交易功能的互联互通，促进知识产权运营市场化、资本化、标准化，实现重点突破和示范引领，加快推动江北区经济转型升级和社会创新发展。

江北平台的建立，在未来将支撑江北区构建起要素完备、体系健全、运行顺畅的知识产权运营服务体系，使知识产权工作在创造质量、保护效果、运用效益、管理能力和服务水平上显著提升，以知识产权高质量服务助推江北区经济社会高质量发展。

二、高价值专利培育运营案例

高价值专利培育是一个复杂的系统工程，通过采用一定的高价值专利培育方法，可有效提高知识产权的价值并实现知识产权价值，从而进一步提升运营市场和经济效益，推动大众创新、万众创新。

【案例9-4】海淀高价值专利培育运营中心

海淀高价值专利培育运营中心的主要建设内容包括：构建知识产权管理体系，包括企业贯标、建立内部知识产权管理体系等；培育高价值专利（含PCT）（组合），开展专项相关技术领域专利分析，形成布局策略，建立关键共性技术专利库，评价项目相关技术领域专利产业化，开展专利布局分析并形成布局策略报告；构建专利池并开展专利运营，积极展开专利质押融资工作，推进国际标准落地相关工作；依托北大存量专利分级分类结果，筛选项目相关技术领域专利，积极推进专利转让、许可相关工作。

【案例 9-5】苏州市高价值专利培育计划项目

为大力实施创新驱动战略和知识产权战略，加快构建和完善知识产权运营服务体系，引领和支撑产业转型和创新发展，增强企业知识产权综合实力和核心竞争力，苏州市近几年连续启动高价值专利培育计划项目申报和培育工作。项目重点支持战略新兴产业重点企业、高新技术企业、创新创业人才项目企业、拥有自主研发机构的企业，以及依靠核心技术发明专利获得市场竞争优势的中小型企业。

项目以"公开申报，专家评审，择优支持，注重实效"为原则，筛选在苏州注册、经营发展三年以上的高新技术企业、知识产权密集型（示范、优势）企业。由苏州市知识产权局设立"苏州市高价值专利培育计划项目资金"，经费从"苏州市知识产权专项资金"中列支。项目承担单位须落实自筹资金的必要条件，以保障项目顺利实施。

根据《苏州市高价值专利培育计划项目管理办法（试行）》中的有关要求，高价值专利培育计划实施期原则上为3年，每项项目经费安排为市本级支持金额最高不超过100万元，承担单位应根据高价值专利培育计划项目合同书中所明确的要求进行项目经费配套安排，定期提交项目执行进展、阶段性成果、经费使用情况和下阶段工作计划等项目实施中期报告。市本级项目经费由市知识产权局会同市财政局与项目责任方签订高价值专利培育计划项目实施协议。市本级支持经费分三个阶段进行拨付：第一阶段，在项目合同签订后按经费的40%下达；第二阶段，在项目中期检查合格后按经费的30%下达；第三阶段，在项目结题验收合格后按经费的30%下达，以确保财政资金使用效能。

高价值专利培育计划项目经费主要用于专利数据库、知识产权信息平台建设，开展专利信息分析、产业专利竞争态势分析研究，绘制专利地图，规划专利布局，维护高质量专利申请代理、高端服务机构专业服务，处理专利运用或产业化小试、中试过程中的知识产权事务，高校科研院所协同创新的相关专利事项，与项目相关的专家咨询服务等。

该项目自启动以来，有效促进了苏州区域内知识产权与产业的紧密结合，进一步提升了苏州专利质量，更好地发挥了专利对经济转型和产业升级、企业创新发展的支撑作用。

三、知识产权服务业集聚区建设案例

2020年，《关于做好2020年知识产权运营服务体系建设工作的通知》中明确了知识产权运营服务体系建设重点城市应建立健全知识产权引领产业发展工作机制，支持创新主体提高知识产权运用能力，深化知识产权金融服务，高水平建设知识产权服务业集聚区。知识产权服务业集聚区是集聚区域金融和服务资源，筹划转化科技创新资源的重要方式之一，通过建平台、聚资源、聚人才、聚服务，深入推进全国知识产权运营体系建设新进程。

【案例9-6】中关村知识产权服务业集聚发展示范区

2014年，中关村科技园区管理委员会联合北京市质量技术监督局、北京市知识产权局、海淀区人民政府印发《关于支持知识产权和标准化服务业在中关村示范区集聚创新发展的办法》（简称《办法》）。《办法》内容主要包括：支持高端服务机构入驻集聚区，对在集聚区内完成工商和税务登记的高端服务机构给予房租或房价补贴；支持知识产权和标准化专业性国际组织在集聚区设立总部或分支机构；支持集聚区内的检测认证高端服务机构加入中关村开放实验室工程；支持集聚区内的知识产权高端服务机构为中关村示范区企业提供海外知识产权预警服务；鼓励集聚区内高端服务机构向中关村知识产权领军企业、重点示范企业提供知识产权高端服务；发挥政府资金引导放大作用，设立集聚区知识产权和标准化服务业创新发展基金；鼓励知识产权保护机构在集聚区发展等。《办法》的施行，为中关村打造知识产权服务业集聚发展示范区奠定了扎实的基础。

2016年，中关村知识产权推进会在京召开，国家知识产权局正式批复中关村成为全国首批国家知识产权服务业集聚发展示范区。会上还发布了《2016—2018年中关村知识产权推进计划》。中关村知识产权创造、运用、保护和服务能力显著提升，初步形成战略性新兴产业参与国际竞争的知识产权优势。

2017年，北京市人民政府发布的《关于加快知识产权首善之区建设的实施意见》中提到，要重点建设中关村国家知识产权服务业集聚发展示范区，培育"互联网+知识产权"服务新模式，建设北京市知识产权公共信息服务平台，构建知识产权大数据服务体系。

中关村通过开展知识产权服务业先行先试工作，进一步加强集聚区载体和平台建设，提升知识产权服务能力，支持集聚区服务机构为创新创业服务，促进京津冀知识产权服务业协同发展，加强知识产权服务人才培养和加快中关村知识产权服务业国际化进程，推进集聚区建设。中关村集聚区着力培育3~5家具有全球影响力的知识产权综合服务供应商，培育一批"互联网+"模式的知识产权服务新业态，培育一批知识产权服务业高端复合型人才，形成中关村知识产权服务行业标准，形成可复制、可推广的中关村国家知识产权服务业集聚发展示范区建设模式。通过互联网思维、技术与知识产权服务的深度融合，中关村加速传统知识产权服务业的转型升级，致力于打造知识产权服务新生态，依托中关村国家知识产权服务业集聚发展示范区建设，成为知识产权服务新业态的策源地。

【案例9-7】武汉东湖国家知识产权服务业集聚发展试验区

2015年，武汉东湖国家知识产权服务业集聚发展试验区获国家知识产权局正式批准建设。武汉市东湖高新区以"知识产权服务机构集聚、服务体系完善、服务水平提升与产业转型升级融合发展"为建设目标，着力打造以光谷中心城为核心、沿高新大道布局的知识产权公共服务带。

武汉东湖国家知识产权服务业集聚发展试验区通过信息化手段，加强专利信息服务能力建设。2016年，武汉市知识产权局为推进东湖高新区国家知识产权服务业集聚区建设，规划全省引进和培育5~10家知识产权服务品牌机构，优化专利代理机构布局，引导服务机构为500家以上中小微企业提供优质中介服务。武汉东湖国家知识产权服务业集聚发展试验区发挥知识产权对科技创新的支撑作用，打造支撑创新的知识产权服务链条，着力营造良好营商环境，多举措推进。截至2018年年底，示范区内知识产权服务机构已有240家，从业人员达4190人，知识产权服务业产值达10.84亿元，知识产权服务覆盖代理、法律、咨询、商用化、信息和培训等6个领域。

2019年，武汉东湖国家知识产权服务业集聚发展试验区顺利通过验收，正式获批建设国家知识产权服务业集聚发展示范区，示范期3年。这也是国家知识产权局对武汉东湖国家知识产权服务业集聚发展试验区自项目开展以来在知识产权领域取得的成果的肯定。

2020 年,武汉东湖高新区持续加快推进国家知识产权服务业集聚发展示范区的建设,全力提升知识产权服务能力。目前,已有 342 家各类知识产权服务机构落户武汉东湖,其中 8 家品牌知识产权服务机构、3 家大型互联网+知识产权新型服务机构,从业人员超过 4 000 人。

自武汉东湖高新区申报建设国家知识产权服务业集聚发展示范区以来,本地知识产权服务机构在政策鼓励下成长迅速,示范区的良好工作成果吸引了国内品牌知识产权服务机构落户,带动区域内知识产权服务产业发展。同时也帮助培育了大量知识产权专业人才,通过体系化的知识产权培训流程,提高了区域内企业管理者的知识产权意识与运用能力,企业的知识产权保护意识明显增强。

下一步,武汉东湖高新区相关部门将继续优化政策环境,加快优质服务资源集聚,推动知识产权服务向专业化和价值链高端延伸,支撑光电子信息、存储器等优势产业创新发展,发挥引领示范和辐射带动作用。

知识产权金融及技术转移篇

第十章
知识产权基金与保险

第一节 知识产权基金概述

一、知识产权基金定义

知识产权基金是将股权投资基金与知识产权相结合，通过建立知识产权领域的投资基金作为直接投资工具，以支持战略性、地域性、重要产业相关知识产权运营的手段之一。

传统知识产权融资方式以债务融资为主，例如知识产权质押、融资租赁等。但从操作实践来看，除少部分价值量极高、较为成熟的知识产权资产，中国绝大多数知识产权资产的市场价值评估不易获得质押贷款融资，限制了中小型科技型公司或个人的融资途径。目前，尽管各地政府出台贷款贴息、资助担保等多项政策，仍存在质押贷款提供金额较小，不能满足知识产权技术研发过程中庞大的资金需求等问题。

知识产权基金本质上是一种股权融资，通过设立知识产权为标的的投资基金，为自主创新型企业或个人在知识产权实现过程中，提供资金、技术、管理经验等方面支持。知识产权基金作为国内较新的一种融资方式，近些年得到了较大的发展。

发展至今，知识产权基金种类繁多，可依据投资主体、设立目的、投资地域等不同标准加以划分①②。

（一）以投资主体为划分标准

知识产权基金成立的前提是募集足够的资金。根据投资主体属性，可分为政府主导型、私营主导型和公私合营型三类。

①政府主导型。近年来，由中央和地方财政引导，联合社会资本设立的政府主导型知识产权基金在地方上较为流行，如北京市重点产业知识产权运营基金。此外，主权专利基金也属于政府主导型知识产权基金的一种，在全球范围内拥有较广的覆盖，美国、日本、德国、法国和韩国等国政府陆续进行尝试。国家主导型知识产权基金受政府相关政策与政治倾向影响较大，可用于政府实施反倾销、反补贴的贸易救济途径。

②私营主导型。美国高智发明有限公司迄今为止掌握全球最大的知识产权基金，主要以私募股权基金的方式募集资本，在全球范围内筹资超过55亿美元。由于缺少政府的参与，私营主导型知识产权基金更加注重基金收益，易受主要投资者的意图影响。相对于政府主导型，该类知识产权基金存在转化为"专利流氓"（Patent Troll），对公共利益产生不良影响，严重威胁知识产权市场的健康运营。

③公私合营型。目前，政府主导型的知识产权基金在我国较为常见，在地方上较为流行。公私合营型知识产权基金由政府资金及相关政策作为引导，由具有良好市场积极性的私营部门管理在运营绩效方面予以保障。国内首支知识产权基金——睿创专利运营基金即应用此模式，由北京中关村管委会和海淀区政府出资引导设立，金山科技、小米科技、TCL集团等多家公司共同参与，并委任北京智谷睿拓技术服务有限公司作为普通合作人管理基金，负责投资策略与日常运营。

（二）以设立目的为划分标准

在创新环境下，我国知识产权运营水平不断提升，催生出一批非运营实体

---

① 刘然，蔡峰，宗婷婷，孟奇勋. 专利运营基金：域外实践与本土探索［J］. 科技进步与对策，2016，33（5）：56-61.

② 任霞. 全球知识产权股权基金 运营模式浅析［J］. 中国发明与专利，2016（10）：23-27.

(Non - practicing Entities，NPE)，推动专利诉讼案件数量大幅增加。为应对此问题，各国政府和企业等构建出以下三种基金模式。

①诉讼进攻型。高诉讼成本和长受理流程使部分被诉侵权企业选择在庭外和解，存在一定的利益空间。一些基金管理者通过支持非运营实体提起专利诉讼，从而获得较高的收益。

②集中防御型。投资主体本身知识产权存在的诉讼风险，可通过知识产权基金对可能造成麻烦的知识产权进行收购和授权，以规避被起诉的风险。

③激励创新型。高价值的知识产权及相关产品的研发通常需要投入庞大的人力、物力。知识产权基金在运作过程中，可通过支持影响产业发展的关键性科研成果，激励科技创新。

（三）以投资地域为划分标准

我国还出现专门针对海外知识产权市场布局的海外专利运营基金，如七星天海外专利运营基金，也有由中央财政和地方财政引导的地方性知识产权运营基金，如北京市重点产业知识产权运营基金等。

二、知识产权基金市场规模

我国知识产权基金较美、日、欧等发达国家及地区起步较晚，近年来，其市场规模增长较为迅速。2014年4月，国内首支知识产权基金——睿创专利运营基金成立，拉开中国知识产权基金的序幕。近年来，我国通过中央和地方财政的引导与各地社会资本积极合作，陆续涌现一批本土知识产权基金。2015年3月25日，国内首支海外专利运营基金——七星天海外专利运营基金正式落户苏州国家知识产权服务业集聚区。该基金以专利猎头的方式，通过专利收购基金的方式进行运作，系统化解决中国企业海外专利储备不足的市场痛点[①]。2015年11月9日，国内首支国家资金引导的知识产权股权基金——国知智慧知识产权股权基金在北京发布。该基金首期规模1亿元，投资定向用于企业知识产权挖掘及开发。

---

① 中国知识产权资讯网. 七星天（苏州）海外专利运营平台落户苏州高新区［EB/OL］. (2016 - 03 - 26)［2019 - 11 - 01］www. iprchn. com/Index_NewsContent. aspx？ newsId = 92635.

该基金设立的核心要义为帮助国内中小企业有效地获取核心技术专利，为企业在未来行业发展格局中获取主导权，从而发挥其示范性作用。2015年12月31日，北京市重点产业知识产权运营基金在北京市经济技术开发区宣布正式成立，是我国首支由中央、地方财政共同出资引导发起设立的知识产权运营基金。

2016年，随着"十三五"规划及相关政策的陆续颁布，我国对科技创新和知识产权运营的需求日益增加，推动我国知识产权基金规模在当年显著增加至64.0亿元，较2015年呈现超过3倍的增长态势。2016年1月22日，广东省粤科国联知识产权投资运营基金成立，以中央财政4000万元重点产业知识产权运营扶持资金为引导，向社会资本招募，基金总规模达30亿元。2016年12月16日，上海市重点产业知识产权运营基金注册成立，基金首期募集资金2.02亿元人民币。

2016年年底，《关于加快建设知识产权强市的指导意见》（国家知识产权局，国知发管字〔2016〕86号）提出按照"对标国际、领跑全国、支撑区域"的要求，采取"工程式建设、体系化推进、项目式管理、责任制落实"的方式推进知识产权强市建设，到2020年，在长三角、珠三角、环渤海及其他的国家重点发展区域建成20个左右具备下列特征的知识产权引领型创新驱动发展之城的发展目标。国家知识产权局会同财政部分两批共支持了上海、四川等20个省市于社会资本共同组建重点产业知识产权运营基金。2017年11月9日，湖南省重点产业知识产权运营基金在长沙正式揭牌成立，基金总规模6亿元。2018年4月20日，河南重点产业知识产权运营基金启动，首期3亿元。2019年9月27日，深圳市市场监管局发布了《深圳市知识产权运营基金管理办法（试行）》（征求意见稿）（以下简称《意见稿》）。该《意见稿》指出，深圳市知识产权运营基金的首期规模，以深圳市市场监督管理局受托管理的中央服务业专项引导资金7000万元为委托资金的基础，定向吸引社会资金的投入和参与，争取首期基金规模达2.1亿元[①]。

如图10-1所示，从基金规模来看，近年来，我国知识产权基金发展迅速，

---

① 集微网. 深圳知识产权运营基金将起航，首期基金规模或达2.1亿元［EB/OL］.（2019-10-09）［2019-11-01］www.sohu.com/a/345781220_166680.

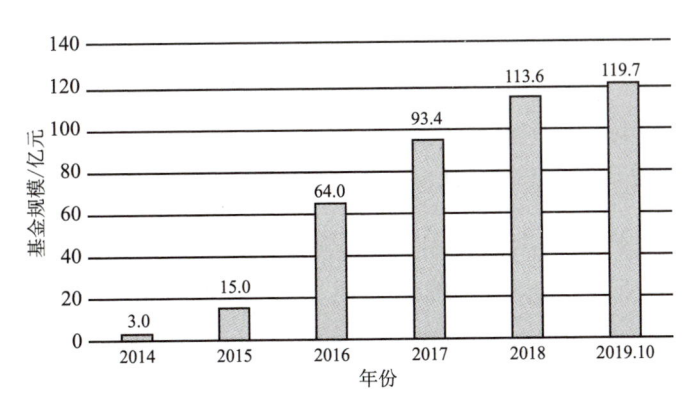

从 2014 年的 3.0 亿元上升至 2018 年的 113.6 亿元,年复合增长率 148.1%。

图 10 – 1　我国知识产权基金规模（2014 年—2019 年 10 月）
数据来源：frost&sullivan 2019 年 10 月

三、知识产权基金设立的意义[①]

（一）满足社会当前发展的现实需求

1. 实体经济创新升级的转型需求

知识产权基金是将知识产权与资本相结合,共同推动重点产业升级、服务经济社会创新发展、支撑创新型国家建设的重要手段。自改革开放以来,我国的人口红利得到充分释放,相应的以劳动密集型为主的产业结构逐渐形成。在经济全球化不断加深的背景下,拥有技术研发能力强、产品科技含量高、品质难以替代、品牌受众广泛的科技型企业逐渐被市场认可。知识产权是凝聚创新科技与经济价值的智慧结晶,其重要性日趋突出。知识产权基金在推动知识产权转移转化、促进传统产业转型升级、加快培育战略新兴产业等方面具有重要作用。不仅推动了科技成果的转化,也促进了传统产业的结构调整优化。此外,完善包括知识产权基金在内的知识产权运用和服务体系,有助于提高自主知识产权的质量和价值,是提高我国竞争力、推动创新型国家建设的必然要求。

此外,知识产权基金有助于拓宽企业尤其是中小企业融资渠道。由于缺少传

---

① 范建永,丁坚,胡钊. 横空出世：知识产权金融与改革开放 40 年［J］. 科技促进发展. 2019, 5 (1)：45–53.

统金融机构信贷所需要的抵押物，科技型中小企业普遍存在着融资难问题。专利、商标等知识产权作为中小企业的核心资产，是企业生产经营的重要保障。将知识产权与股权投资基金这一重要金融资源相结合，实现知识产权资产化，是近年来解决科技型中小企业融资难的新型方式。

2. 金融业多元化发展需求

知识产权基金有助于促进金融业的健康优质发展。传统金融业务与不动产特别是房地产关联度大，金融风险较为集中，致使金融和经济泡沫比较突出。伴随着传统金融业务领域增长乏力的情况，知识产权基金为银行等金融机构开辟了一个全新的业务领域。对投资者而言，知识产权作为全新的投资标的，可以丰富投资组合，金融资源与知识产权资源的结合，市场潜力巨大，前景广阔。

（二）完善知识产权运营的基本框架

知识产权基金是知识产权运营通过与股权投资基金创新融合，形成逐渐完善的知识产权运营的完整体系。知识产权运营是一项高度综合多种技能的智力博弈，需要知识产权、法律、商业和技术等跨领域的交流与结合。知识产权基金的设立与运作需要以高端人才、服务平台和金融资本等为支撑，打通知识产权创造、保护、运用、管理、服务和产业化全链条，为构建知识产权运营服务生态体系提供重要支撑。

（三）提升国家核心竞争力和战略定力

知识产权基金对我国建设知识产权强国，占领核心技术高地具有重要意义。全球化贸易与交流日益频繁，知识产权逐渐成为大国间经贸往来中极具战略意义的关键要素。自我国加入世贸组织以来，飞速发展的制造业与科技发展的不平衡导致我国不得不每年对外支付大量并高速增长的知识产权费，对我国经济发展及企业运营造成了较大的负担。另一方面，以美国为代表的西方发达国家，凭借自身长期积累的制度、技术和市场等优势，将知识产权作为向发展中国家施加压力、维护自身利益或提高竞争优势的强力武器。我国通过中央和地方财政引导，带动社会活跃资本共同参与知识产权基金的设立与运作，能够充分体现政府宏观调控能力，调动市场积极性，大力推动我国在集成电路、智能制造、生物医药、新能源汽车、人工智能和未来网络等产业领域的整体布局。因此，完善包括知识产权基金在内的企业知识产权运用和服务体系，提高自主知识产权的质量和价值,是提高我国竞争力、推动创新型国家建设的必然要求。

四、知识产权基金相关法律法规与政策

(一) 中央法律法规与政策

(1)《国务院办公厅关于转发知识产权局等单位深入实施国家知识产权战略行动计划(2014—2020年)的通知》(国办发〔2014〕64号)

该文件提出促进知识产权服务业发展和加强财政对知识产权基金的引导与支持,具体内容如下:

①促进现代服务业发展。大力发展知识产权服务业,扩大服务规模、完善服务标准、提高服务质量,推动服务业向高端发展。培育知识产权服务市场,形成一批知识产权服务业集聚区。建立健全知识产权服务标准规范,加强对服务机构和从业人员的监管。发挥行业协会作用,加强知识产权服务行业自律。支持银行、证券、保险、信托等机构广泛参与知识产权金融服务,鼓励商业银行开发知识产权融资服务产品。完善知识产权投融资服务平台,引导企业拓展知识产权质押融资范围。

②加强财政支持。中央财政通过相关部门的部门预算渠道安排资金支持知识产权战略实施工作。引导支持国家产业发展的财政资金和基金向促进科技成果产权化、知识产权产业化方向倾斜。

(2)《国务院关于新形势下加快知识产权强国建设的若干意见》(国发〔2015〕71号)

该文件主要提出推进知识产权管理体制机制改革、实行严格的知识产权保护、促进知识产权创造运用、加强重点产业知识产权海外布局和风险防控、提升知识产权对外合作水平、加强政策保障6个方面。其中,针对知识产权基金,该文件指出:

①加强知识产权交易平台建设。构建知识产权运营服务体系,加快建设全国知识产权运营公共服务平台。创新知识产权投融资产品,探索知识产权证券化,完善知识产权信用担保机制,推动发展投贷联动、投保联动、投债联动等新模式。在全面创新改革试验区域引导天使投资、风险投资、私募基金加强对高技术

领域的投资。细化会计准则规定，推动企业科学核算和管理知识产权资产。

②培育知识产权密集型产业。探索制定知识产权密集型产业目录和发展规划。运用股权投资基金等市场化方式，引导社会资金投入知识产权密集型产业。

③拓展海外知识产权布局渠道。推动企业、科研机构、高等院校等联合开展海外专利布局工作。鼓励企业建立专利收储基金。

④加大财税和金融支持力度。运用财政资金引导和促进科技成果产权化、知识产权产业化。深入开展知识产权质押融资风险补偿基金和重点产业知识产权运营基金试点。

(3)《关于印发〈政府投资基金暂行管理办法〉的通知》（财预〔2015〕210号）

该文件主要包括政府投资基金的设立、运作和风险控制、终止和退出、预算管理、资产管理和监督管理6个环节。其中，针对政府投资基金涉足领域的方向，该文件第七条指出：各级财政部门一般应在以下领域设立投资基金：

①支持创新创业。为了加快有利于创新发展的市场环境，增加创业投资资本的供给，鼓励创业投资企业投资处于种子期、起步期等创业早期的企业。

②支持中小企业发展。为了体现国家宏观政策、产业政策和区域发展规划意图，扶持中型、小型、微型企业发展，改善企业服务环境和融资环境，激发企业创业创新活力，增强经济持续发展内生动力。

③支持产业转型升级和发展。为了落实国家产业政策，扶持重大关键技术产业化，引导社会资本增加投入，有效解决产业发展投入大、风险大的问题，有效实现产业转型升级和重大发展，推动经济结构调整和资源优化配置。

④支持基础设施和公共服务领域。为改革公共服务供给机制，创新公共设施投融资模式，鼓励和引导社会资本进入基础设施和公共服务领域，加快推进重大基础设施建设，提高公共服务质量和水平。

(4)《国务院关于印发〈"十三五"国家知识产权保护和运用规划〉的通知》（国发〔2016〕86号）

该文件要求推动知识产权重要领域和关键环节的改革，保护和运用能力得到大幅提升，建成一批知识产权强省、强市，为促进大众创业、万众创新提供有力保障，为建设知识产权强国奠定坚实基础。

①促进知识产权密集型产业发展。制定知识产权密集型产业目录和发展规划，发布知识产权密集型产业的发展态势报告。运用股权投资基金等市场化方式，引导社会资金投入知识产权密集型产业。加大政府采购对知识产权密集型产品的支持力度。

②支持产业知识产权联盟发展。鼓励社会资本设立知识产权产业化专项基金，充分发挥重点产业知识产权运营基金作用，提高产业知识产权运营水平与国际竞争力，保障产业技术安全。

③深化知识产权评议工作。建立国家科技计划（专项、基金等）知识产权目标评估制度。

④深化知识产权投融资工作。优化质押融资服务机制，鼓励有条件的地区建立知识产权保险奖补机制。研究推进知识产权海外侵权责任保险工作。深入开展知识产权质押融资风险补偿基金和重点产业知识产权运营基金试点。探索知识产权证券化，完善知识产权信用担保机制，推动发展投贷联动、投保联动、投债联动等新模式。创新知识产权投融资产品。在全面创新改革试验区引导创业投资基金、股权投资基金加强对知识产权领域的投资。

⑤强化传统优势领域知识产权保护。完善传统知识和民间文艺登记、注册机制，鼓励社会资本发起设立传统知识、民间文艺保护和发展基金。

（5）《国家知识产权局关于加快建设知识产权强市的指导意见》（国知发管字〔2016〕86号）

该文件提出以知识产权与城市创新发展深度融合为主线，以加强知识产权保护和运用为主题，以改革和创新为动力，以知识产权强县（区）、强局、强企建设为抓手，建设一批创新活力足、质量效益好、可持续发展能力强的知识产权强市，为建成中国特色、世界水平的知识产权强国奠定坚实基础。

构建城市知识产权运营生态体系。建设城市知识产权运营交易中心，全面对接全国知识产权运营服务体系，链接国际一流知识产权创新主体、服务机构和产业资本。培育若干产业特色突出、运营模式领先的知识产权运营机构，以专利池、专利组合为主开展知识产权运营。推动高等院校、科研院所建立独立运行的知识产权运营机构，促进产业创新与市场需求有机对接。推动安排知识产权运营专项资金，鼓励带动社会资本共同设立产业知识产权运营基金，促进知识产权产业化。

(6)《中国科学院促进科技成果转移转化专项行动实施方案》（科发促字〔2016〕37号）

该文件提出统筹相关资源，采取多种方式，支持和引导院属单位探索科技成果转移转化的创新方式。

设立"中国科学院成果转化与知识产权运营基金"，与院知识产权运营管理中心密切配合，对重点专利进行再开发。支持有条件的院属单位争取地方政府和社会资源多元化投入，设立所级成果转化与知识产权运营基金，单独或联合建立专业化科技成果转移转化机构。以市场机制与全球知名知识产权运营公司合作，共同支持院科技成果工程化、产品化，促进科技成果应用并实现价值最大化。

(7)《国家知识产权局办公室关于印发2017年工作要点及任务分工的通知》（国知办发规字〔2017〕26号）

该文件要求加强知识产权保护运用，深化知识产权领域改革，加快知识产权强国建设。

(8)《财政部办公厅、国家知识产权局办公室关于2018年继续利用服务业发展专项资金开展知识产权运营服务体系建设工作的通知》（财办建〔2018〕96号）

该文件提出坚持企业的市场主体地位和知识产权的市场价值取向，发挥财政资金引导作用，加强政策集成和资源集聚，推动知识产权运营与实体产业相互融合、相互支撑。

完善知识产权运营服务链条。分类施策提高创新主体知识产权管理运营能力，强化知识产权运营服务供给，打通知识产权运营服务全链条。具备条件的城市可视自身财力情况，探索设立重点产业知识产权运营基金，推广贷款、保险、财政风险补偿捆绑的知识产权质押融资模式。

(9)《财政部办公厅、国家知识产权局办公室关于开展2019年知识产权运营服务体系建设工作的通知》（财办建〔2019〕70号）

该文件提出拓展知识产权金融服务范畴，深入推进知识产权金融服务创新，加快促进知识产权与金融资源融合。

丰富知识产权金融服务供给内容。拓宽现有产投、创投基金投资方向，将知识产权服务机构、高价值专利培育项目纳入投资对象；鼓励知识产权运营基金差异化发展，探索形成基于企业知识产权价值发现的投贷联动模式；引导建立知识产权运营基金，围绕战略性产业投资运营专利、商标，构建高价值知识产权资产组合；积极推进知识产权证券化工作。

（二）地方法规与政策

自2015年以来，各地人民政府、财政厅、科学技术厅、知识产权局陆续出台相关法律法规及政策，支持知识产权基金的落地与运作，如表10-1所示。

表10-1 我国地方性知识产权相关法规及政策整理

相关法律法规及政策名称	颁布时间
《山东省重点产业知识产权运营引导基金管理实施细则》	2015-12
《青岛市专利运营引导资金管理暂行办法》	2016-08
《河南省重点产业知识产权运营基金实施方案》	2017-09
《西安市知识产权运营服务体系建设实施方案（2017—2019年）》	2017-11
《广州市重点产业知识产权运营基金管理办法》	2017-12
《苏州市知识产权运营引导基金设立方案》	2017-12
《杭州市重点产业知识产权运营基金管理办法（试行）》	2018-01
《北京市重点产业知识产权运营基金管理办法》	2018-02
《厦门市知识产权运营服务体系建设专项资金管理办法》	2018-09
《深圳市知识产权运营服务体系建设实施方案（2018—2020年）》	2018-10
《成都市知识产权运营基金暂行管理办法》	2019-03

以北京市为例，《北京市知识产权局：北京市财政局关于印发〈北京市重点产业知识产权运营基金管理办法〉的通知》（京知局〔2018〕42号）从基金的设立、基金管理、基金使用、风险控制、基金的管理费和收益、基金的终止和退出6个环节，对北京重点产业知识产权运营基金的管理进行规范。

针对北京市重点产业知识产权运营基金定义、用途及投资运作原则，该文件指出：北京市重点产业知识产权运营基金是指市政府通过预算安排，与社会资本共同出资设立，主要采用股权投资方式支持北京市战略性新兴产业知识产权运营的资金。基金按照"政府引导、市场运作、循环使用、提高绩效"的原则进行投资运作。

近年来，北京市在知识产权运用方面进行了专利商用化、专利保险、知识产权质押融资等多方面的探索，为配合知识产权运营体系建设，重点开展了研究设立北京市知识产权运营基金的相关工作。北京市重点产业知识产权运营基金的成立将更加关注产业发展中的知识产权要素，服务国家重大专项知识产权管理，培育运营高价值专利，紧密联系中关村园区各类创新主体，有力推动基金服务首都各大高校、科研院所和创新型企业，助力"产学研"相结合，提升我国重点产业领域的知识产权创造运用能力[1]。

第二节　知识产权基金运作模式及案例分析

一、知识产权基金运作模式

（一）募集资金

我国知识产权基金以政府财政资金为引导，吸引社会资本，如地方龙头企业、战略投资者，作为有限合伙人。根据基金业协会《私募投资基金募集行为管理办法》第十五条，募资流程为：特定对象确定、投资者适当性匹配（专业投资者略过此步骤）、基金风险揭示、合格投资者确认、投资冷静期以及回访确认。此外，由于知识产权基金投资标的的特殊性，在引入社会资本时，应充分考量其过往主要投资领域，以及相关领域与本省/区特定发展产业协同性，确保基金稳定、高效运作。

（二）投资环节

我国知识产权基金投资方式以股权投资为主，跟进投资以及融资担保为辅，通过知识产权授权许可、转让、诉讼和知识产权再开发形成高价值专利组合等途

---

[1] 中国知识产权资讯网. 北京市重点产业知识产权运营基金成立 [EB/OL]. (2015-12-31) [2019-11-01]. http://www.iprchn.com/cipnews/news_content.aspx? newsId=90723.

径实现盈利。

通过较为成熟的股权投资模式，可增加公众参与感，并能够维持基金的持续发展，在实际操作中具有资本引导性强、项目运作规范和管理方式科学等优点。此外，通过股权投资模式引入外界较有实力的战略投资者，可提高被投企业运营、管理效率以及优化企业资本结构，为知识产权的顺利产业化做好铺垫。

通过跟进投资环节的设定，知识产权基金可通过一定股权投资比例，以社会创业投资资本相同的价格，投向目标企业，对当地地区创业投资机构集中度、活跃度具有显著催化作用。此外，知识产权基金与创业投资机构的合作机制设定也较为灵活，通过分红让利、退出后资本增值让利等措施，使知识产权基金有效达到促进新型产业形成、知识产权投资的可持续发展等目标。

通过融资担保服务，可有效降低创业企业、专利发明人资金压力，政府财政资金引导效应得到进一步放大，且通过知识产权基金增信，对调动合作银行开展知识产权质押融资业务积极性具有推动作用。知识产权基金融资担保服务主要是对合作银行进行风险补偿、风险兜底等。同时，知识产权基金利用认股权证获得企业股权，若未来企业发展顺利，则会为基金带来丰厚的资本增值收益[1]，使知识产权基金在高杠杆运作下能够保证资金供给，实现基金的良性循环发展。

（三）管理环节

知识产权基金要求基金管理人（普通合伙人）对相关领域的技术需求及未来发展方向具有深刻了解，因此基金普通合伙人职责通常交由具有丰富知识产权运营经验的管理公司担任，并设有投资决策委员会与合伙人会议，同时设定知识产权部、研发部、战略部等相关部门进行协助运作与管理。知识产权基金以资本为纽带，整合相关产业战略企业与知识产权运营服务商，通过三级运作模式为知识产权顺利实现商业价值奠定良好基础。

通过知识产权基金的管理与运作，成熟的管理团队可更有效地为知识产权提供全程化服务。

---

[1] 李希义，朱颖. 设立知识产权质押贷款专项基金的研究探讨——基于财政资金创新使用角度［J］. 科学学研究，2016，34（6）：882-886.

在抵御外部威胁方面，被投企业依据自身性质获得不同层级的专利组合授权方式，以抵御外界恶意诉讼。此外，被投企业在面临外界的侵权行为时，知识产权基金平台会有专业团队以及强有力的后台支持帮助其维护自身权益，降低诉讼、维权成本。

在推动专利发明方面，基金平台吸纳大量知识产权运营资源以及战略投资者，通过整合专利资源、科研资源以及市场资源，为被投企业提供完善的知识产权服务，可涵盖"知识产权发明评估和筛选—发明培育与研发—专利技术推广—许可监督"等环节[1]，使单一企业及个人在推动知识产权发明方面克服资源短板，降低资源获取成本，使跨学科、跨行业的系统工程得以实现。

（四）退出环节精准对接市场需求

知识产权基金通过收购知识产权，从而积累大量高质量、有前景的专利资产组合，同时吸纳了相关领域内优质科技公司作为战略投资者，使之弥补单一科研企业专业化团队不完善、缺乏国际视野以及管理层薄弱等短板。知识产权基金所具有的平台优势为被投企业提供多元化商业增值服务，保障知识产权顺利落地，实现商业价值。如睿创专利运营基金，该基金由北京中关村管委会和海淀区政府各出资2 000万元人民币作为引导资金，金山软件股份有限公司、北京小米科技有限公司以及TCL集团股份有限公司等多家智能终端、移动互联网领域企业作为首批战略投资方参与其中[2]。战略投资者的进入，为所收购、孵化的知识产权提供了有效的市场资源，提高推广营销精准度，保障知识产权资产能够顺利实现商业化价值。

此外，我国成熟的二级市场也为知识产权基金的财务投资者提供了完善的退出渠道。2019年6月，我国注册制试点——科创板正式开板，为科创型、知识产权密集型企业提供了更具包容性的二级市场，有利于在较短的时间内回收投资回报。如苏州市知识产权运营引导基金，完成投资的"工业机器人"概念公司——江苏北

---

[1] 何耀琴. 北京市知识产权运营模式分析 [J]. 北京市经济管理干部学院学报，2013，28（3）：12-26.

[2] 陈博勋，王涛. 从专利角度探析知识产权基金运作模式 [J]. 电子知识产权，2016（2）：83-87.

人公司（688218.SH）已于 2019 年 12 月 11 日成功登陆科创板。

二、知识产权基金风险分析与管理策略

（一）知识产权基金风险分析

1. 政策和市场风险[①]

宏观环境以及投资知识产权所涉及行业的变化，会导致相关产品的市场需求下降，进而引起相关产品为依托的知识产权标的的投前和投后的价值产生波动，造成知识产权基金资金使用效率降低及盈利预期转向。此外，国家对知识产权的法律环境的变化，会对知识产权基金已投标的价值造成影响。

2. 缺乏全国性知识产权基金布局

我国知识产权运营基金大多以中央、省市财政资金作为引导而设立，基金投资范围具有较明显的地域特征，且在基金投资方案设计上主要以扶持省（地区）内产业、推动省（地区）内产业升级为目标，尚未形成全国性知识产权基金投资网络。知识产权运营基金投资活动的地域性特征，将影响其形成具有全国性的融合专利池，致使其在知识产权资源配置利用、唤醒沉睡专利、促进具有国际竞争力的产业集群的形成等方面具有一定限制。

3. 知识产权运营风险

相较于欧美、日本、韩国等发达国家和地区，我国知识产权运营机构较少，知识产权评估能力较弱，相关从业人员稀缺，高质量从业人员团队组建困难，且人才培育周期长。此外，因知识产权运营机构通常在知识产权基金中担任普通合伙人角色，相较于投资于证券及成熟企业股权的私募基金普通合伙人而言，知识产权基金普通合伙人需负责资金的运作外，仍需具有强大的知识产权运营实力，因此我国知识产权运营机构的种种不足将导致知识产权基金具有声誉受损、难以达到预期目标等风险。

4. 标的处置困难

知识产权属于无形资产，相较于有形资产，知识产权的流动性受限，且目

[①] 李臻洋． "产业公司 + VC" 式知识产权投资基金运作模式研究 [D]．北京：对外经济贸易大学，2018：33．

前国内市场还未有发展成熟的知识产权交易平台。知识产权缺乏快速变现路径，导致知识产权交易市场活跃度不足。另一方面，目前国内市场尚未有规范的、具有公信力的知识产权评价评估机构，缺乏统一的知识产权评估标准，难以客观地、真实地反映知识产权价值，这也为知识产权的处置带来了一定障碍。

（二）知识产权基金管理策略

1. 合理确定基金总规模

考虑我国知识产权运营基金特色，在基金规模设立时应充分考虑投资区域内相关行业市场容量，保证资金使用效率，避免大量的资金闲置导致收益率降低。此外，过高的省（市、地区）内知识产权运营基金规模会导致有限的资产价格急剧上升，价值中枢向上偏移，导致资产优良与否将不再成为投资时首要考虑因素。另一方面，基金总规模过高催生出大量资产价值泡沫，对知识产权投资行业、被投行业的健康发展和社会资本参与积极度产生不良影响。

通常情况下，知识产权运营基金规模应全面评估区域内相关领域的发展前景和企业存量，通过恰当设定投资比例，以保障基金总规模落在合理区间，避免资产泡沫与行业定价畸形情况产生。

2. 合理设定利益绑定条款

知识产权运营基金中，普通合伙人决定基金运营的好坏，因此对基金管理人设定合理的利益绑定条款，有助于降低基金运营风险，并且可规避基金管理人为追求高昂管理费而盲目投资。通常情况下，基金管理人按基金总规模的1%出资，但考虑知识产权运营基金存在较高风险以及需要丰富的知识产权运作、资金管理经验，可适当调高基金管理人出资门槛，防止缺少利益绑定而出现委托代理人问题，同时，门槛的提高可减少对基金管理人筛选成本。

以湖南省重点知识产权运营基金为例，该基金期初设定总规模为5亿元人民币，在招标初期，打破现行基金管理人按基金总规模的1%出资的常规做法，将出资额设定为至少3 000万元人民币，即至少为总规模的6%，将基金管理人的利益与知识产权运营基金深度绑定①。

3. 政府合理安排让利措施

知识产权运营基金中，政府财政资金的投入主要为吸引社会资本参与以及为基金声誉背书，其目的不在于追求客观的经济回报，而是更关注社会效益是否最大化，因此在基金获得较好收益时，政府具有一定的让利空间，以确保最大程度调动基金管理人、社会资本等各方积极性，以激活区域内知识产权运营、投资等活动。

常见政府让利模式如提供长期无息资金扶持、作为劣后级引导社会资本、让渡部分或全部经济利益等，均确保在实施利益绑定的同时，提供不同程度的收益激励，以保障风险与收益的平衡。

4. 搭建完善的内部人才团队与评估体系

知识产权的运营是基金运作中最为重要的一个环节。由于知识产权运营的复杂性，要求基金运营管理团队除具备科研人才队伍外，仍需技术与金融相结合的跨界人才、市场团队、收购团队、谈判专家、法务团队与管理团队，为知识产权的研发、外部知识产权的收购、抵御外部威胁、实现商业价值奠定良好基础。此外，在人才队伍完善的基础上，应建立健全的内部评估体系，如技术评估、法律评估、市场评估、价值评估等，以确保基金能够因地制宜地、可持续地发展。

三、知识产权基金国外案例分析

（一）美国高智发明有限公司②

美国高智发明有限公司（以下简称"高智发明"）成立于2000年，其总部位于美国华盛顿州，是全球最大的专业从事发明、投资和孵化的公司，且在美国总部设有发明实验室。

---

① 沈坚. 政府股权投资基金设立方式研究——以湖南省重点知识产权运营基金为例［J］. 城市学刊，2018（4）：43-49.

② 李黎明，刘海波. 知识产权运营关键要素分析——基于案例分析视角［J］. 科技进步与对策，2014，31（10）：123-130；刘然，蔡峰，宗婷婷，孟奇勋. 专利运营基金：域外实践与本土探索［J］. 科技进步与对策，2016，33（5）：56-61；王海吉. 运用知识产权运营基金 实现社会融资创新［J］. 现代经济信息，2016（16）：334-336.

1. 运营模式

高智发明属于私营部门主导的专利基金模式，因此具有高度市场化特征，致使公司基金通过授权和战略合作等方式形成协同运行机制，发现具有市场前景的专利，采用投资、购买的方式将其纳入基金体系，为投资者赢得稳健收益。

高智发明旗下专门设立3只专利基金：以主攻内部自主研发以获得发明创新成功为主的发明科学基金（Invention Science Fund，ISF）；以致力于外部创意合作，专注于寻找和创新孵化为主的发明开发基金（Invention Development Fund，IDF）；以收购具有市场前景的发明创新进行开发和组合，最后通过授权许可、转让获利为目标的发明投资基金（Invention Investment Fund，IIF）和专注于投资发展中国家公共卫生和农业经济关键技术领域的全球优质基金（Global Good）。

2. 资金规模

高智发明以私募股权基金方式募集资本，截至2016年，高智发明公司管理着超过55亿美元的发明投资基金，管理的专利货币化组合约3.8万项，总计拥有超过7.5万项发明，是目前全球规模最大的专利基金。

3. 优势与特色

高智发明的优势可以归结为人才优势和强大资源背景两方面。高智发明的两位创始人纳森·梅尔沃德（Nathan Myhrvold）和爱德华·荣格（Edward Jung）是业界资深技术专家，其中纳森被《商业周刊》誉为"发明教父"，曾担任过微软的首席技术官和战略师，也是微软研究院的创始人。而爱德华曾担任微软首席软件架构师，其在微软10年中与他人共同创建了Windows NT、微软研究院、移动与消费产品及Web服务等多个团队。资金方面，高智发明以私募股权基金方式募集资本，在全球范围内筹资50亿美元，是目前全球最大的专利基金。

此外，多家全球科技巨头对高智发明进行投资，如微软、英特尔、苹果、诺基亚等，为高智发明在知识产权运营及顺利实现产业化做出良好铺垫，同时也提高了自身抵御外部恶意诉讼能力。

4. 运营案例

2010年3月，高智发明与上海交通大学合作共同实施"联合创新基金"项目，其合作模式为"启动经费+奖金+分成"。经上海交通大学组织，船舶海洋与建筑工程学院的方从启副教授提交了简历并通过筛选,高智发明提供资金支持,最终项目顺利开展,成功申请专利。高智发明在得到单一专利后,不会急于对外进行许可授权赚取授权费,而是对专利进行二次开发和组合,以专利组合整体授权给技术需求企业,从中获利。

(二)以色列英菲尼迪股权基金管理集团[①]

英菲尼迪集团的第一只中国概念基金 Infinity-CSVC 成立于 2004 年,是中国最早的中外合作人民币创业投资基金,获得中国政府颁发的第一张非法人制中外合作创业投资基金的营业执照。

1. 运营模式

英菲尼迪股权基金管理集团(以下简称"英菲尼迪管理集团")的主要运营模式为"资本+技术"的创业投资基金。一方面,英菲尼迪管理集团投资于着眼开拓中国市场且处于成熟发展阶段的海外企业,并为这些企业寻找相匹配的中国本土企业。同时,英菲尼迪管理集团利用自身商业网络与政府关系,帮助企业在中国以较低的成本进行设立生产,从而顺利进入中国市场,实现海外技术优势和本土产业优势的结合。另一方面,英菲尼迪管理集团投资中国本土的高科技初创企业,并由旗下先进科学家团队评估专利技术产业化的市场前景和风险,利用自身自建的技术孵化器为中国本土企业提供技术支持、财务管理等增值服务,同时提供 IPO、并购等退出策略,帮助中国本土企业实现创新技术的产业化。

2. 资金规模

英菲尼迪管理集团旗下共 17 只基金,其中 15 只在中国,基金总规模达 100 亿人民币和 7 亿美元。

3. 优势与特色

英菲尼迪管理集团的优势表现在政府关系与人才优势。英菲尼迪管理集团的主要投资者之一是以色列 IDB 集团,该集团是以色列最大的多元化产业集团,占

[①] 李黎明,刘海波. 知识产权运营关键要素分析——基于案例分析视角 [J]. 科技进步与对策,2014,31 (10): 123-130. 胡信勇. 以色列基金 Infinity 的中国路数——访 Infinity 基金创始合伙人 Amir Gal-Or(高哲铭)[J]. 中国科技财富,2009 (21): 96-97;英菲尼迪集团官网 [2019.10.29] http://www.infinity-equity.com/about.php?id=12.

以色列国家 GDP 的 12%。此外，英菲尼迪管理集团在中国的核心投资者主要是国家开发银行。两大金融财团不仅为英菲尼迪管理集团提供了雄厚资金支持，也为其赢得了两国政府的大力支持。其次，英菲尼迪管理集团在长期的投资实践中形成了一支知识产权运营的专业队伍，投资管理团队在基金管理、企业并购、技术研发、法务财务等领域均有丰富经验。

4. 运营案例

Shellcase 是以色列一家专业做半导体封装测试的企业，虽然其研究的技术已达到全球领先水平，但其在以色列建成半导体设备工厂后并没有找到相应投放市场。与此同时，苏州一家名为晶方半导体的企业，专业从事影像传感芯片（CCD 和 CMOS）和晶圆级芯片的尺寸封装，但缺乏相关核心技术。2005 年，英菲尼迪管理集团以 1 400 万美元购买了 Shellcase 的专利技术，随后英菲尼迪集团、Infinity – CSVC 与 Shellcase 三家机构联合向中国晶方半导体公司投资 2 500 万美元，并在苏州工业园区管委会的支持下投资建设了一条生产线。晶方半导体公司在资金与技术的支持下，逐渐成长为中国国内第一、全球第二家能大规模提供晶圆级芯片尺寸封装（WLCSP）量产技术的高科技公司。

（三）韩国创智发明基金[①]

2010 年，韩国政府成立韩国知识产权基金，即韩国创智发明基金（以下简称"创智发明"），基金规模超 5 亿美元，投资主体为韩国政府以及战略投资企业，以期更好应对国外专利运营公司侵权诉讼。同年，设立韩国创意资本公司（Intellectual Discovery），截至 2016 年，该公司已向 500 多家企业进行了知识产权投资。

韩国创意资本公司及旗下 2 个子公司基于对专利价值的评估，为各类公司提供融资项目，积极投资初创企业和合资企业，帮助其开发有创意、高质量的专利，致力于提高本国企业国际竞争力。

创智发明开创了一种独特的知识产权货币化模式，致力于同高校、研究机构以及企业建立多样化的合作网络，形成知识产权开发和持续商业化的良性循环。

[①] 孟奇勋，张一凡，范思远. 主权专利基金：模式、效应及完善路径 [J]. 科学学研究，2016，34 (11)：1655 – 1662；王海吉. 运用知识产权运营基金实现社会融资创新 [J]. 现代经济信息，2016（16）：334 – 335.

创智发明的业务模式包括三个方面：一是全球知识产权投资。创智发明投资移动通信、智能汽车、纳米材料以及云计算等新兴领域，同时积极开展知识产权交易与联合投资。二是知识产权货币化。创智发明帮助拥有前瞻性思维的企业、高校、研究机构从创新获利，为各个企业的项目研究和产品开发提供专利组合，协助知识产权争端解决以及开展许可活动。三是知识产权挖掘和创造。创智发明的知识产权挖掘打包致力于提供"一站式"解决方案，主要包括知识产权全方位评价与评估。

四、知识产权基金国内案例分析

（一）北京市重点产业知识产权运营基金[①]

北京市重点产业知识产权运营基金（以下简称"北京 IP 基金"）成立于 2015 年 12 月，是我国首只由中央、地方财政共同出资引导发起设立的知识产权运营基金，基金总规模为 10 亿元人民币。北京 IP 基金首期规模为 4 亿元人民币，其中中央、北京市、部分中关村分园管委会三级财政体系投入政府引导资金 9 500 万元，引导重点产业企业、知识产权服务机构和投资机构等投入社会资本 30 500 万元，北京屹唐华睿投资管理有限公司担任普通合伙人（以下简称"屹唐华睿"），重点关注移动互联网和生物医药产业。

屹唐华睿是一家从事投资管理、资产运营的国有背景专业投资机构。公司以知识产权为切入口，关注重点产业核心专利、科技资产，挖掘专利信息筛选优质投资标的，运用丰富的资源深度参与产业整合，同时与知识产权领域专业服务机构紧密合作，共同推进知识产权运营。

此外，北京 IP 基金不同于在传统产业发展投资基金，重点产业知识产权运营基金更关注产业发展中的知识产权要素，投资于现有的核心专利技术和未来 5~7 年具有发展前景和行业导向的技术，包括以专利为核心的无形资产，以及拥有技术的创新型企业等。

[①] 李臻洋．"产业公司+VC"式知识产权投资基金运作模式研究［D］．北京：对外经济贸易大学，2018：15．

(二) 湖南省重点产业和知识产权运营基金[①]

湖南省重点产业和知识产权运营基金（以下简称"湖南 IP"）成立于 2017 年 11 月，是由湖南省财政厅、湖南省知识产权局发起设立，目的是进一步推动知识产权流转，加强运营体系建设，支撑产业升级和经济转型。主要关注领域为拥有核心专利和高价值专利组合或其他知识产权的先进轨道交通装备、工程机械以及有特色的细分先进装备制造高新技术企业。

湖南 IP 总规模 6 亿元人民币，其中政府出资 7 500 万元（由湖南文旅基金管理中心作为政府出资代表），向社会募集资金 5.25 亿元。湖南 IP 基金总规模的设定与所投产业容量相契合，且在吸引省外先进技术时，允许基金投资省外知识产权项目，并在管理费的提取方式与管理人出资比例予以创新。

在管理费的提取方面，湖南 IP 基金为达到带动省内优势产业快速发展目的，将管理费的提取进行划分。基金管理人在投资省内项目时，管理费按 2.5% 提取，投资于省外项目时，管理费按 1.5% 提取，拉开省内和省外项目的管理费提取差异，充分调动基金管理人积极性，并使政府资金引导效益最大化。在管理人出资比例方面，湖南 IP 基金一改传统基金管理人按基金总规模 1% 出资的做法，而是进行定额管理，以便对基金管理人进行筛选，降低基金运营风险。

(三) 睿创专利运营基金[②]

睿创专利运营基金（以下简称"睿创基金"）成立于 2014 年 4 月，由北京中关村管委会和海淀区政府各出资 2 000 万元人民币设立，引导金山科技、小米科技、TCL 集团等多家公司参与组建，基金总规模达 3 亿元人民币，并委任北京智谷睿拓技术服务有限公司作为普通合作人管理基金投资策略与日常运营，重点围绕智能设备终端、移动互联网等核心技术领域。

[①] 沈坚. 政府股权投资基金设立方式研究——以湖南省重点知识产权运营基金为例 [J]. 城市学刊，2018 (4): 43-49.

[②] 李臻洋. "产业公司 + VC"式知识产权投资基金运作模式研究 [D]. 北京：对外经济贸易大学，2018: 9-10；任霞. 全球知识产权股权基金运营模式浅析 [J]. 中国发明与专利，2016 (10): 23-27；杨晨，刘谦，戴凤燕. 产业安全型专利运营探析：模式、结构与机理——基于扎根理论的多案例研究 [J]. 科技进步与对策，2018 (7): 18-26.

北京智谷睿拓技术服务有限公司（以下简称"智谷公司"）成立于2012年，2013年4月，智谷公司完成第一轮融资，小米科技、金山软件、顺为资本成为智谷公司的战略投资方。从时间点上看，小米科技进入智谷以及参与设立睿创专利运营基金，正是小米科技快速成长阶段。2011年12月，小米集团真正进入大众视野——小米1代智能手机正式在线上出售，此后三年相继推出小米2代智能手机、红米1代智能手机、小米3代智能手机、小米4代智能手机等热销机型。作为智能手机领域新进入者，小米科技在系统性知识产权布局的需求，主要是提升自身知识产权防御实力，避免被产业内传统巨头诉讼。同时，为小米科技在之后由智能手机转向智能家电家居领域奠定良好基础。

睿创基金作为中国第一只专注于专利运营和技术转移的基金，是我国在探索知识产权商用化、创新知识产权服务模式的突破性尝试。睿创基金通过市场化机制以及采取类似高智发明公司的防御性专利聚合模式，将有助于激活中国的技术交易市场，促进科技成果转化，提升企业知识产权保护意识。

（四）苏州国发苏创知识产权投资企业（有限合伙）

（苏州国发苏创知识产权投资企业（有限合伙）（以下简称"苏国苏创"）是苏州市知识产业引导运营基金，同时也是全国地级城市第一只实体化投资运作的知识产权引导基金。苏国苏创管理人为苏州国发创业投资控股有限公司，主要关注苏州全市范围内的生物医药、人工智能、智能制造等知识产权密集型科技企业。苏国苏创首期规模2亿元，其中，中央财政资金支持1亿元，地方财政资金9 800万元（按基金运作情况逐步出资到位），基金管理公司200万元。2019年12月10日，根据《苏州市产业引导基金管理办法实施细则》（简称《管理办法》）、《苏州市知识产权运营引导基金运作方案》的有关规定，苏州市知识产权运营引导基金（简称"引导基金"）经过尽职调查、专家咨询委员会评审等环节，苏州工业园区元禾重元贰号股权投资基金合伙企业（有限合伙）、苏州国发科技创新投资企业（有限合伙）通过引导基金管理委员会的最终评审，成为首批合作机构。苏州工业园区元禾重元贰号股权投资基金合伙企业（有限合伙）为提供与机器人相关的系统集成解决方案公司——江苏北人（688218.SH）股东，持3 228 613股，占总股本2.75%，企业已于2019年12月11日顺利登陆二级市场。苏州国发科技创新投资企业（有限合伙）后续将引入中科院知识产权项目转化落地于苏州。

第三节　知识产权保险概述

保险的基本功能是把风险转移给保险人，一旦发生意外损失，保险人将补偿被保险人的损失。从此角度分析，知识产权属于无形资产，具有资产的一般属性，存在灭失、无效的风险，符合保险标的的条件。其中专利保险就是用于承保为了维护自有专利权或针对被诉可能侵犯他人专利权进行抗辩时所产生的诉讼费用。当前专利权在市场竞争中的作用越来越大，尤其是随着我国加入世贸组织，国际专利诉讼案件的不断上升，使得专利权的取得、维护的成本也越来越高。

专利保险指投保人向保险公司投保，而保险公司依据合约对投保人专利维权所花费的调查费用及法律费用进行赔偿。专利保险对转移风险的效果优于储蓄，可以将潜在的风险转移给他人，维护自身专利权。对于企业而言，专利保险的优点包括以下3个方面：①专利保险可以在风险发生后对维权费用进行赔偿，减少企业经济损失，减缓经济压力及精神压力，使企业能够继续经营；②专利保险可以将风险造成损失的不确定性转化为可确定性，减缓企业内部紧张氛围及管理层和员工的精神压力；③投保人投保后，保险公司会派专业人士为投保人即客户讲解专利风险管理机制，帮助其了解风险管理相关知识，明确并做好专利风险的预防措施，提高专业性与管理能力，减少企业经济损失。

专利的风险很大部分来自诉讼，专利诉讼的根本目的就是要通过诉讼在法律上对侵权者的侵权行为给予确认，并通过司法判决制止其侵权行为，使专利权人获得一定的赔偿，来弥补损失。但是从当前越来越频繁的专利权诉讼来看，由于诉讼主体广泛、法律关系复杂、技术性强、取证和举证困难、侵权种类形式多样、赔偿数额难以计算等特征，使得专利权诉讼案件的诉讼周期长、费用支出大，从而造成专利权人的诉讼成本高，难以及时、有效地保护专利权人的权利。在美国的律师事务所中专利权诉讼费用通常按小时收费，一个典型专利诉讼的律师费为100万美元左右；原被告双方一般都要聘请专家证人，而每个专家证人的费用为几万到几十万美元不等，而且诉讼周期长，双方要提交成千上万页的文件，就数个或者数十个证人进行反复讯问，每讯问一个证人则要花费 2 万~3 万美元。因此，整个专利权诉讼程序的花费昂贵且呈不断上涨趋势。

在实际生活中，专利权人面临专利侵权，要维护自己的权利存在两方面的担心：一是在获得赔偿前能否支付巨额的诉讼费用，二是在支付巨额诉讼费用后仍可能败诉。一些专利权人尤其是中小型企业和个人，由于难以承担这种风险就只好放弃通过诉讼方式维护自己的专利权甚至直接放弃自己的专利权，这有损于专利权法律制度的权威性和严肃性；而引入专利保险机制，就可以分担上述专利人的风险，更好地维护其合法权利。

一、专利保险的基本原理

（一）专利风险是可保风险

①专利侵权风险属于纯粹风险。因为个人或企业受损失，社会整体也会遭受同样的损失，并不会出现某个人或某企业遭受损失他人可能盈利、对整个社会而言却不一定有损失的情况。

②保险当事人事前无法得知某专利是否会发生侵权行为，也无法得知该侵权行为所造成的损失的时间和程度如何，因此具有不确定性。

③专利的无形性、地域性和可复制性的特点，未经专利权人、授权人、实施义务人许可又无法律依据、擅自实施和妨碍其正常行使权利的行为时有发生，如果保护不当，其专利就会有遭受损失的可能。

④在保险合同期限内预期的利益是可以估算的。专利在有效期内与有形财产一样可以进行投资、质押、入股、转让，从这个角度来讲，它和有形财产一样具有客观的经济效益，有货币价值，可以估算。

（二）专利符合保险标的条件

当专利被第三人侵权而使其价值受损，其保险标的就体现为财产利益；当潜在的侵权人侵犯专利权人的权利而须承担赔偿责任，此时保险标的则表现为民事侵权责任。

（三）专利保险中，投保人对保险标的具有保险利益

专利权人的保险利益表现为法律所允许的利益，即合法的利益。专利权具有经济上确定的利益，投保人对其所拥有的专利在客观上或事实上已经存在利益，专利执行保险中的保险利益为其专利权可能遭受到的损害，而对于专利侵权责任保险中的保险利益责任则为"被保险人与其法律上责任的一种利害关系"，属于一种消极期待利益。

二、专利保险的基本类型

按保险责任分类，专利保险大致可分为三类：一是进攻型的专利执行保险，保证被保险人有足够的资金打击侵权行为；二是防御型的专利侵权责任保险、境外展会专利纠纷法律费用保险等产品，保证被保险人有足够财务资源应付专利诉讼、提出专利无效申请或承担损害赔偿责任；三是其他类型的专利保险，包括专利代理人职业责任保险、专利质押融资保证保险、专利许可信用保险等与知识产权运用有关的保险。

（一）专利执行保险

1. 专利执行保险的内容

专利执行保险属于"攻击型"的保险，适用于专利诉讼案件中专利权人为除去其执行专利权所受到的阻碍及可能的损失所投保的险种。因此专利执行保险适合于因财力不足、无法实施自身专利权的个人或企业。

专利执行保险的承保范围为主张被告侵权的所有专利诉讼之费用，律师费、和解费、出庭费、专家作证费等开支均包含在内，但并不包含败诉的损害赔偿费用。

在专利无效反诉或专利无效确认之诉中，被保险人为进行抗辩所支出的费用，也包含在诉讼费用内。专利无效反诉是指在专利侵权诉讼中，被告对被保险人的已保专利提起任何使该专利无效的法律程序，如被告主张其产品未侵权，或主张已保专利权无效。此处保险人对抗辩费用的承担，应确认反诉的抗辩费用仅及于被保的专利，不包含不与专利诉讼相关的任何反诉抗辩费用；在专利无效确认之诉中，应确认专利无效确认之诉的原告，为该专利侵权诉讼的被告，保险人

才具有承保的义务。

在专利执行保险中，有"赔偿分配条款"的规定，即当被保险人获得胜诉赔偿时，保险公司可从中获得一定比例的回馈。

第一张专利执行保险保单即侵权排除保险由 Intellectual Property Insurance Service Corp. 推出，简称 IPISC。现行 IPISC 保单规定，保险人得以其给付诉讼费用额 1.25 倍为上限，请求分配被保险人胜诉所得之合理权利金或损害赔偿。

2. 专利执行保险中赔偿分配条款

在专利执行保险中规定的"赔偿分配条款"，即使被保险人并未胜诉，而是与侵权人达成经济上难以量化的相互约定，保险公司也可依"赔偿分配条款"向被保险人提出以其支出诉讼费用的一定比例作为赔偿分配额的要求。专利保险合同是在专利侵权行为发生之前签订，并且依照约定在发生保险事故后被保险人有向保险人提供相应的资料的义务，因此诉讼的主导权仍然掌握在被保险人手中。

(二) 专利侵权责任保险

Swiss Re International Business Insurance Co. Ltd，也推出类似的产品——专利侵权损害赔偿示范保单（以下简称"示范保险合同"）。

1. 专利侵权责任保险的内容

专利侵权责任保险是为无过错的侵权人而设立的，就被保险人为对抗专利侵权诉讼而需要的支出及可能遭受专利权人追偿合理赔偿金的风险给予保障，其保险标的是被保险人对第三人所负的赔偿责任。

示范保险合同中承保的范围，为保险期间内被保险人因制造、使用、进口、经销、广告、要约销售或销售被保险产品造成的无过错侵权行为，而受第三者主张权利、请求赔偿时，保险人将承担其所需费用。通常保险公司在专利产品首次生产或销售之前，会要求被保险人先获得专利律师"未侵犯其他有效专利"的法律意见，这样保险事件发生时才会给予理赔。

专利侵权责任保险的承保范围包含可能遭专利权人追讨的权利以及损失利益等，也包含为对抗专利侵权诉讼所支出的费用，主要包含辩护费用、和解费用和损害赔偿费用，其中辩护费用又可分律师费、专家作证费及申请禁止令费用等。理赔金额大多固定，无效的抗辩会使理赔金耗费在诉讼费用上，而使其他赔偿的部分如损害赔偿的理赔额度减少，因此应注意节省诉讼费用。

除外条款中有专利权人自身所造成的不保，如被保险人犯罪或故意诈欺行为所导致的侵权、恶意侵权等均属此类，也有政府机关的某些行为造成的不保，如政府机关为其利益所造成的损害赔偿时，保险人无须承担赔偿责任，这是防止政府机关"球员兼裁判"的双重身份，影响保险业者的合法权益，因此排除于承保范围之外。

2. 专利侵权责任保险中保险利益

保险利益分为现有利益和期待利益，而期待利益分为积极的期待利益和消极的期待利益。在专利侵权责任保险中，他人主张权利和被保险人的侵权行为造成的损害赔偿时，保险人将支付其诉讼费用和损害赔偿费用。其保险利益为"被保险人与其法律上责任的利害关系"，属"期待利益"中的"消极期待利益"，这种消极的财产的减少只有在他人主张权利且法律有赔偿责任时发生，若法律责任未产生，总财产将不会发生变动。

在德国通说中，认为消极财产保险的保险标的不是特定财产，无法预先估计保险标的之价值，否定消极保险中"保险标的价值"的存在；但也有学者认为消极保险中"保险标的价值"仍存在，仅确定的时间点后延至保险事故发生时。无论消极财产保险是否包含保险价值的概念，但可以确定的是在专利责任保险中，保险标的是无法用金钱事先估算的。

在实务上，理赔金额的计算方式是以保险金额与被保险人实际上赔偿金额两者作比较，以较低之金额作为理赔金额。

（三）其他类型的专利保险

其他类型的专利保险包括专利代理人职业责任保险、专利质押融资保证保险、专利许可信用保险等与知识产权运用有关的保险。

1. 专利代理人职业责任保险

专利代理人职业责任保险承保的经济损失是被保险人从事专利代理业务时，因过失造成委托人的经济损失，保险人按照本保险合同约定负责赔偿。包括应由被保险人支付的仲裁或诉讼费用及事先约定支付的必要的、合理的费用。

2. 专利质押融资保证保险

专利质押贷款保险是在专利权质押融资的基础上，对质押的专利进行保证保险，当发生坏账风险时，由保险公司分担银行风险。

3. 专利许可信用保险

保障专利实施许可合同签署后因被许可人破产或拖欠造成许可费无法收回的风险，借此鼓励高校及其他科研机构对外实施许可，促进科技成果转化。

三、国外专利保险的发展

（一）美国

专利保险的起源可以追溯到20世纪末的美国，当时美国的企业都会购买普通的商业责任保险，然后从"广告侵害"开始，再到"侵犯专利权"，保险的范围一点点扩大，最终发展为一种独立的险种。美国最先开展了普通商业责任保险，这是知识产权保险的最初形态，开创了知识产权保险的先河。但是那时的知识产权保险并不专业，只是通过对既有保单的扩大解释来实现的。国家联合火灾保险公司（美国国际集团在匹兹堡的分支机构）于1994年推出了首张综合性的专利侵权责任保险，形成了世界上第一张以知识产权为保险标的的保单。美国专利保险种类包括专利执行保险和专利侵权责任保险。专利执行保险属于攻击性保险，是专利权人针对可能面临的阻碍风险而投保的保险，例如专利权人发起诉讼；专利侵权责任保险属于防御性保险，是针对潜在侵权人的保险，对其侵害他人的专利权的风险而投保的保险。专利侵权责任保险在两种保险业务中发展较早，也是较为主要的保险业务。美国专利保险的配套制度也比较完善，是目前世界上专利保险运作成熟的国家之一。

（二）欧盟

欧盟的专利保险主要采用强制的模式，其中英国的专利保险发展程度最高，推广的范围也较广。英国的专利保险分为专利申请保险和专利执行保险。顾名思义，专利申请保险对专利申请人申请专利的过程给予保障。专利执行保险的设立目的同上所述，也是防御性质的。英国将专利执行责任保险和专利申请保险都在知识产权登记处进行登记，这降低了被侵权的可能，起到了威慑作用。

（三）日本

日本的专利权授权金保险与目前市场上的保险不同，该保险是为了降低日本企业在海外的风险。专利权授权金保险的保险标的是日本专利申请企业的海外授权金收入，如果由于外国企业破产、发生战争等紧急危险或者政府间取消协定等原因，外国企业无法向日本企业支付授权金时，该保险可以赔偿日本企业的损失，这项保险有利于增加日本专利的外贸收入。

四、国内知识产权保险的发展历程

我国专利保险业务自2001年就有保险公司开始尝试。人保公司当年推出了高新技术成果转让险，跨出知识产权交易保险的第一步。2004年4月，北京中关村知识产权与人保公司成功签署了一份"中关村知保合作框架协议"，率先在全国开展知识产权保险领域的研究与合作，探索中国知识产权与保险的有机结合。2010年，中国首款专利保险产品"专利侵权调查费用保险"推出。2012年4月，国家知识产权局正式启动专利保险试点工作，首批选取广东省广州市、四川省成都市、辽宁省大连市、江苏省镇江市、北京市中关村等四市一区作为专利保险试点地区，试点期限为3年。紧接着，《国家知识产权局关于确定第二批专利保险试点地区的通知》下达，又正式批准20个地区，贯穿我国14个省份，展开专利保险第二批试点工作。在国家知识产权局负责推进的知识产权保险工作中，重点是专利保险，首先是专利执行保险，紧随其后的是专利侵权保险。2011年12月和2013年4月，人保财险先后两次接受国家知识产权局独家委托，开展知识产权保险试点工作。经过近两年的试点尝试，人保财险分阶段推出专利执行保险、专利代理人职业责任保险和专利侵权保险三款专利保险系列产品，并联合国家和地方知识产权局在北京、镇江、广州、成都等27个地市先后开展三批试点推广工作。2017年，国家知识产权局选择一批城市和园区，开展知识产权质押融资及专利保险试点、示范。

随着国家创新驱动发展战略和知识产权战略纵深推进，目前人保、平安、太保、华泰、国任保险（原"信达财险"）等均有涉足知识产权保险产品开发，如平安的专利被侵权损失保险，华泰保险的首套重大技术装备专利执行保险和新技术新产品责任保险，国任保险的专利侵权调查费保险。2020年知识产权保险的保障金额突破200亿元，惠及4 295家企业。

各地政府为了鼓励企业购买知识产权保险，相继推出了补贴政策，但需要注意的是，并非所有的知识产权保险都能享受政府补贴，只有各地相关部门评审通过的特定保险公司推出的特定保险产品才能享受政府补贴。例如，北京、无锡于今年开始知识产权保险试点工作，北京市确定一家保险公司，由其推出相应知识产权保险产品，并享受补贴；无锡市确定了四家保险公司推出的知识产权保险能够享受补贴。又如，成都市早在2012年就开始开展知识产权保险试点工作，而要享受政府补贴，必须由保险公司向成都市科学技术局申请或备案，只有审核或备案通过的知识产权保险产品才能享受补贴。

第四节 知识产权保险模式及案例

知识产权作为我国创新驱动发展的"刚需"和国际贸易的"标配"，对于提高经济创新力和竞争力发挥着越来越重要的作用。知识产权保险将知识产权特性和保险制度优势相结合，利用保险的补偿和普惠性质，可以有效防范知识产权运营风险，提升知识产权使用效益，激发企业创新活力，营造公平竞争的市场环境。可以说，知识产权保险对于加快实施创新驱动发展战略、提升经济发展质量、促进产业转型升级，具有不可或缺的保障作用。近年来，中国不断构建和完善行政仲裁、法律救济、经济补偿三位一体保护体系，加大知识产权保护力度，并探索知识产权与保险的结合，通过经济补偿促进知识产权保护，知识产权保险迎来重要的发展机遇期。知识产权保险市场不断升温，专属产品推陈出新，围绕创新发展、知识产权、专利保护的保险讨论也愈加热烈。

一、政策篇

（一）国务院关于印发《"十三五"国家知识产权保护和运用规划》的通知

国务院于2016年12月30日颁布《"十三五"国家知识产权保护和运用规

划》，其中专栏7"知识产权投融资服务工程"明确指出要"深化知识产权投融资工作。优化质押融资服务机制，鼓励有条件的地区建立知识产权保险奖补机制。研究推进知识产权海外侵权责任保险工作。"

（二）《关于强化知识产权保护的意见》

2019年11月24日，中共中央办公厅、国务院办公厅印发《关于强化知识产权保护的意见》对强化知识产权保护做出了系统谋划和整体部署。其中特别提到，"支持各类社会组织开展知识产权涉外风险防控体系建设。鼓励保险机构开展知识产权海外侵权责任险、专利执行险、专利被侵权损失险等保险业务"。在该意见的精神指引下，各地政府也在知识产权保险鼓励政策上频频发力，对符合规定条件的投保企业给予保费补贴，对开展知识产权保险试点工作的保险公司给予部分补偿。下面以北京市知识产权保险试点工作为例。

【案例10-1】北京知识产权保险试点方案

2019年12月26日，北京市知识产权局、北京市地方金融监督管理局、北京市科学技术委员会等7部门共同制定并发布《北京市知识产权保险试点工作管理办法》，对试点保险公司的范围和保险产品种类、试点投保企业和专利、保费补贴等做出规定。根据《北京市知识产权保险试点工作管理办法》的要求，北京市知识产权局2020年4月15日发布《2020年北京市知识产权保险试点工作实施指南》，对主管机关、投保企业标准及专利标准、试点保险公司的产生方式、企业投保方式、保费补贴申报程序等事项做出了规定。北京市知识产权局于2020年4月27日发布了《关于开展2020年北京市知识产权保险试点工作的通知》，对参保对象、试点专利要求、试点保险公司和保险产品以及投保时间作了规定。并通过招标确定了中国人民财产保险股份有限公司北京市分公司（简称"中国人保北京分公司"）为2020年度试点保险公司，对其保险产品进行备案，由其负责组织全市的知识产权保险试点投保工作，积极开展专利执行险、专利被侵权损失险及其组合险的推广及投保工作。

1. 补贴政策

根据《北京市知识产权保险试点工作管理办法》，本次知识产权保险试点经费支持的投保人范围为本市的单项冠军企业和重点领域中小微企业。单项冠军企业包括国家工信部或本市评定的制造业单项冠军示范企业、制造业单项冠军产品企业、制造业单项冠军培育企业和满足相关条件的外资隐形冠军企业。重点领域中小微企业包括硬科技中小微企业和十大高精尖产业小微企业。

单项冠军企业保费补贴标准为：

①首次申报按照保费标准给予100%补贴，第二次申报按照保费标准给予80%补贴，第三次申报按照保费标准给予50%补贴。

②制造业单项冠军示范企业和符合标准的外资隐形冠军企业每年获得的保费补贴不超过50万元；制造业单项冠军产品企业每年获得的保费补贴不超过30万元；制造业单项冠军培育企业每年获得的保费补贴不超过20万元。

重点领域中小微企业保费补贴标准为：

①首次申报按照保费标准给予100%补贴，第二次申报按照保费标准给予90%补贴，第三次申报按照保费标准给予80%补贴。

②每家企业每年获得的保费补贴不超过20万元。

2. 保险产品

中国人保北京分公司提供两种保险产品：专利执行保险和专利被侵权损失保险。①专利执行保险是指在投保专利遭受第三方侵权时，赔偿被保险人因正常维权而产生的调查费用、法律费用等的保险。②专利被侵权损失保险是指在投保专利遭受第三方侵权时，赔偿被保险人被侵权直接经济损失的保险。

为满足试点政策要求，中国人保北京分公司设计"专利卫士"专属保险产品，根据试点对象的不同企业类型，定制"冠军专利卫士"和"小微专利卫士"保险方案，适当提高保险限额、扩大保险责任，同时搭配专属增值服务，帮助企业降低维权成本，提高知识产权运营管理能力。具体方案如表10-2和表10-3所示。

表 10-2　单项冠军企业方案

冠军专利卫士		
保险产品名称	保险责任	累计赔偿限额/万元
专利执行保险	调查费用	20
	法律费用	20
	证物费用	20
	无效诉讼费用	20
专利被侵权损失保险	直接损失	160
免赔额		0
保险期限		一年
保险费合计/万元		2.5

表 10-3　重点领域中小微企业方案

小微专利卫士		
保险产品名称	保险责任	累计赔偿限额/万元
专利执行保险	调查费用	20
	法律费用	20
	证物费用	5
	无效诉讼费用	10
专利被侵权损失保险	直接损失	30
免赔额		0
保险期限		三年
保险费合计/万元		1

2020 年北京市共有 142 家企业参与保险试点，投保 1 660 件专利，并获得市知识产权局 1 900 万元保费支持，其中京东方、同方威视等 11 家制造业单项冠军企业投保 160 件专利，达闼科技、梦之墨等 131 家重点领域中小微企业投保 1 500 件专利，覆盖了智能制造、智能装备、信息技术、人工智能、生物技术、医药健康和节能环保等 15 个重点产业领域，总保额达到 16.59 亿元。

二、产品篇

目前，国内有多家保险公司正在不同试点地区开办或尝试开展各种专利保险业务。其中，人保财险在专利侵权保障和知识产权运用方面推出多种产品，产品种类十分丰富；平安产险的专利被侵权损失保险，针对专利维权执行困难、赔偿金额低于维权成本、维权结果难以预测等多个痛点，推出了先行赔付机制，对专利权人的维权进行全面保障；华泰保险推出了首套重大技术装备专利执行保险和新技术新产品产品责任保险，即保险公司在专利权人进行维权时赔偿一定的维权费用，其特色在于保险产品保护的是制造重大技术装备的单件专利和专利组合；国任财险则推出了专利侵权调查费保险，其保险责任范围包括差旅费、公证费等为专利维权前期准备支出的调查费。

【案例 10-2】中国人民保险财险知识产权保险产品

（一）专利执行保险

产品内容：保障被保险人就受侵犯的专利权提起法律请求所产生的调查费用和法律费用。

产品定位：主动进攻型产品，打击侵权行为的费用补偿类保险，不保障被保险人因专利被侵权造成的任何经济损失。

保险责任：

①调查费用：被保险人的专利权受到第三方侵害后，被保险人为获取证据在承保区域范围内进行调查时产生的合理、必要的调查费（包括但不限于聘请相关公司产生的合理费用等）、公证费、交通费、住宿费、伙食补助费。

②法律费用：被保险人就其受到侵害的专利权向法院提起诉讼、向仲裁机构提起仲裁或向行政主管部门提出行政处理请求，发生的诉讼费、仲裁费、行政处理费以及律师费等其他合理、必要的费用。

③补偿的费用范围：以被保险人提起维权诉讼、仲裁申请或处理请求为时间点。

（二）侵犯专利权责任保险

产品内容：保障被保险人非故意实施第三者专利权，依法承担的经济赔偿责任，法律费用及合理提出专利无效宣告申请的抗辩费用。

产品定位：被动防御型产品，支持正当维权。

保险责任：

①侵权损害赔偿责任：在保险期间或保险单载明的追溯期内，被保险人在从事保险单载明产品的制造、使用、许诺销售、销售、进口过程中，非因故意实施投保专利清单载明的其他专利权人依照中华人民共和国法律取得的专利权，由该专利权人在保险期间内首次向被保险人提出侵犯专利权赔偿请求，依法应由被保险人承担的经济赔偿责任。

②法律费用：被保险人就其受到侵害的专利权向法院提起诉讼、向仲裁机构提起仲裁或向行政主管部门提出行政处理请求，发生的诉讼费、仲裁费、行政处理费以及律师费等其他合理、必要的费用。

③专利无效申请：事先经保险人书面同意，被保险人向行政机关提出专利无效宣告申请所支出的必要的、合理的费用，保险人按照保险合同约定也负责赔偿。

（三）专利质押融资保证保险

产品内容：保障通过专利质押方式进行融资而未能按约清偿到期债务的借款本金余额和利息余额赔偿义务。

保险责任：在保险期间内，投保人未能按照与被保险人签订的借款合同的约定履行还款义务，且投保人拖欠任何一期欠款超过保险单载明的期限（以下称"赔款等待期"）的，视为保险事故发生。保险人对投保人应偿还而未偿还的贷款本金和相应的利息按照本保险合同的约定承担赔偿责任。赔款等待期是指保险人为了确定保险损失已经发生，被保险人提出索赔前必须等待的一段时期。赔款等待期从借款合同中约定的应付款日开始，由保险合同双方商定，并在保险单中载明。

除以上典型险种外，人保财险围绕知识产权创造、运用、保护、管理和服务全生命周期的风险需求，共开发了 16 款知识产权保险产品，包括知识产权创造类 1 款，知识产权运用类 2 款，知识产权保护类 7 款，海外知识产权保护类 2 款，以及知识产权质押融资类 4 款，初步形成了"产品体系完善、风险保障全面、金融综合服务"的工作格局，如表 10-4 所示。

表 10－4　中国人保财险知识产权保险产品体系

序号	名称	保险责任简介	范围	类别
1	专利代理人职业责任保险	被保险人造成委托人经济损失，依法承担的经济赔偿责任及法律费用	国内	知识产权创造
2	专利许可信用保险（1年）	因合同相对方破产、不履行债务等事由导致无法回收专利许可交易对价造成的损失	国内	知识产权运用
3	专利许可信用保险（多年）	专利许可人履行许可合同时，由于被许可人破产或拖欠引起的专利许可使用费的损失	国内	
4	专利执行保险	被保险人就受侵犯的专利权提起法律请求所产生的调查费用和法律费用	国内	知识产权保护
5	侵犯专利权责任保险	被保险人非故意实施第三者专利权，依法承担的经济赔偿责任、法律费用及合理提出专利无效宣告申请的抗辩费用	国内	
6	专利无忧保险	对被保险人专利权受第三方侵犯后，所导致的直接经济损失、调查费用和法律费用进行综合保障	国内	
7	专利被侵权损失保险	被保险人专利权受第三方侵犯所产生的直接经济损失	国内	
8	商标被侵权损失保险	被保险人商标权受第三方侵犯后，所导致的直接经济损失、调查费用和法律费用	国内	
9	地理标志被侵权损失保险	被保险人地理标志受第三方侵犯后，所导致的直接经济损失、调查费用和法律费用	国内	
10	知识产权被侵权损失保险	被保险人的专利权、商标权及地理标志权受第三方侵犯后，所导致的直接经济损失、调查费用和法律费用	国内	
11	境外展会专利纠纷法律费用保险	参展境外展会时产生专利侵权纠纷支出的法律费用	海外	海外知识产权保护
12	知识产权海外侵权责任保险	被保险人及受偿方非故意侵犯第三者知识产权，依法应承担的经济赔偿责任，抗辩费用及产品撤回费用	海外	

续表

序号	名称	保险责任简介	范围	类别
13	专利质押融资保证保险（1年）	通过专利质押贷款而未能按约清偿到期债务的借款本金余额和利息余额赔偿义务	国内	知识产权质押融资
14	专利质押融资保证保险（多年）	通过专利质押贷款而未能按约清偿到期债务的借款本金余额和利息余额赔偿义务	国内	知识产权质押融资
15	知识产权资产评估职业责任保险	知识产权评估机构从事知识产权评估业务时，因过失造成委托人及保单指定的利害关系人的经济损失	国内	知识产权质押融资
16	知识产权质押融资保证保险	在知识产权质押融资业务中，企业未按约定履行还款义务或发生逾期还款，所产生的贷款本金、利息和相应的罚息	国内	知识产权质押融资

三、效果篇

【案例10-3】国内首单执行保险案例

2013年1月，佛山市玉玄宫科技开发有限公司向人保财险公司投保专利执行保险，该公司为其2项发明专利（发明专利号为L200510090929.9、ZL200610036313.8）和2项外观设计专利购买专利保险，保费9 600元，赔偿限额为576 000元。

同年4月，该公司发现其用到以上发明的一款磁共振的电磁治疗仪的专利受到侵犯，在北京、深圳、广州等地有企业涉嫌仿造和销售其专利产品，生产、销售涉嫌侵权产品量非常大。当月22日，该公司针对12家涉嫌侵犯专利权的企业向佛山市中级人民法院提起民事诉讼请求。11月，又根据专利保险合同向保险公司提出索赔申请。诉讼前被保险人与佛山市缘华知识产权代理服务事务所签订了委托调查收集证据合同，收集证据后向佛山市中级人民法院提起诉讼，法院于2013年5月9日立案受理。经法院审理，认定以上两项专利涉及被侵权，最终该企业获得保险公司的赔偿金额为82 173.10元。

这也成了国家知识产权局、中国人民财产保险股份有限公司自2012年开展专利保险试点以来的第一宗赔付。

【案例 10-4】专利保险典型案例

2013 年 12 月，广东威迪科技股份有限公司向中国人民财产保险股份有限公司东莞市分公司分别就管式污水微滤处理设备（专利号 ZL200810028767.X）等 4 项专利实行专利执行险投保，保期 1 年，保费 3 200 元。

根据《东莞市专利保险补贴资金管理办法》的规定，威迪公司其中 1 项专利为获奖专利，由市政府对其进行统一投保，按其实际保费全额补贴；其余 3 项非获奖专利按首年购买专利保险实际支出保费的 60% 给予补贴。政府补贴部分保费由人保公司垫付，即威迪公司实际支付 360 元保费。

（一）理赔过程

2014 年 9 月，威迪公司两项专利（管式污水微滤处理设备、氨基磺酸镍电镀废水回收利用系统以及方法）被广州一家韩国企业侵权，在准备起诉期间，威迪公司经过大量的调查取证，其后向人保公司报案提出了索赔申请。人保公司在接到报案后，立刻启动理赔程序，安排工作人员联系威迪公司相关人员，并在了解到此案威迪公司已全权委托专利事务所处理后，与该事务所经办人取得联系，发送了索赔须知，也初步做出电话解释指引，过后约见了专利事务所经办人并了解该案的具体情况，同时确定了理赔方案：本案保单所承保范围为专利执行保险保障调查费用和法律费用，威迪公司确认不索赔调查费用，仅索赔法律费用（诉讼代理费）。

（二）确定赔付金额

根据被保险人的书面索赔函、事务所专利维权委托合同和诉讼代理发票，两项专利代理诉讼费为 8 万元，属法律费用。

①根据保单约定，法律费用累计赔偿限额为 4.8 万元。

②按照"每次事故免赔额为 200 元或核定损失金额的 5%，两者以高者为准"原则，本案适用免赔额为损失金额的 5%，理赔金额为 8×（1-5%）=7.6 万元＞法律费用累计赔偿限额 4.8 万元。

最后，本项目人保公司确定赔付金额为 4.8 万元。

第十一章
知识产权质押融资

市场经济条件下，创新离不开知识产权保护和金融支持，广大中小企业是创新的生力军，在知识产权融资方面需求强烈。中央高度重视金融支持创新和实体经济发展，知识产权强国建设纲要和"十四五"规划也明确提出，要积极稳妥发展知识产权金融。近年来，国家知识产权局积极推进专利商标质押融资等工作，会同有关部门，出台了一系列有力措施，推动知识产权金融工作，众多企业从中受益。"十三五"期间全国专利商标质押融资总额超 7 000 亿元，较"十二五"翻了一番，成效显著。2021 年 6 月及 12 月，国家知识产权局分别与中国银行及中国建设银行签署战略合作协议。协议的签署是政府和金融机构共同推进知识产权市场化运营，促进知识产权转化运用的重要举措，战略合作将发挥双方优势，进一步推动知识产权质押融资提质扩面，加大金融创新力度，更好支撑实体经济发展，未来知识产权质押融资势必是企业增信的一种重要手段。

第一节 知识产权质押融资相关概念及特征

一、相关概念

知识产权质押融资，是指债务人或者第三人依法将其拥有的专利权、商标权、著作权中的财产权等知识产权作为质押物，向债权人申请融资，在债务人不履行或不能履行债务的情况下，债权人有权依法以该知识产权折价，或者以拍卖、变卖该知识产权的价款优先受偿。其中，债权人为质权人，债务人或者第三人为出质人。出质设定担保的知识产权为质押标的物，即通常所说的"质物"。

《中华人民共和国民法典》[①] 第440条规定依法可以转让的注册商标专用权、专利权、著作权等知识产权中的财产权可以出质。这里的财产权，指因取得知识产权而产生的具有经济内容的权利，包括独占实施权、实施许可权、转让权等。知识产权的质押合同应当约定被质押的是哪几项权利，其中，标记权和专利产品的进口权一般不得作为质押标的。

二、主要特征

（一）知识产权质押随主债权消灭或因质权实现而消灭

与实物资产质押相同，担保物权依附于主债权而存在，当债权消灭时，担保物权随之消灭；当债务人不履行债务时，质权人行使质权，优先受偿其债权时，质权自然消灭，质押同时消灭[②]。

（二）知识产权质押融资以无形资产作为抵押物

不同于传统质押贷款要求提供有形资产作为抵押物、质押担保物，知识产权的质押融资是以无形资产作为抵押物。这种创新给许多固定资产相对缺乏的新兴企业提供了获取银行贷款的新契机，使许多本来不能满足银行借款需求的企业，特别是中小企业获得了申请银行贷款的资格[③]。

（三）知识产权质押融资尚未形成统一的运作模式

作为一种新兴的融资方式，尽管社会各界对其拓宽企业融资渠道、缓解中小企业融资难等寄予了较高的期望，许多企业也保持高度关注，部分银行已经积极尝试开发了相关产品，但总体而言我国知识产权质押融资市场尚未形成统一的模式，还存在较强的区域性特点。

（四）与实物资产质押相比，知识产权质押债权人承担的市场风险较高

以专利权质押为例。首先，专利权的质押标的具有无形性。专利权的质押本

[①] 该法于1995年6月30日由第八届全国人民代表大会常务委员会第十四次会议通过，1995年6月3日中华人民共和国主席令第五十号公布，1995年10月1日起施行。

[②] 钱坤. 专利质押融资理论与实践研究[M]. 北京：社会科学文献出版社，2015.

[③] 刘红霞. 知识产权质押融资模式运行中的问题及其优化建议[M]. 北京：经济科学出版社，2015.

质上是以其财产权进行质押，而且这种财产权是无形的，其价值的实现必须通过商业化开发或产业实施才可以体现，如果有些技术在实践中得不到实施，那么经济价值就很难体现。因此，债权人在专利质押融资过程中，需要承担较高的市场风险。而实物资产作为抵押物，由于其价值的实现不需要通过中间过程的转化，权利人可以较为方便地通过市场租赁、转让（包括清算）等方式对该实物资产行使权利，因此，接受实物资产抵押的债权人的风险远低于专利质押中债权人所承担的风险。其次，专利权的价值构成因素复杂，对其价值准确量化评估比较困难。专利权具有特殊的不稳定性、排他性、时间性、地域性等特点，专利文献是集技术、经济、法律为一体的信息资源，在判断其价值时，须充分考虑专利权特性和专利文献信息的复杂性，因此，较难准确地估量某一项专利或一个专利包的市场价值。而在实物资产抵押中，评估机构只需要说明在特殊市场情况下的变现风险对实物资产抵押价值的影响，而无须考虑抵押资产时间性、地域性等特性。最后，专利权的快速变现困难。由于专利权具有不确定性、排他性、无形性等特性，且其市场价值的认可度不高、交易市场相对狭小等问题，造成其快速变现困难，导致质权的实现面临较高的风险。实物资产虽然也存在一定的价值波动风险，但当价值波动威胁到债权人利益实现的时候，债权人可以采取适当的保护措施，及时要求出质人将实物资产变现，从而保护其债权的实现。

第二节 知识产权质押融资参与主体及业务流程

一、参与主体

如图 11-1 所示，知识产权质押融资的参与主体主要包括资金需求方、资金提供方、评估/评价机构、风险缓释机构、质押登记机关以及其他的利益相关方。

（一）资金需求方

资金需求方通常指在拥有知识产权资产的同时又缺乏实物资产的科技型企业，其很难运用常规资产进行融资。资金需求方一般具有以下特点：主体多为初

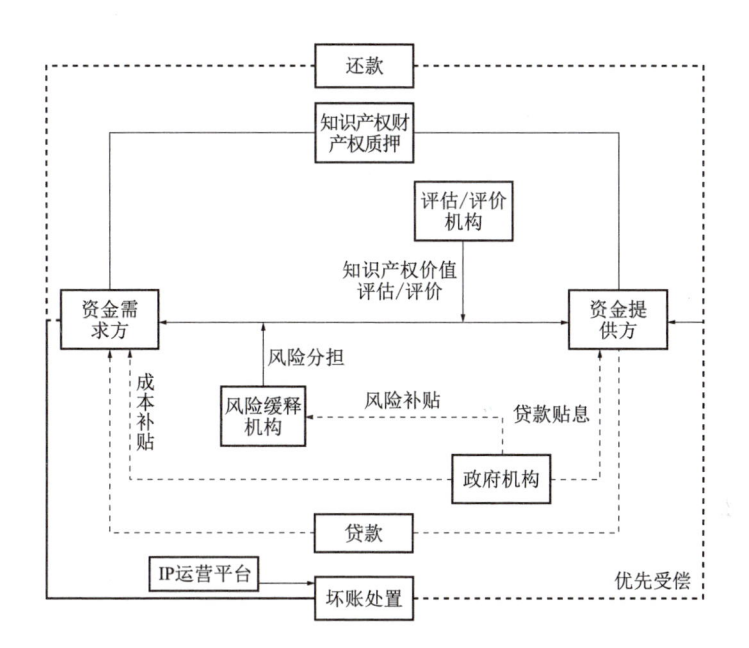

图 11-1　知识产权质押融资

注：其中，虚线表示资金流，实线表示业务流。

创期或成长期的中小型企业；不希望融资导致股权稀释；对资金的需求量有限；有中短期融资需求；对知识产权所有权确定。

（二）资金提供方

资金提供方主要包括银行、现金流充沛的知识产权运营机构、小额贷款公司等。

（三）评估/评价机构

由于与专利权人（资金需求方）相比，资金提供方处于信息劣势地位，所以需要借助专业的无形资产评估或评价机构进行专利权属的核实、对知识产权的价值进行预估。其中，评价机构一般为知识产权服务机构。

（四）风险缓释机构

由于与实物资产质押相比，知识产权质押融资中，资金提供方承担的市场风险较高，所以需要引入如保险、担保、风险处置资金池、风险补偿基金等风险缓释机构进行风险分担。其中，风险处置资金池一般由知识产权运营机构联合地方政府设立，风险补偿基金由政府出资引导，吸引社会资本参与共同设立。

（五）质押登记机关

《中华人民共和国民法典》第444条规定，以注册商标专用权，专利权、著作权等知识产权中的财产权出质的，质权自办理出质登记时设立。

（六）其他利益相关方

其他利益相关方主要包括政府机构、知识产权运营平台等。其中，政府机构主要对知识产权质押融资提供推选、监督、质押补贴成本等综合服务。由于知识产权资产的风险偏高，银行等金融机构表现出较强的风险规避性。为了推进知识产权质押融资的市场化运作，在引导阶段，政府往往需要提供相配套的服务或信贷支持，以促进市场对该项融资创新的尝试和发展。知识产权运营平台主要提供供需信息展示、匹配及坏账专利处置（拍卖、转让等）场所。

二、知识产权质押融资的业务流程

知识产权质押融资的业务流程一般按照企业申请、资格预审、尽职调查、风险防控保障机制约定并签订承保协议、签订质押合同、办理质押登记、发放贷款和贷后管理等程序进行，如图11-2所示。不同的质押融资模式可能会有不同程度的微调，以下按照资金提供方为银行举例说明。

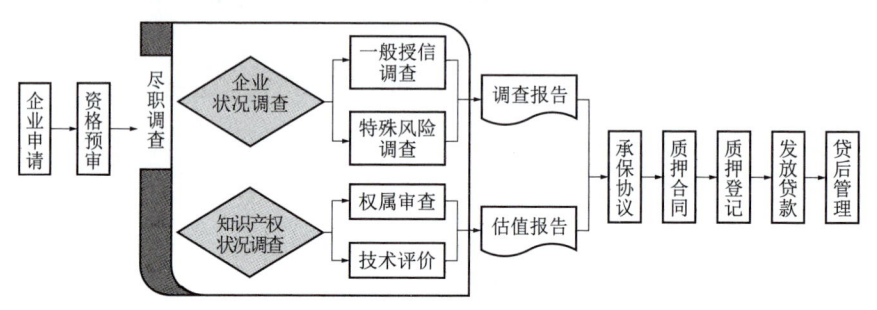

图11-2 知识产权质押融资业务流程

（一）企业申请

资金需求方向银行或质押融资产品发起方提出贷款申请，填写申请表，一般包含企业基本信息（名称、社会统一信用代码、联系方式、注册资金、近三年财务情况、已有贷款情况等）、拟质押知识产权信息和融资需求等内容。

（二）资格预审

银行或质押融资产品发起方根据资金需求方（融资申请人）提供的申请信息对申请资格进行预审：企业规模、财务情况、注册地或经营地等信息是否符合质押融资产品要求；拟质押知识产权的类别及有效期是否符合要求；权利人和融资申请人是否一致；多个权利人的，融资申请人是否依法征求了其他权利人的同意等。

（三）尽职调查

尽职调查一般由银行、风险缓释机构、价值评估/评价机构按照自由内部程序进行，主要包括企业状况调查和知识产权状况调查。

1. 企业状况调查

此部分调查主要由银行和风险缓释机构的项目经理进行，方式包括下户考察和资料审查，是对企业的整体状况进行调查，初步确定是否可授信、可承保，并结合"估值报告"拟定授信额度、承保额度。调查内容包括一般授信调查和特殊风险调查。一般授信调查主要含：贷款企业最近两年（含）以上的经营业绩和盈利情况、历史信贷记录、财务制度建设情况以及工商部门年检手续办理情况、主营业务及市场占有率、经营团队、上下游主要合作伙伴情况。特殊风险调查主要关注知识产权项目的实施风险，主要有：拟质押知识产权项目的实施情况、产业化规模、市场准入限制、产业政策适应性、市场规模前景、竞争情况等。

2. 知识产权状况调查

此部分调查主要由知识产权运营机构或无形资产评估机构进行，主要是对拟质押的知识产权的权属进行审查、对技术进行评价，并出具价值评估/评价报告（即估值报告）。其中，权属审查主要是对知识产权的权利归属，目前质押、转让、实施许可情况，诉讼、无效情况等影响质权实现的因素进行审查；技术评价主要是对知识产权的法律地位稳固性、侵权可判断性、权利的保护范围、技术的独立性、技术的创新性、技术寿命周期、技术成熟度等一一进行分析，并结合行业发展趋势、企业状况调查情况，根据实际情况选择成本法、收益法或市场法对拟质押知识产权的市场价值进行预估。

（四）风险缓释机制约定并签订承保协议

银行和风险缓释机构根据前述调查，约定各方承担的风险比例，风险缓释机构经内部程序确定承保额度，为银行出具"承保函"，与资金需求方签订承保协议。

（五）签订质押贷款合同

银行结合承保额度和约定的风险分担比例，经内部程序最终确定授信额度，并通知资金需求方签署知识产权质押贷款合同。在风险缓释机构为担保公司的情况下，根据约定，由担保公司和资金需求方签署知识产权质押贷款合同。

其中，专利权质押合同中应当包括以下与质押登记相关的内容：当事人的姓名或者名称、地址；被担保债权的种类和数额；债务人履行债务的期限；专利权项数以及每项专利权的名称、专利号、申请日、授权公告日；质押担保的范围。可以在专利权质押合同中约定下列事项：质押期间专利权年费的缴纳；质押期间专利权的转让、实施许可；质押期间专利权被宣告无效或者专利权归属发生变更时的处理；实现质权时，相关技术资料的交付。

商标专用权质押合同一般包括以下主要内容：出质人、质权人的姓名（名称）及住址；被担保的债权种类、数额；债务人履行债务的期限；出质注册商标的清单（列明注册商标的注册号、类别及专用期）；担保的范围；当事人约定的其他事项。

著作权质押合同应当包括以下内容：出质人和质权人的基本信息；被担保债权的种类和数额；债务人履行债务的期限；出质著作权的内容和保护期；质权担保的范围和期限；当事人约定的其他事项。

（六）办理质押登记手续

质押合同签署后，一般在订立书面合同之日起的 20 至 30 天内，由当事人向相应质押登记机关申请办理质押登记手续，质权自办理出质登记时设立。

1. 专利权质押登记

国家知识产权局负责专利权质押登记工作，当事人可以通过邮寄、直接送交等方式办理专利权质押登记相关手续，国家知识产权局自收到专利权质押登记申请文件之日起 7 个工作日内进行审查并决定是否予以登记。

申请专利权质押登记的，应当提交下列文件：出质人和质权人共同签字或者盖章的专利权质押登记申请表；专利权质押合同；双方当事人的身份证明；委托代理的，注明委托权限的委托书；其他需要提供的材料；专利权经过资产评估的，还应当提交资产评估报告。上述文件除身份证明外，当事人提交的其他各种文件应当使用中文。身份证明是外文的，当事人应当附送中文译文；未附送的，视为未提交。

专利权质押登记申请经审查合格的，国家知识产权局在专利登记簿上予以登记，并向当事人发送《专利权质押登记通知书》。经审查发现有下列情形之一的，国家知识产权局做出不予登记的决定，并向当事人发送《专利权质押不予登记通知书》：出质人与专利登记簿记载的专利权人不一致的；专利权已终止或者已被宣告无效的；专利申请尚未被授予专利权的；专利权处于年费缴纳滞纳期的；专利权已被启动无效宣告程序的；因专利权的归属发生纠纷或者人民法院裁定对专利权采取保全措施，专利权的质押手续被暂停办理的；债务人履行债务的期限超过专利权有效期的；质押合同约定在债务履行期届满质权人未受清偿时，专利权归质权人所有的；质押合同不符合登记要求的；以共有专利权出质但未取得全体共有人同意的；专利权已被申请质押登记且处于质押期间的；其他应当不予登记的情形。

2. 商标专用权

国家知识产权局负责办理注册商标专用权质权登记。申请人[①]向登记机关申请登记的，应当提交下列文件：申请人签字或者盖章的《商标专用权质权登记申请书》；出质人、质权人的主体资格证明或者自然人身份证明复印件；主合同和注册商标专用权质权合同；直接办理的，应当提交授权委托书以及被委托人的身份证明；委托商标代理机构办理的，应当提交商标代理委托书；出质注册商标的注册证复印件；出质商标专用权的价值评估报告；如果质权人和出质人双方已就出质商标专用权的价值达成一致意见并提交了相关书面认可文件，申请人可不再提交；其他需要提供的材料。上述文件为外文的，应当同时提交其中文译文。中文译文应当由翻译单位和翻译人员签字盖章确认。

质权登记申请不符合规定的，允许在 30 日内补正。申请人逾期不补正或者补正不符合要求的，视为其放弃该质权登记申请，国家知识产权局应书面通知申请人。申请登记书件齐备、符合规定的，国家知识产权局予以受理。受理日期即为登记日期。国家知识产权局自登记之日起 5 个工作日内向双方当事人发放《商标专用权质权登记证》。有下列情形之一的，不予登记：出质人名称与国家知识产权局档

---

① 申请人应当是商标专用权质押合同的出质人与质权人。

案所记载的名称不一致，且不能提供相关证明证实其为注册商标权利人的；合同的签订违反法律法规强制性规定的；商标专用权已经被撤销、被注销或者有效期满未续展的；商标专用权已被人民法院查封、冻结的；其他不符合出质条件的。

3. 著作权质押合同登记

国家版权局负责著作权质权登记工作。以著作权出质的，出质人和质权人应当订立书面质权合同，并由双方共同向登记机构办理著作权质权登记。出质人和质权人可以自行办理，也可以委托代理人办理。申请登记时，应当向登记机关提供下列文件：著作权质权登记申请表；出质人和质权人的身份证明；主合同和著作权质权合同；委托代理人办理的，提交委托书和受托人的身份证明；以共有的著作权出质的，提交共有人同意出质的书面文件；出质前授权他人使用的，提交授权合同；出质的著作权经过价值评估的、质权人要求价值评估的或相关法律法规要求价值评估的，提交有效的价值评估报告；其他需要提供的材料。

经审查符合要求的，登记机构应当自受理之日起 10 日内予以登记，并向出质人和质权人发放《著作权质权登记证书》。经审查不符合要求的，登记机构应当自受理之日起 10 日内通知申请人补正。无正当理由逾期不补正的，视为撤回申请。有下列情形之一的，登记机关不予登记：出质人不是著作权人的；合同违反法律法规强制性规定的；出质著作权的保护期届满的；债务人履行债务的期限超过著作权保护期的；出质著作权存在权属争议的；其他不符合出质条件的。

（七）发放贷款

办理完质押登记后，资金需求方根据银行要求办理相关的提款账户，银行根据质押合同中关于提款的相关规定，向资金需求方发放贷款。

（八）贷后管理

项目放款后直到完成项目退出期间的各项管理内容，主要包括贷后监控、投贷联动、坏账处置及 IP 资产管理等。

1. 贷后监控

有知识产权运营机构参与的，一般由知识产权运营机构和银行共同对借款方进行贷后监控。知识产权运营机构负责对企业生产经营情况及质物专利的法律状态、实施进展等进行监控，银行对企业财务情况、用款情况等进行跟踪管理。无知识产权运营机构参与的，知识产权的法律状态监控一般由银行通过政府官方网站进行查询。

2. 投贷联动

针对贷后的优质项目，各参与主体根据约定或基于其拥有的资源，优先为资金需求方对接相关的投资基金，实现投贷联动。

3. 坏账处置

对产生坏账的项目，依托知识产权运营类平台进行拍卖、许可、转让等方式进行运营，所得收益优先受偿给质权人，同时，风险缓释机构按照约定对银行进行风险补偿。

4. IP 资产管理

有知识产权运营机构参与的，知识产权运营机构根据约定，向企业提供知识产权创造、运用、保护和管理等相关的服务，以提升企业的知识产权质量、管理水平及运用价值。

第三节 知识产权质押融资模式及案例分析

一、国外知识产权质押融资模式及案例分析

美、德、日、韩是世界上四大知识产权国，同时也是世界上最早进行知识产权质押融资实践的国家。经过几十年的发展，这些国家已经构建起了相对成熟和完善的知识产权质押融资制度体系。然而，不同的国家有着不同的国情，进而采用了不同的金融机制。每一种金融机制的成功之处都值得我国学习和借鉴。

（一）美国：市场主导型模式

美国的知识产权质押融资业务伴随着技术进步、知识产权发展以及金融创新经历了萌芽、成长到逐渐成熟的过程。在这一历程中，美国政府在传统质押担保融资的基础上，推出多种融资创新，促进了新型知识产权融资模式的发展，逐步由市场化、商业化的融资模式代替了由政府主导的知识产权质押融资模式，充分

发挥科技与金融融合的作用,拓宽了中小企业的融资渠道①。

1. 美国小企业管理局模式②

美国小企业管理局(SBA)成立于1953年,旨在帮助小企业成长和发展。它并不直接向需要资金的小企业提供贷款,也不为小企业融资向金融机构提供足额担保,而是作为政府担保机构对小企业进行信用保证与信用加强,为银企双方搭建良好的沟通平台,进而促成资金借贷双方通过市场化的手段实现信贷活动。如图11-3所示,美国小企业管理局为中小企业的知识产权质押融资提供三种服务:一是为中小企业融资的担保者提供再担保服务;二是为无法利用一般融资渠道获得资金的中小企业提供贷款保证服务,这也是SBA最主要的功能;三是授权小型企业投资公司为萌芽期的小企业提供融资服务。

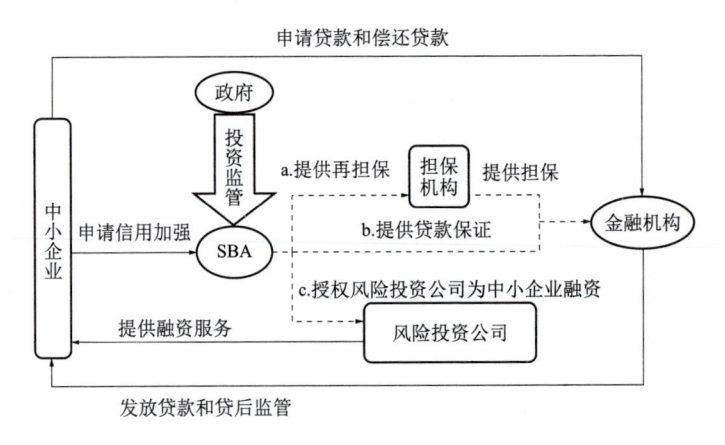

图11-3 美国小企业管理局质押贷款模式

2. 保证资产收购价格机制模式③

2000年,美国M-CAM公司创造性地发展出一种新型知识产权质押融资模式(如图11-4所示),即保证资产收购价格机制(CAPP)。M-CAM公司并不直接向中小企业提供贷款,而是为企业提供一种新型的信用保证,而且可以在未

---

① 鲍新中,张羽. 知识产权质押融资:运营机制[M]. 北京:知识产权出版社,2019:142-143.
② 鲍静海,薛萌萌,刘莉薇. 知识产权质押融资模式研究:国际比较与启示[J]. 南方金融,2014(11):54-58.
③ 鲍静海,薛萌萌,刘莉薇. 知识产权质押融资模式研究:国际比较与启示[J]. 南方金融,2014(11):54-58.

来以规定价格收购企业向金融机构提供的知识产权。

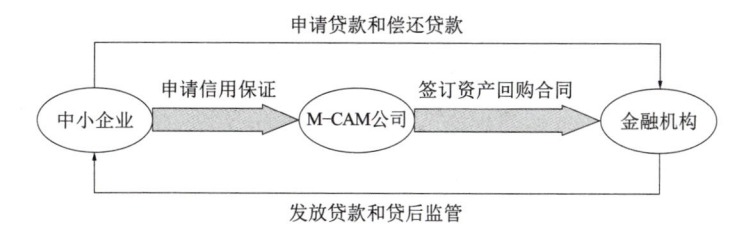

图 11-4　美国保证资产收购价格机制质押融资模式

3. 知识产权许可收益质押融资模式[①]

2008 年 8 月，美国 Dyax 生物技术公司（简称"Dyax 公司"）与美国 Cowen 医疗专利融资贷款公司（简称"Cowen 公司"）签订知识产权质押贷款合同，Dyax 公司以其生物医药专利"噬菌体展示技术授权项目（Licensing and Funded Research Program，LFRP）"向 Cowen 公司贷款 5 000 万美元，还款日为 2016 年 8 月；2012 年 1 月，双方达成第二笔 8 000 万美元的贷款项目，仍以 LFRP 项目进行担保，还款日为 2018 年 8 月。鉴于 LFRP 项目稳定的现金流和低风险性，两项贷款的利息分别为 16% 及 13%。对于偿还贷款的方式，双方约定 Cowen 公司获得 Dyax 公司 LFRP 项目许可费未超过 1 500 万美元的 75%，超过 1 500 万美元部分的 25%，直到协议终止，贷款付清，具体的融资模式和流程如图 10-5 所示。

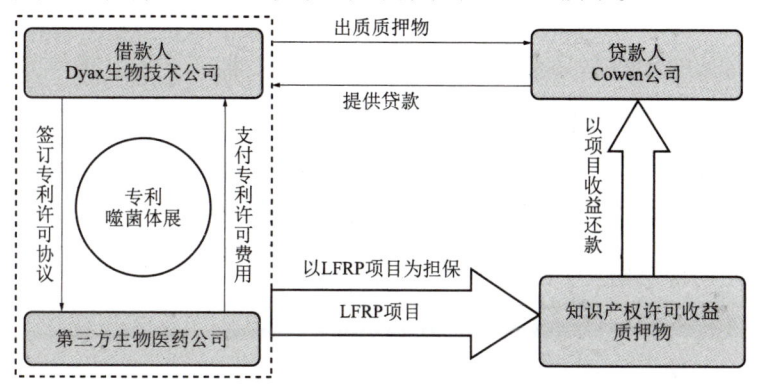

图 11-5　Dyax 公司知识产权许可收益融资模式框架

[①]　丁锦希，李伟，郭璇，等. 美国知识产权许可收益质押融资模式分析——基于 Dyax 生物医药高科技融资项目的实证研究 [J]. 知识产权，2012（12）：101-105.

(1) 借款人 Dyax 公司

Dyax 公司是美国一家高科技生物技术公司。通过自主研发，Dyax 公司创建了"噬菌体展示技术平台"专利技术，该平台技术可筛选、开发具有治疗意义的靶点和候选药物，并通过将该专利技术向第三方生物医药公司授权专利许可实施。依托该专利技术研制的生物药物依卡兰肽（Ecallantide）已于 2009 年 11 月在美国上市，主要用于 16 岁以上人群急性遗传性血管性水肿（HAE）的治疗，并被美国 FDA 批准纳入国家罕用药目录。目前 Dyax 公司尚在开发依卡兰肽其他的适应证，由于新药研发需要大量资金支持，因此公司对融资需求非常迫切。

(2) 贷款人 Cowen 公司

Cowen 公司是一家专门从事全球医疗相关专利质押融资的金融投资机构，主要贷款对象为商业化阶段的医疗保健公司与产品，2008—2011 年，该公司共与 9 家医疗公司进行了专利贷款融资业务。Cowen 公司的金融团队对金融业、生物医药行业具有丰富的理论基础和实践经验。

(3) 特点

不同于传统知识产权质押融资模式中将质押物直接锁定为知识产权权利本身，在该项融资模式中，Dyax 公司将"噬菌体展示技术平台"专利许可收益权进行质押，即将该项专利技术授权许可给第三方使用并将许可收益权作为质押物向 Cowen 公司进行贷款。相对传统知识产权质押而言，以其许可收益权作为质押物在法律上存在以下三项优势：①省略质押评估程序。由于许可收益权是用现金作为其价值计量单位，故对其资产价格无须再进行复杂的资产评估程序。②增强质押物资产稳定性。由于许可收益权的权利体现是以契约形式进行定期、定额的现金给付，故质押物具有稳定的现金流，从而极大程度降低了融资风险。③提升质押权实现能力。在融资还款过程中，一旦出现主贷款合同项下资金偿还问题，贷款人可以通过质押合同中事先设定条款，直接变更专利技术许可收益的权利主体，即要求专利被许可人直接向质押权人支付许可费来实现质押权，其质押权的实现成本很低，避免了传统质押模式资产变现成本高的障碍。

(二) 德国：风险分摊型模式①

1945 年，德国政府以行会的建议为基础，从法律形式上建立了有限责任公司的担保银行。因此，德国的担保机构为经济界自助性的担保银行。它是一种资金密集型的金融机构，资金主要来源于企业工商协会、商业银行及国家、州政府发行公债筹集，股权人有银行、协会和私人自由体。从本质上讲，担保银行是德国促进中小企业发展的工具，受国家政策支持，但独立化市场运作。担保银行以责任资本作为保证，为那些不能提供足够贷款抵押的中小企业提供担保，以解决其融资问题，其担保重点是创业型、成长型中小企业和对合理化投资的担保。

经过几十年的发展，德国担保银行整体运行情况较好，形成了较为完善的风险分担机制。德国担保银行与承贷商业银行承担的贷款风险比例为 8∶2。当担保银行发生代偿损失时，政府承担其损失额的 65%（其中联邦政府承担 39%，州政府承担 26%），担保机构仅承担损失额的 35%。也就是说，在无法追偿的情况下，担保银行最终承担 28% 的信贷损失。德国担保银行还形成了较为完善的风险补偿机制。如果其净损失率超过 3%，则通常采取以下三种办法予以解决：一是增加担保费率；二是请求政府增加损失承担比率；三是请求投资人增资。目前，德国担保银行代偿率在 4% 以下，净损失率大约为 1%，运行状况良好。德国联邦政府还出台了税收优惠政策扶持担保银行的发展，政府规定，只要担保银行的新增利润仍用于担保业务，则担保银行可以免税。

德国的知识产权质押融资制度最大的特色是风险分摊机制。在这种机制的作用下，金融机构开展知识产权质押融资业务面临的风险被化解到最低值。

(三) 日本：半市场化模式②

日本是世界上最早推出知识产权质押融资的国家之一，在实践过程中积累了丰富的经验。在宏观经济垄断寡头和中小企业并存的两重结构下，日本建立了双

---

① 崔晓玲. 德国的经济界互助担保经验借鉴（节选）[EB/OL]. (2016-06-21) [2019-10-23]. http://www.chinafga.org/hyfxyj/20160621/4853.html.

② 鲍静海, 薛萌萌, 刘莉薇. 知识产权质押融资模式研究：国际比较与启示 [J]. 南方金融, 2014 (11): 54-58.

轨制融资机制，即大型企业依靠长期信用银行和信托银行等大型银行发展；在政府支持下建立起来的中小金融机构，承担向中小企业提供金融服务的责任。日本的知识产权质押融资以政策投资银行为主，以商业银行为辅。民间银行也可以参与知识产权质押融资活动，但大多数是以与政策投资银行合作的形式展开的。比较具有代表性的模式主要有两种：一种是日本政策投资银行模式（DBJ），即直接债务融资模式；另一种是信用保证协会质押融资模式。

1. 日本政策投资银行模式

1999年，为了扶持科技型中小企业、推动知识创新，日本开发银行与北海道开发金库合并，组建了一个具有政府背景的政策性金融机构——日本政策投资银行。它以"贷款提供者、贷款协调者和知识产权资产运行者"的身份为成立初期的科技型中小企业提供著作权、专利权等知识产权质押贷款。在这种模式下，中小企业以知识产权为质押直接向日本政策投资银行提出贷款申请。日本政策投资银行对其信用状况进行初步审查后，委托评估机构和律师事务所对质押标的进行价值评估和法律评估，日本政策投资银行在评估结果的基础上确定质押贷款额度、发放贷款，并委托资产管理公司实施贷后管理和不良贷款的处置。如图11-6所示。这一模式被住友银行、三菱银行以及富士银行等广为借鉴。

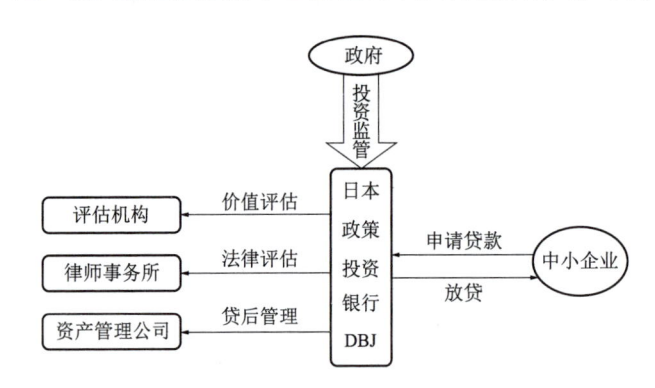

图 11-6　日本政策投资银行质押贷款模式

2. 信用保证协会模式

这种模式由信用保证协会对知识产权担保进行信用加强。如图11-7所示，中小企业以其拥有的知识产权向信用保证协会提出担保申请；信用保证协会审查其符合担保条件后，将保证金缴纳给金融机构；金融机构收到保证金后为中小企业提供贷款。同时，为了降低经营风险，信用保证协会和中小企业综合事业团中的信用保险公司签订一揽子保险合同，并按一定比例支付保险费。当发生代偿时，保险公司将以 70%~80% 的比例对代偿金额进行补偿。其中，中央政府负责对中小企业综合事业团进行投资和监管；信用保证协会的资本金主要依靠地方政府资助。目前，日本国内共有 52 家信用保证协会，分别为各地区的中小企业提供信用担保服务。

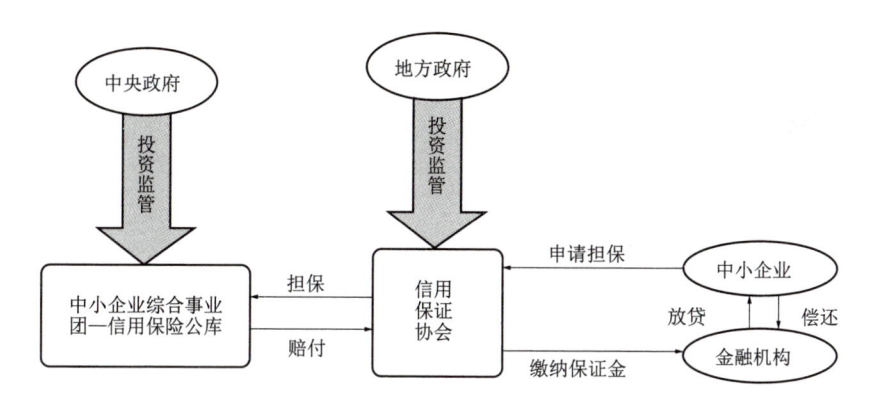

图 11-7　日本信用保证协会质押贷款模式

（四）韩国：政府主导型模式[①]

目前，韩国运行的是一套政府主导型的知识产权质押融资体系（如图 11-8 所示）。国家出资组建韩国技术交易中心（KTTC），为知识产权质押融资提供专业化的场所。韩国技术交易中心实行会员准入制度，担保机构、技术交易机构等中介机构只有通过政府许可，才可以进入场内参与知识产权质押融资业务。韩国知识产权局和韩国科学技术研究院以及为企业提供资金支持的国有金融机构（如友利银行）签订合作协议，由韩国科学技术研究院对知识产权进行价值评估，企业即可从金融机构获得贷款。也就是说，政府完全介入市场，并运用法律、行政、经济等多种手段对中小企业予以扶持。

---

① 鲍静海，薛萌萌，刘莉薇. 知识产权质押融资模式研究：国际比较与启示 [J]. 南方金融, 2014 (11): 54-58.

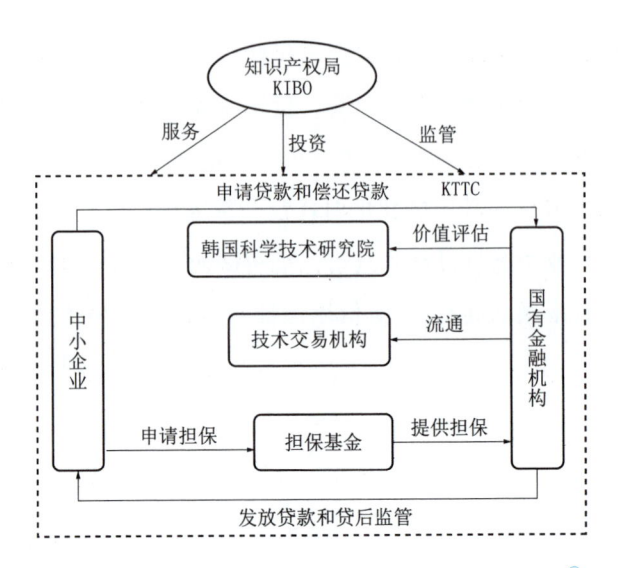

图 11-8　韩国技术交易中心知识产权质押融资模式[①]

二、国内知识产权质押融资模式及案例分析

从 2008 年开始，我国政府大力推行知识产权质押融资工作，目前，已经基本形成了具有区域特色的多元化知识产权质押融资体系，各地方结合自己的经济发展特点构建了不同的知识产权质押融资模式，如湘潭模式、北京模式、中山模式、青岛模式、武汉模式、南海模式、浦东模式、广州模式、佛山模式等[②][③]。上述不同模式中，核心的区别点为选择的风险缓释机制不同，以下将从风险缓释机构的角度分类，重点介绍市场中具有代表性的质押融资产品。

（一）纯担保公司承保

1. 模式概述

该模式下，知识产权质押融资的主要风险由担保公司承担，担保公司在融资的过程中发挥着关键的作用。一般担保公司会要求企业将知识产权作为反担保，

[①] 鲍静海，薛萌萌，刘莉薇. 知识产权质押融资模式研究：国际比较与启示 [J]. 南方金融，2014 (11)：54-58.

[②] 宋光辉，田立民. 科技型中小企业知识产权质押融资模式的国内外比较研究 [J]. 金融发展研究，2016 (2)：50-56.

[③] 邱志乔. 中国知识产权质押融资实证分析与研究 [M]. 北京：知识产权出版社，2018：81-94.

即质权人为担保公司而非银行。此外，为了缓解自身的风险，某些担保公司尤其是民营担保公司会通过再担保公司分担一定的风险；某些政府性融资担保机构通过申请担保专项资金来分担风险，如北京市昌平区专门设有担保专项资金，对依监管部门审批核准设立的具有融资担保经营资质的、在昌平区登记注册纳税的政府性融资担保机构从事符合政策支持方向的贷款担保业务，项目发生代偿后，担保机构可申请担保专项资金按照代偿额最高85%的补助①。

由担保公司尤其是民营担保公司承保，政府的干预较小，有助于知识产权质押融资的市场化发展。但承前所述，担保公司在该模式中起着关键性的作用，而担保公司的业务经理或风控人员大多为金融专业，其在判断是否承保时，主要还是关注企业本身的财务状况和信用，而极少关注知识产权本身，不利于"纯"知识产权的质押的发展。

采用该模式具有代表性的产品主要有由国家知识产权运营公共服务平台（下称国家平台）② 2018年4月发布的知信贷和知闪贷，以及由交通银行股份有限公司2018年12月发布的新版智融通。下面以知闪贷为例，详述该模式下的产品化运作过程。

2. 产品举例——知闪贷

（1）运作模式

知闪贷采用线上和线下联动的模式。线上：一方面通过质押融资系统与银行总行的批贷系统打通，充分利用互联网的优势，收集融资需求、初筛合格项目、监控质物法律状态，精简融资流程，提高融资效率；另一方面，采用国家

---

① 昌平区小微企业创业创新基地城市示范专项支持办法［EB/OL］.（2017-09-26）［2019-10-23］. http://www.bc-tid.com/content/details25_985.html.
② 国家平台是国家"平台、机构、资本、产业"四位一体的知识产权运营服务体系核心载体和基础支撑，是"1+N"知识产权运营服务体系的核心枢纽，是国家"十三五"规划部署的重要任务之一。国家平台以各类区域性、功能性、产业性知识产权运营平台（中心）为分支，以全国各知识产权运营重点城市为支撑，以各种知识产权运营基金和机构为节点，逐步实现业务流、信息流、资金流的互联互通，形成全国"一张网"全要素的知识产权运营生态圈。其秉承公共服务与市场运作相结合的建设思路，以"数据为基、信用为根、服务为本"为宗旨，围绕企业、高校院所等市场主体及各级政府需求，立足服务于"大众创业、万众创新"，通过提供全链条的知识产权运营公共服务，促进知识产权保护运用，包括知识产权转移转化、收购托管、交易流转、质押融资、导航评议等。

平台的项目交易系统为产生坏账的知识产权进行处置。线下：国家平台一方面充分利用人才和 IP 大数据优势，对知识产权进行技术评价，并出具"知识产权价值评价报告"，以辅助银行和担保公司对 IP 价值进行判断；另一方面，充分发挥其作为"1 + N"知识产权运营服务体系的核心枢纽的作用，充分整合资源，为贷后优质的项目引入知识产权运营基金及股权投资基金，实现投贷联动；并打造了 IP 资产管理计划，对坏账 IP 进行线下运营（包括专利池、证券化、许可、诉讼等），若企业对该质物专利有实施需求，国家平台还可通过逆许可的形式将专利许可该企业使用，以保证企业的持续发展。如图 11 - 9 所示。

（2）申请条件

①拥有核心技术及自主知识产权的中小微企业。

②企业具备履行合同、偿还债务的能力，无不良信用记录。

③用于质押的实用新型专利剩余有效保护期大于 2 年；发明专利剩余有效保护期大于 3 年；商标为有效注册商标。

④用于质押的专利或商标已实质性实施，并具有盈利能力。

⑤企业法定代表人或实际控制人为"千人计划""青年千人计划""国家杰出青年基金人才""长江学者"、归国创业留学生、博士后学历等顶级人才的优先。

（3）业务要素

融资额度：单户不超过 500 万元，续期不超过 1 000 万元。

融资期限：以一年以内的短期贷款为主，到期可续贷。

贷款利率：贷款利率为基准利率。

（4）产品特点

该产品以国家平台对质物和企业增信为基础，以知识产权资产管理计划为保障，以基金为源头活水，以银行为支点，对科技型中小微企业进行投贷联动，帮助其将"知本"转化为"资本"，具有扩展性强、效率高、无地域性限制等特点。据悉，该产品将借助线上的质押融资系统，在北京试点后，与合作银行总行合作，将产品推向全国；且国家平台将建立知识产权质押融资风险缓释机构联盟，根据不同地域选择属地风险缓释机构。

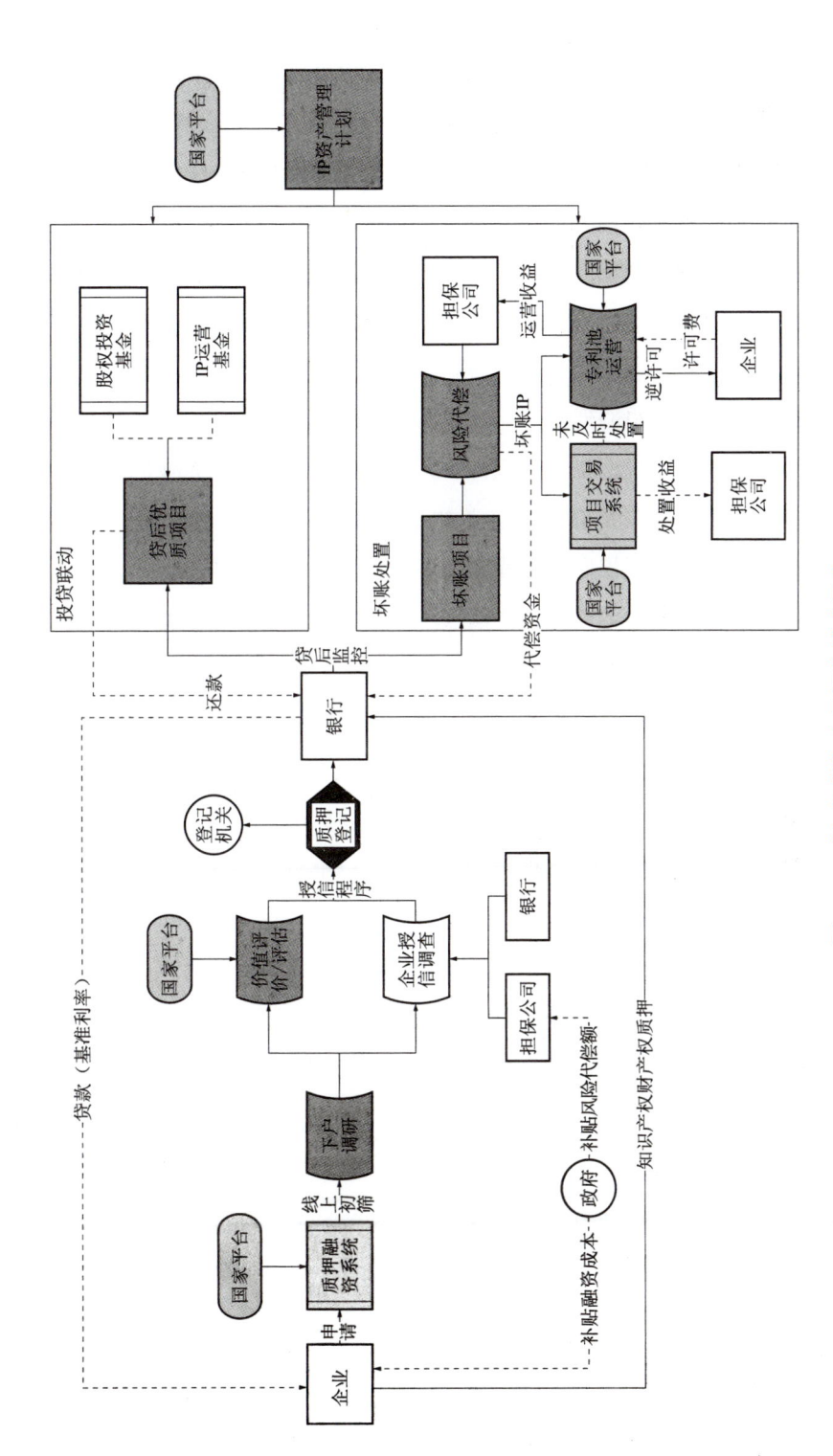

图11-9 "知闪贷"产品运作模式示意

注：其中，虚线表示资金流，实线表示业务流。

（二）风险处置资金池承保

1. 模式概述

该模式下，一般由知识产权运营机构联合地方政府按照1:1的比例出资设立风险处置资金池（下称"资金池"），该资金池由知识产权运营机构负责运营。当产生融资风险时，由资金池承担主要风险。由于政府不直接参与融资事项，知识产权运营机构在融资的过程中起着决定性作用。为了缓释企业自身承担的风险，知识产权运营机构一般会通过为资金池购买保险，或与担保公司进行合作，将部分风险转给担保公司的形式进行分担风险。

由资金池承保，知识产权运营机构决策过程中会充分考虑企业的成长性和知识产权本身价值，可有效提高融资企业的积极性，有助于"纯"知识产权的质押的发展，有利于知识产权质押融资的市场化发展。但该模式下，一般知识产权运营机构不是纯金融机构，其资金体量较小，所设立的资金池的体量一般在千万级，所能撬动的银行资金量有限，且由于该资金池跟政府机构共同设立，只能在合作政府的辖区内使用，故该模式产品的可扩展性较低，不利于大范围、大资金量的融资。

该模式下，具有代表性的产品主要是由北京知识产权运营管理有限公司（以下简称"北京IP"[①]）于2016年推出的智融宝，以下将以其为例详述该模式下的产品化运作过程。

2. 产品举例——智融宝

（1）运作模式

智融宝产品是北京IP联合银行、担保公司等金融机构共同推出，面向中小微科技企业及文创企业，以企业知识产权为主要质押物的融资产品。北京IP以智融宝贷款为基础，进一步提供股权投资、知识产权运营联动综合服务，提升企业知识产权实力，进一步助力企业发展。

如图11-10所示，在贷款业务中，北京IP与银行共同筛选、决策所服务的

[①] 北京IP是国内首家由政府倡导并出资设立的知识产权运营公司，公司成立于2014年7月11日，注册资本金为14 217万元人民币，大股东为中关村发展集团，经营范围为知识产权服务、技术服务、投资管理、资产管理等。

企业，银行向企业提供知识产权质押贷款，企业将知识产权质押给银行，北京IP联合评估公司对银行所质押的知识产权进行评估。当产生融资风险时，以北京IP与政府共建的资金池对银行的知识产权质押贷款提供风险处置服务。资金池的首期资金规模为4 000万元，可撬动银行6亿元贷款额度，以北京市海淀区政府和北京IP的名义1:1出资设立。截至2019年4月，共发生2笔智融宝贷款风险，资金池已全部履行风险处置责任。该资金池对融资风险的处置方式包括委托贷款、高价值专利收储、知识产权运营处置等。

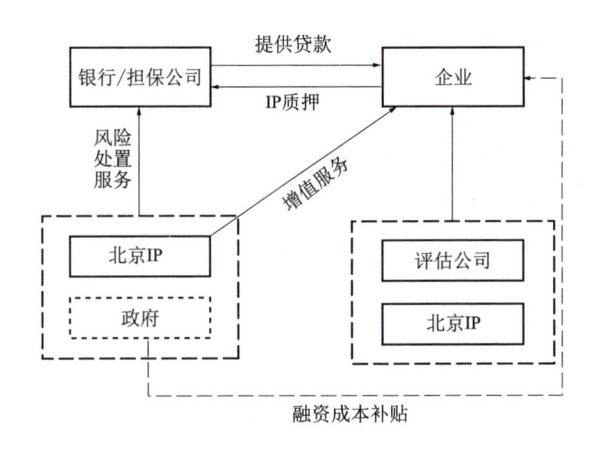

图11-10　智融宝产品运作模式示意

①委托贷款。当借款企业未能如期偿还银行贷款，北京IP以资金池资金向企业发放委托贷款。委托贷款执行惩罚性利率，要求企业质押全部知识产权及可质押的其他资产，并要求企业实际控制人提供无限连带保证。当企业无法偿还委托贷款，北京IP对企业及实际控制人进行追偿，并处置企业知识产权，处置方式包括债转股、高价值专利收储、运营处置等。涉及债转股的，公司通常在银行放款前就与企业约定债转股条款，确保公司取得更优惠的债转股价格。

②高价值专利收储。公司可选择通过购买所质押专利的方式对银行贷款进行风险处置，其中公司与北京银行合作模式中，公司有权对高价值专利以不高于银行贷款额度的价格进行强制购买。高价值专利的选择聚焦智能传感器、新药核心专利等高价值领域，或公司建立专利池所需领域。

③知识产权运营处置。公司可选取通过运营知识产权，实现所质押知识产权

对外转让、许可等方式盘活知识产权价值，弥补银行贷款风险。

此外，为最大程度分散业务风险，增强商业银行、金融机构开展智融宝业务积极性，使更多小微企业受益，北京 IP 积极探索创新知识产权质押融资产品模式。2018 年，北京 IP 创新推出了智融宝知识产权质押融资担保模式，即知识产权处置履约保证模式，与中关村担保、首创担保、北京中小企业再担保等担保机构开展合作，实现了风险共担；在北京市知识产权局、中关村管委会、北京银保监局的支持指导下，又打造了国内首个针对知识产权质押融资项目集中投保的保险模式——"中关村模式"，进一步分散业务风险。2018 年年底，北京 IP 与人保财险签订了首单智融宝知识产权质押融资保险合作，为 45 个智融宝存量项目购买保险，涉及贷款金额 2 亿元。2019 年 4 月，人保财险向北京 IP 对首个智融宝知识产权质押融资保险项目进行理赔，赔付金额为 996 632.36 元，走通了保险理赔工作全流程①。

（2）申请条件

①企业应属于知识产权密集型或知识产权依赖型企业。

②企业持续经营 2 年以上。

③原则上上年销售收入 1 000 万元以上。

④质押拥有权属清晰、有效的专利、著作权、商标等可质押的知识产权。

⑤所质押知识产权应为企业核心知识产权。

⑥质押知识产权剩余保护期不少于 3～5 年。

⑦质押知识产权应具有运营机构认可的运营价值。

（3）业务要素

贷款额度：最高可达 2 000 万元。

贷款期限：1 年期为主，可滚动续贷。

质押要求：纯知识产权质押。

增信措施：企业实际控制人无限连带责任。

---

① 知识产权质押融资保险"中关村模式"发布 智融宝知识产权普惠金融服务生态圈建成［EB/OL］.［2019 - 10 - 23］. http：//www.iprdaily.cn/article_21421.html.

(4) 产品特点

该产品由专业的知识产权运营机构进行决策，可提高知识产权在融资过程中所起的作用，有利于推进"纯"知识产权的质押融资，具有可产品化复制、市场化操作的潜力。此外，该产品通过知识产权运营联动，为缺乏知识产权意识的中小企业解决知识产权问题，提升企业知识产权保护能力、竞争能力和管理水平。

（三）质押融资风险补偿基金 + 合作机构承保

1. 模式概述

风险补偿基金运作模式主要是政府指导，由政府提供专项资金，为银行的知识产权融资风险损失和风险提供政策性补偿，形成政府引导、市场运作、风险共担、合理容错的基金运营格局[1]。

2015 年，财政部、国家知识产权局发布《关于做好 2015 年以市场化方式促进知识产权运营服务工作的通知》，支持辽宁、山东、广东、四川 4 个省设立知识产权质押融资风险补偿基金（下称"风险补偿基金"），每个省 5 000 万元。要求充分发挥财政资金的杠杆放大和风险保障作用，对知识产权质押融资贷款进行风险补偿，有效防范化解知识产权质押贷款风险，充分调动各类金融机构的积极性，推动银行简化知识产权质押融资流程，加快实现知识产权金融服务规模化、常态化。至此，各省市不断探索知识产权质押融资风险补偿基金承保的质押融资模式。

该模式下，风险补偿基金一般由政府出资设立，政府在整个融资过程中参与程度较高，当产生融资风险时，由风险补偿基金承担主要风险。为了最大限度地放大财政资金的引导作用，缓释政府自身承担的风险，经过近几年的探索，逐渐形成了"政银保评""政银担评"等分担风险的子模式。其中，"政银保评"主要由风险补偿基金、银行、保险公司、评估公司按一定比例共同承担风险，具有代表性的有厦门市知识产权局推出的知保贷。

---

[1] 杨帆，李迪，赵东，等. 知识产权质押融资风险补偿基金：运作模式与发展策略 [J]. 科技进步与对策，2017，34（12）：99 - 105.

2. 产品举例——知保贷[①]

（1）运作模式

为解决中小微企业融资难、融资贵问题，提升专利权质押融资规模和效益，厦门市知识产权局联合银行、保险公司、评估机构推出针对中小微企业提供专利权质押贷款服务的融资方案（简称"知保贷"）。

知保贷是指企业将已拥有的发明或实用新型专利（一件或多件）经评估机构评估，以专利权向银行质押并同时向保险公司投保专利权质押贷款保证保险，银行依据专利权评估价向企业发放专利权质押贷款；在企业未按借款合同约定履行还贷义务时，由保险公司按照保险合同约定分担银行贷款损失，贷款流程如图 11-11 所示。

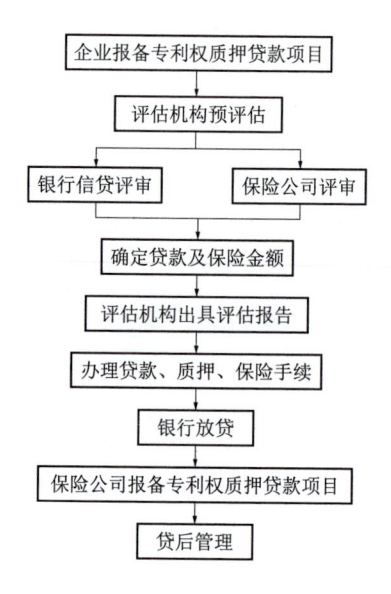

图 11-11　"知保贷"专利权质押贷款流程

（2）风险补偿机制

为降低专利权质押贷款业务风险，引入"风险补偿资金池"机制，即设立专利权质押贷款风险补偿资金，由市知识产权局与市财政局共同管理。当发生

[①] 厦门市知识产权局.《关于进一步推进专利权质押融资工作的通知》厦知〔2017〕68 号.[EB/OL].（2017-09-11）[2019-10-23]. http://xmtorch.1633.com/gonggao/13/13943.html.

风险代偿时，试行期代偿项目本金损失由专利权质押贷款风险补偿资金分担40%、保险公司分担35%、银行分担20%、评估机构分担5%。具体补偿机制如下：

①企业连续欠息达3个月以上或贷款到期后1个月内未偿还本金，银行追索未果的，即可就未按期偿还的贷款本金向保险公司发出索赔通知书，同时及时启动司法程序处置质押物，通过产权交易机构发布质押物的专利权处置公告，依法拍卖或转让该专利权。追偿回的资金或收回的资金在扣抵追偿费用后，优先用于冲减逾期贷款损失。

②保险公司按照保险合同约定，在银行提出索赔申请之日起30天内做出核定，并将核定结果通知银行及评估机构。核定结果经银行、评估机构书面确认后，保险公司按比例（扣除银行应承担的部分）向银行优先履行赔偿义务。

③评估机构向保险公司缴存补偿保证金（金额不低于知保贷业务规模的0.5%，最低不少于50万元），若项目出现风险，保险公司有权按照评估机构风险承担比例预先扣减缴存保证金用于向银行补偿，并通知评估机构在规定时间内补足保证金。

④保险公司向银行代偿后，向市知识产权局和市财政局提请拨付专利权质押贷款风险补偿资金，市知识产权局和市财政局审核完成后按照确定的风险分担比例将相应的补偿资金拨付至保险公司。

（3）服务对象

知保贷主要的贷款对象为在厦门地区发展良好且拥有核心专利技术的中小微企业，由银行、保险公司及评估机构分别审核、管控，筛选出符合知保贷要求的企业。

（4）设质专利权要求

①设质专利权须是出质人经营的核心专利技术，并形成产业化经营规模，具有一定的市场潜力和良好的经济效益。

②设质专利权为单项专利的，该专利至少已进行2年（含）以上的实质性实施，且至申请贷款时该专利仍在使用，并具有盈利能力；设质专利权为多项专利的，其中至少1项专利应已进行了2年（含）以上的实质性实施，且至申请贷款时该专利仍在使用，并具有盈利能力；专利权获得国家级专利奖项的，设质专利

权已使用时间可在1年（含）以上。

③发明专利现有有效期不得少于5年，实用新型专利现有有效期不得少于5年。

(5) 业务要素

融资额度：单笔专利权质押贷款金额最高不超过500万元。

融资期限：贷款期限不超过1年。

还款方式：按月付息，到期还本。

融资成本：当企业成功还款后，可向市知识产权局申请财政贴息，贴息比例最高为银行贷款实际利率的60%，补贴资金最高60万元。保险公司按照（贷款额度×1.0%）/年的收费标准向企业收取保险费，财政按照（贷款额度×1.5%）/年向保险公司补贴，单笔业务最高不超过7.5万元。评估机构按照（贷款额度×0.5%）/年的收费标准向企业收取评估费，财政按1:1补贴评估机构评估费，单笔业务最高不超过5万元。市知识产权局集中受理、发放企业申请的银行利息贴息和保险公司、评估机构申请的保险费、评估费补贴。具体贴息、补贴比例如表11-1所示。

表11-1 知保贷专利权质押贷款成本

利率、费率	银行贷款利率	保险年费率	评估年费率	贷款成本合计
融资成本	5.655%（利率暂定上浮30%）	2.5%	1%	9.155%
贴息、补贴	3.393%（财政贴息60%）	1.5%（财政补贴60%）	0.5%（财政补贴50%）	5.393%
融资实际成本	2.262%	1%	0.5%	3.762%

(6) 产品特点

该产品可充分发挥杠杆作用，放大财政资金的引导作用，并且通过政、银、保、评多方合作，设立诚信备案名单，可建立信息共享机制和监督机制，共享企业经营动态信息，协同控制风险。

3. 产品举例——知担贷[①]

(1) 运作模式

为解决中小微企业融资难、融资贵问题，提升专利权质押融资规模和效益，厦门市知识产权局联合银行、担保公司、评估机构推出针对中小微企业提供专利权质押贷款服务的融资方案（简称"知担贷"）。

知担贷是指企业将已拥有的发明或实用新型专利（一件或多件）经评估机构评估，以专利权为质押物向担保公司质押并向银行申请贷款，银行依据专利权评估价向企业发放专利权质押贷款。在企业未按借款合同约定履行还贷义务时，由担保公司按照担保合同约定分担银行贷款损失。贷款流程如图11-12所示。

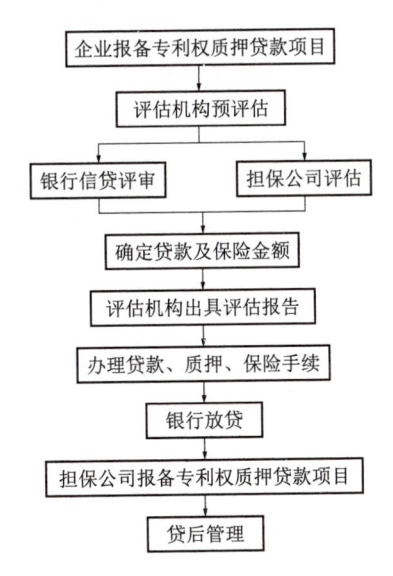

```
企业报备专利权质押贷款项目
           ↓
      评估机构预评估
       ↓        ↓
  银行信贷评审  担保公司评估
           ↓
     确定贷款及保险金额
           ↓
     评估机构出具评估报告
           ↓
    办理贷款、质押、保险手续
           ↓
         银行放贷
           ↓
  担保公司报备专利权质押贷款项目
           ↓
         贷后管理
```

图11-12 "知担贷"专利权质押贷款流程

(2) 风险补偿机制

为降低专利权质押贷款业务风险，引入"风险补偿资金池"机制，即设立专利权质押贷款风险补偿资金，由市知识产权局与市财政局共同管理。当发生风险代偿时，知担贷试行期代偿项目本金损失由专利权质押贷款风险补偿资金分担40%、

[①] 厦门市知识产权局. 《关于进一步推进专利权质押融资工作的通知》厦知〔2017〕68号. [EB/OL]. (2017-09-11) [2019-10-23]. http://xmtorch.1633.com/gonggao/13/13943.html.

担保公司分担35%、银行分担20%、评估机构分担5%。

(3) 业务要素

融资额度：单笔专利权质押贷款金额最高不超过1 000万元。

融资期限：贷款期限不超过1年。

还款方式：按月付息，到期还本。

融资成本：企业还款后可向市知识产权局申请财政贴息，贴息比例最高为银行贷款实际利率的60%，补贴资金最高60万元。担保公司按照（贷款额度×1.0%）/年的收费标准向企业收取担保费，财政按1:1补贴担保公司担保费，单笔业务最高不超过10万元，担保费补贴作为担保公司收入。评估公司按照（贷款额度×0.5%）/年的收费标准向企业收取评估费，财政按1:1补贴评估机构评估费，单笔业务最高不超过5万元。市知识产权局集中受理、发放企业申请的银行利息贴息和担保公司、评估机构申请的担保费、评估费补贴。具体贴息、补贴比例如表11-2所示。

表11-2 知担贷专利权质押贷款成本

利率、费率	银行贷款利率	担保年费率	评估年费率	贷款成本合计
贷款成本	5.655%（利率暂定上浮30%）	2.0%	1%	8.655%
贴息、补贴	3.393%（财政贴息60%）	1%（财政补贴50%）	0.5%（财政补贴50%）	4.893%
贷款实际成本	2.262%	1%	0.5%	3.762%

（四）风险代偿专项资金池 + 银行承保

1. 模式概述

该模式下，一般由政府划拨财政资金，设立风险代偿专项资金池（下称"代偿资金池"），由银行向符合条件的企业进行贷款，当发生风险后，由代偿资金池对贷款逾期一定时间本金未收回部分按比例给予风险代偿（银行一般承担10%~40%的风险）。在融资过程中，政府主要负责代偿资金池的管理、符合要求企业的入库、合作银行风险代偿总额及授信总额的确定、风险代偿的受理等工作。主要的放贷行为决策方是银行。和纯担保公司承保的模式类似，由于银行为纯金融机构，其缺乏知识产权类的相关专业人才，在其决策是否放贷时，更多的是关注企业的财务状况，而常常忽略知识产权本身的价值，不利于"纯"知识产权质押融资的发展。

该模式典型的代偿资金池包括：由江苏省财政厅安排资金设立的"省风险补偿资金"，其对符合条件的金融机构开展省科技成果转化贷款（简称"苏科贷"）给予风险补偿；由南京市、区（国家级开发园区）财政预算安排资金设立的银行风险代偿专项资金，用于科技型企业贷款风险代偿（简称"宁科贷"）；以及由南京市市财政出资设立风险代偿资金池，主要对符合"南京市创新创业贷款"（简称"宁创贷"）要求，向在南京市注册并正常生产经营的小微企业提供贷款的驻宁银行业提供风险代偿。以下以宁创贷为例，详述该模式的运作思路。

2. 风险代持机制——以"宁创贷"为例

2019年，为激励银行加大对南京市小微企业创新创业的信贷投放力度，根据《中共南京市委南京市人民政府关于支持民营经济健康发展的若干意见》（宁委发〔2018〕39号）设立"南京市创新创业贷款"（简称"宁创贷"）要求，鼓励驻宁银行业金融机构自愿申请成为"宁创贷"合作银行，向在南京市注册并正常生产经营的小微企业提供贷款。市财政设立总额10亿元的风险代偿资金池，为合作银行提供80%~90%的风险代偿。具体如下。

合作银行对小微企业发放的不超过同期限贷款基准利率上浮30%的信用贷款等弱抵押、弱担保贷款（原则上无有形资产抵质押或第三方全额担保，均可考虑视同为弱抵押、弱担保贷款）发生风险，由市财政对贷款逾期60天本金未收回部分给予风险代偿。其中，上年末信用贷款等弱抵押、弱担保贷款余额占"宁创贷"贷款总余额20%以上（含20%）的给予90%代偿，占比20%以下的给予80%代偿。对合作银行申报的贷款风险，市财政在10个工作日内办理提前代偿，直接归还贷款。对提前代偿的逾期贷款，由市财政局定期聘请中介机构进行审计，会同相关主管部门对审计结果进行确认后多退少补。年度最高代偿总额按单个银行核算不超过上年末"宁创贷"余额的5%，超过部分由合作银行承担。对由风险代偿资金代偿的逾期贷款，合作银行应继续履行追偿责任，追回的资金扣除必要费用后按原比例及时返还市财政。

3. 产品举例——麦金 1 号

（1）产品背景

2017 年 6 月，南京市发布《南京市关于深入推进知识产权质押融资工作的通知》，要求市级层面加快推进"我的麦田"互联网知识产权公共服务平台（下称"我的麦田"①）建设，支持"我的麦田"与银行、担保机构共同开发知识产权质押融资新产品，建立标准化流程，加快企业知识产权质押融资办理速度。各区（园区）积极建立与"我的麦田"、金融机构的合作，向企业推介系列知识产权质押融资产品，完善登记备案制度，在全市逐步实现知识产权质押融资产品化、流程的标准化和业务的规模化。"我的麦田"作为市级专门从事知识产权质押融资公共服务平台，要完善线上线下服务系统，开展知识产权质押融资一站式服务，做好与"苏科贷""宁科贷"的衔接工作，扎口统计通过平台操作的知识产权质押融资数据，按季度向市知识产权局报送质押融资统计数据。

为积极响应该通知的要求，"我的麦田"推出了麦金系列产品，其中"麦金一号"为其推出的首款知识产权融资服务产品，主要为破解中小微企业融资难和融资慢的现状，助推中小微企业快速成长。

（2）运作模式

"麦金一号"主要是在"苏科贷""宁科贷"的基础上衍生的专门针对知识产权质押融资的产品，其享受"苏科贷""宁科贷"及"宁创贷"的相关政策。在该产品中，"我的麦田"在金融机构、政府和企业之间主要起到了较好的居间作用。企业融资的发起由我的麦田带动，其通过组织银企对接会、知识产权培训、知识产权金融宣讲等形式，将政府的相关政策贯彻到位，将银行的融资产品推介给企业，并同时为银行和企业融资、质押登记、代偿资金及补贴申请等提供全流程的配套服务，较好地提高银行发放知识产权质押融资的积极性和企业对知

---

① "我的麦田"知识产权互联网公共服务平台是由江苏省知识产权局、南京市知识产权局、南京市江北新区管委会、中国（南京）软件谷管委会、江苏省专利信息服务中心共同建设的"互联网＋金融＋知识产权"的专业第三方综合服务平台，该平台隶属于南京扬子国资投资集团有限责任公司投资的江苏智麦汇科技发展有限公司，通过网站和 App 为企业提供知识产权债权融资和股权融资、科技政策解读、专利检索等综合服务。

识产权质押融资的认识程度，有效地弥补了"苏科贷""宁科贷"之前由银行主导整个融资过程的缺陷。

（3）申请条件①

基本条件：南京市各区（园区）内科创企业，税源关系隶属于各区（园区）；原则上企业资产负债率不超过70%，企业上一年度利润非亏损。

知识产权：具有自主知识产权（包括专利和著作权），知识产权须与企业经营项目相关，处于法定有效期内（发明专利剩余有效期不少于8年，实用新型专利剩余有效期不少于5年），未许可给其他企业或个人，产权明晰可质押。

（4）申请流程

平台申请—"我的麦田"初审—金融机构审核—园区推荐—合同签订—贷款发放。

（5）业务要素

贷款额度：单笔融资额度不超过500万元。

贷款期限：不超过1年。

担保/抵质押方式：纯知识产权质押。

融资成本：融资综合成本不超过8.85%。

（6）产品特点

知识产权无实物抵押融资、融资综合成本低、融资效率高。

三、知识产权质押融资模式比较与启示

从各国质押融资模式的纵向发展看，在发展初期政府均制定了扶持政策或支持措施，并积极完善质押融资服务体系，营造高效的知识产权运营环境。随着质押融资工作的推进，政府逐渐弱化扶持功能，加强相关政策、制度的制定，发挥市场的自我调节作用。我国的知识产权质押融资模式虽然多种并存，但由于目前知识产权价值评估难、处置难的核心问题未得到很好的解决，各模式均不同程度

---

① 科技金融服务平台. 金融产品-详情：麦金一号［EB/OL］.［2019-10-23］. http://njxgkjrc.gov.cn/nj_techsub/Apps/finance/index.php? s =/FinanceProduct/detail/id/7.

依赖于政府提供的风险缓释,政府承担了主要的风险。若想扩大融资规模,真正为企业提供资金支持,政府每年需要投入大量的政府专项资金,从而影响市场经济功能的发挥,持续性发展难度相对较大。以上各模式的实践经验,对我国知识产权质押融资的发展的启示如下:

①设立专门的政策性金融机构。日本政策投资银行知识产权质押融资模式充分发挥了政府的调控职能,为银企双方搭建了良好的交流平台。我国可以借鉴其做法设立专门的政策性银行开展知识产权质押融资业务。政策性银行不以营利为目的,为贯彻政府社会经济政策而从事政策性投融资活动。这可以有效解决商业银行参与积极性不高的问题①。如厦门农商银行何厝支行就是一次有益的尝试:2016 年 5 月,厦门市选定 8 家试点银行开展知识产权金融特色业务,为科技型企业提供专利质押贷款,在此基础上,2017 年 12 月成立全国首家知识产权支行"厦门知识产权特色支行"——厦门农商银行何厝支行,主要为广大科技型中小企业提供更好的知识产权金融服务和资本供给,助力科技型中小企业健康发展②。

②政府引导,市场化运作,充分发挥知识产权运营机构及民间金融机构的作用。美国的知识产权质押融资模式以市场为导向,充分发挥民间金融机构的作用,为市场注入活力,如美国 M - CAM 公司和美国 Cowen 医疗专利融资贷款公司。我国可以在这一方面进行加强,注重民营金融力量的培育,增加资金提供方的种类,如小贷公司、P2P 网贷平台等。2015 年 1 月,《南方日报》报道,P2P 平台开始涉足专利质押融资项目,壹宝贷与广东海科资产管理宣布将推出全国首个知识产权抵押融资类产品"展业宝"。通过 P2P 拓展知识产权质押融资渠道,对新兴科技型企业而言无疑多了一个融资渠道,但模式很新,是否可行有待尝试检验;此外,知识产权运营机构和知识产权运营类平台的参与,可有效提高融资效率,且有助于"纯"知识产权质押融资模式的发展,如知闪贷、智融宝和麦金一号等。

---

① 鲍静海,薛萌萌,刘莉薇. 知识产权质押融资模式研究:国际比较与启示 [J]. 南方金融,2014 (11):54 - 58.

② 国家知识产权局网站:厦门有家知识产权支行 [EB/OL]. (2019 - 08 - 23) [2019 - 10 - 23]. http://www.sipo.gov.cn/mtsd/1141577.htm.

③统一风险缓释机制，标准化知识产权质押融资产品。德国统一的风险分摊机制，大大降低了金融机构开展知识产权质押融资业务所承担的风险，提高了金融机构参与的积极性。目前我国的风险缓释机制相对分散，呈现出较强的地域差异，使得知识产权质押融资的产品仅能适应某一区域，往全国拓展较难。因此，将风险缓释机制统一，有利于标准化产品，标准化的产品有利于复制和推广。如：参考德国建立统一的担保公司风险分担机制，或设立一支国家级的风险补偿母基金，将目前的风险补偿基金统一化运作。

④构建全国统一的国家知识产权融资坏账处置平台。借鉴美国的私人资本市场知识产权交易中心和韩国的技术交易中心的成功经验，充分利用现有资源，建立国家知识产权融资坏账处置平台，采用统一的交易规则，实现委托买卖、资金交割；利用知识产权动态数据库，及时更新数据信息以供信息需求者查询使用，进而为质权交易提供便利，提高变现效率，以保证质权的实现。据悉，目前国家知识产权运营公共服务平台（国家平台）已开发完成，在国家平台上即可实现知识产权的项目交易和资金交割。此外，国家平台拥有完整的知识产权数据，尤其是专利和商标数据，可以实现专利和商标信息的动态监控，在国家平台上即可实现国家知识产权融资坏账处置平台的基础功能。国家平台还打造了 IP 资产管理计划，专门对坏账知识产权进行线下运营，通过线上和线下联动的方式，实现对坏账知识产权的处置。因此，可在国家平台上进行坏账处置的现行先试。

⑤完善知识产权质押融资信用体系。我国各知识产权质押融资模式中，会出现各种不同的风险缓释机制，主要是因为金融机构对企业、对知识产权缺乏有力的判断依据，为了控制其自身的风险，必然要求在模式的设计中增加风险缓释机制。因此，我国的知识产权质押融资的可持续发展，可以借鉴美国和日本，借助知识产权大数据、企业经营数据、公用数据等，建立符合我国国情的信用评价体系，以增加金融机构对企业的信赖程度。

第十二章
知识产权证券化

第一节 概述

一、基本概念

资产证券化是指发起人将缺乏流动性但能在未来产生可预见的稳定现金流的资产或资产组合出售给特殊目的机构（Special Purpose Vehicle，SPV），由其通过一定的结构安排，分离和重组资产的收益和风险并增强资产的信用，转化成可自由流通的证券，而后销售给投资者获取融资的金融行为[1]。根据基础资产不同，资产证券化包括不动产证券化、应收账款证券化、信贷资产证券化、未来收益证券化等。[2]

知识产权证券化是资产证券化融资工具在知识产权领域的应用，是将知识产权的相关权利从资产持有者转移至证券发行者，即特殊目的机构（SPV），SPV将这些标的资产汇集成资产池，再以标的资产池未来可能产生的收益作为现金流支撑发行证券进行融资，并且利用资产池未来产生的现金流支付所发行证券的本息和红利的过程[3]。其中所述知识产权，包括版权、著作权、商标权、专利权等。

---

[1] 袁晓东. 专利信托研究 [M]. 北京：知识产权出版社. 2010：142.
[2] 中国证券业协会. 金融市场基础知识 [M]. 北京：中国财政经济出版社，2018：290.
[3] 崔哲，裴桐淅，张源埈，孙秀妮. 知识产权金融 [M]. 北京：知识产权出版社. 2017：16.

与实物资产不同，知识产权是一种无形资产，存在无形性、价值的不确定性和风险性，证券化过程中的资产重组和风险隔离可有效降低风险等级、提高投资人的信心，具有快速获取大量融资的特点，可为亟需资金的中小企业募集到资金，促进知识产权流转，实现知识产权金融价值最大化。

二、基本运作模式

知识产权证券化过程涉及的主体有：发起人、特殊目的机构、信用增级机构、信用评级机构、承销商、服务商、托管人、商业银行、投资银行、会计师事务所、律师事务所、知识产权评估机构等。

知识产权证券化基本结构如图 12-1 所示。在具体的证券化案例中，根据知识产权种类及其特点、各证券化产品的特殊性，其涉及的主体数量、类型、操作方式可能存在差异。

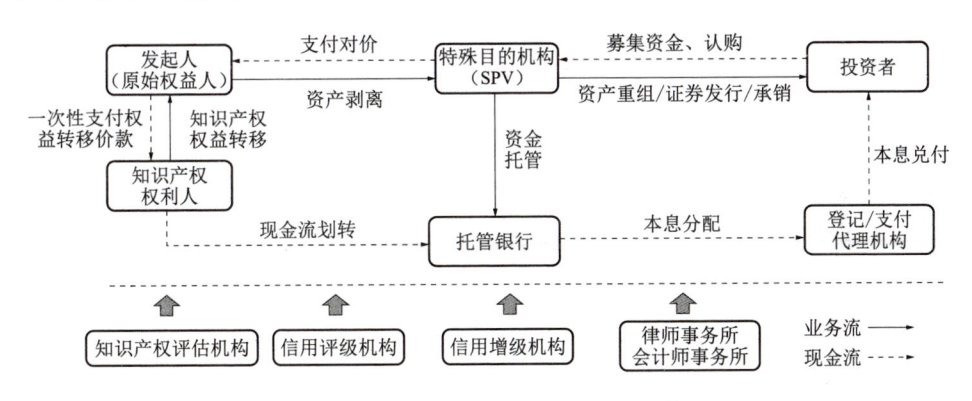

图 12-1 知识产权证券化基本结构[1]

具体操作流程和要求[2]：

①以发起人为起点，确定基础资产，组建资产池。发起人作为基础资产的原始权益人，需明确融资目标，并梳理用于证券化的知识产权，从知识产权权利人处获得知识产权的相关权益，测算这些知识产权未来的现金流，组建资产池。

②设立特殊目的机构。特殊目的机构是法律上的实体，作为证券化的核心，

---

[1] 李建伟. 知识产权证券化：理论分析与应用研究 [J]. 知识产权, 2006 (01): 37-43.
[2] 中国证券业协会. 金融市场基础知识 [M]. 北京：中国财政经济出版社, 2018: 290.

其可以采用信托、公司或有限合伙的形式，作为发起人和投资者中间的中介机构，向发起人购买资产池，同时向投资者发行证券。在特殊目的机构与发起人的买卖合同中，须明确该资产池不列入发起人资产清算时的清单，从而起到资产剥离、破产风险隔离的目的。

③完善交易结构。在该阶段，特殊目的机构与发起人一起，与托管银行签订托管协议以及必要时提供流动性支持的周转协议，与承销商签订证券承销协议，与会计师事务所、律师事务所、评级机构、增级机构等签署合作协议。

④信用增级。鉴于知识产权证券化的核心资产的不确定性，需进行信用增级，以增强投资者的信心。可通过发起人内部增级或引入第三方机构进行外部增级。内部增级可通过超额抵押、优先/次级债券分级的方式实现，一方面分散了产品信用风险，另一方面为各类型投资者提供适合各自风险等级的投资品种，有利于吸引更多投资者。第三方机构可以是政府机构、保险公司、金融机构、金融担保公司等。外部增级可使知识产权支持证券的信用提升至第三方机构的信用等级。

⑤信用评级。在证券发行之前，需由资本市场上被广大投资者认可的独立、有效、公正的评级机构对该资产支持证券的信用风险进行评级。国际上普遍认可的评级机构有标准普尔（Standard & Poor's）、穆迪（Moody's）和惠誉（Fitch），国内评级机构有中诚信证券评估有限公司、联合信用评级有限公司等。评级后管理人就评级结果向投资者公告。

⑥证券发行。评级结果公布后，承销商向投资者销售知识产权资产支持证券。承销一般由投资银行完成。

⑦向发起人支付权益。投资银行获得投资者的款项后，将其划归特殊目的机构，特殊目的机构委托托管银行进行资金管理，并要求其按照知识产权买卖合同约定，将证券发行收入的大部分支付给发起人，发起人一次性支付给知识产权权利人，权利人达到融资目的。

⑧资产管理，本息偿还。证券化产品发布，发起人收到融资款项后，发起人或发起人指定的受托管理机构负责证券化产品的管理，托管银行按期对资产支持账户进行核算，向投资者支付本息，向其他服务商支付服务费，并且在产品到期

后,将剩余资产退还发起人。

三、发展现状

知识产权证券化最早出现在美国,且初期主要以版权为基础资产。1997年,金融界以英国摇滚歌手大卫·鲍伊的音乐版权的未来收益为基础资产,发行了5 500万美元的债券,又称为"鲍伊债券"。"鲍伊债券"的发行首次将知识产权这种无形的非流动性的资产引入资本市场,迈出了知识产权与金融结合第一步。自此,资产证券化除了传统的抵押住房贷款证券化、汽车按揭贷款证券化、信用卡贷款证券化、应收账款证券化等类型外,新添知识产权资产证券化。同年,美国梦工厂以14部电影版权的未来利润为支持,发行了债券,随后基于电影版权又于2000年和2002年分别发行证券。

2000年以后,日本、英国等国家也开始了知识产权证券化的探索,同时知识产权证券化的基础资产中出现了专利、商标。2000年,皇家医药公司(Royalty Pharma)[①]以医药领域专利许可费为基础资产发行了证券,耶鲁大学融资1亿美元。2003年,盖尔斯(GUESS)将其14份商标许可合同的债券性收益作为基础资产发行了7 500万美元的私募证券[②]。

我国知识产权证券化起步晚,但是得到政府的大力支持,近年来政府相继出台了多项政策鼓励知识产权证券化发展。2016年,《国务院关于印发〈"十三五"国家知识产权保护和运用规划〉的通知》中提出探索开展知识产权证券化和信托业务。2017年,《国务院关于印发〈国家技术转移体系建设方案〉的通知》中

[①] 皇家医药公司(Royalty Pharma),成立于1996年,总部位于美国纽约,是专门购买已市场化或处于临床试验后期的生物药品知识产权及其他权益的投资机构。自1996年成立至2005年8月,皇家医药公司共进行了18次专利许可费收益权交易,拥有13种已市场化的专利药品和5种处于最后临床试验阶段的药品的专利许可费收益权,发起并运作了2000年耶鲁大学专利许可费证券化项目和2003年13种药品专利许可费收益权证券化项目。2014年,其以33亿美元的价格从美国一家慈善机构"囊性纤维化基金会"(Cystic Fibrosis Foundation, CFF)处购买了用于治疗由囊性纤维化引起的罕见肺病的药物的相关权利。2019年11月,其购买了日本卫材株式会社的一项抗癌药物Tazemetostat(用于治疗复发性或难治性非霍奇金淋巴瘤(NHL))在日本境外的销售权。

[②] Bonnie McGeer. Profile: Guess deal viewed as a model for IP sector [EB/OL]. (2003-11-07) [2019-10-12]. https://asreport.americanbanker.com/news/profile-guess-deal-viewed-as-a-model-for-ip-sector.

提出开展知识产权证券化融资试点。2018年4月，国务院在《关于支持海南全面深化改革开放的指导意见》中提出"鼓励探索知识产权证券化，完善知识产权信用担保机制"。2019年2月，中共中央、国务院正式印发《粤港澳大湾区发展规划纲要》，其中提出开展知识产权证券化试点工作。2019年6月，国务院知识产权战略实施工作部际联席会议办公室印发《2019年深入实施国家知识产权战略加快建设知识产权强国推进计划》，明确鼓励海南自由贸易试验区和雄安新区探索和开展知识产权证券化融资。2019年8月，国务院《关于支持深圳建设中国特色社会主义先行示范区的意见》中指出支持深圳探索知识产权证券化。

在国家政策的鼓励和知识产权金融大环境的支持下，证券化产品的探索也陆续展开，2018年12月14日，我国首支知识产权证券化标准化产品"第一创业—文科租赁一期资产支持专项计划"（简称"文科一期ABS"）在深交所成功获批；12月18日，经海南省知识产权局组织，"奇艺世纪知识产权供应链金融资产支持专项计划"在上海证券交易所成功发行。2019年9月，深交所推出第二项知识产权证券化产品，即"兴业圆融—广州开发区专利许可资产支持专项计划"。

2018年以来，我国知识产权证券化模式呈现多样性特点，底层知识产权涵盖商标、版权、专利等多类型知识产权，资本市场上，知识产权证券化领域创新性地推出了融资租赁证券化、应收账款证券化、许可反授权证券化模式。已有文献中依基础资产性质的不同，知识产权证券化包括专利许可费证券化、专利质押贷款证券化和专利信托证券化几种模式[1][2]，其中，专利许可费证券化在国外已有成熟案例，质押贷款证券化和信托证券化模式还在探索中。本章结合国内外知识产权证券化的现状，重点介绍专利许可费证券化、融资租赁证券化、应收账款证券化和信托资产证券化模式，对知识产权质押贷款证券化等模式和可行性进行初步探索。

---

[1] 周胜生. 专利运营之道 [M]. 北京：知识产权出版社，2016.
[2] 袁晓东，李晓桃. 专利资产证券化解析 [J]. 科学学与科学技术管理，2008，29 (06)：56-60.

第二节 许可费收益权证券化

一、概述

许可费收益权证券化，是指以知识产权的未来许可费收益权为基础资产，发行证券达到融资目的的金融化行为。是国际上知识产权证券化较为成熟的模式。

二、运作模式

国际上专利资产证券化模式依特殊目的机构的性质来看，主要采用特殊目的信托模式，甚至双信托模式。如皇家医药公司 2000 年发起的耶鲁大学药品专利许可费证券化项目采取的是信托模式，2003 年发起的 13 种药品专利许可费证券化案例中采用的是双层信托模式。下面以具体案例来说明这两种运作模式。

三、案例分析

【案例 12-1】耶鲁大学专利许可费证券化

2000 年，耶鲁大学将其最新开发的一种抗艾滋病药物泽瑞特（Zerit）的专利权许可给全球生物制药公司必治妥施贵宝公司（Bristol-Myers Squibb）。根据惯例，许可费的获取需要较长的时间。为了解决短期内对大量资金的需求问题，基于以往良好的合作关系和未来收益的可预期性，耶鲁大学将该专利许可费收益权进行拆分，其中 30% 的收益权自留，剩余 70% 卖给皇家医药公司。后者随即成立皇家医药信托（SPV），并将所购得专利许可费收益权以真实销售的方式转让给该信托。皇家医药信托以该专利许可费收益为担保，并据此设计了收益权证券化产品，发行了 7 915 万美元的浮动利率债券和 2 790 万美元的股票，最终为耶鲁大学融资 1 亿美元。

耶鲁大学药品专利权证券化产品结构框架如图 12-2 所示。皇家医药信托将 7 915 万美元的浮动利率债券分为 5 715 万美元的优先级债券和 2 200 万美元的次级债券，其中次级债券获得第三方保险公司 ZC Specialty 2 116 万美元的股权担保。另外，其发行的 2 790 万美元的股票则由皇家医药公司、耶鲁大学和风险投资机构 Banc Boston Capital 认购。皇家医药公司担任承销商，Major US University 担任分销商。皇家医药信托公司每季度从必治妥施贵宝公司获取专利许可费，并按照协议向服务商和投资人支付相关费用或收益，偿付结束后，将剩余的收益支付给耶鲁大学。

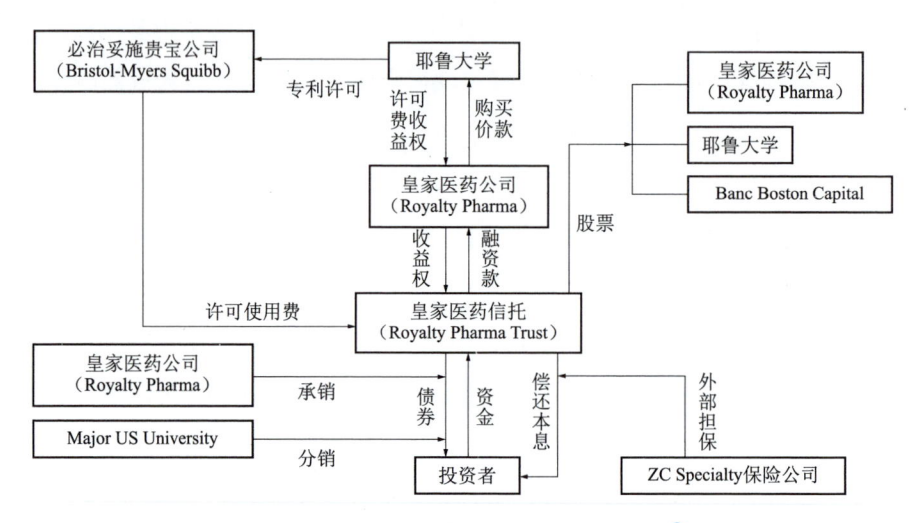

图 12-2 耶鲁大学药品专利权证券化框架[1]

该案例最终以皇家医药信托公司于 2001 年冬天开始连续三季度会计报告违约，并于 2002 年 11 月底提前进入偿还阶段而宣告失败。业界对该证券化运营案例失败的原因进行了多方面分析，普遍认为有以下因素[2]：

①基础资产单一。专利许可费收益仅依赖于泽瑞特这一种药品专利，对于产生稳定、持续而充足的现金流而言风险较高。

②被许可人单一。耶鲁大学与必治妥施贵宝公司签署的是独家许可协议，许可费收益完全依赖于唯一的被许可人，表现为 2001 年下半年必治妥施贵宝公司将泽瑞特打包折价出售给批发商时，直接导致了泽瑞特销售额的断崖式下跌，以及随之而来的专利许可费的锐减，并最终导致证券化运营的失败。

---

[1] 改编自：邹小芃，王肖文，李鹏. 国外专利权证券化案例解析 [J]. 知识产权，2009，(19) 109：91-95.

[2] 汤珊芬，程良友. 美国专利证券化的实践与前景 [J]. 电子知识产权，2006 (4)：32-36.

③评估方法不可靠。Royalty Pharma 公司对 2003 年泽瑞特销售收入的预估值比实际值高出 3.92 亿美元，为此，证券化和评估专业公司 Invasis 副总裁 Ray Throckmorton 认为应该委托独立的第三方评估机构对泽瑞特进行更合理客观的评估。

【案例 12 - 2】Royalty Pharma 药品专利许可费证券化

皇家医药公司于 2003 年发起了其第二个专利许可费证券化项目。皇家医药公司为此项目专门设立了皇家医药金融信托（Royalty Parma Finance Trust, RPFT/SPV），并以 13 种药品的许可费收益权为基础资产池，发行了 2.25 亿美元的循环融资债权，含 7 年期和 9 年期。随后，2004 年 1 月，RPFT 又购买了其中一种药品的另一部分专利的许可费收益权，为整个资产组合增值 2.63 美元。瑞士信贷第一波士顿公司为承销商，债权保险公司 MBIA 提供担保。标准普尔和穆迪对债券评级分别为"AAA"和"Aaa"。最终，在项目到期日，本金全部偿还，是目前专利证券化领域的成功案例。

本次证券化交易结构中的双层信托法律结构如图 12 - 3 所示。

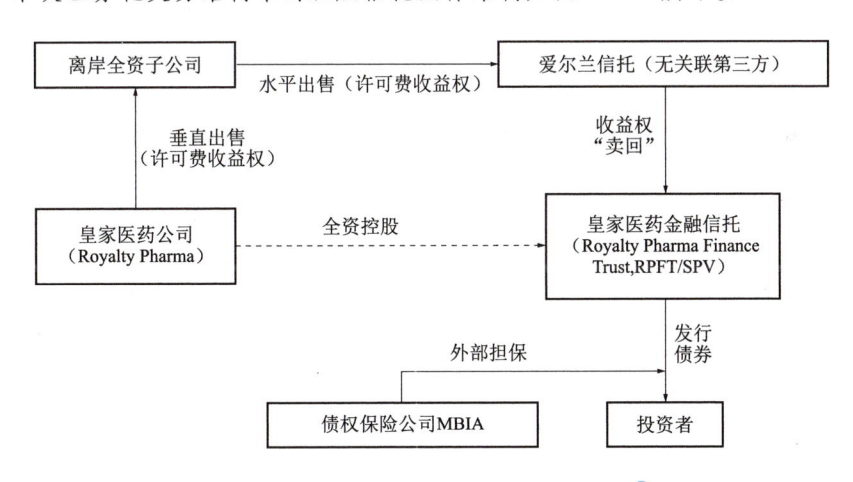

图 12 - 3　特殊目的信托机构的法律结构[①]

吸取耶鲁大学专利许可费证券化案例的教训，皇家医药公司对该项目进行了更详细专业的设计。具体体现在以下几个方面：

---

① 邹小芃，王肖文，李鹏. 国外专利权证券化案例解析 [J]. 知识产权，2009，(19) 109: 91 - 95.

①基础资产多元化。基础资产池由13种药品的许可费收益权组成，降低和分散了风险。这13种药品均出自实力雄厚的生物制药公司，药品已经在市场上占据有利地位，或在未来有广阔市场前景。据了解，13种药品中有9种药品在市场上的平均销售时间达5年，在2002年全年中，这9种药品的销售额约44亿美元，而另外4种药品处于FDA审批的最后阶段，获批后将产生可观的收入。因此，该基础资产池收益具有良好的历史记录且可预期的会在未来产生高价值且稳定的现金流，是较佳的证券化对象。

②未来现金流具有时间上的可持续性和稳定性。该项目中13种药品专利有效期分布在2005—2015年，资产池未来现金流在时间上具有可持续性；作为未来现金流的供给者的专利被许可人是一系列关联性不大但资信水平较高的企业，专利许可费得到有力的保障，降低了资产池的风险；该资产池具有可扩充性，在债务偿付期，RPFT可继续购买新的专利许可费受益权扩充资产组合的价值和规模，2004年1月，RPFT购买了安进公司化疗药物Neupogen/Neulasta的另一部分专利的许可费收益权。

③设立了双层信托法律结构，更加有效地隔离风险。在该结构中，皇家医药公司首先将前述13种药品专利许可费收益权垂直出售给自己的离岸全资子公司，后者再水平出售给无关联的爱尔兰信托机构，而后爱尔兰信托机构再将专利许可费收益权卖回给RPFT，如此，形成了双层信托法律结构，既实现了收益权的资产隔离，也实现了发起人的表外融资。高峰[①]对我国资产证券化中SPV法律架构进行了研究，结合《公司法》《合同法》《担保法》《证券法》《商业银行法》的相关规定，认为SPV采用信托模式能更为有效地隔离风险。

④信用增级力度加大，提高了投资者信心。在耶鲁大学专利证券化案例中第三方保险公司ZC Specialty提供了部分股权担保，债权评级分别为"A"和"AA-"级；在该项目中，债权保险公司MBIA提供担保，根据保险协议，

---

① 高峰. 我国资产证券化结构中SPV的法律构建问题[J]. 当代经济管理，2009，31（7）：93-96.

MBIA 保证债券利息的及时支付和本金在法定到期日前的最终偿付，标准普尔和穆迪两家评级机构对该债券的评级为"AAA"和"Aaa"，极大地提高了投资者的信心。

⑤扩大了信用评级要素范围。与耶鲁大学专利证券化项目信用评级相比，该项目评级过程中，除了考虑到参与主体的信用、未来现金流的压力测试，还通过待履行合同分析法对该证券化过程中涉及的专利许可合同进行了分析，较之前，评级过程中对风险因素考虑更为全面。

【案例 12-3】兴业圆融——广州开发区专利许可资产支持专项计划

2019 年 9 月 11 日，兴业圆融——广州开发区专利许可资产支持专项计划在深圳证券交易所成功发行。该专项计划底层知识产权均为专利，具体包括广州开发区内 11 家高新科技中小企业的 103 件发明专利、37 件实用新型专利，基础资产是这些专利的许可使用费债权，发行规模 3.01 亿元，债项评级达到 AAA 级，票面利率为 4.00%/年，计划中的每家企业可获得 300 万至 4 500 万元不等的融资款项。该专项计划作为国内首支专利证券化产品，为我国中小型科技企业融资打开了新的渠道，具有示范意义。因此有必要对该案例进行分析，以在未来复制推广，优化科技金融服务，扩大金融资本对中小型科技企业的支持力度。

对该专项计划的分析如下。

（1）参与主体

原始权益人/资产服务机构：广州凯得融资租赁有限公司（凯德租赁）。

差额支付承诺人/流动性支持承诺人：广州开发区金融控股集团有限公司（开发区金控）。

计划管理人：兴业证券资产管理有限公司（兴证资管）。

主承销商：兴业证券股份有限公司（兴业证券）。

托管银行：中国民生银行股份有限公司广州分行（托管银行）。

监管银行：中国民生银行股份有限公司广州分行（监管银行）。

登记托管机构：中国证券登记结算有限公司深圳分公司（中证登）。

（2）交易结构及流程

与专利许可费收益权证券化相同，该专项计划的基础资产也是专利许可费收益权，未来现金流是专利客户按季度支付给租赁机构的专利许可费。不同之处在于：①该项目中不设有特殊目的机构，该项目属于资产支持专项计划，由证券公司设立并管理；②业务模式实际上是专利许可反授权业务模式，广州开发区11家高新科技企业是基础资产的专利权人，也是专利被许可人和专利技术实施者。该专项计划交易结构如图12-4所示。

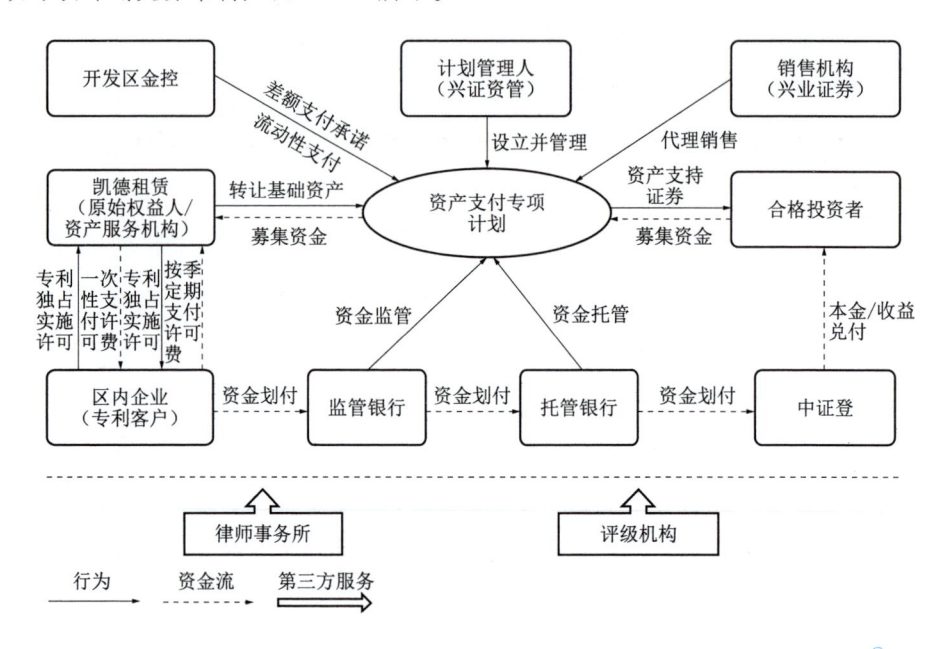

图12-4 兴业圆融——广州开发区专利许可资产支持专项计划交易结构及流程[①]

具体流程包括：

①组建资产池。广州开发区11家高新科技企业作为专利权人与原始权益人凯德租赁签署为期5年的《专利独占许可协议》，授予凯德租赁实施和再许可专利的权利，约定凯德租赁一次性向专利权人支付相应的专利许可使用费（第一次许可）。随后，凯德租赁依据许可协议中的专利再许可约定，将取得的特定专利以独占许可的方式授予专利权人实施专利（第二次许可/反授权），专利权人从而可以使用该专利继续从事产品生产活动，并按照第二次许可的约定，按季度向

---

① 知识产权 ABS 的三种交易模式 [EB/OL]．（2019-09-19）[2019-12-15]．https://mp.weixin.qq.com/s/ExQWUrHW8Hdu715YsBTVGg．

凯德租赁支付对应的专利许可使用费，形成未来可预期的现金流，组成该专项计划的资产池。

②兴证资管设立资产支持专项计划，并作为管理人管理该项计划。

③完善交易结构。管理人分别与监管银行、托管银行、评级机构、律师事务所及其他服务主体签署合作协议，约束双方权利与义务；与投资者签订认购协议，形成完整的交易结构。

④增信评级。在组建资产过程中，对入池企业、专利项目进行严格筛选，在源头上对该专项计划进行了增信，另外专项计划还安排了多项信用增级措施，包括优先级/次级分层的产品结构、超额现金流覆盖、风险金、开发区金控差额支付承诺、开发区金控流动性支持以及权利完善事件、违约事件和提前终止事件等内部信用触发机制。这些增信措施有力地提高了企业的违约成本，降低了增信机构风险。由于交易结构中广州开发区金控集团的参与，直接引入了强国企"AAA"的信用评级至底层的科技型中小企业，突破了中小企业在资本市场的信用瓶颈。

⑤证券发行。投资者根据认购协议相关条款认购资产支持证券，并将认购资金委托计划管理人管理。

⑥资产管理。监管银行根据监管协议，在回收款转付日根据资产服务机构的指令将基础资产产生的现金流划转至专项计划账户，并由托管银行根据托管协议对该资产进行托管。

⑦偿付结清。管理人根据专项计划产品说明书及相关文件约定，向托管银行发送分配指令，托管银行据此提取专项计划涉及的各项费用划付资金至登记托管机构（中证登）的指定账户，用于专项计划资产本金和预期收益的支付。在产品到期后，将剩余资产归还给原始权益人。

（3）产品评价

①底层资产均为专利，实现了国内专利证券化零突破。该专项计划的实践证明，可以通过合法交易结构的设计，构造稳定的可预期的现金流，实现专利这类无形资产证券化融资，而不必等到专利产生真正的现金流。

②底层专利权利人为科技型中小企业，这些企业在研发、生产过程中由于信

用水平低，确实存在融资难题。该专项计划的发行，切实通过金融创新解决实体企业融资难的问题，实现了金融与科技的良性结合，有利于引导资本市场向科技板块的倾斜，促进科技和经济的高质量发展。

③专利打包证券化，且融资期限为5年，为科技型中小企业研发和生产工作提供了资金保障。专项计划集合了多家中小企业的知识产权，起到了风险分散的作用。对于企业融资而言，一方面解决了单一企业融资信用低而带来的风险问题，另一方面资产包融资具有一定的规模效应，便于企业从资本市场获得金融支持。特别是与中小型企业通过民间借贷、银行贷款、质押融资等途径融资的流程慢、审批烦琐、融资规模小、期限短、融资成本高的现实相比，知识产权打包证券化融资具有明显优势。

④引入强国企增信。开发区金控作为交易结构中的增信主体，提高了中小型科技企业在资本市场的信用水平，促进了融资行为的实现。

⑤通过专利线上评估系统对专利许可使用费进行了合理评估。这是专利定价机制的创新，利用了科技金融手段，完善了专利定价机制，解决了专利交易市场长期以来因价值评估难而造成的流动性不足问题。

综上所述，广州开发区专利许可费证券化融资模式，对于拓展高科技中小企业融资渠道具有重要的示范意义。这种模式几乎是为国内高新技术开发区、产业聚集区中小规模企业抱团取暖、知识产权打包进行证券化融资量身定制，有利于产业集群的科技发展，和产业的高质量发展。

第三节 融资租赁资产证券化

一、概述

融资租赁支持证券是租赁企业融资的创新途径，可增强租赁企业的现金流，提高资产流动性，为该类企业解决了融资难和流动性问题。长期以来，融资租赁资产证券化多限于企业设备等实物资产。近年来，随着我国知识产权运营市场的发展，知识产权融资租赁业务随之兴起。

知识产权融资租赁是指文化科技企业将自有的商标权、版权、专利权等知识产权出售给租赁公司实现融资,并通过租赁的形式回租继续使用该知识产权。在实际业务中,融资租赁公司的资产多以应收租金形式存在,企业资金压力大,甚至会面临资金不足的情况。传统的信托贷款或银行贷款会增加企业的负债,企业资金压力进一步增大。证券化融资作为创新的金融工具,在为企业融资的同时亦可以隔离风险,从而提高企业的资信。在知识产权租赁业务中,融资租赁机构以文化科技企业知识产权在未来产生的收益现金流为偿债基础形成应收融资租赁债权,并且以该应收融资租赁债权为偿付基础,在资本市场上发行证券进行融资的行为即知识产权融资租赁债权证券化。

二、运作模式

有学者通过对美国等发达国家成功的融资租赁资产证券化案例进行研究,认为融资租赁资产证券化模式主要有三种,即表外模式、表内模式和准表外模式[①]。其分类依据是证券化的资产池与融资租赁机构的关系,其中表外模式是指融资租赁公司整理分离租赁资产后将其真实出售给SPV,再由SPV重组资产池,并以此为基础进行证券化操作。这一模式中,由于真实出售的存在,真正实现了风险隔离。表内模式是指融资租赁公司自己仍持有融资租赁资产,并以此为抵押发行债券。在这一模式中,融资租赁资产仍体现在公司的资产负债表中,相当于融资租赁公司自己承担了SPV的角色,虽然可以实现融资,但未起到风险隔离的效果。准表外模式是指融资租赁公司专门成立全资或控股子公司作为SPV,并将融资租赁资产真实出售给该子公司,由子公司进行证券化操作的证券化模式。考虑到风险隔离,操作的简易性及专业性,该学者认为表外模式是三种模式中较好的模式。对于知识产权融资租赁证券化而言,由于知识产权未来收益的不确定性,对风险隔离的要求更高,因此,笔者认为表外模式也是更适合知识产权租赁融资证券化的模式,其基本框架和流程如图12-5所示。

---

① 李淑琴,周兴荣,田翔宙. 融资租赁资产证券化问题研究[J].商业时代,2009(16):77-78.

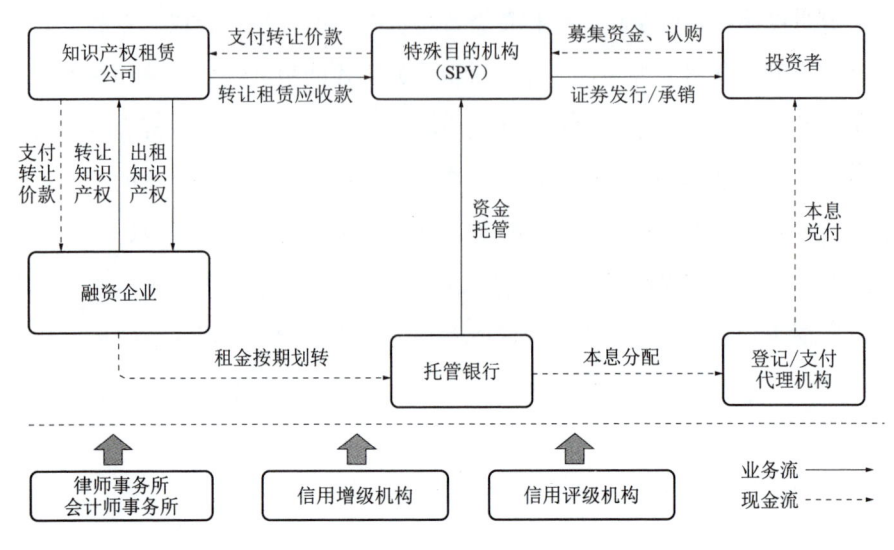

图 12-5　知识产权融资租赁证券化框架

三、案例分析

【案例 12-4】第一创业——文科租赁一期资产支持专项计划

2018 年 12 月 14 日，我国首只知识产权证券化标准化产品"第一创业——文科租赁一期资产支持专项计划"在深交所成功获批。北京市文化科技融资租赁公司作为该证券化产品的原始权益人/发起人，以专利权、著作权等知识产权未来经营现金流为偿债基础形成的应收债权作为基础资产，发行了总规模达 7.33 亿元的证券化产品。文科租赁公司成立了专业团队，对进入该产品的底层知识产权进行严格的风险审查，最终选取的底层资产标的物涉及发明专利、实用新型专利、著作权等知识产权共 51 项，覆盖艺术表演、影视制作发行、信息技术、数字出版等文化创意领域的多个细分行业，有效地分散和降低了风险。同时，文科租赁还通过引入其母公司文投集团作为差额补足支付承诺人对产品进行了外部增信。最后，该产品的信用评级为 AAA 级。

（1）参与主体

该专项计划参与主体如下：

原始权益人/资产服务机构/第一差额支付承诺人：北京市文化科技融资租赁股份有限公司（文科租赁）。

计划管理人/主承销商：第一创业证券股份有限公司（第一创业）。

托管机构：华夏银行股份有限公司（托管银行）。

监管银行：南京银行股份有限公司（北京分行）（监管银行）。

第二差额支付承诺人：北京市文化投资发展集团有限责任公司（文投集团）。

财务顾问：第一创业证券承销保荐有限责任公司（一创投行）。

会计师事务所：北京天圆全会计师事务所（天圆全）。

律师事务所：北京市金杜律师事务所（金杜）。

评级机构：中诚信证券评估有限公司（中诚信）。

登记托管机构：中国证券登记结算有限责任公司深圳分公司（登记机构）。

（2）交易结构及流程

该专项计划框架如图 12-6 所示，承租人向文科租赁租用知识产权，文科租赁依据租赁合同对承租人享有租金请求权和其他权益及其附属担保权益，承租人在未来分期向文科租赁支付租金，形成预期的稳定的现金流，因此具有证券化的可行性。

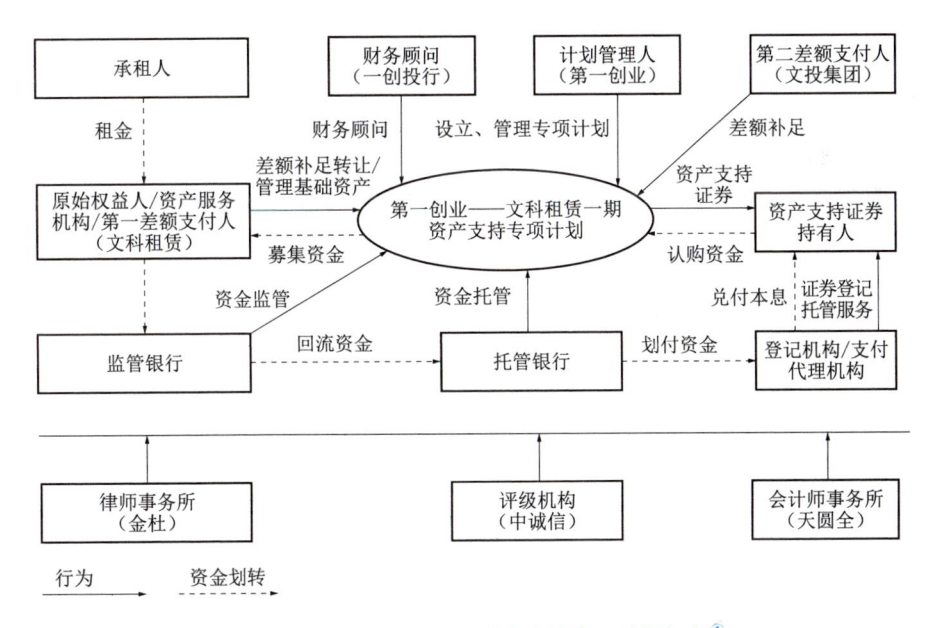

图 12-6　文科租赁一期资产支持专项计划框架[1]

---

[1] 第一创业——文科租赁一期资产支持专项计划——计划说明书［EB/OL］.（2018-03-20）[2019-10-15］. https://www.cn-abs.com/product.html#/detail/document?deal_id=4095.

具体的交易结构和流程如下：

①组建资产池。管理人与原始权益人签订买卖合同，租赁合同约定的知识产权的租金请求权和其他权益及其附属担保权益由资产服务机构文科租赁真实出售给计划管理人第一创业，形成该专项计划的资产池。

②设立资产支持专项计划，委托第一创业为专项计划的管理人。

③完善交易结构。管理人分别与监管银行、托管银行、评级机构、会计师事务所、律师事务所及其他服务主体签署合作协议，约束双方权利与义务；与投资者签订认购协议，形成完整的交易结构。

④增信评级。管理人对产品结构进行优先级/次级分层设计，并与第一差额支付人和第二差额支付人签署差额支付协议。管理人与评级机构签署委托协议，评级机构对证券化产品进行信用评级。

⑤证券发行交易。投资者根据认购协议相关条款认购资产支持证券，并将认购资金委托管理人管理。

⑥资产管理。管理人设立资产专项计划对该知识产权资产支持证券化产品的资产进行管理。监管银行根据监管协议，在回收款转付日根据资产服务机构的指令将基础资产产生的现金流划转至专项计划账户，并由托管银行根据托管协议对该资产进行托管。在发生差额支付需求时，管理人向差额支付承诺人发出差额支付通知书，要求其按时足额将差额资金划转至专项计划账户。

⑦偿付结清。管理人根据专项计划产品说明书及相关文件约定，向托管银行发送分配指令，托管银行据此提取专项计划涉及的各项费用划付资金至登记托管机构的指定账户，用于专项计划资产本金和预期收益的支付。在产品到期后，将剩余资产归还给原始权益人。

(3) 产品评价

①基础资产具有一定分散性。基础资产池涉及10份租赁合同，共13个承租人，属于多个债务人承租同一无形资产的情形，鉴于知识产权资产未来收益的不确定性，资产债务共担可降低产品风险。

②内部增信。首先，采用优先/次级分层的产品结构，其中次级证券全部由

文科租赁认购，且次级证券为优先级证券提供5.05%的信用支持，在专项资产的每一次分配时，优先级证券优先获得当期预期收入和/或应付本金。其次，文科租赁作为第一差额支付人，在出现专项资产计划账户的当期收入不足以支付优先级资产证券本息的情况下，需按照第一差额支付承诺无条件地在规定时间内将相应差额足额划转至专项资产计划账户。

③外部增信。以信用评级AAA的文投集团作为第二差额支付承诺人，当第二差额支付启动时，文投集团需按规定足额补充差额。

④现金流转支付机制增信。在该专项计划中设置了回收款转付机制和保证金转付机制。计划管理过程中，当文科租赁或文投集团的信用评级变化时，需按照产品相关条款规定，将回收款项划转至专项计划账户，或者需承租人/保证人/物权担保人或其他第三方应支付的款项或保证金直接划转至专项计划账户。

⑤信用触发机制增信。专项计划中一旦出现资产支持证券兑付相关的违约事件，将触发信用机制，专项计划账户将重新安排基础资产现金流的支付，优先保障优先级资产证券的预期收益和本金得到偿付。

⑥主要风险。首先，该专项计划中，未设立特殊目的机构，基础资产池与原始权益人文科租赁之间未进行破产隔离，专项计划中虽然租赁标的物的所有权发生了转移，不体现在文科租赁资产负债表中，但在存续期间，如果文科租赁发生破产，租赁标的物是否列入破产清单，当前的司法规定尚不明确，具有一定风险性；其次，基础资产是原始权益人对承租人享有的租金请求权及其附属担保权，即租赁合同，因此，基础资产在未来的现金流完全依赖于租赁合同的回收款质量，一旦承租人违约，原始权益人履约意愿/能力下降，将给投资者带来风险；再次，增信风险，该专项计划外部资信机构文投集团与原始权益人文科创投是关联公司，一方经营业绩会间接影响另一方，与非关联第三方主体增信相比，风险较高；此外，考虑到文化传媒板块自身的行业周期性波动，以及在该专项计划筹备过程中的最近期文投集团净利润大幅下降的事实，以其作为第二差额支付承诺人具有较高的风险。

第四节 应收账款资产证券化

一、概述

应收账款证券化是指企业将因提供产品或服务所取得的应收账款汇集后真实出售给特殊目的机构（SPV），SPV以购买的应收账款组合为资产池，通过资产重组、信用增级，以该资产池未来产生的现金流为支持，在资本市场上发行证券实现融资，并利用该资产池产生的现金流向投资者清偿本金和利息的金融行为[①]。企业，特别是中小企业在长期的产品或服务供应中面临较大的应收账款回款压力，应收账款证券化为企业提供了新的融资渠道，降低了企业面临的资金风险，同时低成本、高效率地为企业融资，确保了企业生产的顺利进行，因此近年来在资本市场上受到欢迎。

知识产权应收账款证券化是应收账款证券化这一金融工具的创新应用，指在该证券化产品中，底层资产是知识产权，即应收账款的产生是由于债权人向债务人提供知识产权服务的情况。

二、运作模式

应收账款证券化模式有中小企业联合融资模式、大型企业单独融资模式、离岸融资模式。离岸融资模式是我国企业最先尝试的模式。1997年，中国远洋运输公司以其北美航运应收款为支撑发行了3亿美元的浮动利率票据，该证券化的特殊目的机构、评级机构和投资者均在境外，因此属于离岸证券化融资，有效地避开了法律和制度障碍。大型企业单独融资模式是我国目前采用较多的模式，自2006年以来，已经发行了多个类似产品，如"华能澜沧江水电收益专项资产管理计划"，融资20亿元；"南通天电销售资产支持收益专项资产管理计划"，融资8亿元；"中国网通应收款资产支持收益凭证"，融资103.15亿元。中小企业

[①] 徐文学，蒙菲. 应收账款证券化模式研究[J]. 财会通讯，2009（29）：26-27.

联合融资模式是在我国特定国情下发展起来的模式,中小企业受限于应收账款数额小、信用评级较低等客观现实,在信贷市场处于不利地位,因此普遍面临融资难的问题。中小企业联合融资,可以将中小企业应收账款汇集达到一定的规模,通过适当的增信,为中小企业快速融资,同时降低融资成本。考虑到目前我国科技金融政策向中小企业的倾斜,本章重点讨论中小企业联合模式。

典型的中小企业联合融资模式的运作流程如图12-7所示。多个中小企业(债权人)因长期为核心企业(原始债务人)提供贸易服务/知识产权服务而产生了应收账款,发起人/原始权益人(银行、保理公司等)汇集应收账款并将其真实出售给SPV形成证券化产品的基础资产池,之后信用增级机构进行增级,评级机构对增级后产品进行评级,评级合格后,委托证券承销机构向投资者发行证券,投资者购买证券,证券承销机构扣除相关费用后将发行收入支付给SPV,SPV将相应金额支付给原始权益人,原始权益人扣除相关费用后将融资额按比例分别划付至出售应收账款的各中小企业的账户,至此,中小企业通过证券化实现融资,解决了应收账款造成的经济压力,原始债务人也因此偿清债务。

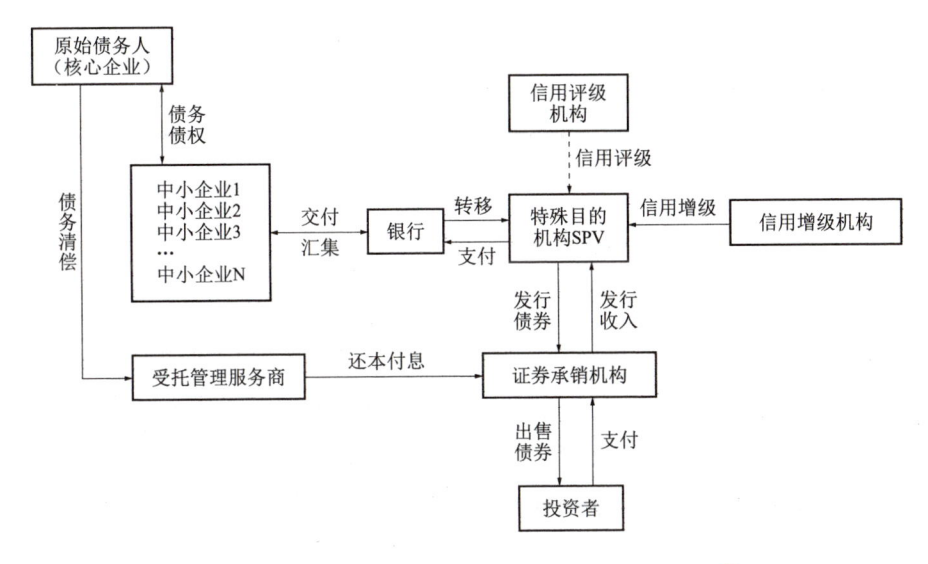

图12-7 N+1供应链中应收账款证券化运作流程[1]

---

[1] 改编自:李茜.基于供应链金融的应收账款证券化模式探究[J].现代管理科学,2011(07):91-92+101.

三、案例分析

【案例 12-5】奇艺世纪知识产权供应链金融资产支持专项计划

2018 年 12 月 18 日，在国家知识产权局、中国证监会、上海证券交易所等部门的支持与指导下，我国首单知识产权供应链金融资产支持专项计划——"奇艺世纪知识产权供应链金融资产支持专项计划"（以下简称"奇艺世纪知识产权供应链 ABS"）在上海证券交易所成功获批，并于 12 月 21 日成功发行。该产品的核心企业为北京奇艺世纪科技有限公司，基础资产债权的交易标的物全部为知识产权，具体而言是影视版权，总规模 4.7 亿元。评级机构对该 ABS 优先级证券的评级为 AAA。该项计划是典型的基于供应链的应收账款证券化案例，且属于中小企业联合运作模式。该专项计划的交易结构如图 12-8 所示。以下对该案例进行详细分析。

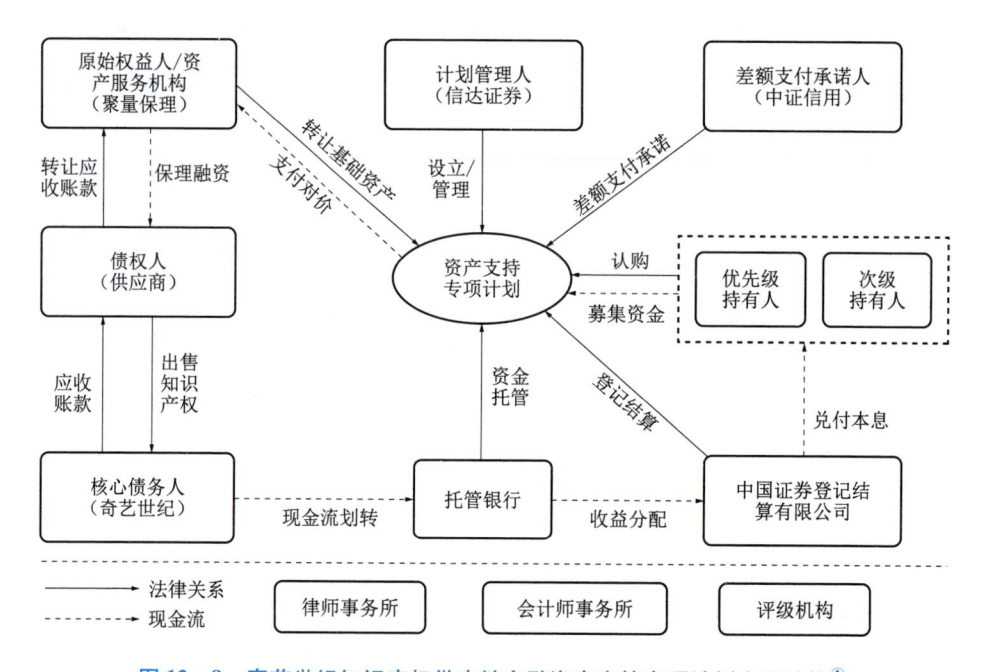

图 12-8 奇艺世纪知识产权供应链金融资产支持专项计划交易结构[①]

---

① 知识产权 ABS 三大交易结构，看这一篇就够了 [EB/OL]. (2019-09-25) [2019-10-18] https://mp.weixin.qq.com/s/J9cLAyIR0jk3NAnTHnL8Zw.

(1) 参与主体

基础债务人：北京奇艺世纪科技有限公司（奇艺世纪）。

原始权益人/资产服务机构：天津聚量商业保理有限公司（聚量保理）。

计划管理人/主承销商/簿记管理人：信达证券股份有限公司（信达证券）。

评级机构：联合信用评级有限公司（联合信用）。

托管机构：招商银行股份有限公司（北京分行）（托管银行）。

差额支付承诺人：中证信用增进股份有限公司（中证信用）。

律师事务所：北京市竞天公诚律师事务所（上海分所）。

会计师事务所/验资机构：北京兴华会计师事务所。

(2) 交易结构与流程

北京奇艺世纪科技有限公司成立于2010年3月8日，是国内领先的版权服务商，近年来向观众稳定持续地输出"好内容""有新意"的影视节目，影视剧播放量在业内居于前列。但是，内容行业在开发过程中高投入、不确定性及回款周期长也是行业共识，居高不下的应收账款给企业，特别是中小企业，造成了极大的现金流压力。将应收账款汇集，在资本市场上通过证券化融资，一方面解决了应收账款难题，另一方面，盘活了企业存量资金，提高了资产流动性，有利于内容行业的良性发展。因此该项目受到业界广泛关注，并为内容行业提供了新的融资途径。具体的操作过程如下：

①组建资产池。该专项计划产品属于保理融资，基础资产是应收账款债权。供应商/债权人（中小企业）长期向基础债务人（奇艺世纪）提供大量知识产权服务（比如，影视版权），由此对其享有相应的知识产权服务的应收账款债权。供应商/债权人将该应收账款债权合法委托给原始权益人/保理公司（聚量保理），原始权益人承诺为债权人提供该应收账款债权的保理服务，随后聚量保理将等值债权转让于专项计划，组成该专项计划的资产池。

②完善交易结构。管理人分别与托管银行、评级机构、会计师事务所、律师事务所及其他服务主体签署合作协议，约束双方权利与义务；与投资者签订认购协议。

③增信评级。管理人对产品结构进行优先级/次级分层设计，与差额支付人

签署差额支付协议。管理人与评级机构签署委托协议，评级机构对证券化产品进行信用评级。

④证券发行交易。投资者根据认购协议认购资产支持证券，并将认购资金委托管理人管理。

⑤资产管理。管理人设立资产专项计划对该知识产权资产支持证券化产品的资产进行管理。托管银行根据托管协议对该资产进行托管。当专项计划资金不足以支付优先级资产支持证券预期收益和/或本金时，管理人向差额支付承诺人发出差额支付通知书，要求其补足差额。

⑥偿付结清。管理人根据专项计划产品说明书及相关文件约定，向托管银行发送分配指令，托管银行据此提取专项计划涉及的各项费用划付资金至登记结算机构，用于专项计划资产本金和预期收益的支付。在产品到期后，托管银行将剩余资产归还给原始权益人。

（3）产品评价

①该产品属于反向保理的供应链模式的知识产权 ABS，具有创新性，同时也具有较强的可复制性。对于拥有知识产权供应链上应收账款的企业，采取适当的增信措施后，均可以应收账款债权为基础资产进行证券化融资。

②内外部增信措施结合。内部增信，采用优先/次级分层的产品结构，次级为优先级资产支持证券提供 5.11% 的信用支持。外部增信，引入中证信用增进股份有限公司作为本产品的差额支付承诺人。

③债务人仅奇艺世纪 1 家，仅从风险分散角度而言，该产品的风险较高。但由于中证信用的差额支付承诺，评级机构给予产品"AAA"评级，也间接证明了资本市场对奇艺世纪回款能力（未来可预期的稳定现金流）的信心。因此，对于仅一个债务人或债务人数量较少的证券化产品，债务人较高的信用和/或可预期的稳定现金流可提高资本市场的信心。

④相比融资租赁模式知识产权 ABS 具有更强的操作性和可复制性，具有一定规模的版权服务商均可以进行尝试，而不涉及知识产权租赁这一环节。

第五节　信托资产证券化

一、概述

信托，是指委托人基于对受托人的信任，将其财产权委托给受托人，由受托人按委托人的意愿以自己的名义，为受益人的利益或者特定目的，进行管理或者处分的行为。受托人因承诺信托而取得的财产是信托财产。受托人因信托财产的管理运用、处分或者其他情形而取得的财产，也归入信托财产[1]。

知识产权信托资产证券化是指委托人将知识产权作为财产委托给受托人进行管理和处分，委托人直接以受托知识产权为基础资产，以知识产权的利用所得收益为支撑向社会发行收益权证进行融资的行为[2]。

前述许可费证券化、融资租赁证券化、应收账款证券化产品中，未来现金流的预测有现实基础，未来稳定的现金流是可预期的。而信托资产证券化直接以知识产权为基础资产发行证券，虽然由于信托资产的法律独立性，委托人与受托人之间实现了资产隔离，但由于知识产权未来利用情况不明朗，未来现金流不稳定性因素较多，因而具有较高的风险。

二、运作模式

知识产权信托资产证券化运作模式如图 12-9 所示，首先由知识产权权利人将知识产权组合委托给信托机构，并签署信托合同，随后信托机构以该知识产权组合为底层资产，以其预期的收益为现金流支撑，向资本市场发行收益权证，投资者认购并向信托机构支付认购款项，信托机构在扣除相关费用后向知识产权权利人返还权益，从而使权利人实现融资的过程。

---

[1]《中华人民共和国信托法》第 2 条和第 14 条，2001 年 4 月 28 日第九届全国人民代表大会常务委员会第二十一次会议通过。

[2] 周胜生. 专利运营之道 [M]. 北京：知识产权出版社，2016.

图 12-9　知识产权信托资产证券化运作模式

三、案例分析

【案例 12-6】武汉国投专利信托证券化

为促进专利技术产业化，提高专利资产变现能力，2000 年，由武汉国际信托投资公司（下称"武汉国投"）创新性地推出专利信托证券化业务，这是我国机构首次对专利信托运营的实践探索。武汉国投从 1990 年以来武汉市申请的专利库中筛选出 2 000 项，最终确定其中 8 项进行专利信托化运作，并首先以其最为看重的名为"无逆变器不间断电源"的专利为标的设计证券化产品，发行面值 6 元的风险受益权证。该项目于 2000 年 10 月发布后，2 年内共融资 13 200 元，2002 年年底，武汉国投决定停止该业务。其交易结构如图 12-10 所示。

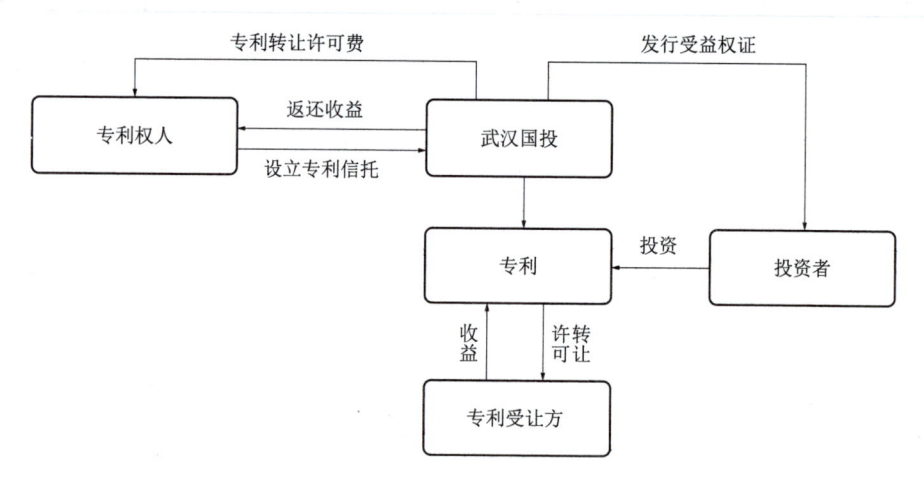

图 12-10　武汉国投专利信托资产证券化运作模式[①]

综合来看，该专利信托证券化产品未给专利权人带来明显的收益，且在产品

---

① 袁晓东. 专利信托研究 [M]. 北京：知识产权出版社. 2010：142.

销售的两年内,关注度较低,投资人对产品的投资热度较低。通过分析,可发现该项目失败的原因主要有以下几方面[①]:

①市场需求调研不足。该项目发布后,尽管武汉国投采取了相应的宣传办法,但是市场响应不足,导致不能与生产商达成专利许可协议,专利技术产业化计划搁浅,收益率未得到有力保障。

②产品结构过于简单,缺乏风险分担和规避设计。从其运营模式来看,产品结构设计中直接以专利为基础资产,本身具备极大的不确定性,未引入保险或补偿基金等方式稀释风险,导致产品的收益完全依赖于未来的实施许可费用,投资风险高,降低了投资人的投资热情。

③未进行信用评级或增信。案例中,未引入专业的信用评级机构对类似专利技术的历史使用费情况进行调研,导致投资人对专利未来可能产生的实施收益或许可费收益信心不足。

④缺乏专业第三方机构的参与。在该案例中,武汉国投是专利项目的评估机构,是证券发行人,又是证券的承销商,从业务分工的专业化和最终结果来看,其完全可以委托专业的第三方评估机构筛选项目,委托专业证券承销商完成证券销售,或许能取得较好的效果。

⑤时机不成熟。该项目于2000年发布,《中华人民共和国信托法》于2001年颁布实施,中国人民银行于2002年颁布《信托投资公司管理办法》并明确了知识产权信托制度,法律依据和相关制度的滞后导致当时大环境对专利信托产品的信赖度和接受程度较低。

随着我国信托和证券法律体系的完善,国家政策对知识产权金融事业发展的扶持,国内大型企业在研发资金、研发设备等方面条件充足,可产生高质量的专利技术,自实施或者转让许可,实现专利资产变现。而中小型科技企业往往存在资金不足、设备不完备等问题,缺乏专利技术孵化的优质条件,导致技术难以实施或者升级较慢。高等院校产出的部分专利具有一定的产业前瞻性,但由于缺乏中试条件,科研资金不足,止步于产业化的黎明前,造成科研资源的极大浪费。

---

① 唐文聪. 我国知识产权信托法律制度构建研究 [D]. 广州:中山大学,2009.

为此，在目前市场化机构对专利运营缺乏热度的现状下，我国政府可从引导建立公益性专利运营机构/平台入手，参考英国技术集团（British Technology Group，BTG）的业务模式，以推动技术的商品化/产业化为目的，根据市场需求，从大学、科研机构、中小企业中选择合适的技术，帮助其进行专利申请和保护，形成的专利可进行专利信托证券化运作，由信托机构对其进行管理和运营，促进技术的产业化，同时为专利权人创造收益，提高专利权人创新的积极性，形成科研—创新—应用的良性循环。

政府通过公益性的机构，促进专利信托证券化模式的推广应用，形成成熟的模式和市场后，将吸引更多市场化专利运营机构的加入，以及社会资本的加入，从而促进我国专利信托资产证券化的规模化发展。

第六节　知识产权资产证券化实践

一、未来趋势探讨

知识产权证券化是科技创新与金融改革创新结合的产物，作为知识产权资产运营的创新途径，具有其独特的优势。目前我国在政策层面大力鼓励、支持、引导知识产权证券化的发展，国内陆续发行的知识产权证券化产品呈现出多种模式的特点。综合国内外的成功案例，结合我国的产业发展现状、法律环境和资本市场环境，总结国内知识产权证券化趋势如下。

①多形式证券化产品共存。随着我国知识产权运营市场的发展，高质量知识产权数量的逐年攀升，科技型中小企业融资需求的加大，资本市场对价值投资品的需求，以及国家对知识产权金融改革的政策支持，国内出现了对知识产权证券化模式的多种探索，深交所、上交所已经发行多项知识产权证券化产品，融资总规模达百亿。据中国证券网相关专家分析，结合国外金融领先发展经验，未来我国知识产权证券化将具有广阔的发展空间，底层知识产权将涉及专利权、商标权、影视、音乐、文学等著作权及其他众多类型，知识产权资产证券化（ABS）、知识产权 REITs、知识产权质押贷款证券化、知识产权交易等多样性的知识产权

证券化金融产品形式将逐步呈现,未来知识产权资产证券化领域还有巨大的发展空间。

②许可费收益权证券化成为高校/大型企业证券化融资的主要模式。国外已有的知识产权资产证券化运营,特别是专利资产证券化运营主要针对生物医药、半导体、信息技术等进入壁垒高的新技术领域。证券化模式主要是专利许可费收益权证券化,该模式比较适合专利技术已经产生产业收益,产业具有一定规模,许可费现金流稳定、融资规模较大的情况。目前国内还未有这样的证券化案例。广州开发区的专利许可反授权案例,也是以许可费为基础资产,但仍引入了租赁机构作为资产服务机构进行风险隔离。随着国内政策支持力度的加大、资本市场对知识产权证券化产品的认可度的提高,以及专利权人对证券化融资方式的认可,许可费收益权证券化或成为未来发展方向。

③许可反授权模式将在产业园区大量复制。以广州开发区专利许可反授权案例为模板,该证券化模式特别适用于产业园区、产业集聚区中小企业融资,可为科技型中小企业解决融资难问题,促进相关产业高质量发展。因此,在短期内,该模式或成为知识产权证券化模式的主要模式。

④特殊目的机构采用信托模式。特殊目的机构是知识产权证券化结构的核心,国际上资产证券化项目中特殊目的机构一般采用特殊目的信托、公司或有限合伙公司三种性质类型,美国、日本等国家以特殊目的信托模式最为广泛应用。纵观国内目前已经发行的知识产权证券化产品,均属于资产支持专项计划,其发行方均为证券公司,法律结构中不涉及特殊目的信托。考虑到我国信托相关法律的完备性,以及信托法律关系中特殊的风险隔离功能,随着我国知识产权证券化市场的发展和成熟,资本市场对证券化产品的标准会逐渐提高,特殊目的信托或成为未来知识产权证券化法律结构中的主要模式。

⑤知识产权质押融资证券化成为金融机构融资途径之一。齐岳等[1]针对目前国内知识产权质押融资发展中科技型中小企业风险高的问题,着眼于科技银行风

---

[1] 齐岳,廖科智,刘欣,冯筱瑢. 创新创业背景下科技型中小企业融资模式研究——基于知识产权质押贷款 ABS 模式的探讨 [J]. 科技管理研究, 2018, 38 (18):134-139.

险管理，从风险分散的角度，创新性地提出多主体联动、风险共担的知识产权质押融资贷款 ABS 模式，并对其参与主体和运作模式进行了分析。据中债数据，2018 年我国微小企业 ABS 开始发展，目前已发行 5 单项目，发行规模 108.04 亿元。2019 年 10 月 14 日，重庆信托携手重庆三峡银行成功发行西南地区首单微小企业贷款资产支持证券（微小企业贷款 ABS）兴渝 2019 第一期，微小企业贷款 ABS 可以盘活金融机构存量小微企业信贷资产，打通银行信贷和资本市场，为广大小微企业源源不断提供资金"血液"，是缓解小微企业融资难题的有益探索①。在我国目前创新创业的时代背景下，科技型中小企业发挥着重要作用，知识产权质押融资贷款 ABS 模式为中小企业融资提供了新的思路，有利于中小企业从资本市场获得融资，投身科研和产业化，同时也降低了科技银行的资金压力，该模式或成为未来趋势之一。

⑥专利证券化面临挑战，证券化探索还有很长的路要走。相较于版权和商标权的显性资产特性，专利属于隐性价值资产，绝大多数申请人申请专利权的主要目的是为了进行商业防御、提高技术门槛、形成市场垄断、增强宣传和销售效果。据统计，国内用于运营的专利资产在所有专利资产中的占比不足 1%，专利许可率仅 9.9%，99% 的专利为企业所带来的竞争优势、价格增值、风险规避等隐性价值却没有对应的直接现金流，专利许可的规模化和活跃度也存在问题。针对这一现状，企业自实施专利，开发和销售专利产品，产生稳定的收益，可以以这些收益权产生的现金流为支撑进行证券化融资，从而在保证生产型企业正常使用自有专利的同时，促进专利隐性价值的显性化，盘活企业大量的知识产权，为企业融资。这一途径或成为专利证券化未来方向之一②。

⑦知识产权证券化相关法律政策的健全，特别是二级市场法律规章制度的健全。资产的高度流动性更多体现在二级市场，目前我国资产证券化市场二级市场流动性普遍偏低，知识产权证券化还处在二级市场缺乏的状态。随着我国相关法

---

① 西南地区首单微小企业贷款 ABS 成功发行［EB/OL］. (2019 - 10 - 19)［2019 - 10 - 21］. https:∥xueqiu.com/2576680180/134291546.

② 知识产权证券化零突破之后怎么走［EB/OL］. (2019 - 04 - 02)［2019 - 10 - 21］. http:∥www.chinanews.com/cul/2019/04 - 02/8797437.shtml.

律制度的完善、证券化产品风险担保机制的完善和二级市场的成熟、知识产权证券化产品在二级市场流动性的提高，将极大地提高其对投资者的吸引力，降低融资成本。

二、风险控制建议

①设立信托模式特殊目的机构，充分发挥信托的风险隔离作用。在国外的一些案例和我国物产 ABS、ABN 案例中甚至用到了双信托模式 SPV，对发起人和 SPV、SPV 和投资者均进行了风险隔离。

②优化基础资产组合形式，设置动态更新机制。商标、版权、专利以合理的方式结合，可以降低资产池的风险，即使对于同一种知识产权类型，也可以通过不同的生命周期组合，确保未来现金流的可持续性；另外，鉴于知识产权的不确定性，为了确保资产池中基础资产的良性状态，可以设置更新机制，在证券发行后，若某些资产出现不合格的情况，则可以新换旧，缓释专项计划的风险。

③完善知识产权价值评估制度，提高未来稳定的现金流的预测准确度。知识产权作为无形资产，其价值更多体现在未来，相对于实物资产，其存在极大的不确定性，且商标、版权、专利等知识产权具有各自的特殊性，比如商标与企业的商誉、产品的消费者认可度密切相关，版权受消费者偏好影响较大，专利技术则会受到替代技术的出现的影响而快速贬值。因此在价值评估时，一方面要合理估值，合理预测专利技术在未来带来的现金流的体量，需要考虑知识产权的特殊性及底层知识产权包的组合形式等；另一方面，评估过程要公开透明，利于监管，防范主观因素带来的风险，从而提高价值评估的可靠性。[1]

④采用独立可靠的第三方增信机构。证券化过程中，增信方式有内部增信和外部增信。外部增信一般指通过第三方增信机构增信，最常用的是专业保险公司/担保公司，因此证券化产品的评级会受到增信机构信用评级的影响，需要在前期交易结构行程中慎重考察增信机构。

---

[1] 汤珊芬，程良友，袁晓东. 专利证券化——融资方式的新发展 [J]. 科技与经济, 2006, 19 (3): 46-49.

⑤采用可靠的评级机构和评级制度,并进行监管。国际上评级机构,如穆迪,对知识产权证券化项目的评级主要从资产池中知识产权的信用质量、交易结构、现金流分配、法律风险几个方面考虑,但由于知识产权资产的不确定性,评级难度较大,在综合以上几方面的前提下,通过适度的监管可以提高评级的客观性。

⑥加强对金融服务机构的监管,将资产服务机构的服务报酬与资产的超额收益关联,确保资产的良性运行。知识产权证券化过程中涉及较多的参与主体,包括托管银行、资产服务机构、会计师事务所、律师事务所、评级机构等,管理人对各主体设立透明的监管机制,可约束各参与主体的行为,确保其按合同约定参与产品的良性运行。将资产服务机构的服务报酬与资产的超额收益关联,可以增强其对基础资产的持续良性管理力度。

⑦建立知识产权证券化权利登记制度、信息披露制度。目前我国对知识产权确权、权利转移的登记公示制度不统一,特别是专利许可采用备案制度,且不是强制备案,那么在实际案例中,就会造成许可合同效力的不确定性,在证券化过程中埋下潜在风险。因此在基础资产筛选过程中,优先选择具有明确登记备案的知识产权,可以确定专利权的归属,一旦发生冲突可以依据登记的先后范围确定权利冲突人的优先顺序。知识产权证券化过程中现金流源于知识产权使用产生的收益,一般以合同形式进行约束,因此发起人需要对合同内容进行充分披露,便于评级机构对整个专项计划的风险做出合理判断[1]。

⑧从全国到地方,建立健全的法律体系。知识产权证券化过程中,参与主体较多,且多以未来收益债权为基础资产进行证券化,但是债权的相关规定无法可依,比如未来债权转让性、债权转移公示制度,均未有明确的法律规定。目前证券化过程中,法律关系约束相关条款散落在《公司法》《合同法》《担保法》《证券法》等多项法律法规中,亟需制定针对知识产权证券化的体系化的专门法律,以填补当前的法律空白、解决法律冲突,消除证券化过程中的法律障碍,降低法律风险,确保各主体的权益。

---

[1] 金品. 我国专利证券化的机遇和风险 [J]. 甘肃金融, 2014 (8): 31-34.

⑨政府引导鼓励为主。目前，知识产权在证券化市场还处在发展初期，需要政府的大力引导鼓励，加大扶持力度，提升市场信心，推动知识产权证券化进程，促进科技金融市场的稳定繁荣发展。政府引导鼓励可以考虑以下几个方面：出台一系列的税收扶持政策；政府主导设立信用担保机制和风险补偿机制；加大快速确权维权力度；规范知识产权交易市场，推动知识产权运营公共服务平台发展；推动知识产权评估机构发展[①]。此外，针对我国目前资本市场普遍现状，还需要政府加大机构投资者的培育力度，形成基金管理公司和保险公司为主的机构投资者结构，并促使机构投资者成为资本市场的主要力量，引导形成可持续增益的科技投资势力。

---

① 郝嘉岩. 知识产权证券化若干问题研究 [D]. 沈阳：沈阳工业大学，2017：36.

第十三章
技术转移与科技成果转化

第一节 技术转移的范围和定义

一、技术转移与科技成果转化的概念

（一）技术转移的概念

技术转移（Technology Transfer）的概念最早是在1964年举办的第一届联合国贸易发展会议上提出的，会上把技术转移概念界定为国家之间的技术输入与输出。此后，美国哈佛大学学者布鲁克斯（H. Brooks）将技术转移划分为纵向技术转移和横向技术转移，横向技术转移指的是技术从一个地区向另一个地区转移，纵向技术转移指的是技术从研究开发到应用产业化的转移。

我国国家标准《技术转移服务规范》（GB/T 34670—2017）指出，技术转移是指制造某种产品、应用某种工艺或提供某种服务的系统知识，通过各种途径从技术供给方向技术需求方转移的过程。

（二）科技成果转化的概念

科技成果转化的概念在我国目前为止尚未形成统一的定义，《中华人民共和国促进科技成果转化法》（以下简称《促进科技成果转化法》）规定："本法所称科技成果转化，是指为提高生产力水平而对科技成果所进行的后续试验、开发、应用、推广直至形成新技术、新工艺、新材料、新产品，发展新产业等

活动。"

我国学术界也对科技成果转化的定义进行探讨，学者们普遍认为，从广义的角度看，科技成果转化包含从知识的产生，经历小试、中试最终到产业化的过程，这一过程包含了创新链条中各个环节的参与。从狭义的角度看，科技成果转化主要侧重于创新链的末端，即成熟度较高的应用技术成果向现实生产力转化。

总体来看，科技成果转化是以提高生产力水平为目标的、一系列动态活动组成的过程。从实践来看，科技成果转化过程中包含多个环节，每个环节均与科技成果转化的成功与否息息相关。

科技成果处于转化全链条中的哪一阶段，在实践中一般采用技术成熟度等级来进行衡量。技术成熟度及其评估技术，最早由 NASA（美国国家航空航天局）于 1989 年提出并用作评估的工具，2005 年，美国国防部发布《技术成熟度等级手册》使其趋于完善。

技术成熟度指关键技术满足项目目标程度的一种度量，技术成熟度等级（Technology Readiness Level，TRL）指对技术成熟度进行量度和评测的一种标准，分为 9 级（如表 13－1 所示）。其中 1～3 级为理论研究阶段，4～6 级为实验室应用研究阶段，7～9 级为工业化生产研究阶段。

表 13－1　技术成熟度等级（TRLs）

技术成熟度等级		描　述
TRL 1	发现或报道的基本原理	技术成熟度的最低等级。科学研究开始转向军事应用研究。局限于书面研究
TRL 2	技术概念和/或应用模型	创新活动开始。通过基本原理，提出实际应用设想，但没有证据或者详细的分析来支持这一应用设想。仍然局限于书面研究
TRL 3	通过实验验证的关键功能模块或概念	通过分析和实验室研究，对应用设想进行物理验证
TRL 4	实验室环境下验证的部件或分系统	进行了基本部件集成。与最终系统相比，这不是真正的集成

续表

技术成熟度等级	描　述
TRL 5	模拟环境下验证的部件或分系统	分系统的可用性显著提高。部件集成已考虑到现实因素，在模拟环境中得到验证
TRL 6	模拟环境下验证的系统模型或原型	比 TRL 5 更加完善的典型系统模型或原型，通过模拟环境测试
TRL 7	实际运行环境下验证的系统原型	系统原型接近实际系统，在实际运行环境下进行实际系统原型的演示验证
TRL 8	完全通过测试和验证的实际系统	实际系统在实际运行环境中得到试验验证
TRL 9	通过实际应用的系统	实际系统在实际应用环境中得到应用验证

在具体实操中，需要明确科技成果转化在实际应用中具体作为过程和结果这两种含义，并结合不同的使用场景，使得表达更准确清晰。

（三）技术转移与科技成果转化的关系

技术转移和科技成果转化两个词的关系非常密切，在实践中，二者相互混用的情况比较多。国际上普遍使用的说法是"技术转移"，而我国多用"科技成果转化"。可以理解为"科技成果转化"与"技术转移"的核心内涵是一致的，但又各有侧重。

如图 13-1 所示，用鸡蛋孵化成鸡的全过程生动形象地表现了技术转移和科技成果转化的关系。

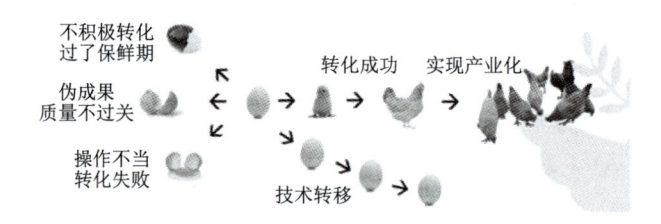

图 13-1　用鸡蛋孵化表示技术转移与科技成转化的关系

技术转移强调的是技术成果的空间变化，鸡蛋从一个空间转移到另一个空间，其属性没有发生变化，是物理反应；而科技成果转化强调的是科技成果属性的变化，鸡蛋孵化成小鸡、成长为成年的鸡，进而孵化更多的鸡，同时在这一过程中还可能出现由于种种原因导致孵化失败的情况。那么转化的这一过程展现了成果通过不断孵化，经历小试、中试、产品化到产业化的过程，是一个化学反应。

具体来看，技术转移的侧重点在"转"，强调了活动过程中技术所有权或使用权在不同利益主体之间的转移。科技成果转化侧重点在"化"，强调科技成果从最初形态到发生质变形成新技术、新工艺、新材料、新产品的状态变化，这一变化往往伴随着科技成果从小试、中试到产业化的全过程。

二、我国科技成果转化改革政策历程

近年来，我国深入实施创新驱动发展战略，出台了一系列政策促进科技成果转化。近10年来政策改革总体分为两个阶段。

（一）第一阶段——实现有权转的突破

2010—2015年，可以归为第一个阶段，主要是实现政策突破的阶段，解决有权转的问题，通过放权让利实现责权利的统一。

1. 中关村"1+6"先行先试

2010年年末，国务院原则同意中关村国家自主创新示范区"1+6"的鼓励科技创新和产业化系列先行先试改革政策。作为其中的6项改革政策之一，财政部在中关村开展了中央级事业单位科技成果处置和收益权管理改革试点。

试点政策主要内容包括：一是简化科技成果处置的审批程序。将处置科技成果价值在800万元以下的由单位主管部门审批、报财政部备案，改为由单位自主处置、报财政部备案；800万元以上的，仍按原程序经主管部门审核后报财政部审批。二是将处置收益全部上缴中央国库，改为分段按比例留归单位、其余部分上缴中央国库。2013年9月，改革试点实施范围从中关村扩大到东湖、张江国家自主创新示范区和合芜蚌自主创新综合试验区。从实际情况看，试点政策虽有一定成效，但仍存在激励不足、通过拆分科技成果方式规避审批和收益上缴义务等问题。

2. "三权"改革试点

2014年9月26日，经国务院批准，财政部、科技部和国家知识产权局印发了《财政部 科技部 国家知识产权局关于开展深化中央级事业单位科技成果使用、处置和收益管理改革试点的通知》（财教〔2014〕233号）。根据该通知要求，最终在国家自主创新示范区、合芜蚌自主创新综合试验区选择了清华大学、北京理工大学等20家符合条件的中央级事业单位开展了"三权"改革试点工作。

该通知与中关村试点政策相比，有两方面的重点突破：一是将单位科技成果的对外投资、许可等使用事项的审批纳入了改革范围，取消了主管部门、财政部门对科技成果使用、处置事项的所有审批和备案要求。二是将单位科技成果的处置收入从分段按比例留归单位改为全部留归单位。更为重要的是，该通知对改革进行了系统设计，纵深拓展了改革范围，从一切有利于促进科技成果转移转化出发，积极探索建立符合科技成果特点和科技成果转化规律的管理新模式，还对建立科技成果市场定价机制，建立规范、合理、有效的单位科技成果转移转化收入分配和激励制度，落实科技成果向境外转让、许可的管理制度，落实相关职能部门的职责，单位建立健全科技成果转移转化管理制度等都做了较为全面的规定。

3. 修订《促进科技成果转化法》

2015年8月29日，全国人大常委会表决通过了关于修改《促进科技成果转化法》的决定，10月1日开始实施。

修订《促进科技成果转化法》主要解决了放权让利的问题。修正案将"三权改革"试点措施上升为法律，规定国家设立的研究开发机构、高校对其持有的科技成果，可以自主决定转让、许可或者作价投资，应当通过协议定价、在技术市场挂牌交易、拍卖等方式确定科技成果价格；转化收入全部留归单位。这些措施破除了制约科技成果转化的制度性障碍，调动了单位的积极性。

（二）第二阶段——完成转得好的落实

2016年至今，本质上都是在2015年实现有权转突破的基础上，解决如何转得好的问题。

1. 科技成果转化"三部曲"及相关部署

国务院《实施〈中华人民共和国促进科技成果转化法〉若干规定》和国务院办公厅《促进科技成果转移转化行动方案》，实际上都是对贯彻落实新修订的《促进科技成果转化法》的工作部署，与修订新法合称为科技成果转化"三部曲"。

2016年2月26日，国务院印发关于《实施〈中华人民共和国促进科技成果转化法〉若干规定》的通知，对于法律的执行进行了细化说明。例如，文件对于担任领导职务的科技人员获得科技成果转化奖励，明确了分类管理的原则和具体规定。

2016年4月21日，国务院办公厅印发《促进科技成果转移转化行动方案》，围绕激发创新主体积极性、构建支撑服务体系、完善创新要素配置等，部署了8个方面、26项重点任务。

此外，教育部、中科院等部门针对所属高校或院所也出台贯彻落实科技成果转化"三部曲"的相关文件，对落实国家科技成果转化改革举措做了进一步细化。

2. 其他重要部署及配套措施

（1）个人所得税突破

2016年9月，财政部、国家税务总局《关于完善股权激励和技术入股有关所得税政策的通知》（财税〔2016〕101号），针对科技成果作价入股股权奖励，出台了两步合一、递延纳税、适用20%税率等个人所得税优惠政策。

2018年5月，财政部、税务总局、科技部进一步印发《关于科技人员取得职务科技成果转化现金奖励有关个人所得税政策的通知》（财税〔2018〕58号），明确最多可以分三年领取奖金、减半征收个人所得税等优惠政策。

（2）处置权下放的落实

2017年3月，教育部、中央编办、发展改革委、财政部、人力资源社会保障部印发《关于深化高等教育领域简政放权放管结合优化服务改革的若干意见》（教政法〔2017〕7号），提出给高校松绑减负、简除烦苛，让学校拥有更大办学自主权，激发广大教学科研人员教书育人、干事创业的积极性和主动性。

2017年11月8日，《财政部关于〈国有资产评估项目备案管理办法〉的补充通知》（财资〔2017〕70号），明确国家设立的研究开发机构、高等院校科技成果资产评估备案工作，原由财政部负责，现调整为由研究开发机构、高等院校的主管部门负责。

2019年9月23日,财政部印发《关于进一步加大授权力度 促进科技成果转化的通知》(财资〔2019〕57号)。在原已下放科技成果使用权、处置权、收益权的基础上,进一步加大科技成果转化形成的国有股权管理授权力度,畅通科技成果转化有关国有资产全链条管理,支持和服务科技创新。

(3) 科研人员兼职兼薪与离岗创业问题

与科技成果转化紧密相关的另一个方面是关于科研人员兼职兼薪和离岗创业的问题。

2015年6月11日,国务院以国发〔2015〕32号文件印发《关于大力推进大众创业万众创新若干政策措施的意见》,支持科研人员创业。

2017年3月10日,人力资源社会保障部正式发布文件《人力资源社会保障部关于支持和鼓励事业单位专业技术人员创新创业的指导意见》(人社部规〔2017〕4号)明确:支持和鼓励事业单位选派专业技术人员到企业挂职或者参与项目合作;支持和鼓励事业单位专业技术人员兼职创新或者在职创办企业;支持和鼓励事业单位专业技术人员离岗创新创业;支持和鼓励事业单位设置创新型岗位。

2019年12月27日,人力资源社会保障部进一步发布《人力资源社会保障部关于进一步支持和鼓励事业单位科研人员创新创业的指导意见》(人社部发〔2019〕137号)。

(4) 科技成果转化"新三部曲"进一步加强科技成果转化体系建设

以上内容主要是解决相关改革精神如何落实到位的问题。与此同时,国务院和相关部委围绕着技术转移工作的具体开展也进行相应部署,包括技术转移服务体系、机构建设、技术市场发展等方面,形成科技成果转化"新三部曲"。

2017年9月15日,《国务院关于印发〈国家技术转移体系建设方案〉的通知》(国发〔2017〕44号)提出了三个方面重点任务。

2017年9月29日,国家质检总局、国家标准委批准发布《技术转移服务规范》国家标准,标准号为GB/T 34670—2017,于2018年1月1日实施。这是我国首个技术转移服务推荐性国家标准。

2018年5月28日,科技部印发《关于技术市场发展的若干意见》(国科发创〔2018〕48号）。其主要内容还是对《国家技术转移体系建设方案》的具体落实。

三、知识产权保护与运营

知识产权是科技成果的重要表现形式，是科技成果向现实生产力转化的桥梁和纽带。科技成果转化中一个最重要的环节就是对技术所产生的知识产权进行保护与运营，通过科学的知识产权布局、合理的知识产权保护和高效的知识产权运营，打通知识产权创造、运用、保护、管理、服务全链条，有助于积极促进高水平、大规模的科技成果转化，加快实现高水平科技自立自强。

党的十八大以来，党中央高度重视科技创新和科技成果转化运用。国家出台多项政策举措，以知识产权保护为突破口，创新促进科技成果转化机制，有力地激发全社会创新活力。

中共中央办公厅、国务院办公厅印发《关于强化知识产权保护的意见》，就进一步加强我国知识产权保护做出全面安排和周密部署。意见确立了截至2022年和2025年的中长期工作目标，并分别从制度约束、社会监督共治、协作衔接机制、涉外沟通机制、基础条件建设、组织实施力度等方面提出了宏观指导措施。

此次发布的意见中指出要建立知识产权快保护机构，"在优势产业集聚区布局建设一批知识产权保护中心"，旨在快速处理相关案件和纠纷，及时化解问题。

2020年2月，教育部、国家知识产权局和科技部联合印发《关于提升高等学校专利质量促进转化运用的若干意见》（教科技〔2020〕1号），针对高校专利"重数量轻质量""重申请轻实施"等问题，从完善知识产权管理体系、开展专利申请前评估、加强专业化机构和人才队伍建设、优化政策制度体系4个方面，提出了10项重点任务，旨在全力推动高校专利工作"回归保护创新创造的初心"。

为贯彻落实《中共中央　国务院关于新时代加快完善社会主义市场经济体制的意见》《中共中央　国务院关于构建更加完善的要素市场化配置体制机制的意见》有关要求，进一步深化知识产权运营服务体系建设，促进创新成果更多惠及中小企业，提升高校院所等创新主体知识产权转化率和实施效益，财政部、国家知识产权局颁布实施《关于实施专利转化专项计划助力中小企业创新发展的通知》，利用三年时间，择优奖补一批促进专利技术转移转化、助力中小企业创新发展成效显著的地方，旨在有效推动科技成果转化。

第二节 高校技术转移发展

在我国，高校院所是原始创新的重要源泉和科技成果转化的重要主体，2020年2月，教育部、国家知识产权局、科技部出台《关于提升高等学校专利质量促进转化运用的若干意见》（教科技〔2020〕1号），提出要完善知识产权管理体系，开展专利申请前评估，加强专业化机构和人才队伍建设，包括加强技术转移与知识产权运营机构建设，优化政策制度体系等。

随着一系列支持政策的出台，近年来我国高校院所知识产权创造、运用和管理水平不断提高，专利申请量、授权量大幅提升。但是与国外高水平大学相比，我国高校院所仍然存在对政策法律法规理解宣贯不到位、科技成果质量不高、技术转移机构管理服务能力较弱、金融资本的支撑作用发挥不强等关键堵点问题。

在激烈的国际竞争面前，要把握发展趋势，梳理国外先进经验，探索中国路径，为全面提升高校专利质量，强化高价值专利的创造、运用和管理，更好地发挥高校服务经济社会发展的重要作用。

一、国外典型国家科技成果转化模式

（一）美国斯坦福大学技术许可办公室

高校设立的科技成果转化机构是实现技术转化和技术创新的重要组织，美国、英国和德国等发达国家在经济发展过程中都曾经依托高校设立了多种类型的技术转移机构，其运行模式和管理模式等都为我国高校技术转移机构的建设提供了有益的经验。

斯坦福大学在技术转移实践过程中首创的 Office of Technology Licensing（OTL）模式是运行最为成功的一种，已经成为当代美国高校技术转移的标准

模式。

斯坦福大学技术许可办公室是专门负责管理斯坦福大学知识产权资产的部门，由 25 人组成，大多数是直接负责许可的专家，每人有自己的专业领域。办公室宗旨是促进斯坦福大学的技术向社会应用转化，同时用技术许可得到的收入来支持学校的研究和教学。

OTL 构建了成熟稳定的技术转移机制，形成了一套成熟有效的工作程序。在其以技术营销为核心理念的过程管理机制下，OTL 团队主要强调技术成果的市场推广，同时关注其产出与知识产权保护。OTL 的技术转移流程包括发明披露、价值评估、专利申请与维护、市场营销、转让对象选择、技术许可、合同执行与收益分配。具体而言，OTL 的操作流程如图 13-2 所示。

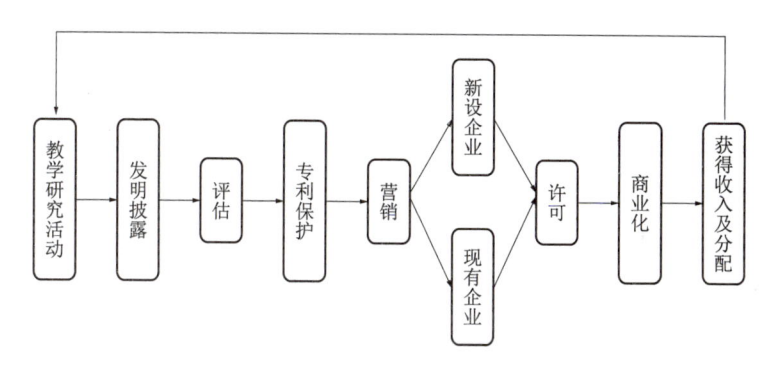

图 13-2　OTL 技术转移流程

首先由技术发明人提交"技术披露表"，由 OTL 记录在案，并指派一名技术经理人负责全流程服务。然后技术经理人通过与技术供需双方沟通交流，全权决定技术是否申请专利。技术经理人与具备技术商品化基本条件的企业进行专利许可谈判，签订专利许可协议。最后 OTL 负责技术转移转化收益的分配和管理。

（二）英国帝国理工大学

1986 年，英国帝国理工学院成立帝国创新服务公司，当时是学校的一个部门，后来独立成为学校所属的一家企业。帝国创新服务公司作为第三方服务机构，与帝国理工学院建立了排他性的合作关系，通过将帝国理工学院的技术许可给其他公司或成立创业公司，对学校优质的技术进行发展、保护和商业化。2006 年 7 月，公司在伦敦证券交易所另类投资板块上市，募集 3 亿英镑用于技术商业化前期投资。

帝国创新服务公司主要从事技术商业化和投资活动。技术商业化包括保护帝国理工学院及其伙伴的知识产权、协助技术发展并最终将技术许可给企业或者围绕该技术设立新公司。投资行为专注于对治疗、诊断、医学技术、工程与材料，以及信息通信、数据技术等领域早期公司的长期投资，且主要投资英国"金三角"区域的企业。在英国，由伦敦、剑桥和牛津形成的地区被称为"金三角"，这一区域汇集了一大批世界级研究机构，包括帝国理工、伦敦大学、牛津大学、剑桥大学四个世界排名前十位的大学。

帝国创新服务公司每年评估约 400 项由帝国理工学院师生提供的发明，完成 30 至 40 项许可案件，设立 8 个新公司及对 60 个新技术进行专利申请。同时，除了与帝国理工学院合作，帝国创新服务公司还为在伦敦与高校有关的 NHS Trusts（NHS 综合医院）提供技术转移服务。随后，帝国理工学院在数据技术、物联网、生物医学与制药、新材料、清洁技术、能源、设计、基础设施系统、金融服务领域的知识产权保护与转化上都与相关产业建立起了长期而可持续的伙伴关系。

2012 年起，帝国创新服务公司与帝国理工学院合作建设帝国理工学院创新实验基地，成为初创企业社区的典范。基地每年举办各类创新创业活动 80 多场，有 3 000 多名学生参与各种项目与活动，集中支持 80 多个初创企业项目，同时特别为帝国理工学院的亮点科研成果和学生团队举办推介路演活动，每年都能吸引 400 多家伦敦及全英国的高科技企业和投资机构参与，其中 70% 的推介项目募集到 600 多万英镑概念验证启动资金。2014 年还增设专门资助女性创业者的专项基金。

截至 2015 年 7 月，帝国创新服务公司投资的企业达 98 家，市值约 3.27 亿英镑，其中最大的企业是位列英国富时 250 指数的切尔卡西亚制药公司。2015 年 9 月，路透社首次发布"世界最创新大学榜"，帝国理工学院位列第 12 位，在英国大学中排名最高，其次是剑桥大学第 25 名、牛津大学第 40 名。

（三）以色列耶达公司

魏兹曼科学院建于 1934 年，在化学、核物理、生物医药、脑科学、纳米材料、太阳能、计算机等领域，具有很强的科研实力，曾被评为全球十佳科研机构。该院属于公立科研机构，共有2 800人左右（含学生约1 000人）。在经费预算中，中央政府拨款、竞争性科研项目收入、犹太社团和社会捐赠各占三分之一。

除培养新一代科学家外，将学术知识和科研成果转化为商业产品也是魏兹曼科学院的重要目标。2014年，魏兹曼科学院修订了知识产权和成果转化管理章程（《魏兹曼科学院知识产权与利益冲突管理章程（2014）》），更加明晰了科学院、科学家、耶达公司三者之间的关系，规定了各自的职责、权利和义务，防范兼职的利益冲突，确定经济利益分配原则，以及发明成果等知识产权的权属。该管理章程长达一万多字，规定非常具体明确，具有很强的可操作性。

1959年，魏兹曼科学院创办耶达研发有限公司（Yeda Research and Development Company Ltd of the Weizmann Institute of Science）。耶达研发有限公司是魏兹曼科学研究院的商业化公司，专门负责其研究成果的应用开发和技术转移，促成源自魏兹曼科学院专利的商业化发展，同样也成为基础技术和商业应用的中间桥梁。

该公司秉承"让科学家专心做科研，其他事情我们来办"的理念，独立运营，市场化操作，全权负责科学院的技术转移工作，主要包括鉴定评估研究计划的潜在商业价值、保护研究所及其研究人员的知识产权、许可相关产业使用研究所创新成果及技术、在产业内为研究计划进行渠道融资等。

目前，耶达公司对科学院2 070项专利拥有使用权，其中制药、化学与材料、IT三类专利最多，制药业的专利占比高达36%。一方面，耶达自行开展科技成果转化，在毗邻的魏兹曼高科技园区投资或持股创办了80多家高科技企业；另一方面，耶达也向多家公司转移转化专利技术，并配合其进行二次技术开发和产业化开发。2016年，相关公司利用魏兹曼科学院的研究成果实现的年产品销售额高达360亿美元。

耶达公司自创立伊始的定位就是支持魏兹曼科学院成果的商业化，其成效也颇为显著。之所以能够成为魏兹曼科学院基础研究商业化的坚实臂膀，主要得益于以下几点：

①多样化的技术转移模式。耶达既能够与其他企业共同投资，也能够通过独家或非独家的形式将技术授权或许可给成熟的公司，甚至是非营利性的机构。在不同类型的授权协议中，最常见的一种是材料转移协议（Material Transfer Agreement，MTA），主要用于生物、制药领域，即把本来属于研究单位的一些产权转

移到企业和工业中，这样新研发的技术可以通过企业得到推广，并且在转让后研究人员和企业仍然可获得一些资讯服务。

②充足的科研经费保障。除了一小部分政府拨款之外，耶达主要通过三种方式支持科研活动。一是通过内部资金直接对魏兹曼科学院的科学研究进行资助，确保科学研究的正常进行，并从最开始建立对知识产权的保护；二是由耶达和一些对项目感兴趣的大公司联合投入基金对项目进行赞助；三是设立奖励基金，对魏兹曼科学院发布的前沿性研究项目进行奖励。

③有效的激励机制。除了充足的科研经费之外，耶达公司和研究者共同分享成果转移的收益，技术转移收入的 40% 归研究者个人所有，而不是给实验室。院系、实验室也可以获得一部分收益，但需要在项目开展前就事先约定。这样，一旦项目被商业化，耶达可以从中获取利润，科学人员也能获得较多的奖励，从而形成有效的激励机制。

④持续支持基础研究。耶达持有的最赚钱的专利之一——Copaxone 的基础研究从 20 世纪 60 年代就开始了，当时的科学家只是想研究其中的原理，意外在向老鼠注射疾病病原的研究过程中发现了诞生这一药物的核心技术。然而，当时并没有公司愿意购买这项还处于初始阶段的技术进行研发，于是他们在学院的支持下继续研究，直到 16 年后梯瓦公司的出现，发现了它的价值。Copaxone 一经上市就成为梯瓦的"摇钱树"，作为全球最畅销的多发性硬化症药物，其年销售额超过 40 亿美元。

二、我国高校科技成果转化机构建设

高校和科研院所是科技创新的重要主体和科技创新成果的主要来源，负责高校自身科技成果转化工作。当前，我国绝大多数高校均依托科学技术研究院（科学技术处、科学技术管理部等）这样的科技归口管理部门履行技术转移和成果转化的管理职能，按照事业单位内设管理机构运行。机构规模普遍偏小，专业化水平较低，机构只能以校内横向项目管理为主。近年来，随着科技成果转化工作的发展，大多"双一流"高校都建设了专门的技术转移机构。2019 年 2 月，教育部认定了首批 47 所高等学校科技成果转化和技术转移基地，首批科技成果转移转化基地结合自身特点和发展需求，大胆探索，锐意进取，在体制机制建设方面形成了切实有效的成果，形成一批可参考借鉴的经验。

（一）资产经营公司全资控股的市场化技术转移机构建设——以东南大学为例

（1）成立技术转移中心有限公司

将原技术服务公司改制为技术转移中心有限公司，由资产公司全资控股，科研院应用技术院院长担任董事长（不取酬），总经理采取市场化方式聘任，业务上接受科研院的指导。

（2）完全按照市场化模式进行管理运作

公司负责专利转让、技术作价入股及持股、建立投资孵化基金、设立并管理技术转移中心，同时作为企业化研究院的持股平台。

采用市场化运行模式，招募了校企合作、校地合作、股权投资、孵化器建设等方面的专业人才。根据责任分工同科研院签署合作备忘录，明晰工作界面和财务界面，进行市场化结算，自负盈亏。高管聘任由董事会决策，其他人员聘任由管理层决定，按照市场化模式建立薪酬标准和绩效考核标准。

（二）事业化管理+市场化运营的技术转移机构建设——以北京理工大学为例

（1）创新北理工管理和运营模式

为充分发挥不同机制的优势，技术转移中心建立了北理工特色的"事业化管理+市场化运营"新型技术转移机构运行机制。北京理工大学在2016年开始探索了以"事业化管理+市场化运营"为主要特征的新型技术转移机构"北理工模式"，着力突破编制不足、动力缺失等制约，建设新型专业化技术转移机构。有效弥补了纯事业机制在人员聘用、考核、激励及分支机构建设等方面的不足，建立了更加符合市场规律和科技成果转化规律的技术转移体系，为高校建设专业化新型技术转移机构探索了新路径。

技术转移中心是学校正式设立的二级部门（非挂靠机构），负责学校科技成果转化工作，统一管理技术转让、许可、作价入股等业务。技术转移公司是技术转移中心的实体，作为人员聘用、考核、激励平台，以市场化机制开展科技成果转化。在"北理工模式"下，学校不再承担包括处级干部在内人员工资、房租等全部经费，而是从转化收益中提取10%作为团队运行经费，建立起收益与业绩直接挂钩的北理工特色机制。

（2）管理经营双轨制促进成果转化效率提升

技术转移中心按照"鼓励支持、规范发展、注重质量"的总体思路和"科学治理、正确引导、多元联动、服务一流"的总体部署，坚持走"北理工模式"特色发展道路，践行"全流程贯通、全要素集聚"的工作理念，创新科技成果转化机制，组建高水平服务团队，建立健全技术转移体系，加强知识产权布局和运营，开展概念验证、中试熟化和企业孵化，通过组织项目路演、设立分支机构、建立合伙人机制等多种方式，与企业、政府、资本等方面建立紧密合作关系，共同推动科技成果转移转化的实施。

（三）市场化、专业化的技术转移机构建设——以中国地质大学（武汉）为例

中国地质大学（武汉）在2015年成立市场化运营的技术转移机构——中部知光技术转移有限公司（以下简称"中部知光"），组建了一支100多人无编制、全职聘用的高校科技成果转化团队。同时，依托中部知光负责国家知识产权运营公共服务平台高校运营（武汉）试点平台、国家（武汉）海外人才离岸创新创业基地建设，参与建设国家技术转移中部中心技术转移综合服务市场。

（1）提出"知识产权+"总体运营思路

将知识产权与科技创新、技术转移、创业孵化、招商招才等紧密结合，为高校、政府、园区、企业等客户提供政策实操培训、产学研合作对接、高价值专利培育、新型研发机构建设指导、政策研究与创新咨询等服务。

（2）创新"布局+运营"一体化的专利运营转化理念

围绕重点项目、关键技术领域，先开展专利挖掘布局，形成高价值专利包，再根据项目特点，灵活选择许可、转让、作价入股等专利运营方式。

（3）探索"线上+线下""平台+服务""自营+联营+他营"的业务服务模式

搭建网络运营平台，汇聚人才、项目和需求等信息，与第三方科技服务机构合作，提供最专业、最优惠的服务。截至目前，中部知光已与国内500多所高校、200多个城市、100余科技服务机构建立合作关系。

（四）社会化技术转移机构发展案例

一般来讲，为技术转移提供知识产权、法律咨询、资产评估、技术评价等专业服务市场化中介机构统称为社会化技术转移机构。与高校院所技术转移机构类似，社会化技术转移机构在科技成果转化实践过程中形成一批典型经验和案例，在国家技术转移体系建设中起到重要的推动作用。

实践案例：以知识产权服务为契机，激发成果转化新活力。——以八月瓜知识产权服务平台为例。

（1）通过互联网、大数据等新模式、新技术创新成果转化服务模式

"八月瓜"是由北京恒冠网络数据处理有限公司开发建设的开放型运营服务平台，利用大数据、云计算等手段整合全球知识产权数据资源，数据库涵盖了104个国家、规模达1.3亿条专利数据，与欧洲专利局、美国专利局同步对数据实时处理更新，确保了检索查新的准确，并通过对数据的挖掘、加工和处理，满足用户的精细化需求。

（2）构建线上线下立体化服务体系，实现线上线下协调联动

"八月瓜"线上体系由PC端、移动端、专利检索系统三个平台构建了立体服务体系，线下运营体系中知识产权专业服务团队1 000多人，构成了线上线下相结合的服务体系。"八月瓜"知识产权对PC端平台的服务项目精心筛选后加以延伸，建立移动端一站式知识产权智能服务平台，用户在手机上可以随时随地办理专利申请、商标注册、版权登记等12大类40余项服务，尤其是数据库的碎片化处理技术研发成果进一步增加了数据的开发利用价值。

（3）把握国家政策利好形式，开拓国际创新服务

在国内政策积极扶持下，知识产权运营和管理行业逐渐凸显其作用，成为国际技术转移的重要依托平台。目前"八月瓜"已经与芬兰阿尔托大学、德国史太白公司、意大利知识产权国际事务局、匈牙利生物技术中心、韩国电子通信研究院、日本日中交流株式会社等国际机构进行了广泛合作，通过一对一的专业服务，累计服务近万家企业，涵盖电子、信息、机械、化学、医药、生物技术等多个领域。

三、我国高校科技成果转化主要方式

《中华人民共和国促进科技成果转化法》提出科技成果持有者可以采用自行投资实施转化、向他人转让该科技成果、许可他人使用该科技成果、以该科技成果作为合作条件与他人共同实施转化、以该科技成果作价投资折算股份或者出资比例转化等方式进行科技成果转化。随着系列改革举措的出台，高校院所及广大科研人员的创新热情得到极大激发，科技成果转化取得了显著成效，科技成果转化的迅速发展促进了技术转移机构建设和科技成果转化服务体系的完善，同时涌现了一大批典型的高校科技成果转化成功案例。

我国高校开展科技成果转化的主要方式有以下几种。

（一）科技成果许可

【案例13-1】华东理工大学合成气催化合成乙二醇新技术

华东理工大学与企业合作开发合成气催化合成乙二醇新技术，学校通过与企业专利权共享机制，保障了从技术研发的第一步就埋下了工程化开发应用的种子。我国工业生产对乙二醇的需求巨大，据统计，年需求量约为1 000万吨，但自给率仅为30%。因此，研发具有自主知识产权的乙二醇制备技术非常必要而且紧迫。传统的石油法制乙二醇是按照"原油—乙烯—环氧乙烷—乙二醇"的步骤，从石油生产而来。2008年以前，国内所有乙二醇装置全部为国外引进，生产成本约为每吨6 500元。煤基合成气制乙二醇按"合成气（一氧化碳和氢气）—草酸二甲酯—乙二醇"的步骤生产，其生产成本约为每吨4 500元，远低于"石油法"。草酸二甲酯合成过程中分离低浓度碳酸二甲酯的方法应用于以煤为原料，由合成气合成草酸二甲酯的工艺流程中。用此法可以从循环反应气体中回收草酸二甲酯和碳酸二甲酯，并分离出低浓度的碳酸二甲酯，回收甲醇，循环使用。煤基合成气以煤为原料，非常符合我国少油多煤的国情，开发煤基合成气制乙二醇技术对于我国经济发展具有深远的战略意义。学校与企业合作研发，在第三方企业实现完成中试，专利归属三方联合体，学校许可企业实施与推广"草酸二甲酯合成过程中双塔流程分离低浓度碳酸二甲酯的方法"，签订多项专利实施许可合同。

案例中，华东理工大学针对新药知识产权许可类型有其独特性，以提高专利质量和技术的商业价值为工作重心，组织项目谈判及法律文本工作小组，由具有多年校企合作谈判经验及律师执业资格的专业团队支撑保障知识产权运营，进行专业化的市场推介和商业谈判，从而做到从发明披露到最终转化的全程管理，保证了专利质量，保护了专利价值，有效促进了科研成果转化。

（二）科技成果转让

科技成果转让是指科技成果所有人将科技成果转让给科技成果受让人的活动。根据《中华人民共和国民法典》规定，科技成果转让活动需要签署书面合同，对转让的标的、价款、资料交付等权利义务做出约定。

成果转让具有如下特点：转让方收取费用，但不与科技成果转化的效果直接关联；成果未来收益与风险通过转让合同全部转移；受让方通常取得的是知识产权所有权，对优化企业市场竞争格局有一定的作用；受让方一次投入的转让费用较低，但后续研发成本会有较大支出等。

【案例13-2】钢轨打磨技术、电池管理系统（BMS）

北京交通大学机电学院李建勇教授团队长期致力于钢轨打磨技术的研究与产品开发，最早开始研发自主化的高端钢轨砂带打磨装备，并在国际上最早形成钢轨砂带打磨机系列产品。该项目是国内最早也是目前唯一立项的国铁集团重点课题，结题为A（优秀），确认了团队在钢轨砂带打磨领域的国内领先地位。技术转移部门根据项目梳理，发现该创新型技术与产品，与李建勇教授团队建立密切沟通，在研发中期就技术研发过程中遇到的难点进行了多次对接，进行重点培育，分批次共支持项目团队221万元。目前，钢轨打磨技术已经研发出样机，并在部分铁路段进行现场试用，并通过专利及专有技术转让，获得收入600万元。

北京交通大学电气工程学院时玮团队，多年来从事新能源汽车、新能源电池管理系统方面的研究。团队研发的新能源汽车电池管理系统，包含硬件系统和应用软件系统，具有安全性高、配置灵活等特点。

技术转移服务团队通过更新科技成果库与科研团队建立联系，并推荐对该团队项目作为新能源领域的重点培育项目予以支持，共支持研发资金8批次，累计金额90万元。目前，该项技术已形成了系列成熟的产品和技术方案。2019年1

月,"新能源动力电池充放电管理与评估技术包"通过技术转让的形式转化,转让金额561万元。除以上项目外,近年来重点培育的"高温超导车载变压器和低温恒温器复合材料技术""土木工程结构安全监测光纤传感技术"及"电磁涡流钢轨密贴及形变检测技术"等,均已经在进行转化洽谈,充分显示了长线培育模式的明显效果。

从案例中可以看出,高校和科研院所作为科技成果转化的重要主体,有较强的科研力量和创新人才资源,但在成果的后续开发、中间试验、市场推广等方面存在"先天不足"。因此科技成果转让方式一般发生在高校院所和企业之间,从而形成高校院所的研究开发与企业的生产经营的优势互补效应。

(三) 合作实施转化

合作实施转化是指科技成果所有人以科技成果为合作条件,采取多种形式与他人合作,完成科技成果商品化的活动。它是供求双方各自发挥其研究开发、产业应用优势,形成良好互补,实现收益共享、风险共担的转化方式。

使用合作实施转化的主要情况包括:①科技成果自身转化价值较高,但需要高额的转化投入,通过寻求实力合作伙伴,共同实施转化的成功可能性更高。②科技成果在技术创新上比较靠前,但转化活动在法律、政策、市场、产业配套等多方面存在较大的不确定性和风险,需要通过寻求合作转化分散风险,提高成功率。③成果的技术成熟度不高,需要在对口产业领域寻求合作企业,协同提高技术成熟度,促进成果转化。④产品在技术上有一定成熟度,但工艺不成熟,需要借助企业力量完善工艺,降低成本,提高产品质量和性价比。

【案例13-3】第三代EGFR抑制剂"二氢乳清政脱氢酶(DHODH)抑制剂"技术

在研发风险大的新药创制领域,华东理工大学药学院李洪林教授课题组与中科院上海药物所合作。开发了第三代EGFR抑制剂"二氢乳清政脱氢酶抑制剂"两项专利技术。目前学科分割越发精细、"卡脖子"技术越难攻关,越需要大平台、大团队的协同创新,学校与科研院所协同创新。通过共享专利权这一无形手,夯实科学家握合的有形手,构建跨单位隐形协同创新团队,破解科技创新"孤岛现象"。该技术向上海公司成功实现专利实施许可,许可费达

3.3亿元。药学院李剑教授团队开发了"苯并杂环炔基胶类化合物及其用途相关专利技术",实现专利实施许可,许可费超1亿元。马磊教授课题组研发"知母皂苷元结构修饰衍生物、药物组合物及其应用"专利技术,许可费用3 125万元。以上成果转化,学校全程负责助推,多部门协同,从成果发明—评估—专利—市场—许可/转让—谈判—合同等步骤组成了专业化服务工作链。

从案例中可以看出,华东理工大学药学院李洪林教授课题组与中科院上海药物所合作实施转化,有利于发挥高校院所和企业在科研能力、市场开发能力上的互补作用,聚合多方资源,形成风险分担机制,降低成果转化的市场风险与技术风险。

由于合作实施转化涉及的各方主体的权利义务关系和利益分配关系比较复杂,并交叉了法律、管理、政策等各种要素,在合作达成上有一定难度。通常在专业化中介服务机构介入提供服务的前提下,对促成合作转化更为有利。同时,合作实施转化合同要明确风险分担和利益分成在内的权利义务。

(四)科技成果作价投资

科技成果作价投资是指将科技成果确定价格以资本形式投入企业,取得企业股份的转化方式,其实质是科技成果从技术要素转变为资本要素的过程。

科技成果作价投资转化的特点包括:①科技成果开发、实施、转化为一体,有利于新技术、新工艺、新材料、新产品的产业化,形成全链条的"闭环运作"。②以利益共享机制与企业经营管理、社会资本相结合,促进科学研究长远发展。③通过风险共担机制,使成果拥有方与投资方"捆绑"在一起,降低成果转化失败的风险,提高科技成果转化成功率。④涉及法律、投资、工商、管理等专业问题较多,程序较为复杂。

通常来说,适合作价投资方式转化的科技成果包括:技术成熟度较高的成果、较大潜在市场价值的突破性原创技术、填补行业空白的实用化技术、需要培育市场的技术等。

【案例13-4】北京理工雷科电子信息技术有限公司

理工雷科是北京理工大学第一家学科性公司,以中国工程院院士毛二可创新团队为主导。学科性公司模式是早年北京理工大学探索科技成果转化机制创新之举,是为破解高校科技成果转化难、科技进步与经济发展脱节等难题进行的一次大胆尝试。学科性公司模式可以概括为:通过学校科技成果作价入股、股权奖励和教师现金入股相结合的方式,鼓励和支持教师在岗创业和团队创业。

理工雷科最初的股权结构为,科技成果入股技术人员占30%,学校30%,学科组30%,学院10%。北理工允许教师使用课题组自有资金创办学科性公司,40%由学校投资到所创办的学科性公司;60%作为人员成本开支和奖励基金分配给教师个人,再由教师个人投资到公司。这一政策通过学校"让利"来调动教师的积极性,也解决了公司初创期投资难的问题,完成股权激励的理工雷科发展很快进入了"超车道"。

从案例中可以发现,科技成果作价投资有利于使科技成果供求双方形成更紧密的利益共同体,共享利益,共担风险,共同推进科技成果转化。通过作价投资可以将科研人员通过股份权益进行利益"捆绑",有利于激发科研人员的积极性。

理工雷科模式的学科性公司使握有技术的教师成为产学研合作的主导者。理工雷科模式下,技术创新在公司体制下运行,基础研究在学校的体系内运行。同时,公司对基础研究提供支持,学科组的基础研究为技术创新提供成果和人才。

(五)其他方式

《促进科技成果转化法》中所归纳的转化方式并非是一成不变的,而是存在多种变化和综合考量。①科技成果转化的各种方式之间存在相互转化的情况,例如科技成果转化的许可方式在达到一定条件后可能存在权利转让和作价投资的情况。②科技成果转化交易双方,既有可能选择单一的转化方式,也可能同时选择几种转化方式。③除了法律提出的几种转化方式以外,并不排斥其他"契约自由"的合理方式。例如"里程碑许可合同"就是以许可为基础的后续研究开发方式。因此,除法律规定的科技成果转化方式以外,更多的是结合实际情况和市场需求后综合考量得出来的合理转化形式。

【案例13-5】上海大学实现中药创新药物成果转化

上海大学运用"专利申请权转让"等方式,实现中药创新药物成果转化,转化收益以首付款、里程碑付款和销售额提成等方式到账。

上海大学医学院以综合性大学多学科交叉人才为基础,组建多学科背景融合的中青年中药创新药物研制团队，从事中药活性成分的研究，特别是中药创新药物的发明及药物作用机制的研究。2019年10月，学校科研团队在实验室取得阶段性创新成果，研制开发用于治疗心血管口服药物——一种丹参素衍生物及其制备方法，并向学校技术转移中心披露。同时技术转移中心委托专业知识产权服务机构围绕该创新成果进行专利撰写布局，会同团队与意向合作企业进行洽谈。同年11月，在取得成果专利申请受理通知书后，学校技术转移中心成立专业服务团队，协助科研团队正式完成合同条款谈判和确定，并依法依规完成相关流程事宜，最终与企业签订专利申请权转让合同。转化收益以首付款、里程碑付款和销售额提成方式累计9 850万元。

第三节　技术经理人

将科技成果有效地转化为生产力，在促进国家经济转型发展和科技进步中发挥着极其重要的作用，但科技成果转化过程十分复杂，除了需要技术、设备和工艺的支持之外，还与法律、财务、管理等工作息息相关。在此过程中，技术经理人成为高校科技成果应用到市场和企业生产经营中的助推剂。充分发挥技术经理人的作用，完善其队伍建设体制机制，对提升科技成果转化效率、推动我国经济社会转型升级具有十分重要的意义。

一、技术经理人相关概念

近年来，我国非常重视技术转移转化工作。面对知识产权的新形势和新任务、新要求，技术经理人责任非常重大，其行业地位以及社会影响力都在逐渐提高，是现代化进程以及创新体系中不可或缺的组成部分。

国家科委1997年出台的《技术经纪资格认定暂行办法》中对技术经纪人给出了明确定义，而对技术经理人尚未做出明确的定义。大部分地区都是由政府下属的机构或相关行业协会负责技术经纪人的培训工作。根据国际注册技术经理师联盟（ATTP）推出的国际注册技术经理（RTTP）的英文翻译来看，同样不称为技术经理人，而是技术转让专业人员。技术经理人所说的经营管理的含义与技经纪人所指的经纪模式类似，只是经营范围指定在高校院所或者是企业中的技术转移专业人员。我国现行的相关政策文件中，技术经纪人和技术经理人两种称谓均有所提及。不论是技术经纪人还是技术经理人，二者本质上都是指从事技术转移服务的人员，同时很多地方技术经理人培训课程设置与技术经纪人课程设置类似。

技术经理人除了是一种职业以外，更重要的要体现在"经理"二字之上，他们运用正确的理论以及法律来思考问题、评判问题，通过深入推进技术经理人的培育工作可以使得他们接受更加专业的科技成果转化技能训练，具备更多的专业知识，同时也能在实际工作中实现科技成果的转化效益，将科技成果真正转化为生产力以及生产成果。

技术经理人是一种特殊的人力资本，他是介于企业以及高校和科研院的中间机构，如果由于转移经理人本身的实际能力不足，对于技术的理解不到位或者对评估技术所应对的市场需求判断失误等都有可能造成成果转移受到限制。因此，深入推进技术经理人培育工作，促进他们在成果转移过程中真正实现每个人都能带来一定的价值，这就需要他们能够掌握更多理论知识和实务技巧，并且能够推进科技成果转移转化以及产业化所需要的技术要素以及环境要素的发展，这无疑是对于技术经理人的要求提高了一个层次。

二、技术经理人培育

（一）社会化培训

技术经理人的培育工作主要在于培育他们的职业化、专业化以及复合化，使得他们在实际工作当中能够利用多方面的知识和能力更高效地完成工作。然而在推进过程中也会存在一些问题。因此，要及时找到深入推进技术经理人培育工作的突破点，进而根据这些突破点提出相关建议和意见。这样一方面可以使得技术经理人的培育工作顺利开展；另一方面还能提高科技成果转化的效率，为实现我国现代化进程提供基础和条件。

深入推进技术经理人的培育工作，可以促进技术经理人在实际工作过程中具备更全面的专业知识，显示出更强的综合能力。具体来讲，技术经理人通过培育工作可以形成技术与法律知识、商务、财务、管理等一系列的知识体系，进而通过这些知识的吸收和深化获得相关的技能。比如技术经理人具备市场经济知识，可以使得他们在进行技术成果落地转化生产以及管理过程中具有更充分的判断依据，进而对技术价值进行科学、合理的评估，在实际工作中显现出更强的职业性。

技术转移专业人才的成长是广泛的知识积累和丰富的实践经验相结合的过程，而这仅仅通过学术教育或资格培训是无法完成的。日本和欧美发达国家最早开始探索如何在技术转移专业人员的初始培训中将两种技能融合起来。他们采用了由政府制定职业技术转移人才培训计划，将技术转移的基础知识纳入高等教育系统的做法，这一做法为我国所借鉴并在部分高校开始实行。

近年来北京市相关机构也开展了大量的培训课程。2014年以来，在北京市科委的指导下，在北京市技术市场管理办公室的支持下，北京市技术市场协会组织了50多次培训，培训了1万多名技术转移人才，2 200人获得了技术经纪人（经理）培训证书。协会常务副会长刘军指出，协会依托首都技术转移产业的内在优势和集群优势，积极探索社会组织开展技术转移人才的培养模式，推进技术转移人才体系建设，提升技术转移机构的专业化和市场化水平。

2019年10月，北京市人力资源和社会保障局、北京市科委发布《北京工程技术系（技术经纪人）专业技术资格评审试行办法》，正式增加技术经纪人职称。根据该办法，北京市启动了第一批技术经纪人职称评审工作，选拔首批具有高级、副高级、中级和初级职称的技术转移和转化人才。

（二）学历教育

当前我国高水平技术转移人才严重不足，难以满足科技社会发展需要，因此将技术转移专业引入到学历教育，开展高水平技术转移研究生教育具有重要的实践意义。

2018年12月5日召开的国务院常务会议强调要"引入技术经理人全程参与成果转化"。教育部等三部委在2019年2月印发的教科技〔2020〕1号文件明确提出，要"遴选若干高校开展专业化知识产权运营或技术转移人才队伍培养"。

相关高校对技术转移人才培养模式做了积极而有意义的探索与实践。其中北京理工大学作为技术转移专业研究生培养试点高校，探索性开展技术转移研究生教育并制定实施方案，为未来技术转移研究生培养提供可借鉴的模式参考。具体培养模式包括：

①多学科交叉课程学习。主要从本科生为工科背景的学生中选拔，进入研究生阶段，学习工商管理模块、市场营销和金融投资模块、知识产权和科技法律模块、国际贸易和国际贸易争端模块、工科前沿技术发展模块等知识。

②实习实践环节培养。培养过程中设置实习实践环节，时间不少于6个月。实习实践分为两个阶段：第一阶段进入学校技术转移中心、学校在外省市设立的研究院进行实习实践。第二阶段进入高科技工业园区管委会、国际和国内实力雄厚的投资公司等进行实习实践。

③实施双导师制。根据技术转移专业实践性与理论性高度融合的特征，采取"学术导师+实践导师"的双导师制。以"北京技术转移学院"为平台，建设一支知识结构合理的高水平导师队伍，主要从管理学院、法学院等专业学院选聘学术导师，从技术转移管理机构、创新创业中心、重点企业等选聘实践导师。

④强化国内外协同培养。通过"小核心、大网络"加强协作，吸纳更多单位共同参与技术转移人才培养工作。集约资源，开放办学，共建共享。与兄弟高校、科研院所、技术转移机构加强合作，特别是要跟国外知名技术转移机构和著名高校开展合作，为研究生提供实习锻炼机会，强化协同培养。

三、我国高校技术转移人才队伍建设探索

我国部分高校对于技术转移人才队伍的建设和发展做了积极而有意义的探索实践，形成了各具特色的人才队伍建设模式和经验。

（一）组建"四类专员"技术转移队伍，人员薪酬制定方面自由度较高，参照市场标准——以清华大学为例

清华大学通过外部招聘、内部选派等形式组建了一支技术转移队伍，包括技术转移专员、知识产权专员、合规风控专员及综合保障人员，并在人员薪酬管控

方面较学校职能部门享有一定自由度，可以适当参照市场标准确定人员薪酬。

①技术转移专员由学校根据学科和成果转化重点领域设置，要求具备电子信息、化工材料、生物医药、机械装备等专业硕士或博士学位，具有多年本专业领域研发或产业工作经验，能够承担相关技术领域成果转化的协调推动工作。

②知识产权专员应具备专利代理人等专业资质，具有高校或企业知识产权管理经验，能够做好学校科研成果的知识产权保护。

③合规风控专员应具备律师等专业资质，具有高校或企业法律实务经验，从制度建设、项目风控等层面，保障学校科技成果转移转化工作有序开展。

④综合保障专员主要负责财务资产管理、会务接待、外事等方面的工作。

（二）技术经理人"三诊模式"开展校地、校企科技服务及科技成果转移转化——以江苏大学为例

江苏大学与江苏省技术交易市场合作成立江苏省首批技术经理人事务所，形成了100多人规模、专兼职结合的技术经理人队伍。聘用方式有两类：一类是由江苏省技术产权交易市场聘任，成为其注册的技术经理人；另一类是由镇江江苏大学技术转移有限公司、江苏汇智有限公司依据江苏省技术经理人管理规则聘任，包括市场招聘的专职人员以及江苏大学在职教师、科研院长及校友、科技镇长团成员、龙头企业技术负责人、地方政府科技助理等兼职人员。

技术经理人采取"三诊模式"开展校地、校企科技服务及科技成果转移转化。一是"坐诊模式"。定期安排学校专家在各技术转移分中心进行"技术坐诊"，由地方政府组织对口企业现场咨询，技术经理人进行跟踪服务。二是"巡诊模式"。技术转移中心与地方科技部门共同组织专家对企业进行"技术巡诊"，技术经理人对有需求的企业进行跟踪、对接、反馈，帮助企业解决技术改造、升级转型等难题。三是"会诊模式"。组织校友企业家及专家团，对学校科技成果进行"技术会诊"，筛选出具有市场价值的成果，在校友会网站发布，开展"江苏大学科技成果认领—资助工程"，承担该工程的校友被聘为技术经理人，可获得技术经理人有关奖励。

第四节 技术转移与创新创业大赛

随着我国经济的持续快速增长，创新创业在我国经济活动中的地位不断凸显，知识产权意识也越来越受到重视。2008年6月5日，国务院正式颁布《国家知识产权战略纲要》，2014年，国务院总理李克强在公开场合发出了"大众创业、万众创新"的号召。为了更好地保护创新技术，我国也在不断地建设优化国家知识产权保护的法律法规，各种政策的制定实施营造了良好的创业创新生态和新环境。"双创"教育背景下专利创新创业大赛机制探究，催生了各种各样的创新创业大赛，包括以专利转化、专利培育以及不同产业为主题的大赛，作为项目公之于众最便捷的入口，大赛为各类创新主体提供了技术转移渠道，同时，随着大赛的比赛机制不断健全，各地政策也在不断完善，促成了一批优质项目的落地。

一、全国机器人专利创新创业大赛

（一）大赛简介

全国机器人专利创新创业大赛由安徽省知识产权局和芜湖市人民政府共同举办，旨在深入推进国家自主创新示范区和知识产权强市建设，充分发挥专利对机器人产业发展的重要支撑引领作用，鼓励机器人领域拥有自主知识产权的高端人才或人才团队到芜湖创新创业，推动芜湖在机器人领域的产业发展，打造长江经济带具有重要影响力的产业创新中心和现代化创新之城。

大赛自2016年首次举办以来，在国家知识产权局专利管理司指导下，国家知识产权运营公共服务平台，哈工大芜湖机器人产业技术研究院，中国知识产权发展联盟，中国专利保护协会等主办、协办、支持单位的参与下已成功举办四届。

（二）大赛成果

1. 第一届

（1）项目获奖情况

第一届大赛于2016年5月开通报名通道，同年12月举办决赛，比赛时间跨度达 7 个多月，参赛选手共有 606 名，分别来自哈尔滨工业大学、清华大学、上海交通大学、浙江大学、天津大学、东南大学等 70 多个高校院所和企事业单位。参赛项目总计 131 项，包含机器人领域发明、实用新型、外观设计专利共计 631 项，共有 34 个项目入围决赛，最终授予"下一代智能移动服务机器人的关键核心零部件和系统整机设计"项目特等奖，授予"高性能混联机器人"等 3 个项目一等奖，授予"高精度激光测量传感器"等 10 个项目二等奖，授予"全自动装甑机器人"等 20 个项目三等奖。

（2）项目落地情况

据报道，大赛促成了 15 个参赛项目现场签约落户，但是项目签约名单和细节未见相关报道，针对一项特等奖项目和三项一等奖项目进行成果转化追踪。

——酷哇机器人

该项目于比赛期间与政府签订协议，同年底自建厂房，第二年实现量产，后续运营良好。

——高性能混联机器人

据报道，该项目于 2020 年顺利通过 2017 年国家重点研发计划二次评估择优检查会，获得继续资助。据悉，该项目由天津大学刘海涛教授负责，北京卫星制造厂有限公司牵头，天津大学、易思维（天津）科技有限公司、天津扬天科技有限公司、广州数控设备有限公司共同承担。未见该项目在芜湖落地的相关报道。

——基于大数据的智能服务机器人产业化项目

2016 年 6 月（大赛期间），塔米与大新华国际会展签订战略合作协议，意在双方强强联合，通过塔米机器人的助力，争取对方各种类型会议、活动、展会等领域都添上智能基因，把每次活动都办得精彩。

2. 第二届

（1）项目获奖情况

第二届大赛于 2017 年 7 月拉开帷幕，12 月角逐出获奖名单。大赛以"创新创业，智造未来"为主题，吸引了来自全国 70 余家高等院校、科研院所、机器人优秀企业及个人报名参赛，共征集参赛项目 141 项，包含机器人领域发明、实用新型、外观设计专利及软件著作权共计 705 件，8% 以上的项目拥有 10 件以上专利。经过 5 个多月的层层筛选，最终授予"高速并联机器人"项目特等奖，授予"关于水龙头的自动化打磨设备"等 4 个项目一等奖，授予"安防与反恐特种空中机器人"等 20 个项目二等奖，授予"一种工件自动化集成装置系统"等 20 个项目三等奖。

（2）项目落地情况

——"高速并联机器人"项目

据报道，由清华大学获得的"高速并联机器人"特等奖项目已经攻克高速多并联机器人协同作业系统的多项关键技术，成功研制了满足高效生产的国产化成套装备，达到国际先进水平，已申请相关国家发明专利 20 项，其中已授权 15 项，已登记软件著作权 3 项。

——"云端数字化牙科智能制造工厂"项目

据报道，2019 年 9 月，首家基于人工智能技术的数字化牙科 C2M 工业互联网企业"微云人工智能"宣布获得上亿元人民币 A 轮融资，由沸点资本独家领投，该项目是否在芜湖落地以及后续产业化情况未见报道。

3. 第三届

（1）项目获奖情况

第三届大赛于 2018 年 4—12 月举办，大赛授予"被切管不旋转的管子相贯线切割机器人研发制造"项目特等奖，授予"人工智能视觉导航机器人芯片及算法和产业化应用"等 4 个项目一等奖，授予"高转速机器人专用伺服电机"等 20 个项目二等奖，授予"特种超声丝杠"等 20 个项目三等奖。

（2）项目落地情况

——行健智能机器人

报道称，2018 年，行健智能公司自主研发生产的溢流盒焊机器人、管子管板焊接机器人、零件坡口切割机器人、横肋板焊接机器人、吊码焊接机器人推广至江苏、四川、湖南等地，与长沙中联、南通中集、江南造船厂等行业龙头企业合作广泛。

——中医四诊智能诊断机器人

据公司董事长王联称，该项目的落地得到了政府各项政策的支持和同类企业的技术支持，2017年，项目已经成功产业化，覆盖了全国3 000多家医疗机构，并构建了以安徽省中医院、省人民医院为诊断中心，基层医疗机构为采集中心的中医医联体云平台服务体系。

其余三项一等奖未见相关落地报道。

4. 第四届

第四届大赛由安徽省市场监督管理局（知识产权局）、芜湖市人民政府、国家知识产权运营公共服务平台主办，华智众创（北京）投资管理有限责任公司、哈工大芜湖机器人产业技术研究院承办，大赛以"创新创业智造未来"为主题，参赛主题涉及了北京、上海、安徽、山东、湖北、辽宁等15个省、市、自治区的优秀项目327项，包含机器人领域发明、实用新型、外观专利650件，其中不仅包括最体现项目核心技术的专利，还包括围绕项目布局的其他专利。经组委会组织初赛、复赛阶段评审，最终有40个项目从复赛中脱颖而出，晋级决赛。

5. 小结

从第一届到第三届，每届均产生一项特等奖和4～5项一等奖，对上述16项获奖重点项目进行后续跟踪，发现有7项落地情况较好，其余未见报道。建议芜湖市政府能够对历年获奖项目进行专题报道，总结经验，不断改进赛制和政策支持，形成可复制、可推广的大赛促进技术转移产业化实践"芜湖模式"。

（三）实践特色

1. 政府支持政策持续优化

①资金支持方面。除第一届仅有5 000～100 000元的资金奖励外，第二届、第三届和第四届，不同级别的获奖项目可直接获得5 000～100 000元资金奖励，同时特等奖和一等奖项目若在芜湖落地转化还可享受芜湖高层次科技人才团队最高1 000元或5 000 000元（第四届为6 000 000元）的资金扶持。

②落户奖励方面。第二届、第三届和第四届获奖项目具备转化条件并在芜湖机器人产业集聚试点区或市内科技企业孵化器落户，园区将对其提供配套政策支持，并优先推荐给大赛投资基金和创业投资机构进行支持。

③人才政策方面。第二届、第三届和第四届，对符合《芜湖市扶持高层次科技人才团队创新创业实施办法》（芜政办〔2017〕21号）规定的高层次科技人才

团队，参赛项目直接进入大赛复赛。

④区域政策方面。第二届、第三届和第四届，可根据《芜湖市重大招商项目"一事一议"实施办法》采取特事特办、一事一议的方式给予政策支持；同时第二届获奖项目还可享受芜湖市"1+5+6"扶持产业发展系列政策支持，第三届享受《加快推进芜湖市国家自主创新示范区建设的若干政策规定》（芜政办〔2017〕29号）、《关于支持战略性新兴产业发展人才专项政策（试行）》（芜战新基地办〔2018〕11号）、《芜湖市知识产权助推产业创新发展若干政策规定》（芜政办〔2017〕45号）、《芜湖市机器人及智能装备产业集聚基地发展政策规定》（芜政办〔2017〕24号）等系列政策支持，第四届享受《芜湖市人民政府关于印发芜湖市扶持产业发展政策（2019年）的通知》（芜政〔2019〕36号）外其他系列政策支持。

⑤成果对接方面。第三刷、第四届组织获奖选手来芜参观考察，宣传芜湖创新创业政策，组织成果转化对接活动。

2. 重视成果转化的程度持续加强

从第二届大赛开始，大赛建立了优秀科技创新项目筛选、优化和孵化的完整配套体系，加快优质科技创新项目市场化进程，提高转化成功率，有力促进了科技创新成果转化；第四届，联合国家知识产权运营公共服务平台举办，设置的评选标准更加科学、公正、客观，提升了大赛的整体水平；同时利用国家平台在知识产权运营和成果转化方面的专业优势，从项目遴选阶段到项目决赛路演，对优质项目进行落地孵化、辅导，促进成果转化。

3. 宣传力度持续加大

从芜湖市政府、鸠江经济开发区等区域政府的政府工作报告、新闻发布会上均能发现芜湖大赛获奖项目被多次提及，说明大赛重视项目的持续宣传推广，第四届大赛更是加入国家平台和中国知识产权发展联盟共同举办，充分利用了其行业影响力和宣传广度，助力大赛项目获得更多的关注和后续落地机会。

（四）典型案例：酷哇机器人

（1）大赛期间，与政府签订协议

2016年7月13日下午，芜湖市科技局、鸠江区招商局分别与上海酷哇机器人有限公司签订服务机器人研究院建设协议、项目投资协议。根据协议，芜湖市将在国家芜湖机器人产业集聚区内建设智能行李箱等移动智能服务机器人研发生产项目，并成立服务机器人产业技术研究院，着力打造机器人领域的公共技术服务平台。

（2）大赛同年，由租房实现自建厂房

2016年年底，酷哇由上海搬迁至芜湖，从租金补贴，到厂房用地，到专业技术人员安家补助，企业落户一路绿灯。2017年，企业新厂房建成投产，仅用了3个月时间，实现每月产量在1 500台左右。

（3）赛后一年，产值千万并对韩国出口

赛后一年，获奖项目"智能旅行箱"COWAROBOTR1已全面实现量产。截至2017年10月底，公司累计接受订单合计逾6 000万元人民币，并形成了对韩国出口。

（4）赛后两年，获得亿元B轮融资

2018年6月，酷哇智能移动服务机器人何弢团队获1.35亿元B轮融资，量产的智能行李箱销售至欧洲等地，无人清扫车已落地运营，预计将实现销售收入逾亿元。

（5）持续创新，运营良好

大赛以来，酷哇机器人公司还大力推进智慧防疫、智慧环卫项目建设，依托自主研发的智能驾驶环卫装备、智慧云脑系统和高精地图技术，参与城市防疫消毒和卫生保障工作。2020年4月中标亳州芜湖产业园智慧环卫项目，项目金额3 000万元，持续运营5年。

（五）技术转移启示

①大赛具备筛选优质项目的能力。酷哇机器人作为2016年首届机器人大赛的特等奖项目，经历了初赛、复赛、决赛，从131个优秀项目中脱颖而出，这说明大赛的评选机制和规则具备很强的科学性和前瞻性，能够为优质项目提供技术转移的入口；大赛期间便与芜湖市政府签订协议，也进一步说明当地政府对"智造"产业的重视和敏锐度，也为后续项目的成功落地打下了牢固的基础。

②项目本身具备发展潜力。酷哇机器人的获奖项目为"下一代智能移动服务机器人的关键核心零部件和系统整机设计",获奖团队融合了多个顶尖大学、多个著名机器人实验室的人才,他们在机械设计、工业设计、电子工程、传感与系统架构、品牌策划等多领域各有建树,具备持续创新和研发的能力。该团队于2017年上半年推出基于"低速无人驾驶技术平台"的首款应用产品——机器人行李箱,2019年推出R2,2020年参与智慧防疫、智慧环卫项目,这表明项目本身具备核心技术和发展潜力对于后续的成果转化也至关重要。

③政府给予持续的政策支持。据报道,首届大赛给予特等奖价值10万元的奇瑞汽车1辆,同时当地政府从用地、政策到资金、人才方面给予强力支撑与配合,这为后续的落地实施和顺利产业化奠定了坚实的基础。

二、杭州高价值知识产权智能产品创新创意大赛

(一)大赛简介

"'市长杯'杭州高价值知识产权智能产品创新创意大赛"由"'市长杯'创意中国(杭州)国际工业设计大赛"更名得来,旨在鼓励杭州市企业加强科技创新能力,激发发明创造热情,倡导知识产权保护,提升杭州市工业设计水平,加快人才培养,实现"杭州制造"向"杭州创造"转变,推动经济转型升级。

大赛由杭州市人民政府、中国工业设计协会共同举办,自2007年创办以来至2018年已连续成功举办十二届;2019年为正式更名为"'市长杯'杭州高价值知识产权智能产品创新创意大赛",大赛充分结合杭州区域特点,进行理念升级和外延扩充,从工业设计竞赛向创新与设计竞赛进行转变,充分展示了杭州市发展定位、产业特点,将人工智能产品创新、数字创意作为重点,发掘出更多数字化、网络化、智能化、创意化产品参与。有效推动了杭州市知识产权创造、保护能力和创新创意水平。

(二)大赛成果

1. 前十二届

(1)项目整体情况

2007—2018年"市长杯"创意中国(杭州)国际工业设计大赛成果丰硕:

参与主体方面，共吸引了来自国内 26 个省（直辖市）以及 10 多个国家 500 多所高校、2 000 余家企业和 70 多家专业设计机构参加；作品和专利方面，共征集到 38 000 多项创意作品和工业设计产品，产生 20 000 余件专利；聚焦产业方面，大赛紧扣杭州市产业发展重点，围绕文创、旅游休闲、金融服务、电子商务、先进装备制造、节能环保、新能源等杭州市重点发展产业设置几十个分会场。

（2）项目落地情况

征集到的创意作品和专利中，有 5 000 多件创意作品向杭州企业转移转化，加快了"杭州制造"向"杭州创造"转变，推动了杭州市文化创意以及工业设计产业的发展。以 2017 年为例，获奖企业有意直接转化为产品的达到 50 余件，申请专利 1 000 余件，如杭州湖畔居有限公司已将薛家宁创意设计的"印月"作为自己产品"印心茶组"的雏形，纳入生产计划，准备投入礼品市场。多年来，大赛在提高杭州知识产权创造、保护能力和工业设计创新创意水平，加快人才培养，推动经济转型升级等方面发挥了重要作用，已经在杭州架起了一座"智力"与"制造"有效衔接的桥梁。

2. 近两届

（1）项目整体情况

近两届"市长杯"杭州高价值知识产权智能产品创新创意大赛是往届赛事理念的全面升级。参赛主体方面，覆盖浙江、北京、广东、福建、湖南、湖北、山东、上海、江西等全国各个地区，不仅吸引了优质的创新创意企业、知名高校，还有多个致力于产品创新的优秀个人；项目和专利方面，经过前期调研、信息发布、校企对接、宣传推广，吸引了来自全国范围内创新项目总计 294 项，总计涉评专利 3 804 件；聚焦产业方面，参赛项目涵盖人工智能、生物器械、新材料、环境保护、城市建设等技术领域。

（2）项目落地情况

以 2019 年为例，杭州福斯特应用材料股份有限公司的"高可靠性 PIDfree 光伏封装材料"摘得智能产品创新组的桂冠。杭州市多项知识产权政策，为福斯特从产品创意到专利转化、产业化、市场化等全链条体系提供了服务和支持。

（三）实践特色

1. 政策配套全流程

为将项目产业化落地工作做实，大赛主办方将参赛项目对接与引进工作贯穿于整个大赛，为优质项目（例如创意组未产业化、尚待孵化的优质项目）开展多种形式的产业资源对接、政策对接、服务对接等，通过精准匹配、定向推送、跨境连线、面对面对接等多种形式，切实推进优质项目和杭州资源的深度对接，推动智能产业和杭州本地产业的深度融合，实现共赢发展。

2. 宣传矩阵全方位

对"市长杯"杭州高价值知识产权智能产品创新创意大赛开展全方位的宣传。线上主要为网络渠道，采用专题页面、社交媒体、短视频传播、网站广告、现场直播等方式，线下通过项目路演、赛事巡讲、专题培训、联盟推广等形式，形成以国家平台官网、大赛官网、杭州市市场监督管理局等及其官微为先锋的持续性、常态化宣传机制；与 IPRdaily 达成长期媒体合作关系，给予宣传内容扩散支持；针对决赛暨颁奖典礼阶段，在新华网、人民网等主流媒体进行宣传投放，扩散至杭州都市网、杭州传媒网、杭州新闻网等杭州本地媒体，从大赛海选到决赛共实现多渠道宣传近 50 次。

3. 智能主题内涵持续升级

最新一届大赛充分融合历届创新理念，实现了"一聚一扩一提升"的全面升级。通过"人工智能＋""大数据＋""互联网＋"前瞻导向，注重互联网、大数据、人工智能等先进技术与传统行业、新型行业深度融合，深度聚焦智能产品；通过对创新组和创意组的优化更迭，实现扩大项目申报范畴、明确参赛项目组别的功能要求；通过拓宽宣传渠道和强化传播力度，进一步提升了大赛品牌价值。

（四）典型案例：福斯特

以高价值专利的培育流程为主线，以专利运营和转化为目的，对福斯特项目开展从创意产生到高价值专利创造到高价值专利转化的全流程政策支持。

1. 在产品创意阶段，完善知识产权运营全链条服务体系工作主要资助

对知识产权创造质量提升进行资助，针对国内发明专利、国外专利、PCT（国际《专利合作条约》）申请等专利成果创造工作进行资助，支持高质量知识产权创造。同时，对知识产权管理提升水平进行资助，支持创新主体知识产权管理能力建设，提高知识产权运用成效，对获得《企业知识产权管理规范》认证证书的本市企业给予一定的资助。

2. 在高质量专利创造阶段，借风于实施专利导航项目和高价值知识产权组合培育项目政策

在对重点产品专利导航分析的基础上，结合杭州福斯特应用材料股份有限公司的发展现状，将专利导航与产业发展状况深度结合，指导沿创新方向形成从宏观到中观再到微观的专利布局体系，将专利导航成果深度融入企业各项决策，完善企业战略、产品、技术等相关发展规划，从而实现专利导航企业创新发展。将专利导航分析结果定期与研发人员沟通，明确导航结果与研发的连接点，有针对性地精准研发，通过专利信息指引，优化研发创新方向，提高研发起点和效率。杭州福斯特应用材料股份有限公司在专利导航分析成果的基础上，结合企业总体定位和整体战略，进一步凝练和甄别，确定重点方向和关键技术。针对优化EVA生产工艺、优化材料配比进行技术研发，充分应用专利导航项目，全面优化企业专利布局，做好专利成果转化和应用，围绕专利运营提升企业竞争力，嵌入到企业战略规划、产品开发和技术研发等各个环节。

3. 在专利高质量申请和授权方面，善用专利预审政策

提供专利申请预审服务，大幅提升专利审查的速度，缩短授权周期；同时，开展助企、惠企的公益活动，浙江知识产权保护中心提供了诸如侵权判定分析专题、专利文件修改专题等的专业培训。通过专题培训、具体实践等方式，促进知识产权与企业运行的深度融合。

4. 在产业化和市场化阶段，提供项目宣传的平台

前期围绕相关技术领域已有一定的研发基础，并有专利化、产业化应用的成功试验，借助于"市长杯"杭州高价值知识产权智能产品创新创意大赛，专利成果对于提升企业市场竞争力、引领产业转型升级具有重大意义。

三、中国·海淀高价值专利培育大赛

（一）大赛简介

中国·海淀高价值专利培育大赛（海高赛）是在海淀区人民政府的指导下，由海淀区知识产权局、知识产权出版社有限责任公司共同主办的国内首个以高价值专利培育为主题的创新大赛，旨在推广高价值专利培育理念，交流高价值专利培育经验，发掘技术领先、市场潜力大、高价值专利优势明显的科技创新项目，助推产业发展迈向高质量发展的新阶段。自2018年举办以来，海高赛已经举办3届，比赛得到了社会各界的广泛关注，吸引了来自全国各省、自治区、直辖市的优秀团队报名参与，得到了众多成功企业家、科学家、知识产权专家和投资机构代表对参赛项目的专业评审和指导，大赛优胜者获得现金、知识产权服务等奖励，并且得到了融资渠道和项目加速孵化机会。

（二）大赛成果

1. 第一届

（1）项目获奖情况

自2018年4月开赛以来，首届大赛得到了社会各界的广泛关注。经过初赛、复赛和决赛，最终产生1项一等奖、2项二等奖、5项三等奖和9项优秀奖，其中，北京梦之墨科技有限公司所带来的项目"全球领先的室温液态金属电子电路打印机"荣登榜首，获本届海高赛一等奖。零度智控（北京）智能科技有限公司和中国科学院微电子研究所荣获二等奖。深圳乐动机器人有限公司、北京合众思壮科技股份有限公司、广州萃智信息科技有限公司、北京云端光科技术有限公司和汉王科技股份有限公司所带来的参赛项目分获三等奖，其余晋级复赛项目均荣获优胜奖。

所有荣获一二三等奖的参赛队伍将获得现金奖励，此外可获得由12家知识产权服务机构提供的知识产权大礼包。北京梦之墨科技有限公司、中科劲点（北京）科技有限公司、北京春鸿科技有限公司还分别获得来自北京知识产权运营管理有限公司提供的500万元、300万元、300万元专利质押贷款授信额度。

（2）项目落地情况

①"梦之墨"液态金属电路打印机。

2020 年 6 月，液态金属电路 3D 打印机研发商"梦之墨"完成 A+轮 1 亿元人民币融资，投资方为麦星投资、中冀投资、浙大同创。公司致力于产业化应用，希望利用"梦之墨"已经落地投产的工业柔性电子印刷服务平台，大幅度降低电子制造门槛，为行业的革新创造更多可能。已涵盖射频通信、消费电子、医疗健康、新兴领域等多个方向。随着首条工业产线建成，公司启动了 B 轮融资，进一步扩大了产能规模，在新型柔性电子制造领域加速推广应用和占领市场。

②零度口袋无人机。

该项目于 2020 年 7 月 30 日在科技服务团网站成果库发布了合作需求，合作方式为技术转让，成果类型为发明专利。

2. 第二届

（1）项目获奖情况

第二届海高赛举办时间为 2019 年 4—10 月，经过初赛、复赛和决赛，最终产生 1 项一等奖、2 项二等奖、6 项三等奖和 19 项优胜奖，其中，北京中电博顺智能设备技术有限公司（以下简称"中电博顺"）凭借参赛项目"光伏板智能清扫机器人"斩获一等奖；三角兽（北京）科技有限公司（以下简称"三角兽"）和北京拉酷网络科技有限公司（以下简称"拉酷"）的参赛项目获得二等奖；北京幸福益生高新技术有限公司（以下简称"幸福益生"）等 6 家单位的参赛项目荣获三等奖；北京宇航系统工程研究所获得最具潜力奖，北京清影机器视觉技术有限公司等 19 家单位获得优胜奖。北京 IP 与本届海高赛的三家优胜企业签署知识产权质押贷款合作协议，意向合作金额达到 3 000 万元。

（2）项目落地情况

①"三角兽"智慧识屏。

该项目在人工智能方面一直保持着热度，大赛之后，分别获得 2019 大数据产业创新服务产品 TOP40 的第 36 名，首份 AI 服务商 TOP50 榜单的第 45 位，并入选 2020 创新型国家发展论坛案例与解决方案奖名单，同时获得 2020 中国人工智能亮点、弱点及综合创新前排名、国内潜在的颠覆性创新项目索引第 11 位。2020 年 8 月，获得腾讯的投资。其曝光度和宣传效果良好，产业化前景可期。

②"拉酷"（Nums）感知输入。

该项目参赛时，Nums 的全球专利技术已经与联想等厂商达成出厂预装的合作，同时，零售端产品已经量产适配了苹果全系列电脑、微软 Surface 全系列电脑、小米全系列电脑等，并在全球渠道畅销。2016 年年底，Nums 登陆国内众筹，首日即突破十万销量。2017 年 8 月登陆美国 Kickstarter 众筹平台，实现销量品类全球第一。2018 年 1 月进入 Apple Premium Reseller 系统渠道，同期进入微软官方渠道。目前覆盖主流电商，并在全球大部分地区服务百万用户。官网显示，目前产品在天猫、京东和亚马逊均有销售。

3. 第三届

（1）项目获奖情况

2020 年，在疫情防控的大背景之下，海高赛不断尝试创新，在比赛形式和比赛环节上都有所创新和突破，通过线上＋线下比赛相结合的方式顺利完成全部赛程赛事，最终角逐出 1 项一等奖、2 项二等奖、5 项三等奖和 7 项优胜奖，其中，盛瑞传动股份有限公司（以下简称"盛瑞传动"）凭借"前置前驱 8 挡自动变速器（8AT）研发及产业化"斩获一等奖，二等奖分别由北京忆芯科技有限公司（以下简称"忆芯科技"）和北京索瑞特医学技术有限公司获得，三等奖由北京大米科技有限公司、北京星际荣耀空间科技有限公司等 5 家单位获得。

（2）项目落地情况

①盛瑞传动 8AT 项目。

2020 年 12 月 27 日，盛瑞传动 8 挡自动变速器及产业化项目荣获第六届中国工业大奖表彰奖。据悉，盛瑞传动以 8AT 为基础平台，坚持自主创新，持续迭代升级，追求卓越品质，得到了行业的认可和肯定。盛瑞传动正在发挥 10 多年 8AT 研发和产业化优势，加快纵置 8AT、混动 8HT 的产业化步伐，完善产品型谱，满足汽车企业的多元需求，为消费者提供更加优质的产品和服务，产业化前景良好。

②忆芯科技 SSD 主控芯片。

忆芯科技坚持自主研发，对研发芯片产品拥有完整的知识产权，拥有 170 余项发明专利。忆芯科技从闪存控制器本身的特性出发考虑数据管理，基于数据特性和存储方式开发自己的 AI 分析算法，赋能大数据存储，2020 年此项目也已成功落地社区、能源、安防安监等重要场景。忆芯科技获得了多次权威机构认可，包括实力上榜 2020 年 Venture50 榜单，荣获 2021 中国 IC 风云榜 "年度新锐公司" 奖，荣获 2021 中国设计成就奖之 "年度中国潜力 IC 设计公司"；同时与多家科研机构、企业开展合作，与上海人工智能研究院、上海战略系统科学研究院达成三方战略合作，与平安国际智慧城市科技股份有限公司达成战略合作，致力于新型智慧城市项目建设和产业化实践。

（三）实践特色

1. 突出对项目高价值专利培育的重视

海淀区为 2018 年度国家知识产权运营服务体系建设重点城市，高价值专利培育为其中重点任务之一，大赛旨在推广高价值专利培育理念，交流高价值专利培育经验，发掘技术领先、市场潜力大、高价值专利优势明显的科技创新项目，助推产业发展迈向高质量发展的新阶段。海高赛官网对 2018—2020 届获奖项目进行了详细的展示，其中不乏高价值专利培育的典范，如中电博顺的专利培育工作采取 "三分析、三改进、三对抗" 原则；北京忆芯科技的 "专利布局、专利撰写、权利要求范围布局" 以及北京云端光科的 "专利挖掘布局和培育思路"，高度契合了知识产权事业高质量发展新阶段新要求，对于倡导价值导向的知识产权理念，推广高价值专利培育方法和经验，提升创新主体知识产权运营能力具有重要的意义。

2. 深度嵌入知识产权质押融资等高端服务

不同于其他比赛，海高赛在首届就与北京 IP 达成合作，对获奖项目直接给予质押贷款额度，如 2018 届决赛现场，获奖公司北京梦之墨科技有限公司、中科劲点（北京）科技有限公司、北京春鸿科技有限公司分别获得来自北京 IP 提供的 500 万元、300 万元、300 万元专利质押贷款授信额度。2019 届决赛活动现场，北京 IP 与幸福益生、桀亚莱福、百利时等优胜企业签署了知识产权质押贷款合作协议，意向合作金额达到 3 000 万元，资本的驱动对于专利运营起着至关重要的作用。

3. 持续宣传造势打造高价值专利培育品牌赛事

从大赛组织架构来看，大赛由海淀区人民政府指导，海淀区知识产权局和知识产权出版社有限责任公司主办，另外有行业组织、独角兽企业、运营基金、IPR等行业宣传权威媒体协办，从2018年首届大赛开始，就通过媒体宣传为比赛进行造势，公众号、网站转发多达百余次，成为具有全国影响力的高标准、有特色的知识产权品牌赛事，打造成为海淀品牌。

（四）典型案例

1. 中电博顺

中电博顺从成立伊始，就非常注重自主创新和专利保护，在不断的研发改进过程当中，中电博顺与其知识产权服务合作机构摸索出了一套切实有效的专利挖掘、申请、保护的培育体系。中电博顺的专利培育工作采取"三分析、三改进、三对抗"原则。

①三分析。在专利申请之前，产品问世之前，一要进行知识产权尽职调查（分析），目的在于明确潜在的侵权风险；二要进行竞争对手分析，以明确主要竞品情况，对竞争对手主要知识产权布局情况进行剖析与利用；三要分析本公司知识产权情况，检索现有技术，评估专利授权前景，对技术进行充分评估、拆分与布局。

②三改进。在专利申请之后，一要对已经申请的专利进行定期改进，形成良性的专利更新机制；二要持续不断地对产品进行改进，产品的改进才是知识产权保护的原动力；三要持续不断地对研发人员、知识产权工作人员进行培训，改变意识、增进技能，与国内外最前沿的知识产权工作进行匹配。

③三对抗。在专利授权之后，一要在本公司的知识产权服务商中，针对本公司的专利进行对抗，主动寻求本公司专利漏洞并进行补全；二要在公司内部针对本公司专利与竞品公司产品进行模拟对抗，以模拟知识产权实际保护成效；三要在宏观层面上在行业中进行专利布局对抗。

2. 忆芯科技

①合理专利布局。选取芯片关键技术，结合技术可见性、竞争对手布局特点等因素进行专利布局。NVMe前端技术标准相关，用户可见性较强；NFI技术与

闪存标准相关，为产业链下游客户交付可编程架构；LDPC 是业内专利密集技术，相关技术发生过 10 亿美元量级的专利诉讼。这些关键技术都是专利布局重点。

②选取撰写角度。如推荐评议的重点专利技术方案是计算机外设标准（NVMe）的实现技术，NVMe 是开放标准，标准文本公开，NVMe 组织还要求所有成员提供免费的 SEP 许可。因此，专利技术方案要综合考虑两方面因素，既要相对于标准文本有实质性特点满足创造性要求，又要避免成为 SEP（避免因 NVMe 组织的知识产权制度的规定而做出免费许可）。

③丰富说明书内容。深入分析相关技术，根据可能的技术变化与改进设置多实施例，在专利申请提交时尽可能丰富说明书内容，为审查过程中的修改以及权利要求保护范围提供支撑。

④合理布局权利要求。根据产业特点合理选取权利要求类型；用产品权利要求保护芯片/下游产品交易与 IP 许可商业模式，用方法权利要求保护基于本项目芯片的二次编程开发。

四、粤港澳大湾区高价值专利培育布局大赛

（一）大赛简介

为贯彻落实习近平总书记关于建设粤港澳大湾区的重要战略部署，党中央、国务院和广东省委、省政府关于推动高质量发展的重大决策要求，积极推进知识产权融入粤港澳大湾区建设，广东省市场监督管理局联合港、澳发起举办"粤港澳大湾区高价值专利培育布局大赛"（简称"湾高赛"），首届大赛于 2019 年举办。

通过举办湾高赛，倡导高价值专利培育布局理念，展现高价值专利培育布局成果，树立高价值专利培育布局标杆，引导带动一批创新主体积极开展高价值专利培育布局工作；同时，通过大赛吸引高水平的创业团队和高成长性专利项目在粤港澳大湾区落地，为粤港澳大湾区的高质量发展提供支撑；通过广泛动员各类创新主体、知识产权服务机构、金融机构、风险投资机构参与大赛，营造粤港澳大湾区专利创新创业创造氛围，培育知识产权文化，引导全社会对高价值专利培育布局工作的关注和投入。

（二）大赛成果

1. 第一届

（1）项目获奖情况

首届湾高赛（2019年）初审通过项目438个，涵盖新一代信息技术、高端装备制造、绿色低碳、生物医药、数字经济领域、新材料、海洋经济、现代农业八大领域。初赛综合专家评审及网络投票结果，选出百强项目，其中内地项目83个，香港地区项目12个，澳门地区项目5个。复赛选出的五十强（因两个参赛项目并列第50名，最终名单为51个项目）项目中，内地入围45个，香港地区入围4个，澳门地区入围2个。最终首届湾高赛决赛角逐出金奖2项、银奖6项、优秀奖10项、最佳分析评议奖5项、最具投资潜力奖5项，共计评选出28个奖项。

（2）项目落地情况

据大赛组委会相关负责人介绍，大赛获奖单位和项目还将获得后续的政策和金融支持，对于此次获得总决赛胜出的广东省内项目，其核心专利可直接推荐参评广东专利奖。具体项目落地情况未见相关报道。

2. 第二届

（1）项目获奖情况

第二届湾高赛（2020年）吸引了来自全国共658个项目报名参加，较上一届同比增长了50%，涵盖了新一代信息技术、高端装备制造、绿色低碳、生物医药、数字经济、新材料、海洋经济、现代农业八大领域。经过初赛、复赛、决赛的层层角逐，最终选拔出38支优秀队伍获得本届湾高赛决赛大奖。大赛共设金奖2项、银奖8项、优秀奖20项、最佳分析评议奖2项、最具投资潜力奖6项共38个奖项，奖金总额达256万元。其中，华南理工大学"一种具有高选择性和低交叉极化的双极化滤波天线"项目、TCL实业控股股份有限公司"量子点显示专利布局"项目分别获得初创组和成长组金奖。来自港澳的团队共有4个项目获奖，其中来自香港的细胞图谱有限公司的"单细胞类型的基因表达水平的测定"项目获得初创组银奖，澳门大学的"基于自噬调控的抗肿瘤新药开发"项目获得初创组优秀奖。

（2）项目落地情况

大赛执委会介绍，根据专利资产专业评估情况，第二届湾高赛五十强项目专利组合资产最高评估价值达 51 亿元。对于参赛项目而言，大批团队通过参赛均提升了专利布局意识与能力，同时提升了影响力、获得了投资。如广东工业大学"面向超精密制造装备的长行程纳米定位平台"项目与广东守正股权投资基金达成合作，基金意向投资 800 万元，占股 10%；中山大学"名优中药猴耳环抗耐药细菌的研究应用及专利布局"项目获得广州白云山花城药业公司对接投资 600 万元。

颁奖大会结束后，第二届湾高赛还举行了湾高赛获奖项目投融资对接会。对接会上，部分湾高赛获奖团队进行了项目路演，并与中金资本投资有限公司、粤科母基金管理公司、深圳市创新投资集团有限公司、香港启迪中心、华金证券、华金保理、中国银行、建设银行等 20 多家投融资机构代表进行了交流对接。

（三）实践特色

1. 给予获奖项目成果运用政策奖励

2020 届大赛奖项设置中多了项成果运用奖励，具体包括：①参赛项目根据实际情况享受主办地市政府新引进项目落地优惠政策；②对于决赛获奖的广东省内项目，其核心专利可由各地市市场监管局推荐参评广东专利奖，不占推荐名额；③对广东省内获奖项目，若开展知识产权质押融资和知识产权证券化的，由相关地市局积极予以支持，提供便利化服务。从项目落地政策，到项目重复获奖到知识产权金融服务均被提及，足见大赛对高价值专利培育布局后续运营之重视。

2. 重视获奖项目的后续持续运营

从湾高赛的官网首页可以链接 100 强项目至华发七弦琴国家知识产权运营公共服务平台官网，七弦琴官网显示湾高赛百强项目由七弦琴自营，对 2019 年获得金奖、银奖、优秀奖、最佳分析评议奖、最具潜力奖、50 强项目和 100 强项目均设置了导航目录，每个项目均有详细的展示和介绍，包括专利信息、专利权人信息、项目情况和研发成果等。与国家级交易运营平台合作进行项目展示运营，足见主办方对项目持续运营的重视。

3. 项目遴选培训宣传工作扎实

2019 年大赛正式报名之前，主办方对香港、澳门两个特别行政区和广东省广州、深圳、珠海、佛山、惠州、东莞、中山、江门、肇庆九个珠三角城市进行赛事制度宣讲、专利挖掘及布局培训，并做好宣传工作，从大赛征集通知发布到评选，累计发布新闻稿 40 余篇，同时对分析评议机构进行严格遴选、把关，确保项目的客观、公正，为后续项目成功举办奠定了良好的基础。

五、中国国际"互联网+"大学生创新创业大赛

（一）大赛简介

中国国际"互联网+"大学生创新创业大赛是由李克强总理提议举办，教育部等十二部委和地方省级人民政府共同主办的创新创业赛事。旨在落实党中央、国务院提出的"大众创业、万众创新"的重大部署，深入实施创新驱动发展战略，引领新时代高校人才培养范式深刻变革，推动形成新的人才培养观和新的质量观。

2015 年至今，大赛累计吸引了全球五大洲、"百国千校"、千万余名大学生参赛，打造了一支规模宏大、敢干会创的"双创"生力军，涌现出一大批科技含量高、市场潜力大、社会效益好的高质量项目，充分展现当代大学生奋发有为、昂扬向上的风采，释放出"青春+创新创业"的无穷力量，已经成为覆盖全国所有高校、面向全体大学生、影响最大的高校"双创"盛会。

从全国大学生创新创业大赛的参与情况来看，大赛在全国范围内引起了热烈反响。第一届大赛提交项目作品 3.6 万余个，20 多万学生参加；第二届将近第一届的 3 倍；第三届大赛参赛项目数突破 20 万，参赛人数突破 80 万；第四届大赛全国有 260 万名大学生参加，其中有 70 万学生参加"青年红色筑梦之旅"活动，学习革命精神传承红色基因，助力乡村振兴；第五届大赛共有 124 个国家和地区、109.7 万个项目、457 万名大学生参加；第六届大赛共有来自国内外 117 个国家和地区、4 186 所学校的 147 万个项目、631 万人报名参赛。

（二）大赛成果

1. 第一届

（1）项目获奖情况

首届大赛，经专家委员会评审，最终确定100个项目参加全国总决赛现场比赛，大赛最终决出金奖30个、银奖70个、铜奖200个，从金奖团队产生冠、亚、季军，并同时评选出集体奖和优秀组织奖。

（2）项目落地情况

首届大赛机制尚在探索中，大学生创新创业服务平台和大学生创业投资机构联盟正在建设中。据报道，大赛结束之后，将出版优秀创新创业成果案例、大学生创新创业政策解读，为大学生创新创业提供实践和理论指导，促进大赛成果转化。

2. 第二届

（1）项目获奖情况

"建行杯"第二届中国"互联网+"大学生创新创业大赛，经过来自2 000多所高校的12万支团队经过初赛和复赛的激烈争夺，最终30个团队获得金奖。

（2）项目落地情况

决赛现场，大赛组委会举办了获奖创新创业项目成果展示和投资对接洽谈会，为大学生创新创业提供融资、产业对接、专业咨询、项目孵化等全程深度创业指导服务。现场有投资机构通过"创意+资本"的方式参与踏踏科技、足易科技、土楼国际马拉松、小儿本草纲目、比领电商、微醺情书、野小兽、房牛网等多个项目的投资，助力项目落地。

3. 第三届

（1）项目获奖情况

第三届大赛，经过专家委员会评审、组织委员会审定，最终评出大赛全国总决赛冠、亚、季军4名，金奖项目35个，银奖项目110个，铜奖项目481个，单项奖项目5个，参赛鼓励奖项目20个，优秀组织奖10个，先进集体奖20个。国际赛道金奖项目4个、银奖项目13个、铜奖项目41项。

(2) 项目落地情况

第三届大赛发布《中国建设银行支持大学生创新创业服务指南》,所有建行驻高校支行网点面向大学生提供大赛和全国双创产业投资基金的帮助、指导及信息发布等服务,进一步加强项目线下对接。加强大赛线上对接平台建设,提高平台活跃度,充分发挥大赛项目和投资人资源优势,打造项目不间断路演、投融资全天候对接平台,进一步完善线上对接服务。据悉,决赛期间,8个参赛项目与投资机构现场签订了投资合作意向书。

4. 第四届

(1) 项目获奖情况

第四届大赛经过专家委员会评审、组织委员会审定,最终产生主赛道冠、亚、季军6名,金奖项目58个,银奖项目130个,铜奖项目465个,单项奖项目8个,优秀组织奖10个,先进集体奖22个;红旅赛道金奖项目18个、银奖项目42个、铜奖项目143个、优秀组织奖8个、先进集体奖24个;国际赛道金奖项目15个、银奖项目45个。

(2) 项目落地情况

为推进产学研用紧密结合、"双创"成果转化机制持续优化,本届大赛搭建了项目路演、投融资全天候对接的线上平台,依托"首届数字中国建设峰会"等平台组织了大赛优秀项目线下巡展对接活动,推动800多位投资人和企业家为大学生提供投融资服务和创新创业指导等,将高校的智力、技术、文化资源与企业和投资机构的金融、市场、社会资源精准对接。

5. 第五届

(1) 项目获奖情况

经过大赛专家委员会评审、组织委员会审定,并向社会公示无异议,最终产生高教主赛道省市优秀组织奖10个,高校集体奖21个,冠军1名、亚军1名、季军1名,单项奖项目3个,金奖项目67个、银奖项目140个、铜奖项目439个;"青年红色筑梦之旅"赛道省市优秀组织奖8个,高校集体奖23个,单项奖项目3个,金奖项目18个、银奖项目51个、铜奖项目134个;职教赛道单项奖项目1个,金奖项目18个、银奖项目50个、铜奖项目133个;国际赛道季军1

名，金奖项目 14 个、银奖项目 45 个、铜奖项目 215 个；萌芽版块单项奖项目 4 个，创新潜力奖项目 20 个，成功入围全国总决赛项目 208 个。

(2) 项目落地情况

据统计，本次大赛投融资对接活动共有 284 个总决赛参赛项目提交融资意向，335 名投资人参与对接，线上达成投资意向金额 4.8 亿元，现场达成投资意向累计达 406 个，共计金额超过 17 亿元。

6. 第六届

(1) 项目获奖情况

经过激烈角逐，最终来自北京理工大学的"星网测通"项目获得本届大赛冠军，来自清华大学的"高能效工业边缘 AI 芯片及应用"等 2 个项目获得亚军，来自俄罗斯莫斯科航空学院的"JetPack MAI"等 3 个项目获得季军；宁波大学的"甬乌水产——全球唯一规模化乌贼苗种供应商"项目获得最佳带动就业奖，华南理工大学的"大隐科技——四维隐身吸波蜂窝开创者"项目获得最佳创意奖，同济大学的"同驭汽车——线控制动系统行业领导者"项目获得最具商业价值奖。此外，大赛共产生金奖 159 项，其中高教主赛道 110 项，职教赛道 25 项，"青年红色筑梦之旅"赛道 24 项。萌芽版块共产生创新创业潜力奖 20 项。

(2) 项目落地情况

决赛期间，大赛还组织了"智创未来"大学生创新创业成果展、"智绘未来"世界湾区高等教育论坛、"智联未来"全球独角兽企业尖峰论坛、"智享未来"全球青年学术大咖面对面、"智投未来"资源对接会等一系列丰富精彩的活动，真正搭建起一个全球性的创新创业交流平台。

(三) 实践特色

1. 提供针对大学生创业的特色政策和服务

因大赛参赛选手多数为学校师生，无企业项目参赛，大赛组委会开通中国国际"互联网+"大学生创新创业大赛展示交流中心为参赛选手提供有意义的帮助。在帮助项目成长方面，中心依托中关村软件园大信息产业聚集优势，推出"产业赋能计划"，通过组织龙头企业与大赛创新创业项目的交流对接，促进项目与产业的融合创新；在帮助项目落地方面，大赛中心充分链接中关村生态的区域协同网络，通过"城市创新计划"，积极推动地方政府对大赛项目进行落地扶植。在促进高校"双创"教育改革方面，大赛中心推出"雏鹰培育计划"，以公益特训营、产学合作、专创融合等方式，促进高校创新创业教育的深入发展。

2. 成立信息化线上服务平台

大赛成立了专门的信息化线上平台——全国大学生创业服务网，首页对大赛做了详细介绍及部分项目展示；网站设立了投融资专区，可选择投资领域、主投轮次及所在地区，为参赛项目提供金融对接服务；同时，网站还设立了创业孵化系统，介绍各地的创业园区及区活动，为项目产业化落地提供更多的渠道。

3. 组织权威，宣传广泛，具有国际影响力

大赛由中国教育部牵头，国家部级机关共同举办，受到中央领导的重视。李克强对首届中国"互联网+"大学生创新创业大赛做出重要批示，刘延东亲临现场与参赛学生见面座谈。2017年8月，习近平总书记给第三届大赛"青年红色梦之旅"大学生回信，对大赛提出了殷切期望。大赛通过新华网、教育部、搜狐网、我爱发明网等传统媒体和新型媒体广泛宣传，获得了很大的社会关注度，同时大赛每年设置港澳台项目奖和国际项目奖，吸引国际优质项目来华落地，有利于优质技术的引进，提升我国创新国际水平。

（四）典型案例：东南大学的"全息3D智能炫屏"

该项目为第三届大赛金奖获奖项目，其产业化实践情况如下。

1. 通过大赛进入公众视野

大赛后，项目参加科技展，被外国友人通过视频传播至网络，全息3D智能炫屏一夜之间爆红网络。视频在境外的 Instagram、Twitter 和 Facebook 等社交平台广泛传播，短短两日引得两千万人围观，随后传到了国内，被环球时报、央视新闻、人民网等各大主流媒体争相报道。

2. 项目获得多轮融资

2017年，团队获得国内一线投资机构国金投资领投的近千万元天使轮投资；2019年，团队获得丙晟科技（腾讯、万达、高灯三方合资）数千万元 Pre–A 轮投资。两轮融资为团队发展注入强大动力。

3. 项目获得各地多项落地政策支持

自团队创业以来，东南大学团委、教务处、科技园等相关部门提供了全方位扶持，通过双创竞赛育人平台、创业导师匹配、创业扶持资金、绿色贷款通道、创业办公场地等一系列务实举措，助力团队快速健康发展。此外，团队项目在盐城等各城市落地时，也获得了当地在办公场地、资源对接等方面的支持。

4. 项目已经实现产业化应用

团队的创新技术已经在市场中获得广泛应用。宝马、奔驰、本田等汽车企业购入技术用于全息车型展示；团队与苏宁、可口可乐、VIVO、森马服饰、海澜之家等多家知名企业达成长期合作意向；团队成功服务于央视春节联欢晚会、"一带一路"国际合作高峰论坛、世界园艺博览会等国家大型会议。此外，团队还陆续开拓了土耳其、澳大利亚、美国、意大利、墨西哥、印度等国外市场，不断走向国际舞台。

第十四章
专利转化专项计划

第一节 概述

根据《知识产权强国建设纲要（2021—2035年）》和《"十四五"国家知识产权保护和运用规划》提出的提升知识产权转化效益、促进专利技术转化实施等有关工作要求，财政部办公厅、国家知识产权局办公室于2021年3月发布《关于实施专利转化专项计划助力中小企业创新发展的通知》（财办建〔2021〕23号），提出"通过三年的时间，专利转化运用的激励机制更加有效、供需对接更加顺畅、转化实施更加充分、工作体系更加完善，专利技术转移转化服务的便利性和可及性显著提高，高校院所创新资源惠及中小企业的渠道更加畅通，中小企业创新能力得到大幅度提升，有力支撑知识产权密集型产业创新发展"的工作目标。

其中，具体绩效指标包括：①全省中小微企业接受相关主体转让、许可、作价入股的专利数量、成交金额、实际到账金额及年均增幅；②全省高校院所专利转让、许可、作价入股的专利数量、成交金额、实际到账金额及年均增幅；③政策惠及的省内中小微企业数量及其营业收入、就业人数增长幅度；④全省相关中小微企业专利产品备案和相关专利实施情况；⑤全省专利质押融资金额及年均增幅，专利质押项目数及年均增幅。

2021年5月，国家知识产权局官网发布《关于2021年专利转化专项计划拟奖补省份名单的公示》（以下简称《公示》），根据 2021 年专利转化专项计划实施的相关规定，拟对北京、上海、江苏、浙江、山东、湖北、广东、陕西等 8 个促进专利技术转移转化、助力中小企业创新发展成效显著的省市进行奖补。

该《公示》提出，按照《财政部办公厅国家知识产权局办公室关于实施专利转化专项计划助力中小企业创新发展的通知》（财办建〔2021〕23 号）要求，30 个省、自治区、直辖市（以下简称省）在规定时间内备案了实施方案。根据财政部《服务业发展资金管理办法》有关规定，经商有关部门，国家知识产权局联合财政部采用客观指标，依据 2019 年和 2020 年的数据，对完成备案的 30 个省进行了评价，按照得分情况，拟确定上述 8 省份为 2021 年专利转化专项计划奖补省份。

根据国家知识产权局公布的统计数据，企业的专利申请量及有效专利持有量明显超过其他类型主体。此外，作为重要的创新主体，高等院校及科研机构拥有相当比例的专利申请量和授权量，2021 年的发明及实用新型授权量 407 218 件（占比 11%），截至 2021 年 12 月的有效发明及实用新型持有量 1 319 891（占比 11%），且其中以发明为主[①]，如表 14 - 1、表 14 - 2 所示。

表 14 - 1　2021 年 1—12 月各专利权人类型国内专利授权统计

按专利类型分组		职务				非职务
		高等院校	科研机构	企业	事业单位	个人
发明	当年累计/件	146 439	40 587	370 946	7 115	20 823
	构成	25.0%	6.9%	63.3%	1.2%	3.6%
实用新型	当年累计/件	189 420	30 772	2 446 252	77 218	369 133
	构成	6.1%	1.0%	78.6%	2.5%	11.9%
外观设计	当年累计/件	20 945	1 543	443 551	2 331	300 090
	构成	2.7%	0.2%	57.7%	0.3%	39.1%

---

① 国家知识产权局审查注册登记统计月报［EB/OL］. https://www.cnipa.gov.cn/col/col61/.

表 14-2 2021 年 12 月各专利权人类型国内有效专利统计

按专利类型分组		职务				非职务
		高等院校	科研机构	企业	事业单位	个人
发明	有效量/件	544 110	193 664	1 908 286	25 343	101 884
	构成	19.6%	7.0%	68.8%	0.9%	3.7%
实用新型	有效量/件	464 753	117 364	7 606 931	153 046	848 539
	构成	5.1%	1.3%	82.8%	1.7%	9.2%
外观设计	有效量/件	45 844	5 754	1 543 244	6 142	852 522
	构成	1.9%	0.2%	62.9%	0.3%	34.7%

在专利大幅增长情况下，我国高校与研究机构通过建立自己的实验室、孵化器、为公司提供技术咨询等途径，积极探索技术转移的路径，但专利转化现状依然严峻，主要表现为高校院所技术转化权利不明晰、科技人员缺乏实际转化的积极性、技术交易市场无法满足专利转化需求等情况[1]。

第二节 国家及地方政策

一、国家层面相关政策

（一）《中共中央 国务院关于构建更加完善的要素市场化配置体制机制的意见》（2020 年 3 月 30 日）

完善要素市场化配置是建设统一开放、竞争有序市场体系的内在要求，是坚持和完善社会主义基本经济制度、加快完善社会主义市场经济体制的重要内容。其基本原则为：市场决定，有序流动；健全制度，创新监管；问题导向，分类施策；稳中求进，循序渐进。该文件指出：

①健全职务科技成果产权制度。深化科技成果使用权、处置权和收益权改

---

[1] 高校专利转化现状调查研究［EB/OL］. http://www.cnipa.gov.cn/art/2018/9/4/art_1415_133037.html.

革，开展赋予科研人员职务科技成果所有权或长期使用权试点。强化知识产权保护和运用，支持重大技术装备、重点新材料等领域的自主知识产权市场化运营。

②完善科技创新资源配置方式。改革科研项目立项和组织实施方式，坚持目标引领，强化成果导向，建立健全多元化支持机制。完善专业机构管理项目机制。加强科技成果转化中试基地建设。支持有条件的企业承担国家重大科技项目。建立市场化社会化的科研成果评价制度，修订技术合同认定规则及科技成果登记管理办法。建立健全科技成果常态化路演和科技创新咨询制度。

③促进技术要素与资本要素融合发展。积极探索通过天使投资、创业投资、知识产权证券化、科技保险等方式推动科技成果资本化。鼓励商业银行采用知识产权质押、预期收益质押等融资方式，为促进技术转移转化提供更多金融产品服务。

(二)《中共中央 国务院关于新时代加快完善社会主义市场经济体制的意见》(2020年5月11日)

全面完善科技创新制度和组织体系。加强国家创新体系建设，编制新一轮国家中长期科技发展规划，强化国家战略科技力量，构建社会主义市场经济条件下关键核心技术攻关新型举国体制，使国家科研资源进一步聚焦重点领域、重点项目、重点单位。健全鼓励支持基础研究、原始创新的体制机制，在重要领域适度超前布局建设国家重大科技基础设施，研究建立重大科技基础设施建设运营多元投入机制，支持民营企业参与关键领域核心技术创新攻关。建立健全应对重大公共事件科研储备和支持体系。改革完善中央财政科技计划形成机制和组织实施机制，更多支持企业承担科研任务，激励企业加大研发投入，提高科技创新绩效。建立以企业为主体、市场为导向、产学研深度融合的技术创新体系，支持大中小企业和各类主体融通创新，创新促进科技成果转化机制，完善技术成果转化公开交易与监管体系，推动科技成果转化和产业化。完善科技人才发现、培养、激励机制，健全符合科研规律的科技管理体制和政策体系，改进科技评价体系，试点赋予科研人员职务科技成果所有权或长期使用权。

（三）《国务院知识产权战略实施工作部际联席会议办公室关于印发〈知识产权强国建设纲要和"十四五"规划实施年度推进计划〉的通知》（国知战联办〔2021〕16号）

为贯彻落实《知识产权强国建设纲要（2021—2035年）》和《"十四五"国家知识产权保护和运用规划》，深入实施知识产权强国战略，加快建设知识产权强国，明确2021—2022年度重点任务和工作措施，该文件主要围绕完善知识产权制度、强化知识产权保护、完善知识产权市场运行机制、提高知识产权公共服务水平、深度参与全球知识产权治理、加强组织保障等几个方面提出推进计划。其中，针对知识产权运营，该文件指出：

①加快知识产权运营服务体系重点城市建设，在重点产业领域和产业集聚区布局建设一批产业知识产权运营中心。制定完善知识产权市场化运营机制政策，健全运营交易规则，加强运营平台监管，对财政资金支持的重点城市实行全过程绩效管理。（财政部、知识产权局按职责分工负责）

②推进全国版权示范城市、示范园区（基地）、示范单位创建和国家版权创新发展基地试点工作。完善版权展会授权交易体系，建设专业性、专门化国家版权交易中心（贸易基地）。（中央宣传部负责）

③推进知识产权质押信息平台建设。（发展改革委、银保监会、知识产权局负责）

④规范探索知识产权融资模式创新，鼓励企业投保知识产权相关保险，鼓励融资担保机构开发适合知识产权的担保产品，探索知识产权质押融资风险分担新模式。在营商环境创新试点城市开展相关担保信息与人民银行征信中心动产融资统一登记公示系统共享互通，推进动产和权利担保登记信息统一查询。（中央宣传部、财政部、人民银行、银保监会、知识产权局按职责分工负责）

⑤完善知识产权质押登记和转让许可备案管理制度，加强数据采集分析和披露利用。（知识产权局负责）

⑥健全知识产权评估体系，修订完善知识产权资产评估准则。落实专利开放许可制度，实施专利转化专项计划。（财政部、知识产权局按职责分工负责）

⑦引导企业做好知识产权会计信息披露工作。督促上市公司严格执行知识产

权信息披露相关规定。规范探索知识产权证券化。（中央宣传部、财政部、证监会、知识产权局按职责分工负责）

⑧建设知识产权服务出口基地，推动知识产权服务业和服务贸易高质量发展。（商务部、知识产权局负责）

(四)《财政部办公厅 国家知识产权局办公室关于实施专利转化专项计划助力中小企业创新发展的通知》（财办建〔2021〕23 号）

为贯彻落实《中共中央 国务院关于新时代加快完善社会主义市场经济体制的意见》《中共中央 国务院关于构建更加完善的要素市场化配置体制机制的意见》有关要求，进一步深化知识产权运营服务体系建设，促进创新成果更多惠及中小企业，提升高校院所等创新主体知识产权转化率和实施效益，财政部、国家知识产权局决定实施专利转化专项计划，利用三年时间，择优奖补一批促进专利技术转移转化、助力中小企业创新发展成效显著的省、自治区、直辖市。

1. 地方开展工作

有关省份要聚焦若干战略性新兴产业、知识产权密集型产业等特色优势产业、高校院所，依托相关产业集聚的城市或产业园区，优先选择知识产权运营服务体系建设重点城市、中小企业知识产权战略推进工程试点城市、国家知识产权服务业集聚发展区及相关中小企业集聚的园区，充分利用现有资金渠道，统筹发挥知识产权运营体系现有的平台、机构、基金、重点城市等作用，开展以下工作：

①拓宽专利技术供给渠道。一是激发高校院所专利转化活力。指导高校院所深化知识产权权益分配机制，通过大数据手段分析筛选高校院所未实施"沉睡专利"，挖掘质量较高、具备市场前景的专利，发现潜在许可实施对象。二是鼓励国有企业分享专利技术。引导大型国有企业加大专利技术许可力度，通过先使用后缴纳许可费等方式，降低中小企业专利技术获取门槛。

②推进专利技术供需对接。一是打造专利技术推广运用平台。依托高校院所知识产权和技术转移中心、产业知识产权运营中心等载体，集中发布专利技术供给信息，围绕重点产业补链、延链、强链发展需要，开展关键核心技术知识产权推广应用。充分发挥"互联网+"模式作用，帮助中小企业开展专利技术供需对接。二是建立有效对接机制。以中小企业集聚区域为重点，支持服务机构帮助

中小企业获取目标专利，组织高校院所、国有企业深入中小企业开展专利技术对接活动。引导涉农专利技术向县域和农业园区转移转化，助力乡村产业发展。三是创新专利转让运用模式。鼓励专利权人采用或参照"开放许可"方式，提前发布专利转让费用或许可费用标准、支付方式等条件，提高专利转化效率。针对中小企业实际需求，利用专利导航发掘目标专利和合作研发对象，积极开展专利池构建、转让许可等活动，做好专利技术实施指导和二次开发。

③完善配套政策和服务措施。一是加强政策联动。按照有关政策要求，结合实施专利转化专项计划，调整优化专利资助奖励政策，更大力度促进专利转化运用。在省、市、产业园区等不同层面，做好与现有科技、金融、税收、中小企业等政策衔接。对于积极参与有关工作的高校院所和国有企业，在知识产权相关试点示范、项目安排、奖项申报等方面予以优先支持。二是强化融资支持。有条件的地方可以将有关中小企业纳入知识产权质押融资政策扶持范围，积极开展知识产权质押融资"入园惠企"行动，面向产业集群探索知识产权质押融资集合授信等新模式。在确保金融安全的基础上，充分发挥省、市现有知识产权运营基金等相关基金作用。

2. 中央支持政策

国家知识产权局、财政部对有关省份开展专利转化专项计划给予政策支持，具体如下。

（1）扩大数据开放

国家知识产权局利用专利产品备案系统，建立专利转让、许可、质押等运营数据和专利产品备案信息定期通报机制，支持有关省份客观评估政策实施效果；对异常转让、许可数据进行监控评价，及时向有关省份反馈。

（2）提供绿色通道

国家知识产权局指导有关省份建立涉及中小企业相关专利转让、许可、质押业务办理的绿色通道，提高相关业务受理窗口办理效率，推动有关业务受理窗口向产业集聚区域延伸。

（3）给予资金奖补

国家知识产权局、财政部根据绩效评价结果，对方案完善、措施得当、工作推进有力、专利技术转化运用成效显著的省份给予 1 亿元的奖补资金，获得奖补资金的省份下一年度原则上不再予以奖补。有关省份可以结合自身实际，将奖补资金统筹用于深入推进工作实施，聚焦专利技术供需对接和转化应用两个重点环节，鼓励但不限于采取以奖代补、购买服务、股权投资、贷款贴息等方式，支持相关方梳理、盘点、发布可转化的专利技术，提供专利技术供需对接服务，辅导中小企业获取专利技术等。支持中小企业转化应用专利技术，开展知识产权质押融资等。

（4）《国家知识产权局关于促进和规范知识产权运营工作的通知》（国知发运字〔2021〕22 号）

为认真贯彻落实习近平总书记关于知识产权工作的重要指示论述，深入贯彻党中央、国务院关于新时代加快完善社会主义市场经济体制、构建更加完善的要素市场化配置体制机制的决策部署，按照全国知识产权局局长会议工作安排，就促进和规范知识产权运营工作提出相关要求。

工作内容包括：①提高认识，协同有序推进知识产权运营工作；②完善激励，激发知识产权转移转化活力；③分类指导，优化知识产权运营服务供给；④拓宽渠道，推进知识产权运营供需对接；⑤支撑转化，促进加强知识产权融资服务；⑥助推实施，引导知识产权高效有序流转；⑦畅通流转，提升知识产权评估服务能力；⑧完善环境，加强知识产权交易信息监测和信用监管；⑨规范运行，加强知识产权运营平台管理；⑩严格监督，完善知识产权运营资金使用管理；⑪强化责任，推进知识产权运营绩效提升；⑫完善保障，促进能力提升。

二、地方专项实施方案

（一）《关于促进专利转化实施助力中小企业创新发展的专项工作方案（2021—2023 年）》（北京市知识产权局、北京市财政局）

1. 工作目标

①到 2023 年，北京市专利转化运用的工作体系更加完善、供需对接更加顺畅、转化实施更加充分，专利技术转移转化服务的便利性和可及性显著提高，创新主体专利转移转化的意识和能力进一步提升，高校院所创新资源惠及中小企业的渠道更加畅通，中小微企业创新能力提升，有力支撑知识产权密集型产业创新发展。

②到 2023 年，北京市企业年度接受专利转让、许可、作价入股或通过产学研合作开发的次数合计超过 2.8 万次，中小微企业接受相关主体转让、许可、作价入股的专利数量、成交金额、实际到账金额稳步提升。

③在京高校和科研院所年度专利转让、许可、作价入股、合作开发的次数合计超过 3 万次，成交金额、实际到账金额稳步提升，年均增幅 3% 以上。

④专利质押金额突破 60 亿元、专利质押融资项目数达到 400 个，力争专利质押融资金额的年均增幅 10% 以上，专利质押项目数年均增幅 5% 以上。

2. 工作任务

①拓宽专利技术供给渠道。激发高校院所专利转化活力，鼓励国有企业分享专利技术，鼓励专利供给侧开放许可，鼓励构建产业专利池，引导创新主体专利精细化管理。

②推进专利供需精准对接。培育知识产权运营新业态，充分发挥已有平台的作用，推进专利交易公开，鼓励知识产权示范园区、中小企业知识产权集聚示范区开展服务，探索创新知识产权金融工作。

③提高中小企业专利实施能力。进一步完善专利导航制度，提升中小企业知识产权综合能力，助力中小企业专利产业化实施，发挥知识产权运营体系作用，便利企业开展专利质押融资。

（二）《上海市实施专利转化专项计划工作方案（2021—2023 年）》

1. 工作目标

① 2021—2023 年上海专利商标质押融资金额年均增幅达到 30% 以上，专利商标质押融资项目数量年均增幅达到 20% 以上，三年内专利商标质押融资金额总额达到 150 亿元以上。

② 2021—2023 年上海中小企业接受相关主体转让、许可、作价入股的专利数量、成交金额、实际到账金额年均增幅达到 20% 以上。

③ 2021—2023 年上海高校院所转让、许可、作价入股的专利数量、成交金额、实际到账金额年均增幅达到 20% 以上。

④相关中小微企业专利产品备案和相关专利实施情况年均增幅达到 20% 以上。

⑤政策惠及的中小微企业数量及其营业收入、就业人数保持逐年递增态势。

2. 工作任务

①摸清专利底数。委托知识产权服务机构、组织 6 000 名中小企业服务专员分别对高校院所与国有企业专利技术供给、中小企业专利技术需求进行调查摸底，形成专利技术供需目录；委托知识产权服务机构对高校院所尚未转化的"沉睡专利"数据进行深度加工，将"专利语言"改写为"技术语言"，并关联专利发明人团队等信息，丰富专利信息供给内容，形成专利技术供给产品；面向国有企业征集较为成熟、实施难度不大、可向中小企业许可的专利技术，并明确专利技术许可条件。

②开展供需对接。线上集中发布专利技术供需目录和专利技术供给产品，线下组织高校院所、国有企业深入中小企业开展专利技术对接活动；举办专利技术产品推介会、拍卖会等活动，支持中小企业实施转化专利技术；鼓励高校院所、国有企业采用"开放许可"方式分享专利技术；鼓励高校、科研院所探索建立规范、便捷、开放的专利快速许可等新型许可模式，简化许可流程，鼓励降低面向中小企业特别是初创企业的专利技术使用资金成本；鼓励和支持"沉睡专利"等专利技术持有人对中小企业降低转让、许可费门槛或采用先免费许可、后有偿转化等方式，并提供后续技术指导；积极向中小企业宣传"沉睡专利"推广运用平台，鼓励与专利技术持有人或中介机构进行线上供需对接和技术咨询。

③强化金融服务。完善知识产权质押融资风险分担机制，探索建立知识产权质押融资风险补偿基金；鼓励上海各区完善知识产权金融扶持政策，对知识产权质押融资、保险、证券化以及其他创新金融模式给予贴息、贴费、奖励等支持；开展知识产权金融服务"入园惠企"活动，加强银企对接、银园对接；鼓励知识产权保险创新，推动保险机构开发专利技术交易保险等新产品；推动更多知识产权证券化产品落地，以高价值专利组合为基础，鼓励金融机构学习借鉴证券化产品"浦东模式"，积极探索 ABS、ABN 业务发展新模式；创新知识产权金融服务，鼓励金融机构开展知识产权集合授信、投贷联动、信托等信贷模式。

④完善运营机制。建立一批市场化运作的知识产权运营中心以及高价值专利培育中心，显著提升企业竞争实力和产业发展动能，推动高价值专利拥有量处于全市前列的高校院所、企业申报高价值专利升级培育项目，鼓励行业龙头企业、领军企业联合产业链上下游企业及相关科研机构、知识产权服务机构组建产业知

识产权联盟或知识产权运营联合体，在中小企业集聚、产业创新资源集中的科技园区建立专利运营服务集聚区。

⑤夯实工作基础。完善专利转化领域相关扶持政策，加大对许可转让、知识产权金融、专利产品备案等工作的政策倾斜力度，加强知识产权扶持政策与科技政策、产业政策、区域政策的衔接，选择一批知识产权品牌服务机构参与专利供需目录编制、专利供给产品开发、专利供需双方对接、高价值专利升级培育项目，设立"专利运营特派员"制度，深入高校院所、国有企业和中小企业，为开展专利转化工作提供点对点的精准服务，认定一批"专利运营标杆单位"，评选一批"专利运营典型案例"，引导企业进行专利产品备案，并做好专利技术交易备案登记工作。

（三）《江苏省专利转化专项计划实施方案（2021—2023年）》

1. 工作目标

①高校院所资源优势有效释放。高校院所专利转化运用导向进一步突出，转化效率明显提升，全省高校院所三年累计转让、许可、作价入股专利20 000件，涉及专利的技术合同成交额累计超过2 000亿元，年均增幅20%以上。

②中小企业获取专利便利可及。建成多元化的专利转化运用渠道，全省中小企业三年累计接受高等学校、科研机构、国有企业等相关主体转让、许可、作价入股专利25 000件，涉及专利的技术合同成交额累计超过2 500亿元，年均增幅20%以上。

③政策措施带动效应充分显现。参与专利转化专项计划的中小企业累计超过10 000家，相关专利在企业产品中充分实施，有效带动企业创新发展，企业营业收入、就业人数年均增幅10%以上。

④金融支持保障力度不断强化。银行、担保等金融机构积极为全省专利转化提供支持保障，知识产权金融服务体系进一步优化，全省中小企业三年通过专利质押融资金额累计超过450亿元，质押项目数超过5 000个，年均增幅20%以上。

2. 工作任务

①激发高校院所专利转化原动力。提升高校院所知识产权管理能力，加快高校院所高价值专利培育，创新高校院所专利转化模式。

②提升中小企业专利转化承接力。激发中小企业创新发展需求，加速企业专利技术转化实施，开展专利产品备案登记。

③强化专利转化服务支撑力。培育发展知识产权运营服务机构，积极组建知识产权联盟，加强专利运营人才培养。

④建设专利技术供需对接平台。打造专利技术推广应用平台，提升专利转化智能化水平，开展专利转化对接活动。

⑤拓宽专利转化融资渠道。大力发展知识产权质押融资，积极拓展多元化融资渠道。

⑥促进专利技术跨区域转化。加强重点区域专利转化，建设国际开放创新协作网络，加强知识产权转化国际交流研讨。

3. 实施步骤

①动员部署，启动计划（2021年4—7月）。印发工作实施方案及目标任务分解方案，召开工作推进会，对促进专利转化，助力中小企业创新发展等工作做出总体部署。按照国家部署要求，积极建立工作合作推进机制。率先选择10家左右高校院所、2~3个重点城市围绕重点产业开展专利转化对接工作，启动建设3~5家产业知识产权运营中心。

②全面推进，重点突破（2021年7月—2023年7月）。全面实施专利转化计划，深化高校院所知识产权权益分配、知识产权金融等方面的改革创新，激发中小企业创新活力，稳步推进各类知识产权运营中心建设，加快专利技术供需对接平台发展，高校院所专利转化效率明显提升。建设10家左右产业知识产权运营中心，30家左右高校院所知识产权运营中心，80%的设区市和园区参与专利转化专项计划实施。适时开展中期评估，及时发现和解决工作推进过程中遇到的问题，总结试点成功做法和经验，形成专利转化的有效模式和路径。

③总结工作，评估推广（2023年7—12月）。全面评估专项计划实施对促进专利技术转化、提升中小企业创新发展水平、推动知识产权密集型产业转型升级等方面的工作成效，总结凝练可复制、可推广的做法和经验。

（四）《浙江省实施专利转化专项计划助力中小微企业创新发展三年行动方案（2021—2023年）》

1. 工作目标

有效激发专利技术创造和运用的潜在资源，构建推动专利技术向中小微企业转移转化的市场机制和公共服务机制，形成创新资源"需求牵引供给、供给创造需求"的高水平动态平衡格局，促进科技创新与中小微企业成长深度融合。中小微企业专利转化服务体系更加健全。至2021年，基本建成面向全省中小微企业的知识产权全门类、全流程"一件事"公共服务平台。至2021年，建成省级以上知识产权服务业集聚区13家以上；2022年，建成省级以上知识产权服务业集聚区20家以上，覆盖全省11个地级市。至2021年，基本建设完成专利—企业精准匹配系统。2021—2023年，每年向中小微企业开放科研设施与仪器2万台次，开放实验室服务2万批次。每年开展中小微企业知识产权管理托管服务1 000家以上、计量服务2 000家以上、测量管理体系免费培训2 000家以上。专利转让运用更加活跃。2021年，深化浙江知识产权交易中心改革。至2023年，建成综合性、专业化的全国性知识产权交易平台；专利转化政策更加完善，专利权转让、许可、作价入股数量达4万件以上，其中高校院所专利转让、许可、作价入股数量达3 000件以上，两者年增长均在10%以上。知识产权质押融资达700亿以上，年增长10%以上。推广建设知识产权联盟，三年内实现百亿产值块状经济全覆盖。中小微企业创新能力大幅提升。2021年，建设科研组织与企业共同参与的知识产权转化联盟。至2022年，基本形成比较完善的专利转化企业合作机制。至2023年，全省新增知识产权管理规范化中小微企业1 000家以上；新增科技型中小微企业1万家以上，年均增长10%以上，研发投入占营业收入比例不低于2.5%，科技人员数占职工总数比例不低于2.5%。

2. 工作任务

①建立健全专利转化服务体系。开发专利—企业精准匹配系统，打造专利技术推广运用平台；建设知识产权交易平台中小微企业专版优化专利资源的市场化配置机制；推进知识产权"一件事"集成改革，完善覆盖中小微企业的公共服务体系。

②深化专利技术供给侧改革。创新专利转化的企业合作机制；完善科研组织供给高质量专利的激励机制；健全低碳绿色专利推广机制；实施中小微企业专利创造和转化能力提升工程。

③完善专利技术与资本、人才等要素的对接机制。持续开展中小微企业对接现代技术、金融、人才"三对接"服务活动；创新中小微企业知识产权资本化模式；推动中小微企业知识产权金融一体化建设。

（五）《关于促进专利技术转移转化助力中小企业创新发展工作实施方案》（山东省市场监督管理局、山东省财政厅）

1. 工作目标

①专利创造、转化激励机制更加高效。高校科研院所构建起完善的权益分配机制，转化积极性大幅提高；中小企业研发成本有效降低，专利产品产出显著增加；各地知识产权管理部门服务中小企业能力明显增强。

②供需对接渠道、专利运营体系更加畅通。实施促进专利转化"321"工程，抓好高校院所高价值专利运营库、中小企业专利转化需求库、知识产权质押融资项目库三库建设；精心打造省知识产权公共服务、专利技术推广运用两个平台；依托省知识产权运营中心、相关产业分中心、济青烟运营城市，聚合市区县、高校院所、产业园区、国有企业运营机构等，建成全省"一体化"专利运营体系，畅通技术要素流转渠道，实现供需双方线上线下精准对接。

③政策支持体系更加健全。加强政策联动、部门联动、上下联动，发挥政策集成效应，形成专利转化资助、专利运营奖补、知识产权质押融资补贴等多措并举的政策支持体系。

④专利转移转化更加活跃。省内中小企业接受相关主体（高校、科研院所、国有企业）转让、许可、作价入股的专利数量，以及合同成交额和实际到账金额大幅增加，年均增幅超过20%；全省高校、科研院所专利转让、许可、作价入股的数量，以及合同成交额和实际到账金额显著增长；政策惠及的中小企业数量、营业收入及就业人数稳定提升；推动省内中小企业按照相关规定开展专利产品备案工作，备案专利产品数量稳定增加；全省专利质押融资金额、项目数年均增幅达到20%，2023年质押融资金额达到200亿元以上。

2. 工作任务

①提升知识产权创造质量。实施高价值专利培育计划，提升创新主体知识产权管理能力，推动省属高校、科研院所建立专利申请前评估制度。

②拓宽专利转化运用供需渠道。建设高校院所高价值专利运营库，建设中小企业技术需求库，建立知识产权质押融资项目库，鼓励国有企业分享专利技术。

③推进供给需求精准对接。打造专利技术推广运用、知识产权服务平台，组织专

利技术路演和供需对接活动，推动知识产权质押融资银企对接，支持开展专利导航。

④优化专利转移转化服务。优化知识产权登记服务，开展专利产品备案和数据统计，构建知识产权运营体系，加强专利运营人才培养。

⑤完善政策措施。修订《山东省知识产权促进条例》，支持高校、科研院所知识产权权益分配改革，发挥知识产权运营基金作用，支持中小企业知识产权质押融资，推进专利奖励制度改革。

（六）《湖北省促进转化助力中小企业创新发展专项计划实施方案（2021—2023年）》

1. 工作目标

①面向全省中小微企业收集有效专利技术需求6 000条以上，引导省内企业主动接受相关主体转让、许可、作价入股的专利数量3 000件以上，年均增幅20%以上，成交金额、实际到账金额均显著增长。

②推动全省20所高校院所建立专利分级分类管理工作机制，全省高校院所专利转让、许可、作价入股的专利数量4 000件以上，年均增幅20%以上，成交金额、实际到账金额均显著增长。

③开展专利运用试点示范，试点示范企业营业收入，带动就业人数均显著增长，专利运用政策惠及全省广大中小微企业。

④建立专利池，促进专利供需精准对接，专利产品备案显著增长。

2. 工作任务[①]

①充分发挥重点平台、机构自身优势，挖掘中小企业专利技术创新需求，建立动态更新的专利技术需求库，重点挖掘全省重点产业、战略性新兴产业和知识产权密集型产业中小企业专利技术需求。

②围绕湖北重点产业领域和区域创新集群，分行业、分领域，以产学研对接、专利技术推介会、校企云对接等形式，开展线上线下专利技术供需对接活动。

③聚焦重点产业开展知识产权态势分析，提供专利导航服务，促进高价值专

---

① 湖北省知识产权局组织召开落实专利转化专项计划专题会议［EB/OL］. http:∥www.cnipa.gov.cn/art/2021/5/13/art_57_159334.html.

利高效转化。

④积极开展知识产权质押融资，完善知识产权价值评估服务，面向产业集群推进知识产权质押融资集合授信，构建多层次专利转化金融支撑体系，形成知识产权金融服务联盟。

⑤鼓励探索专利收储转化运用新路径、新方法，建立重点产业专利池，通过托管、买断等多种方式收储专利，开展集中运营。

3. 实施步骤

①制定方案，送审备案（2021 年 4 月）。省知识产权局、省财政厅联合印发《湖北省促进专利转化助力中小企业创新发展专项计划实施方案（2021—2023 年）》，并按程序报国家知识产权局、财政部备案。

②分步推进，全面实施（2021 年 5 月—2023 年 12 月）。召开全省专利转化专项计划实施启动大会，动员全省各级知识产权管理部门、财政部门和高校院所及企业迅速启动专项计划。出台转化专项资金管理办法，充分利用现有政策和资金资源，落实有关扶持政策，全面推进项目实施，继续推进专项计划各项目建设，完成绩效目标任务，基本建成规范化、市场化的专利技术推广运用体系。

③绩效评价，总结验收（2023 年 7—12 月）。对专项计划实施过程中的案例、经验和模式加强总结，并予以报送和推广实施，完成专项计划总结评价。

（七）《陕西省专利转化专项计划实施方案（2021—2023 年）》（陕知发〔2021〕17 号）

1. 工作目标

①全省中小微企业接受相关主体转让、许可、作价入股的专利数量累计不少于 4 500 件，成交金额、实际到账金额年均增长≥30%。

②全省高校院所、国有企业专利转让、许可、作价入股的专利数量累计不少于 9 000 件，成交金额、实际到账金额年均增长≥30%。

③政策惠及的全省中小微企业数量年均增幅≥20%，总营业收入年均增长≥20%，总就业人数年均增长≥10%。

④全省相关中小微企业专利产品备案数量年均增长≥20%，专利实施率≥85%。

⑤全省专利质押融资专利数量三年累计不少于 3 250 件，融资金额累计不少

于 165 亿元，年均增幅≥20%。

⑥解密国防专利转移转化取得更大进展，至 2023 年年底累计 100 件以上。

⑦培育有影响力的知识产权运营平台、服务机构 10 家以上，"互联网＋"模式在专利技术供需对接中普遍应用，秦创原创新驱动平台示范带动作用显著，全省基本形成市场化、多元化、可持续的专利转化服务体系。

2. 工作任务

①提升专利技术供给质量。加快培育高价值专利，发挥专利导航支撑作用，建立专利价值评估机制。

②拓宽专利技术供给渠道。挖掘识别"沉睡专利"，加快解密国防专利的实施转化，支持涉农专利转化实施，强化知识产权规范管理。

③推进专利技术供需对接。支持秦创原创新驱动平台建设，创新专利转让许可模式，支持平台和机构建设，构建转移转化服务体系。

④完善配套政策和服务措施。发挥政策联动叠加效应，强化绩效考核导向，加强知识产权金融，加强专业人才培养，拓宽专利业务办理通道。

3. 实施步骤

①2021 年（启动实施阶段）。制定《陕西省专利转化专项计划实施方案（2021—2023 年)》，明确任务，组织实施。梳理全省促进技术转移转化相关政策，调研高校院所、国有企业、中小微企业需求，完善政策配套。推广高校专利分级分类管理工作，识别筛查可资利用的"沉睡专利"，优化存量。支持高校院所、企业开展专利导航，加快培育高价值专利，做强增量。组织专利供需对接活动，促进专利转化实施。开办专利业务绿色通道，扎实做好专利产品备案、专利转让登记、专利许可备案、专利开放许可工作。聚焦重点区域、重点单位，专项计划在"点"上取得突破。

②2022 年（提速增效阶段）。加快推进专项计划实施，落实支持政策，以市场为主导，发挥运营平台、服务机构作用，推动高价值专利有序向中小企业转移转化，解密国防专利向民用领域转移转化，支持产业知识产权联盟建设，为"两链"融合发展服务。立足省市已有支持政策，扩大省级资源覆盖面。开拓知识产权金融工作，提升专利质押融资规模与质量，推行知识产权新险种，开展知识产权（专利）证券化试点工作。专利密集型企业产业效益显现。检查实施效果，

修正政策措施，逐步形成激励有效、对接畅通、转化充分、体系完善的专利运营生态链，专项计划在"链"上形成体系。

③2023年（完善机制阶段）。全面总结提升，进一步完善转移转化工作机制，完善政策法规体系。全省专利技术供需对接渠道更加顺畅，中小企业获得受让专利的便利性、可及性显著提升，形成高校专利有出口、中小企业创新有资源、运营出成效、服务市场化的工作格局，省级资源覆盖面扩大到全省，专项计划在"面"上实现全面发展。

第三节 地方申报情况

以下对奖补省份2021年专利转化专项计划申报情况（项目类别、绩效目标、立项名单等）进行介绍。

一、北京

截至2022年3月，北京市专利转化专项项目包括：供给侧专利培育与转化促进项目、重点产业专利运营促进项目、专利交易运营服务能力提升项目、知识产权集聚区专利运营环境支撑项目、中小微企业获取专利技术项目、企业专利质押融资项目、商业银行专利质押贷款项目以及知识产权金融创新项目[①]。

供给侧专利培育与转化促进项目支持高等学校、科研机构、国有企业等完善知识产权管理制度，建立健全专利转化运营的长效机制。主要支持内容包括：开展专利分级分类管理，运用大数据等技术手段筛选质量较高、具备市场前景的专利，主动披露可转化运用专利清单；挖掘潜在许可实施对象，鼓励采用"先使用后缴费""专利开放许可"等方式促进专利技术向中小微企业转化；深入开展产学研对接活动，强化以产业需求为导向的高质量专利培育，鼓励开展订单式研发和投放式创新；鼓励探索知识产权权益分配改革机制，完善知识产权分级分类和转化运用决策

---

① 北京市知识产权局关于开展北京市专利转化专项项目申报工作的通知［EB/OL］．（2022-03-11）［2022-03-17］．http://zscqj.beijing.gov.cn/zscqj/zwgk/tzgg/111251274/index.html．

机制，推动建立权利义务对等的知识产权转化收益分配机制。

重点产业专利运营促进项目支持产业知识产权联盟、行业协会等社会组织、产业知识产权运营中心等构建重点产业和专利密集型产业专利运营数据支撑体系，优化战略性新兴产业发展模式，增强产业集群创新引领力。主要支持内容包括：建立产业专利导航决策机制，发掘目标专利和专利转化合作对象；建设符合产业特色的专利运营数据库，围绕关键核心技术加强联合研发，加强专利布局与运用；构建产业专利池，制定合理的许可政策并切实开展商业运营，促进专利技术向中小微企业的转化实施，促进产业上下游协同运用；促进技术、专利与标准协同发展，将自主知识产权转化为技术标准；推动绿色专利技术产业化，支撑产业绿色转型；支撑产业知识产权运营人才培养。

专利交易运营服务能力提升项目支持知识产权交易服务机构、知识产权运营服务平台等优化知识产权运营服务体系，创新服务模式，促进专利转化。主要支持内容包括：提升专利技术转移转化供需对接服务能力，基于专利大数据检索和专利评价分析，促进"互联网＋知识产权"融合发展，扩大交易规模、丰富交易方式、创新交易机制，有效增进对接；开展专利开放许可试点服务，探索和完善专利开放许可服务体系，提升专利技术许可效率；提供专利质押融资、入股、知识产权证券化等融资服务；探索建立专利质押物价值动态监控评估和滚动替换机制、专利质押物运营处置体系；规范知识产权交易，按要求进行专利转让、许可备案和质押登记；加强知识产权运营专业化人才队伍建设。

知识产权集聚区专利运营环境支撑项目支持产业园区、知识产权集聚区管理运营机构为区内企业提供专利转化运营服务，降低中小微企业获取专利技术的门槛。主要支持内容包括：建立和完善专利需求数据库，开展专利技术供需对接和产学研对接活动，促进专利技术在北京市转化实施；组织企业与高等学校、科研机构、国有企业等紧密合作，挖掘企业的专利技术需求；提供知识产权全流程托管和运营支撑服务；组织开展专利运营转化的培训、宣讲及业务交流，提升企业的专利保护和运营能力；引导涉农专利技术向新农村和农业园区转化，助力乡村产业发展；组织开展各种形式的知识产权"入园惠企"活动，服务中小微企业专利转化运营工作。

中小微企业获取专利技术项目、企业专利质押融资项目、商业银行专利质押贷款项目以及知识产权金融创新项目分别支持中小微企业获取专利技术、企业开展专利质押融资、商业银行开展专利质押贷款以及知识产权金融创新工作。

二、上海

截至 2022 年 3 月，第一至第四批上海市知识产权运营服务体系建设项目包括：知识产权运营综合服务基地项目、知识产权运营服务集聚区项目、"专利运营特派员"委派项目[1]、知识产权运营促进中心项目[2]、重点产业知识产权运营中心项目、知识产权产学研运营联合体项目[3]、高价值专利培育中心项目、高价值专利升级培育项目[4]。

知识产权运营综合服务基地项目面向上海市经省级或省级以上人民政府批准设立的知识产权和科技成果产权交易机构，开展知识产权运营综合服务基地项目建设，为全市创新主体提供知识产权信息集散、交易撮合、交易鉴证、资金结算、备案登记等服务。

知识产权运营服务集聚区项目面向获得认定的市级以上高新技术产业开发区、经济技术开发区等产业园区，联合上海市各区知识产权局建设融合全链条知识产权运营要素的知识产权运营服务集聚区，着力打造各区知识产权运营服务体系的核心承载区，集聚资源、完善政策、健全生态，推动优质服务资源与产业发展相融合、相支撑，促进全区知识产权运营绩效显著提升；在全区范围开展知识产权质押融资、许可转让、作价入股、高价值专利培育等运营促进工作。

"专利运营特派员"委派项目面向上海市行业协会，采用购买服务方式，开展"专利运营特派员"遴选培训委派工作。在上海市知识产权服务机构中，择优遴选一批具有"专利代理师""技术经纪人"双证资质的业务骨干，通过培训

---

[1] 关于第一批上海市知识产权运营服务体系建设项目申报的通知 [EB/OL]. (2021-09-17) [2022-03-17]. https://sipa.sh.gov.cn/tzgg/20210917/10173d959c974a2bb4af81743dd7301c.html.

[2] 关于第二批上海市知识产权运营服务体系建设项目申报的通知 [EB/OL]. (2021-10-09) [2022-03-17]. https://sipa.sh.gov.cn/tzgg/20211009/bbb9f4e65af54be79f51f5e9cb7431ca.html.

[3] 关于第三批上海市知识产权运营服务体系建设项目申报的通知 [EB/OL]. (2021-12-13) [2022-03-17]. https://sipa.sh.gov.cn/tzgg/20211213/f642dbb6d29d4f13bb69ebb3e76f32a4.html.

[4] 关于第四批上海市知识产权运营服务体系建设项目申报的通知 [EB/OL]. (2022-02-23) [2022-03-17]. https://sipa.sh.gov.cn/xxgkml/20220223/38929b0f223e4869aa3da67db0be4fe2.html.

和考核，认定不少于30名"专利运营特派员"。组织"专利运营特派员"深入高校院所、国有企业、中小微企业等创新主体以及上海市知识产权运营综合服务基地、上海市知识产权运营服务集聚区等运营单位。

知识产权运营促进中心项目面向由上海市知识产权局、上海市经济信息化委、上海市商务委、上海市教委、上海市科委、上海市卫健委、上海市国资委等部门及航天八院、中科院上海分院等单位组建的科技成果转移转化机构、知识产权公共服务机构、国际技术贸易服务机构，开展知识产权运营促进中心项目建设，形成上海知识产权运营服务机制的"条线"。为所在系统创新主体提供知识产权信息集散、供需对接、交易撮合、咨询受理、培训指导等服务，通过集聚要素、完善机制、梳理供需，强化对接、综合服务等工作。

重点产业知识产权运营中心项目聚焦上海市集成电路、生物医药、人工智能三大先导产业，新能源汽车、高端装备、航空航天、信息通信、新材料、新兴数字六大重点产业以及核电、氢能、光子芯片等面向未来的先导产业，面向具有行业领军地位、拥有知识产权运营实践能力的企业和科研机构，深入组织开展专利许可、转让、作价入股、质押融资、证券化等工作，推动上海重点产业领域的知识产权资源有效流转和价值实现。

知识产权产学研运营联合体项目面向上海市具有产学研合作机制、拥有产学研合作成果的企事业单位、科技型园区，深入组织开展产学研领域专利成果转移转化工作，推动产学研合作形成的专利成果明晰权属关系和利益分配机制，推动产学研合作形成的专利成果以许可、转让、作价入股、质押融资、证券化等方式有效流转和价值实现。

高价值专利培育中心项目面向上海市战略性新兴产业和先导产业中研发能力突出、专利实力雄厚、知识产权管理健全、高价值专利经验丰富的企业，着眼长效运行目标，优化企业内部制度，加强培育资源投入，集聚专业培育人员，形成较为完善的高价值专利培育机制，创新高价值专利培育路径，健全高价值专利培育全流程管理，推进专利转化运用，促进专利价值实现。

高价值专利升级培育项目面向涉及上海市战略性新兴产业和先导产业、研发经验丰富、专利实力较强、知识产权管理较为完善、具备持续创新能力的企事业单位，围绕自主研发核心专利，加强专利信息分析利用，从技术价值培育、法律价值培育、市场价值培育、战略价值培育、经济价值培育五个维度开展高价值专利培育，提高专利申请质量和授权率，优化海外专利布局，形成高价值专利组合。

第一至第三批上海市知识产权运营服务体系项目承担单位名单如表14-3所示。

表14-3　第一至第三批上海市知识产权运营服务体系建设项目承担单位名单[①]

项目类别	序号	单位名称
知识产权运营综合服务基地项目（第一批）	1	上海知识产权交易中心有限公司
	2	上海技术交易所有限公司
知识产权运营服务集聚区项目（第一批）	3	上海蓝天经济城
	4	同济科技园
	5	黄浦区科技创业孵化基地
	6	上海紫竹高新技术产业开发区
	7	上海天地软件园
	8	上海市市北高新技术服务业园区
	9	上海临港松江科技城
	10	上海金山工业区
	11	上海长江软件园
	12	东方美谷核心区
	13	同济虹口绿色科技产业园
	14	上海长兴海洋装备产业园区
	15	国际创新协同区
	16	上海国际医学园区（中央财政资金不重复支持）
	17	上海漕河泾新兴技术开发区（中央财政资金不重复支持）
"专利运营特派员"委派项目（第一批）	18	上海市知识产权服务行业协会

[①] 上海市知识产权局关于确定第一、二批上海市知识产权运营服务体系建设项目承担单位的通知［EB/OL］.（2021-12-06）［2022-03-17］. https://sipa.sh.gov.cn/xxgkml/20211206/7e9be70d99814fe3ba6ee102c546a166.html；关于确定第三批上海市知识产权运营服务体系建设项目承担单位的通知［EB/OL］.（2022-03-04）［2022-03-17］. https://sipa.sh.gov.cn/xxgkml/20220304/9104b2c040e040f28c8c3c8dfa76a19e.html.

续表

项目类别	序号	单位名称
知识产权运营促进中心项目（第二批）	19	上海国际知识产权运营管理有限公司
	20	上海航天信息研究所
	21	上海市高校科技发展中心
	22	上海东部科技成果转化有限公司
	23	上海市知识产权服务中心（公益Ⅰ类事业单位，不予资金支持）
	24	中国科学院上海国家技术转移中心（公益Ⅰ类事业单位，不予资金支持）
	25	上海市卫生和健康发展研究中心（公益Ⅰ类事业单位，不予资金支持）
重点产业知识产权运营中心项目（第三批）	26	上海核工程研究设计院有限公司
	27	上海数字电视国家工程研究中心有限公司
	28	微创投资控股有限公司
	29	紫光展锐（上海）科技有限公司
	30	中国科学院上海药物研究所
	31	中国科学院上海硅酸盐研究所
	32	上海昊海生物科技股份有限公司
	33	上海市公共卫生临床中心
高价值专利升级培育项目（第三批）	34	中国科学院上海巴斯德研究所
	35	华东理工大学
	36	中国航发商用航空发动机有限责任公司
	37	上海交通大学医学院附属第九人民医院
	38	上海东升新材料有限公司
	39	临港浦江国际科技城

三、江苏

截至2022年3月，江苏省专利转化专项计划包括：高校院所知识产权运营能力提升计划、产业知识产权运营中心发展计划、专利转化服务平台支撑计划、专利转化重点城市引领计划[1]。

高校院所知识产权运营能力提升计划主要绩效目标为通过建立运行高校院所知识产权运营中心，高校院所专利转化效率和绩效明显提升。绩效指标包括：高校院所年度转让、许可、作价入股专利数量增幅不低于20%；运营中心年均组织涉及专利的技术合同成交额不少于5 000万元，年度增幅不低于20%；高校院所专利（申请）实施或者转让率明显提升；相关工作模式或者专利转化成效得到省级以上相关部门或相关媒体充分认可，或者被省级以上相关部门推广应用；运营中心在服务江苏地方经济社会发展、促进高校院所科研发展和人才培养等方面有积极贡献。

产业知识产权运营中心发展计划的主要目标为通过培育和发展产业知识产权运营中心，园区重点产业链专利转化能力水平大幅提升。园区的绩效指标包括：高校院所在园区内转化专利数量年度增幅不少于20%；受让高校院所专利的中小企业数量年度增幅不少于20%；园区内知识产权证券化产品取得突破，知识产权质押融资金额和项目数年度增幅不少于20%；相关工作模式或者专利转化成效得到省级以上相关部门或相关媒体充分认可，或者被省级以上相关部门推广应用。产业知识产权运营中心的绩效指标包括：建设专利技术供需目录，每年实现精准推送信息5 000条以上；产业知识产权运营中心每年推动企业接受高校院所转让、许可专利100件以上或者转让、许可专利金额超过1 000万元；组织不少于200名产业链企事业单位研发人员和知识产权管理人员参加知识产权专题培训；产业运营中心在产业转型升级、强链补链等方面有积极贡献。

专利转化服务平台支撑计划重点支持运营交易类平台、金融服务类平台以及数据加工类平台三类主体。运营交易类平台的绩效目标包括：经平台提供专业服务形成的专利转化实际成交金额和次数年度增幅20%以上；相关工作模式或者专利转化成效得到省级以上相关部门或相关媒体充分认可，或者被省级以上相关部门推广应用；运营交易平台在加速专利转化，促进中小企业创新发展等方面有积极贡献。金融服务类平台的绩效目标包括：经平台提供专业服务促成的知识产

---

[1] 江苏省知识产权局关于组织申报2021年度专利转化专项计划项目的通知［EB/OL］．（2021－08－10）［2022－03－17］．http://jsip.jiangsu.gov.cn/art/2021/8/10/art_75908_9970678.html．

权质押融资金额和项目数年度增幅20%以上；年度协助办理知识产权质押登记金额达到50亿元；累计新增合作金融机构不少于5家；相关工作模式或者专利转化成效得到省级以上相关部门或相关媒体充分认可，或者被省级以上相关部门推广应用；平台在破解中小企业融资难贵矛盾，促进中小企业创新发展等方面有积极贡献。数据加工类平台的绩效目标包括：每年完成专利转化统计分析报告不少于12份；完成不少于15条产业链基础数据加工标引；为不少于5个高校院所知识产权运营中心、产业知识产权运营中心或企事业单位提供基础数据，数据量累计不低于10万条；相关工作模式或者专利转化成效得到省级以上相关部门或相关媒体充分认可，或者被省级以上相关部门推广应用；平台在促进专利信息传播利用，提高专利转化对接效率方面有积极贡献。

专利转化重点城市引领计划的申报主体为设区市人民政府。绩效目标包括：接受高校院所、国有企业专利转让许可的中小企业数量年度增幅20%以上，参与专利转移转化中小企业数量超过250家，转化实施专利金额和数量年度增幅20%以上；知识产权质押融资金额和项目数增幅超过20%；培养引进一批专业化知识产权运营团队；相关工作模式或者专利转化成效得到省级以上相关部门或相关媒体充分认可，或者被省级以上相关部门推广应用；平台在促进专利信息传播利用，提高专利转化对接效率方面有积极贡献。

2021年度江苏省专利转化专项计划项目拟立项单位名单如表14-4所示。

表14-4　2021年度江苏省专利转化专项计划项目拟立项单位名单[①]

项目类别	序号	单位名称
高校院所知识产权运营能力提升计划	1	东南大学
	2	南京大学
	3	江南大学
	4	南京航空航天大学
	5	江苏大学

[①] 2021年度江苏省专利转化专项计划项目拟立项单位公示［EB/OL］．（2021-09-27）[2022-03-17]．https://mp.weixin.qq.com/s/QfvRxP55PiuuSnAJq0sMAQ.

续表

项目类别	序号	单位名称
高校院所知识产权运营能力提升计划	6	中国药科大学
	7	南京邮电大学
	8	南京理工大学
	9	中国矿业大学
	10	南京信息工程大学
	11	常州大学
	12	南京工业大学
	13	南通大学
	14	江苏省农业科学院
	15	南京工程学院
	16	江苏科技大学
	17	苏州大学
	18	南京农业大学
	19	扬州大学
	20	大连理工江苏研究院有限公司
产业知识产权运营中心发展计划	21	苏州工业园区管理委员会
	22	无锡国家高新技术产业开发区管理委员会
	23	南京市江北新区管理委员会
	24	徐州经济技术开发区管理委员会
	25	江苏常州经济开发区管理委员会
专利转化服务平台支撑计划（运营交易类）	26	南京中高知识产权股份有限公司
	27	江苏省科技资源统筹服务中心
	28	江苏国际知识产权运营交易中心
专利转化服务平台支撑计划（数据加工类）	29	江苏省知识产权保护中心
	30	江苏佰腾科技有限公司
	31	苏州慧谷知识产权服务有限公司
专利转化服务平台支撑计划（金融服务类）	32	江苏智麦汇科技发展有限公司
	33	江苏中都国脉知识产权运营有限公司

续表

项目类别	序号	单位名称
专利转化重点城市引领计划	34	常州市人民政府
	35	南通市人民政府
	36	徐州市人民政府
	37	盐城市人民政府

四、浙江

截至2022年3月,浙江省专利转化专项计划项目包括:优化专利供给类项目、专利技术供需对接类项目、专利转移转化分析服务类项目、专利对接资本类项目,以及其他有关专利转化,助力中小微企业创新发展的项目[①]。

优化专利供给类项目的工作任务包括:实施"沉睡专利"筛选分析和评价服务项目,通过大数据手段挖掘质量较高、具备市场前景的专利;开展中小微企业共性专利技术攻关和推广应用项目;共建公共专利池,实施开放专利技术许可;支持高校院所、国有企业等与特色产业园区企业、产业联盟开展定向合作,分享专利技术。

专利技术供需对接类项目的工作任务包括:开展线上、线下相结合的方式组织专利技术供需对接活动,提供分领域集中发布专利信息、逆向搜索交易信息等服务;组织高校院所、国有企业与中小微企业开展专利技术对接洽谈,推动专利转移转化。

专利转移转化分析服务类项目的工作任务包括:建立专利特色行业数据库,实施专利信息智能分析服务项目;实施中小微专利侵权监测项目;实施特色产业、优势产业专利导航项目等。

专利对接资本类项目的工作任务包括:建立中小微企业高价值专利目录和专利密集型产品目录,依托知识产权运营基金项目推进资本对接;探索建设科创板

---

① 浙江省市场监督管理局关于申报专利转化专项计划重点项目的通知[EB/OL].(2021-06-30)[2022-03-17]. http://zjamr.zj.gov.cn/art/2021/6/30/art_1229094027_59000146.html.

上市知识产权"加速器";探索服务科技型中小微企业的证券化项目、知识产权质押融资项目和保险项目。

经申报推荐、材料审核、集体讨论、信息公示、局党委会审议等程序，确定了第一批浙江省专利转化专项计划重点项目（平台）41 个，如表 14 – 5 所示。

表 14 – 5　浙江省第一批专利转化专项计划重点项目（平台）清单①

序号	项目名称	承担单位	备注
1	浙江省中小微企业专利转化综合服务体系建设	浙江省知识产权研究与服务中心	重点平台
2	浙江省市场监管系统专利转化推广专项计划	浙江省计量科学研究院	重点平台
3	具有自主知识产权的专利——企业精准匹配系统和推广应用平台	浙江知识产权交易中心有限公司	重点平台
4	中小微企业适用专利精准推送平台	浙江汇信科技有限公司	重点平台
5	杭州"十百千亿"专利转化专项计划项目	浙知交（杭州）知识产权运营有限公司	重点平台
6	宁波市知识产权"甬知 E 转"专利转化服务体系	中国（宁波）知识产权保护中心、宁波市甬江知识产权研究院	重点平台
7	科技型中小微企业知识产权质押融资服务平台	浙江拾贝智谷信息科技有限公司、嘉兴市知识产权保护中心	重点平台
8	标冠科技创新服务平台建设与推广	浙江冠标知识产权代理有限公司、浙江专橙律师事务所	重点平台
9	绿色技术科技成果转移转化	浙江工业大学	
10	计量检测行业专利交易转化与信息服务	中国计量大学	
11	温州专利转化"创融通"综合体建设	温州市知识产权服务园	

---

① 浙江省市场监督管理局关于公布第一批浙江省专利转化专项计划重点项目（平台）名单的通知［EB/OL］．（2021 – 10 – 15）［2022 – 03 – 17］．http://www.zj.gov.cn/art/2021/10/15/art_1229530739_2369501.html．

续表

序号	项目名称	承担单位	备注
12	温州大学专利转化公共服务项目	温州大学、温州大学资产经营有限公司、杭州知产宝知识产权运营有限公司	
13	金华市高校知识产权信息运营平台的构建	浙江师范大学	
14	义乌科创园知识产权运营服务平台创建	南京经纬专利商标代理有限公司、浙江金果知识产权有限公司	
15	丽水滚动功能部件产业产学研用专利成果转化项目	丽水市智汇佳科技有限公司	
16	浙江省数字经济专利转化促进项目	浙江省知识产权保护中心	
17	纺织产业专利转化全链条服务项目	浙江理工大学	
18	能源与绿色专利推广转化平台	国网浙江新兴科技有限公司、浙江知识产权交易中心有限公司	
19	杭州人工智能产业专利转化项目	杭州乐知新创人工智能科技服务有限公司、杭州市知识产权保护中心	
20	生物医药产业专利—企业精准匹配系统的专利交易平台研发	浙江启博知识产权运营有限公司、杭州钱塘新区生物医药产业知识产权联盟	
21	杭州高新区（滨江）物联网产业专利转化专项计划重点项目	六棱镜（杭州）科技有限公司	
22	低压智能电器产业专利转化项目	中国低压智能电器产业知识产权联盟（温州正合知识产权服务有限公司）	
23	温州市眼镜行业知识产权运营中心	温州金诺知识产权代理有限公司、温州市眼镜商会	
24	新能源产业专利转化项目	长兴泰博知识产权服务有限公司	
25	嘉兴先进制造业专利转化项目	嘉兴学院G60科创走廊产业与创新研究院	
26	绍兴机械电子产业专利供求分析及精准转化项目	绍兴市越兴专利事务所（普通合伙）	
27	磁性材料行业创新专利运用模式提升产业专利转化水平项目	浙江省磁性材料行业协会、横店集团东磁股份有限公司	

续表

序号	项目名称	承担单位	备注
28	永康平衡车行业专利转化项目	金华市聚智平衡车知识产权服务有限公司	
29	中国（舟山）"三位一体"海洋经济知识产权国际运营中心项目	舟山博创信息科技有限公司	
30	涉海智能装备及相关专利转化项目	舟山市新兴航天涉海研究所（中国航天科工集团知识产权研究中心舟山研究院）	
31	体系化推进生物医药产业专利转化项目	台州市知识产权保护中心	
32	台州市汽车零部件产业知识产权转化运用项目	台州市南方商标专利代理有限公司、浙江大学台州研究院	
33	黄岩模塑产业专利转化项目	台州市凯锐专利代理事务所（普通合伙）、台州市黄岩模塑工业设计基地	
34	温岭泵与电机产业专利技术供需对接和转移转化分析服务项目	温岭市知识产权保护中心（温岭市知识产权研究与服务中心）、温岭市泵业协会、利欧集团浙江泵业有限公司、温岭市方济科技咨询有限公司、杭州浙科专利事务所（普通合伙）温岭分所	
35	龙泉汽车空调产业专利转化项目	丽水市众创科技服务有限公司	
36	云和县百亿木玩产业专利转化及特色知识产权服务项目	浙江创智果企业管理咨询有限公司	
37	未来科技城科技企业知识产权证券化	浙江杭州未来科技城管委会、杭州知识产权运营管理有限公司	
38	未来科技城科创板拟上市企业知识产权加速器	浙江杭州未来科技城管委会、浙江创智知识产权运营服务有限公司	
39	"专品标"赋能云平台	温州专品标知识产权运营有限公司	
40	义乌市知识产权资产证券化项目	兴业证券股份有限公司金华分公司	
41	路桥区高价值专利转化与金融服务项目	北京中金浩资产评估有限责任公司	

五、山东

截至 2022 年 3 月，山东省专利转化专项计划项目包括：高校及科研院所、园区、国有企业、知识产权转化运营服务机构四类[①]。

高校及科研院所的重点任务包括：①建立施行专利申请前评估制度，明确评估机构与流程、费用分担与奖励事项，提升专利申请质量。②对本单位专利开展摸底评估，筛选、分类、标引，纳入高校院所高价值专利运营库，并推动转化实施。③加强专利技术转移转化。提升专利技术转移转化能力，推动存量专利转化实施。加强专利实施许可备案。按照有关规定对完成实施转化的专利及时进行备案。2023 年，存量专利转化实施比例大幅提高，专利实施许可备案应备尽备。④成立知识产权管理与运营领导机构，统筹协调专利转移转化工作。已成立科技成果转移转化机构的高校、科研院所，应将知识产权管理纳入该机构职责范围。⑤提升知识产权管理水平。稳步推动贯彻《科研组织知识产权管理规范》（GB/T 33250—2016）《高等学校知识产权管理规范》（GB/T 33251—2016）工作，切实提高知识产权管理规范化水平，培育转移转化专业人才队伍。⑥开展知识产权权益分配改革。

园区的重点任务包括：①推动中小企业专利权转移转化。定期征集企业专利技术需求，推动与高校院所、国有企业专利技术供给匹配，推动中小企业接受高校院所、国有企业转让、许可专利、作价入股的专利数量金额大幅增加。②开展知识产权质押融资"入园惠企"活动。聚焦产业园区，强化"政企银保服"联动，积极组织银企对接、政策宣贯、项目路演，推动知识产权质押融资提质扩量。③推动园区企业开展专利产品备案工作。促进专利技术产品化、市场化，推动企业开展专利产品备案，园区企业专利产品实现应备尽备。④推动提升园区企业知识产权管理水平。成立知识产权工作机构，统筹管理园区企业专利创造、运用、保护工作。推动园区企业贯彻《企业知识产权管理规范》（GB/T 29490—2013），切实提高企业知识产权管理规范化水平。2023 年，园区知识产权管理规范化企业比例明显提高。⑤开展园区企业知识产权

---

① 山东省市场监督管理局关于开展专利技术转移转化专项计划试点申报工作的通知［EB/OL］．（2021－07－02）［2022－03－17］．http：//www.jiqitong.cn/ZiXun/XwDetail/2a0b74a5abe840928434525a19da7dd2.

托管服务。针对园区中小企业知识产权托管服务需求，开展高质量知识产权代理、专利信息利用、质押融资和保险、知识产权许可转让、维权援助等知识产权托管服务。

国有企业的重点任务包括：①建立专利申请前评估制度。明确评估机构与流程、费用分担与奖励事项，切实提升专利申请质量。②培育高价值专利。在项目立项、研发过程、试验验证、推广应用等技术全生命周期，挖掘和培育高价值专利。培育一批创新程度高、市场竞争力强的原创型、基础型高价值专利。2023年，企业高价值专利数量同比有较大增加。③实施开放许可。完善专利开放许可操作流程，对被授予专利权满三年，有明确市场前景尚未转化实施的专利，鼓励采取开放许可方式，登记其专利技术，明确许可费用和支付方式，面向中小企业开展专利技术许可，降低中小企业技术获取门槛。④拓宽知识产权价值实现渠道。积极开展质押融资、作价入股、证券化、构建专利池等工作，挖掘和提升企业知识产权价值和知识产权资本化运作水平。⑤提升知识产权管理水平。稳步推动贯彻《企业知识产权管理规范》（GB/T 29490—2013）工作，提高知识产权管理规范化水平。

知识产权转化运营服务机构的重点任务包括：①发挥专业机构优势，开展对高校院所、国有企业存量专利筛选、分类标引、价值分析、资产评估等工作，征集中小企业对专利技术的需求，收储一批高价值专利。②开展专利技术转移转化服务。围绕市场需求，开展专利技术转化对接工作，促成一批中小企业接受高校院所、国有企业转让、许可专利、专利作价入股。③培育高水平技术经理人，引进或培育本机构专利代理师等技术人员从事技术经纪工作，培养技术转移领域高层次、专业化人才。

2021年山东省专利技术转移转化项目试点单位如表14-6所示。

表14-6 2021年山东省专利技术转移转化项目试点单位[①]

序号	单位名称	序号	单位名称
1	山东大学	25	山东新华医疗器械股份有限公司
2	济南大学	26	山东福瑞达医药集团有限公司

---

① 山东省市场监督管理局关于确定专利技术转移转化项目试点单位的通知［EB/OL］．（2021-08-03）［2022-03-17］．http://www.bz100.cn/membercms/html/article! generatePage.action? id = 402881ef7ab28697017b0b6e3e6b0073&ouidop = 402881b436e7105a0136e80033430002.

续表

序号	单位名称	序号	单位名称
3	青岛大学	27	盛瑞传动股份有限公司
4	中国海洋大学	28	山东高速集团有限公司
5	中国石油大学（华东）	29	山东工业陶瓷研究设计院有限公司
6	山东科技大学	30	山东山科控股集团有限公司
7	山东理工大学	31	潍坊高新技术产业开发区
8	齐鲁工业大学（省科学院）	32	淄博高新技术产业开发区
9	青岛理工大学	33	烟台经济技术开发区
10	山东第一医科大学（省医科院）	34	东营高新技术产业开发区
11	烟台大学	35	威海火炬高新技术开发区
12	青岛农业大学	36	枣庄高新技术产业开发区
13	鲁东大学	37	德州高新技术产业开发区
14	山东建筑大学	38	日照经济技术开发区
15	山东交通学院	39	聊城高新技术产业开发区
16	山东省工业技术研究院	40	济宁高新技术产业开发区
17	山东省药学科学院	41	山东人才发展集团有限公司
18	山东农业科学院	42	山东专利工程有限公司
19	青岛海洋科学与技术国家实验室发展中心	43	山东冠宇钮汇知识产权运营服务有限公司
20	山东省食品药品检验研究院	44	山东千慧知识产权代理咨询有限公司
21	潍柴动力股份有限公司	45	山东星火知识产权服务有限公司
22	浪潮集团有限公司	46	青岛橡胶谷知识产权有限公司
23	中车青岛四方车辆研究所有限公司	47	山东智宇知识产权运营中心有限公司
24	国网山东省电力公司		

六、湖北

截至2022年3月，湖北省专利转化专项计划项目包括市州专利转化专项计划、专利转化专项计划（高校院所类）、专利转化专项计划（平台类）。

市州类主体的主要任务指标包括：企业接受高校院所和国有企业专利转让情况、企业接受高校院所和国有企业专利许可情况、专利质押融资情况、专利产品备案情况、挖掘中小企业专利技术需求以及组织专利转化对接活动①。

高校院所类主体的主要任务包括：①建立专利分级分类管理机制。按照专利分级分类标准，自行或者联合相关机构，对专利实施分级分类管理，按类别层级建立专利许可、转让实施清单和收储运营清单，并同意纳入湖北省专利技术推广运用平台（含子平台）。②促进专利转化运用。通过项目建设，各高校院所专利转让、许可、作价入股的数量需达到存量有效专利的20%以上或100件以上，且60%以上专利转化到湖北省中小微企业，出让专利数量年均增幅15%以上、成交金额和实际到账金额显著增长。转化专利须在当年内或次年2月份前完成备案登记。省知识产权局对项目考核验收，以备案登记的数量为准。③探索完善专利转化运用制度和模式。支持加大专利转化成效在学科建设、职称评定中的考核权重；支持科研人员在岗或离岗从事专利转化工作；支持高校院所科研人员以"专利股＋现金股"组合形式持有股权，开展科技创业与产业孵化；支持高校院所将"沉睡专利"以合同形式约定在一定期限内低价或无偿授予大学生转化实施；支持高校院所以"开放许可"等多种模式开展专利转化运营②。

平台类主体的主要任务为：项目期内，总平台实现各平台间数据共享和互联互通，及时发布高校院所转化许可实施清单和企业需求信息。各子平台围绕1个或N个重点产业方向建专利池，采集企业专利需求信息，开展专利转化运营。每年度促成省内中小微企业接受高校院所和国有企业转让、许可、作价入股等方式的专利，不低于200件，成交金额不低于2 000万元（件数和金额以备案登记为准），开展线下专利技术供需对接活动不少于2场次③。

经推荐申报、形式审查、专家评审、社会公示等环节，确定对17个市州、13家高校院所和6家运营服务平台进行立项。

---

① 关于组织申报2021年度专利转化项目（市州类）的通知 [EB/OL]．(2021－08－24) [2022－03－17]．http://zscqj.hubei.gov.cn/fbjd/zc/qtzdgkwj/202108/t20210824_3718287.shtml．

② 关于组织申报2022年度专利转化项目（高校院所类）的通知 [EB/OL]．(2022－01－28) [2022－03－17]．http://zscqj.hubei.gov.cn/fbjd/zc/qtzdgkwj/202201/t20220128_3985586.shtml．

③ 关于组织申报2021年度专利转化项目（平台类）的通知 [EB/OL]．(2021－08－24) [2022－03－17]．http://zscqj.hubei.gov.cn/fbjd/zc/qtzdgkwj/202108/t20210824_3718209.shtml．

2021年湖北省实施专利转化专项计划承担单位入选名单如表14-7所示。

表14-7 2021年湖北省实施专利转化专项计划承担单位入选名单①

序号	单位名称	项目名称
1	华中科技大学	2021年度专利转化专项计划（高校院所类）
2	武汉理工大学	2021年度专利转化专项计划（高校院所类）
		国际专利运营平台建设及高校专利分级分类试点
3	武汉大学	2021年度专利转化专项计划（高校院所类）
4	湖北工业大学	2021年度专利转化专项计划（高校院所类）
5	中国地质大学	2021年度专利转化专项计划（高校院所类）
6	武汉科技大学	2021年度专利转化专项计划（高校院所类）
7	华中农业大学	2021年度专利转化专项计划（高校院所类）
8	三峡大学	2021年度专利转化专项计划（高校院所类）
9	长江大学	2021年度专利转化专项计划（高校院所类）
10	湖北大学	2021年度专利转化专项计划（高校院所类）
11	武汉工程大学	2021年度专利转化专项计划（高校院所类）
12	武汉纺织大学	2021年度专利转化专项计划（高校院所类）
13	湖北省农业科学院	2021年度专利转化专项计划（高校院所类）
14	湖北省知识产权发展中心	2021年度专利转化专项计划（平台类）
15	湖北技术交易所	2021年度专利转化专项计划（平台类）
16	中部知光技术转移有限公司	2021年度专利转化专项计划（平台类）
17	湖北高投赢正医疗科技成果转化中心有限公司	2021年度专利转化专项计划（平台类）
18	湖北科惠通科技有限公司	2021年度专利转化专项计划（平台类）
19	武汉知识产权交易所	2021年度专利转化专项计划（平台类）
20	武汉市知识产权局	市州专利转化专项计划
21	宜昌市知识产权局	市州专利转化专项计划
22	襄阳市知识产权局	市州专利转化专项计划
23	黄石市知识产权局	市州专利转化专项计划
24	十堰市知识产权局	市州专利转化专项计划

---

① 2021年湖北省实施专利转化专项计划承担单位入选名单［EB/OL］．（2022-01-10）［2022-03-17］．http：//zscqj.hubei.gov.cn/bmdt/gxhlm/zcwd/xmrc/202201/t20220110_3958208.shtml．

续表

序号	单位名称	项目名称
25	荆州市知识产权局	市州专利转化专项计划
26	荆门市知识产权局	市州专利转化专项计划
27	鄂州市知识产权局	市州专利转化专项计划
28	孝感市知识产权局	市州专利转化专项计划
29	黄冈市知识产权局	市州专利转化专项计划
30	咸宁市知识产权局	市州专利转化专项计划
31	随州市知识产权局	市州专利转化专项计划
32	恩施州知识产权局	市州专利转化专项计划
33	仙桃市知识产权局	市州专利转化专项计划
34	天门市知识产权局	市州专利转化专项计划
35	潜江市知识产权局	市州专利转化专项计划
36	神农架林区知识产权局	市州专利转化专项计划

七、广东

截至2022年3月，广东省专利转化专项计划项目包括：高校院所在粤专利协同转化运用项目、高校院所（新型研发机构）可转化专利信息服务项目、高校院所专利技术对接中小微企业促进项目、涉外中小微企业专利转化对接项目、中小微企业专利评估公益服务项目[1]、战略性产业集群（半导体与集成电路产业、现代农业与食品产业）知识产权协同运营中心项目[2]、国有企业专利转化促进项目、银行业金融机构知识产权质押融资项目、专利技术转化重点园区试点项目[3]。

---

[1] 广东省市场监督管理局关于印发《2021年中央财政服务业发展资金项目库专利转化专项计划项目申报指南》的通知 [EB/OL]. (2021-08-18) [2022-03-17]. http://amr.gd.gov.cn/zwgk/tzgg/content/post_3491698.html.

[2] 广东省市场监督管理局关于印发《2021年中央财政服务业发展资金项目库专利转化专项计划项目（第二批）申报指南》的通知 [EB/OL]. (2021-08-31) [2022-03-17]. http://amr.gd.gov.cn/zwgk/tzgg/content/post_3500521.html.

[3] 广东省市场监督管理局关于印发《2022年中央财政服务业发展资金项目库专利转化专项计划项目申报指南》的通知 [EB/OL]. (2021-12-07) [2022-03-17]. http://amr.gd.gov.cn/zwgk/tzgg/content/post_3694523.html.

高校院所在粤专利协同转化运用项目工作任务包括：①对接全国高校院所、投资机构，与省内中小微企业共建实验室、共享生产线等协同式专利转移转化服务平台，或联合设立研发机构（技术转移机构），承接省内中小微企业项目委托和难题招标。②探索设立园区"专利特派员"制度，制定管理规程。选择10个以上重点园区，深入挖掘园区内科创型中小微企业专利技术需求，形成中小微企业专利技术需求库，开展不少于10场的特派员"一对一或一对多"的"专利特派员"精准对接活动。③积极推动中小微企业依法在国家知识产权局进行专利转让、许可、质押融资等备案，年内促成专利转让、许可等转化运营项目100项以上，中小微企业受让和被许可高校院所专利的备案次数200次以上，受让和被许可高校院所专利的中小微企业数量达50家以上。

高校院所（新型研发机构）可转化专利信息服务项目工作任务包括：①向全省新型研发机构提供分级分类专利管理服务，明晰专利权属关系，梳理新型研发机构可转化专利技术信息、技术团队信息等，建设全省新型研发机构可转化专利信息数据库，对专利信息进行标引，发布省内新型研发机构可转让专利技术供需信息。②选择10家新型研发机构，开展精准专利对接服务，年内促成新型研发机构与中小微企业专利转让、许可等转化运营项目100项以上，中小微企业受让和被许可专利的备案次数200次以上，受让和被许可专利的中小微企业数量达50家以上。

高校院所专利技术对接中小微企业促进项目工作任务包括：①完成3个重点产业高校院所或中科院系统专利技术信息供给、技术团队信息筛选推荐等数据库建设。②全面收集省内中小微企业专利技术需求，集中发布重点产业专利技术供给信息，免费向重点产业内中小微企业推送专利导航、信息分析及价值评估等信息。③每年开展10次以上专利技术或团队精准对接服务，每个产业促成专利转让、许可等转化运营项目30项以上，中小微企业受让和被许可高校院所及国有企业的专利次数1 000次以上，受让和被许可高校院所及国有企业专利的中小微企业数量达300家以上，高校院所出让和许可专利次数800次以上，并依法在国家知识产权局登记备案。

涉外中小微企业专利转化对接项目工作任务包括：①开展涉外中小微企业专利需求普查及供给征集，走访企业100家、产业园区20家、行业协会5家、高校科研院所10家，线上问卷形式调查500家中小微企业，形成《广东涉外中小微企业专利转化需求调查报告》。②设立涉外知识产权运营数据库和供需匹配专区，进行供需匹配和精准推荐，向重点产业涉外中小微企业精准推送产业海外专利信息、竞争动态和风险预警报告。③深入挖掘并梳理涉外中小微企业"走出去"专利需求，向涉外中小微企业提供免费或低价海外专利申请转让和许可支持性服务。④年内完成涉外中小微企业购买和许可专利 100 次，向外转让许可专利次数 100 次及以上，向外出让或许可的高校院所及企业数量 50 家及以上，高校院所出让和许可的涉外专利次数 100 次以上，并依法在国家知识产权局登记备案。提供公益性涉外维权援助活动 10 场，服务中小微企业 50 家、高校院所 20 家。

中小微企业专利评估公益服务项目工作任务包括：①面向 3 个以上重点产业不少于 50 家中小微企业，提供专利许可、转让、作价入股、质押融资、证券化等环节的专利权价值评估、企业专利分级管理、转让许可登记备案免费服务。②帮助中小微企业挖掘专利转化需求，并形成需求清单，提供给当地地市市场监督管理局。

半导体与集成电路产业知识产权协同运营中心项目工作任务包括：①半导体与集成电路产业知识产权协同运营中心机构建设。②建立半导体与集成电路产业专利信息专题数据库。③建设专利导航服务基地。④开展产业集群高价值专利培育布局。⑤开展中小企业专利技术转化。⑥建设半导体与集成电路产业知识产权公共服务平台。⑦开展知识产权维权援助工作。现代农业与食品产业协同运营中心项目工作任务包括：①现代农业与食品产业知识产权协同运营中心机构建设。②建立现代农业与食品产业专利信息专题数据库。③建设专利导航服务基地。④开展产业集群高价值专利培育布局。⑤开展中小企业专利技术转化。⑥建设现代农业与食品产业知识产权公共服务平台。⑦开展知识产权维权援助工作。

国有企业专利转化促进项目工作任务包括：①探索建立国有企业专利权有偿使用机制，采用或参照"开放许可"方式，制定对外知识产权许可、转让相关程序和技术推广目录，以专利许可、转让、作价入股等形式对产业链上下游省内中小微企业提供技术成果支持。②帮助企业开展专利分级分类管理，对现有有效专利进行分类标引，补充完善专利转化实施及产业化应用所需技术条件，构建专利转化运营库。③协助有条件的企业，建立健全集技术转移与知识产权运营为一体的专门机构，对于企业系统被授予专利权满 3 年且无正当理由未实施的专利，组织集中开展运营。项目期内，企业专利权许可转让等交易运营合同项目数增长30%以上，并依法在国家知识产权局进行专利转让变更、许可备案、专利产品备案。

银行业金融机构知识产权质押融资项目工作任务包括：①建立适应知识产权融资特点的授信尽职和内部考核管理模式，落实单列信贷计划和优化不良率考核等监管政策。②对接各地市知识产权管理部门，共同建立授信企业白名单筛选机制，向名单内企业提供合理授信额度和续贷便利。对获得高校院所及国有企业专利转让许可并进行专利许可、转让备案的中小微企业，可优先纳入银行授信范围。③每家机构组织10次以上知识产权质押融资"入园惠企"对接活动，年度知识产权质押融资登记备案金额50亿以上，合同登记备案项目数增长30%以上。

专利技术转化重点园区试点项目工作任务包括：①开展辖内中小微企业专利技术需求调研，收集需求信息不少于1 000条，形成专利技术需求清单，并在官方平台定期推送发布。根据辖内重点产业中小微企业集中、亟需的专利技术需求，定向引入全国高校院所或国企专利技术及技术团队，定期向辖内中小微企业发布高校院所及国企标准必要专利、公知公用技术、开放许可专利技术、可转化专利技术供给等信息。②联合国家知识产权局专利局专利代办处地方服务站，点对点提供专利许可、转让备案等配套服务，面向园区内中小微企业开展10次以上专利业务培训。③组织高校院所（新型研究机构）及国有企业深入中小微企业开展专利技术对接活动不少于10次，促成专利转让、许可等转化运营项目100项以上，并依法在国家知识产权局登记备案。④积极开展知识产权证券化试点，组织开展5次以上知识产权质押融资"入园惠企"对接活动，专利商标质押融资备案金额、项目数量年增长率达30%。

八、陕西

截至2022年3月，陕西省专利转化专项计划项目包括高校、院所、国有企业专利转化促进项目、园区专利转化推进项目、专利技术对接项目、知识产权证券化产品融资培育项目、产业规划类专利导航项目①。

---

① 陕西省知识产权局 陕西省财政厅关于组织申报2021年陕西省专利转化专项计划项目的通知[EB/OL].（2021-09-10）[2022-03-17]. http://www.sxsme.com/zcgg/44220.jhtml.

高校、院所、国有企业专利转化促进项目的工作目标包括：①专利转移转化数量、合同金额和到账金额增长均不少于50%；②开放许可或在规定平台公开许可一定数量专利；③培育一定数量高价值专利。

园区专利转化推进项目的工作目标包括：①中小微企业接受相关主体转移转化专利数量、成交金额、实际到账金额增长均不少于40%；②政策惠及的中小微企业数量、总营业收入增长不少于30%，总就业人数增长不少于20%；③中小微企业专利产品备案数量增长不少于20%，专利实施率不少于85%；④质押融资专利数量、融资金额增长不少于20%。

专利技术对接项目的工作目标包括：①签约项目数量、签约金额达到一定数量；②专利实施许可合同备案与技术合同登记认定达到一定数量；③服务园区的知识产权质押项目达到一定数量。

知识产权证券化产品融资培育项目的工作目标包括：①知识产权证券化产品可行性研究报告；②遴选具有可证券化有效专利组合的企业作为重点培育对象。

产业规划类专利导航项目的工作目标包括：①专利导航报告、简要报告；②为相关园区、产业骨干企业提供相关数据库；③召开导航发布会、宣讲会、成果咨询会活动。

2021年陕西省专利转化专项计划项目名单如表14-8所示。

表14-8　2021年陕西省专利转化专项计划项目名单[①]

类别	序号	项目名称	实施单位
高校、院所、国有企业专利转化促进项目	1	西安交通大学专利转化促进项目	西安交通大学
	2	西北工业大学专利转化促进项目	西北工业大学
	3	西安电子科技大学专利转化促进项目	西安电子科技大学
	4	长安大学专利转化促进项目	长安大学
	5	西安理工大学专利转化促进项目	西安理工大学
	6	西安建筑科技大学专利转化促进项目	西安建筑科技大学
	7	陕西科技大学专利转化促进项目	陕西科技大学
	8	西北大学专利转化促进项目	西北大学

---

① 关于2021年陕西省专利转化专项计划项目的公示［EB/OL］．（2021-10-20）［2022-03-17］．http://snipa.shaanxi.gov.cn/newstyle/pub_newsshow.asp?id=1046557&chid=100360．

续表

类别	序号	项目名称	实施单位
高校、院所、国有企业专利转化促进项目	9	中国人民解放军空军军医大学科技成果转化促进项目	中国人民解放军空军军医大学
	10	西安科技大学专利转化促进项目	西安科技大学
	11	西安石油大学专利转化促进项目	西安石油大学
	12	西安工业大学专利转化促进项目	西安工业大学
	13	西安工程大学专利转化促进项目	西安工程大学
	14	西安邮电大学专利转化促进项目	西安邮电大学
	15	西京学院专利转化促进项目	西京学院
	16	西安培华学院专利转化促进项目	西安培华学院
	17	中科院西安光机所专利转化促进项目	中国科学院西安光学精密机械研究所
	18	中铁二十局集团专利转化促进项目	中铁二十局集团有限公司
	19	咸阳师范学院专利转化促进项目	咸阳师范学院
	20	陕西工业职业技术学院专利转化促进项目	陕西工业职业技术学院
	21	陕西理工大学专利转化促进项目	陕西理工大学
	22	商洛学院专利转化促进项目	商洛学院
	23	西北农林科技大学专利转化促进项目	西北农林科技大学
园区专利转化推进项目	24	西安高新区专利转化推进项目	西安市市场监督管理局高新区分局
	25	西安经开区专利转化推进项目	西安市市场监督管理局经开区分局
	26	西安国家航空高技术产业基地园区专利转化推进项目	西安市阎良区市场监督管理局
	27	陕西航天经济技术开发区专利转化推进项目	西安市市场监督管理局高新区分局
	28	创共体专利转化推进项目	陕西创共体企业孵化有限公司
	29	宝鸡高新区专利转化推进项目	宝鸡市市场监督管理局高新区分局
	30	咸阳高新技术产业开发区专利转化推进项目	咸阳高新区管理委员会

续表

类别	序号	项目名称	实施单位
园区专利转化推进项目	31	榆林市高新区专利转化推进项目	榆林市市场监督管理局高新技术产业开发区（榆横工业区）分局
	32	榆林市经济技术开发区专利转化推进项目	榆林市市场监督管理局经济技术开发区分局
	33	汉中经济技术开发区专利转化推进项目	汉中市市场监督管理局汉中经开区分局
	34	安康高新区专利转化推进项目	安康高新区经济发展科技局
专利技术流转拓展项目	35	陕西专利技术流转拓展项目	秦创原创新促进中心
	36	陕西知识产权运营交易促进项目	陕西长安华科发展股份有限公司
	37	陕西省高校技术转移中心专利转化推进项目	陕西省高校技术转移中心
	38	专利技术流转拓展项目	陕西省知识产权服务中心
	39	涉农专利技术流转拓展项目	陕西省知识产权信息中心
	40	陕西省技术转移中心专利技术流转拓展项目	陕西省技术转移中心
	41	科技型中小企业专利技术流转拓展项目	西安交大技术成果转移有限责任公司
知识产权证券化融资培育项目	42	知识产权证券化产品融资培育项目	陕西省知识产权服务中心
	43	知识产权证券化发行筹备项目	西安市发明协会
产业规划类专利导航项目	44	陕西民用无人机产业专利导航	西安市市场监督管理局高新区分局
	45	陕西省乘用车（新能源）专利导航项目	西安弭秦知识产权代理事务所（特殊普通合伙）
	46	陕西省物联网产业专利导航项目	西安华进知识产权服务有限公司
	47	陕西省陶瓷基复合材料产业专利导航项目	西安市阎良区市场监督管理局

续表

类别	序号	项目名称	实施单位
产业规划类专利导航项目	48	陕西智能终端产业专利导航	西安市市场监督管理局高新区分局
	49	陕西传感器产业专利导航	西安市市场监督管理局高新区分局
	50	陕西省光子产业专利导航	陕西省知识产权保护协会
	51	陕西省生物医药产业专利导航	西安恒成智道信息科技有限公司
	52	陕西省新型显示产业专利导航	陕西省知识产权信息中心
	53	陕西省5G产业专利导航	陕西铭石知识产权管理有限公司
	54	陕西省航空产业专利导航项目	西安远诺技术转移有限公司
	55	陕西省重卡产业专利导航项目	西安文盛专利代理有限公司
	56	陕西省钛及钛合金产业专利导航	陕西省知识产权服务中心
	57	陕西省乳制品产业专利导航项目	陕西省知识产权研究会
	58	陕西铝镁深加工专利导航项目	铜川高新技术产业开发区管理委员会
	59	陕西省增材制造产业专利导航	渭南高新区火炬科技发展有限责任公司
	60	陕西煤制烯烃（芳烃）深加工产业专利导航	延安市知识产权局
	61	陕西氢能产业专利导航项目	榆林市市场监督管理局
	62	陕西钢铁深加工产业专利导航项目	陕钢集团汉中钢铁有限责任公司
	63	富硒食品产业专利导航项目	安康市富硒产品研发中心

参考文献

[1] BONNIE MCGEER. Profile：guess deal viewed as a model for IP sector [EB/OL]．(2003－11－07) [2019－10－12]．https：//asreport.americanbanker.com/news/profile-guess-deal-viewed-as-a-model-for-ip-sector.

[2] GOMIADIS I, GONIADIS Y. Patent as a motivation of starting a new entrepreneurial activity of high potential [J]. International Journal of Economic Sciences & Applied Research, 2010, 3 (1)．

[3] 安徽阡陌网络科技有限公司．建立农业生产端大数据平台，助力地理标志农产品质量追溯 [J]．中华商标，2018 (11)．

[4] 鲍静海，薛萌萌，刘莉薇．知识产权质押融资模式研究：国际比较与启示 [J]．南方金融，2014 (11)．

[5] 鲍新中，张羽．知识产权质押融资：运营机制 [M]．北京：知识产权出版社，2019.

[6] 陈博勋，王涛．从专利角度探析知识产权基金运作模式 [J]．电子知识产权，2016，2.

[7] 陈璐璐．专利许可视角下的技术扩散研究 [D]．大连：大连理工大学，2015.

[8] 陈翥吴，传清．区域产业集群品牌的地理标志管理模式选择 [J]．武汉大学学报：哲学社会科学版，2012 (3)．

[9] 崔晓玲．德国的经济界互助担保经验借鉴（节选）[EB/OL]．(2016－06－21) [2019－10－23]．http：//www.chinafga.org/hyfxyj/20160621/4853.html.

[10] 崔哲，裴桐淅，张源埈，孙秀妶. 知识产权金融 [M]. 北京：知识产权出版社. 2017.

[11] 淡海英. 谈陕西省户县葡萄的推广经营之路 [J]. 福建农业, 2014 (z1).

[12] 丁锦希，李伟，郭璇，等. 美国知识产权许可收益质押融资模式分析——基于 Dyax 生物医药高科技融资项目的实证研究 [J]. 知识产权, 2012 (12).

[13] 范建永，丁坚，胡钊. 横空出世：知识产权金融与改革开放 40 年 [J]. 科技促进发展, 2019, 5 (1).

[14] 高峰. 我国资产证券化结构中 SPV 的法律构建问题 [J]. 当代经济管理, 2009, 31 (7).

[15] 郭晓珍，陈楠. 重点产业知识产权运营基金的发展现状及建议 [J]. 厦门理工学院学报, 2019, 27 (4).

[16] 国家知识产权局. 厦门有家知识产权支行 [EB/OL]. (2019 - 08 - 23) [2019 - 10 - 23]. http://www.sipo.gov.cn/mtsd/1141577.htm.

[17] 国家知识产权局. 许可备案和质押登记咨询培训 [EB/OL]. (2016 - 03 - 08) [2019 - 09 - 30]. http://www.sipo.gov.cn/zhfwpt/zlsclcggfw/zlzydjyxkba/xxzl/1068134.htm.

[18] 国家质量监督管理局. 中欧地理标志互认项目取得重大进展 [EB/OL]. (2011 - 06 - 09) [2019 - 10 - 27]. http://kjs.aqsiq.gov.cn/dlbzcpbhwz/zcfg/zxzcxx/201303/t20130305_345406.htm.

[19] 何耀琴. 北京市知识产权运营模式分析 [J]. 北京市经济管理干部学院学报, 2013, 28 (3).

[20] 何有良. "丽水山耕"区域公用品牌创建发展之路 [J]. 杭州农业与科技, 2018 (01).

[21] 黄见. 战略性品牌管理——理论与案例 [D]. 重庆：西南财经大学, 2000.

[22] 黄礼彬. 试论强化我国地理标志的法律保护——以法国香槟酒行业委

员会与商标评审委员会商标争议纠纷为引［J］.价值工程，2014（16）.

［23］黄琳.刍议我国地理标志保护法的历史、现状与未来［J］.法制与经济（下半月），2008（01）.

［24］江苏省知识产权局，支苏平，黄志臻.企业运营实务［M］.北京：知识产权出版社，2016.

［25］姜莉.政府专利基金相关法律问题研究［D］.湘潭：湘潭大学，2017.

［26］蒋红瑜，杨柳，邓乔，等.五常大米追溯辨真假［N］.中国食品药品监管，2017（07）.

［27］金品.我国专利证券化的机遇和风险［J］.甘肃金融，2014（8）.

［28］孔凡铭，姚待猷.公司＋基地＋合作社＋农户＝粮食银行［J］.企业管理，2018（04）.

［29］李琴.知识产权交易机制创新探析［J］.经济与社会发展，2008（1）.

［30］李黎明，刘海波.知识产权运营关键要素分析——基于案例分析视角［J］.科技进步与对策，2014，31（10）.

［31］李茜.基于供应链金融的应收账款证券化模式探究［J］.现代管理科学，2011（07）.

［32］李群星.信托的法律性质与基本理念［J］.法学研究，2000（3）.

［33］李淑琴，周兴荣，田翔宙.融资租赁资产证券化问题研究［J］.商业时代，2009（16）.

［34］李希义，朱颖.设立知识产权质押贷款专项基金的研究探讨——基于财政资金创新使用角度［J］.科学学研究，2016，34（6）.

［35］李希义.日本政策投资银行开展知识产权质押贷款的做法和启示［J］.中国科技论坛，2011（7）.

［36］李小娟，王双龙，梁丽，等.基于专利价值分析体系的专利分级分类管理方法［J］.高科技与产业化，2014，10（11）.

［37］李臻洋."产业公司＋VC"式知识产权投资基金运作模式研究［D］.北京：对外经济贸易大学，2018.

［38］刘红霞.知识产权质押融资模式运行中的问题及其优化建议［M］.北

京：经济科学出版社，2015.

［39］刘然，蔡峰，宗婷婷，孟奇勋．专利运营基金：域外实践与本土探索［J］．科技进步与对策，2016，33（5）．

［40］刘伟，蔺宏．设立知识产权运营基金 实现知识产权融资创新［J］．产权导刊，2015.

［41］卢昌彩，赵景辉．水产品区域品牌建设——三门青蟹区域品牌案例分析［J］．中国水产，2014（1）．

［42］陆晔，王宝林．独创的艺术成就——谈南京云锦"妆花"工艺［J］．上海工艺美术，2002（4）．

［43］路娜．投资信托：信托投融资实务操作指引［M］．Kindle 版本．北京：中国法制出版社，2018.

［44］吕建文．以风险管理视角看待信托业务的发展［J］．金融时报，2012（8）．

［45］马天旗．高价值专利筛选［M］．北京：知识产权出版社，2018.

［46］孟奇勋，张一凡，范思远．主权专利基金：模式、效应及完善路径［J］．科学学研究，2016，34（11）．

［47］农业部渔业渔政管理局调研组．潜江龙虾造就大产业——湖北省潜江市小龙虾产业发展情况调研报告［J］．中国水产，2015（07）．

［48］齐岳，廖科智，刘欣，等．创新创业背景下科技型中小企业融资模式研究——基于知识产权质押贷款 ABS 模式的探讨［J］．科技管理研究，2018，38（18）．

［49］钱坤．专利质押融资理论与实践研究［M］．北京：社会科学文献出版社，2015.

［50］乔万里．国内企业如何面对主权专利基金崛起？［J］．中国知识产权报，2015.

［51］乔晓阳．中华人民共和国商标法释义及实用指南［M］．北京：中国民主法制出版社，2013.

［52］邱尚楸．主权专利基金的法律性质与中国对策——基于《补贴与反补

贴措施协议》补贴构成要件分析［D］. 桂林：广西师范大学，2019.

［53］邱志乔. 中国知识产权质押融资实证分析与研究［M］. 北京：知识产权出版社，2018.

［54］屈乔，鲍新中. 北京市知识产权运营模式分析［J］. 现代商业，2017.

［55］任霞. 全球知识产权股权基金运营模式浅析［J］. 中国发明与专利，2016（10）.

［56］商凤敏. 专利交易与专利诉讼相互作用研究［D］. 大连：大连理工大学，2018.

［57］沈坚. 政府股权投资基金设立方式研究——以湖南省重点知识产权运营基金为例［J］. 城市学刊，2018（4）.

［58］宋光辉，田立民. 科技型中小企业知识产权质押融资模式的国内外比较研究［J］. 金融发展研究，2016（2）.

［59］宋奕勤，张媛. 城市品牌形象的符号化传播应用研究——以湖北省城市品牌形象为例［J］. 大家，2012（8）.

［60］孙劼，卞呈祥. 基于价值评估的知识产权运营基金投资决策探析［J］. 赤峰学院学报：汉文哲学社会科学版，2019（5）.

［61］汤珊芬，程良友，袁晓东. 专利证券化——融资方式的新发展［J］. 科技与经济，2006，19（3）.

［62］汤珊芬，程良友. 美国专利证券化的实践与前景［J］. 电子知识产权，2006（4）.

［63］唐文聪. 我国知识产权信托法律制度构建研究［D］. 广州：中山大学，2009.

［64］王刚，许建峰，周宏，等. 高校技术转移模式比较研究［J］. 科技创业月刊，2019，32（6）.

［65］王海吉. 运用知识产权运营基金 实现社会融资创新［J］. 现代经济信息，2016（16）.

［66］王宇，孙迪. 高价值专利：激活创新源动力的"上海密码"［J］. 中国知识产权报，2017（4）.

［67］吴汉东. 知识产权法学［M］6版. 北京：北京大学出版社，2014.

［68］吴寿仁. 科技成果转化若干热点问题解析（九）——技术及技术转移概念辨析及相关政策解读［J］. 科技中国，2018（2）.

［69］厦门市知识产权局.《关于进一步推进专利权质押融资工作的通知》厦知〔2017〕68号.［EB/OL］.（2017-09-11）［2019-10-23］. http://xm-torch. 1633. com/gonggao/13/13943. html.

［70］谢秀红. 国内外技术转移机构的调查与研究［J］. 江苏科技信息，2016.

［71］信托专家. 在中国为什么信托是最稀缺的金融牌照［EB/OL］.（2018-08-14）［2019-11-01］. http://finance. sina. com. cn/trust/xthydt/2018-08-14/doc-ihhtfwqq6733035. shtml.

［72］信泽金，王巍. 金融信托的投融资实务基础［EB/OL］.（2013-05-22）［2019-11-01］. http://trust. jrj. com. cn/2013/05/22072615324449. shtml.

［73］徐棣枫，于海东. 专利何以运营：创新、市场和法律［J］. 重庆大学学报：社会科学版，2016（6）.

［74］徐丽娜. 知识产权许可使用权的效力研究［D］. 湘潭：湘潭大学，2017.

［75］徐文学，蒙菲. 应收账款证券化模式研究［J］. 财会通讯，2009（29）.

［76］杨帆，李迪，赵东，等. 知识产权质押融资风险补偿基金：运作模式与发展策略［J］. 科技进步与对策，2017，34（12）.

［77］杨帆，李迪，赵东. 知识产权质押融资风险补偿基金：运作模式与发展策略［J］. 科技进步与对策，2017，34（12）.

［78］杨会娟. 企业并购中尽职调查及知识产权风险的规避——以专利为视角［J］. 法制博览，2018（10）.

［79］杨玲. 专利实施许可备案效力研究［J］. 知识产权. 2016（11）.

［80］杨善林，郑丽，冯南平，等. 技术转移与科技成果转化的认识及比较［J］. 中国科技论坛，2013（12）.

[81] 杨霄飞．专利运营商业模式比较研究［D］．重庆：重庆理工大学，2017．

[82] 于金葵．地理标志法律保护模式的探讨［J］．中国海洋大学学报：社会科学版，2006．

[83] 袁琳．基于中介服务视角的我国知识产权运营典型模式研究——以中关村国家自主创新示范区核心区为例［J］．科技管理研究，2018（1）．

[84] 袁晓东，李晓桃．专利资产证券化解析［J］．科学学与科学技术管理，2008，29（06）．

[85] 袁晓东．专利信托管理模式探析［J］．管理评论，2004，8（16）．

[86] 袁晓东．专利信托研究［M］，北京：知识产权出版社．2010．

[87] 张刚．我国资产证券化的模式选择：特殊目的信托［J］．南方金融，2016（2）．

[88] 张浩．对技术转移与科技成果转化的比较分析［J］．科技创新导报，2016，13（1）．

[89] 张惠彬，邓思迪．主权专利基金：新一代的贸易保护措施——基于韩国、法国、日本实践的考察［J］．国际法研究，2018（5）．

[90] 张盈．专利交叉许可的反垄断规制研究［D］．武汉：武汉工程大学，2018．

[91] 郑杰．浅谈知识产权运营中心平台建设意义［J］．企业技术开发，2014（02）．

[92] 中规（北京）认证有限公司，《企业知识产权管理规范》审核实务与案例汇编［M］．北京：知识产权出版社，2019．

[93] 中国技术交易所．专利价值分析指标体系操作手册［M］．北京：知识产权出版社，2012．

[94] 中国社会科学院金融研究所博士后流动站，中建投信托博士后工作站．中国信托行业研究报告（2019）［M］．Kindle 版本．北京：社会科学文献出版社，2019．

[95] 中国证券业协会．金融市场基础知识［M］．北京：中国财政经济出版

社，2018.

［96］仲崇明，黄春梅．浅析科研院所专利分级分类管理［J］．职工法律天地：下，2018（12）．

［97］周明，陈柳钦．信托模式：我国资产证券化发展模式的现实选择[J].新金融，2004（10）．

［98］朱翠华．我国专利信托融资法律问题研究［D］．上海：华东政法大学，2016.

［99］邹小芃，王肖文，李鹏．国外专利权证券化案例解析［J］．知识产权，2009（19）．